Wissen durch Sprache

Sprache und Wissen

Herausgegeben von
Ekkehard Felder

Wissenschaftlicher Beirat
Markus Hundt · Wolf-Andreas Liebert
Thomas Spranz-Fogasy · Berbeli Wanning
Ingo H. Warnke · Martin Wengeler

3

Walter de Gruyter · Berlin · New York

Wissen durch Sprache

Theorie, Praxis und Erkenntnisinteresse
des Forschungsnetzwerkes „Sprache und Wissen"

Herausgegeben von
Ekkehard Felder
Marcus Müller

Walter de Gruyter · Berlin · New York

♾ Gedruckt auf säurefreiem Papier,
das die US-ANSI-Norm über Haltbarkeit erfüllt.

ISBN 978-3-11-020743-9
ISSN 1864-2284

Bibliografische Information der Deutschen Nationalbibliothek

Die Deutsche Nationalbibliothek verzeichnet diese Publikation in der Deutschen
Nationalbibliografie; detaillierte bibliografische Daten sind im Internet
über http://dnb.d-nb.de abrufbar.

Vorwort

Das Medium, in dem wir unser Wissen über die Welt fassen, ist die Sprache. Die Einsicht, dass jede Erkenntnis auch sprachabhängig ist, unterstreicht die erkenntnisformende Kraft der natürlichen Sprache bei der Erzeugung fachlicher Gegenstände und Sachverhalte. Diese Grundannahme liegt dem Erkenntnisinteresse des Forschungsnetzwerks „Sprache und Wissen" – *Probleme öffentlicher und professioneller Kommunikation* (www.suw.uni-hd.de) und dieser Publikation zugrunde. Es handelt sich um den zweiten Sammelband, der im unmittelbaren Kontext des Forschungsnetzwerks entstanden ist. Der erste Band mit dem Titel „Semantische Kämpfe" (Berlin 2006) thematisiert vor allem Bezeichnungs-, Bedeutungs- und Sachverhaltsfixierungskonkurrenzen, die bei der diskursiven Durchsetzung strittiger Geltungsansprüche in diversen Wissenschaftsdisziplinen eine Rolle spielen.

Dieser zweite Band enthält erstens einen theoretischen Teil, in dem Aufsätze über begriffliche und sprachtheoretische Grundlagen der linguistischen Wissensanalyse versammelt sind; zweitens wird an empirischen Einzelanalysen die Relevanz sprachwissenschaftlicher Beschreibungsverfahren im Hinblick auf die Erzeugung und Konstitution von fachlichen Sachverhalten in den unterschiedlichen Wissensdomänen des Forschungsnetzwerks demonstriert. Der Titel des Bandes „Wissen durch Sprache" variiert den Titel des Forschungsnetzwerks und spitzt ihn im Sinne unseres übergeordneten Erkenntnisinteresses zu. Bei den Aufsätzen dieses Bandes handelt es sich zum Großteil um ausgewählte Beiträge der jährlich stattfindenden Netzwerk-Kolloquien: das Kolloquium 2006 mit dem Titel „Semantische Kämpfe in Fachdiskursen" (gefördert durch die Fritz-Thyssen-Stiftung), das Symposion 2007 „Sprachliche Formationen des Wissens" (prämiert im Jahr der Geisteswissenschaften und gefördert durch das BMBF) und das Symposion 2008 „Herstellung und Rechtfertigung von Faktizität in der Sprache" (gefördert durch das Marsilius-Kolleg der Universität Heidelberg als „Center for Advanced Study" im Rahmen der Exzellenzinitiative). Diese wurden um inhaltlich und methodisch einschlägige Texte anderer Netzwerker ergänzt.

Ein solches Projekt entfaltet erst dann sein synergetisches Erkenntnispotential, wenn die Beiträge nicht isoliert nebeneinander stehen, sondern sich aufeinander beziehen. Dieses Ziel verfolgten alle Autorinnen und Autoren. Sie sind aus diesem Grund auch auf Wünsche der Herausgeber eingegangen, was im Regelfall einen erhöhten Arbeitsaufwand bedeutete. Dafür danken wir von Herzen.

Eine wichtige Rolle beim Lektorat der Beiträge zu diesem Band hatten Jana Tereick und Matthias Attig, die letzte Durchsicht und technische Einrichtung der Druckvorlage besorgte Marius Bartmann. Ihnen sei an dieser Stelle herzlich gedankt. Dem Verlag de Gruyter, namentlich Manuela Gerlof und Heiko Hartmann, danken wir für die freundliche Betreuung.

Das Buch widmen wir unseren Kindern, die – unabhängig von den merkwürdigen Aktivitäten der Papas – es eher mit Pippi Langstrumpf halten: die macht sich die Welt, wie sie ihr gefällt.

Heidelberg, im Oktober 2008   Ekkehard Felder und Marcus Müller

Inhaltsverzeichnis

Zur Einführung

Ekkehard Felder / Marcus Müller

Der vorliegende Sammelband ist die zweite Publikation des Forschungs-netzwerks *Sprache und Wissen* (www.suw.uni-hd.de).[1] In ihm wird das ge-samte Spektrum wissenschaftlicher Aufgaben im Netzwerk vorgestellt: Nach einem theoretischen Teil, der die begrifflichen und sprachtheoreti-schen Grundlagen der linguistischen Wissensanalyse modelliert, wird dar-auf aufbauend ein Beschreibungsinstrumentarium vorgestellt, an empiri-schen Einzelanalysen exemplifiziert und zur Diskussion gestellt. Danach werden in Überblicksaufsätzen neue Forschungsbereiche im Netzwerk präsentiert. Im Sinne des grundlegenden Ansatzes, die Forschung zur sprachlichen Wissenskonstituierung in einzelnen Gesellschaftsdomänen gemeinsam mit Praktikern zu betreiben und so gegebenenfalls Anwen-dungen in den Praxisfeldern zu ermöglichen, wird in einem letzten Teil das praktische Gestaltungspotenzial linguistischer Forschung dokumen-tiert.

Sprache, Wissen und Gesellschaft

Dem Band wie auch dem Forschungsnetzwerk *Sprache und Wissen* ist eine Anschauung zum Zusammenhang von Sprache und Wissen grundlegend, die besagt, dass Sprache nicht einfach ein weit verbreitetes Transportmit-tel für Wissen ist, sondern dass vielmehr sprachliche Kommunikations-prozesse eine unhintergehbare Grundbedingung für die Konstitution, Evaluation und Vermittlung von Wissen sind: Wissen lebt *durch* die Spra-che und *in* der Sprache. Der so formulierte Zusammenhang von Sprache und Wissen hat auch Auswirkungen auf die Diagnose der Rolle von Wis-sen in der Gesellschaft: Allerorten ist zu vernehmen, dass wir in einer

---

1   Nach dem Sammelband „Semantische Kämpfe" (Felder 2006).

„Wissensgesellschaft" leben (Bittlingmayer u.a. 2006, Weingart u.a. 2007, s. auch die Literatur in den Theoriebeiträgen dieses Bandes). Damit ist gemeint, dass die ‚Gewinnung' und ‚Verteilung' von ‚Wissen' derjenige Aspekt des menschlichen Zusammenlebens ist, welcher die postindustriellen Gesellschaften am prägnantesten charakterisiert. Die Ausdrücke *Gewinnung* und *Verteilung* indizieren dabei eine gesellschaftliche Asymmetrie, die als Problem der Wissensgesellschaft vordringlich wird: Nicht alle können in gleicher Weise am gesellschaftlichen Wissen partizipieren. Das fundamentale Moment der Ungleichheit des menschlichen Miteinanders, das sich in anderen historischen Zusammenhängen in Wortpaaren wie *Gutsherr/Leibeigener* oder *Industrieller/Arbeiter* zeigt, ist hier an die Ausdrücke *Experte* und *Laie* geknüpft: Wer sich mittels eines institutionell abgesicherten Methodeninstrumentariums exklusives Wissen über einen für die Gesellschaft relevanten Sachverhalt aneignet, übt potenziell oder tatsächlich Macht über andere aus. Die aktuelle Bildungsdiskussion zeigt, dass durch immer mehr politische Akteure gesellschaftliche Gerechtigkeit nicht mehr primär über die Verteilung materieller Güter, sondern vor allem über die Partizipation am gesellschaftlich erarbeiteten Wissen definiert wird.

Dieser Zusammenhang zwischen der Gerechtigkeitsdebatte und dem Wissensbegriff wurde oft thematisiert. Hier ist nun eben die Tatsache entscheidend, dass sowohl die *Generierung* von Wissen durch Experten als auch die *Vermittlung* von Wissen an Laien primär über sprachliche Objektivierungsformen (Köller 2004) verläuft. Analysen von Prozessen der Wissensgenerierung und Wissensvermittlung sind damit meist zugleich – nolens volens – Sprachanalysen. Der Sprachwissenschaft kommt hier die Kompetenz zu, die Struktur und die kommunikative Hervorbringung der Sprache als Leitmedium der gesellschaftlichen Existenz von Wissen mit im Fach erarbeiteten Methoden untersuchen und beschreiben zu können. Sie leistet daher im Zusammenspiel mit den Nachbardisziplinen, hier insbesondere den Kognitions- und Sozialwissenschaften, einen wichtigen Beitrag zur Erforschung eines gesellschaftlichen Schlüsselthemas.

Dazu ist aber ein Begriff von Sprache erforderlich, der auf sämtliche in der Linguistik der letzten Jahrzehnte einschlägige Autonomieerklärungen verzichtet und stattdessen Sprache als ein aus dem Sozialen hervorgehendes und ins Soziale hineinwirkendes Medium der menschlichen Erkenntnis fasst. In den einzelnen Beiträgen des vorliegenden Bandes wird Sprache zwar in verschiedenen Theorierahmen, Deutungsabsichten und gesellschaftlichen Anwendungsfeldern thematisiert, immer aber wird sie als Bindeglied zwischen Kognition und Gesellschaftlichkeit des Menschen angesprochen. Um diese Perspektive theoretisch zu fundieren, wird auf

die Erkenntnisse der kognitions- und sozialwissenschaftlichen Nachbar-
wissenschaften zurückgegriffen. Innerhalb der Linguistik spielt bei der
theoretischen Fundierung die Kognitive Linguistik eine herausgehobene
Rolle. Daneben wird in diesem Band insbesondere der Theorierahmen der
Konstruktionsgrammatik (inklusive Langackers *cognitive grammar*) als Beschreibungsrahmen für Prozesse sprachlicher Wissenskonstituierung diskutiert. Außerdem wird deutlich, dass die Erforschung der sprachlichen
Prägung von Wissen immer auch eine soziolinguistische Komponente
haben muss. In diesem vorerst schemenhaft umrissenen Kontext wird
Sprache dann auf nahezu allen Rängen als Medium der Wissenskonstituierung beschrieben: von der Wortbildung über die Lexik und Grammatik
über die Text-/Gesprächsebene bis hin zu den Diskursen.

Das Erkenntnisinteresse des Sammelbandes konzentriert sich also auf
unterschiedliche Formungsprinzipien von Wissen, die durch verschiedene
Sprachanalysen transparent gemacht werden können. Diese sprachlichen
Formationen des Wissens sind unser Zugang zu Wissensbeständen. Aus
diesem Grund steht die Frage, wie gesamtgesellschaftlich relevante Wissensbestände durch sprachliche Mittel geformt werden, im Mittelpunkt
des Erkenntnisinteresses, das sich auch die Projektleiter der einzelnen
Wissensdomänen im Forschungsnetzwerk *Sprache und Wissen* zum Ziel
gesetzt haben. Somit wird in jedem einzelnen Beitrag nachgezeichnet, wie
der sprachlichen Konstitution von Sachverhalten eine spezifische Perspektivität immanent ist.

Überblick über die einzelnen Beiträge

Der Band gliedert sich in einen theoretischen Teil, in dem es der Sprachanalyse im Forschungsnetzwerk um die terminologische Schärfung und
Präzisierung von grundlegenden Begriffen wie ‚sprachliche Formate‘,
‚Wissen‘ und ‚Diskurs‘ geht. Daneben wird der Aspekt der Medialität der
sprachlichen Wissenskonstituierung hervorgehoben, indem der Prozess
der interaktiven Wissenskonstituierung im Gespräch thematisiert wird,
und zwar der wissenschaftstheoretischen Anschauung der ‚conversation
analysis‘ entsprechend aufsteigend anhand der Analyse eines Gesprächs
zwischen Arzt und Patient. Der Theorieteil schließt mit einer Einordnung
der Ansätze in die Paradigmen der Kognitiven Grammatik und der Konstruktionsgrammatik. Im empirischen Teil wird in zahlreichen Aufsätzen
das vorgestellte Beschreibungsinstrumentarium hinsichtlich seiner Erklä-
rungsmächtigkeit überprüft. Diese Beiträge stellen neben Aspekten der
theoretischen Validierung bestimmter Methoden gesellschaftlich um-

strittene und relevante Themen wie Nanotechnologie, Biomedizin, Bildung, Kunst und Religion in den Mittelpunkt der Untersuchung. Im dritten Teil wird der Zusammenhang bisher wenig beachteter Gebiete mit Erkenntnisinteressen des Forschungsnetzwerks hergestellt.

Dies betrifft zum einen das gemeinsame Erkenntnisinteresse der Sprach- und Literaturwissenschaft in Bezug auf relevante Fragestellungen im Kontext des Umweltproblems. Der entsprechende Beitrag verdeutlicht hier exemplarisch, wie die beiden auseinander strebenden Disziplinen der Sprach- und Literaturwissenschaft wieder zusammenfinden könnten. Zum anderen wird die Rolle der Sprache in der Mathematik thematisiert, die nicht zuletzt deswegen besonders vernachlässigt ist, weil es kaum Wissenschaftler gibt, die über Kompetenzen in beiden Disziplinen verfügen.

Der Band schließt mit zwei Aufsätzen zu Anwendungen linguistischen Wissens in der Praxis. Hier wird vorgeführt, wie theoretisches Wissen in der Praxis ausgewählter Berufskontexte einen ausgesprochen nützlichen Orientierungsrahmen zu bieten in der Lage ist. Gerade der oft thematisierte Nützlichkeitsaspekt von wissenschaftlichen Erkenntnissen und die Relevanz in beruflichen Handlungskontexten wird hier in den beiden zentralen gesellschaftlichen Handlungsfeldern der Wirtschaft, d.h. sprachliche Regulierungsversuche in Wirtschaftsunternehmen, und Recht, d. h. die konkrete Spracharbeit bei der Gesetzesformulierung, demonstriert. Im Folgenden wollen wir die Beiträge kurz im Einzelnen vorstellen:

Der Band beginnt mit einem Artikel von Ekkehard Felder, der als Koordinator und Initiator das *Forschungsnetzwerk „Sprache und Wissen"* vorstellt. Es werden Erkenntnisinteressen und Ziele sowie Organigramm und Projekte des Netzwerks benannt.

Theorieteil

In seinem Theoriebeitrag formuliert **Ekkehard Felder** einen Zugriff auf die sprachliche Erzeugung von Sachverhalten und Wissen aus dem Blickwinkel der sprachlichen Vielfalt bzw. Sprachvariation. Er fasst die in der Kommunikation über Wissen involvierten sprachlichen Erscheinungsformen in ein Modell, das Äußerungen innerhalb von Subsystemen einer virtuellen Gesamtgrammatik beschreibt. Solche Subsysteme manifestieren sich in fachinterner und -externer Kommunikation, insofern Akteure bei der Konstitution von Fachwelten gezwungen sind, sich in den routinenhaft durch Text- und Gesprächssorten geprägten Kommunikationsgepflogenheiten bewegen zu müssen. Fachliche Akteure vollziehen sprachliche Handlungen, indem sie aus dem System bestimmte sprachliche Formen in der Annahme auswählen, dass sie damit spezifische Wirkungen erzielen (Form-Funktions-Korrelation). Die Frage nach der Sprachlichkeit der Wissenskonstituierung ist daher mit derjenigen nach der Gesellschaftlichkeit von Sprache verbunden: Die medial gebundene und sozial emergente Musterhaftigkeit von Sprache im Gebrauch ist gemeint, wenn von *sprachlichen Formationen des Wissens* gesprochen wird. Der Totalitätsbegriff ‚Sprache' wird in dieser soziopragmatischen Perspektive überführt in die Termini ‚Fachwelten' – ‚Textwelten' – ‚Varietät' und innerhalb der Varietäten- und Soziolinguistik theoretisch verortet. Die Perspektivität sprachlicher Einheiten bei der fachlichen Sachverhaltskonstitution wird dabei als unabdingbare Voraussetzung begriffen („semiotische Gefangenschaft").

Klaus-Peter Konerding setzt sich mit dem für die Arbeit des Forschungsnetzwerks fundamentalen Terminus ‚Wissen' auseinander. Nachdem die grundlegende Unterscheidung von deklarativem und prozessualem Wissen eingeführt ist, wird in Auseinandersetzung mit Texten u.a. von Michael Polanyi, Pierre Bourdieu und Michael Tomasello ein Wissensbegriff fundiert, der deklaratives Wissen als reflexiv verfügbares und in sprachlichen Objektivierungsformen geronnenes Substrat kultureller Praktiken beschreibt. Dabei wird der Wissensbegriff in einen weiten Rahmen gestellt, der ein Spektrum von den soziohistorischen Bedingungen in oralen und literalen Gesellschaften über kognitionspsychologische Erkenntnisse zur Aufmerksamkeitslenkung in der Situation bis zur Funktion von Vertextungsmustern umfasst. Die Rolle der Sprache sieht Konerding in der Generierung deklarativen Wissens aus prozessual organisierten vorreflexiven Handlungsroutinen. Zu einer in der Sprachanalyse funktionalisierbaren Modellierung deklarativen Wissens wird der Frame-Begriff fruchtbar gemacht, der damit seinerseits eine sozialhistorische Unterfütterung erfährt.

Ingo H. Warnke fokussiert in seinem Beitrag den Begriff ‚Diskurs' als erklärungsmächtigen Terminus zur Modellierung des Zusammenhangs von ‚Sprache' und ‚Wissen'. Warnke präzisiert dazu den Begriff ‚Wissenskonstituierung', indem er eine dreifache Subgliederung vorschlägt: *Konstruktion* als assertive Herstellung von Faktizität, *Argumentation* als Rechtfertigung von Faktizität durch Begründung oder Widerlegung von konstruiertem Wissen und *Distribution* als Streuung von Geltungsansprüchen auf Wahrheit im Diskurs. Daneben werden die Gültigkeitsbedingungen der sprachlichen Wissenskonstituierung diskutiert und auf den Diskursbegriff nach Foucault zurückgeführt. Mit Jean Lyotard wird auf den agonalen Charakter der Wissenskonstituierung abgehoben und mit Helmut Feilke darauf verwiesen, dass die subjektive Internalisierung sozialer Konstruktionen von Wissen wesentlich über diskursive Routinen erfolgt.

Thomas Spranz-Fogasy und **Heide Lindtner** widmen sich der Wissenskonstituierung in der mündlichen Interaktion. Verstehen im Gespräch wird als das wechselseitige Aufzeigen des Verständnisses fremder und eigener Handlungen beschrieben. Durch routinisierte aufeinander gerichtete Handlungen wird demnach im Gespräch intersubjektive Wirklichkeit für die Zwecke der laufenden Interaktion hergestellt. Interaktive Aufzeigepraktiken sind dabei jedoch nicht beschränkt auf explizite Darstellungen von Interpretationen, sondern umfassen beispielsweise auch referenzielle, modale oder sequenzielle Formen der Bezugnahme auf Inhalte und Handlungen der Interaktionspartner. Anhand der Analyse eines authentischen Arzt-Patienten-Gesprächs wird die Komplexität der interaktiven Konstituierung von Wissen verdeutlicht. Ausgehend davon werden Verstehensressourcen auf verschiedenen Strukturebenen der Interaktion identifiziert; angesprochen werden die *sprachstrukturelle*, die *sequenzorganisatorische*, die *interaktionstypologische* und die *sozialstrukturelle* Dimension.

Alexander Ziem vertritt in seinem Aufsatz zur *sprachlichen Wissenskonstitution aus Sicht der Kognitiven Grammatik und Konstruktionsgrammatik* die These, dass es insbesondere (sozio-)kognitive Faktoren sind, die bestimmen, wie mittels Sprache Erkenntnisobjekte entstehen. An diese Befunde anknüpfend stützt sich die Argumentation Ziems auf Forschungsergebnisse der Kognitiven Linguistik, insbesondere der „Kognitiven Grammatik" und „Konstruktionsgrammatik". Dazu werden zuerst die zentralen kognitions- und sprachtheoretischen Voraussetzungen der Kognitiven Linguistik skizziert, im Anschluss daran werden drei Schematypen unterschieden, mittels deren sprachliche Wissenskonstitution analysiert werden kann, nämlich (1) *Bildschemata*, (2) *Frames* und (3) *mentale Räume*. Schließlich befasst sich der Aufsatz mit Einwänden gegen kognitionstheoretische Ansätze.

Exemplarische Einzelanalysen

Mit seinem zweiten Beitrag zu diesem Band, der exemplarische Analysen aus der Domäne GESCHICHTE – POLITIK – GESELLSCHAFT enthält, eröffnet **Alexander Ziem** den empirischen Teil. In ihm geht es um die Möglichkeiten der Frame-Semantik in der Diskursanalyse. Nach einem Forschungsüberblick werden zunächst zentrale Charakteristika von Frames bestimmt; diese werden für die Diskursanalyse fruchtbar gemacht. Demonstriert wird das am Beispiel der ‚terroristischen Geheimsprache'. Im letzten Teil dient eine politische Karikatur dazu, die Relevanz von Frames für die Analyse multimodaler Bedeutungskonstruktionen zu illus-

trieren. Den Gegenstandsbereich bilden dabei konzeptuelle Verschmelzungen („blending") sowie sprachliche Tropen.

René Zimmer untersucht im Rahmen der Domäne NATURWISSEN-
SCHAFT UND TECHNIK *Argumentationsmuster und Versprachlichungsformen im
Nanotechnologiediskurs:* Mit Hilfe einer Inhaltsanalyse von Positionspapieren
und Stellungnahmen von gesellschaftlichen Akteuren zur Nanotechnologie wird die sprachliche Konstitution des Sachverhalts ‚Nanotechnologie'
in der Frühphase der gesellschaftlichen Debatte nachgezeichnet. Es werden in Beispielanalysen unterschiedliche sprachliche Handlungsstrategien
gesellschaftlicher Akteure beschrieben. Im Zentrum steht dabei die Frage
nach dem sprachlichen Vollzug fachlicher Auseinandersetzungen durch
Bedeutungsakzentuierungen oder Benennungskonkurrenzen. Der Analyse
liegt der so genannte *Framing*-Ansatz nach William Gamson zugrunde.

Constanze Spieß untersucht in ihrem Beitrag – im Kontext der Wissensdomäne MEDIZIN UND GESUNDHEITSWESEN – Metaphern und
Schlüsselwörter als sprachliche Wissensformationen im bioethischen Diskurs um humane embryonale Stammzellforschung. Die einzelnen sprachstrukturellen Ebenen (Einzelwortebene, Ebene der Einzelaussage und
textübergreifende Diskursebene) geraten dabei in ihrer gegenseitigen Bedingtheit sowie ihrem Zusammenspiel ins Blickfeld. Der systematische
Bezug der verschiedenen sprachlichen Ränge im thematischen Zusammenhang kann durch die doppelte Einbettung von lexikologischen Untersuchungen in Textanalyse und den wissenschaftstheoretischen Deutungsrahmen der Foucaultschen Diskurstheorie prägnant gezeigt werden.

Der Aufsatz von **Jörg Kilian** und **Dina Lüttenberg** beschäftigt sich
im Rahmen der Wissensdomäne BILDUNG UND SCHULE mit der *sprachlichen Konstruktion von Wissen über Wissen und Können im Bildungsdiskurs nach
PISA.* Es wird das Ringen um den Begriff ‚Kompetenz' in der didaktischen Fachdiskussion am Beispiel des Teildiskurses um ‚Sprachkompetenz' nachgezeichnet. Die diskurslinguistische Rahmung hilft dabei, den
Zusammenhang zwischen lexikalischen Teilaspekten und der sozialen
Lagerung des ‚Sprachkompetenz'-Begriff zu fundieren und beschreibbar
zu machen. Zu diesem Zweck wird der Kompetenzbegriff innerhalb der
Wissensdomäne BILDUNG UND SCHULE herausgearbeitet und den Kom-
petenzbegriffen anderer Domänen (etwa Politik, Wirtschaft) gegenübergestellt. Vor diesem Hintergrund wird dann die sprachliche Ausdifferenzierung von ‚Wissen' und ‚Können' als partiell komplementäre Explikate des
Kompetenzbegriffs beschrieben und in ihren Auswirkungen auf Anforde-
rungsprofile für die Schule untersucht.

Alexander Lasch zeigt innerhalb der Wissensdomäne RELIGION am
Beispiel der Mediendebatte über den Streit des im Jahre 2007 eingeweih-

ten und von dem Künstler Gerhard Richter gestalteten Fensters im Kölner Dom, wie verschiedene Teildiskurse, die in jeweils gesonderten gesellschaftlichen Bereichen verortet sind, im medialen Interdiskurs aufeinander treffen und so zu agonalen Diskursformationen führen. Die Debatte wird zu diesem Zwecke doppelt nachgezeichnet: Einmal in ihrem zeitlichen Ablauf und dann noch einmal geordnet nach diskursiven Kontextualisierungen. So wird die Multiperspektivik des medial ausgetragenen Diskursereignisses deutlich. Der Aufsatz skizziert mit dieser exemplarischen Analyse gleichzeitig den religiösen Diskurs als eingesponnen in die Polyphonie der Medienmoderne.

Marcus Müller untersucht im Rahmen der Wissensdomäne KUNST – KUNSTBETRIEB – KUNSTGESCHICHTE das Potenzial grammatischer Konstruktionen zur Inszenierung sozialer Konstellationen am Beispiel der Possessivkonstruktion UNSER X in Texten zur deutschen Kunstgeschichte. Im konstruktionsgrammatischen Beschreibungsparadigma wird gezeigt, wie die sprachsystematisch abstrakte Possessivrelation diskursbezogen durch partiell lexikalisch gefüllte Konstruktionen und Kontextualisierungsroutinen konkretisiert und zur sprachlichen Inszenierung sozialer Zugehörigkeit funktionalisiert wird. Ausgehend von einer Korpusanalyse werden sechs verschiedene semantisch spezifizierte Relationen der Kategorie POSSESSION unterschieden: *Identifikation, Besitz, Inklusion, Kontiguität, Agens-Aktions-Relation* und *Diachronisierung*. Zugleich wird das konstruktionsgrammatische Paradigma als Beschreibungsrahmen zur empirischen Beschreibung von Sprache in Diskursen evaluiert.

Vorstellung neuer Forschungsfelder

Axel Goodbody beschäftigt sich in seinem Beitrag, der Arbeiten aus der Wissensdomäne NATUR – LITERATUR – KULTUR vorstellt, mit Ansätzen, Methoden und Modellen, welche die sprachliche Konstituierung von ‚Natur' zum Gegenstand haben. Zentrale Aufgabe des so umrissenen Forschungsgebietes ist die Beschreibung des Begriffsfeldes ‚Natur', ‚Natürlichkeit', ‚Umwelt', ‚Nachhaltigkeit' etc. sowie die Nachzeichnung der an Begriffe wie die genannten geknüpften Subjektpositionen, Einstellungen und Aussagestrategien in den Diskursen der Politik, der Wirtschaft und der Medien sowie der Kultur und Literatur. Nachdem der konstruktivistische Ansatz in Kulturwissenschaft und Soziologie allgemein charakterisiert wurde, geht der Aufsatz auf Faircl, kritische Diskursanalyse, die Ökolinguistik und die ökologisch orientierte Literaturkritik sowie die Kulturökologie ein, um schließlich Forschungsdesiderate zu formulieren.

Vasco Alexander Schmidt beleuchtet die Wissensdomäne MATHE-
MATIK: Das Moment der Wissenskonstituierung im Medium Sprache im
Gesellschafts- und Arbeitsbereich Mathematik hat demnach einen wesentlichen höheren Stellenwert, als das vielleicht zu vermuten wäre. Schmidt
unterscheidet zwischen universitärer Mathematik als Grundlagenfach und
der angewandten Industriemathematik. Insbesondere in Letzterer spielen
agonale Diskursstrukturen und semantische Kämpfe eine zentrale Rolle
bei dem Versuch von Mathematikern, die Anwendung ihrer Theorien in
Konkurrenz mit Ingenieuren und anderen Protagonisten durchzusetzen.
Zur Beschreibung solcher Diskursphänomene wird, eingebettet in einen
wissenschaftsgeschichtlichen Abriss von philosophischen und soziologischen Positionen, die kommunikationsethnographische Methode des *nützlichen Linguisten* skizziert, wobei der Sprachanalytiker in Projekten der Industriemathematik als mitarbeitender Beobachter fungiert.

Anwendungen in der Praxis

Markus Hundt beschreibt in seinem Beitrag ein Praxisbeispiel an der
Schnittstelle der beiden Wissensdomänen WIRTSCHAFT sowie UNTER-
NEHMEN UND ORGANISATION, nämlich die Formulierung und Verabschiedung von Unternehmensverfassungen. Nach begrifflichen Klärungen
wird der mediale Status von Unternehmensverfassungen sowie die Folgen
der Medialität von Verfassungen für die Geltung der darin formulierten
Ziele behandelt. In einem lexikologischen sowie textlinguistischen Zugriff
werden Textstrukturmuster von Unternehmensverfassungen einerseits
und der Begriff ‚Unternehmensverfassung‘ selbst andererseits beschrieben. Es wird dargelegt, wie sich durch die privatwirtschaftliche Übernahme des aus dem staatlichen Bereich gewonnenen Textmuster ‚Verfassung‘
für Unternehmen Identität festigen lässt. In dem Beitrag wird linguistische
Kompetenz als Grundlage praktischen unternehmerischen Handelns geschildert.

    Markus Nussbaumer schließlich behandelt einen Anwendungsbe-
reich der Linguistik aus der Wissensdomäne RECHT. In seinem Beitrag
wird der *Nutzen der Spracharbeit im Prozess der Rechtsetzung* am Beispiel der
verwaltungsinternen Redaktionskommission der schweizerischen Bundesverwaltung, in der die Entwürfe sämtlicher Gesetze und Verordnungen
redaktionell überarbeitet werden. Dabei wird an Praxisbeispielen demonstriert, wie sehr *Rechtsetzung* immer auch *Sprachsetzung* bedeutet und umgekehrt die Arbeit an der Sprache eine Arbeit am juristischen Gedanken ist.
Nussbaumer zeigt, dass mit linguistischer Fundierung angeregte Änderun-

gen an Gesetzesformulierungen, die aus der Perspektive von Juristen oft mutmaßlich „nur" den Stil betreffen, ganz handfeste Auswirkungen auf die Rechts- und Lebenspraxis haben können.

Von den 13 Wissensdomänen des Forschungsnetzwerks *Sprache und Wissen* (www.suw.uni-hd.de) sind lediglich die Bereiche ARCHITEKTUR UND STADT sowie DEUTSCHE SPRACHE in diesem Band nicht mit einem Beitrag vertreten. Für den ersten sei auf Ingo H. Warnkes Aufsatz *Die begriffliche Belagerung der Stadt. Semantische Kämpfe um urbane Lebensräume bei Robert Venturi und Alexander Mitscherlich* verwiesen, der bereits in der ersten Publikation des Forschungsnetzwerks (Felder 2006) erschienen ist. Der zweite ist erst auf dem Netzwerk-Symposion 2008 *Herstellung und Rechtfertigung von Faktizität in der Sprache* als neue Domäne aufgenommen worden.

Literatur

BITTLINGMAYER, UWE H. u.a. (Hgg.) (2006): Die „Wissensgesellschaft": Mythos, Ideologie oder Realität? Wiesbaden.

FELDER, EKKEHARD (Hg.) (2006): Semantische Kämpfe. Macht und Sprache in den Wissenschaften. Berlin/New York (Linguistik – Impulse und Tendenzen Bd. 19).

KÖLLER, WILHELM (2004): Perspektivität und Sprache. Zur Struktur von Objektivierungsformen in Bildern, im Denken und in der Sprache. Berlin/New York.

WEINGART, PETER/CARRIER, MARTIN/KROHN, WOLFGANG (Hgg.) (2007): Nachrichten aus der Wissensgesellschaft. Analysen zur Veränderung der Wissenschaft. Weilerswist.

Das Forschungsnetzwerk „Sprache und Wissen" – Zielsetzung und Inhalte

Ekkehard Felder (Projektinitiator und Projektkoordinator)

Dem internationalen und interdisziplinären Forschungsnetzwerk *Sprache und Wissen – Probleme öffentlicher und professioneller Kommunikation* liegt die folgende Sprachauffassung zugrunde: Jede Erkenntnis ist sprachabhängig! Das Medium, in dem wir unser Wissen über die Welt ausdrücken, ist die Sprache. Selbst die so genannten objektiven Wissenschaften müssen ihre Messergebnisse in Sprache fassen und deuten. Sprache ist kein neutrales Medium, das die Gegenstände und Sachverhalte „unverändert", in ihrem Ursprung oder gar 1:1 ins Bewusstsein der Menschen bringt. Vielmehr werden die gesamtgesellschaftlich relevanten Wissensbestände durch die eingesetzten sprachlichen Mittel (mit)geformt. Wem es beispielsweise gelingt, bestimmte Bezeichnungen und Ausdrucksweisen in Diskursen durchzusetzen oder bestimmten sprachlichen Mustern spezifische Bedeutungsaspekte zuzuschreiben und diese im öffentlichen Bewusstsein zu verankern, der prägt Deutungen von Sachverhalten mit. Sprache erzeugt die fachlichen Gegenstände und Sachverhalte allererst selbst, sprachliche Mittel und Formen konstituieren das Wissen.

Offensichtlich wird dieser Umstand auch für jeden Laien bei vermeintlich sach- und sinnverwandten Ausdrucksweisen wie z.B. *genveränderte Produkte* im Vergleich zu *genmanipulierten Produkten*, die je nach Kontext verschiedene Bedeutungsnuancen dominant setzen können. Auf Grund der vielfältigen politischen und fachlichen Diskussionen kann es in solchen Fällen keine intersubjektiv neutrale Bezeichnungsweise geben, da je nach Voreinstellung sämtlichen Bezeichnungstechniken eine bestimmte – diese Richtung befürwortende oder abwertende – Tendenz zugeschrieben werden kann. Für den naturwissenschaftlichen Experten ist beispielsweise *Manipulation* mitnichten ein pejorativ konnotiertes Lexem, für den Laien kann dies allerdings durchaus der Fall sein. Betrachten wir die konkurrierenden Bezeichnungen *Leitkultur* und *Metakultur*. Verweisen bzw. referieren beide Wortverbindungen auf das gleiche Referenzobjekt, also auf den gleichen Sachverhalt in der Welt? Solche Fragen sind nur adressatenspezifisch unter Berücksichtigung der jeweiligen Wissensvoraussetzungen der Kommunikationsteilnehmer zu beantworten. Und schon dieser Umstand belegt, dass angesichts der heterogenen Wissensdispositionen von Individuen die sprachlichen Formen bei unterschiedlichen Sprachbenutzern divergierende Wirkungen erzielen können – und die der Sprache immanente Perspektivität wird dadurch ebenfalls deutlich.

Mit einer Entscheidung für eine Formulierung geht damit eine Entscheidung für eine Perspektive einher (bewusst oder unbewusst). Aus dieser „semiotischen Gefangenschaft" kann sich niemand befreien. Wer sich für die Verwendung bestimmter sprachlicher Zeichen entscheidet, entscheidet sich gleichzeitig und zwangsläufig für die Nicht-Verwendung anderer potenzieller Zeichen (also sinn- und sachverwandter Ausdrucksweisen). Das bedeutet: Selbst die Darstellung so genannter Fakten mit ihrem impliziten Wahrheitsanspruch unterliegt der Perspektivierung, die durch Zeichenabwahl und Zeichenverknüpfung generiert wird. So kann man mit dem Rechtstheoretiker Bernd Jeand'Heur von der „Zubereitungsfunktion der Sprache" sprechen: Referieren geschieht – in Abgrenzung zu Vorstellungstheorien – demnach nicht als bloßer Nachvollzug (Repräsentation) eines bestehenden Weltbildes, stattdessen eher „in Form einer sprachlich vermittelten, prozessual zu realisierenden Wirklichkeitsbeziehung". (Jeand'Heur 1998: 1292) Bei einer derartigen Konstituierung von Sachverhalten kommt der schöpferische Anteil von Sprache deutlich zum Vorschein.

Setzen sich bestimmte sprachliche Zugriffsweisen durch, werden also bestimmte Ausdrucksmöglichkeiten prototypisch verwendet, die darauf zum Muster promovieren (Verfestigung spezifischer Zeichenverknüpfungen in Diskursen), so werden die gesamtgesellschaftlich diskursiv ausgehandelten Wissensbestände durch perspektivierte und bevorzugte Sprachmuster reguliert und geprägt.

Erkenntnisinteresse und Fragestellung des Forschungsnetzwerks „Sprache und Wissen"

Im Mittelpunkt des Forschungsnetzwerks steht demnach die Frage nach der Formung von gesamtgesellschaftlich relevanten Wissensbeständen durch sprachliche Mittel. Damit soll das Dialogpotential, das zwischen Geistes-, Sozial- und Naturwissenschaften besteht, durch die Erarbeitung transparenter Kriterien auf eine transdiskursive Beschreibungsgrundlage gestellt werden, indem gezeigt wird, wie bei der Verwendung bestimmter sprachlicher Mittel der Sachverhalt, die Idee und das Wissen erst konstituiert, gleichsam geschaffen werden. Die Einsicht, dass jede Erkenntnis auch sprachabhängig ist, soll aus linguistischer Perspektive mit den dort erarbeiteten Beschreibungsverfahren präzisiert und für andere Disziplinen zugänglich gemacht werden. Solche Fragen können am sinnvollsten in Kooperationen zwischen sprachlich interessierten Experten der jeweiligen Disziplinen (im Forschungsnetzwerk als *Wissensdomänen* bezeichnet) einerseits und in diesen Fächern kundigen Sprachwissenschaftlern andererseits bearbeitet werden. Denn ohne fachliche Fundierung ist keine Sprachuntersuchung möglich – ebenso wie umgekehrt die entsprechende Fachkommunikation ohne linguistische Kenntnisse nicht differenziert analysiert werden kann.

Zielsetzung des Forschungsnetzwerks „Sprache und Wissen"

Das im Oktober 2005 gegründete Forschungsnetzwerk basiert auf einem Zusammenschluss von Wissenschaftlerinnen und Wissenschaftlern aus dem In- und Ausland, die es sich zum Ziel gesetzt haben, in verschiedenen gesellschaftlich relevanten Wissensdomänen die sprachliche Konstitution von fachbezogenen Sachverhalten zu untersuchen und einen übergeordneten, linguistisch fundierten Beschreibungsapparat zu entwickeln. Dabei wird die kommunikative und sprachliche Konstitution (Erzeugung) fachlicher Gegenstände und Sachverhalte in verschiedenen Wissenschaftsdisziplinen in den Blick genommen. Dieser Blickwinkel ist insofern besonders relevant, als dadurch auch Probleme fachspezifischer und professioneller Kommunikation sowie „veröffentlichter" und öffentlicher Kommunikation über Fachwissen aus sprachlicher Sicht analysiert werden können. Hierin wird auch der Klage Rechnung getragen, die viele Fachleute über die massenmedialen Darstellungsweisen „ihrer" Fachinhalte äußern, dass nämlich die Themen und Forschungsergebnisse ihrer jeweiligen Wissensdomäne von den Medien inadäquat rezipiert und dargestellt würden.

Aufbau und Organisation des Forschungsnetzwerks „Sprache und Wissen"

Das Forschungsnetzwerk zeichnet sich durch „Forschungstandems" aus, die auf spezifische Wissensgebiete zugeschnitten sind. Da sich die oben beschriebenen sprachlichen Phänomene in unterschiedlichen Wissensgebieten völlig unterschiedlich darstellen und daher verschieden erfasst werden müssen, besteht der Kern des Forschungsnetzwerks aus Wissensdomänen, in denen fachsprachlich versierte Linguisten mit sprachlich interessierten Fachexperten der Wissensdomänen eng zusammenarbeiten. Die Grundannahme der erkenntnisformenden Kraft natürlichsprachlicher Zeichen und ihrer Verknüpfung wird im Forschungsnetzwerk „Sprache und Wissen" nicht fachgebietsunabhängig auf allgemeiner Ebene bearbeitet, sondern an verschiedenen Themengebieten exemplarisch spezifiziert, um so den unterschiedlichen Charakteristika der Wissensgebiete eher gerecht werden zu können.

Die folgenden Wissensdomänen bilden die Struktur des Forschungsnetzwerks (vgl. die ausführliche Darlegungen auf der Homepage www.suw.uni-hd.de):

- Medizin und Gesundheitswesen (Thomas Spranz-Fogasy / Albert Busch / Susanne Ditz)
- Wirtschaft (Markus Hundt)
- Unternehmen und Organisation (Stephan Habscheid / Andreas Müller / Klaus-Peter Konerding)
- Architektur und Stadt (Ingo H. Warnke / Anne-Marie Châtelet)
- Geschichte – Politik – Gesellschaft (Martin Wengeler / Kersten Roth / Alexander Ziem / Edgar Wolfrum)
- Natur – Literatur – Kultur (Berbeli Wanning / Axel Goodbody)
- Naturwissenschaft und Technik (Wolf-Andreas Liebert / René Zimmer / Konrad Beyreuther)
- Recht (Ekkehard Felder / Markus Nussbaumer / Friedrich Müller / Ralph Christensen)
- Kunst – Kunstbetrieb – Kunstgeschichte (Andreas Gardt / Marcus Müller)
- Bildung und Schule (Jörg Kilian / Dina Lüttenberg)
- Religion (Alexander Lasch / Wilfried Härle)
- Mathematik (Vasco Alexander Schmidt / Helmut Neunzert)
- Deutsche Sprache (Gerd Antos / Jochen A. Bär / Jürgen Spitzmüller)

Im Hinblick auf die Vermittlung fachlicher Inhalte legt eine fachsprachlich orientierte linguistische Kritik Wert auf die Erkenntnis, dass die Problematik der Wissenskonstitution und des Wissenstransfers nicht allein durch die Fokussierung von Vermittlungstexten in den Griff zu bekommen ist, sondern dass zu diesem Zweck die fachspezifischen (sprachlichen) Konstitutionsbedingungen der jeweiligen Fach- und Wissensdomäne als vorgelagerte Wahrnehmungs- und „Wirklichkeits"-Folie transparent gemacht werden müssen. Ohne Kenntnis der fachsprachlichen bzw. fachkommunikativen Sprachhandlungstypik zur Konstitution der fachlichen Gegenstände (im Unterschied zur alltagsweltlichen Konstitution der Lebenssachverhalte) kann eine adäquate Vermittlung nicht gelingen.

Deshalb wird die fachsprachliche Konstitution der jeweiligen fachspezifischen „Gegenstände" in verschiedenen Wissenschaftsdisziplinen in den Untersuchungsmittelpunkt gestellt. Besondere Aufmerksamkeit wird dabei auch der öffentlichen Kommunikation zuteil, in der die fachlichen „Wissens"-Bestände über Medien so vermittelt werden, dass die Rezipienten sie als wissenschaftlich begründete „Fakten" bzw. als „Realitäten" wahrnehmen. In einer demokratischen und heterogenen Gesellschaft sind aber sowohl die fachlich konstituierten Wissenssegmente als auch die öffentlich vermittelten und wahrgenommenen „Wahrheiten" keineswegs statisch oder gar homogen; sie befinden sich vielmehr ständig im Fluss und werden kontrovers diskutiert. Entsprechend ist es das zentrale Erkenntnisziel des Forschungsnetzwerks, die Dynamik der jeweiligen Wissens- und Diskursordnungen sowie die kontroverse Aushandlung und Rechtfertigung von Faktizität und normativen Geltungsansprüchen in Wissensdomänen zu rekonstruieren und zu analysieren.

Veranstaltungen, Nachwuchsförderung und Buchreihe des Forschungsnetzwerks

Seit 2005 finden im Rahmen des Netzwerkes jedes Jahr interdisziplinäre Kolloquien statt (bisher gefördert von der Fritz Thyssen Stiftung, dem Bundesministerium für Bildung und Forschung und dem Marsilius-Kolleg der Universität Heidelberg). Das Netzwerk hat sich die systematische und nachhaltige Betreuung von Nachwuchswissenschaftlerinnen und Nachwuchswissenschaftlern zum Ziel gesetzt. Dazu wurde von Jana Tereick und Marcus Müller eine Graduiertenplattform gegründet (online unter www.suw.uni-hd.de/graduiertenplattform.html). Mit der von Ekkehard Felder im de Gruyter-Verlag herausgegebenen Buchreihe *Sprache und Wissen* verfügt es zudem über eine eigene Publikationsplattform im de Gruyter Verlag (http://www.degruyter.de).

Mehrwert des Zusammenschlusses einzelner Wissensdomänen im Forschungsnetzwerk „Sprache und Wissen": Forschungsdesiderate und Synergieeffekte

In allen Wissensdomänen ist – wie oben dargelegt – die Frage von grundlegendem Interesse, wie ein fachlicher Gegenstand (Konkretum oder Abstraktum) durch Sprache überhaupt erst geschaffen wird, also auf Grund sprachlicher Zeichen zum mentalen Bezugsobjekt (thematischen Gegenstand) eines Diskurses werden kann. Diese Fragestellung bedarf weiterer Differenzierung. Es ist zu unterscheiden zwischen solchen sprachlichen Zeichen, die in rein fachinternen Kommunikationsformen – in denen Experten für Experten schreiben – benutzt werden, und solchen, mit denen gesamtgesellschaftlich relevante und womöglich umstrittene Gegenstände auch fachextern in anderen Diskursen von größerer Wirkungskraft thematisiert werden. Je nach verwendeten Zeichen und Vorwissen der Adressaten werden unterschiedliche Konzepte für denselben bzw. vermeintlich selben Referenzgegenstand (Bezugsobjekt) geschaffen. Die Versprachlichungsformen, die sich durchsetzen oder durchzusetzen scheinen, setzen damit gleichsam ein bestimmtes Konzept dominant, das als „handlungsleitendes Konzept" in die Forschungsdiskussion eingeführt worden ist (Felder 2006: 15).

Im Mittelpunkt des Netzwerk-Aufgabenfeldes steht das folgende Forschungsdesiderat: Schwierigkeiten fachspezifischer und professioneller wie auch „veröffentlichter" und öffentlicher Kommunikation über Fachwissen sollen aus sprachlicher Sicht analysiert werden. Dabei ist nicht erst bei den Vermittlungstexten mit der Untersuchung anzusetzen, sondern bei den jeweiligen Fachtexten des Fachdiskurses selbst. In der so genannten Öffentlichkeit konstituiertes Fachwissen wird im Unterschied zu anderen Ansätzen konsequent unter der Fragestellung erforscht, welche Rolle dem Medium Sprache bei der Konstitution der fachlichen Sachverhalte zuzuschreiben ist. Dabei wird, wie bereits erwähnt, vorausgesetzt, dass Wissen in allen Wissensdomänen unter anderem sprachlich konstituiert wird und aus diesem Grunde in einer Kooperation von Fachexperten und Linguisten bearbeitet werden sollte. Ein solches Tandem aus linguistischer Projektleitung und fachlichen Kooperationspartnern kann Texttransformationen, also die Textveränderungen bei der Überführung von Fachtexten in Vermittlungstexten, kritisch und gewinnbringend begleiten.

Der folgende dreigliedrige Fragenkatalog stellt eine grobe Orientierung bei der Bearbeitung aller Wissensdomänen dar:

1. Welche *fachlich* umstrittenen Sachverhalte in der jeweiligen Wissensdomäne haben gesamtgesellschaftliche Relevanz bzw. stoßen auf ein öffentliches Interesse?
2. Wie ist der *fachsprachliche* Forschungsstand zu charakterisieren und in Bezug zu setzen zu dem strittigen Sachverhalt in der jeweiligen Wissensdomäne?
3. Welche Konsequenzen ergeben sich daraus für fachspezifische und professionelle Kommunikation sowie für „veröffentlichte" und öffentliche Kommunikation über Fachwissen?

Die Projektleitungen versuchen exemplarische Antworten auf diese drei Fragen zu geben und strukturieren die jeweiligen Wissensdomänen nach den je spezifischen Diskursgegebenheiten. Über diese induktive Vorgehensweise wird in allen Wissensdomänen sukzessive ein Textkorpus aufgebaut, welches unter systematischen linguistischen Gesichtspunkten Gemeinsamkeiten und Unterschiede in den Wissensdomänen deutlich werden lassen soll. Die linguistischen Beschreibungsebenen umfassen die Lexik, Syntax und Pragmatik. Im Anschluss kann dann der Fokus auf die Transformationen und deren Charakteristika gelegt werden, welche die fachlich konstituierten Gegenstände in den überregionalen Medien erfahren. Zunächst einmal wird diese Frage der Transformation für jede Wissensdomäne getrennt an Exempeln untersucht, bevor dieselbe Frage vergleichend zwischen allen Wissensdomänen analysiert werden kann. Der Mehrwert und die Synergieeffekte des Zusammenschlusses verschiedener Wissensdomänen bestehen darin, dass so eine Systematisierung der fachlichen Konstitutionsformen generiert wird und die Bedingungen, Ebenen und Variablen der Wissensformationen und -transformationen in Diskursen miteinander verglichen werden können.

Resümee

Gesamtgesellschaftlich relevante Dispute werden vor ihrem Bekanntwerden in der sog. Öffentlichkeit (also vor der Publikation der veröffentlichten Meinungen) oftmals in den einzelnen Wissensdomänen geführt. Dort finden Auseinandersetzungen statt, die sich mit u.a. in der Linguistik entwickelten Diskursbeschreibungsverfahren nachzeichnen lassen. Gelangen die Auseinandersetzungen in den öffentlichen Diskurs und werden dort in überregionalen Publikationsorganen weitergeführt, so sind die mit der Materie vertrauten Fachleute zumeist überrascht, dass ihr Gegenstand dort anders konstituiert wird.

Um diese Diskrepanz zu veranschaulichen, kann die folgende Unterscheidung hilfreich sein. Begreift man aus heuristischen Gründen *Realität* als das medial konstituierte und also zwangsläufig gestaltete Szenario von Wirklichkeit, so sind wir als Medienrezipienten und Staatsbürger vor diesem Hintergrund der Differenzierung in erheblichem Maße mit Realität konfrontiert, also mit sprachlichen Produkten, die Wirklichkeit zu zeigen vorgeben. In der Rezeption von gesellschaftspolitisch relevanten Ereignissen wie z.B. Forschungsergebnissen haben wir es demnach mit gestalteten Phänomenen in sprachlicher Form zu tun, die Wirklichkeit in Realität verwandelt haben. Massenmediale Sprach- und Bildzeichen und ihre Verkettungen sind daher *ein perspektivierter Ausschnitt von Welt zur interessengeleiteten Konstitution von Realität im Spektrum verschiedener gesellschaftlicher Wirklichkeiten*. Diesen Aspekt in verschiedenen gesellschaftlich relevanten Wissensdomänen transparent zu machen, hat sich das Forschungsnetzwerk „Sprache und Wissen" zum Ziel gesetzt.

Literatur

FELDER, EKKEHARD (Hg.) (2006): Semantische Kämpfe. Macht und Sprache in den Wissenschaften. Berlin/New York (Linguistik – Impulse und Tendenzen Bd. 19).

JEAND'HEUR, BERND (1998): Die neuere Fachsprache der juristischen Wissenschaft seit der Mitte des 19. Jahrhunderts unter besonderer Berücksichtigung von Verfassungsrecht und Rechtsmethodik. In: HOFFMANN, LOTHAR/KALVERKÄMPER, HARTWIG/WIEGAND, HERBERT ERNST (Hgg.): Fachsprachen. Ein internationales Handbuch zur Fachsprachenforschung und Terminologiewissenschaft. Erster Halbband. Berlin/New York, 1286–1295 (Handbücher zur Sprach- und Kommunikationswissenschaft Band 14.1).

KÖLLER, WILHELM (2004): Perspektivität und Sprache. Zur Struktur von Objektivierungsformen in Bildern, im Denken und in der Sprache. Berlin/New York.

Teil I:

Theorie

Sprachliche Formationen des Wissens

Sachverhaltskonstitution zwischen Fachwelten, Textwelten und Varietäten

Ekkehard Felder

1   Einleitung: Orientierung durch Sprache in der sog. Wissensgesellschaft

Wir leben angeblich in einer Wissensgesellschaft. Daher stellt sich die Frage, wie wir Wissen begegnen, wie wir mit Wissensbeständen konfrontiert werden. Die Antwort ist anscheinend trivial: durch Sprache (Grafiken, Bilder usw. seien vorerst ausgeklammert). Da wir schon vorwissen-

schaftlich und intuitiv Sprache auf Grund ihrer Komplexität und Vielgestaltigkeit als einen ungenügend definierten Untersuchungsgegenstand
erkennen, entsteht das Bedürfnis nach präziserer Fassung des Untersuchungsgegenstandes. Daher sprechen wir erst einmal – um zunächst jeglichen Kategorisierungsproblemen sprachlicher Variation aus dem Wege zu
gehen – von sprachlichen Erscheinungsformen und wollen damit der
Beobachtung gerecht werden, dass eine nationale Sprache wie zum Beispiel „die deutsche Sprache" oder einfach „Deutsch" in vielerlei Existenzformen vorkommt (Steger u.a. 1974, Steger 1988, Mattheier/Radtke
1997). Hermann Bausinger sprach aus diesem Grund schon 1972 in der
Einleitung seines populärwissenschaftlichen Buches „Deutsch für
Deutsche" von „deutscher Sprache – deutschen Sprachen", und Peter
Klotz gab 1994 den – schulische Lehr- und Lernformen fokussierenden –
Sammelband „Vielerlei Deutsch" mit dem Untertitel „Umgang mit
Sprachvarietäten in der Schule" heraus. Setzt man diese Beobachtung der
sprachlichen Vielfalt in Bezug zur sog. Wissensgesellschaft, so stellt sich
zwingend die Frage, in welchen sprachlichen Erscheinungsformen sich die
vielfältigen Wissensbestände einer modernen Gesellschaft präsentieren.
Dieser vorerst sehr allgemeinen Fragestellung nach den *Formationen des
Wissens* hat sich das Forschungsnetzwerk „Sprache und Wissen"
(www.suw.uni-hd.de) verschrieben.

Genau in dem Maße, in dem eine Unterteilung *des Wissens* in unterschiedliche Wissensformate, Wissensbereiche, Wissensdisziplinen oder
Wissensdomänen evident und erforderlich zu sein scheint und sich darüber hinaus in unserer Gesellschaft in vielfältigen Bildungsstätten als „Bewahrer und Fortentwickler" von Wissensbeständen etabliert hat (vgl.
Konerding in diesem Band), genau in dem Maße interessiert die Frage, ob
und inwiefern Unterschiede in der Verwendung des Mediums, die zur
Wissenskonstitution und zum Wissenstransfer benutzt werden, nämlich
den sprachlichen Erscheinungsformen, auszumachen sind.

Die Redeweise von den sprachlichen Erscheinungsformen kann –
immer noch vorwissenschaftlich – präzisiert werden, wenn wir nicht von
„Wissensformen in Sprache" sprechen, sondern von „Wissensformationen in Texten bzw. Gesprächen". Auf diese Weise berücksichtigen wir
schon einmal den Umstand, dass Wissen sich in schriftlichen oder mündlichen Äußerungen manifestieren kann, die sich unter Text- und Gesprächssortenaspekten im Hinblick auf sprachliche Muster und hand-
lungsorientierte Kommunikationsroutinen beschreiben lassen (Burkhardt
2003). Dass die geschriebene Sprache sich grundlegend von der gesprochenen unterscheidet (Koch/Oesterreicher 1985), aber dennoch viele

Gemeinsamkeiten mit dieser aufweist, muss darüber hinaus zusätzlich beachtet werden, wenn man die „sprachlichen Formationen des Wissens" (so auch der Titel des internationalen – vom Bundesministerium für Bildung und Forschung geförderten – Symposions 2007, welches das Forschungsnetzwerk in Heidelberg im Internationalen Wissenschaftsforum veranstaltet hat) genauer untersuchen möchte. Die deutsche Sprache ist also kein homogenes Gebilde, sondern wir haben es mit „Sprachen in der Sprache" (Varietäten) zu tun – also mit der systematisch geordneten Heterogenität einer natürlichen Sprache, also mit dem Problem der Varietätenbestimmung innerhalb der Variationslinguistik.

Varietäten oder *Lekte*[1] kann man mit Rückgriff auf das Sprachverhaltensmodell von Steger/Schütz (1973) als „gebündelte Textexemplare ansehen, deren sprachliche Merkmale in der Hauptsache von Redekonstellationstypen oder sozio-pragmatischen Bedingungen wie Individuum, Gruppe, Gesellschaft, Situation, Funktion geprägt sind." (Löffler ³2005a: 79) Mattheier (2001) definiert den Varietätenbegriff unter sprachsystematischen, sozio-situativen und Sprach-Bewusstseins-Aspekten. Untersuchungsgegenstand der hier zugrunde gelegten Varietätenlinguistik sind sowohl das Sprachsystem als auch der Sprachgebrauch (vgl. dazu auch „the standard pattern of research methodology in variation studies" bei Chambers/Trudgill/Schilling-Estes 2002). Ob man sprachliche Erscheinungsformen nun im Forschungsparadigma der *Varietätenlinguistik* oder eher in dem der *Soziolinguistik* sieht – vgl. die Begriffsabgrenzung bei Löffler: „Die linguistische Soziolinguistik ist im Begriff, den Namen ‚Varietätenlinguistik' anzunehmen" (Löffler ³2005a: 18 ff.) –, so steht doch eines fest: Das Untersuchungsobjekt, nämlich die Sprache, ist kein einheitliches Phänomen, sondern „auf der Systemseite wie auch in der konkreten Sprachverwendung ein Konglomerat verschiedener Subsysteme und Äußerungsvarianten, die von innersprachlichen und außersprachlichen Faktoren bestimmt sind" (Löffler ³2005a: 20).

Es lässt sich daher in Bezug auf den Menschen, auf die Wissensbestände und die Sprache(n) festhalten: In der Person-Umgebungs-Beziehung agiert und begegnet der einzelne Mensch verschiedenen, aber durchaus zusammengehörenden Sprachen (Variationen des Deutschen),

---

1   Beispielsweise stellen Soziolekte (Gesamtheit der sprachlichen Besonderheit einer sozialen Gruppierung) eine sprachliche Varietät dar, deren Charakterisierung besonders über soziale Determinanten wie z.B. die gesellschaftliche bzw. soziale Gruppierung vorgenommen wird und deren Funktionsbereich weniger unter fachlichen als vielmehr unter sozialen und identitätsstiftenden Gesichtspunkten gesehen wird. Funktiolekte sind hingegen sprachliche Varietäten eines spezifischen fachlichen Funktionsbereichs von fachlich orientierten Gruppierungen, man könnte auch sagen, ein funktional determinierter Soziolekt.

die das Grundmuster für Text- und Gesprächsformen der menschlichen Kommunikation darstellen. Die Menschen – legen wir einmal eine system-theoretische Betrachtungsweise zugrunde – sind als offenes dynamisches System gezwungen, zur Erhaltung und Erweiterung der Systemstabilität sich mit ihrer Umgebung auseinandersetzen. Die angesprochenen Muster des gemeinsamen Handelns einer auf Verständigung und Austausch ange-legten Gemeinschaft lassen sich in den mehr oder weniger gleichförmigen Sprachmitteln ausfindig machen, die uns regelhaft, als Routinen in schrift-lichen Texten oder mündlichen Gesprächsformen begegnen (Text-Bild-Grafik-Beziehungen bedürfen einer gesonderten Betrachtung). Wissen erscheint demnach in Texten und Gesprächen, die als einzelne Exemplare auf Grund von Gemeinsamkeiten und Unterschiede zu Bündeln von Text- bzw. Gesprächssorten zusammengefasst werden können. Blickt man auf den Bereich jenseits textueller Grenzen, so befindet man sich auf der transtextuellen Ebene des Diskurses, einer Dimension der Sprachwis-senschaft, die auf Grund ihrer Komplexität noch schwieriger zu beschrei-ben ist (Busse/Teubert 1994; Warnke 2007b; Warnke/Spitzmüller 2008b). Die Vielgestaltigkeit der sog. Wissensgesellschaft und ihrer mündlichen und schriftlichen Erscheinungsformen zeigt, dass trotz aller Erfassungs-schwierigkeiten neben einer Textlinguistik dringend eine Diskurslinguistik erforderlich ist (Warnke/Spitzmüller 2008a).

Bisher haben wir zwei Ebenen erwähnt: einerseits die Ebene der na-tionalen Sprache, die wir in vielfältige sprachliche Erscheinungsformen aufgeteilt haben, und andererseits die Ebene der real vorkommenden Texte und Gespräche, die sich unter typologischen Gesichtspunkten in irgendeiner Weise klassifizieren lassen. Da die Redeweise von der Einzel-sprache und der Grammatik einer Sprache zu unpräzise ist, soll hier von einer virtuellen Gesamtgrammatik ausgegangen werden, die eine Einzel-sprache in unterschiedliche Subsysteme aufteilt, um die Variabilität in ‚Sprachen' und ‚Texten/Gesprächen' linguistisch zu erfassen, soweit die Varianten als mögliche Ausdrucksmöglichkeiten kollektiv und regulär auftreten. *Variante* ist demnach die konkrete Realisierung einer linguisti-schen Einheit in einer konkreten Äußerung (z.B. „freie", unmarkierte Variante *Anfang – Beginn,* regional *Samstag – Sonnabend,* stilistisch *Geld – Kohle,* diaphasisch *durchs – durch das,* diastratisch *relevant – wichtig* usw.). *Va-riablen* sind dingfest zu machen entweder durch innersprachliche Merkma-le (auf der Ebene der Phonetik/Phonologie, Morphologie, Lexik, Syntax, Pragma-Semantik) oder durch außersprachliche Merkmale (Kommunika-tionsgegenstand, -situation, -zweck und soziales Umfeld der Sprechenden usw.). Varianten sind Realisierungsmöglichkeiten von Variablen. Somit bilden Mengen von Varianten, die in Bezug auf Variablen (inner- und außersprachliche Merkmale) auf charakteristische Weise fixiert sind, ein Sprach-Subsystem, kurz eine *Varietät*.

Diese Teil- oder Subsysteme instruieren die Textproduktion, sind als „Texte-in-Funktion" bzw. „Gespräche-in-Funktion" beschreibbar und beeinflussen die Textrezeption auf Grund unserer Erwartungshaltung und unserer Erfahrungen im Umgang mit musterhaften Texten zur Erfüllung bzw. Erledigung kommunikativer Routinen (Textsorten). Der Beschreibung und Erfassung dieser Subsysteme hat sich die Varietätenlinguistik verpflichtet, die im Spannungsfeld der Pole *Sprachsystem – Sprachnorm – Sprachvariation* zu verorten ist.[2] Sprachvarietäten werden aus heuristischen Gründen als Konstrukte und sprachliche Teilsysteme definiert, also als charakteristische Bündel von Variantenmerkmalen mit systemhaftem Charakter. Eine Varietät ist damit ein Teil-/Subsystem einer „ganzen" Sprache (mit einer virtuellen Gesamtgrammatik als Gesamtsystem).

---

2   Löffler (2005a: 11 ff.) grenzt Varietätenlinguistik und Soziolinguistik wie folgt voneinander ab: Die heute vorherrschende Soziolinguistik in der Germanistik „als Sprachwirklichkeitsforschung oder Varietätenlinguistik" basiert auf einzelsprachlicher „Feldforschung" und hat seit den achtziger Jahren „eine deutliche Tendenz hin zur Varietätenlinguistik nach innen und zur Kontaktlinguistik (Bilingualismus; Zweitsprachenerwerb; Dialekt-Diglossien etc.) nach außen". In diesem Punkt stimmt sie mit anderssprachigen Soziolinguistiken überein und hat somit eine Internationalisierung erfahren. „Selbst von der beinahe synonym gebrauchten ‚Varietätenlinguistik' lässt sich die Soziolinguistik als Erklärungswissenschaft mit ihren inzwischen etablierten ‚Parametern' wie Gruppe, Alter, Geschlecht, Identität, Loyalität, u.a. immer noch deutlich abheben." (Löffler [3]2005a: 18) Dem Terminus ‚Varietätenlinguistik' wird im Folgenden der Vorzug gegenüber ‚Soziolinguistik' gegeben, weil beim Varietätenbegriff die sprachsystematische Perspektive sofort sichtbar ist, während beim Terminus ‚Soziolinguistik' diese Betrachtungsweise eigens hervorgehoben werden muss. In der Sache gibt es in Anlehnung an Dittmar nur geringfügige Unterschiede: „Der Gegenstand der Soziolinguistik ist die soziale Bedeutung (von Varietäten) des Sprachsystems und des Sprachgebrauchs" (Dittmar 1997: 21), sofern die Herausarbeitung und Beschreibung der Varietäten auch zu diesem Verständnis von Soziolinguistik dazugehört. Dittmar unterscheidet dabei vier Fragestellungen in der Soziolinguistik: (1) Sprache als soziale Systeme (2), Variationslinguistik, (3) Ethnographie der Kommunikation und (4) Interaktionsanalyse (Dittmar 1997: 21–23). Bußmann ([3]2002: 608 f.) unterscheidet drei Forschungsschwerpunkte der Soziolinguistik: (1) eine primär soziologisch orientierte (Zweck der Sprachverwendung), (2) eine primär linguistisch orientierte Beschreibung und Erklärung der Heterogenität sprachlicher Systeme und (3) eine ethnomethodologisch orientierte Beschreibung sprachlicher Interaktion zur Erzeugung und Erklärung sozialer Wirklichkeiten. Löffler (2005a: 20 ff.) unterscheidet sechs verschiedene ‚Soziolinguistiken' und nimmt eine Gegenstandsbestimmung einer ‚Germanistischen Linguistik' vor, die auch den hier dargelegten Ausführungen als Anknüpfungspunkt und Vergleichsfolie dienen soll: Löffler identifiziert eine (1) philosophisch-anthropologische, (2) eine psychologische, (3) eine soziologisch-gesellschaftswissenschaftliche, (4) eine interaktionistisch-kommunikationstheoretische, (5) eine eigentlich ‚linguistische Soziolinguistik' sowie (6) eine ‚Germanistische Soziolinguistik'.

Zusammenfassend lässt sich festhalten: Ein Teil-/Subsystem kann auf der *langue*-Ebene beschrieben werden und findet seinen Ausdruck auf der *parole*-Ebene in Existenz- bzw. Erscheinungsformen der Sprache (z.B. Mundart, Regiolekt, Standardvarietäten, Alltagssprache, Fachsprache usw.). Die sprachlichen *Varianten* typischer *Variablen* kann man zu systematischen Mengen zusammenfassen, die als *Varietäten* Teilsysteme, Subsysteme, Subcodes innerhalb des Diasystems einer Sprache[3] bilden (vgl. Löffler [3]2005a). Diskurse als besonders komplexe Phänomene, die beschrieben werden müssen und sich in mündlichen und schriftlichen Formen manifestieren, liegen quer zum Varietätenmodell.

Eine linguistische Herangehensweise muss neben sprachsystematischen (also auf die virtuelle Gesamtgrammatik fokussierende) auch pragmatisch-kommunikative (z.B. situationsspezifische, kulturhistorische und mediale) Einflussgrößen berücksichtigen. Linguistisch einschlägig sind dabei die Parameter *Raum, Zeit, Situation* (z.B. sozialpsychische Konstellation, soziale Hierarchie, Erwartungshaltungen, Loyalität in Bezug auf Normeinhaltung und Normmodifikation[4] aus Prestige-Gründen) *und soziale Gruppierung* (z.B. Alter, Geschlecht, Identität, Sozialisationstyp, Sozialprestige, Image, Stigmatisierung, Gruppenzugehörigkeits- versus Gruppierungsabgrenzungsbedürfnis), die allesamt unter dem Aspekt der lexikalischen und grammatischen Korrektheit (langue) sowie der Angemessenheit (parole), der Sprachhandlungsanalyse (rhetorische Text- und Wirkungsfunktionen), der (Mehrfach-)Adressierung (Hoffmann 1984; Kühn 1995), der Text- und Gesprächssortenspezifik sowie der intertextuellen und diskursiven Verweiszusammenhänge zu erörtern sind.

---

3   In der soziolinguistischen und sprachgeschichtlichen Beschreibung sprachlicher Vielfalt hat sich neben dem Begriff ,Varietät' auch der des ,Diasystems' als nützlich erwiesen (dia- [gr.]: Präfix mit der Bedeutung ,durch', ,hindurch'). Sprache wird als Diasystem („System von Systemen", Weinrich 1954) beschrieben, es setzen sich dabei die Dimensionen diatopisch (lokal – regional – überregional z.B. Stadtkölnisch, Landkölnisch, Mittelfränkisch), diastratisch (Sozialprestige), diaphasisch, diasituativ (Pragmatik) und diachronisch (Zeitstufe) durch. Die Varietätendimensionen gehen auf den norwegischen Linguisten Leiv Flydal (1952) zurück, der die Termini diatopische und diastratische Variation (in Anlehnung an die bereits traditionelle Unterscheidung von Synchronie und Diachronie) prägte, woraufhin Coseriu die dritte Dimension der diaphasischen (d.h. stilistischen) Variation hinzufügte. Wandruszka (1979) spricht von der „inneren Mehrsprachigkeit" und referiert dabei auf Subsprachen, Stil, Register, Varietät und Lekt.

4   Vgl. zur Normproblematik von Wright (1963); Gloy (1975, 1998); Hartmann (1976); Steger (1980b); Bartsch (1985).

2   Erkenntnisinteresse sowie sprachwissenschaftliche und gesellschaftliche Relevanz

Das Erkenntnisinteresse dieses Sammelbandes und des Forschungsnetzwerkes „Sprache und Wissen" lässt sich in dem folgenden Gedankengebäude Humboldtscher Provenienz verorten: „Der Mensch lebt auch hauptsächlich mit den Gegenständen, so wie sie ihm die Sprache zuführt, und da Empfinden und Handeln in ihm von seinen Vorstellungen abhängt, sogar ausschließlich so."[5] Dieses Humboldtsche Zitat weist Sprache eine, wenn nicht sogar die zentrale Rolle bei der Bearbeitung der kulturellen Grundsatzfrage zu: Wie lässt sich die Welt der Gegenstände und Sachverhalte (Objektsphäre) mit Hilfe von natürlichsprachlichen Zeichen in Verbindung bringen mit der Welt des Denkens und Wissens (Wirklichkeitswahrnehmung/-verarbeitung des Subjekts)?

Eine so weit gefasste Frage muss im Hinblick auf das Forschungsnetzwerk – so wie ich sie anhand der einzelnen Wissensdomänen im Folgenden erörtern möchte – aus linguistischem Erkenntnisinteresse heraus präzisiert werden – und kann dann wie folgt formuliert werden: *Mit welchen sprachlichen Elementen wird Sinn intersubjektiv gemäß einer bestimmten Ordnung konstituiert* und vermittelt, und wie lassen sich solche Wissensbildungsprozesse als sozialkommunikative Praktiken mit Hilfe linguistischer Instrumentarien genauer beschreiben?

Bei der Strukturanalyse solcher Prozesse – also des Verbindens von Objektsphäre und Subjektsphäre durch sprachliche Zeichen, das Köller (2004) als Perspektivitätsproblem fasst – gehe ich davon aus, dass Konzeptualisierungen in Zeichenverkettungen als kommunikativ eingeübte und erfahrene Wissensformen ausfindig gemacht werden können (vgl. auch Busse 1992; Konerding 1993, 2005; Felder 1995, 2006b; Fraas 1996; Ziem 2008). Spezifische Zeichenverkettungen können sich mit der Zeit sprachlich und sozial als Wahrnehmungs- und Objektivierungs*muster* stabilisieren. Solche Muster lassen sich ausdrucksseitig idiomatisch und inhaltsseitig über die Untersuchung sog. *handlungsleitender Konzepte* (Felder 2006b: 18) ermitteln – das sind auf der sprachlichen Inhaltsseite Konzepte[6] (bzw.

---

5   Wilhelm v. Humboldt (1827-1829): Ueber die Verschiedenheiten des menschlichen Sprachbaues. In: Werke in fünf Bänden. Hrsg. von Andreas Flitner u. Klaus Giel. Band 3. Berlin (1963: 224).

6   Unter Konzept verstehe ich eine kognitive Einheit oder Inhaltskomponente, an der Eigenschaften oder Teilbedeutungen identifiziert werden können (Felder 1995: 3 und 47 sowie Felder 2006b: 18). Zur Problematik des Konzeptbegriffs vergleiche Konerding (1993) und Ziem (2008).

Begriffe), welche die Textproduzenten bei der sprachlichen Konstitution von (fachlichen) Sachverhalten unbewusst verwenden oder bewusst durchzusetzen suchen. Aufzuspüren sind solche Muster ausdrucksseitig in Texten mit konventionalisierten Zeichen und Zeichensystemen bzw. Stiltraditionen (Feilke 1994, 1996; Löffler ³2005a; Auer 2007). Stil beruht immer auf der Auswahl aus den systematischen Vorgaben, die eine Sprache bereithält. Die für die Textanalyse und Stilbestimmung relevanten sprachlichen Bereiche sind die Vertextungsstrategien, die kommunikativen Grundbereiche der Funktionalstile und die Textsorten (Sandig 2006; Eroms 2007). *Wahrnehmungs- und Objektivierungsmuster können als sprachlich konstituierte Kulturprodukte angesehen werden.* Erkenntnistheoretisch gesehen ordnen diese natürlichsprachlichen Strukturierungsmittel unsere Vorstellungsinhalte und gehören zu den konstitutiven Bestandteilen wahrgenommener Sinninhalten. Auf Grund dessen sind *sprachliche Elemente idiomatische Steuerungsmittel.*

Damit bin ich bei der Ausgangsfrage angelangt, nämlich der Frage, wie sich bei der Wissenskonstitution und Wissensvermittlung Perspektiven in sprachlichen Gebilden – also in Formen – ermitteln lassen (Köller 2004). Zu diesem Zweck müssen Analysen die Ebene des Textes und Diskurses ebenso wie die Ebene der lexikalischen und grammatischen Grundformen berücksichtigen.[7] Texte beruhen einerseits auf der Auswahl aus den systematischen Vorgaben, die eine Sprache bereithält. Neben dieser Analyseebene bei der Bestimmung des sprachlichen Bereichs sind andererseits die Vertextungsstrategien (Sandig 2006), die kommunikativen Bezugsbereiche (Steger 1988; Löffler ³2005a) bzw. Funktionalstile (Riesel ²1970, 1975) und die Textsorten (Heinemann/Heinemann 2002; Adamzik 2000) relevant. Erörtert man die Perspektivierungsproblematik im Hinblick auf die Wissenskonstitution in gesellschaftlich relevanten Bereichen durch sprachliche Formen und ihre Verknüpfung, so sind wir beim Kern dieses Einleitungsaufsatzes und des Forschungsnetzwerks „Sprache und Wissen" angelangt, nämlich der Frage nach den sprachlichen Formationen von Wissensbeständen, also dem Aspekt der fachlichen Sachverhaltskonstitution zum Aufbau von Fachwelten, die über Texte und deren Charakteristika zu erschließen und nur dann zu verstehen sind, wenn man Gegenwartssprache ausdifferenziert hinsichtlich soziokommunikativer Praktiken und sich dabei besonders auf Varietäten (als Bündel charakteristischer Variantenmerkmale) und sie bestimmende Muster und Routinen konzentriert, wie sie sich etwa aus den jeweiligen Text- und Gesprächssor-

---

7   Vgl. die Darlegung der Analyseebenen im Untersuchungsprogramm der pragmasemiotischen Textarbeit bei Felder (2007: 361) und bei Felder (in Vorb.).

ten ergeben. Solche kommunikativen Muster und Routinen sind zum einen relativ stabil und fest, zum anderen jedoch müssen sie auch dynamisch und flexibel sein, um sich partiell an Veränderungen anpassen zu können. Genauer gesagt: Kommunizierende modifizieren Muster und Routinen von Text- und Gesprächssorten, um sich akkomodieren zu können (Anpassung durch Angleichung an Anforderungen der Umwelt). Als ein Beispiel für solch eine Mustermodifikation kann die Einstellung von Wissenschaftlern gegenüber der Erklärungskraft von Metaphern in Fachtexten angeführt werden. Wurde die Verwendung von Metaphern in Fachtexten sowohl von Wirtschaftswissenschaftlern (vgl. Hundt 1995: 49) als auch von Naturwissenschaftlern (vgl. Liebert 1995; Liebert 2005: 207 und Fischer 2005) geleugnet (da sie angeblich unscharf, vage, unpräzise sind und damit als unwissenschaftlich abgewertet wurden), so weisen die genannten Autoren unter Rückgriff auf aktuelle Forschungen eindrucksvoll nach, wie metaphorisch die wirtschafts- und naturwissenschaftliche Fachsprache tatsächlich ist.

Wie begegnen Fachexperten oder fachlich interessierten Laien (neuen und nicht selbst generierten) Wissensbeständen? Die Antwort ist vermeintlich trivial: in Form von schriftlichen oder mündlichen Texten bzw. Gesprächen.

Was müssen Fachexperten tun, wenn sie selbst erforschtes Wissen publik machen möchten? Die Antwort scheint wiederum trivial zu sein: Texte produzieren und Gespräche führen. Solche Texte können selbstredend auch Bild- und Grafikelemente enthalten; dessen ungeachtet ist das zentrale Medium das Symbolsystem der natürlichen Sprache. Ein genuin linguistisches Interesse zielt nun darauf, zu erforschen, inwiefern die Sprache dieser Fachtexte (also die Fachsprache) sich unterscheidet von oder Gemeinsamkeiten aufweist mit der Sprache des Alltags, in der wir sprachlich sozialisiert werden, die wir als erstes lernen und mit deren Hilfe wir den Alltag sprachlich handhaben (Steger 1991). Diese Frage muss noch spezifiziert werden im Hinblick auf Texte: Sprache begegnet uns – wie bereits erläutert – in Form von Texten. Dementsprechend begegnet uns die Welt als vertextete Welt. Textverstehen kann systematisch in einem Schema als „vernetztes textevozierbares Wissen" modelliert werden (Scherner 1994: 336). Mit Rückgriff auf Humboldts Verständnis von *Form* als „Gesetz, Richtung, Verfahrensweise" gilt es sprachliche Unterschiede in den „Sprachen" des Deutschen (Varietäten) mit Hilfe lexikalischer (z.B. Wortbildung, Wortentlehnungen, Wortschatz, Wortschöpfung) und grammatischer Ordnungsmuster (z.B. die Kategorien Tempus, Genus verbi und Modus) zu ermitteln – und nicht nur über die Beschreibung der pragmatischen, kommunikativen und funktionalen Situationsfaktoren. Perspektiven werden sichtbar und manifestieren sich in sprachlichen Formungsprinzipien. Diese unterschiedlichen Formungsprinzipien, diese sprachlichen Formationen des Wissens sind unser Zugang zu Wissensbeständen. Aus diesem Grund steht die Frage, wie gesamtgesellschaftlich relevante Wissensbestände durch sprachliche Mittel geformt werden, im Mittelpunkt des Erkenntnisinteresses, das sich die Projektleiter der einzelnen Wissensdomänen im Forschungsnetzwerk *Sprache und Wissen* zum Ziel gesetzt haben.

3   Untersuchungsinteresse: Fachliche Sachverhaltskonstitution – Textwelten – Varietäten

Was bisher über Wirklichkeits- bzw. Sachverhaltskonstitution im Allgemeinen gesagt wurde, findet in einzelnen Wissensbereichen unterschiedlichen Niederschlag. Deshalb sind fachspezifische Sachverhalts- und Wirklichkeitskonstitutionen hinsichtlich ihrer Perspektivierungspotentiale zu untersuchen. Von Interesse ist, wie Fachexperten ihre Sachverhalte sprachlich konstituieren, also „zubereiten" (siehe Jeand'Heur 1998: 1292, der aus diesem Grunde von der „Zubereitungsfunktion" im Recht spricht, und den von Felder 2006 herausgegebenen Sammelband (Felder 2006a), der diesen Gedanken auf verschiedene Wissensdomänen ausweitet und die in den Fächern widerstrebenden Konzeptualisierungs-Konkurrenzen (Felder 1999) als „semantische Kämpfe" beschreibt). Fachwelten begegnen uns vertextet und werden hier deshalb Textwelten genannt, die die Frage aufwerfen, wie sich diese Texte im Spektrum von Varietäten und in Relation zu einer virtuellen Gesamtsprache beschreiben lassen (Chambers/Trudgill/Schilling-Estes 2002). Diese Frage ist insofern bedeutsam, als das Material, das den komplexen fachlichen Wirklichkeitskonstitutionen zugrunde liegt, möglichst vielschichtig im Hinblick auf Gemeinsamkeiten und Unterschiede zu charakterisieren ist.

Folgende Fragestellungen stehen im Mittelpunkt des Erkenntnisinteresses, das also die sprachlichen Formationen von Wissen linguistisch zu erfassen versucht:

• Wie manifestieren sich in Texten Fachwelten und Sachverhaltskonstitutionen als durch sprachliche Formen perspektivierte Referenzobjekte?

- Fasst man Referenz als an prototypischen Zeichenverwendungen orientiertes Wissen (also als einen Akt der sprachlichen Konstituierung von Wissen), so stellt sich die Frage, welche der verschiedenen sprachlichen Formen und Register zur Konstitution von Sachverhalten als Referenzfixierungsakt beitragen und wie diese systematisch erfasst werden können (Felder 2006b: 15). Dabei ist zu bedenken, dass zunächst spontan eingesetzte sprachliche Mittel einem Standardisierungsprozess unterliegen, der vom erstmaligem Gebrauch über kommunikative Habitualisierung (in dem Sinn, dass eine sprachliche Realisierung zur Gewohnheit wird oder gemacht wird), Konventionalisierung (derart, dass eine sprachliche Fügung im Herkömmlichen verankert ist, sich in eingefahrenen Bahnen bewegt) bis hin zur Stereotypisierung einer Sprachhandlung reicht (Beckmann 2001: 79 ff.), die über ihr Denotat hinausweist und zusätzlich auf abstrahierte, sedimentierte kollektive Einstellungen und Praxen referiert – so etwa bei der Wortgruppe *Gen- und Biotechnologie.*
- Durch welche spezifischen Ausdrucksweisen bzw. Äußerungseigenschaften werden Wahrnehmungsprozesse, Wissensvorstellungen und Konzeptualisierungen ko-orientiert, und inwiefern beeinflusst die sprachliche Zugriffsweise in der fachlichen Kommunikation die Sachverhaltskonstitution in Technik, Naturwissenschaften und Medizin, Wirtschaft, Recht, Architektur und Stadtplanung, Religion, Mathematik, Geistes- und Sozialwissenschaften und im Kunstbereich?
- Wie lassen sich die – in Fachkontexten eingesetzten – Text- und Gesprächsexemplare im Hinblick auf die Statik und Dynamik von Mustern bzw. Routinen in Text- und Gesprächssortenaspekten charakterisieren und in Verbindung bringen mit linguistischen Diskursansätzen in der Folge der Foucaultschen Diskursformation des Dispositivs?
- Wie unterscheidet sich die „Zubereitung" der Sachverhalte auf der Ebene der außermedialen Wirklichkeitskonstitution im Unterschied zur Sachverhaltskonstitution in der audio-visuellen Medienrealität (Printmedien, Hörfunk, Fernsehen, Internet), die eine primärwirkliche Konstitution in einen gestalteten Medieninhalt transformiert?
- Welche sprachlichen Beschreibungsebenen von der Lexik über Syntagmen hin zu Sätzen und Texten bis zu Diskursen sind im Hinblick auf das oben formulierte Erkenntnisinteresse förderlich? Was spricht für eine aszendente, was für eine deszendente Vorgehensweise?
- Welche linguistischen Methoden und Kriterien sollen zur Erkenntnisgewinnung herangezogen werden?
- Inwiefern instruieren Fach- und Vermittlungstexte sowie Medientexte kulturelles Wissen in unterschiedlicher Form und tragen damit zu einer heterogenen kulturellen Orientierung und divergierenden Haltungen gegenüber sozialem Handlungswissen bei?

Den Ausführungen und dem Forschungsnetzwerk liegt also die folgende Prämisse zugrunde: Sachverhaltskonstitution und Sinnherstellung sind über sprachliche Formen und Funktionen nachzuzeichnen, Fachsprache

bildet nicht Wirklichkeit ab, sondern kreiert den Sachverhalt aus fachlich
konstituierten Fakten und Tatsachen (Felder 2006b: 35 ff.). Angesichts der
heterogenen Wissensdispositionen von Individuen und die nicht identische Wirkung sprachlicher Formen bei unterschiedlichen Sprachbenutzern
verschärft sich das Problem, und es wird die Bedeutung der – in Sprache
immanenten – Perspektivität evident. Mit einer Entscheidung für eine
sprachliche Formulierung geht nämlich gleichsam eine Entscheidung für
eine Perspektive einher (bewusst oder unbewusst) und gegen eine andere
potentielle Formulierungsvariante mit einer divergenten Perspektive. Dieser Umstand rechtfertigt es, von „semiotischer Gefangenschaft" zu sprechen.

Im Zuge der Forderungen nach einer interdisziplinären Kulturwissenschaft muss die Linguistik meines Erachtens stärker die besondere Leis-
tungs- und Erkenntniskraft ihres Beschreibungsinstrumentariums heraus-
streichen. Im Kontext des Forschungsnetzwerks „Sprache und Wissen"
gilt es dabei in Kooperation mit anderen Wissenschaftsdisziplinen – aber
auch gleichzeitig die eigene Disziplin und ihr Erkenntnisinteresse forcie-
rend – eine Analyse komplexer Textgeflechte und Diskurse (Warnke
2007a und Warnke/Spitzmüller 2008a) zu leisten.

Das folgende Kapitel versucht nun eine varietätenlinguistische Synopse im Hinblick auf die Ausgangsthese der vertexteten Fachwelten zu modellieren.

4   Sprachen in der Sprache –
Varietäten des Deutschen

Zur Bestimmung der sprachlichen Erscheinungsformen als Beschrei-
bungsdimensionen bzw. Beschreibungsebenen einer virtuellen Gesamtsprache wird in der Variatätenlinguistik aus heuristischen Gründen der
Versuch unternommen, die Vielzahl der sprachlichen Existenzformen
einzuordnen, i. e. zu kategorisieren (vgl. zum Beispiel Bausinger 1972;
Schlieben-Lange 1973; Steger 1980a; Löffler [3]2005a; Stickel 1997; Bar-
bour/Stevenson 1998; Veith [2]2005; Ammon 2006; Ammon/Mattheier/
Dittmar 2004-2006; Chambers/Trudgill/Schilling-Estes 2002). Das hier
favorisierte Modell der varietätenlinguistischen Einordnung, das sich um
die Weiterführung des Vorschlags von Steger (1988) bemüht, wird zunächst vorgestellt, um im Anschluss diskutieren zu können, wie sich die
sprachlichen Formationen des Wissens varietätenlinguistisch beschreiben
und abgrenzen lassen.

Das Modell von Steger (1988: 313) unterscheidet insgesamt drei Dimensionen – die sozialräumliche, die funktional-zweckhafte und die historische. Eine sprachliche Erscheinungsform lässt sich adäquat nur dann beschreiben, wenn sie hinsichtlich aller drei Dimensionen charakterisiert wird. Diese sprachlichen Bestimmungsversuche präfigurieren einen Varietätenbegriff, den Roelcke mit Bezug auf Steger (1988) und Becker/Hundt (1998) folgendermaßen resümiert (Varietätendefinition):

> „Unter einer Varietät wird dabei ein sprachliches System verstanden, das einer bestimmten Einzelsprache untergeordnet und durch eine Zuordnung bestimmter innersprachlicher Merkmale einerseits und bestimmter außersprachlicher Merkmale andererseits gegenüber weiteren Varietäten abgegrenzt wird. Innersprachliche Merkmale können dabei auf den Beschreibungsebenen Laut und Schrift, Lexik, Syntax, Grammatik und Pragmatik festgestellt werden. Außersprachliche Merkmale ergeben sich aus dem landschaftlichen Raum, der gesellschaftlichen Gruppe, dem menschlichen Tätigkeitsbereich und der geschichtlichen Periode, für welche die betreffenden innersprachlichen Merkmale als charakteristisch gelten dürfen: Je nach Dominanz dieser außersprachlichen Merkmale werden hiernach dann regionale, soziale, funktionale und historische Varietäten unterschieden." (Roelcke 1999: 19)

Bei der Interpretation von Fachtexten und Fachdiskursen, die im Folgenden im Mittelpunkt des Interesses stehen, spielen in erster Linie funktionale Bedingungen, mitunter aber auch soziale Bedingungen beruflicher Gruppierungen eine Rolle. Neben diesen Aspekten gilt es zusätzlich Probleme der Textsortenbestimmung zu erörtern, um die im Forschungsnetzwerk behandelten Texte und Gespräche (= Existenzformen der Sprache) präziser fassen zu können.

Neben der sprachtheoretischen Frage (die noch zu erörtern sein wird), ob es sich bei Varietäten nun um Kontinua oder Gradata handelt (Becker 2001: 83), ist ein weiterer sprachtheoretisch relevanter Aspekt der der langue-parole-Zuordnung. Es wird diskutiert, ob Varietäten eher der Ebene der langue oder der parole zuzurechnen sind. Es stellt sich bei der Zuordnung natürlich die Frage, was alles als dem System zugehörig angesehen wird. Für die hier im Mittelpunkt stehenden funktionalen Varietäten gilt, dass die Strukturierung der Semantik den zentralen Aspekt des Systems darstellt und dass man den beiden Typen von Semantiken – nämlich der Alltagssemantik versus der Fachsemantik – einen je anderen systematischen strukturellen Status einräumen muss.

> „Varietäten, die der langue zugerechnet werden können, müssen in ihren entscheidenden linguistischen Eigenschaften systemhaften Charakter haben. Solche, die der parole zugerechnet werden können, sind Realisationsmuster des Systems und wählen aus dem System ab. An die Zugehörigkeit zu langue und parole schließt sich auch der entsprechende Normtyp an [...]: Richtigkeitsnormen für Einheiten der langue, Angemessenheitsnormen für Einheiten der parole. [...] Va-

rietäten sind also aufgrund ihrer Charakterisierung als Varietäten hinsichtlich des sprachtheoretischen Status nicht bestimmt." (Becker 2001: 82)

Anders formuliert bedeutet dies: Varietäten werden entweder in überwiegendem Maße nach Kriterien der langue-Ebene charakterisiert oder auf parole-Ebene. Um die Variantenvielfalt adäquat und nachvollziehbarer beschreiben zu können, wird zunächst der Vorschlag zur Modellierung von Sprachvarianten von Steger (1980a) und Löffler (^{3}2005a) in der Übersicht dargestellt:

Auflistung: Gegenstandsbestimmung einer Germanistischen Sozio- bzw. Varietätenlinguistik in Anlehnung an Steger (1980a) und Löffler (^{3}2005a)

1. **Modellierung von Sprachvarianten, die mit sprachexternen Mitteln, d. h. sozialen Faktoren auszugrenzen sind:**

   a) Das Deutsche überhaupt (Sprachen im Alltag [AS] & in Fachdisziplinen [Fachsprache = FS])
   b) Funktionsvarianten: Alltagssprachen (AS), Institutionen-FS, Angewandte Technik-FS, Theoretische Wissenschafts-FS, Literatursprache
   c) Raumvarianten (Dialekte, Standardvarianten)
   d) Gruppenvarianten (Soziolekte)
   e) Varianten durch die unterschiedlichen Modalitäten geschrieben/gesprochen
   f) Interaktionsvarianten (Texttypen, Stile)

2. **Gewachsene Kommunikationsmöglichkeiten und -schwierigkeiten**

   a) Probleme des Sprachkontaktes (Diglossie, Multilingualismus)
   b) Sprachliche Differenzen und Defizite („Sprachbarrieren")
   c) Sprachnorm und Sprachnormierung, Sprachpflege und Sprachplanung
   d) (Mikro-) Sprachwandel

3. **Einflüsse der gesellschaftlich-historischen Bedingungen auf**

   a) Das Handeln in sozialen Situationen
   b) Probleme des Sprachsystems des Deutschen
   c) Integration von Sprachsystem und Sprachverwendung

5 Erscheinungsformen der deutschen Sprache zur Beschreibung von Wissensformaten

Die im Folgenden dargelegte Einteilung der „Erscheinungsformen der deutschen Sprache" (Steger 1988) versucht eine Typologisierung auf der Grundlage pragmatischer Rahmenbedingungen von Sprachfunktionen und setzt auf der Ebene der parole an. Diese Ebene ist durch eine sprachsystematische (d.h. phonologische, morphologische, syntaktische) zu ergänzen (vgl. zur Varietätengrammatik Klein 1974, 1998), die Steger in seinem pragmatisch orientierten Modell vernachlässigt: Die sprachsystematisch orientierte Betrachtungsweise rückt Fragen der Perspektivität im Bereich der Lexik, grammatischer Grundformen, der Verweisungszeichen und Verknüpfungszeichen usw. in den Mittelpunkt (Köller 2004).

Erscheinungsformen der deutschen Sprache als sprachliche Formationen des Wissens müssen demnach aus sprachsystematischer wie auch aus pragmatisch-kommunikativer Perspektive beschrieben werden. Systemlinguistische Fragestellungen beschäftigen sich beispielsweise mit Fragen der Ausdrucksmöglichkeiten wie z.B. Funktionsverbgefügen, der Akkusativierung transitiver Verben, „Lücken" in Wortfeldern, Perspektivierungen durch De-/Agentivierung und Modus, Genus Verbi und Tempus. Pragmatisch-kommunikativ orientierte Ansätze fokussieren den Sprachgebrauch in konkreten Situationen im Hinblick auf Intentionen und kommunikative Effekte und differenzieren nach Sprachvarietäten oder Lekten wie Sozio-, Funktio- oder Regiolekten usw. Zu diesem Zwecke sind die jeweilige sprachliche Erscheinungsform im sprachlichen und außersprachlichen – auch historischen (v. Polenz 2000) – Kontext unter grammatisch kodifizierten Richtigkeitsnormen (Coseriu 1979) und Gesichtspunkten fachlicher bzw. fachkommunikativer Angemessenheit zu diskutieren (Steger 1980b).

Neben dem Ansatz, von konkreten sprachlichen Formen auszugehen und Hypothesen über die Funktionen und Wirkungen im Sinne einer Interaktion von Autor – Text – Leser zu bilden, gibt es die Sichtweise, von Funktionen und Wirkungsabsichten in Handlungszusammenhängen auszugehen und nach sprachlichen Realisierungsformen zu suchen, die vom Sprachsystem im Spannungsfeld von Differenzierung versus Ökonomie eröffnet werden, um die als Intention definierte Wirkung zu erreichen (Zifonun 2000; Felder 2006c: 168). Da die realisierten Ausdrucksformen als eine Auswahl aus verschiedenen sprachlichen Formulierungsmöglichkeiten für sich genommen wenig aussagekräftig sind, gilt es sie durch pragmatische und soziolinguistische Kriterien im Hinblick auf den jeweiligen Anwendungsfall zu ergänzen. Linguistisch einschlägig sind dabei – wie bereits erwähnt – die Parameter *Raum, Zeit, Situation* und *soziale Gruppierung*, die allesamt unter dem Aspekt der lexikalischen und grammatischen Angemessenheit, der Sprachhandlungsanalyse (rhetorische Text- und Wirkungsfunktionen), der (Mehrfach-)Adressierung, der Textsortenspezifik sowie der intertextuellen Verweiszusammenhänge zu erörtern sind.

Es gilt also konsequent zwischen Ausdruckskomplex, begrifflich-inhaltlicher Konzeptualisierung (dem mentalen Korrelat) und dem Referenzobjekt in der Welt (Sachverhalt) zu unterscheiden. Infolgedessen präsentiert sich mitunter ein gesamtgesellschaftlich relevanter „Fachinhalt" auch als ein Streit um Ausdrucksweisen und Begriffe bzw. in Form „Semantischer Kämpfe" („Herrschaft und Macht werden auch über Semantik ausgeübt"; Felder 2006b). Die umstrittenen Sachverhalte dürfen – entgegen allen intuitiven Vorannahmen – nicht als ontisch gegeben akzeptiert, sondern müssen hinsichtlich ihrer sprachlich instruierten Perspektivität beschrieben werden (vgl. auch Busse/Niehr/Wengeler 2005). Zur terminologischen Klärung seien die folgenden Unterscheidungen getroffen, die ich mit Hilfe der bekannten Darstellung des semiotischen Dreiecks (triadisches Zeichenmodell nach Ogden/Richards 1923) darlegen möchte:

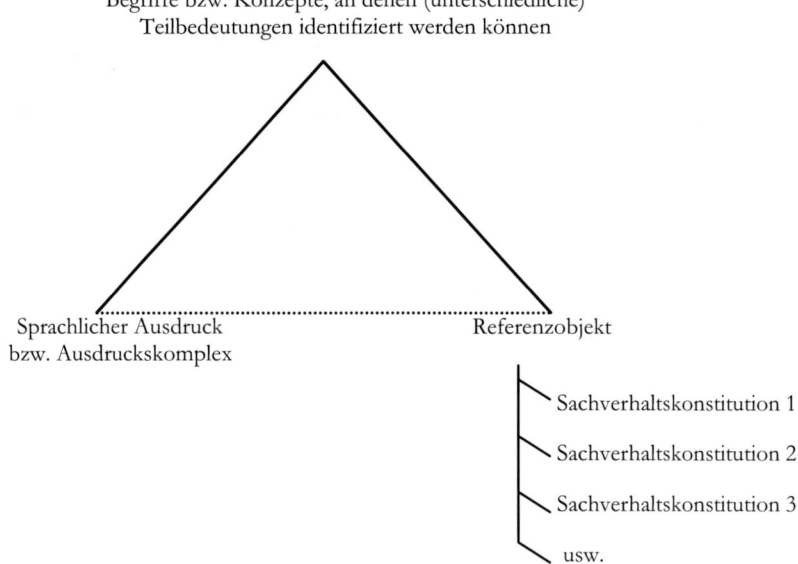

Das Prägen eines Begriffes bzw. Konzeptes (mittels des spezifischen und steten Gebrauchs eines bestimmten sprachlichen Ausdrucks im Sinne Wittgensteins 1958/[11]1997) wird hier als *Bedeutungsfixierungsversuch* bezeichnet (vgl. Wimmer 1979, 1998), identische Ausdrücke können Begriffe bzw. Konzepte mit divergierenden Teilbedeutungen evozieren und tragen damit zu einer spezifischen Sachverhaltskonstitution bei (hier als *Sachverhaltsfixierungsakt*, von Wimmer 1979, 1998 als *Referenzfixierungsakt* bezeichnet).

Die sprachlichen Formen, die zur Konstitution, also zur Erzeugung der Konzepte, beitragen, lassen sich nach linguistischen Ebenen kategorisieren und werden in dem folgenden Schaubild zusammengefasst:

Auflistung: Kategorien zur Erfassung der sprachlichen Erscheinungsformen im Paradigma der pragma-semiotischen Textarbeit

1. Lexematische Ebene
2. Ebene der Syntagmen und Kollokationen
3. Ebene der Äußerungseinheiten (auf oder unter-/oberhalb der Satzebene) zur Ermittlung handlungsleitender Konzepte, die sich wie folgt präzisieren lassen:
   a) Wenn Sachverhalte konstituiert werden, so werden sie zugleich auf bestimmte Weise klassifiziert. Zugleich wird impliziert, dass ein bestimmter Sachverhalt gerade so existiert, und damit ein allgemeiner Faktizitätsanspruch proklamiert
   b) Sachverhalte werden nicht isoliert wahrgenommen, sondern stets verknüpft mit schon vorhandenen Wissenselementen und Wissensdispositionen (Wissensrahmen)
   c) Mit jeder Darstellung eines Sachverhalts geht in der Regel eine Bewertung einher, die implizit und/oder explizit zum Ausdruck gebracht werden kann
4. Text- und Diskursebene: Texte gehen zumeist auf Vorstufen von themenverwandten Texten zurück und bilden so ein Textgeflecht, das im Hinblick auf intertextuelle Transformationen verschiedener Textsorten unterschiedlicher Varietäten (z.B. Pressekonferenzen, Politikerreden, Gerichtsurteile, Fachtexte, Dokumente, Protokolle etc.) analysiert werden muss
5. Ebene der Text-Bild-Beziehungen inkl. Interpicturalität

Zur charakterisierenden Beschreibung sprachlicher Erscheinungsformen schlägt Steger (1988, 1990, 1991, 2000) die Kopplung der drei Dimensionen *Ausdruckssystem*, *Inhaltssystem* und *historischer Zeitpunkt* vor, um die Gesamtsprache einer Sprachbevölkerung erfassen zu können.[8] Existenzfor-

---

8   Erste Versuche, mit einem mehrdimensionalen Modell Dimensionen der Sprachvariation zu bestimmen, gehen auf Leiv Flydal (1952) zurück. Zu den Dimensionen „diatopisch",

men der Sprache fasst er in einem Modell zusammen, das je nach kom-
munikativem Bezugsbereich (Makro-Kommunikationsbereiche wie z.b.
Institutionen, Technik, Wissenschaft) von spezifischen Semantiken ausgeht, aus denen – der entsprechenden Situation gemäß – eine für adäquat
eingeschätzte Versprachlichungsform realisiert wird. Sprachliche Erscheinungsformen sind demnach nach folgenden pragmatischen Kriterien der
drei Grunddimensionen einer Sprache zu beschreiben (wobei das Perspek-
tivierungspotential des Sprachsystems bei ihm ausgegrenzt bleibt):

Eine sprachliche Erscheinungsform lässt sich varietätenlinguistisch
beschreiben, wenn die folgenden drei Grunddimensionen charakterisiert
werden: (1) Soziale (sozialräumliche bzw. sozietäre) Reichweite eines Aus-
drucksformats als sprachliche Erscheinungsform, (2) „funktional-
zweckhafte Leistung" als Kommunikationsbereich einer sprachlichen
Erscheinungsform (semantische Makrotypen) und (3) historischer Zeitpunkt:

Drei Grunddimensionen von Sprachen in der Sprache (Varietäten):

1. Soziale Reichweite eines Ausdruckssystems verschiedener sozial-räumlicher
    und sozietärer sprachlicher Erscheinungsformen
2. Funktional-zweckhafte Leistung des semantischen Systems hinsichtlich der
    Semantiken in unterschiedlichen Kommunikationsbereichen innerhalb einer
    virtuellen Grammatik
3. Historischer Zeitpunkt

Als zusätzliche Dimension müssen die Charakteristika gesprochener oder
geschriebener Sprache als übergeordnete Folie berücksichtigt werden (vgl.
Fiehler/Barden/Elstermann/Kraft 2004 und Fiehler 2005 zu den Eigenschaften gesprochener Sprache sowie Brinker/Sager ⁴2006; Schwitalla
1997; Deppermann 2002, 2003, 2004 und Deppermann/Hartung 2003;
Deppermann/Spranz-Fogasy 2002). Gesprochene und geschriebene Sprache werden hier als *Modalitäten* bezeichnet (*Modalität geschrieben/gesprochen*
verwendet Burger ³2005: 367; Löffler ³2005a bezeichnet sie unglückli-
cherweise als *Mediolekte*[9]), um den Terminus *Mediolekt* für alle medienspezifischen sprachlichen Erscheinungsformen in mündlicher und schriftlicher

---

„diastratisch", „diachronisch" kommen auch die Dimensionen „diasituativ" und „diamedi-
al" (Coseriu 1979, Goossens 1977).

9   Löffler (³2005a: 80 ff.) schlägt eine Definition von Mediolekt vor, die mediale Varianten
    unterscheidet. Als Mediolekt gilt zum einen die gesprochene Sprache (mit den Eigenschaf-
    ten ‚momentan' und ‚gespeichert') sowie zum anderen die geschriebene Sprache (die nach
    den Kriterien direkt/präsentisch und indirekt/a-präsentisch beschrieben werden kann).

Form verwenden zu können, die als Medienangebote (z.b. Zeitungs- oder Zeitschriftenartikel, Rundfunk- oder Fernsehsendungen, Internetinhalte usw.) von Institutionen wie Printmedienverlagen, Rundfunk- und Fernsehanstalten und Internetprovidern publiziert werden (Dürscheid 2003). Eine Klassifizierung aller in (Massen-)Medien realisierten Erscheinungsformen ist ein ausgesprochen schwieriges Unterfangen und spielt im Folgenden keine Rolle (Burger ^{3}2005: 64 ff., 143 ff., 205 ff.; Leonhard/Ludwig/Schwarze/Straßner 1999-2002).

Jede sprachliche Erscheinungsform gesprochener oder geschriebener Ausprägung lässt sich präziser beschreiben, wenn wir sie mit den Kriterien der drei Grunddimensionen charakterisieren. Dadurch verabschieden wir uns von der vereinfachenden Vorstellung eines Sprachsystems zugunsten verschiedener Sprachsystemkomponenten, die als regelhaft beschreibbare Subsysteme im virtuellen Gesamtsystem deutscher Sprache zu bestimmen sind. Beginnen wir mit der ersten Dimension, der Reichweite des Ausdruckssystems.

5.1 Die erste Dimension: soziale bzw. kommunikative Reichweite

Kommunikative Reichweite eines Ausdruckssystems (Reichweite verschiedener sozialräumlicher und sozietärer Erscheinungsformen):

Da das System bekanntlich verschiedene Möglichkeiten eröffnet, Gemeintes ausdrucksseitig zu vertexten, muss das realisierte Ausdrucksformat hinsichtlich seiner spezifischen Charakteristika und seiner sozietärgruppenhaften Reichweiten beleuchtet werden. In diesem Zusammenhang gilt es Spezifika auf phonetisch-phonologischer, morphologischer und syntaktischer Ebene zu erfassen, um innerhalb einer virtuellen Gesamtsprache Ausdruckssysteme hinsichtlich ihrer sozialräumlichen Reichweiten und der Verstehbarkeit (Laute, Formen, Lexik, Syntax) beschreiben zu können (Steger 2000). Semantisch-pragmatische Besonderheiten betreffen sowohl die sprachsystematische als auch die pragmatisch-kommunikative Ebene. Im Kontext des Forschungsnetzwerks mit dem Erkenntnisinteresse hinsichtlich der sprachlichen Formationen von Wissen interessieren vor allem Texte als „teilgesellschaftliches, sozietäres Ausdruckssystem von sozialen Gruppen und Funktionsgruppen" (Steger 1988: 307). Die Reichweite des Ausdruckssystems ist bestimmt durch fachlich ausgewiesene Funktionsgruppen und deren fachkommunikativen Anforderungen, die als ein funktionaler Zusammenhang aufgefasst werden sollten, in dem fachliche Sachverhalte, gesellschaftliche und kulturelle Deutungsmuster, institutionelle Rahmenbedingungen, fachsprachliche Spezial-Terminologie und fachspezifische Deutungszusammenhänge als Teil einer zusammenhängenden Praxis zu erfassen sind. Ein Kennzeichen des Ausdruckssystems besteht darin, dass es in zweckrationalen, meist auch institutionalisierten Benennungsprozessen (Setzungsnormen/Normierungen) zustande kommt und dass deren Einhaltung bzw. Modifikation durch die – in Institutionen sich vollziehende – Kommunikation geregelt und geprägt ist.

Bezüglich der sozialräumlichen Reichweite des Ausdruckssystems innerhalb der Funktionsgruppen unterscheidet Steger drei Kategorien. Meines Erachtens ist es hilfreich, sie zur besseren und knappen Unterscheidung mit der Trias *Standardlekt – Regiolekt – Dialekt* zu benennen:

- *Standardlekt*: standardsprachliche oder hochsprachliche Ausdruckssysteme mit hoher Reichweite und geringfügigen Markierungseigenschaften
- *Regiolekt*: regionale Ausdruckssysteme mit mittlerer Reichweite und eingeschränkte Markierung
- *Dialekt*: mundartliches Ausdruckssystem mit kurzer Reichweite und hoher Markierung

Selbstredend muss – wie bereits erwähnt – jede Charakterisierung zusätzlich die Modalitäten *geschrieben – gesprochen* berücksichtigen, die keine Lekte sind und quer zum hier vorgeschlagenen Varietätenschema liegen.[10] Auf die Spezifika von Gesprächssorten im Unterschied zu Textsorten kann hier nicht eingegangen werden (Fiehler 2005: 1252). Mündlichkeit und Schriftlichkeit sind also unter das Ausdruckssystem zu subsumieren. Damit ist die Formulierung, gesprochene Sprache stelle eine Varietät dar, problematisch. Fachkommunikation zwischen Chemikern kann mündlich oder schriftlich in fachlichen und beruflichen Kontexten geführt werden. Es handelt sich doch jedes Mal um eine fachliche Varietät. Setzt man für mündlich realisierte und schriftlich realisierte Formen zwei getrennte Varietäten an, so muss man in unserem Beispiel eine zusätzliche Unterscheidung in mündliche fachliche Varietät und schriftliche fachliche Varietät vornehmen. Das erscheint mir nicht sinnvoll. Ansätze, welche die Über-

---

10 Als Merkmale einer mündlichen Standardvarietät gelten nach Löffler (³2005a):
- Mündliche Realisierung der Standardsprache ohne Erreichen der Artikulationsnorm der Hochlautung
- In phonetischer Hinsicht großräumig differenziert
- Öffentlicher bis offizieller Gebrauch in Schule, Kirche, öffentlichen Anlässen usw.
- Größte kommunikative Reichweite
Vgl. dazu auch Schmidt (2005).

gänge als Kontinua modellieren, vermögen dahingegen diesen Umstand angemessener zu beschreiben (Koch/Oesterreicher 1985; Dürscheid 2003).

Als prototypisches Ausdruckssystem für fachliche Varietäten gelten standardsprachliche Varietäten (Ammon/Mattheier 2003; Eichinger/ Kallmeyer 2005; Löffler 2005b). Dies gilt für die im Forschungsnetzwerk relevanten Wissensdomänen ohne Zweifel auch. Dennoch muss hier erwähnt werden, dass gerade in den angewandten Fachdisziplinen und Technikbereichen – beispielsweise in den 94 Gewerben bzw. Gewerken (sog. *Vollhandwerken*) der Handwerksordnung 1998 (Cupok 2004: 82) – die Fachkommunikation auch im Dialekt oder Regiolekt vollzogen werden kann (Stickel 1997).

Die Problematik der zahlreichen Definitionen zu Standard- oder Hochsprache ist bekannt und wird hier nicht diskutiert. Der Unterscheidung *Standardlekt – Regiolekt – Dialekt* liegt also zum einen ein areales ausdrucksseitiges Reichweitenverständnis zugrunde (Besch/Knoop/Putschke/Wiegand 1982,1983 und auch Christen 2004), Gruppen- und Sondersprachen (z.B. Sprache der Graffiti-Sprüher) zeichnen sich zum anderen durch ihre – im Folgenden auszuführenden – Fach- und Spezialsemantik aus (inhaltsseitige Reichweite, begrenzt durch die semantischfunktionale Reichweite) und können ausdrucksseitig mundartlich, regional oder in relativem Standard realisiert werden. Die Reichweite der sprachlichen Erscheinungsform als Ganzes wird gewährleistet durch die Verbindung der Dimension des historischen Zeitpunkts (siehe 5.3.) mit den zwei Dimensionen *Reichweite des Ausdruckssystems* und *Reichweite des Inhalts-/Semantiksystems*, wobei die kürzere Reichweite in einer der beiden Dimensionen die Reichweite der ganzen Zeichenverknüpfung begrenzt.

5.2 Die zweite Dimension: kommunikative Funktion oder die funktional-zweckhafte Leistung

Die oben beschriebenen sozial-räumlichen und sozietären Varietäten und ihre Ausdrucksformate werden kommunikativ eingesetzt, um diverse funktional-kommunikative Zwecke und Leistungen der sprachlichen Formationen zu bewirken. In Anlehnung an die Einteilungsvorschläge der Funktionalstilistik von Elise Riesel ([2]1970: 14 ff.) nach Funktionen in fünf Vorkommensbereiche (Alltags-, Literatur-, Wissenschafts-/Fach-, Instruktions- und Zeitungssprache) unterteilt Steger Existenzformen der Sprache gemäß der funktional-zweckhaften, varietätenbildenden Leistung des Inhaltssystems (Semantiken für Kommunikationsbereiche innerhalb der virtuellen Grammatik) und unterstellt verschiedene Semantiken unterschiedlicher Fachspezifik mit den folgenden Funktionsvarianten: Alltagssemantik, Institutionen-Fachsemantiken, Angewandte Technik-Fachsemantiken, Theoretische Wissenschafts-Fachsemantiken, Literatursemantiken, Religions- und Ideologiesemantiken. Damit wird die Einordnung sprachlicher Erscheinungsformen über gesellschaftliche Verhältnisse (nicht über Individuen oder Gegenstände) und Kommunikationsbereiche (Alltagspraxis, fachliche Kommunikation in Institutionen, Wissenschaft, Technik usw.) in den Vordergrund gerückt, wie dies in der Funktionalstilistik (Fleischer/Michel 1975: 253–267 und Riesel 1975) ebenfalls geschah. Erst die Kopplung der ausdrucksseitig bestimmten Reichweiten-Varietätentypen (Dialekte, Regiolekte und Standardlekte) mit semantisch bestimmten qualitativen Funktions-Varietätentypen (also Semantiktypen des Alltags, verschiedener Fachdisziplinen usw.) ermöglicht die angemessene Charakterisierung von Erscheinungsformen des Deutschen.

Im Mittelpunkt des hier formulierten Erkenntnisinteresses stehen Fach- bzw. Spezialsemantiken, mit deren Hilfe fachliche Ausschnitte von Welt konstituiert werden können. Den Gegenpol bilden semantische Eigenschaften der alltäglichen Sprachwelt. Um die Semantik fachexterner Kommunikation erfassen zu können, schlägt Steger zusätzlich in seiner als Kontinuum modellierten Semantik-Trias den Terminus Vermittlungssemantik (siehe auch Becker 2001) vor, so dass sich folgendes Bild ergibt:

- Fachsemantik (hoher Fachlichkeitsgrad für engen, begrenzten Expertenkreis)
- Vermittlungssemantik (mittlerer Fachlichkeitsgrad mit „mittlerer" Verstehbarkeit für Fachexterne)
- Alltagssemantik (geringer Fachlichkeitsgrad für weiten Rezipientenkreis)

An dieser Stelle muss die Kritik an der vertikalen Unterteilung von Ischreyt (1965) sowie von Hahn (1980, 1983: 76 ff.; vgl. die zusammenfassende Darstellung bei Roelcke 1999: 38 ff.) präzisiert werden, die Abstraktionsebenen als Unterscheidungskriterium ansetzen und dann zu der Dreiteilung *Wissenschafts-, fachliche Umgangs-* und *Werkstattsprache* gelangen. Warum aber soll ausgerechnet der Abstraktionsgrad das entscheidende Merkmal der Verstehbarkeit von mehr oder weniger fachlichen Varietäten sein? Ein Fachgespräch zwischen Elektrikern, Chemie- oder Pharmazielaboranten bei der konkreten Arbeit ist für den Außenstehenden nicht per se leichter zu verstehen als ein solches zwischen zwei Physikern, Chemikern oder Pharmazeuten. Der entscheidende Unterschied besteht darin, dass wir uns – für eine aktive Teilnahme an der Kommunikation – die Qualifi-

kation der Elektriker in kürzerer Zeit aneignen können als die der Physiker, Chemiker oder Pharmazeuten. In Bezug auf die Verstehensprobleme
existieren sprachtheoretisch keine grundlegenden Unterschiede, das
Hauptproblem wird im Wesentlichen bei der sprachlich konstitutiven
Fassung einer Fachwelt liegen, die ihren offensichtlichsten Niederschlag in
der Terminologie findet.

Als typische Eigenschaften der *Fachsemantik* (Fachsemantiken gemäß
Fächergliederung) gelten möglichst trennscharfe und einheitliche Begriffssysteme, die durch Bedeutungsexplikationen (Definitionen) generiert
werden und die adressatenseitige Erwartung, konnotative Wertungen und
auffallend subjektive Aspekte außen vor zu lassen. Außerdem zeichnet
sich eine Fachsemantik noch dadurch aus, dass einzelne Begriffe durch
festgelegte Stellenplätze in semantischen Teilsystemen (Steger 1988: 297),
die über Definitionsketten erreicht werden, charakterisiert sind. Des Weiteren wird Fachsprachen ein Eindeutigkeitspostulat (Roelcke 1991, 1999;
Kienpointner 1992; Gardt 1998; Hoffmann/Kalverkämper/Wiegand
1998, 1999) zugeschrieben ebenso wie Explizitheit und Ökonomie (vgl.
weiter unten). Gerade diese Aspekte hinterlassen den trügerischen Eindruck, dass die speziell definierten Fachbegriffe bereits im isolierten Terminus und nicht erst im Satz *einen* möglichen Sinn erhalten würden (vgl.
dazu die kritischen Anmerkungen zum Bereich der Rechtssprache von
Felder 2003a: 111).

In Bezug auf die *Alltagssemantik* lässt sich prototypisch resümieren
(Hannapel/Melenk 1979; Dimter 1981; Steger 1991; Rolf 1993; Christen
1998; Wimmer 1998; Spranz-Fogasy 2006), dass sich die von den Kommunikationsteilnehmern zugeschriebenen Bedeutungen von Äußerungen
begrifflich nicht immer scharf abgrenzen lassen, konnotative Wertungen
(teils explizit, teils implizit) von den Teilnehmern erwartet werden und erst
über die Situation und den Kontext sprachlicher Zeichen und ihrer Ver-
knüpfungen „vereindeutigt" (disambiguiert) werden. Alltagssemantiken
mit (sprachlichem) Allgemeinwissen dienen der alltäglichen Bewältigung
der Lebenspraxis (alltagstaugliche Verhaltensweisen) und umfassen neben
den erforderlichen sprachlichen Handlungen zur Bewältigung anthropologischer Konstanten wie Nahrungsaufnahme, Nahrungserwerb, Sexualität
heutzutage in zunehmendem Maße auch Sprachhandlungsanforderungen
in nicht-beruflichen Kommunikationsbereichen, für die die Beherrschung
der sog. Freizeitgruppen-Semantiken (Steger 1988: 303) grundlegend ist.
Dazu zählen auch Amalgame aus Alltags- und Fachsemantik, die in manchen Berufsgruppensemantiken des Handwerks, der Büro- und Laborwelt
ihren Niederschlag finden ebenso wie in hoch spezialisierten Freizeitbetä-

tigungen (z.B. Segelflugtechnik, Computerbereich, Sportarten). Alltagssemantik, die auf die Beschaffenheit des Wissens abstellt, kann wie folgt
eingegrenzt werden:

> „Die Alltagssemantik leistet die umfassende sprachliche Interpretation des einzel-
> nen Menschen und seiner Lebensnormen im Rahmen seiner gesamten materiellen
> wie sozialen Umgebung. Die dabei gewonnenen Begriffe und die diese fassenden
> Ausdrücke statten jeden einzelnen von uns mit einem offenen System von Hand-
> lungs-, Sach- und Ordnungsbegriffen aus, das die ganze Breite der Lebenswelt er-
> faßt." (Steger 1991: 76)

Vermittlungssemantik als dritte heuristische Kategorie der Semantik-Trias ist
im Wesentlichen durch pragmatische Faktoren der Kommunikationssituation charakterisiert. Demgemäß wird Vermittlungssprache als eine Erscheinungsform bezeichnet, die zur Vermittlung von Fachinhalten an
relative Laien produziert wird. Fachleute vermitteln mithilfe ihrer Texte
fachspezifisches Wissen an Adressaten – verstanden als die beim Text-
produzieren leitende Hypothese des Textproduzenten über den Textemp-
fänger im Unterschied zum Rezipienten, dem tatsächlichen lesenden oder
hörenden Alius (Liebert 1996: 792) –, die in Bezug auf die Thematik unter
Umständen keine Fachleute sind (Felder 1999 für den Bereich der Naturwissenschaften). Es handelt sich also um ein beachtliches Informationsge-
fälle zwischen Textproduzenten und Adressaten als einem wesentlichen
Merkmal der fachexternen Kommunikation, wobei beim Adressatenkreis
von einer inhomogenen Gruppe auszugehen ist.
Dieser Aspekt wird insbesondere bei der *Vermittlung fachlichen Wissens* relevant, die von gesamtgesellschaftlicher Bedeutung ist, so dass demgemäß
dessen Verfügbarkeit für möglichst viele Bürger eine wichtige Voraussetzung für die Partizipation an Meinungs-, Willensbildungs- und Entschei-
dungsprozessen darstellt. Die Vermittlung zwischen den fachlichen
Kommunikationsbereichen und der alltäglichen Lebenspraxis begeht eine
Gratwanderung zwischen zwei unterschiedlichen Semantik„welten". Mit
Becker kann „Vermittlung im Anschluß an die Sozialphänomenologie und
die Wissenssoziologie definiert werden als der an Laien gerichtete Transfer von Wissensbeständen aus der wissenschaftlichen Welt in die Alltagswelt" (Becker 2001: 105), wobei für viele Fachtexte ergänzt werden muss,
dass wir es zum einen mit einem Geflecht aus wissenschaftlichen und
institutionellen Texten zu tun haben und dass zum anderen neben Wissensbeständen auch institutionell gesetzte Fakten vermittelt werden. Vermittlungstexte im Allgemeinen sind infolgedessen Texte, zu deren wesentlichen Funktion unter anderem der Transfer von Wissen gehört. Mit solch
einer Eingrenzung sind rein textexterne Kriterien zur Bestimmung von
Vermittlungstexten angeführt. Textinterne Kriterien können nur empi-

risch ermittelt werden und sind für die einzelnen Wissensdomänen und Fachbereiche getrennt zu untersuchen.

Vermittlungstexte sind in aller Regel von Fachleuten für „informierte" (und nicht für „absolute") Laien (Wichter 1994: 42 ff.) oder auch „relative Laien" (Liebert 1996: 791) verfasst und fallen daher in die Kategorie *fachexterne Kommunikation*. In diesem Zusammenhang stellt sich die Frage (wenn man die absolute Einordnung in eine der beiden Kategorien Fachsprache und Gemeinsprache vermeiden will), mit welchem Grad von Fach(sprach)lichkeit wir es bei solchen Texten zu tun haben. Legt man das ganze Spektrum bzw. die Spannbreite von Fachlichkeit und Nichtfachlichkeit zugrunde, so können Vermittlungstexte als anspruchsvolle, im positiven Sinne populärwissenschaftliche Abhandlung charakterisiert werden. Dabei ist zu berücksichtigen, dass öffentlich geführte Diskussionen über ein gesellschaftlich als relevant erachtetes Thema einen solchen Komplexitätsgrad hinsichtlich der inhaltlichen Tiefe der diskutierten wissenschaftlichen Themen erreichen können, dass

> „dies mit einfachen statistischen Modellen einer Laien-Experten-Kommunikation oder einer Trennung von Fachsprachen und Gemeinsprache oder auch Gesamtsprache nicht mehr erfaßt werden kann: Laien beginnen sich kundig zu machen, werden Experten und mischen sich in Diskussionen ein." (Liebert 1996: 795)

Vermittlungstexte gehören zur Kategorie der fachexternen Textsorten, deren Klassifikationen in der Literatur umstritten sind und noch nicht umfassend vorgenommen wurden.[11] Zur Charakterisierung von fachexternen Textsorten[12] gehört die

- Erfassung grundlegender Funktionen in Texten und deren Bezug zu andern Texten
- Umschreibung der Kommunikationssituation bezüglich der Beziehung zwischen Textproduzenten und Adressaten unter Berücksichtigung der Wissensrahmen und möglicher Textverstehensschwierigkeiten
- Beachtung der Modalitäten *mündlich* versus *schriftlich* in fachexternen Texten.

Zur groben Charakterisierung von Vermittlungstexten wird häufig von einer Opposition zwischen Sachorientierung und Adressatenorientierung

---

11 Im Folgenden kann dieser Aspekt nicht weiter diskutiert werden. Eine differenzierte Aufarbeitung findet sich in Becker (2001: 18 ff.). Beispielsweise stellen „institutionell rückgebundene fachexterne Textsorten" wie die Bürger-Verwaltungs-Kommunikation (Becker-Mrotzek 1999) und Kommunikation vor Gericht (Seibert 1983, 2000; Hoffmann 1989) Sonderfälle fachexterner Texte dar.

12 Möhn (1977: 314) unterscheidet zwischen „fachinterner", „interfachlicher" und „fachexterner" Kommunikation.

(insbesondere im Rahmen fachexterner Kommunikation, mitunter aber auch bei interfachlicher Kommunikation) ausgegangen und bezüglich der Vermittlungstexte eine Verschiebung hin zur Adressatenorientierung festgestellt, die sie von Fachtexten unterscheide (Biere 1989: 125, 135; Biere 1998: 403; Becker 2001: 24). Diese Annahme vernachlässigt die basale Erkenntnis, dass jeder Text adressiert ist. Wir haben es also mit dem Problem der unzureichenden Kenntnis über den Horizont der Adressaten zu tun (Scherner 1984: 187) und weniger mit einer potenziellen Verschiebung von der Sache hin zum Adressaten (so auch Biere 1989: 150 und Becker 2001: 24), wenn auch eingestanden wird, dass es nicht beliebig viele Formulierungsvarianten (womöglich fachsprachlicher und gemeinsprachlicher Art) für die gleichen fachlichen Inhalte gibt (Biere 1998: 404 f.). Auf Grund der weiter oben erwähnten Gesichtspunkte sind bei der Betrachtung von – für den Verstehensprozess relevanten – Textsortenaspekten die folgenden hervorzuheben: Darstellungsgegenstand, Textproduzent, Textadressat, Textrezipient, sprachliche Mittel (Lexik, Syntax usw.), Textmusterwissen, fachliches bzw. fachsprachliches (Vor-)Wissen.

Kalverkämper hat in der Fachkommunikationsforschung „eine gleitende Skala der Fachsprachlichkeit von Texten" als Modell vorgeschlagen, das „sich mit einer Skala der Fachlichkeit von Handlungen korrelieren läßt" (Lothar Hoffmann 1998: 163), wobei die Skalen von „(extrem) merkmalreich" bis „(extrem) merkmalarm" reichen (Kalverkämper 1990: 124). Mit dieser Annahme einer Skalierung will Kalverkämper die beschriebene Polarisierung relativieren (und die Opposition Fachsprache – Nicht-Fachsprache sowie Laienschaft – Fachlichkeit aufheben), weil die meisten Texte irgendwo zwischen den Extremen liegen und alles Sprechen über die Welt fachlich sei.[13] Becker legt ebenfalls plausibel dar, warum ihr „die Beschreibung der Varietäten des Deutschen als Ausprägungen in einem Kontinuum (einer bestimmten Dimension) adäquater erscheint als die Annahme von Gradata" (Becker 2001: 83).[14]

---

13 So die Ansicht in Kalverkämper (1990). „Zu dieser Skalierung haben die folgenden Überlegungen geführt: (1) Zum Maßstab kann der Fachmann mit seinem Können erhoben werden. Der Laie wird als ‚Nicht-Fachmann' negativ zu ihm definiert. (2) Die Beziehung zwischen beiden ist durch die Qualität der Fachlichkeit geprägt. (3) Fachlichkeit – auch im Sinne fachlicher Qualifikation – ist bei Kommunikationspartnern unterschiedlich stark ausgebildet. (4) Die Ausbildung der Fachlichkeit ist (nur) in der Kommunikation zu erkennen. (5) Sie äußert sich dort in der Fachsprachlichkeit von Texten-in-Funktion. (6) Sowohl Fachlichkeit als auch Fachsprachlichkeit treten mit Merkmalsabstufungen auf (vgl. Kalverkämper 1990: 97 f., 110 f)." (Lothar Hoffmann 1998: 163 f.)

14 In Bezug auf die Frage, ob es sich bei den Varietäten um Kontinua oder Gradata handelt, vertritt Schlieben-Lange (1991) die Ansicht, die Streitfrage ließe sich mit der Unterscheidung von Sprachverhalten und Sprachbewusstsein auflösen: „Es ist durchaus denkbar, dass

Es werden verschiedene Positionen in der Frage vertreten, ob Fach-sprachlichkeit als Referenzrahmen zu gelten hat, vor dem andere Varietä-ten in ihren Spezifika untersucht und miteinander verglichen werden sol-len (quasi als tertium comparationis). Kalverkämper vertritt die Auffas-sung, dass Fachlichkeit und Expertentum als primäre Kategorie und Lai-enschaft als sekundäre zu verstehen seien. Becker und Hundt (1998) wei-sen zu Recht darauf hin, dass dies eine Umkehrung der (im Anschluss an die Sozialphänomenologie von Alfred Schütz sich herauskristallisierenden) Sichtweise darstellt, die von der Alltagswelt als Ausgangs- und Bezugsgrö-ße ausgeht. „Danach bildet die unbeachtete und unbezweifelte Alltagswelt die Grundlage, auf der alle sekundären Welten aufbauen, wie die künstleri-sche Welt, die Welt einer wissenschaftlichen Disziplin, deren Regeln erst erlernt und übernommen werden müssen." (Becker/Hundt 1998: 122)

5.3   Die dritte Dimension: historischer Zeitpunkt

Texte stehen selbstredend in zeitlichen Bezügen (Besch/Betten /Reichmann/Sonderegger 1998-2004). Die Dimension „historischer Zeit-punkt" ist daher bei jedem Beschreibungsversuch von grundlegender Be-deutung, wenn es darum geht, die zeitspezifisch geprägten sprachlichen Formati-onen des Wissens nachzuzeichnen (v. Polenz 1991-1999).

5.4   Resümee: Varietätenbestimmung durch die
Kopplung der drei Dimensionen

Aus der Kopplung dieser drei Grunddimensionen ergeben sich zunächst Bündel von Existenzformen der Sprache (Alltagssprache, verschiedene Fachsprachen, Literatursprache usw.), die als Subsysteme (Varietäten) fassbar und daraus folgend als Texttypen bzw. Stile näher beschreibbar sind. Diesen untergeordnet sind die Textsorten (vgl. die Ausführungen zu Textsorten weiter unten).

Somit ergeben sich vertikale und horizontale Gliederungsversuche. Vertikal lässt sich das Ausdruckssystem gliedern einerseits nach hoher,

---

auf der Ebene des Verhaltens fließende Übergänge vorkommen, während das Sprachbe-wußtsein klare Abgrenzungen vornimmt, identifizierend und typisierend vorgeht." (Schlie-ben-Lange 1991: 94) Mit Kalverkämper (1990: 97) und Becker (2001: 83) erscheint mir die Beschreibung der Varietäten als Ausprägungen in einem Kontinuum adäquater als die An-nahme von Gradata.

mittlerer und kurzer Reichweite (als Kontinuum modellierter Übergang von Standard, Regiolekt und Dialekt). Andererseits kann das Inhaltssystem nach seinen Funktionsvarianten im Kontinuum von hohem Fachlichkeitsgrad (eng begrenzter Expertenkreis), mittlerem Fachlichkeitsgrad (fachextern ausgedehnte Verstehbarkeit) und geringem Fachlichkeitsgrad (weiter Rezipientenkreis) unterteilt werden. Horizontal zu gliedern sind die verschiedenen Semantiktypen nach Alltagssemantik, Fach-/ Spezialsemantiken, Literatursemantiken usw. Löffler (^{3}2005: 97 ff.) folgt der Unterteilung in Alltags-, Literatur- und Wissenschafts-/Fachsprachen, setzt aber im Unterschied zu Steger noch die beiden Subsysteme „Sprache des öffentlichen Verkehrs" und der „Pressesprache" (heute müsste man von „Sprachen in den Medien" sprechen) an. Derartige Klassifikationsprobleme der medienspezifischen Texte und Gespräche können hier nicht diskutiert werden (Burger ^{3}2005; Felder in Vorb.).

Schaubild:

Reichweite der Ausdrucksweise vs. Semantik des Inhalts (Funktion)

Kommunikative Reichweite	Funktionale Reichweite
Standard-/Hochsprache (hohe Rw.)	Fachsemantik (hoher Fg.)
Regionale Ausdruckssysteme (mittl. Rw.)	Vermittlungssemantik (mittl. Fg)
Mundart/Dialekt (kurze Rw.)	Alltagssemantik (geringer Fg.)

***

Sprachliche Erscheinungsformen sind zu charakterisieren aus der Kopplung je eines Elements dieser beiden Dimensionen mit der dritten Dimension – der historischen Dimension. Die sprachlichen Erscheinungsformen sind zusätzlich hinsichtlich ihrer Modalität (also geschrieben oder gesprochen) zu analysieren.

Rw. = Reichweite, Fg. = Fachlichkeitsgrad

6   Konsequenzen der varietätenlinguistischen Überlegungen für die Grundstruktur des Forschungsnetzwerks „Sprache und Wissen" und seiner Wissensdomänen

Fachvarietäten oder Vermittlungsvarietäten als Subsystem der Fach-/Vermittlungssprache manifestieren sich in Texten und Gesprächen als sprachlichen Erscheinungsformen, zu charakterisieren als *Text- bzw. Gesprächssorten* (= Klasse von Texten mit formalen und funktionalen Gemeinsamkeiten). Aus diesem Grunde wird im folgenden Kapitel die Textsortenproblematik im Spiegel der varietätenlinguistischen Ausführungen zu erörtern sein. Im Folgenden konzentriere ich mich auf die Charakterisierung der folgenden Kopplungen von Grunddimensionen (also Varietäten):

1. Zum einen interessiert im Forschungsnetzwerk „Sprache und Wissen" mit den vielfältigen Fach- und Wissensdomänen die Kopplung hochreichweitiger Ausdruckssysteme mit der Inhaltsdimension Fachsemantik zur Beschreibung von Fachsprache, Fachkommunikation anhand von Fachtexten.

2. Zum anderen sind die Texte und sprachlichen Gebrauchsformen von Relevanz, mit deren Hilfe Fachwissen für einen breiteren, im engeren Sinne nicht fachlichen Adressatenkreis vermittelt werden soll (Kühn 1995). Da der Terminus Alltagssprache sinnvollerweise bei Steger für den nicht-fachlichen Alltag reserviert ist (also eine Alltagssemantik mit niedrigem Fachlichkeitsgrad, die ausdrucksseitig gekoppelt werden kann mit einem entweder niedrigreichweitigen Dialekt bzw. mittelreichweitigen Regiolekt oder mit einem hochreichweitigen Standard), arbeite ich im Folgenden mit dem Terminus Vermittlungssprache für solche Sprachformen mit – im Vergleich zu „reinen" Fachsprachen – breitem Adressatenkreis trotz relativem Fachlichkeitsgrad. Ich vermeide wegen der diffusen Gebrauchsweisen den Terminus Umgangssprache, der mitunter als Gegenpol zu Fachsprache gesehen wird (z.B. Neumann 1992, Niederhauser 1999) oder in der Trias Dialekt – Umgangssprache – Standardsprache irgendeine Form der mittelreichweitigen Sprachform darstellen soll, wobei auch ungeklärt ist, ob sich der Terminus auf die Reichweite der Ausdrucksseite oder der Inhaltsseite, also die Semantik, bezieht und inwiefern auch geschriebene Sprachformen unter ihn subsumiert werden können.

7   Sprachliche Formationen des Wissens im Spiegel von Sprache, Kommunikation, Texten

Wissen manifestiert sich in Sprache, die das Medium der Kommunikation darstellt und deren Erscheinungs- bzw. Existenzformen sich als Texte mit textinternen und textexternen Merkmalen beschreiben lassen. Im Folgenden werden die für die Wissensdomänen des Forschungsnetzwerks „Sprache und Wissen" relevanten Aspekte von Sprache, Kommunikation und Texten beleuchtet. Zunächst stehen die Charakteristika von Fachsprachen, Fachkommunikation und Fachtexten im Mittelpunkt der Aufmerksamkeit (7.1), im Anschluss die von Vermittlungssprachen, Vermittlungskommunikation und Vermittlungstexten (7.2).

7.1   Charakteristika von Fachsprachen, Fachkommunikation und Fachtexten

Fachsprache kann in den hier fokussierten Wissensdomänen als Synkretismus aus hochreichweitigem Ausdruckssystem und fachsemantischem, bereichsspezifischem, bereichsfunktionalem Inhaltssystem aufgefasst werden (vgl. Felder 2003a: 92 ff.). Als „klassische" funktionale Anforderungen an Fachsprachen gelten herkömmlich Exaktheit, Explizitheit und Ökonomie. Daneben wird immer häufiger auch die Verständlichkeit von Fachtexten als zusätzliche Verwendungseigenschaft angeführt (vgl. Biere 1998: 402). Roelcke schreibt Fachsprachen die folgenden funktionalen Eigenschaften zu: „Deutlichkeit, Verständlichkeit, Ökonomie und Anonymität, daneben auch Identitätsstiftung" (Roelcke 1999: 28). Die Eigenschaften Verständlichkeit und Anonymität würde ich Fachsprachen nicht genuin zuschreiben. Das Merkmal der Verständlichkeit ist mitunter mehr ein nur teilweise erfüllbarer Wunsch der Rezipienten als Sprachwirklichkeit. Manche fachlichen Gegenstände sind auch schlicht zu komplex und kompliziert, als dass sie für ein relativ breites Publikum verständlich dargestellt werden könnten (Felder 2003a: 113). Insgesamt bedürfen die oben erwähnten Ideale der frühen Fachsprachenforschung – also Deutlichkeit, Verständlichkeit, Ökonomie und Anonymität, daneben auch Identitätsstiftung – der entschiedenen Relativierung.

Fachtexte werden in der Forschung zum einen unter sprachsystematischen Gesichtspunkten untersucht, zum anderen wird der Fachsprachengebrauch auf seine (kognitive) Funktion als Erkenntnisinstrument sowie auf seine kommunikative Funktion bei der Vermittlung von Fachwissen in disparaten (d.h. fachinternen, interfachlichen und fachexternen) Verwendungszusammenhängen beleuchtet (vgl. Lothar Hoffman ²1985: 15 ff.). In der linguistischen Fachsprachenforschung hat sich in den letzten Jahrzehnten ein Perspektiven- und Paradigmenwechsel vollzogen: Im Mittelpunkt steht weniger die Erforschung von Fachsprachen als die von Fachkommunikation. Unter Fachkommunikation wird hier nicht nur intra- oder interfachliche Kommunikation zwischen Experten verstanden, sondern auch fachexterne Verständigung zwischen Experten und relativen Laien. Beide Bezeichnungen stehen für unterschiedliche Schwerpunkte: Die frühere Fachsprachenforschung konzentrierte sich in erster Linie auf sprachsystematische Untersuchungen der fachsprachlichen Erscheinungsformen[15] auf morphologischer, lexikalischer, syntaktischer, wortsemantischer oder textueller Ebene (vgl. Möhn/Pelka 1984: 11 ff.). Mitte der siebziger Jahre beginnt die Hinwendung zur Fachkommunikation und damit die Einbeziehung der Sprachpragmatik (vgl. Fluck ⁵1996: 31 ff., Hahn 1983; Lothar Hoffmann ³1987; Lothar Hoffmann 1988; Niederhauser 1999). Aspekte von Verstehensprozessen, Wirkungsfunktionen, der Sprachverwendungssituationen, der Adressatenspezifizierung ergänzen zunehmend die traditionelle Forschungsarbeit. (Fach-)Sprache wurde in der Folge weniger hypostasiert und einer isolierten atomistischen Betrachtung unterzogen als vielmehr auf ihre Einsatz- und Wirkungsmöglichkeiten in konkreten Kommunikationssituationen untersucht (vgl. Felder 1999).

Im Rahmen der Forschungsaktivitäten wird demnach eine Sprachbetrachtung favorisiert, die einerseits Sprache als Medium begreift (kognitive Funktion). Andererseits wird darüber hinaus beabsichtigt, auch das Sprachhandeln (kommunikative Funktion) einer sich fachlich äußernden Person („Fachsprache-in-Situationen") genauer zu untersuchen (vgl. Vater ²1994: 22). Dadurch rückt der Text als Ganzheit – im Sinne von „Fachtexten-in-Funktion" – in das Blickfeld sprachlicher und fachdomänenspezifischer Forschung, die diverse Gliederungsdimensionen berücksichtigt (vgl. Wichter 1994).

> „So richtet sich der Blick heute verstärkt auf die kommunikative handlungsbezogene Dimension von Fachtexten, auf die Sprache im Fach und auf die mit ihrem Gebrauch verbundenen Sprachverwendungssituationen, auf die Bedingungen fachlich-beruflichen Handelns und die damit verbundenen Fachtextsorten, auch im Hinblick auf die Experten-Laien-Kommunikation." (Fluck ²1997: 16)

---

15 Unter Erscheinungsformen werden die konkreten Ausprägungen einer Einzelsprache verstanden.

Es kann also festgehalten werden, dass die heutige Erforschung fachlicher
Interaktion in stärkerem Maße den Fachtext mit seinen Funktionen im
Rahmen sprachlich kommunikativer Handlungen betrachtet. Die Fachsprache, genauer fachsprachliche Varietäten stehen dabei insofern im
Mittelpunkt, als sie zur Erfüllung bestimmter Funktionen benutzt werden.[16] Und in Bezug auf die fachexterne Vermittlung lässt sich resümieren,
dass am ehesten eine Synthese von (Fach-)Textlinguistik und (Fach-)
Textpragmatik weiterhilft, die „sowohl schriftliche als auch mündliche
Texte in gegenstands- und situationsbezogenen Kommunikationsbereichen bzw. Sprachhandlungsräumen auf möglichst vielen zweckbestimmt-
en (Sprach-)Handlungsebenen" (Lothar Hoffmann 1998: 166) zu beschreiben versucht.

Fazit: Das übergreifende Problem der Fachsprache sollte als ein funktionaler Zusammenhang aufgefasst werden. Es tut Not, Verfahren zu
entwickeln, in denen die Konstitution fachlicher Sachverhalte im Kontext
fachlicher und institutioneller Rahmenbedingungen, fachsprachlicher Spezial-Terminologie und fachspezifischer Deutungszusammenhänge als Teil
einer zusammenhängenden Praxis begriffen wird und die dabei auch gesellschaftliche und kulturelle Deutungsmuster berücksichtigen.

7.2   Charakteristika von Vermittlungssprachen, Vermittlungskommunikation, Vermittlungstexten

Ob es sinnvoll ist, eine Gemeinsprache anzusetzen, ist in der Literatur
umstritten (vgl. Roelcke 1999: 20, Felder 2003a: 91 ff.). Diese Diskussion
soll hier nicht geführt werden. Wenn man jedoch Gemeinsprache als Synkretismus aus hochreichweitigem Ausdruckssystem und alltagssemanti-
schem und alltagsfunktionalem Inhaltssystem begreift (vgl. Becker/Hundt
1998 und Felder 2003a: 93), dann lässt sich – in Abgrenzung dazu – Ver-

---

16 Vgl. Roelcke (1999: 26 ff.). „Varietäten sind die in verschiedenen Forschungstraditionen
ausgegrenzten und beschriebenen Teilsprachen wie Gruppensprachen, Dialekte, Fachsprachen, Standardsprachen" (Becker 2001: 78). In diesem Zusammenhang wird in der Theorie
diskutiert, ob fachliche Varietäten eher der Ebene der langue oder der parole zuzurechnen
sind. „Varietäten, die der langue zugerechnet werden können, müssen in ihren entscheidenden linguistischen Eigenschaften systemhaften Charakter haben. Solche, die der parole
zugerechnet werden können, sind Realisationsmuster des Systems [...] An die Zugehörigkeit zu langue und parole schließt sich auch der entsprechende Normtyp an [...]: Richtigkeitsnormen für Einheiten der langue, Angemessenheitsnormen für Einheiten der parole.
[...] Varietäten sind also aufgrund ihrer Charakterisierung als Varietäten hinsichtlich des
sprachtheoretischen Status nicht bestimmt" (Becker 2001: 82).

mittlungssprache charakterisieren als Kopplung folgender Dimensionen. Inhaltsseitig ist die Vermittlungssprache in der Semantik-Trias *Fach-, Vermittlungs- und Alltagssemantik* als ein System mittlerer Verstehbarkeit für Fachexterne zu definieren (Vermittlungssemantik) – als ein Prototyp relativer Fachlichkeit, d.h. weder extrem merkmalreich noch extrem merkmalsarm respektive des semantischen Systems und der fachsprachlichen Bezugswelt. Ausdrucksseitig werden je nach Kommunikationsbereich ein hochreichweitiges Ausdruckssystem (gerade in der Vermittlung von wissenschaftlichen Inhalten) oder, bei regional oder sozial definierten Gruppierungen, auch mittlere oder kleinreichweitigere Ausdruckssysteme verwendet – eine Sichtweise, die beispielsweise im Kontext der mündlichen Arzt-Patienten-Kommunikation von besonderer Relevanz sein kann, wenn zwischen ärztlicher Autorität und Patient face to face ein Vertrauensverhältnis etabliert werden soll (Standardsprache kann als Distanzfaktor wirken, regional oder mundartliche Färbungen als Marker sozialer Nähe und Vertrautheit).

Vermittlungssprache kann in den hier fokussierten Wissensdomänen als Synkretismus aus hochreichweitigem Ausdruckssystem und vermittlungssemantischem Inhaltssystem (also weder rein fachsemantisch noch rein alltagssemantisch) aufgefasst werden. Bereichsspezifisch und bereichsfunktional ist der Kommunikationsbereich über die pragmatischen Faktoren der fachexternen Kommunikation geprägt.

8   Text, Textsorten, Textverstehen und Diskurse

Wie soeben ausgeführt, ist im Kontext des Forschungsnetzwerks und seines Erkenntnisinteresses die Unterscheidung der beiden Großgruppen von Varietäten relevant, nämlich die der Fachsprachen und die der Vermittlungssprachen. Welche Konsequenzen hat dies für das Erfassen und Charakterisieren von Fach- und Vermittlungtexten bzw. Gesprächen als die grundlegenden Äußerungsformen, die im Erkenntnisinteresses des Forschungsnetzwerks „Sprache und Wissen" und dieses Bandes stehen?

In diesem Kapitel gilt es, grundlegende Begriffe im Hinblick auf das Forschungsnetzwerk „Sprache und Wissen" zur Diskussion zu stellen. Dabei wird über die in der Überschrift genannten Fachtermini keine ausführliche Diskussion geführt, die die Breite der Forschungen aufzeigt, sondern vielmehr resümiert, mit welchen Ansätzen es sich auseinanderzusetzen gilt und wo inhaltliche Abgrenzungen vonnöten sind.

Dies gilt insbesondere für den vielfältigen Textbegriff (vgl. de Beaugrande/Dressler 1981; Vater 1994; Brinker/Antos/Heinemann/Sager 2000, 2001; Adamzik 2004). Die meisten Forschungsansätze verbinden textinterne und textexterne Kriterien und erfassen mit dem Textbegriff das kognitiv, grammatisch, propositional und illokutiv strukturierte Ergebnis einer – mündlich oder schriftlich realisierten – sprachlich-kommunikativen Handlung eines Textproduzenten, der mit seinem Text als intentional konstituierte Folge kohärenter Äußerungseinheiten (Brinker [6]2005) vielfältige Sprecherhandlungen vollzieht, und zwar unter Berücksichtigung sprachlicher und außersprachlicher Kontexte sowie angenommener Textadressaten, die sich von den tatsächlichen Textrezipienten unterscheiden können. Im Rahmen der Textrezeption wird einer kommunikativen Handlung der vom Textproduzenten realisierten Zeichenkette Sinn und Intention unterstellt.[17] Fachtexte sind die Größen, deren praktisches Funktionieren im Rahmen konkreter Fragestellungen mit einem sprachwissenschaftlichen Forschungsinteresse analysiert werden soll, um im Anschluss Charakteristika der Rezeption fachexterner Texte unter Vermittlungsgesichtspunkten transparenter machen zu können.

Bevor in diesem Kapitel Fach- und Vermittlungstexte hinsichtlich ihrer Charakteristika und Klassifizierungsmöglichkeiten erläutert werden, muss noch die Bedeutung des Terminus *Diskurs* erwähnt werden, der nicht nur in der Linguistik ausgesprochen uneinheitlich verwendet wird. Aus diesem Grunde setzt sich Ingo Warnke in diesem Band in seinem Beitrag *Die sprachliche Konstituierung von geteiltem Wissen in Diskursen* ausführlich damit auseinander.

Bisher bestimmend war der Ansatz einer linguistischen Operationalisierung des pluralen Diskursbegriffes, wie ihn Busse und Teubert formuliert haben. Sie definieren *Diskurs* „in forschungspraktischem Sinne" als Verbund von Texten, die

„– sich mit einem als Forschungsstand gewählten Gegenstand, Thema, Wissenskomplex oder Konzept befassen, untereinander semantische Beziehungen aufweisen und/oder in einem gemeinsamen Aussage-, Kommunikations-, Funktions- oder Zweckzusammenhang stehen,

– den als Forschungsprogramm vorgegebenen Eingrenzungen im Hinblick auf Zeitraum/Zeitschnitte, Areal, Gesellschaftsausschnitt, Kommunikationsbereich, Texttypik und andere Parameter genügen,

---

17 Dies sind schlaglichtartig die Aspekte des Textbegriffs, die in der Untersuchung eine gewichtigere Rolle spielen und im Weiteren problematisiert werden.

– und durch explizite oder implizite (text- oder kontextsemantisch erschließbare) Verweisungen aufeinander Bezug nehmen bzw. einen intertextuellen Zusammenhang bilden." (Busse/Teubert 1994: 14)

Fraas/Klemm (2005) deklarieren für eine „von Foucault inspirierte Linguistik" die folgenden Diskursdimensionen als zentral, die Warnke wie folgt komprimiert:

1. Diskurse als Verbünde inhaltlich zusammenhängender Texte
2. Diskurse als Amalgamierungen von Texten in Texten
3. Diskurse als Netze von Zeichen, Spuren und Fährten von Wissenssegmenten
4. Diskurse als Bezugsgrößen für Einzeltexte
5. Diskurse als Formen textueller Dialogizität
6. Diskurse als Korrespondenzformen von Systemen des Denkens und Argumentierens
7. Diskurse als „interaction in society"
8. Diskurse als virtuelle Textkorpora (Warnke 2007b: 9)

Wie diese Belege zeigen, soll der Diskursbegriff in der Linguistik präzisiert und operationalisiert werden – quasi als Reaktion auf den Umstand, dass in den Geistes- und Kulturwissenschaften der Diskursbegriff schon seit geraumer Zeit mit mehr oder weniger direktem Verweis auf Michel Foucault in der Vorstellung einer einzeltextübergreifenden Strukturgröße gebraucht wird. „Der Foucault'sche Diskursbegriff steht dabei konträr zum einzeltextbezogenen Verständnis. Denn bei allen Vagheiten der verschiedenen Diskursbegriffe in Foucaults Werken ist *Diskurs* hier immer eine strukturelle Einheit, die über Einzelaussagen hinausgeht." (Warnke 2007b)
    Insbesondere Konerding (2005, 2007), Warnke (in diesem Band) und Warnke/Spitzmüller (2008b) bemühen sich um eine Operationalisierung linguistischer Beschreibungskategorien, die zu transparenteren, präziseren und intersubjektiv nachvollziehbareren Verfahren der Diskurse gelangen möchte.

8.1 Fachintern adressierte Textsorten und fachextern adressierte Textsorten

Wenn man versucht, mit Hilfe von Textsortenkriterien die Charakterisierung der im Untersuchungsmittelpunkt stehenden Varietäten und deren Erscheinungsformen zu präzisieren, bezieht sich der Terminus *Textsorte* „auf Klassen von Texten, die in bezug auf mehrere Merkmale spezifiziert

sind, die also auf einer relativ niedrigen Abstraktionsebene stehen."[18] Geht
es der Texttypologie-Forschung „um systematische Klassifizierungen von
Texten mittels universell anwendbarer wissenschaftlicher Kategorien", so
richtet sich die Textsorten-Forschung „auf die Beschreibung einzelsprach-
spezifischer kommunikativer Routinen" (Adamzik 1995: 30) und setzt
meist die Textfunktion als wichtigstes Kriterium des Beschreibungsansat-
zes an. Daneben finden sich auch weitere Aspekte wie „Formen der thematischen Entfaltung, Arten der Kohärenzstruktur, sprachliche Gestaltung wie z.b. syntaktische und lexikalische Mittel/Formulierungsstrategie
/Stilebene, thematische Struktur, dominante Texthandlungen" (Busse
2000a: 658). Textsorten gelten herkömmlich als Verbindungen aus Aus-
drucks- und Inhaltssystemen einerseits und dem grammatischen System
andererseits[19] unter Berücksichtigung situationaler Gebrauchsfaktoren:

> „Textsorten stellen sich daher in einer Typologie als idealtypische/prototypische
> Phänomene dar, als Verallgemeinerungen, die auf Durchschnittserfahrungen (von
> Sprechern einer bestimmten Kommunikationsgemeinschaft) basieren; sie können
> daher als globale sprachliche Muster zur Bewältigung von spezifischen kommuni-
> kativen Aufgaben in bestimmten Situationen umschrieben werden." (Heine-
> mann/Viehweger 1991: 170)

Die gegenwärtige Textsorten-Forschung vermag kein kohärentes System
von Textsorten ohne Anwendung von Alltagskategorien[20] vorzulegen.
Auch der vorliegende Band setzt sich nicht eine Textsortenklassifikation
von Textexemplaren zum Ziel, obwohl darin freilich ein Forschungsdesiderat besteht (Busse 2000a: 658). Mit *Textsorten* sind hier vielmehr Erscheinungsformen von Texten gemeint, die durch bestimmte signifikante
Eigenschaften (im Vergleich zu anderen Texten) zur Erledigung kommunikativer Routinen[21] charakterisiert sind und Aspekte der Konventionali-

---

18   Adamzik (1995: 16). Dort präzisiert die Autorin, dass Textsorte „nie auf bestimmte Klas-
     sen höherer Abstraktionsstufe eingeschränkt" wird. Man bezieht den Begriff also im Un-
     terschied „zu Textyp, Textart, Textklasse nie spezifisch auf Klassen wie Fiktionaler Text,
     Aufforderungstext, Argumentativer Text etc., sondern referiert, wenn überhaupt, mit Text-
     sorte auf solche Klassen nur dann, wenn man damit überhaupt auf alle Gruppierungen von
     Texten referiert, d.h. den unspezifischen Begriff zugrundelegt" (Adamzik 1995: 17).
19   So die Definition von Becker/Hundt (1998: 139).
20   Heinemann (2000: 9) bezeichnet Textsorten als Alltagsphänomene, und das Wissen über
     Textsorten darf daher als etwas „intuitiv ungemein Einleuchtendes" (Horst Sitta), Alltägli-
     ches, ja Selbstverständliches angesehen werden.
21   Rolf (1993: 165 ff.) handhabt die kommunikative Funktion von Textsorten sogar als aus-
     schließliches Klassifikationskriterium und orientiert sich dabei an Searles (1975, 1982)
     Klassifikation der Illokutionsakte. Brinker (⁶2005) betrachtet ebenfalls die „Textfunktion
     als Basiskriterium" der Textsortenklassifikation, bezieht aber zur Subklassifizierung weitere
     Differenzierungskriterien   ein: kontextuelle   Kriterien,   Emittenten-Rezipienten-
     Konstellation, Handlungsraum („privat", „offiziell", „öffentlich"). Die damit einhergehen-

tät, Standardisiertheit, Stereotypie von Texten umfassen (Adamzik 1995: 30). Diese Gesichtspunkte sind von besonderer Bedeutung, wenn man die – in Fachkontexten eingesetzten – Text- und Gesprächsexemplare im Hinblick auf die Statik und Dynamik von Mustern bzw. Routinen in Text- und Gesprächssortenaspekten charakterisieren und in Verbindung bringen möchte mit linguistischen Diskursansätzen in der Folge der Foucaultschen Diskursformation des Dispositivs.

Heinemann versucht anhand von vier Grundkonzepten den Textsortenbegriff zu präzisieren:

a) Textsorten als grammatisch geprägte Einheiten;
b) Textsorten als semantisch-inhaltlich geprägte Einheiten;
c) Textsorten als situativ determinierte Einheiten;
d) Textsorten als durch die kommunikative Funktion determinierte Einheiten (Heinemann 2000: 11 ff.).

Diese Kategorien helfen mit Sicherheit den unscharfen Terminus *Textsorte* begrifflich zu systematisieren, sie dienen allerdings nicht als Konkretisierungs- und Charakterisierungsinstrumentarium von konkret zu klassifizierenden Texten. Denn Fach-Textsorten lassen sich weniger auf der Basis textinterner Merkmale (also sprachlich-linguistischer Mittel) klassifizieren als vielmehr vor dem Hintergrund des fachlichen und institutionellen Handlungszusammenhangs – hier verstanden als Textgeflecht, in dem die einzelnen Texte als Teile des größeren ganzen Handlungskomplexes der Fach- und Vermittlungswelt produziert, verwendet und weiter verarbeitet werden. Aus diesem Grunde ist auch der Textfunktionsbegriff (der meist als dominantes Merkmal zur Klassifizierung von Textsorten herangezogen wird) im fachlichen Handeln speziellen Bedingungen unterworfen: Textfunktion fachlicher Texte kann nicht mittels allgemeiner Verstehensansätze adäquat beschrieben werden in Bezug auf einen Adressaten als „generalized other" (G.H. Mead), sondern muss im Hinblick auf deren Einsatz in der fachspezifischen und institutionellen Binnenkommunikation gesehen werden sowie hinsichtlich der primären Adressaten, nämlich der Fachexperten.

Wir haben es bei der Rezeption von vermittelnden Textsorten mit dem Problem zu tun, wie zunächst überwiegend intrainstitutionell funktionable Texte (Textsorten) außerhalb der primären Funktionsbereiche rezipiert werden. Hinsichtlich der kommunikativen Vermittlungsschwie-

---

de Frage, ob in jedem Text (sinnvollerweise) eine dominierende Funktion zu bestimmen ist, haben wir bereits im dritten Kapitel diskutiert.

rigkeit ist zu unterscheiden zwischen Fachleuten auf der einen Seite (innerfachliche Fachkommunikation) und Vertretern der betroffenen Wissensdomänen auf der anderen Seite (fachexterne Kommunikation).

Es handelt sich also um fachexterne Textsorten, deren Klassifikationen in der Literatur umstritten sind und noch nicht umfassend vorgenommen wurden. Vermittlungstexte lassen sich als fachexterne Textsorten klassifizieren.[22] Zur Charakterisierung von fachexternen Textsorten gehört die

- Erfassung grundlegender Funktionen in Texten und deren Bezug zu andern Texten
- Umschreibung der Kommunikationssituation bezüglich der Beziehung zwischen Textproduzenten und Adressaten unter Berücksichtigung der Wissensrahmen und möglicher Textverstehensschwierigkeiten
- Beachtung der Modalitäten *mündlich* versus *schriftlich* in fachexternen Texten.

8.2   Alltagsweltliche und fachliche Wissensrahmen als Verstehensvoraussetzung von Texten und Diskursen im Kontext der Sachverhaltskonstitution

Referieren ist abhängig vom zugrunde gelegten Wissensrahmen oder Bezugsrahmen, Sprachwissen und Weltwissen fließen ineinander über. Zu solchen Schemavorstellungen äußern sich in diesem Band ausführlich Klaus-Peter Konerding und Alexander Ziem, die sich intensiv mit der Rolle von Frames auseinandergesetzt haben (z.B. Konerding 1993, 2007 und Ziem 2008). Bezugsrahmen stellen Formen der sprachlich gebundenen Aktivierung von Wissen dar, die nicht als abstrakte Leistungen des Sprachsystems bzw. der Wörter oder Sätze (also der langue-Ebene) anzusehen sind, sondern als – aus diversen Kontexten und Erfahrungen bzgl. konventionalisierter Verwendungsweisen – abstrahierte Konstrukte von situativen, epistemischen und textuellen Kontexten (Wengeler 2003).

Was hilft die Annahme von alltagsweltlichen und fachlichen Wissensrahmen bei dem Bestreben, konkrete Sachverhaltskonstitution in Fachtexten nachzuzeichnen? Kann die Modellierung von Wissensrahmen plausible Erklärungshilfen geben, wenn es um die Vermittlung fachlicher Zugriffsweisen auf Sachverhalte im Unterschied zu alltagsweltlichen geht? Oder anders gefragt: Stellen Wissensrahmen ein geeignetes Mittel dar, um

---

22   Möhn (1977: 314) unterscheidet zwischen „fachinterner", „interfachlicher" und „fachexterner" Kommunikation.

besser veranschaulichen zu können, wie das funktionieren könnte, wenn ein Fachexperte von seinem Wissensrahmen ausgehend Sachverhalte „zubereitet"?[23]

Zur terminologischen Klärung sei hier zusammengefasst:[24] Unter Frame, Schema oder Wissensrahmen (vgl. Konerding und Ziem in diesem Band) verstehe ich in Anlehnung an Barsalou vernetzte oder isolierte Konzepte.[25] Einzelne Teile bzw. Aspekte solcher Konzepte heißen Teilbedeutung genau dann, wenn sie einen Aspekt eines größeren Ganzen (eben eines Konzeptes) oder eines Exemplars (Vertreter) einer Kategorie beschreiben. Konzepte sind eingebettet in ein Beziehungsgeflecht, also einen Rahmen und repräsentieren demnach Wissen über Sachverhalte und konstituieren Fachwissen. In diesem Zusammenhang gilt es zu berücksichtigen, dass die Wissensrahmen von Experten grundsätzlich differenzierter und auch theoretischer gestaltet sind als die von Laien (Barsalou 1992: 64 und Wichter 1995: 284 ff.). Wir haben es demnach mit Wissensrahmen zu tun, in denen je nach Kommunikationssituation und Sprecherabsicht spezifische Wissensformen repräsentiert sind (Barsalou 1992: 39, Hundt 1995). Sie erlauben Inferenzen zu ziehen, nicht erwähnte oder implizierte Sachverhalte zu erschließen, und sind teilweise anpassungsfähig (Konerding 1993, 2005, 2007 und in diesem Band).

Es ist bekannt, dass das Wissen einer Domäne umfangreicher ist als der durch den Domänenwortschatz repräsentierte Inhalt (Wichter 1995: 292). Meines Erachtens kann nicht oder nur unzureichend bzw. willkürlich zwischen Wissen und Wortschatz (bzw. enzyklopädischem und lexikalischem Wissen oder Sprachwissen und Weltwissen) unterschieden werden. Eine solche Annahme der Differenzierbarkeit entsprechender Wissenselemente kann unter Umständen in der Theorie der semantischen Netze für die Erläuterung der Zusammenhänge erhellend sein, lässt aber außer Acht, dass kognitive Einheiten oder Inhaltskomponenten sprachlicher und nichtsprachlicher Natur (zum Teil mit fließenden Übergängen) sein können – schließlich werden nicht alle Einheiten lexikalisiert (Scherner 1989: 96). Es geht hier nicht um die sogenannte Sprachbedeutung (als inhaltliches Pendant zur Ausdrucksseite), sondern um das Wissen, das

---

23 Jeand'Heur (1998: 1292). Siehe dazu die Erklärungen zur „Zubereitungsfunktion" weiter oben.

24 Eine theoretische Diskussion kann hier nicht geleistet werden. Vgl. dazu Konerding (1993) und Ziem (2008).

25 Barsalou (1992) definiert: „By concept I mean the descriptive information that people represent cognitively for a category, including definitional information, prototypical information, functionally important information, and probably other types of information as well" (Barsalou 1992: 31).

„mit der minimalkontrastiven Bedeutung verbunden ist, aber über sie hinausgeht und alle mit dem Wort handlungspraktisch verbundenen Inhalte umfaßt" (Wichter 1995: 292). In diesem Zusammenhang ist die Unterscheidung von prozeduralem und deklarativem Wissen von grundlegender Bedeutung (siehe den Beitrag von Konerding in diesem Band).

Außerfachliche „Wirklichkeit" und fachliche Welt stehen erst einmal nebeneinander. Fachliche Tätigkeit kann daher als textgestützte Integration eines Sachverhalts in Schemata der fachlichen Wirklichkeitsverarbeitung aufgefasst werden. Anwendung von Wissenschaft in Sprache und Texten besteht zu einem guten Teil darin, den fachlichen Sachverhalt 1 in Bezug zu setzen zum fachlichen Sachverhalt 2 bei für den Laien identischen Sachverhalten. In manchen Wissensdomänen werden zusätzlich auf Grund institutioneller Faktoren institutionell definierte und konstituierte Sachverhalte konstituiert.

Folglich wird mitunter eine „Wirklichkeit" eigener Art, eine institutionelle „Wirklichkeit" der Sachverhalte, zuallererst konstituiert. Fachtexte spielen in diesem Vorgang eine zentrale Rolle. Jedoch kann diese Rolle häufig nicht einem einzelnen Fachtext zugeschrieben werden, sie ergibt sich vielmehr erst aus dem Zusammenspiel eines dichten Netzes von im Fachdiskurs jeweils neu herzustellenden Wissensrahmen, die ihr Fundament nur teilweise in schriftlichen Texten haben.

8.3   Text- und gesprächsorientiertes Verstehen

In diesem Zusammenhang ist also zu fragen, wie sich einzelne Fachbegriffe, intertextuelle Verweisbezüge usw. in Fachtexten manifestieren. Wichter hat in seinen Untersuchungen gezeigt, dass Fachbegriffe mit einer veränderten Bedeutung im Alltag gebraucht werden und zwar mit unterschiedlichen Bedeutungen bei verschiedenen Laiengruppen (vgl. Becker 2001: 111). Wichter spricht im Rahmen einer Untersuchung zur fachexternen Kommunikation, in der er die Ausbreitung des Computerwortschatzes in die Gemeinsprache untersucht, von „kompetenzbezogener Vertikalität" und weist darauf hin, dass identische Ausdrücke alltagssprachlich mit veränderter Bedeutung gebraucht werden (Wichter 1991).

Mit diesen Gesichtspunkten soll verdeutlicht werden: Verständlichkeit ist nur zum Teil eine Eigenschaft eines Textes oder Gespräches; in erster Linie ist es eine interaktive Kategorie, die das Verhältnis von Emittent, Text bzw. Gespräch und Rezipient in spezifischen Situationen zu berücksichtigen hat.[26] Deshalb ist in der linguistisch ausgerichteten Forschung zur Verständlichkeit[27] der Terminus Textverständlichkeit[28] abgelöst worden von Textverstehen, um einerseits die Bedeutung der aktiven Rezipienten beim Verstehensprozess – verstanden als Erweiterung der Inferenzbasis[29] – in der Bezeichnung gebührend zu betonen und andererseits die philologisch-hermeneutische Tradition des Verstehens von Texten (als Schlüsselbegriff der Hermeneutik in der Entwicklungslinie von Schleichermacher, Dilthey, Gadamer) und des Auslegens von Texten (Auslegungshermeneutik der Aufklärung mit der illusionären Annahme, für den kundigen Leser sei prinzipiell ein vollkommenes Textverständnis erreichbar) nicht aus den Augen zu verlieren. Biere wirft der Kognitiven Linguistik recht pauschal und daher überzeichnet vor, solche hermeneutische Traditionen zu ignorieren.[30] Dieser Vorwurf trifft meines Erachtens nicht auf alle kognitionsorientierten Verstehensmodelle (wie z.B. das von Scherner mit den dort modellierten Verstehensbedingungen) zu. Jedoch räumt auch Biere ein, dass nicht zuletzt die Entwicklung kognitionsorientierter Verstehensmodelle, die Verstehen als kognitiven Prozess begreifen, zur überfälligen Theoretisierung der zunächst eher praktisch ausgerichteten Verständlichkeitsforschung beigetragen hat.[31]

Folgende Definition von *Verstehen* wird hier vorgeschlagen:

> „Beim Verstehen von Texten rekonstruieren wir den Sinn eines Textes aufgrund unseres Sprachwissens, unserer Kenntnis der Gebrauchsweisen oder Bedeutungen der verwendeten Wörter und Sätze, ihrer syntagmatischen und paradigmatischen Bezüge sowie aufgrund von Textmusterwissen. Andererseits verweist das Verstehen insbes. der referentiellen Ausdrücke auf Gegenstände und Sachverhalte in der

---

26 Vgl. zur Genese dieser Auffassung Biere (1989: 49 ff.) und die Überblicksdarstellungen in Biere (1998: 402 ff.) und Schendera (2000) – insbesondere die kognitiv orientierten Modelle (z.B. Groeben 1982) mit ihrem über Textmerkmale hinausgehenden Verständlichkeitskonstrukt einer „Leser-Text-Interaktion".

27 Vgl. dazu grundlegend Biere (1989), der für die linguistisch orientierte Verständlichkeitsforschung feststellt, dass sie nicht nur um eine fundierte linguistische Beschreibung von Texteigenschaften bemüht ist, sondern auch die sprach- und verstehenstheoretische Dimension der Verständlichkeitsproblematik historisch-systematisch zu entfalten sucht.

28 Heringer (1984) gibt einen Überblick zur Verständlichkeitsforschung bis zum Beginn der 1980er Jahre und entwickelt Perspektiven für eine linguistische Verstehensforschung.

29 Zum Textverstehen gehört das Bilden von Inferenzen. Das Nachzeichnen der Inferenzbasis ist ein fundamentaler Bestandteil der theoretischen Beschreibung von Sprachverstehen.

30 Biere (1991: 1). Stattdessen schlägt er vor: „Die Verständlichkeitsforschung gewinnt sowohl durch die hermeneutische wie durch die kognitivistische Reflexion auf das Textverstehen eine theoretische Basis, von der aus praktische Fragen der Textverständlichkeit angemessen formuliert und fundierte Vorschläge zum kommunikativen Umgang mit Verständlichkeitsproblemen produktiv wie rezeptiv entwickelt werden können" (Biere 1991: 2).

31 Scherner (1989, 1994). Vgl. auch die Darstellung bei Biere (1998: 403).

,Welt', über die mit Hilfe der sprachlichen Formen des Textes etwas ausgesagt wird." (Biere 1998: 403)

Es kann an dieser Stelle kein Überblick über die vielzähligen Verstehensmodelle gegeben werden,[32] sondern es wird unter Hervorhebung eines „sinnorientierten Ansatzes" im Rahmen der „kognitionsorientierten Texttheorie"[33] darauf hingewiesen, dass innerhalb kognitionsorientierter Verstehensmodelle das Textverstehen als Vorgang bzw. Verlaufsform aufgefasst („Verstehen als kommunikativer Prozeß" (Schmidt 1994: 150)) und als „komplexe Prozessstruktur" modelliert wird. Scherner geht von einem Quadrupel von Verstehensbedingungen aus: Zum ersten erwähnt er die Sprachkenntnis als Basis jedes Textverstehens, zum zweiten die Situation, zum dritten den sprachlichen Kontext und zum vierten den Horizont (inkl. Weltkenntnis, konzeptuelles Wissen (Scherner 1984: 187)). Das „Textexemplar" als lineare sprachliche Vertextung ist für Scherner nicht Repräsentation, sondern lediglich „Spur" des Gedachten.[34] Verstehen wird als subjektabhängiger, intentionaler und aktiver Prozess der Sinnkonstruktion aufgefasst.

Mit dieser Sinnorientierung (bei Hörmann „Sinnkonstanz": wir machen die uns begegnende Welt sinnvoll, indem wir Zusammenhänge herstellen (Hörmann 1980: 25 ff.)) korrespondiert der kognitionsorientierte Ansatz von Scherner dem handlungsorientierten von Polenz (und es handelt sich wiederum nicht um einen Gegensatz zwischen Kognitions- und Handlungsorientierung), der Referieren und Prädizieren als sprachliche Teilhandlungen auf „hintergründige Satzinhalte"[35] erweitert. Die Grundannahme besteht darin, dass Wissen nur durch Sprecherhandlungen exemplifiziert werden kann, sich nur in Sprecherhandlungen manifestiert. Zur Verdeutlichung des „Bezugsrahmens" und zur Explizierung „hintergründiger Bezugsobjekte" (Rahmenbedingungen) unterscheidet er sechs Stufen des Wissensbestandes und fragt, wie diese in konkreten sprachlichen Äußerungen realisiert werden: 1. Allgemeines Bezugswissen, 2. Kontextueller Bezugsrahmen einer Äußerung, 3. Expliziter Bezug, 4. Sprachimpliziter Bezug, 5. Kontextimpliziter Bezug, 6. Interpretativer Bezug (v.

---

32 Vgl. bei einem solchen Interesse Biere (1989 und 1998). Siehe auch den Überblick über kognitionsorientierte Verstehensmodelle in Scherners (2000) Handbuchartikel Kognitionswissenschaftliche Methoden in der Textanalyse.

33 Vgl. die gleichlautende Kategorienbezeichnung in Scherner (2000: 189, 192).

34 Scherner (1994). Dort wird ein zusammenfassender und im Vergleich zu Scherner (1984) differenzierterer Versuch unternommen, die Voraussetzungssysteme des Textverstehens systematisch in dem Schema „vernetztes textevozierbares Wissen" zu modellieren (Scherner 1994: 336).

35 v. Polenz ([2]1988: 298 ff.). Vgl. dazu vertiefend die „Konzepte des Impliziten: Präsuppositionen und Implikaturen" von Linke/Nussbaumer (2000).

Polenz ²1988: 130 ff.). Die erwähnten Aspekte beider Ansätze verdeutlichen m. E. unter heuristischen Gesichtspunkten, wie plausiblerweise Wissensrahmen strukturiert sein können.[36] Diese Ansätze werden inzwischen präziser gefasst, wie die Aufsätze von Konerding und Ziem in diesem Band aufzeigen.

In diesem Zusammenhang muss die fachkommunikative Erwartungshaltung thematisiert werden, die von der Präzision der fachsprachlichen Mittel ausgeht. Wolski (1980) hingegen und auch Pinkal (1985) weisen die Annahme der Wohlbestimmtheit von Wortbedeutung auf sprachtheoretischer Ebene als illusorisch zurück und geben sie zugunsten einer prinzipiellen Unbestimmtheit von Sprachbedeutungen auf, wie beispielsweise Wolski sie in seinem Werk mit dem programmatischen Titel „Schlechtbestimmtheit und Vagheit" vertritt. Roelcke (1991) und Gardt (1998) erweitern diesen Gedanken – wenn auch in abgeschwächter Form – auf fachkommunikative Kontexte. Wer diesem Umstand der relativen Unbestimmtheit mit der Luhmannschen Proklamation gerecht werden will, Kommunikation sei „unwahrscheinlich" (Luhmann 1990: 29 ff.), schießt meines Erachtens über das Ziel hinaus. Kommunikation gilt bei den Kommunikationsteilnehmern als „gelungen", wenn die Kommunikationspartner hinsichtlich des Kommunizierten von einer solchen gegenseitigen Unterstellung oder Annahme ausgehen.

Heringer geht in diesem Sinne davon aus, dass beim Verstehen nicht eine kognitive Überlappung des Wissens der Kommunikationsteilnehmer hin zu einer gemeinsamen Wissensbasis vorliegt. Vielmehr spricht er von einer „charakteristischen Turmstruktur" wechselseitiger Annahmen und Unterstellungen, wobei jeder Kommunikationsteilnehmer nur über seinen eigenen Wissensbereich verfügt und über den seines Gegenübers nur Vermutungen anstellen kann (Heringer 1990: 52 f.). Die Vermutungen werden jedoch in sprachlichen Anschlusshandlungen bestätigt, modifiziert oder widerlegt, sie lassen sich als eine graduelle Verfestigung im weiteren Sprachgebrauch (Kommunikationsprozess) denken. Bei solch einem Ansatz werden die Vermutungen über das Verstehen nicht als völlig unüberprüfbar in die „black box" verlagert (wie diese beim radikalen Subjektivismus geschieht).

Busse, der sich dem Paradigma der praktischen Semantik verbunden fühlt und sich auf Heringer beruft, unterscheidet Verstehen als intuitiv, automatisch sich vollziehendes „Primärphänomen" vom Interpretieren als aktive, sprachliche Handlung (Biere 1989: 25) durch das Kriterium der

---

36 Vgl. zu alltagsweltlichen und juristischen Wissensrahmen Kapitel 4.2.

Intention: Unbewusstem Sich-Verhalten fehlt das Merkmal der Absicht im Unterschied zur bewussten Handlung, entsprechend ist Verstehen der ersten und Interpretieren der zweiten Kategorie zuzuordnen. Verstehen unterscheidet sich demnach vom bewussten Interpretieren dadurch, dass beim Interpretieren eine Intention beim Rezeptionsakt vorliegt, beim Verstehen hingegen sich das Verstehen gleichsam von selbst einstellt. Im Problemzusammenhang juristischer Textverarbeitung erweitert Busse (1992: 187) die Zweiteilung. Er schlägt die Rezeptionstrias *Texte verstehen – Texte interpretieren – Arbeit mit Texten* vor und begründet diesen Klassifikationsvorschlag ausführlich. Busse rechtfertigt in Bezug auf die Arbeit juristischer Funktionsträger die dritte Kategorie mit dem Etikett „Arbeit mit Texten" dahingehend, dass auf Grund der intensiven Weiterverarbeitung von Eingangsdaten im Rahmen komplexer juristischer Sprachhandlungen die Dimensionen von Verstehen und Interpretieren überstiegen würden. Diese Kategorie erscheint in Anbetracht der juristischen Textgeflechte aus theoretischer Sicht plausibel (Felder 2003a) und kann gegebenenfalls auch in anderen komplexen und textgestützten Wissensdomänen wie z.B. der Wirtschaft greifen.

Fazit: Infolgedessen ist ein Text zugleich eine intersubjektive und individuelle Größe im sozialen Zwischenbereich zwischen Menschen. Textverstehen ist der subjektive Vollzug eines Individuums von intersubjektiv entstandenen Sprachgebrauchsregeln (ausdrucks- und inhaltsseitiger Art).

9   Schlussfolgerungen für das Forschungsnetzwerk und seine Wissensdomänen

Sachverhalte und Wissensbestände über Fachgebiete bzw. Wissensdomänen werden über die Rezeption von vielfältigen und diversen sprachlichen Erscheinungsformen erzeugt, die unterschiedlichen Subsystemen im virtuellen Gesamtsystem der deutschen Sprache angehören. Aus diesem Grund haben wir uns zunächst mit varietätenspezifischen Problemen auseinandergesetzt, um die unangemessene Hypostasierung von *der* Sprache zugunsten einer strukturierten Heterogenität zu differenzieren. Dabei wurden in Anlehnung an das Stegersche Sprachbeschreibungsmodell drei Dimensionen vorgestellt – nämlich die sozialräumliche, die funktionalzweckhafte und die historische –, die einerseits differenziert genug und andererseits nicht zu komplex sind, um sprachliche Erscheinungsformen in fachinternen Kommunikationsprozessen (Fachkommunikation) und fachexternen Vermittlungsprozessen (Vermittlungskommunikation) adäquat beschreiben zu können.

Da wir mit den Wissensbeständen und Sachverhalten stets in Form von Texten oder Gesprächen konfrontiert werden – also in sprachlichen Formationen des Wissens –, wurden hier Charakteristika der einschlägigen Fach- und Vermittlungstextsorten vor der varietätenspezifischen Hintergrundfolie diskutiert, um die Statik und Dynamik von Mustern und Routinen in konventionalisierten Text- und Gesprächsstrukturen erfassen zu können. Jedoch ist auch diese „textfixierte" Sichtweise nicht weitreichend genug, da sie transtextuelle Phänomene, wie sie im linguistischen Diskursbegriff operationalisiert werden sollen, nur ungenügend berücksichtigen. Diesem Problem widmet sich der Beitrag Warnkes in diesem Band. Die Spezifika der mündlichen Sprache werfen hingegen – im Vergleich zu den Texten der geschriebenen Sprache – anders gelagerte Probleme auf, wie sie Heide Lindtner und Thomas Spranz-Fogasy in ihrem Beitrag vorstellen und diskutieren.

Für die erwähnten Gesichtspunkte von Verstehensprozessen sind vor allem die folgenden Text- und Gesprächssortenaspekte hervorzuheben: Darstellungsgegenstand, Äußerungsproduzent, Vorannahmen über den Wissenshintergrund der Adressaten, die tatsächlichen Äußerungsrezipienten, sprachliche Mittel (Lexik, Syntax usw.), Musterwissen in Bezug auf Texte und Gespräche, fachliches bzw. fachsprachliches (Vor-)Wissen. In diesem Zusammenhang wurden die Annahmen von alltagsweltlichen und fachlichen Wissensrahmen vorgestellt, die in diesem Band (siehe die Beiträge von Konerding und Ziem) präzisiert werden. Diese Herangehensweise ist insofern ein Schlüssel zum Verstehen von Verstehensprozessen und zur Explizierung von Sachverhaltskonstitutionen als Basis von Wissensbeständen, als spezifische Wissensformen Inferenzen zu ziehen erlauben, die selbstredend bei unterschiedlichen Wissensdispositionen der Kommunikationsteilnehmer nicht identisch ausfallen können. Die Unterschiede lassen sich – wenn überhaupt – am Medium Sprache zeigen, weil dieses das einzig sichtbare Surrogat kognitiver Prozesse darstellt. Nicht erwähnte oder implizierte Sachverhalte werden demnach weniger intersubjektiv als vielmehr individuell erschlossen und werden auf Grund dessen anpassungsfähig gemacht („Sinnvoll-Machen" nach Hörmann 1980).

Mit dem Modell der Divergenz fachlicher und alltagsweltlicher Wissensrahmen können fachinterne und fachexterne Kommunikationsprozesse nachvollziehbarer beschrieben werden. Legt man ein vereinfachendes Resümee grundlegender Erkenntnisse der (Wahrnehmungs-) Psychologie zugrunde, so besteht eine fundamentale menschlichen Orientierungsfähigkeit darin, „realweltliche" Vorkommnisse an die sprachlich formatierten Wahrnehmungsschemata anzupassen, so dass sie in das bereits gewohnte Wissen (als Experte und/oder Laie) integrierbar sind. Solche Unterschiede lassen sich im Medium Sprache teilweise beschreiben, wenn nämlich unterschiedliche sprachliche Formationen des Wissens divergierende Sachverhalte oder „Wirklichkeiten" indizieren. Unterschiede in der fachlichen Konstitutionen zwischen Experten (erkennbar an den sprachlichen Formen) in Bezug auf vermeintlich identische Sachverhalte offenbaren unterschiedliche Zugriffsweisen (das Gleiche gilt auch für die Experten-Laien-Kommunikation) und belegen, dass Sprache mitnichten ein neutrales Medium ist, das 1:1 eine naiverweise als ontisch gegeben gedachte Welt repräsentiert, sondern die Sachverhalte perspektiviert und damit „zubereitet".

Literatur

ADAMZIK, KIRSTEN (1995): Textsorten – Texttypologie: eine kommentierte Bibliographie. Münster.

ADAMZIK, KIRSTEN (Hg.) (2000): Textsorten. Reflexionen und Analysen. Tübingen (Textsorten Band 1).

ADAMZIK, KIRSTEN (2004): Textlinguistik. Eine einführende Darstellung. Tübingen (Germanistische Arbeitshefte Band 40).

AMMON, ULRICH (Hg.) (2006): Perspektiven der Soziolinguistik. Tübingen (Sociolinguistica Band 20).

AMMON, ULRICH/MATTHEIER, KLAUS J. (2003): Sprachstandards. In: Sociolinguistica 17, 2003, 1–140.

AMMON, ULRICH/MATTHEIER, KLAUS J./DITTMAR, NORBERT (Hgg.) (2004-2006): Sociolinguistics: an international handbook of the science of language and society. Berlin/New York (Handbücher zur Sprach- und Kommunikationswissenschaft Band 3).

AUER, PETER (Hg.) (2007): Style and Social Identities. Alternative Approaches to Linguistic Heterogeneity. Berlin/New York (Language, Power and Social Process [LPSP] 18).

BARBOUR, STEPHEN/STEVENSON, PATRICK (1998): Variation im Deutschen. Soziolinguistische Perspektiven. Berlin/New York.

BARSALOU, LAWRENCE W. (1992): Frames, Concepts, and Conceptual Fields. In: ADRIENNE LEHRER/EVA FEDER KITTAY (Ed.): Frames, Fields, and Contrasts. New Essays in Semantic und Lexical Organization. Hillsdale, 21–74.

BARTSCH, RENATE (1985): Sprachnormen. Theorie und Praxis. Tübingen.

BAUSINGER, HERMANN (1972): Deutsch für Deutsche. Dialekte, Sprachbarrieren, Sondersprachen. Band 2 zur Fernsehserie „Deutsch für Deutsche". Frankfurt/M.

BEAUGRANDE, ROBERT-ALAIN DE/DRESSLER, WOLFGANG ULRICH (1981): Einführung in die Textlinguistik. Tübingen.

BECKER, ANDREA (2001): Populärmedizinische Vermittlungstexte. Studien zu Geschichte und Gegenwart fachexterner Vermittlungsvarietäten. Tübingen (Reihe Germanistische Linguistik Band 225).

BECKER, ANDREA/HUNDT, MARKUS (1998): Die Fachsprache in der einzelsprachlichen Differenzierung. In: HOFFMANN, LOTHAR/KALVERKÄMPER, HARTWIG/WIEGAND, HERBERT E. (Hgg.): Fachsprachen. Ein internationales Handbuch zur Fachsprachenforschung und Terminologiewissenschaft. 2 Bände. Berlin/New York (= Handbücher zur Sprach- und Kommunikationswissenschaft Band 14.1 & 14.2), 118–133.

BECKER-MROTZEK, MICHAEL (1999): Die Sprache der Verwaltung als Institutionensprache. In: HOFFMANN/KALVERKÄMPER/WIEGAND (Hgg.), 1391–1402.

BECKMANN, SUSANNE (2001): Die Grammatik der Metapher. Eine gebrauchstheoretische Untersuchung des metaphorischen Sprechens. Tübingen (Linguistische Arbeiten Band 438).

BESCH, WERNER/KNOOP, ULRICH/PUTSCHKE, WOLFGANG/WIEGAND, HERBERT E. (Hgg.) (1982/1983): Dialektologie. Ein Handbuch zur deutschen und allgemein Dialektforschung. Berlin/New York (Handbücher zur Sprach- und Kommunikationswissenschaft Band 1).

BESCH, WERNER/BETTEN, ANNE/REICHMANN, OSKAR/SONDEREGGER, STEFAN (Hgg.) (1998–2004): Sprachgeschichte. Ein Handbuch zur Geschichte der deutschen Sprache und ihrer Erforschung. Berlin/New York (Handbücher zur Sprach- und Kommunikationswissenschaft Band 2).

BIERE, BERND ULRICH (1989): Verständlich-Machen. Hermeneutische Tradition – Historische Praxis – Sprachtheoretische Begründung. Tübingen (Reihe Germanistische Linguistik Band 92).

BIERE, BERND ULRICH (1991): Textverstehen und Textverständlichkeit. Heidelberg.

BIERE, BERND ULRICH (1998): Verständlichkeit beim Gebrauch von Fachsprachen. In: HOFFMANN/ KALVERKÄMPER/ WIEGAND (Hgg.), 402–407.

BRINKER, KLAUS/ANTOS, GERD/HEINEMANN, WOLFGANG/SAGER, SVEN F. (Hgg.) (2000/2001): Text- und Gesprächslinguistik. Ein internationales Handbuch zeitgenössischer Forschung. Zwei Halbbände. Berlin/New York (Handbücher zur Sprach- und Kommunikationswissenschaft Band 16.1 und 16.2).

BRINKER, KLAUS (⁶2005): Linguistische Textanalyse – Eine Einführung in Grundbegriffe und Methoden. Berlin (Grundlagen der Germanistik Band 29).

BRINKER, KLAUS/SAGER, SVEN F. (⁴2006): Linguistische Gesprächsanalyse. Eine Einführung. Berlin: Erich Schmidt (Grundlagen der Germanistik Bd. 30).

BURGER, HARALD (³2005): Mediensprache. Eine Einführung in Sprache und Kommunikationsformen der Massenmedien. Berlin/New York.

BURKHARDT, ARMIN (2003): Worte und Wörter als Zeichen. (Be-) Deutung und Handlung – Zum Stand der Sprachtheorie nach 1945. In: HENNE, HELMUT/SITTA, HORST/WIEGAND, HERBERT ERNST (Hgg.): Germanistische Linguistik: Konturen eines Faches. Tübingen, 1–23.

BUSSE, DIETRICH (1992): Textinterpretation. Sprachtheoretische Grundlagen einer explikativen Semantik. Opladen.

BUSSE, DIETRICH (2000a): Textsorten des Bereichs Rechtswesen und Justiz. In: BRINKER/ANTOS/HEINEMANN/SAGER (Hgg.), 658–675.

BUSSE, DIETRICH/TEUBERT, WOLFGANG (1994): Ist Diskurs ein sprachwissenschaftliches Objekt? Zur Methodenfrage der Historischen Semantik. In: BUSSE, DIETRICH/HERMANNS, FRITZ/TEUBERT, WOLFGANG (Hgg.): Begriffsgeschichte und Diskursgeschichte. Methodenfragen und Forschungsergebnisse der historischen Semantik, 10–28.

BUSSE, DIETRICH/NIEHR, THOMAS/WENGELER, MARTIN (Hgg.) (2005): Brisante Semantik. Neuere Konzepte und Forschungsergebnisse einer kulturwissenschaftlichen Linguistik. Tübingen.

BUßMANN, HADOMUD (³2002): Lexikon der Sprachwissenschaft. Stuttgart.

CHAMBERS, J.K./TRUDGILL, PETER/ SCHILLING-ESTES, NATALIE (Ed.) (2002): Language Variation and Change. Malden/Oxford/Carlton.

CHRISTEN, HELEN (1998): Dialekt im Alltag. Eine empirische Untersuchung zur lokalen Komponente heutiger schweizerdeutscher Varietäten. Tübingen (Reihe Germanistische Linguistik 201).

CHRISTEN, HELEN (Hg.) (2004): Dialekt, Regiolekt und Standardsprache im sozialen und zeitlichen Raum. Beiträge zum 1. Kongress der Internationalen Gesellschaft für Dialektologie des Deutschen, Marburg/Lahn, 5.-8. März 2003. Wien.

COSERIU, EUGENIO (1979): System, Norm und „Rede". In: COSERIU, EUGENIO: Sprache. Strukturen und Funktionen. 3. Auflage. Tübingen, 45–59.

CUPOK, UTA (2004): Dienstleistungsinnovationen durch Unternehmensnetzwerke. Am Beispiel kleiner und mittelständischer Unternehmen in Baden. Hamburg.

DEPPERMANN, ARNULF (2002): Von der Kognition zur verbalen Interaktion: Bedeutungskonstitution im Kontext aus Sicht der Kognitionswissenschaften und der Gesprächsforschung. In: DEPPERMANN, ARNULF/SPRANZ-FOGASY, THOMAS (Hgg.): be-deuten: Wie Bedeutung im Gespräch entsteht. Tübingen, 11–33.

DEPPERMANN, ARNULF (2003): Gespräche analysieren. Eine Einführung. Wiesbaden.

DEPPERMANN, ARNULF (2004): Mündliche Kommunikation. In: KNAPP, KARLFRIED/ANTOS, GERD/BECKER-MROTZEK, MICHAEL/DEPPERMANN, ARNULF (Hgg.): Angewandte Linguistik. Ein Lehrbuch. Tübingen/Basel, 295–298.

DEPPERMANN, ARNULF/HARTUNG, MARTIN (Hgg.) (2003): Argumentieren in Gesprächen. Gesprächsanalytische Studien. Tübingen.

DEPPERMANN, ARNULF/SPRANZ-FOGASY, THOMAS (Hgg.) (2002): be-deuten: Wie Bedeutung im Gespräch entsteht. Tübingen.

DIMTER, KLAUS (1981): Textklassenkonzepte heutiger Alltagssprache. Kommunikationssituation, Textfunktion und Textinhalt als Kategorien alltagssprachlicher Kommunikationl. Tübingen.

DITTMAR, NORBERT (1997): Grundlagen der Soziolinguisitik. Ein Arbeitsbuch mit Aufgaben. Tübingen.

DÜRSCHEID, CHRISTA (2003): Medienkommunikation im Kontinuum von Mündlichkeit und Schriftlichkeit. Theoretische und empirische Probleme. In: Zeitschrift für Angewandte Linguistik Heft 38/2003, 37–56.

EICHINGER, LUDWIG/KALLMEYER, WERNER (Hgg.) (2005): Standardvariation. Wie viel Variation verträgt die deutsche Sprache? Berlin/New York (Institut für Deutsche Sprache – Jahrbuch 2004).

EROMS, HANS W. (2007): Stil und Stilistik. Eine Einführung. Berlin.

FEILKE, HELMUTH (1994): Common sense-Kompetenz. Überlegungen zu einer Theorie des „sympathischen" und „natürlichen" Meinens und Verstehens. Frankfurt.

FEILKE, HELMUTH (1996): Sprache als soziale Gestalt. Ausdruck, Prägung und die Ordnung der sprachlichen Typik. Frankfurt/M.

FELDER, EKKEHARD (1995): Kognitive Muster der politischen Sprache. Eine linguistische Untersuchung zur Korrelation zwischen sprachlich gefaßter Wirklichkeit und Denkmustern am Beispiel der Reden von Theodor Heuss und Konrad Adenauer. Frankfurt/M. u.a.

FELDER, EKKEHARD (1999): Differenzen in der Konzeptualisierung naturwissenschaftlicher Grundlagen bei Befürwortern, Skeptikern und Gegnern der Gen-/Biotechnologie. In: SATZGER, AXEL (Hg.): Sprache und Technik. Frankfurt/M. u.a., 35–49 (forum Angewandte Linguistik; Band 36).

FELDER, EKKEHARD (2003a): Juristische Textarbeit im Spiegel der Öffentlichkeit. Berlin/New York.

FELDER, EKKEHARD (Hg.) (2006a): Semantische Kämpfe. Macht und Sprache in den Wissenschaften. Berlin/New York (Linguistik – Impulse und Tendenzen Bd. 19).

FELDER, EKKEHARD (2006b): Semantische Kämpfe in Wissensdomänen. Eine Einführung in Benennungs-, Bedeutungs- und Sachverhaltsfixierungs-Konkurrenzen. In: FELDER, EKKEHARD (Hg.): Semantische Kämpfe. Macht und Sprache in den Wissenschaften. Berlin/New York, 13–46 (Linguistik – Impulse und Tendenzen Bd. 19).

FELDER, EKKEHARD (2006c): Form-Funktions-Analyse von Modalitätsaspekten zur Beschreibung von Geltungsansprüchen in politischen Reden. In: MAXIMILIAN SCHERNER/ARNE ZIEGLER (Hgg.): Angewandte Textlinguistik. Linguistische Perspektiven für den Deutsch- und Fremdsprachenunterricht. Tübingen, 157–178 (Europäische Studien zur Textlinguistik 2).

FELDER, EKKEHARD (2007): Text-Bild-Hermeneutik. Die Zeitgebundenheit des Bild-Verstehens am Beispiel der Medienberichterstattung. In: HERMANNS, FRITZ/HOLLY, WERNER (Hgg.): Linguistische Hermeneutik. Theorie und Praxis des Verstehens und Interpretierens. Tübingen, 357–385 (Reihe Germanistische Linguistik 272).

FELDER, EKKEHARD (in Vorb.): Mediendiskursanalyse – Theorie und Praxis eines linguistischen Untersuchungsprogramms. Berlin/New York.

FIEHLER, REINHARD/BARDEN, BIRGIT/ELSTERMANN, MECHTHILD/KRAFT, BARBA-RA (Hgg.) (2004): Eigenschaften gesprochener Sprache. Tübingen (= Studien zur Deutschen Sprache 30).

FIEHLER, REINHARD (2005): Gesprochene Sprache. In: Duden. Die Grammatik. 7. Auflage. Mannheim: Dudenverlag, 1175–1256.

FISCHER, RUDI HANS (Hg.) (2005): Eine Rose ist eine Rose. Zur Rolle und Funktion von Metaphern in Wissenschaft und Therapie. Weilerswist.

FLEISCHER, WOLFGANG/MICHEL, GEORG (1975): Stilistik der deutschen Gegenwartssprache. Leipzig (Neubearbeitung Frankfurt/M. 1993).

FLUCK, HANS-RÜDIGER (⁵1996): Fachsprachen. Einführung und Bibliographie. Tübingen et al.

FLUCK, HANS-RÜDIGER (²1997): Fachdeutsch in Naturwissenschaft und Technik. Einführung in die Fachsprachen und die Didaktik/Methodik des fachorientierten Fremdsprachenunterrichts. Heidelberg.

FLYDAL, LEIV (1952): Remarques sur certains rapports entre le style et l'etat de langue. In: Norsk Tidsskrift for Sprogvidenskap 16 (1952), 241–258.

FRAAS, CLAUDIA (1996): Gebrauchswandel und Bedeutungsvarianz in Textnetzen. Die Konzepte IDENTITÄT und DEUTSCHE im Diskurs zur Deutschen Einheit. Tübingen (Studien zur deutschen Sprache 3).

FRAAS, CLAUDIA/KLEMM, MICHAEL (2005): Diskurse – Medien – Mediendiskurse. Begriffsklärungen und Ausgangsfragen. In: FRAAS, CLAUDIA / KLEMM, MICHAEL (Hgg.): Mediendiskurse. Bestandsaufnahme und Perspektiven. Frankfurt/M., 1–8.

GARDT, ANDREAS (1998): Sprachtheoretische Grundlagen und Tendenzen der Fachsprachenforschung. In: Zeitschrift für germanistische Linguistik (ZGL) 26.1998, 31–66.

GLOY, KLAUS (1975): Sprachnormen I. Linguistische und soziologische Analysen. Stuttgart.

GLOY, KLAUS (1998): Sprachnormierung und Sprachkritik in ihrer gesellschaftlichen Verflechtung. In: BESCH, WERNER/BETTEN, ANNE/REICHMANN, OSKAR /SONDEREGGER, STEFAN (Hgg.): Sprachgeschichte. Ein Handbuch zur Geschichte der deutschen Sprache und ihrer Erforschung. 2., vollständig neu bearbeitete und erweiterte Auflage. Berlin/New York, Bd. 1, 396–406 (= Handbücher zur Sprach- und Kommunikationswissenschaft 2.1).

GOOSSENS, JAN (1977): Deutsche Dialektologie. Berlin/New York.

GROEBEN, NORBERT (1982): Leserpsychologie: Textverständnis – Textverständlichkeit. Münster.

HAHN, WALTER V. (1980): Fachsprachen. In: ALTHAUS, HANS PETER/HENNE, HELMUT/WIEGAND, ERNST HERBERT (Hgg.): Lexikon der Germanistischen Linguistik. Tübingen, 390–395.

HAHN, WALTER V. (1983): Fachkommunikation. Entwicklung, linguistische Konzepte, betriebliche Beispiele. Berlin/New York (Sammlung Göschen 2223).

HANNAPEL, HANS/MELENK, HARTMUT (1979): Alltagssprache. Semantische Grundbegriffe und Analysebeispiele. München.

HARTMANN, PETER (1976): Norm und Sprachbegriff: Zur Normdiskussion in der Linguistik. In: GLOY, KLAUS/PRESCH, GUNTER (Hgg.): Sprachnormen III. Stuttgart/Bad Cannstatt, 28–58.

HEINEMANN, WOLFGANG/VIEHWEGER, DIETER (1991): Textlinguistik. Eine Einführung. Tübingen (Reihe Germanistische Linguistik Band 115; Kollegbuch).

HEINEMANN, WOLFGANG (2000): Textsorten. Zur Diskussion um Basisklassen des Kommunizierens. Rückschau und Ausblick. In: ADAMZIK (Hg.), 9–29.

HEINEMANN, MARGOT/HEINEMANN, WOLFGANG (2002): Grundlagen der Textlinguistik. Interaktion – Text – Diskurs. Tübingen (Reihe Germanistische Linguistik Bd. 230 Studienband).

HERINGER, HANS JÜRGEN (1984): Textverständlichkeit. Leitsätze und Leitfragen. In: Zeitschrift für Literaturwissenschaft und Linguistik (LiLi). 14. Jg. Heft 55, 1984, 57–70.

HERINGER, HANS JÜRGEN (1990): Verstehen - eine wahrhaft interdisziplinäre Angelegenheit. In: Sprache und Literatur in Wissenschaft und Unterricht. 21. Jahrgang, Heft 66/1990, 47–61.

HOFFMANN, LOTHAR (²1985): Kommunikationsmittel Fachsprache – eine Einführung. Tübingen (Forum für Fachsprachen–Forschung Band 1).

HOFFMANN, LOTHAR (³1987): Kommunikationsmittel Fachsprache. Eine Einführung. Berlin (= Forum für Fachsprachen-Forschung, Bd.1).

HOFFMANN, LOTHAR (1988): Vom Fachwort zum Fachtext. Beiträge zur Angewandten Linguistik. Tübingen (= Forum für Fachsprachen-Forschung, Bd.5).

HOFFMANN, LOTHAR (1998): Fachsprachen und Gemeinsprachen. In: HOFFMANN, LOTHAR/KALVERKÄMPER, HARTWIG/WIEGAND, HERBERT E. (Hgg.): Fachsprachen. Ein internationales Handbuch zur Fachsprachenforschung und Terminologiewissenschaft. 2 Bände. Berlin/New York (= Handbücher zur Sprach- und Kommunikationswissenschaft Band 14.1 & 14.2), 157–168.

HOFFMANN, LOTHAR/KALVERKÄMPER, HARTWIG/WIEGAND, HERBERT E. (Hgg.) (1998/1999): Fachsprachen. Ein internationales Handbuch zur Fachsprachenforschung und Terminologiewissenschaft. 2 Bände. Berlin/New York (= Handbücher zur Sprach- und Kommunikationswissenschaft Band 14.1 & 14.2).

HOFFMANN, LUDGER (1984): Mehrfachadressierung und Verständlichkeit. In: Zeitschrift für Literaturwissenschaft und Linguistik (LiLi). 14. Jg. Heft 55, 1984, 71–85.

HOFFMANN, LUDGER (Hg.) (1989): Rechtsdiskurse. Untersuchungen zur Kommunikation in Gerichtsverfahren. Tübingen (Kommunikation und Institution Band 11).

HÖRMANN, HANS (1980): Der Vorgang des Verstehens. In: KÜHLWEIN, W./RAASCH, K. (Hg.): Sprache und Verstehen. Band 1. Tübingen, 17–29.

V. HUMBOLDT, WILHELM (1827-1829): Ueber die Verschiedenheiten des menschlichen Sprachbaues. In: Werke in fünf Bänden. Hrsg. von ANDREAS FLITNER U. KLAUS GIEL. Band 3. Berlin 1963, 144–367.

HUNDT, MARKUS (1995): Modellbildung in der Wirtschaftssprache. Zur Geschichte der Institutionen- und Theoriefachsprachen der Wirtschaft. Tübingen (RGL 150).

ISCHREYT, HEINZ (1965): Studien zum Verhältnis von Sprache und Technik. Düsseldorf (Sprache der Gegenwart 4).

JEAND'HEUR, BERND (1998): Die neuere Fachsprache der juristischen Wissenschaft seit der Mitte des 19. Jahrhunderts unter besonderer Berücksichtigung von Verfassungsrecht und Rechtsmethodik. In: HOFFMANN/KALVERKÄMPER/WIEGAND (Hgg.), 1286–1295.

KALVERKÄMPER, HARTWIG (1990): Gemeinsprachen und Fachsprachen – Plädoyer für eine integrierende Sichtweise. In: GERHARD STICKEL (Hg.): Deutsche Gegenwartssprache. Tendenzen und Perspektiven. Berlin/New York, 88–133 (Institut für deutsche Sprache Jahrbuch 1989).

KIENPOINTNER, MANFRED (1992): Alltagslogik. Struktur und Funktion von Argumentationsmustern. Stuttgart/Bad Cannstatt (problemata frommann–holzboog Band 126).

KLEIN, WOLFGANG (1974): Variation in der Sprache. Kronberg.

KLEIN, WOLFGANG (1998) Ein Blick zurück auf die Varietätengrammatik. In: AMMON, ULRICH/MATTHEIER, KLAUS J./NELDE, PETER H. (1998): Soziolinguistika 12: Variationslinguistik. Internationales Jahrbuch für Europäische Soziolinguistk. Tübingen, 22–38.

KLOTZ, PETER (Hg.) (1994): Vielerlei Deutsch. Umgang mit Sprachvarietäten in der Schule. Stuttgart/Düsseldorf/Berlin/Leipzig (Deutsch im Gespräch).

KOCH, PETER/OESTERREICHER, WULF (1985): Sprache der Nähe – Sprache der Distanz. Mündlichkeit und Schriftlichkeit im Spannungsfeld von Sprachtheorie und Sprachgeschichte. In: Romanistisches Jahrbuch 36, 15–43.

KONERDING, KLAUS-PETER (1993): Frames und lexikalisches Bedeutungswissen. Untersuchungen zur linguistischen Grundlegung einer Frametheorie und zu ihrer Anwendung in der Lexikographie. Tübingen (Reihe Germanistische Linguistik Band 142).

KONERDING, KLAUS-PETER (2005): Diskurse, Themen und soziale Topik. In: FRAAS, CLAUDIA/KLEMM, MICHAEL (Hgg.): Mediendiskurse. Frankfurt/M., 9–38.

KONERDING, KLAUS-PETER (2007): Themen, Rahmen und Diskurse. Zur linguistischen Fundierung des Diskursbegriffes. In: WARNKE, INGO (Hg.): Diskurslinguistik nach Foucault. Theorie und Gegenstände. Berlin/New York, 107–140.

KÖLLER, WILHELM (2004): Perspektivität und Sprache. Zur Struktur von Objektivierungsformen in Bildern, im Denken und in der Sprache. Berlin/New York.

KÜHN, PETER (1995): Mehrfachadressierung. Untersuchungen zur adressatenspezifischen Polyvalenz sprachlichen Handelns. Tübingen (Reihe Germanistische Linguistik Band 154).

LEONHARDT, JOACHIM-FELIX/LUDWIG, HANS-WERNER/SCHWARZE, DIET-RICH/STRAßNER, ERICH (Hgg.) (1999–2002): Medienwissenschaft. Ein Handbuch zur Entwicklung der Medien und Kommunikationsformen. Berlin/New York (Handbücher zur Sprach- und Kommunikationswissenschaft Band 15).

LIEBERT, WOLF-ANDREAS (1995): Metaphernbereiche der virologischen Aidsforschung. In: Lexicology 1/1995, 1, 142–182.

LIEBERT, WOLF-ANDREAS (1996): Die transdiskursive Vorstellungswelt zum AIDS–Virus. Heterogenität und Einheit der Textsorten im Übergang von Fachlichkeit und Nichtfachlichkeit. In: KALVERKÄMPER, HARTWIG/BAUMANN, KLAUS-DIETER (Hgg.): Fachliche Textsorten. Komponenten – Relationen – Strategien. Tübingen, 789–811 (Forum für Fachsprachen-Forschung Band 25).

LIEBERT, WOLF-ANDREAS (2005): Metaphern als Handlungsmuster in der Welterzeugung. Das verborgene Metaphern-Spiel der Naturwissenschaften. In: FISCHER, RUDI HANS (Hg.), 207–233.

LINKE, ANGELIKA/NUSSBAUMER MARKUS (2000): Konzepte des Impliziten: Präsuppositionen und Implikaturen. In: BRINKER/ANTOS/HEINEMANN/SAGER (Hgg.), 435–448.

LÖFFLER, HEINRICH (³2005a): Germanistische Soziolinguistik. Berlin (= Grundlagen der Germanistik 28).

LÖFFLER, HEINRICH (2005b): Wieviel Variation verträgt die deutsche Standardsprache? Begriffsklärung: Standard und Gegenbegriffe. In: EICHINGER, LUDWIG/KALLMEYER, WERNER (Hgg.): Standardvariation. Wie viel Variation verträgt die deutsche Sprache? Berlin/New York, 7–27 (Institut für Deutsche Sprache – Jahrbuch 2004).

LUHMANN, NIKLAS (1990): Die Wissenschaft der Gesellschaft. Frankfurt.

MATTHEIER, KLAUS J./RADTKE, EDGAR (Hg.) (1997): Standardisierung und Destandardisierung europäischer Nationalsprachen. Frankfurt/M.

MATTHEIER, KLAUS J. (2001): Sprachvarietäten. In: FLEISCHER, WOLFGANG/HELBIG, GERHARD/LERCHNER, GOTTHARD (Hgg.): Kleine Enzyklopädie Deutsche Sprache. Frankfurt/M., 351–363.

MÖHN, DIETER (1977): Zur Entwicklung neuer Fachsprachen. In: Deutsche Gesellschaft für Dokumentation e.V. (DGD)(Hg.): Deutscher Dokumentartag 1976. Münster vom 4.10-7.10.1976. München, 311–321.

MÖHN, DIETER/PELKA, ROLAND (1984): Fachsprachen. Eine Einführung. Tübingen: Niemeyer (Germanistische Arbeitshefte 30).

NEUMANN, ULFRID (1992): Juristische Fachsprache und Umgangssprache. In: GREWENDORF, GÜNTHER (Hg.): Rechtskultur als Sprachkultur. Zur forensischen Funktion der Sprachanalyse. Frankfurt, 110–121.

NIEDERHAUSER, JÖRG (1999): Wissenschaftssprache und populärwissenschaftliche Vermittlung. Tübingen (Forum für Fachsprachen–Forschung Band 53).

OGDEN, CHARLES K./RICHARDS, IVOR A. (1923): The meaning of meaning. A Study of the Influence of Language upon Thought and of the Science of Symbolism. London.

PINKAL, MANFRED (1985): Logik und Lexikon. Die Semantik des Unbestimmten. Berlin.

POLENZ, PETER v. (²1988): Deutsche Satzsemantik. Grundbegriffe des Zwischen-den-Zeilen-Lesens. Berlin/New York.

POLENZ, PETER v. (1991–1999): Deutsche Sprachgeschichte vom Spätmittelalter bis zur Gegenwart. 3 Bände. Berlin/New York.

POLENZ, PETER v. (2000): Sprachgeschichte und Sprachkritik. Henning-Kaufmann-Stiftung. Deutscher Sprachpreis 2000. Schliengen.

RIESEL, ELISE (²1970): Der Stil der deutschen Alltagsrede. Leipzig.

RIESEL, ELISE (1975): Grundsatzfragen der Funktionalstilistik. In: Linguistische Probleme der Textanalyse. Jahrbuch 1973 des Instituts für deutsche Sprache. Düsseldorf, 36–53.

ROELCKE, THORSTEN (1991): Das Eineindeutigkeitspostulat der lexikalischen Fachsprachensemantik. In: Zeitschrift für germanistische Linguistik (ZGL) 19.1991, 194–208.

ROELCKE, THORSTEN (1999): Fachsprachen. Berlin (= Grundlagen der Germanistik 37).

ROLF, ECKARD (1993): Die Funktion der Gebrauchstextsorten. Berlin/New York.

SANDIG, BARBARA (2006): Textstilistik des Deutschen. Berlin/New York.

SCHENDERA, CHRISTIAN F. G. (2000): Die Erforschung der Verständlichkeit von normativen Texten. Eine kritische Darstellung von Modellen, Methoden und Ergebnissen. In: Zeitschrift für Sprachwissenschaft Heft 19.1/2000, 3–33.

SCHERNER, MAXIMILIAN (1984): Sprache als Text. Ansätze zu einer sprachwissenschaftlich begründeten Theorie des Textverstehens. Tübingen (Reihe Germanistische Linguistik Band 48).

SCHERNER, MAXIMILIAN (1989): Zur kognitionswissenschaftlichen Modellierung des Textverstehens. In: Zeitschrift für germanistische Linguistik 17, 94–102.

SCHERNER, MAXIMILIAN (1994): Textverstehen als „Spurenlesen" – Zur texttheoretischen Tragweite dieser Metapher. In: CANISIUS, PETER/HERBEMANN, CLEMENS–PETER/ TSCHAUDER, GERHARD (Hgg.): Text und Grammatik. Festschrift für Roland Harweg zum 60. Geburtstag. Bochum, 317–340.

SCHERNER, MAXIMILIAN (2000): Kognitionswissenschaftliche Methoden in der Textanalyse. In: BRINKER, KLAUS/ANTOS, GERD/HEINEMANN, WOLFGANG/SAGER, SVEN F. (Hgg.): Text- und Gesprächslinguistik. Ein internationales Handbuch zeitgenössischer Forschung. Erster Halbband. Berlin/New York, 186–195 (Handbücher zur Sprach– und Kommunikationswissenschaft Band 16.1).

SCHLIEBEN-LANGE, BRIGITTE (1973/³1991): Soziolinguistik. Eine Einführung. Stuttgart/Berlin/Köln.

SCHMIDT, JÜRGEN ERICH (2005): Die deutsche Standardsprache: eine Varietät – drei Oralisierungsnormen. In: EICHINGER, LUDWIG M. (Hg.): Standardvariation: wie viel Variation verträgt die deutsche Sprache? Berlin/New York, 278–305 (Jahrbuch des Instituts für Deutsche Sprache 2004).

SCHMIDT, SIEGFRIED J. (1994): Kognitive Autonomie und soziale Orientierung. Konstruktivistische Bemerkungen zum Zusammenhang von Kognition, Kommunikation, Medien und Kultur. Frankfurt.

SCHWITALLA, JOHANNES (1997): Gesprochenes Deutsch. Berlin (= Grundlagen der Germanistik 33).

SEARLE, JOHN R. (1975/1982): Eine Taxonomie illokutionärer Akte. In: SEARLE, JOHN R. (1982): Ausdruck und Bedeutung. Untersuchungen zur Sprechakttheorie. Frankfurt, 17–50. (Originaltitel: Searle, John R. (1975): A Taxonomy of Illocutionary Acts. In: Searle, John R. (1979): Expression and Meaning. Studies in the Theory of Speech Acts. Cambridge, 1–29).

SEIBERT, THOMAS-MICHAEL (1983): Verständigungsschwierigkeiten zwischen Gericht und Betroffenen. In: Zeitschrift für Literaturwissenschaft und Linguistik (LiLi), 13. Jg. Heft 51/52, 1983, 59–73.

SEIBERT, THOMAS-MICHAEL (2000): Grundlagen der Urteilsanalyse: Fall, Regel, Topos. In: FELDNER, BIRGIT/FORGÓ, NIKOLAUS (Hgg.): Norm und Entscheidung. Prolegomena zu einer Theorie des Falls. Wien/New York, 127–152.

SPRANZ-FOGASY, THOMAS (2006): Argumentation als alltagsweltliche Kommunikationsideologie. In: Sprachreport 2, 141–156.

STEGER, HUGO/SCHÜTZ, EVA (1973): Vorschlag für ein Sprachverhaltensmodell. In: Funkkolleg Sprache. Frankfurt/M., 194-210.

STEGER, HUGO u.a. (1974): Redekonstellationen, Redekonstellationstyp, Textexemplar, Testsorte im Rahmen eines Sprachverhaltensmodells. Begründung einer Forschungshypothese. In: Gesprochene Sprache. Jahrbuch 1972 des Instituts für deutsche Sprache. Düsseldorf 1974, 39–97.

STEGER, HUGO (1980a): Soziolinguistik. In: ALTHAUS, HANS PETER/HENNE, HELMUT/WIEGAND, ERNST HERBERT (Hgg.): Lexikon der Germanistischen Linguistik. Tübingen, 349–358.

STEGER, HUGO (1980b): Normprobleme. In: Die Sprachnorm-Diskussion in Presse, Hörfunk, und Fernsehen. Stuttgart, 210–219 (Der öffentliche Sprachgebrauch/Deutsche Akademie für Sprache und Dichtung 1).

STEGER, HUGO (1988): Erscheinungsformen der deutschen Sprache. ,Alltagssprache' – ,Fachsprache' – ,Standardsprache' – ,Dialekt' und andere Gliederungstermini. In: Deutsche Sprache, 16. Jahrgang 1988. Zeitschrift für Theorie, Praxis, Dokumentation. Berlin, 289–319.

STEGER, HUGO (1990): Über Sprachvarietäten und Existenzformen der Sprache. In: Sprache in der sozialen und kulturellen Entwicklung. Beiträge eines Kolloquiums zu Ehren von Theodor Frings (1886–1968). Abhandlung der sächsischen Akademie der Wissenschaften zu Leipzig. Berlin.

STEGER, HUGO (1991): Alltagssprache. Zur Frage nach ihrem besonderen Status in medialer und semantischer Hinsicht. In: RAIBLE, WOLFGANG (Hg.): Symbolische Formen. Medien. Identität. Jahrbuch 1989/90 des Sonderforschungsbereichs 321 „Übergänge und Spannungsfelder zwischen Schriftlichkeit und Mündlichkeit". Tübingen, 55–112.

STEGER, HUGO (2000): Funktionale Sprachvarietäten und Semantik. In: HÄCKI BU-HOFER, ANNELIES (Hg.): Vom Umgang mit sprachlicher Variation. Soziolinguis-tik, Dialektologie, Methoden, und Wissenschaftsgeschichte. Festschrift für Hein-rich Löffler zum 60. Geburtstag. Tübingen/Basel, 355–366 (Basler Studien zur deutschen Sprache und Literatur Band 80).

STICKEL, GERHARD (Hg.) (1997): Varietäten des Deutschen. Regional- und Umgangs-sprache. Berlin/New York.

VATER, HEINZ (²1994): Einführung in die Textlinguistik. München.

VEITH, WERNER H. (²2005): Soziolinguistik. Ein Arbeitsbuch mit 104 Abbildungen, Kontrollfragen und Antworten. Tübingen (Narr Studienbücher).

VON WRIGHT, GEORG H. (1963): Norm and Action. A Logical Enquiry. London.

WANDRUSZKA, MARIO (1979): Die Mehrsprachigkeit des Menschen. München.

WARNKE, INGO (Hg.) (2007a): Diskurslinguistik nach Foucault. Theorie und Gegen-stände. Berlin/New York (Linguistik – Impulse und Tendenzen 25).

WARNKE, INGO (2007b): Diskurslinguistik nach Foucault – Dimensionen einer Sprachwissenschaft jenseits textueller Grenzen. In: DERS. (Hg.): Diskurslinguistik nach Foucault. Theorie und Gegenstände. Berlin/New York, 3–24.

WARNKE, INGO/SPITZMÜLLER, JÜRGEN (Hg.) (2008a): Methoden der Diskurslingu-istik. Sprachwissenschaftliche Zugänge zur transtextuellen Ebene. Berlin/New York.

WARNKE, INGO/SPITZMÜLLER, JÜRGEN (2008b): Methoden und Methodologie der Diskurslinguistik. Grundlagen und Verfahren einer Sprachwissenschaft jenseits textueller Grenzen. In: DIES. (Hg.): Methoden der Diskurslinguistik. Sprachwis-senschaftliche Zugänge zur transtextuellen Ebene. Berlin/New York.

WEINRICH, U. (1954): Structural Dialectology. Word 10, 388–400.

WENGELER, MARTIN (2003): Topos und Diskurs. Begründung einer argumentations-analytischen Methode und ihre Anwendung auf den Migrationsdiskurs (1960-1985). Tübingen.

WICHTER, SIGURD (1991): Zur Computerwortschatz-Ausbreitung in der Gemeinspra-che. Elemente der vertikalen Sprachgeschichte einer Sache. Frankfurt (Germanis-tische Arbeiten zu Sprache und Kulturgeschichte Band 17).

WICHTER, SIGURD (1994): Experten- und Laienwortschätze. Umriß einer Lexikologie der Vertikalität. Tübingen (Reihe Germanistische Linguistik Band 144; Kolleg-buch).

WICHTER, SIGURD (1995): Vertikalität von Wissen. Zur vergleichenden Untersuchung von Wissens- und insbesondere Wortschatzstrukturen bei Experten und Laien. In: Zeitschrift für germanistische Linguistik (ZGL) 23, 284–313.

WIMMER, RAINER (1979): Referenzsemantik. Untersuchungen zur Festlegung von Bezeichnungsfunktionen sprachlicher Ausdrücke am Beispiel des Deutschen. Tübingen: Niemeyer (Reihe Germanistische Linguistik Band 19).

WIMMER, RAINER (1998): Politische Korrektheit (political correctness). Verschärfter Umgang mit Normen im Alltag. In: Der Deutschunterricht Heft 3/1998, 41–48.

WITTGENSTEIN, LUDWIG (1958/¹¹1997): Philosophische Untersuchungen. Werkausgabe Bd. 1. Frankfurt.

WOLSKI, WERNER (1980): Schlechtbestimmtheit und Vagheit. Methodologische Untersuchungen zur Semantik. Tübingen: Niemeyer (Reihe Germanistische Linguistik Band 28).

ZIEM, ALEXANDER (2008): Frame-Semantik. Kognitive Aspekte des Sprachverstehens. Berlin/New York (Sprache und Wissen Bd. 2).

ZIFONUN, GISELA (2000): Textkonstitutive Funktionen von Tempus, Modus und Genus verbi. In: BRINKER, KLAUS/ANTOS, GERD/HEINEMANN, WOLFGANG/SAGER, SVEN F. (Hgg.): Text- und Gesprächslinguistik. Ein internationales Handbuch zeitgenössischer Forschung. Erster Halbband. Berlin/New York, 315–330 (Handbücher zur Sprach- und Kommunikationswissenschaft Band 16.1).

Sprache – Gegenstandskonstitution – Wissensbereiche

Überlegungen zu (Fach-)Kulturen, kollektiven Praxen, sozialen Transzendentalien, Deklarativität und Bedingungen von Wissenstransfer

Klaus-Peter Konerding

1 Wissen und Wissensarten

Wissen ist ein Ausdruck wie auch fachlicher Terminus, der derzeit geradezu so inflationär wie unbestimmt gebraucht wird, kontextbedingt hinsichtlich seiner Bedeutung starken Variationen unterliegt und trotz dieser Eigenschaften zu einer der zentralen Hochwert- und Leitvokabeln unserer Zeit avanciert ist. Die postmoderne westliche Gesellschaft versteht sich selbst inzwischen gern als „Wissensgesellschaft".

Wendet man sich als Linguist zunächst den natürlichen Quellen zu Thesen über die dominanten Tendenzen des Sprachgebrauchs zu, d.h. den einschlägigen allgemeinsprachlichen Wörterbüchern sowie den Fachwörterbüchern, so erhält man mehr oder weniger übereinstimmend die folgenden Auskünfte: *Wissen* wird standardsprachbezogen als die „Gesamtheit der Kenntnisse, die jemand (auf einem bestimmten Gebiet) hat", qualifiziert. *Kenntnis* wird dabei als „das Kennen einer (Tat)sache, das Wissen von etwas", weiter als „(Fach)wissen, Sach- und Erfahrungswissen" bestimmt. *Wissen* und *Kennen* sind letztlich zwei Verbalabstrakta, die über ihre Nominalisierung auf zwei zugrunde liegende Prozess- und Zustandsqualitäten verweisen. Folgt man diesem Indiz, so erhält man unter dem Verbum *wissen* die Auskunft, dass *wissen* etwa so viel bedeute wie „durch eigene Erfahrung oder durch Mitteilung von außen Kenntnis von etwas/jemandem haben, so dass zuverlässige Aussagen gemacht werden können". Wichtig ist hier der Hinweis auf „zuverlässige Aussagen", mithin auf symbolisch-sprachliche Modellierungen von Ausschnitten der „Welt", „Welt" als kosmisch-existentieller Erfahrungsraum des Menschen verstanden. Weiterhin ist die Auskunft zu finden, dass das Verbum *wissen* über mittelhochdeutsch *wizzen* und althochdeutsch *wizzan* auf die indogermanische Präteritalform *voida* (=*gesehen haben*) sowie die Sprachwurzel *vid* zurückgehe, die mit der Bedeutung von *sehen* und *Licht* verbunden sei. *Evidenz, sehen* und *einleuchten* seien die ausdrucks- und sinnverwandten Wörter im heutigen standardsprachlichen Deutsch. Das, was man „sieht" bzw. „gesehen" hat, hält man für gesichert bzw. rechtfertigungsfähig hinsichtlich seiner Geltung, es verhält sich mit relativer Sicherheit so, man „weiß" es. *Kennen*, das zweite Verbalabstraktum, ist danach sprachhistorisch mit *können* verwandt; althochdeutsch *-chennan* ist die Kausativbildung zu *kunnan,* dies aus dem germanischen Präterito-Präsens **kann* (indogermanisch **gen∂/gno*) im Sinne von neuhochdeutsch *können, vermögen*. In diesem Sinne erhält *kennen* historisch die Bedeutungskontinuität einer passivischen Variante von *wissen* im Sinne von *bekannt geworden sein mit, teilhaftig geworden sein, in Berührung gekommen/gebracht worden sein mit, etwas erfahren haben, vertraut (gemacht worden) sein mit* etc. Neben *kennen* sind *erkennen* und *Erkenntnis* hier zeitgenössische Wörter, die, heute stärker als historisch zuvor, von *können* unterschieden werden (zu allem Vorausgehenden vgl. man DUW 2001 und Kluge 2002).

Hier dokumentieren sich tatsächlich zwei Jahrtausende alte dichotome Kategorisierungen als verbal-kognitive Reflexe von grundlegenden Welterfahrungsformen, Kategorisierungen, die sich bis in die Neuzeit hinein und in die Ergebnisse der Spitzenforschung des 20. Jahrhunderts durchgehend reproduzieren und bestätigen: Betroffen ist die mehr oder weniger bewusste Gegenüberstellung und Verwobenheit von Theorie und Praxis, *vulgo* die Verwobenheit zwischen Wissen und Können, oder, modern gesprochen, die Verwobenheit von *Deklarativität* und *Prozeduralität* im Bereich dessen, was man heute den Bereich menschlicher Kognition nennt. Betroffen ist dabei jede Art von Wissen, vom Alltagswissen der Straßenbahnbenutzung bis zu den Grundlagen der theoretischen Physik.

Die philosophische Tradition des Abendlandes, die den neuzeitlichen Formen von „Wissen-Schaft" den Weg geebnet und die diskursiv-deklarative Form der rationalen Reflexion auf die Bedingungen und Beschaffenheit von Erfahrung und Wissen kultiviert hat[1], bietet eine große Vielfalt spekulativer Beschreibungen dazu, was menschliches Wissen sei. Dass diese traditionsgebunden spekulativen philosophischen Diskurse ihren eigenen domäneninternen Gesetzmäßigkeiten unterliegen (dazu kritisch etwa Fleck 1980; Kuhn 1978; Feyerabend 1970, 1973; Rorty 1981; Lyotard 1999), soll und kann hier nicht genauer betrachtet werden (vgl. dazu Warnke in diesem Band).

Aufgrund der an dieser Stelle gebotenen Kürze soll wie zuvor nur auf die Dokumentation von globalen terminologischen Gebrauchstendenzen zum Terminus *Wissen* im Bereich der Philosophie zurückgegriffen werden. Zentral für die Spezifikation des Terminus ist dort die Kategorie des *Grundes* bzw. der *Begründung* von Aussagen (oder des diskursiven Regresses bzw. der diskursiven „Anschließbarkeit"). Diese geht letztlich zurück auf Konsensproduktion durch Persuasion im Rahmen vor-aristotelischer topisch-rhetorischer Techniken, sie erhält ihr Fundament allerdings erst in der Erfahrung ihrer praktischen Wirksamkeit. Aufgrund der kontinuierlichen Erfahrung einer prinzipiellen Fallibilität menschlicher Vorstellungen dazu, was jeweils als Realität erlebt oder bestimmt wird, gehen Philosophen von alters her von einer Unterscheidung zwischen Meinen und Wissen aus. Wissen wird dabei gegenüber bloßem subjektiven Meinen, einem nicht weiter begründeten subjektiven Für-wahr-Halten bzw. Für-wahr-Ausgeben, durch die Eigenschaften der Rechtfertigung bzw. Erklärung ausgezeichnet, „durch die auf objektiv und subjektiv zureichenden Gründen beruhende Überzeugung vom tatsächlichen Bestehen von Gegenständen, Vorgängen oder Sachverhalten (Wahrheitsanspruch). Die Begründung des Wissens kann der Erfahrung, kritisch geprüften Berichten, Dokumenten, Zeugnissen, Denkmälern (historisches Wissen) oder der Einsicht in das Wesen und die Zusammenhänge ideeller Gegenstände (Logik, Mathematik, Ethik) entnommen werden" (vgl. das „Wörterbuch der philosophischen Begriffe" 1999 unter dem Lemma „Wissen"). Wissen bezieht sich danach auf kollektive Meinungen, die als unstrittig geteilt werden und über die ein relativer Konsens besteht. Dieser Konsens wird

---

1 Sicherung von Geltungsansprüchen bei Aussagen im Range von bestreitbaren Behauptungen als Antwort auf die Krise traditionell mythisch-genealogischer Formen der Legitimation von Direktiven – dies wird auf neue soziale Strukturen der interaktiven Aushandlung und Sicherung von sozial distribuierter Macht durch verbale Techniken in den ersten Demokratien der Antike der frühen griechischen Stadtstaaten zurückgeführt, letzteres wiederum ermöglicht durch die Einführung der Schrift.

auf die allgemeine Akzeptanz der Anführung einschlägiger Gründe für die
Geltung dieser zunächst nur subjektiven Meinungen zurück geführt. Begründungen sind nur verbaler Natur; sie gehören zu den Rechtfertigungs-
verfahren der Geltung von Aussagen, insbesondere von direktiven und
repräsentativen Aussagen und Aussagekomplexen (vgl. dazu auch Brandom 2000). Wird die Geltung dieser Aussagen kollektiv akzeptiert, so wird
der zugehörige propositionale und modale Gehalt als „Wissen" qualifiziert. Die Form des zugehörigen Wissens ist entsprechend prinzipiell als
propositional bestimmt; es ist seiner Natur nach verbal-medial geprägt
und geht auf symbolische Interaktionen und entsprechende Kategorisierungen bzw. Qualifizierungen zurück.

Neben diesem propositional gefassten und medial geprägten Wissen
wird selbst in philosophischen Zusammenhängen aber auch immer wieder
auf die zweite Art des Wissens, auf praktische Kenntnisse und Fähigkeiten, vor allem unter Bezug auf Alltagshandeln, verwiesen: „Wissen bedeutet auch Kenntnis über verfügbare Orientierungsmuster im Rahmen alltäglicher Lebenszusammenhänge (Alltags-Wissen)" (man vgl. nochmals
das „Wörterbuch der philosophischen Begriffe" 1999 unter dem Lemma
„Wissen"). Dieses Wissen als „implizites" Wissen wird in philosophischen
Bereichen als Untersuchungsgegenstand allerdings weniger geschätzt. Erst
propositional geprägtes Wissen, dass zudem begründet oder begründungs-
fähig ist, erlangt im Regelfall philosophische Aufmerksamkeit und Digni-
tät. Ein archetypisches Lehrstück zu dieser Haltung ist mit der Mäeutik
des Sokrates in den Dialogen Platons überliefert. Erst mit dem Anheben
der Entwicklung vieler neuer einzelwissenschaftlicher Disziplinen im Verlauf der Neuzeit, besonders aber während des 19. und 20. Jahrhunderts,
und dem sich in der zweiten Hälfte des 20. Jahrhunderts herausbildenden
interdisziplinären Forschungsverbunds der sog. kognitiven Wissenschaften wird dieses Primat der Philosophie aufgelöst. Mit diesem Wechsel
sowie mit dem Auftreten neuer sozial-konstruktivistisch orientierter For-
schungsparadigmen wird zudem praktisches Wissen zunehmend zum
Gegenstand wissenschaftlicher Untersuchung und Reflexion. Aber auch in
der Philosophie selbst ist diese Praxisorientierung im Verlauf der 20. Jahrhunderts zu verzeichnen, man vergleiche dazu etwa die frühen Arbeiten
von Martin Heidegger, die Werke der amerikanischen Pragmatisten, die
späten Werke Wittgensteins oder – stärker szientistisch bestimmt – die
wegweisenden Arbeiten des Chemikers und Philosophen Michael Polanyi.

2   Wissen und Handeln – kollektive Praxen[2]

Im Folgenden möchte ich nicht auf die Vielzahl von Vorschlägen zu begrifflichen Distinktionen zwischen Wissensarten zu sprechen kommen, die vor allem im Laufe der neueren Forschungsgeschichte vorgeschlagen und diskutiert worden sind (*episodisches* vs. *generisches* Wissen, *autobiographisches* vs. *kollektives* Wissen, *semantisches* vs. *enzyklopädisches* Wissen usw.). Stattdessen möchte ich auf die wichtigste und fundamentale Dichotomie genauer eingehen, die bereits zuvor thematisch wurde und die – vermutlich gerade aufgrund ihrer besonderen Relevanz für die kollektive menschliche Existenz – in den bedeutungsgeschichtlichen Wurzeln der indogermanischen Sprachen in Ansätzen deutlich erkennbar manifest wurde: die Dichotomie zwischen *prozeduralem* und *deklarativem* Wissen. Alternative Benennungen dieser Dichotomie sind mit den Bezeichnungen *Können* vs. *Wissen* bzw. *implizites* vs. *explizites Wissen* verfügbar. In der Antike wurde deklaratives Wissen zunächst als eine Unterart des prozeduralen Wissens, nämlich als personale Disposition bestimmt, was vor dem Hintergrund der damaligen Primordialität der Oralität zu verstehen ist (*Episteme* und *Techne* werden bei Platon noch nahezu synonym verwendet, man vgl. dazu etwa den Artikel „Wissen" im „Historischen Wörterbuch der Philosophie"). Erst mit der zunehmenden Rolle der Literalität und der mit ihr einhergehenden neuartigen physisch-medialen Manifestation von Sprache hebt sich das deklarativ-propositionale Wissen im Sinne einer depersonalisierten, materiell durablen und damit auf seine „Tragfähigkeit" hin prüfbaren „Episteme" in einen selbstständigen ontischen Modus der Hypostase.

Prozedurales Wissens ist praktisches Wissen, ein „Können"; es betrifft die jeweiligen Fähigkeiten von einzelnen Individuen zweckorientiert erfolgreich zu handeln, eine spezielle Aufgabe zu meistern oder ein Problem eines bestimmten Typs erfolgreich zu lösen. Prozedurales Wissen kann partiell und selektiv in Form von sprachlichen Handlungsanweisungen „repräsentiert" werden (Prototyp wäre hier der Algorithmus); derartige Anweisungen erfassen das zugehörige Wissen aber nur peripher und wesentlich unvollständig, sie sind zudem als Direktive immer empraktisch eingebettet und dienen der Steuerung bzw. Regulation des entsprechenden Erwerbs und der Optimierung von Fähigkeiten durch sprachlich bestimmte Kategorisierungen. Sie dienen besonders der aufmerksamkeitsgebunde-

---

2   Ich verwende im Folgenden den Ausdruck „Praxis" zur Bezeichnung der Gesamtheit aller „Praktiken", letzteres im Sinne von Verhaltens- und Handlungsweisen einer Kultur oder eines bestimmten kulturellen Bereichs. „Praxen" verwende ich entsprechend als Plural zu „Praxis". Ich unterscheide in diesem Sinne bewusst zwischen Praxen und Praktiken.

nen (Selbst)kontrolle bei der intraindividuellen Koordination von Sensorik und Motorik, oder auch bei der interindividuellen Koordination und Kooperation in Kollektiven. Handlungsanweisungen dienen erst in nachgeordneter Linie möglicher Erklärung oder Begründung. Sie sind integrierte Bestandteile der Lehr-/Lern-Interaktion im Zusammenhang praktischer Unterweisungen des Erwerbs einschlägiger Fähigkeiten: Radfahren oder Schwimmen erlernt man nicht, indem man ein Buch über das Radfahren oder Schwimmen liest, Kochen lernt man nicht dadurch, dass man lediglich ein Kochbuch studiert, Violinistin wird man nicht dadurch, dass man ein Lehrbuch über die Kunst des Violinspielens rezipiert. Prozedurales Wissen erwirbt man durch die schrittweise Einübung in eine entsprechende Praxis, begleitet durch sprachliche Hinweise und Erklärungen zu Funktionsweisen und zu beachtenden Zusammenhängen, durch praktischen Versuch und zugehörigen Irrtum. Dies wird ergänzt durch begleitende Anweisungen und konstruktive Kritik, die der metakognitiven Simulation, Steuerung, Regulation und Optimierung des Verhaltens bei der Selbstkontrolle und Habitualisierung dienen. Die Fähigkeit selbst erwirbt man letztlich nur durch den wiederholten praktischen Versuch angemessen zu handeln, durch die Erfahrung von Erfolg und Fehlgehen bzw. durch fortgesetzte Korrektur, sukzessive Optimierung und anschließende Routinisierung des erforderlichen zweckbestimmten Verhaltens. Prozedurales Wissen umfasst nicht zuletzt die Fähigkeit der Verwendung von Sprache selbst, ist aber prinzipiell nicht an Sprachgebrauch und symbolische Repräsentation gebunden und von diesen seiner Natur nach prinzipiell unabhängig. Dies soll natürlich nicht heißen, dass sprachvermittelte Reflexion im Prozess des Erwerbs von Fähigkeiten und bei der Optimierung angemessenen Verhaltens, im Rahmen von metakognitiven Analysen und symbolgeleiteten mentalen Modellierungen, im Rahmen von Selbst- und Fremdsteuerung keine wichtige Rolle spielt. Nur ist eine Fähigkeit etwas, was gerade nicht in einem symbolisch-propositionalem Format seine primäre Existenz hat.

Deklaratives Wissen hingegen ist ein Wissen, das ausschließlich durch ein symbolisch vermitteltes Repräsentationsformat bestimmt ist, genauer, ein Wissen in propositionaler Form, das einen Ausschnitt aus einer Lebenspraxis oder aus der Welterfahrung vermittels des symbolischen Mediums einer Sprache selektiv modelliert und darüber hinaus „repräsentiert". Deklaratives Wissen bleibt damit prinzipiell auf prozedurales Wissen bezogen. Deklaratives Wissen impliziert darüber hinaus den Aspekt potentieller kollektiver Akzeptanz der zugehörigen Modellierungen hinsichtlich ihrer Geltung, was die Repräsentationsadäquatheit einschlägiger Deskriptionen und die Legitimität von Direktiven betrifft. Betroffen sind damit die sprachlichen Legitimationspraktiken und -techniken zu Aussagen – z.B. Begründungen und Erklärungen dazu, wie etwas beschaffen ist bzw. wie man sich zu verhalten oder zu handeln hat (dazu auch Brandom 2000). Alltagswissen ist zum größten Teil prozedurales Wissen. Alltagswissen ist eingebettet in in weiten Teilen nicht reflektierte kollektive Lebenspraxen, d.h. in konkrete Lebenssituationen und zugehörige problemlösungsbestimmte Verfahrensweisen, Verhaltensformen, -routinen und -traditionen. Kollektive Lebenspraxen, als Gesamtheit von bedürfnisgesteuerten menschlichen Aktions- und Interaktionstypen, als Gesamtheit zugehöriger „Praktiken", sind letztlich das Fundament gesellschaftlicher Existenz, das Fundament jeglicher systematischer Beziehungen zwischen Individuen und das Fundament jeder Form von Wissen. Kollektive Praxen sind viable Systeme, die aus rekurrenten Mustern koordinierter Interaktionen bestehen. Sie unterliegen aufgrund ihres performativen Fundaments fortgesetzt Wandlungsprozessen, gewissermaßen einer emergent-evolutiven historischen „Drift" (vgl. dazu etwa Foley 1997: Kap.1). Sie sind aufgrund ihres performativen Fundaments weitgehend präreflexiv in Verhaltens- und Handlungsdispositionen verfügbar (im Sinn von Bourdieus Theorie des „Habitus" – vgl. Bourdieu 1976). Jede Form von Wissen gründet damit mittel- oder" unmittelbar in Handlungen bzw. Handlungstypen:

> „Knowledge and action are interdependent things. [...] The idea that there is an abstract domain of cognition apart from acts of knowing is as nonsensical as the idea of a reified culture transcending individual human enculturations." (Foley 1997: 21).

Fachwissen, hier sollte man sich nicht täuschen, ist ebenfalls ein Wissen primär prozeduraler Natur; man denke an die langjährige „Ausbildung" und rituelle „Initiation" von Jägern, Heilern und Schamanen in archaischen Gesellschaften, von Landwirten, Handwerkern, Kaufleuten, Medizinern, Facharbeitern, Sachbearbeitern, „Führungskräften" oder etwa gerade auch von Wissenschaftlern in modernen Gesellschaften. Es sind – neben den sozialen Beziehungen – die einschlägigen „Erfahrungen" (das praktische Wissen), die den Zugang zu den fachlich bestimmten sozialen Akteursrollen ermöglichen. Allerdings wird dieses prozedurale Wissen in den modernen, differenziert entwickelten Gesellschaften wesentlich durch deklaratives Wissen strukturiert, elaboriert, ergänzt und gesichert. Dies geschah in archaischen Gesellschaften ursprünglich rein narrativ im oralen Modus (vgl. auch Bargatzki 1997: 32 ff., Kohl 2000: 69 ff.). In modernen Gesellschaften ist der literale Modus an seine Stelle getreten, mit den dominanten Formen von Deskription und Explanation. Deklaratives Wissen im literalen Modus erhält mit der zunehmenden Komplexität und internen

Differenzierung von Kollektiven zunehmend Relevanz. Die großen kommunikativ-komplex organisierten Gesellschaften mit einer entsprechend reichhaltigen, kumulativen und breit differenzierten Wissenstradition sind ohne diesen Modus undenkbar (Kohl 2000: 69 ff.).

Wichtig ist vor allem das intrikate Verhältnis von deklarativem zu prozeduralem Wissen. Wie bereits angedeutet, ist deklaratives Wissen ein Wissen, das symbolische Modellierungen von prozeduralem Wissen, von praktischem Tun, insbesondere in dessen Regelhaftigkeiten, betrifft; selbst jede physikalische Begriffsbildung oder auch Messung, ob in subatomaren, astronomischen oder kosmologischen Dimensionen, hat ein prozedurales anthropozentrisches Fundament (man denke etwa an die einschlägigen Methoden, Axiome, Regeln, Techniken und Instrumente wie praktischen Verfahrensweisen zu deren Gebrauch). Bis heute gibt es nur recht vage Modelle dazu, inwieweit deklaratives Wissen auf prozedurales Wissen bezogen ist und auf diesem aufbaut. Phänomenologisch orientierte Bebachtungen, Untersuchungen und Beschreibungen zu diesem Bereich hat vor allem der Chemiker und Philosoph Michel Polanyi in den fünfziger und sechziger Jahren des 20. Jahrhundert bereit gestellt, der hier mit etwas anderen Worten zwischen *stillschweigendem* und *artikuliertem* Wissen unterscheidet (vgl. Polanyi 1962, 1966). *Artikuliertes Wissen* ist nach Polanyi dasjenige Wissen, das explizit beschrieben werden kann und der bewussten Reflexion zugänglich ist, insbesondere das sprachlich bestimmte Wissen. *Stillschweigendes Wissen* betrifft komplementär den gesamten Bereich der erworbenen Verhaltens- und Handlungsmuster, die – weitgehend bewusstseinsentzogen – unser Verhalten und Handeln in der natürlichen und kulturellen Umwelt bestimmen. Weiterhin bestimmt Polanyi die wesentliche Modalität menschlichen Wissens im Rahmen menschlicher Bewusstseinsfähigkeit und bewusster Aufmerksamkeit allgemein: Er unterscheidet „fokale" von „subsidiärer" Aufmerksamkeit. Das Beispiel der Alltagstätigkeit des Einschlagens eines Nagels mittels eines Hammers soll dieses Phänomen illustrieren: Während wir – vor allem die visuelle – Aufmerksamkeit fokal auf das Aufschlagsmoment des Hammers auf den Nagelkopf und die Bewegung des Nagels beim Eintreiben richten, bleibt ein erheblicher Teil unserer Aufmerksamkeit nur partiell bewusst oder beinahe bewusstseinsentzogen bei einer Vielzahl nicht unbedingt diskreter sensorischer und motorischer Wahrnehmungsreize, etwa bei dem Gewicht des Hammers in unserer Hand, bei der Festigkeit des Zugriffs, der kontrollierten Beschleunigung des Hammers, den registrierbaren Vibrationen im Hammergriff beim Auftreffen auf den Nagel, etc. etc. Diese Reize sind als rückkoppelnde Kontrollsignale in das zugehörige „Handlungsprogramm" der erworbenen Fähigkeit einen Hammer erfolgreich zu nutzen im Sinne einer kybernetischen Schleife funktional eingebunden. Sie dienen im Rang einer weitgehend bewusstseinsentzogenen metakognitiven Kontrolle (Monitoring) der Überwachung und der Anpassung motorischer Aktivitäten während der erfolgsorientierten und zweckbestimmten Ausführung des betreffenden Handlungsmusters. Nach Polanyi besitzt menschliches Wissen nun allgemein und prinzipiell diese Form: Wir wissen etwas „artikuliert" und „fokal" nur im weiteren Rahmen jeweils zugehörigen „subsidiären" und „stillschweigenden" Wissens. Das gilt für prozedurales wie deklaratives Wissen, – was nicht verwundert, da beide Wissensmodi, wie zuvor umfassend skizziert, mit- und ineinander „verwoben" sind.

Unter Bezug auf den gesamten Fundus neuerer Untersuchungen und zeitgenössischer Forschungsergebnisse bestätigt der Kognitions- und Sprachpsychologe Michael Tomasello (2006: 245 ff.) diese Charaktersierung und skizziert das Entstehen von deklarativem aus prozeduralem Wissens unter Verweis auf die Entwicklungspsychologin Karmiloff-Smith (1992) als „repräsentationale Neubeschreibung": Das grundlegende Wissen des Menschen ist danach, wie bereits zuvor konstatiert, das prozedurale Wissen, ein Wissen, das Menschen dieser Modalität nach prinzipiell mit anderen Lebewesen teilen. Dieses Wissen erwerben zu können, das „Können" lernen zu können, beruht auf angeborenen Prinzipien. Kleinkinder lernen den Sprachgebrauch wie auch den Umgang mit der kulturspezifischen Gegenstandswelt zunächst rein prozedural im Rahmen imitativ-intentional interaktiven Verhaltens, ohne dass die Kinder etwas darüber „wissen", was sie eigentlich genau tun. Deklaratives Wissen, Wissen im Sinn von explizitem, bewusstem, sprachlich ausdrückbarem Wissen, entsteht durch eine stufenweise repräsentationale „Neubeschreibung" – bzw. vielleicht angemessener: „Superformatierung" – von prozeduralem Wissen. Im Rahmen der zunehmenden Verhaltenskompetenz, der zunehmenden Beherrschung primär direktiv-dialogischer Sprachmuster und Interaktionszüge, der zunehmenden prozedural-operativen Gegenstandserschließung sowie der damit einhergehenden selbstreflexiven Beobachtung und empraktischen Kontrolle des eigenen prozeduralen Tuns werden – zunächst mehr oder weniger bewusst – induktiv, d.h. via Versuch und Irrtum, wahrnehmbare Aspekte dieses Tuns in Form von so genannten basalen „bildschematischen" Modellen kognitiv isoliert (dazu auch Johnson 1987; Mandler 1992, 2004; Johnson 2007). Es handelt sich dabei um solche Aspekte, deren Modifikation – bzw. bewusst kontrollierte Manipulation – zu einer mehr oder weniger starken Änderung in der Erfolgsquote des konativ-prozedural bestimmten Verhaltens führt (Tomasello 2006: 246). Wie auch im Fall der Wahrnehmung der Außenwelt sind diese Pro-

zesse bewusstseinsfähig und betreffen die prinzipielle Fähigkeit zur atten-
tionalen Fokussierung, d.h. zur gestaltbestimmten Segmentation und Klassifikation von aktuell konstatierten oder imaginierten Wahrnehmungsqua-
litäten und ihren kontiguitätsbestimmten Relationierungen – partitiv- oder
funktional-operativ bestimmt (man vergleiche etwa den propriozeptiv
bestimmten Muskeltonus in Hand und Unterarm in Kopräsenz mit per-
zeptiven Daten aus den Fingerspitzen und der zugehörigen visuellen
Wahrnehmung bei der Ausführung einer Greif- und Drehbewegung, die
dem Öffnen eines Schraubverschlusses eines Behälters dient). Im Rahmen
dieser Prozesse gelangen lediglich gattungsspezifische kognitive Grundfä-
higkeiten zur selektiven Aufmerksamkeit, zur Kategorisierung, Schematisierung sowie zur Analogiebildung zum Einsatz (letzteres als einer Sonder-
form der Kategorisierung – vgl. dazu z.B. Tomasello 2006: 247). Klassifikationen entsprechender Selektionen im Range von kognitiven Kategorisierungen induzieren eine entsprechende Konzeptbildung. Diese basale
Konzeptbildung gestaltet sich mit fortschreitender Analyse des beobachte-
ten eigenen (prozeduralen) Tuns zunehmend aus, das Konzept wird in der
Regel intern schrittweise differenziert und ebenso mit weiteren, entsprechend gebildeten Konzepten auch nach außen progressiv „vernetzt". Das
ursprünglich „stillschweigende" rein prozedurale Wissen wird durch diese
Prozesse zunehmend bewusstseinsfähig und fortschreitend „artikuliert"
und „superformatiert".

Sprachliche Symbole unterstützen diese Konzeptbildung erheblich,
besonders im Prozess der frühkindlichen Sozialisation. Symbolgebrauch
erfolgt zunächst exklusiv direktiv, d.h. mit dem Zweck, die Aufmerksamkeit von Kindern – bzw. von Interaktionspartnern generell – auf bestimmte Aspekte der Äußerungssituation zu lenken. Bald erfährt jedoch das
Kind, dass die Verwendung des Symbols auch repräsentative Funktionen
erfüllt, dies nämlich dann, wenn es die Verwendungsbeziehung bei Wahrnehmung des geäußerten Symbols qua Habitualisierung prozedural gewär-
tigt (Assoziativität des Symbols), aber vergeblich den Referenten in der
Äußerungssituation sucht, oder auch konvers, wenn der Interaktionspartner des Kindes nach einer vermeintlich direktiv gebrauchten Äußerung
den zugehörigen Gegenstand in der Äußerungssituation zu suchen beginnt. Symbole können danach – *aliquid stat pro aliquo* – Situationen bzw.
Situationsbestandteile modellieren, ob nun diese Situationen in der Äußerungssituation tatsächlich vorliegen oder nicht (*displacement of reference*). Und
sie erlangen, unter Bezug auf die Prägung und weitere Elaboration der
Konzeptstruktur, ihr Eigenleben: Es ist allerdings bis heute bis zu einem
gewissen Grad immer noch umstritten, ob die menschliche Konzeptstruktur, soweit sie durch Symbolgebrauch induziert wurde, amodaler oder

modalitätsfundierter sensorischer Natur ist (vgl. dazu etwa Barsalou 1999). Ich möchte an dieser Stelle nur darauf verweisen, dass selbst im Falle amodaler Repräsentationen eine modalitätsspezifische Induktion erfolgt, nämlich diejenige, die durch die sprachliche Oberfläche selbst determiniert bzw. induziert ist: vom Perzeptsyndrom der Referenz zum Perzeptsyndrom der Signifikanz qua metonymischer Kontiguität. Und diese Oberfläche verweist wiederum in jedem Fall auf kognitive Sedimente vorgängiger Verwendungskontexte, aus denen der Sprecher nach und nach Syndrome indexikalisch wirksamer Aspekte gewinnt und diese, selbst im Falle einer ausschließlichen Bekanntschaft und Verwendung des Geäußerten vom „Hören-Sagen" (oder Lesen – etwa über die Beschaffenheit der Rückseite des Mondes oder der Andromeda-Galaxis, über die Bären in Kamtschatka, die DNA des *Homo habilis* oder die innere Struktur des Iridium-Atomkerns), zu unspezifischen Referenzclustern im Sinne von ‚vagen', äußerungssituationsbezogenen Konzeptstrukturen synthetisiert, die referentiell wahrnehmungsfern fundiert sind. Entsprechende Konzeptstrukturen greifen, wenn überhaupt, über Analogie und Metapher auf anderweitig verfügbare bildschematische Modellstrukturen und entsprechende Symbolisierungen als imaginationsfähige Surrogate zu (man denke an die Funktion von Diagrammen, schematischen Schaubilder und Graphiken in einschlägigen Lehr- und Informationsmedien). Für dieses Modell der „vagen Referenzkonzepte" statt strikt amodaler Repräsentationen sprechen nachdrücklich Ergebnisse von Untersuchungen zu Wissensrepräsentationen in Laienkulturen (im Sinne der Dichotomie „Laie/Experte")', die im letzten Abschnitt dieses Beitrags kurz vorgestellt werden sollen (vgl. dazu auch Barsalou 1999, 2008). Hierbei spielen auch inhaltlich-tropische Strukturelemente (*Projection* und *Blending* im Sinne der Kognitiven Linguisten) eine wichtige Rolle.

Sind erste sprachinduzierte, kulturell-konsensuelle Konzeptrelationierungen im Rahmen der Ontogenese verfügbar bzw. „implementiert", so setzten im Prozess der weiteren Sozialisation, von Bildung und Ausbildung, von Lernen und Lehren schnell weitere Neubeschreibungen, Reformatierungen und Elaborationen der zugehörigen konzeptuellen Bereiche ein, die zunehmend exklusiv auf symbolgesteuerter Ebene erfolgen (vgl. Tomasello 2006). Konzeptuelle Korrelate verschiedener sprachlicher Erklärungen bzw. Beschreibungen unterschiedlicher kognitiver Elaboriertheit und Kohärenz überschichten sich dabei und verweisen aufeinander – mehr oder weniger konsistent und kohärent, von der naiven Selbstbeschreibung bis zur (populär)wissenschaftlichen Erklärung. Deklaratives Wissen, als genuin symbolvermittelt und „artikuliertes" Wissen (im Sinne von Polanyi), ist dabei immer als eine Modellbildung zwecks metakogniti-

ver Steuerung und Optimierung der Ausführung (Performanz) von prozeduralem (Muster-)Wissen zu verstehen; Modellbildung und ihre fortwäh-
rende Revision wird durch die ökologisch erzwungene Notwendigkeit zur
kontinuierlichen Adaption der zugehörigen Muster veranlasst.

Zusammenfassend ist festzuhalten, dass kollektive Praxen zum einen
stillschweigendes Wissen präsupponieren, andererseits darauf gründend
artikuliertes Wissen generieren. Stillschweigendes Wissen als prozedurales
Wissen besteht in den präreflexiv verfügbaren Verhaltensdispositionen
und -prozeduren der jeweiligen Praxen. Artikuliertes Wissen entsteht im
Wesentlichen in drei Schritten kognitiver Aktivitäten: durch selektive
Wahrnehmung, progressive Modellierung qua analoger (bildschemati-
scher) Kategorisierung/Konzeptbildung sowie darauf aufbauend: durch
repräsentationale Superformatierung in Form einer sprachbezogenen pro-
positionsgeleiteten „Neubestimmung" der primären Modellierungen von
prozeduralem Tun.

„Artikuliertes Wissen" ist in letzter Instanz sprachbezogenes, d. h.
deklaratives Wissen, und resultiert als Emergat „themenzentrierter" dis-
kursiv-symbolischer Interaktion. Sprachgebrauch selbst ist prozedurales
Wissen: *Ursprünglicher Sprachgebrauch* ist empraktisch, ergänzt, begleitet und
steuert nonverbale (prozedural bestimmte) Interaktion in direktiv-
deiktischer Funktion. *Fortgeschrittener Sprachgebrauch* übernimmt, situations-
entbunden, zunehmend repräsentationale Funktionen und damit wesentlich die „Artikulation" des Wissens, transformiert prozedurales in deklaratives Wissen und begründet die Möglichkeit rein symbolisch konstituierter
Interaktion, zugehöriger Institutionen und zugehöriger Wissensdomänen.
Fortgeschrittener Sprachgebrauch entfaltet eine ihm eigene, selbstreferen-
tielle Dynamik und entwickelt schließlich ein Eigenleben in rein symbolisch konstruierten Diskursen, den ihnen entsprechenden kollektiven Be-
wusstseinsräumen und Institutionen menschlicher Gesellschaften (vgl.
Assmann 1992; Foucault 1978 oder auch Warnke, Hundt und Müller
i.d.B.). Diese Diskurse generieren dabei „Diskursuniversen" eigener Art.

Festzuhalten bleibt:

> „All human knowledge depends on this form; we know something explicitely and
> focally [Artikulation – KPK] within a much wider background of subsidiary tacit
> knowledge." (Foley 1997: 14)

Deklaratives Wissen in seiner elaboriertestes Form erhält die Gestalt von
„großen Erzählungen", von Mythen oder Theorien (vgl. dazu etwa Feyerabend 1973; Knorr-Cetina 1984; Hübner 1985; Ong 1988; Assmann 1992;
Bargatzki 1997; Lyotard 1999; Kohl 2000). Theorien und Mythen

• sind komplexe, aktional kohärente „Artikulationen" konsensueller Praktiken

- dienen als kollektive symbolische „mentale Karten" (mit deontischen Implikationen) für die metakognitive kollektive Selbstversicherung und Rollenfixierung einschließlich der zugehörigen normativen Handlungsorientierung im performativ-praktisch durchmessenen kulturspezifischen Aktions- und Erfahrungsraum

- modellieren – exempliziert oder auf das Wesentliche als Prinzip reduziert – kulturell universelle (und kollektiv verbindliche) Prozeduren zur Bewältigung kollektiv prominent und frequent erfahrener Problem-, Konflikt- und Krisensituationen

„[...] we mentally map the environment to sorround ourselves with a known, and hence, more secure or save world." (Wassmann 1993: 206).

Dies gilt nicht nur für die natürliche, sondern auch gerade für die soziale, insbesondere für die historisch-kulturelle Umgebung des Menschen, Umgebungen, die nach dem zuvor Ausgeführten als ineinander vermittelte kulturelle Konstrukte zu begreifen sind.

3 Kollektive Praxen, soziale Transzendentalien, Wissen, Rahmen und Deklarativität

Aus dem Bereich der Wissenssoziologie ist bekannt, dass Wissen über Entitäten jeglicher Art ein Wissen ist, dass aus konsensuellen Typisierungen an Präzedenzen orientierter sozialer Interaktionen erwächst. Es sind die kulturspezifischen Praktiken und ihre Traditionen im Range sozialer Transzendentalien, die Entitäten als kulturell relevante „Objekte", „Zustände" oder „Aktivitäten", zunächst empraktisch prozedural, dann deklarativ registrieren und damit rekognitiv typisieren. Zur Rekognition und referentiellen Identifikation der jeweiligen Entitäten in situationsspezifischen Interaktionen sind im Rahmen der konzeptuellen Elaboration – wie zuvor festgehalten – zunächst Repräsentationen eines ganzheitlich bestimmten bildschematischen Typs anzunehmen (engl. *Imageschemata*), die die interaktional (prozedural) relevanten Merkmale des betreffenden Typs im *analogen Format* eines Mentalen Modells konservieren. Entscheidend für die weitere Gegenstandskonstitution ist aber dann die Rolle von Symbolen.

Wenn Kinder etwa das Wort *geben* lernen, eine lautliche Geste, die zunächst nur die gemeinsame Aufmerksamkeit auf ein bestimmtes Interaktionsmoment in der unmittelbar gemeinsam und wiederholt erlebten Situation fokussiert, lernen sie nach und nach die Mitspielerrollen, die zugehörigen Aktivitäten und die zugehörigen weiteren Umstände, die den Akt des

Gebens stets begleiten (vgl. etwa Tomasello 2006: 173). D. h., sie lernen damit sukzessive die Gesamtheit der sprachlichen und nichtsprachlichen kontextuellen Rahmungstypen, der rollenbezogenen Verhaltensprogramme bzw. der prozeduralen Skripte, die mit der kognitiven Kategorisierung der Aktivität, auf die mit dem Symbol „geben" referiert wird, konventionell verbunden sind. Entsprechend werden die zugehörigen Rollen selbst aktivitätsbezogen spezifiziert. Komplementär lernt das Kind mit dem Wort *Ball* alle diejenigen rollenbezogenen Aktivitäten und zugehörigen weiteren Umstände, in denen Bälle eine zentrale Rolle spielen und die die spezifischen Eigenschaften von Bällen bzw. Ball-Sein – als kulturell relevante – vollständig bestimmen.

Das „Kennen" kulturspezifischer Gegenstände beruht demnach in erster Linie auf dem „Kennen" ihrer gebrauchsbezogenen Einbettungen, der Gesamtheit der prozeduralen und deklarativen Kontexte, aus denen die Gegenstände durch Thematisierung qua Fokussierung, Artikulation und nachfolgender Abstraktion als kollektive wie individuelle Repräsentationen hervorgegangen sind (Miller 1993; Konerding 1993; Wassmann 1993; Konerding 1996; Barsalou 1999a, 2003; Tomasello 2006; Barsalou 2008). Die Gesamtheit der typisierten Kontexte als kontextuelle Rahmungstypen, einschließlich der zugehörigen Skripte, bilden entsprechend eine komplexe Wissensstruktur, einen so genannten „Wissensrahmen" (engl. *Frame*) zu den Kontexten und Praktiken, die den Gegenstand in seinen kulturell-relevanten Dimensionen gerade erfahrbar machen und in dieser Erfahrbarkeit qualitativ bestimmen (Paprotté 1985; Karmiloff-Smith 1992; Barsalou 1992; Keil 1994; Barsalou 2003; Tomasello 2006). Der sensu-motorische Eindruck eines erfahrbaren „Gegenstands", das aktualisierte perzeptiv bestimmte „Bild" (das heißt: die „Wahrnehmung" eines „Gegenstands" – oder eines zugehörigen perzeptuellen Syndroms, seines „Anzeichensyndroms"), wird damit zum Index seines konzeptuellen Rahmens, d.h. seines kulturspezifischen Funktions- und Handlungspotentials. Fundamental ist in diesem Zusammenhang die grundlegende zeitgenössische Erkenntnis im Bereich der kognitiven (Neuro-) Psychologie, dass Sprach- bzw. Situationsverstehen wie Gegenstandskonstitution und -identifikation, und damit letztlich jede Form von Kategorisierung und Wissen, nicht primär dazu dient, „Informationen" abzuspeichern bzw. zu aktualisieren (vgl. etwa das Grice'sche Paradigma und selbst noch die *Relevanztheorie* von Sperber und Wilson), sondern unmittelbare Handlungsfähigkeit in ökologisch einschlägigen Kontexten zu sichern. Im Prozess der Kognition, d.h. beim „Verstehen" von etwas, werden die jeweiligen Akteure kognitiv/rekognitiv für situierte Handlungs- und Verhaltensweisen vorbereitet (Barsalou 2003, 2008): Die kognitive Neuropsychologie hat über bildgebende Verfahren nachgewiesen, dass beim „Verstehen" oder „Wahrnehmen" bzw. „Vorstellen" von „etwas" immer auch das neuronale Substrat im Bereich des prozeduralen Wissens, d.h. das neuronale Substrat der zugehörigen Skripte, und zwar bis in die bewusstseinsentzogenen automatisierten motorischen Prozesse hinein, aktiviert wird (vgl. z.B. Barsalou 1999b, 2003, 2008; Buccino u.a. 2005; Pulvermüller 2005; Pulvermüller u.a. 2005; Sebanz u.a. 2006).[3] Fazit: Das sprachliche Symbol, als direktiv-indexikalische Geste, bindet demnach habituell-performativ, unabhängig von der Präsenz analoger Repräsentationen, emergente Koorientierungen von non-verbalen und verbalen Praktiken, Kontexten, Aufmerksamkeitsfokussierungen, Wahrnehmungs- und Aktionsprogrammen ontogenetisch in kognitiven „Rahmen" (*Frames*) und konserviert diese darüber hinaus als kollektive Repräsentationen in interaktiv-performativ reproduzierten Verwendungstraditionen (Konerding 1993, 1996, 2002; Barsalou 2003; Tomasello 2006; Barsalou 2008). Die zugehörigen Rahmen werden also insofern kollektiv geteilt, d.h. weitgehend „identisch" performativ reproduziert, als diese in einschlägigen konsensuellen Praxen situiert sind, d.h. auf interaktiv geteilte Kontexte, Wahrnehmungs- und Aktionsprozeduren etc. zurückgehen.

Sprachliche Symbole sind letztlich kulturspezifische Instrumente dafür, Koakteure dazu zu bringen, eine bestimmte Erfahrungssituation in bestimmter Weise aufzufassen (Tomasello 2006: 154, 155), d.h. ein bestimmtes, kontextuell mögliches Wahrnehmungs- und aktionales Rahmungsprogramm auf sie anzuwenden. Sie sind damit Anweisungen, eine kulturell-habituell prädeterminierte kognitive Perspektive auf sie einzunehmen, wobei diese kognitive Perspektive im Sinne Polanyis (1962, 1966), Bourdieus (1976) u.a. tief in der bewusstseinsentzogenen Praxis der jeweiligen sozialen Kollektive – und der damit fixierten „Zuhandenheit" der Welt (Winograd/Flores 1987) – verwurzelt ist. Es ist z.B. ein erheblicher Unterschied, ob man – aus einem einschlägigen Kontext heraus – ein und dieselbe „Person" der Referenz als *Chef, Großvater, Buddhisten, Hobbygärtner* oder als *Malariapatienten* qualifiziert und damit der Bezugssituation,

---

3   Zur neuropsychologischen Realität dieser Repräsentationsformen bis hin zur Einbindung emotiver Haltungen bzw. von Affekten vgl. man etwa Barsalou (2003); dort auch der Hinweis auf die bekannte Entdeckung der so genannten „Spiegelneuronen" durch Rizolatti u.a. (hier Barsalou 2003: 49): "Chao and Martin (2000) had subjects name objects implicitly while lying passively in an fMRI scanner (i.e., functional magnetic resonance imaging). When subjects saw manipulable objects, such as a hammer, a grasping circuit in the brain become active (e.g., Rizolatti, Fadiga & Gallese, 2002). Although subjects were instructed to lie still and simply to perform visual categorization, a motor circuit nevertheless became active, preparing subjects for functional use of the object (e.g. grasp and swing a hammer)."

unter Berücksichtigung der Kompatibilität mit äußerungssituativen Prä-suppositionen, einen konventionellen Rahmen für die Zuweisung möglicher Interpretationen und zugehöriger thematischer Relevanzen bis hin zu möglichen sprachlichen Qualifizierungen auferlegt. Symbolische Referenzierungen mit ihren zugehörigen konzeptuellen Rahmen fungieren entsprechend als relevanzbeschränkende und -modifizierende Filter, als adressatenspezifische kognitive „Anweisung", die jeweilige Entität der Referenz nur unter zugehörigen kategorienkonstitutiven Eigenschaftsprofilierung wahrzunehmen und aktivitätsbezogen-prozedural zu kontextualisieren (kulturelle „Perspektiven-Determination", vgl. etwa Tomasello 2006: 124 ff. u. 162 ff.). Entscheidend sind die jeweiligen usuellen Kontexte, die über zugehörige „Skripte" mit diesen kategorialen Qualifikationen in kognitiven Rahmen eingebunden sind und in denen diese Qualifikationen regulär als unmarkiert erscheinen. Denn die konventionalisierten Kontexte sind in der Regel eng mit komplexen Handlungsprogrammen oder Funktionsverläufen in zweckspezifische institutionelle Strukturen einer Kultur verwoben, sie können verbale wie non-verbale Praktiken und ihre Wechselbeziehungen betreffen.[4]

Ein ‚*artikulierter*' Wissensrahmen im engeren Sinne ist eine mehr oder weniger stabile mentale Struktur, die durch ein jeweils thematisches Konzept bestimmt ist. Ein solches thematisches Konzept kann durch ein identifizierbares Perzept in der momentanen Aufmerksamkeit des Arbeitsgedächtnisses oder durch eine sonstige dort über symbolisch-semiotisch fungierende Indikatoren identifizierte (und in der Regel unterspezifizierte) Wissensstruktur realisiert sein. Jedes sprachliche Nominal identifiziert, denotierend/referierend, ein derartiges Konzept.[5] Ein Konzept kann auch ein Stück „deklarativer Information" zu einem Gegenstand oder Sachverhalt innerhalb des Arbeits- oder Langzeitgedächtnisses umfassen (Barsalou 1992: 31). Ein *deklarativ* bestimmter, artikulierter Wissensrahmen zu einem thematischen Konzept besteht speziell aus einer propositional reskribierten bzw. elaborierten konzeptuellen Netzstruktur (s.o.), die durch kontextbeschänkte thematische Relevanzen prominente, frequente oder habituelle Konzepte als „Attributkategorien" integriert.[6] Barsalou spricht da-

---

4   Hier schließt sich unmittelbar dasjenige an, was Foucault zu „Dispositiven" gesagt hat. Genaueres dazu etwa bei Jäger (2006).

5   Man kann hier Type-(Kategorien-) und Token-(Instanzen-)Konzepte unterscheiden, wie etwa Jackendoff (1983) dies getan hat, also generische und spezielle Referenten differenzieren.

6   „I remain committed to the view that people use relatively stable knowledge in long-term memory to construct temporary representations in working memory, with these temporary representations exhibiting extensive flexibility and context sensitivity. [...] frames produce [this] flexibility [...]." (Barsalou 1992: 31)

von, dass ein Konzept in einem thematisch bestimmten Netzausschnitt der konzeptuell-deklarativ konstituierten Wissensstruktur genau dann ein „Attribut" für einen Wissensrahmen konstituiert, „when it describes an aspect of a larger whole" (Barsalou 1992: 30). „For example, *color* describes an aspect of *birds*, and *location* describes an aspect of *vacations.*" Attribute sind dabei lediglich als funktionale Rollen von Konzepten innerhalb von Rahmen bestimmt: "When people consider *color* in isolation (e.g. thinking about their favorite color), it is not an attribute but it is simply a concept" (ebd.).

Ein ‚artikulierter' Rahmen wäre allerdings kein Rahmen, wenn er neben der rahmenstiftenden Invarianz seiner konzeptuellen Netzstruktur nicht Variabilität und Flexibilität in der konkreten Ausgestaltung und praktischen Anwendung zuließe. Dies wird zum einen durch kontextspezifische Attributergänzung ermöglicht (Flexibilität), zum anderen aber wesentlich durch die Ausdifferenzierung von Attributkonzepten durch zugehörige Bereiche von möglichen alternativen Wertkonzepten:

> „Values are subordinate concepts of an attribute. Because values are subordinate concepts, the inherit information from their respective attribute concepts. In the frame for car, values of engine (e.g. four-cylinder) inherit properties of engine (e.g., consumes fuel, produce force). [...] Because engine is an aspect of car, its values are aspects of car as well." (Barsalou 1992: 31)

Werden Attribute oder Werte selbst thematisch, können sie über zugehörige latente Rahmen sui generis eigene Attributstrukturen mental aktivieren (rekursive Einbettung von Rahmen in Rahmen). Wie die funktionalen Charakterisierungen dies im Zitat von Barsalou schon andeuten (*consumes fuel, produce force*) und wie zuvor allgemein ausgeführt, sind an Attribute spezifizierende Skripts angebunden, die Funktions- und Aktivitätsverläufe (Prozeduren) konzeptuell repräsentieren. Diese können symbolisch deklarativ oder direktiv indiziert sein. Werden Rahmenstrukturen durch Usualität und Routine kognitiv ganzheitlich verfestigt (neuronal „eingeschliffen"), entstehen daraus komplexe Strukturen mit einer höheren Rigidität und Integrität, die so genannten kognitiven Schemata (vgl. dazu insgesamt Abb. 1).

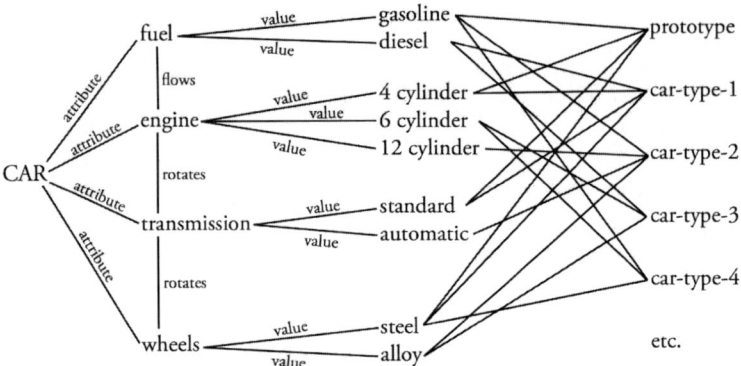

Abb. 1: Ausschnitt *Auto(mobil)* / *Car*-Rahmen als Visualisierung
bzw. Notation in Anlehnung an Barsalou (1992)

Enkulturation bzw. Sozialisation entsprechen somit der ontogenetischen „Inskription" von kulturspezifischen „Skripten" in den thematisch-kategorialen konzeptuellen Wissensrahmen („Frame") derjenigen gegenstandsbezogenen Praktiken, die einen Gegenstand als kulturellen konstituieren (vgl. dazu etwa Paprotté 1985; Karmiloff-Smith 1992; Mandler 1992; Keil 1994, Barsalou 1999a, 1999b; Mandler 2004; Tomasello 2006; Barsalou 2008). Wesentlichen Einfluss nehmen hier normierende Instanzen, die die prozeduralen und deklarativen Praktiken und ihre wechselseitigen Bezüge unter Berufung auf Konsens, Tradition, Praktikabilität, Werte oder Mythos mehr oder weniger direkt regulieren und kontrollieren. Jede Form von öffentlicher Initiation und Zertifizierung stellt eine derartige Normierungspraxis dar. Das zeitgenössische, normativ regulierte, komplex organisierte Bildungs- und Ausbildungssystem mit seinen jeweiligen Zugangs- und Qualifikationsordnungen in Deutschland ist ein sehr konkretes Beispiel für eine derartige Praxis.

4   (Fach-)Kulturen und Wissenstransfer

Aus dem zuvor Ausgeführten ergibt sich, dass das Wissen zu „Gegenständen" jeder Art durch die kulturspezifischen Praktiken, in denen diese Gegenstände eine Rolle spielen, bestimmt ist, und dies betrifft gerade auch die deklarativen Praktiken. Das „Kennen" der „Gegenstände" beruht letztlich auf dem „Kennen" der kulturspezifischen konzeptuellen Rahmen, der zugehörigen konzeptbezogenen „Inskriptionen", ihrer „Distribution" über die prozedural relevanten kulturellen Kontexte, in denen der „Gegenstand" regulär und als Gegenstand der Erfahrung erscheint. Fachwissen ist dadurch gekennzeichnet, dass es Erfahrungen mit Gegenständen betrifft, die bestimmten Personengruppen vorbehalten sind, die in der Regel eine Interaktionsgemeinschaft eigener Art innerhalb eines größeren Gesellschaftsverbundes bilden (ohne dabei in der Regel von den übrigen Interaktionen des normalen lebensweltlichen Bereichs isoliert zu sein). In diesem Sinn lässt sich hier auch von „Fachkulturen" sprechen.[7] Begreift man nun fachbezogenes Wissen in diesem Sinn als kulturspezifisches Wissen, so ist zu fragen, welchen Bedingungen ein Transfer von Wissen aus Fachkulturen in andere Bereiche der Gesellschaft unterliegt, will er halbwegs erfolgreich vonstatten gehen.

Zunächst ist unter den zuvor skizzierten Voraussetzungen festzustellen, dass Wissen im engeren Sinne nur über den Prozess der Enkulturation bzw. der kulturbezogenen Sozialisation erworben werden kann. Wissenstransfer hingegen betrifft die Vermittlung von Wissen über (wissens)kulturelle Grenzen hinaus, ohne den Prozess der Enkulturation selbst vorauszusetzen. Dies ist ein alltäglicher Vorgang in komplex entwickelten Gesellschaften mit entsprechend zahlreichen Teilkulturen. Erfolgreicher Wissenstransfer verlangt – nach dem zuvor Ausgeführten – transkulturelle Anschließbarkeiten hinsichtlich der jeweiligen Praxen und Praktiken, und das heißt letztlich, der zugehörigen Wissensrahmen. Wissenstransfer verlangt positive Antworten auf die Fragen, ob es Praktiken und Praxisbereiche und zugehörige Gegenstände gibt, die in beiden Kulturen vorhanden sind oder die zumindest ineinander vermittelt sind und so die beiden (Wissens)Kulturen aneinander anschließbar machen. Traditionellerweise ist dieser Bereich Gegenstandsgebiet der Kulturkontaktforschung.

Ich möchte im Folgenden diese Überlegungen anhand einiger einschlägiger Untersuchungen zum Wissenstransfer an der Schnittstelle zwischen Experten- und Laienkulturen etwas genauer ausführen. Diese – sprachwissenschaftlich bestimmten – Untersuchungen bieten sich im vorliegenden Kontext insofern als einschlägig an, als sie die spezifische Konstitution der Wissensrahmen von Experten und Laien sowie ihr Verhältnis zueinander berücksichtigen und dabei zugleich ein gut handhabbares, linguistisch reflektiertes Repräsentationsmodell für konzeptuell bestimmte Wissensrahmen verwenden.

Wichter und Mitarbeiter haben zu Beginn der 90er Jahre des 20. Jahrhunderts (vgl. dazu synoptisch Wichter 1994) in mehreren Untersuchungen die Schnittstellen bzw. Übergangsbereiche zwischen verschiedenen

---

7   Zu varietätengebundenen Wissensbeständen allgemein vgl. auch Felder (i.d.B.).

Experten- und Laienkulturen analysiert, in Teilen auch mit Bezug auf deren historische Entwicklung. Im Rahmen der methodologischen Grundlegung zur Datenerhebung und Dokumentation sondierte Wichter damals zunächst zeitgenössische Modelle der Modellierung und Repräsentation von Wissensbeständen. Nach längerer Diskussion gelangt er in Wichter (1994) zu dem Resultat, dass das Rahmen- bzw. Schemakonzept (ein Schema wurde im vorliegenden Beitrag „routinemäßig ganzheitlich verfestigte Rahmenstruktur" verstanden) die geeignetsten Voraussetzungen bietet, die entsprechenden Wissensbestände zu bestimmen, zu erheben und zu dokumentieren: „Wenn man den Wissensbestand als praktische Repräsentation des Gegenstands auffasst, und das Schema als theoretische Repräsentation des Wissensbestandes, ergibt sich das Schema als Hypothese über die Art und Struktur der praktischen Repräsentation" (Wichter 1994: 125). Dies ist direkt kompatibel mit den zuvor ausgeführten Überlegungen zur repräsentationalen „Superformatierung" von prozeduralem Wissen durch Akte reflexiver Artikulation im Rahmen individueller Lernprozesse und damit ist es an die zuvor präsentierten Überlegungen anschlussfähig.

Wichter verwendet zur Dokumentation einschlägiger Wissensstrukturen im Format des (artikulierten) Rahmens bzw. Schemas eine Notationsweise, wie sie zuvor am Beispiel der Notation von Barsalou (1992) kurz vorgestellt wurde: Ein Schema wird danach in Form einer Liste notiert. Der Wissensgegenstand als thematisches Konzept wird als links stehender Ausgangsknoten fixiert – (analog der Notation nach Barsalou; vgl. Abb. 1 im vorliegenden Beitrag, dort der Knoten *car*). Die rekursive Einbettung von Rahmen in Rahmen – Attribute zu (subthematischen) Attributen, die zu übergeordneten Attributen jeweils als Werte fungieren – wird in der Notation in Form eines nach rechts verzweigenden Baumgraphen repräsentiert (man vergleiche nochmals die Grafik zu *car* nach Barsalou in Abb. 1, dort die Attribute *fuel, gasoline, engine, 4 cylinder* etc.). Mit Hilfe derartiger Repräsentationsformate lassen sich Unterschiede individueller Wissensniveaus und entsprechender Wissensdivergenzen, gerade auch in der zeitlich Entwicklung, übersichtlich dokumentieren: Zu ein und demselben thematischen Konzept manifestieren sich die jeweiligen Unterschiede einerseits anhand der jeweiligen Attributenart, -anzahl und ihrer rekursiven, (nach rechts) verzweigenden Differenzierung (einschließlich der jeweils zugehörigen Werte); andererseits lassen sich mit Hilfe onomasiologisch bestimmter Erhebungsmethoden die spezifischen Formen korrespondierender lexikalischer bzw. sprachlicher Spezifikationen bzw. Qualifi-

kationen eruieren, bis hin zu Typen und Formen spezifisch deklarativ geprägter Recht-fertigungsverfahren.[8]
Wichter und seine Mitarbeiter führten unter Verwendung des Rahmen- bzw. Schemakonzepts Untersuchungen zu Schnittstellen bzw. Übergangsbereichen zwischen verschiedenen Experten- und Laienkulturen durch (Wichter 1994). Folie des jeweiligen Vergleichs waren Rahmenmodelle mit Attributen aus Expertendomänen.[9] Wichtig sind hier Kompatibilitäten, insbesondere partielle Kongruenzen und Anschließbarkeiten zwischen den (wissens-)kulturspezifischen Idealtypen von Rahmen, die sich aus dem sach- und praxenbedingten prozeduralen Übergangsbereichen zwischen den jeweiligen Kulturen und den Akteuren in den kulturellen Kontaktzonen ergeben. So werden Kfz-Mechaniker in ihren einschlägigen Praxen häufiger und intensiver mit alltagsweltlichen Praktiken (der Fahrzeugbedienung) in Kontakt stehen als dies etwa für Astrophysiker oder Mikrobiologen für deren bereichsspezifische Praktiken der Fall ist. In Abhängigkeit von jeweiligen sozialen und (sub)kulturellen Parametern variieren Schema-Attribute und ihre Besetzungen (Werte) zwischen den jeweiligen (Teil-)Kulturen erheblich. Als Großgruppen wurden von Wichter einfache Laien, fortgeschrittene Laien und Experten unterschieden, die jeweils nach sozialen und wissensbiographischen Parametern nochmals in Untergruppen differenziert wurden.
Expertenwissen ist häufig in Texten dokumentiert, ja nach Fachtextsorte mit unterschiedlichem Explizitheitsgrad; Experteninterviews treten bei Wichter ergänzend an die Seite der schriftlich-deklarativen Quellentexte. Laienwissen hingegen ist in der Mehrzahl nur implizit verfügbar und an personale Wissensträger gebunden, es muss über einschlägige Erhebungstechniken wie Interviews – und gegebenenfalls auch Experimente, letzteres soweit primär prozedurales Wissens betroffen ist – elizitiert werden. Wichter u.a. favorisierten hier das (standardisierte) Interview, da insbesondere auch die sprachliche Benennung sowie die Beschreibungsform und -fähigkeit im Zusammenhang mit dem jeweiligen Laienwissen erfasst und bestimmt werden sollte.

---

8   Ein ähnliches Verfahren, dort unter Rückgriff auf Methoden der Informationswissenschaft, wurde in Konerding (2005, 2007, im Druck) im Zusammenhang mit Explikationsansätzen zu rahmengeleiteten Methoden im Bereich der linguistischen Diskursanalyse entwickelt und zur Anwendung gebracht.

9   Methodenkritisch wäre hier anzufügen, dass alternativ bzw. komplementär zu dem (Top-Down-)Vorgehen kultur- bzw. gruppenspezifische Ideal- oder Prototypen in den jeweiligen Fach- und Laienkulturen unabhängig voneinander ermittelt werden sollten (sozusagen „bottom up" bzw. dateninduziert), die dann auf ihre interkulturelle Spezifik hin geprüft werden können (vgl. dazu auch Konerding 1993).

Im Folgenden sollen die signifikanten Resultate der rahmen-basierten Untersuchungen von Wichter und Mitarbeitern zusammengefasst werden. Sie dokumentieren recht treffend die Dynamik von teilkultur-spezifischen Wissensbeständen und zugehörigen sprachlichen Ausdrucksmitteln. Die ausgewählten Domänen betreffen die Bereiche der Computertechnik, der Kfz-Technik und der Medizin; jede der Domänen weist eine einschlägige Verteilung über Experten- und Laienkulturen auf. Die Frage ist, wie das zugehörige Wissen in Abhängigkeit von sprachlichen und nicht-sprachlichen Praktiken intra- und interkulturell variiert.

Die Einführung der Computertechnologie in die Breite der Gesellschaft hat die Lebenswelt und die zugehörigen Praktiken bis in die Alltagssphäre (*Personalcomputer* und *World-Wide-Web*) in der zweiten Hälfte des 20. Jahrhunderts grundlegend verändert. Untersuchungen zur zugehörigen Wissensdistribution ergaben das Folgende: Wichter stellt fest, dass die Struktur der Personengruppen, die über einschlägige Praktiken und Kenntnisse aus dem betroffenen Bereich verfügen, sich seit den 50er Jahren des 20. Jahrhunderts – Beginn der industriell-kommerzieller Entwicklungen von Großrechnern – stark veränderte. Zunächst gab es nur wenige informierte Laien im näheren Umfeld der eigentlichen fachkulturspezifischen Expertengruppen. Der größere Teil der Öffentlichkeit war im Prinzip nur über spektakuläre Nachrichten aus dem einschlägigen Expertenbereich einbezogen. Anfang der 90er Jahre – kurz nach der Einführung des Personalcomputers und noch vor der medialen Revolution des Internets – konstatiert Wichter, dass zum einen der Bereich der Fachkultur enorm gewachsen und intern ausdifferenziert sei, zum anderen der Bereich der informierten Laien außerordentlich angewachsen und hinsichtlich seiner Wissensniveaus, je nach Tätigkeitsbereich (Teilkultur), ebenfalls stark ausdifferenziert sei. Uninformierte Anteile der Gesellschaft existierten danach nur noch in Rückzugsbereichen, insbesondere bei älteren Generationen, die außerhalb von Ausbildung und Beruf stehend mit der neuen Technologie – im Rahmen ihrer traditionellen Lebenspraktiken – nicht oder nur mittelbar in Kontakt gelangten:

> „Die in der Entwicklung eröffnete niveaureichere Vertikalität des Wissensbestandes wurde immer umfangreicher und differenzierter von einzelnen Personengruppen auch des Fachumfeldes tatsächlich ausgefüllt und in wechselseitiger Anregung auch getragen." (Wichter 1994: 308)

Wichter hält weiterhin fest, dass sich ein einschlägiger fachbezogener Teilwortschatz der Standardvarietät erst entwickeln musste. Zu Beginn der 90er Jahre hatte dieser Teilwortschatz einen Anteil von 0,3% am gemeinsprachlichen Wortschatz erreicht. Wesentlich ist jedoch die Veränderung der Wissensbestände in dem betreffenden Zeitraum: Die einschlägige

Entwicklung ging einher mit der kognitiven Aneignung von konzeptuellen Schemata bei den jeweiligen Wissensträgern. Es wurden zunehmend mehr Schemata mit den zugehörigen Wörtern und Wendungen (Ausdrucks- und Beschreibungsformen) erworben. Dabei war nach Wichter zu beobachten, dass zu Beginn in der Regel nur über ein intern weitgehend undifferenziertes globales Schema verfügt wurde, dann aber jeweils die graduell zunehmende Aneignung von Attributen und zugehörigen Wertebereichen verzeichnet werden konnte, die in der Regel von einer vollständigen oder partiellen sprachlichen Besetzung begleitet wurde. Man kann hier im Sinn der vorausgegangenen Ausführungen zur Wissenskonstitution auch von zunehmender „Artikulation" der Schemata/Rahmen unter dem zunehmenden Einfluss immer differenzierterer prozeduraler und deklarativer Praktiken in den verschiedenen Teilkulturen außerhalb der eigentlichen Experten- bzw. Fachkultur (EDV-Technologie) sprechen. „Gleichzeitig wächst ein computertechnologisches tropisches Potential heran, das in seinen langfristigen Auswirkungen kaum zu überschätzen ist" (Wichter 1994: 309), d.h. viele Bereiche der Alltagserfahrung werden auf der Grundlage computertechnischer Konzepte, Modelle und zugehöriger sprachlicher Belegungen mittels Analogie, Metapher und Metonymie konsensuell restrukturiert. So wurde der gesamte Bereich der menschlichen Kognition durch die Computermetaphorik diskursiv nachhaltig remodelliert. Das kollektive Leitbild der zeitgenössischen „Informationsgesellschaft" ist zweifellos ein Höhepunkt in der Kontinuität dieser Entwicklungen.

Dass die Art und Weise dieser Aneignung die Ausdifferenzierung der zugehörigen Schemata in Abhängigkeit von einschlägigen Kultur- und Lebenszusammenhängen und entsprechenden Praktiken gesteuert wird, verdeutlicht eine weitere prominente Wissensdomäne mit alltagspraktischer Relevanz, die von Wichter und Mitarbeitern untersucht wurde: die Kfz-Technologie. Für die Domäne der Kfz-Technologie stellt Wichter fest, dass der Bereich der funktionalen Spezifikationen bei vollständigen und fachlich „versierteren" Laien jeweils derjenige ist, zu dem das meiste Wissen auf Probandenseite verzeichnet werden kann. Dies hängt zweifellos mit der jeweiligen persönlichen und teilkultur-spezifischen Relevanz dieses Bereiches zusammen. Ein Verwendungs- bzw. Anwendungswissen, das durch die intendierten Gebrauchsweisen von Artefakten in den jeweiligen Lebens- und Handlungszusammenhängen bestimmt ist, betrifft eben gerade die für diese Handlungszusammenhänge vorgesehenen Funktionsspezifika jeweiliger Artefakte. Dieses Wissen bezieht sich entsprechend immer auf den individuellen bzw. kollektiven Nutzen. Durch die Alltäglichkeit natürlicher Gebrauchszusammenhänge (Praktiken) wird das betroffene funktionsbezogene Wissen schneller und umfassender erworben als das Wissen zu weiteren Attributbereichen zugehöriger Rahmen bzw. Schemata, welche unter anderem dasjenige zu Bauteilen, Materialien und internen Funktionsweisen von Kraftfahrzeugen etc. umfassen (Wichter 1994: 272). Es konnten zudem deutliche Differenzen im Sprachgebrauch zwischen Experten und Laien festgestellt werden. Weiterhin wurde nachgewiesen, dass fachlich weniger versierte Sprecher einem Fachwort in vielen Fällen eine andere Bedeutung zuordneten als fachlich versierte Sprecher. Laien verfügten in vielen Fällen nur über stereotyp simplifizierte Wortbedeutungskonzepte und Schemata und verwenden das entsprechende Fachwort auch in anderen Zusammenhängen, dies zum Teil sogar mit Bezug auf andere Referenten (Wichter 1994: 273). Erklärungen zu internen Funktionsweisen fallen häufig sehr dürftig aus, was darauf zurückgeführt wird, dass umfassende verbale Erläuterungen von Funktionszusammenhängen eine hohe fachliche Kompetenz, d.h. umfangreiches deklaratives Wissen zu dem jeweiligen Sachbereich erfordern. Selbst praktisch arbeitende Kfz-Techniker in Werkstätten verfügten nicht in jedem Fall über dieses Wissen, was von Wichter darauf zurückgeführt wurde, dass im Fall von Kfz-Reparaturen ganze Funktions-Module als Bauteil-Komponenten geschlossen ausgetauscht und die defekten Module ohne Reparaturen entsorgt wurden, so dass detaillierte Fachkenntnisse zu inneren Funktionsweisen für die zugehörigen Praktiken nicht mehr erforderlich waren. Dieses Wissen ist in der Regel nur den Ingenieuren bei den Modulentwicklern und -herstellern verfügbar.

Als weitere Domäne mit Experten- und Laienkulturen übergreifender Relevanz soll hier abschließend kurz der Bereich der Medizin erwähnt werden: Bei einem großen Anteil der männlichen Bevölkerung tritt im höheren Lebensalter das fachlich so bezeichnete *Prostata-Adenom* auf, eine zunächst gutartige Vergrößerung der Prostata, die aber vielfältige pathologische Entwicklungen bis hin zum Krebs zur Folge haben kann. Eine Erhebung von Wichter und Mitarbeitern (unter betroffenen Patienten auf der urologischen Station eines Klinikums) führte zu dem Ergebnis, dass zwar alle konsultierten Patienten den Ausdruck *Prostata* verwendeten, diesen aber gerade häufig nicht in seiner typischen bzw. medizinisch-fachlichen Gebrauchsweise als Organbezeichnung, sondern als Bezeichnung für ein für die Betroffenen kognitiv weitgehend intransparentes Krankheitsgeschehen, das vornehmlich anhand unspezifischer subjektiver Symptomsyndrome manifest wird, gebrauchten:

„Der Signifikant ‚Prostata' [...] steht hier [...] zeichenhaft für eine Leerstelle, die gleichwohl als solche in ganz vagen kategorialen Umrissen wahrgenommen wird. Gleichzeitig erfüllt der Signifikant ‚Prostata' in vielen Fällen [...] eine gewisse

Verweisfunktion, insofern der ganze Bereich der Beschwerden, der Krankheit und der Operation damit, wenn auch undifferenziert, angezeigt werden kann. Die Organbezeichnung wird so metonymisch im Sinne einer unbewussten pars-pro-toto-Ausweitung zu einem Stichwort oder fast ‚Stichlaut' für das (im Hinblick auf das eigentliche Zentrum undifferenziert wahrgenommene) Gesamtgeschehen." (Wichter 1994: 293)

Hier dokumentiert sich – wie zuvor im Fall der Kfz-Technologie bereits konstatiert – noch einmal in aller Deutlichkeit die Erfahrungs- und damit Praxenfundiertheit der betreffenden Wissensbestände. Die ermittelten Schemata bzw. Rahmen – und gegebenenfalls ihre zugehörigen Skripte, alle mit ihren jeweiligen sprachlichen Besetzungen – sind nur insoweit kompatibel bzw. kongruent, insofern sich in den jeweiligen Praxis- und Diskursbereichen gemeinsame „Gegenstände" und gegenstandsbezogene „Praktiken" als interkulturelle Anschlussstellen für die transkulturelle Interaktion und Kommunikation ergeben. Damit ist keineswegs gesichert, dass eine tatsächliche „Verständigung" über die jeweiligen wissenskulturellen Grenzen hinaus tatsächlich erfolgt. Diese „Gegenstände" sind, wie eingangs unter Bezug auf die zeitgenössische interdisziplinäre Kognitions- bzw. Sozialisationsforschung ausgeführt wurde, letztlich durch die zugehörigen Praxen definiert, in denen sie regulär erscheinen. In diesen Praxen lokalisierbare „Gegenstände" und „Ereignisse" sind als „Perzepte" (die vermeintlichen „Dinge" „da draußen") immer nur appräsentative Indizes kulturspezifisch-konsensueller Gegenstandskonstrukte im Range kultureller „Einheiten". Ganz entsprechend gelangt Wichter (1994) mit Busch (1994) im Rahmen der klinischen Studien zu medizinischen Wissensbeständen bei Experten und Laien zu dem empirisch dokumentierten Resultat, dass der Einsatz von Informations- bzw. Aufklärungsbögen in präoperativen Stadien der klinischen Versorgung sein intendiertes Ziel in der Regel verfehlt[10] (vgl. Wichter 1994: 295).

5   Fazit

Zieht man eine Bilanz aus den vorausgegangen Ausführungen, so ergeben sich für die angemessenen kommunikative Vermittlung von Wissen einige wichtige Konsequenzen: Wissen ist in jedem Fall in kulturellen Praktiken fundiert, die nur bis zu einem speziellen Grad reflexiv bzw. „rational"

---

10   Funktional erfolgreich sind hier vielmehr rituell-phatische Aspekte der Interaktion, in denen sich die Patienten als Personen durch die Institution „Klinik" individuell angesprochen und berücksichtigt erleben; zugleich dient der Informationsbogen aber auch der rechtlichen Absicherung des medizinischen Personals (Wichter 1994: 295).

transparent gemacht werden können, insofern jede Form von Transparenz auf Aspektextraktion, -repräsentation und kompositorische Konzept-Modellierung verwiesen ist. Attentionale Extraktion und Modellierung sind Grundlage jeder bewusstseinsfähigen Form von Konzeptbildung, sie dienen im Rahmen einer kognitiven Praxis zweiter Ordnung vor allem der Selbst-Steuerung von Individuen beim Erwerb und der Ausübung von Fähigkeiten in der zugrunde liegenden Praxis erster Ordnung; sie wirken aber auch auf diese zurück und werden schießlich assoziierter oder integrierter Bestandteil entsprechender Fähigkeiten: Prozedurales Wissen. Kommen bei der Konzeptbildung sprachliche Symbole ins Spiel, so erfolgt Extraktion und Modellierung symbolisch kontrolliert, unter Bezug auf strikte soziale Konventionen (Konsensualität der Konzepte im empraktisch-interaktiven Sprachgebrauch, mit primär direktiver und repräsentativer Funktion). Erfolgt die Modellierung einer Praxis erster Ordnung weitgehend sprachgeleitet, etwa auf der Grundlage komplexer sprachlicher/lautlicher Repräsentationen (wie sie durch die Situation des kommunikativen *Displacement* induziert wird: Äußerungssituation und Referenzsituation fallen zeitlich und räumlich auseinander), so resultieren schließlich komplexe Erklärungsmodelle bzw. -systeme vom Typus narrativer oder argumentativer Provenienz: Sprache generiert deklaratives Wissen. Prozeduralität, konzeptuelle Artikulation, symbolische Modellierung und Deklarativität sind wie ausgeführt aber immer eng miteinander verwoben (rekursive repräsentationale Superformatierung des jeweiligen Wissens). Dem jeweiligen Grad der konzeptuellen Superformatierung durch Sprache entsprechend kann der Wissensrahmen mehr oder weniger stark deklarativ-propositional strukturiert und elaboriert sein. Rahmen können darüber hinaus je nach Grad der Routinisierung mehr oder weniger verfestigt, d.h. schematisiert sein. Kognitive-prozedurale Rahmen sind letztlich neuronal-repräsentationale Spuren der kontextuellen Distribution situierter Aktivitäten von Individuen, die im Fall der Routinisierung in weitgehend dispositionell in Erscheinung tretenden Aktivitätsmustern ihren Ausdruck finden. Dies gilt für non-verbale wie für verbale Aktivitäten. Wissen ist damit, wie zuvor ausgeführt, prinzipiell in kognitiv-prozeduralen Rahmen (*Frames*) existent.

Ein deklarativ artikulierter Wissensrahmen (zu einem jeweils thematischen Konzept) besteht aus einer weitgehend kohärenten, propositional superformatierten/reskribierten konzeptuellen Struktur. In diese Struktur sind bestimmte Konzepte als rahmenkonstitutive „Attribute" integriert. An diese Attributkonzepte sind an der Regel spezifizierende „Skripte" angebunden, die Funktions- und Aktivitätsverläufe (Prozeduren) konzeptuell repräsentieren – man vgl. zu allem nochmals die Notation zu dem

Rahmen für *car* (Abb. 1). Kognitive deklarative Rahmen sind mehr oder weniger kohärente Konzeptstrukturen propositionaler Prägung, die entweder aus vorgängigen prozeduralen Strukturen emergieren oder über primär deklarative Praktiken „implementiert" werden und dann nur indirekt auf prozedurales Wissen verweisen (vermittelt durch Schule und Ausbildung, Wissen durch Hören-Sagen, diskursiv-literale Traditionen, kollektive Mythen und Erklärungsparadigmen). Wesentlich jedoch ist, dass dominant prozedural wie dominant deklarativ geprägte Rahmen sich (meta-)sprachlich modellieren und zum Gegenstand und Instrument von wissenschaftlichen Untersuchungen machen lassen. Wichtige Methoden der Datenerhebung und -aufbereitung mit dem Ziel der Erarbeitung entsprechender Modelle sowie Methoden ihrer Notation wurden zuvor im Zusammenhang mit den Untersuchungen von Wichter skizziert.[11] Die Untersuchungen von Wichter und Mitarbeitern demonstrierten die extreme Variation und Dynamik dieser Rahmen in spezifischen Teilkulturen einer Gesellschaft. In Abhängigkeit von praktischer Betroffenheit und Kulturkontakt sowie der Veränderung von Praktiken und zugehörigen Technologien entwickelten sich diese Rahmen in ihrer jeweiligen Verteilung über Teilkulturen und zugehörige Wissensträger sehr verschieden und mit unterschiedlicher Dynamik.

Aus den vorgestellten Überlegungen und Ergebnissen ergeben sich wichtige Konsequenzen für sachbezogene Verständigung und den „Transfer" von Wissen generell. Verständigung im eigentlichen Sinne kann überhaupt nur gelingen, wenn die zugehörigen kognitiven Rahmen Similaritäten oder Kontiguitäten aufweisen, was letztlich durch die partielle Anschlussfähigkeit zugehöriger Praktiken bestimmt ist. Vollständiger Wissenstransfer – und damit vollständiges „Verstehen" – ist nur möglich auf der Grundlage zureichender (fach)spezifischer Sozialisation bzw. Enkulturation. Alle übrigen Fälle von Wissenstransfer betreffen ein nicht unproblematisches Übersetzen als kulturelles „Über-Setzen", wie es durch Verfahren des Rahmenvergleichs, der Rahmeninduktion und -assimilation ermöglicht werden kann. Hier spielen verbale Figuren der Analogie, des Vergleichs, der Metapher, des simplifizierten Funktionsmodells eine entscheidende Rolle, insofern dabei an verfügbarem Wissen von Laien, d.h. also an deren kognitiven Rahmen, angeknüpft wird, was dann zur Grundlage der Reformatierung, Elaboration oder Neukonstitution erforderlicher Rahmen gemacht werden kann. Darüber wird schließlich sukzessive ein

---

11 Zu ethnologischen Methoden allgemein vergleiche man etwa Wassmann (1993) oder Duranti (1997). Zu ethnologischen Methoden im (natur)wissenschaftlichen Kontext vgl. man Knorr-Cetina (1994).

„Bekanntwerden", ein „Kennen"-Lernen des Neuen bzw. Fremden –
prozedural wie deklarativ durch Rahmenassimilation und -elaboration –
ermöglicht (man vgl. dazu nochmals Abschnitt 1 dieses Beitrags). Zu diesem Zweck gibt es Bildungs- und Ausbildungsinstitutionen. Insofern ist
ein Miss- oder Fehlverstehen in Zusammenhängen mit dem „Transfer"
von Wissen, das sich auf deklarative Techniken des „Transfers" beschränkt, eher die Regel denn die Ausnahme. Es wäre entsprechend angemessener, mit Liebert hier von „Wissenstransformationen" statt von
„Transfer" zu sprechen (vgl. Liebert 2002). Zu verschieden sind die jeweiligen Erfahrungen und die zugehörigen Bedeutungsgehalte, die von den
Mitgliedern der verschiedenen Teilkulturen über die jeweils praxisgebun-
denen Rahmen den jeweiligen Ausdrücken zugewiesen werden.[12]

Ein abschließendes Wort noch zur Stellung der Wissenschaften als
Expertenkulturen und zum Status wissenschaftlichen Wissens generell:
Wissenschaftliches Wissen gilt häufig noch als „gerechtfertigte wahre
Meinung" (man vgl. etwa Abschnitt 1 dieses Beitrags). Es sind insbesondere die deklarativen Stipulations- und Rechtfertigungstechniken und ihre
Traditionen (Brandom 2000), die seit der Antike in Rhetorik und Philosophie ununterbrochen zum auch praxisnormierenden Thema gemacht
wurden. Logik ist ihrem Ursprung nach ein Kind der Rhetorik, und Logik
ist nicht zuletzt etwas, was als „logisch" gestaltete Rede und propositionale Organisation „einleuchtet", was „evident" ist. Was aber ist „Evidenz"?
Evident ist das Vertraute, das unhinterfragt stillschweigend Präsupponierte, das – auch mental – Habituierte, die Sicherheit, Berechenbarkeit und
Orientierung ermöglichende viable Praxis als Fundament einer Kultur.
Wir wissen heute, vor allem aus kulturvergleichenden Studien, dass so
genanntes „logisches" Denken, d.h. letztlich ein Denken, das an den
(sprachbezogenen) aristotelischen Syllogismen oder sogar an ihren alge-
braischen Nachfahren, den symbolischen Logiken erster und höherer
Ordnung gemessen wird, ein vor allem durch Schriftsprache möglich ge-
wordenes Manipulieren von Symbolen ist, ein „Sprachspiel", das seine
ihm   letztlich   eigene,   medial-spezifisch   und   damit   diskursiv-
selbstreferentiell gestiftete Relevanz und Legitimität besitzt (vgl. etwa Ong
1987; Wassmann 1993; Raible 1994; Kohl 2000). Sicherlich greift „Logik"
„prälogische" Regularien der menschlich-kognitiven Prinzipien auf und
expliziert diese in stipulierten bzw. normierten Regeln der Symbolmanipu-

---

12 Die Explosion des Challenger-Spaceshuttles der NASA am 22.01.1986 z.B. wird auf genau
    dieses Problem der unzureichenden Kompatibilität von kulturspezifischen Wissensrahmen
    im Zusammenhang mit der Kommunikation von Wissen zwischen zuständigen NASA-
    Ingenieuren und NASA-Management im Vorfeld der Katastrophe zurückgeführt (vgl. dazu
    Renzl 2004).

lation; diese sind aber letztlich deshalb erfolgreich, weil sie gerade ein „prälogisches" Moment der evolutionär bestimmten kognitiv-operationalen Passung auf die ökologische Nische des Menschen halbwegs erfolgreich modellieren – bzw. symbolisch „superformatieren" (vgl. etwa Foley 1998; Tomasello 2006; Johnson 2007). Wissenschaft hat definitiv kein „logisch" gesichertes Fundament. Herstellung, kollektive Aushandlung und Sicherung von „Erkenntnis", von „Faktizität", von „Wahrheit" und deren Instrumentalisierung ist funktional in komplexen diskursiven Prozessen der symbolgetragenen Selbstorganisation und Selbstregulation sozialer Kollektive, in denen es für Individuen (oder Gruppen von solchen) letztlich um den Zugriff, die kompetitive Aushandlung und die Verteilung von Ressourcen sowie um die Erlangung und Kontrolle von identitäts-, macht- und statusstiftenden wie -sichernden sozialen Privilegien geht. Dies geschieht nicht zuletzt unter Berufung auf transzendente Werte und handlungsleitende Grundsätze, die in proklamierten Diskurstraditionen situiert, in symbolischen Formeln stereotypisiert und (quasi)sakralisiert ohne streng sanktionierte Tabuverletzungen keiner Hinterfragung fähig sind (vgl. z.B. Feyerabend 1973; Kuhn 1978; Fleck 1980; Knorr-Cetina 1984; Latour 1987). „Semantische Kämpfe" und „Wettbewerb" um Erklärungshoheit und Gegenstandsspezifikation sowie die damit verknüpften sozialen Ressourcen sind alltäglich im Bereich der Wissenschaften (vgl. etwa Felder 2006 und Habscheid im Druck). Die okzidentalen Kulturtraditionen, als tendenziell „hypoleptisch-diskursive" Traditionen, sind in dieser Hinsicht besonders ausdifferenziert und „agonal" (vgl. Assmann 1992 und auch Warnke i.d.B.). Dessen eingedenk, und trotz eines erfahrbaren „Wissenswachstums", sollte bewusst bleiben, dass die Ausdrücke *Wissen* und *Wahrheit* diskursgebundene deklarative Rahmen identifizieren, die, in einschlägigen kulturellen Traditionen und Diskursen funktional, selbst wieder kulturspezifische symbolische Modellierungen sind:

> „„Was ist Wahrheit?' fragte Pilatus spöttisch und wollte nicht bleiben, um die Antwort zu hören. Pilatus war seiner Zeit voraus. Denn ‚Wahrheit' selbst ist ein abstraktes Substantiv, also ein Kamel von einer logischen Konstruktion, das nicht einmal durch das Öhr eines Grammatikers hindurchgehen kann." (Einbandtext/Rückseite zu Skirbekk 1977/stw 210)

Literatur

ASSMANN, JAN (1992): Das kulturelle Gedächtnis. München.

BARGATZKI, THOMAS (1997): Ethnologie. Hamburg.

BARSALOU , LAWRENCE (1992): Frames, concepts, and conceptual fields. In: KITTAY, EVA/ LEHRER, ADRIENNE (Hgg.): Frames, Fields, and Contrasts: New Essays in Semantic and Lexical Organization. Hillsdale, NJ, 21–74.

BARSALOU, LAWRENCE (1999a): Perceptual symbol systems. *Behavioral and Brain Science* 22, 105–167.

BARSALOU, LAWRENCE (1999b): Language Comprehension: Archival memory or preparation for situated action? *Discourse Processes* 28, 61–80.

BARSALOU, LAWRENCE (2003): Social Embodiment. In: ROSS, BRIAN H. (Hg.): The Psychology of Learning and Motivation. New York, 43–92.

BARSALOU, LAWRENCE (2008): Grounded Cognition. *Annual Revue of Psychology* 56, 617–645.

BRANDOM, ROBERT B. (2000): Articulating Reasons. Cambridge, MA.

BUCCINO, GIOVANNI/RIGGIO, LUCIA/MELLI, GIORGIA/BINKOFSKI, FERDINAND/GALLESE, VITTORIO/RIZZOLATTI, GIACOMO (2005): Listening to action-related sentences modulates the activity of the motor system: A combined TMS and behavioral study.*Cognitive Brain Research* 24, 355–363.

BOURDIEU, PIERRE (1976): Entwurf einer Theorie der Praxis auf der ethnologischen Grundlage der kabylischen Gesellschaft. Frankfurt/M.

BUSCH, ALBERT (1994): Laienkommunikation. Vertikalitätsuntersuchungen zu medizinischen Experten-Laien-Kommunikationen. Frankfurt/M.

CHAO, LINDA L./MARTIN, ALEX (2000): Representation of manipulable man-made objects in the dorsal stream. *Neuroimage* 12, 478–484.

DURANTI, ALESSANDRO (1997): Linguistic Anthropology. Cambridge, UK.

DUW (2001) = Duden Deutsches Universalwörterbuch. 4. Auflage. (2001). Hg. von der Dudenredaktion. Mannheim.

FELDER, EKKEHARD (Hg.) (2006): Semantische Kämpfe. Macht und Sprache in den Wissenschaften. Berlin.

FELDER, EKKEHARD (in diesem Band): Sprachliche Formationen des Wissens. Sachverhaltskonstitution zwischen Fachwelten, Textwelten und Varietäten.

FEYERABEND, PAUL (1970): Consolations for the specialist. In: LAKATOS, IMRE/MUSGRAVE, ALAN (Hgg.): Criticism and the Growth of Knowledge. Cambridge, 197–230.

FEYERABEND, PAUL (1973): Wider den Methodenzwang. Frankfurt/M.

FEYERABEND, PAUL (1980): Erkenntnis für freie Menschen. Frankfurt/M.

FLECK, LUDWIK (1980): Entstehung und Entwicklung einer wissenschaftlichen Tatsache. Einführung in die Lehre vom Denkstil und Denkkollektiv. Frankfurt/M.

FOLEY, WILLIAM (1997): Anthropolocigal Linguistics. Oxford.

FOUCAULT, MICHEL (1978): Archäologie des Wissens. Frankfurt/M.

HABSCHEID, STEPHAN (im Druck): Die Tätigkeit der Terminologien. In: LENZ, FRIEDRICH (Hg.): Schlüsselqualifikation Sprache. Frankfurt/M.

HISTORISCHES WÖRTERBUCH DER PHILOSOPHIE (1971ff.). Herausgegeben von: RITTER, JOACHIM/GRÜNDER, KARLFRIED/GABRIEL, GOTTFRIED. Darmstadt.

HUNDT, MARKUS (in diesem Band): Verhaltensregulierung und Identitätsstiftung durch Verfassungstexte in Wirtschaftsunternehmen: Corporate Governance unter sprachlichen Aspekten.

JACKENDOFF, RAY S. (1983): Semantics and Cognition. Cambridge, MA.

JÄGER, SIEGFRIED (2006): Diskurs und Wissen. Theoretische und methodische Aspekte einer kritischen Diskurs- und Dispositivanalyse. In: KELLER, REINER/HIRSELAND, ANDREAS/SCHNEIDER, WERNER (Hgg.): Handbuch Sozialwissenschaftliche Diskursanalayse. Band 1: Theorien und Methoden. (2. aktualisierte Auflage.) Wiesbaden, 83–114.

JOHNSON, MARK (1987): The Body in the Mind. Chicago.

JOHNSON, MARK (2007): The Meaning of the Body. Chicago.

KARMILOFF-SMITH, ANETTE (1992): Beyond Modularity. A Developmental Perspective on Cognitive Science. Cambridge, MA.

KEIL, FRANK, C. (1994): Explanation, association, and the acquisition of word meaning. In: *Lingua* 92, 169–196.

KLUGE (2002) = Friedrich Kluge – Etymologisches Wörterbuch der deutschen Sprache. 24. Auflage. Berlin.

KNORR-CETINA, KARIN (1984): Die Fabrikation von Erkenntnis. Frankfurt/M.

KOHL, KARL-HEINZ (2000): Ethnologie – die Wissenschaft vom kulturell Fremden. München.

KONERDING, KLAUS-PETER (1993): Frames und lexikalisches Bedeutungswissen. Tübingen.

KONERDING, KLAUS-PETER (1996): Grundlagen einer linguistischen Schematheorie und ihr Einsatz in der Semantik. In: POHL, INGE (Hg.): Methodologische Aspekte der Semantikforschung. Frankfurt, 57–84.

KONERDING, KLAUS-PETER (2002): Semantische Kommentare im produktionsorientierten Wörterbuch. In: EZAWA, KENNOSUKE/RENSCH, KARLHEINZ /RINGMACHER, MANFRED/KÜRSCHNER, WILFRIED (Hgg.): Linguistik jenseits des Strukturalismus. Tübingen, 293–319.

KONERDING, KLAUS-PETER (2005): Themen, Diskurse und soziale Topik. In: FRAAS, CLAUDIA/KLEMM, MICHAEL (Hgg.): Mediendiskurse. Frankfurt/M. 9–38.

KONERDING, KLAUS-PETER (2006): Schichten, Grenzen, Gradationen. Plädoyer für eine performativ bestimmte Mehr-Ebenen-Semantik von Nominalen. In: PROOST, KRISTEL/WINKLER, EDELTRAUD (Hgg.): Von Intentionalität zur Bedeutung konventionalisierter Zeichen. Tübingen, 65–102.

KONERDING, KLAUS-PETER (2007): Themen, Rahmen und Diskurse. Ein Modellansatz zur linguistischen Fundierung und Operationalisierung des Diskursbegriffes.

In: WARNKE, INGO (Hg.): Diskurslinguistik. Methoden – Gegenstände – Grenzen. Berlin, 105–139.

KONERDING, KLAUS-PETER (im Druck): Diskurse, Topik, Deutungsmuster. Zur Komplementarität, Konvergenz und Explikation sprach-, kultur- und sozialwissenschaftlicher Zugänge zur Diskursanalyse auf der Grundlage kollektiven Wissens. In: WARNKE, INGO/SPITZMÜLLER, JÜRGEN (Hgg.): Methoden der Diskurslinguistik. Berlin.

KUHN, THOMAS S. (1978): Die Struktur wissenschaftlicher Revolutionen. Frankfurt/M.

LAKATOS, IMRE/MUSGRAVE, ALAN (Hgg.) (1970): Criticism and the Growth of Knowledge. Cambridge.

LATOUR, BRUNO (1987): Science in Action. Cambridge.

LYOTARD, JEAN-FRANCOIS (1999): Das postmoderne Wissen. Wien.

LIEBERT, WOLF-ANDREAS (2002): Wissenstransformationen. Handlungssemantische Analysen von Wissenschafts- und Vermittlungstexten. Berlin.

MANDLER, JEAN (1992): How to build a baby II: Conceptual primitives. *Psychological Review* 99, 567–604.

MANDLER, JEAN (2004): The Foundations of Mind: Origins of Conceptual Thought. Oxford.

MILLER, GEORGE A. (1993): Wörter. Eine Einführung in die Psycholinguistik. Heidelberg.

MÜLLER, MARCUS (in diesem Band): Die Grammatik der Zugehörigkeit. Possessivkonstruktionen und Gruppenidentitäten im Schreiben über Kunst.

ONG, WALTER (1988): Orality and Litercy. The Technologizing of the Word. London.

PAPROTTÉ, WOLF (1985): Linguistische Aspekte der Begriffsentwicklung. In: WANNENMACHER, WOLFGANG/SEILER, THOMAS (Hgg.): Begriffs- und Wortbedeutungsentwicklung. Berlin, 175–201.

POLANYI, MICHAEL (1962): Personal Knowledge. Towards a Post-Critical Philosophy. Chicago.

POLANYI, MICHAEL (1966): The Tacit Dimension. Gloucester, MA.

PULVERMÜLLER , FRIEDEMANN (2005): Brain mechanisms linking language and action. *Nature Reviews Neuroscience* 6, 576–82.

PULVERMÜLLER, F./HAUK, O./NIKULIN, V./ILMONIEMI, R.J. (2005): Functional interaction of language and action: a TMS study. *European Journal of Neuroscience*, 21, 793–797.

RAIBLE, WOLFGANG (1994): Orality and Literacy. In: GÜNTHER, HARTMUT /LUDWIG, OTTO (Hgg.): Schrift und Schriftlichkeit. Bd. 1. Berlin, 1–17.

RENZL, BIRGIT (2004): Sprach- und Bedeutungsmanagement. Wissenskommunikation am Beispiel der *Challenger* Katastrophe. In: REINHARDT, RÜDIGER/EPPLER, MARTIN J. (Hgg.): Wissenskommunikation in Organisationen. Berlin, 108–136.

RIZZOLATTI, GIACOMO, FADIGA, LUCIANO, GALLESE, VITTORIO (2002): From mirror neurons to imitation: Facts and speculations. In: MELTZOFF , A./PRINZ, W.

(Hgg.): The Imitative Mind: Development, Evolution, and Brain Bases. New York, 247–266.

RORTY, RICHARD (1981): Der Spiegel der Natur. Eine Kritik der Philosophie. Frankfurt/M.

SEBANZ, N., BEKKERING, H. KNOBLICH, G. (2006): Joint action: bodies and minds moving together. *Trends in Cognitive Science* 10, 70–76.

SKIRBEKK, GUNNAR (Hg.) (1977): Wahrheitstheorien. Eine Auswahl aus den Diskussionen über Wahrheit im 20. Jahrhundert. Frankfurt.

TOMASELLO, MICHAEL (2006): Die kulturelle Evolution menschlichen Denkens. Frankfurt/M.

WARNKE, INGO (in diesem Band): Die sprachliche Konstitutierung von geteiltem Wissen in Diskursen.

WASSMANN, JÜRG (1993): Das Ideal des leicht gebeugten Menschen. Eine ethnokognitive Analyse der Yupno in Papua New Guinea. Berlin.

WICHTER, SIGURD (1994): Experten- und Laienwortschätze. Tübingen.

WINOGRAD, TERRY/FLORES, FERNANDO (1987): Understanding Computers and Cognition. A New Foundation for Design. Reading, MA.

WÖRTERBUCH DER PHILOSOPHISCHEN BEGRIFFE (1999). Hg. von REGENBOGEN, ARNIM/MEYER, UWE. Hamburg.

Die sprachliche Konstituierung von geteiltem Wissen in Diskursen

Ingo H. Warnke

1 Vergesellschaftung und Wissen − Eine Vorbemerkung
2 Sprachapriori und Diskurs
3 Verstehenshintergründe und Diskurskohärenz
4 Kontroverse und Diskurs − Eine Schlussbemerkung

1   Vergesellschaftung und Wissen − Eine Vorbemerkung[1]

In der so genannten Wissensgesellschaft (vgl. bereits Lane 1966 und Bell 1973) wird *Wissen* als zentraler Faktor der sozioökonomischen Entwicklung angesehen. Dabei gehört die Annahme der verlässlichen Gültigkeit intersubjektiv vermittelter Erkenntnis zum Fundament der *knowledgeable societies*. Wissen ist jedoch alles andere als verlässlich oder konstant. Wenn man unter Wissen in einer Gesellschaft die geteilte Akzeptanz von Erkenntnis versteht, wenn folglich die intersubjektive Gültigkeit von Erkenntnis als gesellschaftliche Bestätigung gilt, so ist Wissen in den Wissensgesellschaften gerade keine verlässliche, statische Größe, sondern das Resultat der fortlaufenden Anerkennung und Ablehnung von Erkenntnis. Die naive Auffassung, Wissensgesellschaften seien gegen den Einfluss von Meinungen durch rational begründete Erkenntnis gesichert, beruht hingegen auf der Annahme, intersubjektiv gesichertes Wissen sei meinungs- und damit letzthin machtneutral. Das Gegenteil ist der Fall, denn Wissen ist grundsätzlich und gerade in massenmedial operierenden *knowledgeable societies* umkämpft, genauer die intersubjektive Anerkennung von Wissen

---

1   Für Hinweise und Diskussionen danke ich Jürgen Spitzmüller, Hiltrud Lauer und Christine Wamper.

sowie ihre Dokumentation sind umkämpft. Lyotard (1986 und 1987) hebt daher auch hervor, dass Wissen ein Resultat von agonalen Diskursen ist. In der Sprachwissenschaft wird diese Agonalität als semantischer Kampf (vgl. Felder 2006) bezeichnet und damit hervorgehoben, dass Wissen nicht zuletzt vermittels der Durchsetzung von sprachlichen, genauer begrifflichen Fixierungen von Erkenntnis akzeptiert wird. Die Analyse der sprachlichen Dimensionen von semantischen Kämpfen zeigt, dass intersubjektiv gesichertes Wissen keineswegs konsensuell produziert wird, sondern dass vielmehr widerstreitende Diskurse Kennzeichen der Wissensgesellschaft sind. Der Ausdruck *Wissensgesellschaft* selbst wird übrigens zur Stigmatisierung der so genannten *Informationsgesellschaft* genutzt.

Wissen erscheint vor diesem Hintergrund nicht als Erkenntnissicherung ontologischer Fakten, sondern als dynamisch verhandeltes Gut der Vergesellschaftung. Ich beziehe mich hier auf Max Webers Abhandlung *Wirtschaft und Gesellschaft,* in der unter Rückgriff auf Ferdinand Tönnies die Termini *Vergemeinschaftung* vs. *Vergesellschaftung* erstmals differenziert dargestellt sind. Während *Vergemeinschaftung* eine soziale Beziehung ist, die auf „subjektiv *gefühlter* (affektueller oder traditionaler) *Zusammengehörigkeit* der Beteiligten" beruht, bezieht sich *Vergesellschaftung* auf soziale Beziehungen, „wenn und soweit die Einstellung des sozialen Handelns auf rational (wert- oder zweckrational) motiviertem Interessen*ausgleich* oder auf ebenso motivierter Interessen*verbindung* beruht" (Weber 1922: §9). Bei der Vergesellschaftung werden typischerweise rationale Vereinbarungen auf der Grundlage gegenseitiger Zusagen getroffen, deren Beständigkeit von der Verbindlichkeit und Loyalität der Akteure abhängt.

Ist Wissen trotz seiner agonalen Hervorbringung ein Anker sozioökonomischer Beziehungen in der Gesellschaft, so kommt dem Interessen*ausgleich* wie auch der motivierten Interessen*verbindung* bei der Herstellung von Wissen große Bedeutung zu. Die Interessen sind ebenso wie die Akteure dieses Interesses in der Regel anonym. Das Mittel der wissensbezogenen Vergesellschaftung ist neben der viel beschworenen Macht der Bilder die Sprache. Auf der Grundlage dieser Annahme etabliert sich in der Linguistik eine sprachbezogene Wissensanalyse, die der Konstituierung von fachspezifischem Wissen im professionellen und öffentlichen *Interessenausgleich* ebenso nachgeht wie den damit realisierten *Interessenverbindungen.*[2] Das

---

2   Vgl. das Konzept des Wissenstransfers, mit dem das Ziel verfolgt wird, eine Verbesserung der Kommunikation zwischen Wissensgemeinschaften zu erreichen. Der Transfer von Wissen ist nichts anderes als ein Ausgleich und eine Verbindung von Interessen durch gemeinsames Verstehen. Zur linguistischen Analyse des Wissenstransfers siehe die Forschungen des Göttinger-Hallenser Kreises; dokumentiert in Wichter/Antos (2001) sowie Antos/Wichter (2005). Vgl. auch Konerding in diesem Band.

Programm ergänzt die Erkenntnisziele der Fachsprachenforschung. Während diese mit sprachwissenschaftlichen Verfahren die Formen und Funktionen von Sprache in fachlicher Kommunikation erfasst, geht es bei der linguistischen Analyse von *Sprache und Wissen* um die kommunikative Konstituierung von Wissen unter Einschluss solcher Form-Funktions-Korrelationen. Besonders deutlich wird dies an fachlich umstrittenen Sachverhalten. So ist zwar das *Wissen um den Klimawandel* ein Ausweis der aufgeklärten Vergesellschaftung moderner Industrienationen, die damit verbundenen Interessen und ihre Akteure bilden jedoch ein agonales Feld, auf dem Interessenausgleich das Ergebnis von semantischen Kämpfen und Macht ist. Die verlässliche Gültigkeit intersubjektiv vermittelter Erkenntnis über *Klimawandel* gerät dabei ins Wanken. Immanuel Kants erkenntnistheoretische Frage *Was kann ich wissen?* beantwortet sich im Hinblick auf die Richtkräfte der historisch immer wieder neuen Formen von Vergesellschaftung.

Diese Richtkräfte sind einerseits manifest durch Aussagen, und dabei sind Bilder, Raumformationen und andere symbolische Formen durchaus mitzudenken, andererseits wirken sie durch die soziale Praxis des Aussagens. Zu den elementaren Gegenständen der Wissensanalyse im linguistischen Forschungsbereich *Sprache und Wissen* gehört damit der Diskurs im Verständnis Foucaults bzw. in der Aneignung der Foucault'schen Konzeption durch die Sprachwissenschaft (vgl. erstmals Busse 1987, jüngst Warnke 2007 sowie Warnke/Spitzmüller 2008).

Die Frage *Was kann ich wissen?* soll zur Erläuterung der diskurslinguistischen Grundlegung des Forschungsbereiches *Sprache und Wissen* umformuliert werden: *Was kann eine Gesellschaft wissen?* Ich möchte vor dem Hintergrund der Diskurslinguistik einige Dimensionen dieser Frage aufzeigen. Hier wird es um drei Aspekte gehen, die ebenfalls als Fragen formuliert werden:

(1) Was heißt Wirklichkeitskonstituierung im Diskurs?
(2) Vor welchem Hintergrund sind Aussagen diskursiv gültig?
(3) Welchen Status haben Konsens und Kontroverse im Diskurs?

Die Behandlung von (1) geht vom Sprachapriori aus und skizziert die Funktion von Aussagen als Mittel der sprachlichen Wirklichkeitskonstituierung sowie den Zusammenhang von Diskurs und Sachverhalt. Die Erörterung von (2) konzentriert sich auf das Problem der Diskurskohärenz im Hinblick auf Common Ground und sprachliche Routinen. In Hinblick auf (3) erfolgt eine abschließende Bemerkung zu semantischen

Kämpfen als Standardfall (default) der Wissensgenese unter Einschluss einer Bemerkung zu Wissensdomänen, Institution und Disziplin.

2 Sprachapriori und Diskurs

2.1 Vergesellschaftung und sprachliche Wirklichkeitskonstituierung

Die neuzeitliche Sprachphilosophie kreist immer wieder um die Frage nach der Sprachabhängigkeit des Erkennens und Wissens. Verankert ist diese Reflexion in der Annahme einer Sprachbedingtheit des Denkens. Teilt man diese Auffassung – ganz gleich in welcher Spielart man sie am überzeugendsten findet – so versteht man Sprache als Voraussetzung des menschlichen Denkens und Erkennens. Wissen als geteilte Akzeptanz von Erkenntnis ist bei dieser Vorstellung nicht sprachunabhängig denkbar. Gipper (1987) nennt in seiner noch immer grundlegenden sprachphilosophischen Studie diese Sprachbedingtheit des menschlichen Erkennens und Denkens das *Sprachapriori*, wobei *Apriori* hier nicht im strengen Kantischen Sinn als *unabhängig von aller Erfahrung* verstanden wird, sondern im Sinne von *Bedingung der Möglichkeit*. Das Sprachapriori beschreibt Sprache als Bedingung der Möglichkeit des Denkens und Erkennens und damit notwendigerweise auch des Wissens.[3]
    Während die philosophische Beschäftigung mit dem Sprachapriori insbesondere seit Wilhelm von Humboldt an Erkenntnissen über den Status von Wahrheit und Wirklichkeit interessiert ist, konzentriert sich das neuere linguistische Interesse am Zusammenhang von *Sprache und Wissen* eher auf die Funktion von Aussagen als Mittel der Sachverhaltskonstruktion. Sprache erscheint nicht nur als Medium der Erfassung von Wirklichkeit, sondern als Mittel zur Konstruktion von Wirklichkeit. Seitens des Sozialkonstruktivismus wird auch von der diskursiven Konstruktion der Wirklichkeit gesprochen (vgl. bereits Berger/Luckmann 1966 und Searle 1995: Chap. 3). Insofern ist das Forschungsfeld *Sprache und Wissen* durch eine Radikalisierung der Fragestellung des Sprachapriori gekennzeichnet. Während man im Sprachapriori seit Humboldt davon ausgeht, dass Sprache die Bedingung der Möglichkeit von Wissen ist, gehen neuere linguistische Forschungen davon aus, dass vermittels Sprache überhaupt erst

---

3   Zum Sprachapriori und seiner Diskussion in Philosophie und Linguistik siehe auch Klaas (1995).

Wirklichkeit konstituiert wird, auf die dann wiederum mit Sprache ein Verweis möglich ist. Mithin sind nicht nur Denken und Erkennen sprachabhängig, sondern das, *was* wir erkennen, *worüber* wir nachdenken können, ist selbst abhängig von seiner sprachlichen Erfassung. Besonders deutlich wird dies bei der massenmedialen Konstruktion von Gegenständen und Sachverhalten.

Einerseits leitet sich aus den tradierten Konzepten des Sprachapriori die Annahme von der Sprachabhängigkeit des Wissens ab, andererseits resultiert aus der konstruktivistischen Konzeption des Forschungsfeldes *Sprache und Wissen* die Annahme von der Sprachbedingtheit der Wirklichkeit, also der Erkenntnisgegenstände selbst. Worüber wir etwas wissen können und was wir über die Dinge wissen, ist damit gleichermaßen sprachlich bedingt.

Was versteht man nun aber unter sprachlich bedingter Wirklichkeit und sprachlich bedingtem Wissen von dieser Wirklichkeit? Sind es die gebrauchsunabhängigen, grammatisch-lexikalischen Systeme von Sprachen, die eine Perspektivierung der Wirklichkeit erzwingen – wie man dies ja insbesondere in der Ethnolinguistik angenommen hat – oder sind es vielmehr die Verwendungen von Sprache, ihre Gebrauchsformen, die Wirklichkeit generieren? Hier setzt das diskurslinguistische Interesse an, das nicht sprachphilosophisch ausgerichtet ist, indem es nach den Bedingungen der Möglichkeit von Wirklichkeit fragt und Sprache bei der Konstituierung dieser Wirklichkeit eine Funktion zuschreibt. Das diskurslinguistische Interesse richtet sich vielmehr darauf, wie diese Wirklichkeitskonstituierung regelhaft durch Sprache erfolgt.

Dabei spielt der Vollzug von Äußerungen eine wesentliche Rolle. Wie Humboldt bereits festgestellt hat, ermöglicht das Sagen nicht nur die Mitteilung an ein Gegenüber, sondern durch die Entäußerung eines Gedankens wird dieser zugleich für die Sprecher selbst objektiviert und das heißt als Objekt erfahrbar. Busse (1987: 86) zeigt in seinem Projekt einer diskurstheoretischen Verankerung der Historischen Semantik, dass der Ort der „wirklichkeitskonstitutiven Kraft der Sprache" die Rede, die Äußerung im Diskurs ist. Neben Humboldt und Herder verweist er insbesondere auch auf Wittgenstein, denn die Sprachspiele können als „kommunikative Gegenstandskonstitution mit linguistischen Mitteln" verstanden werden. Hier wird bereits deutlicher, was unter sprachlicher Konstruktion von Wirklichkeit verstanden werden kann: Sprachliche Aussagen verweisen „durch spezifische Handlungszwecke" (Busse 1987: 86) auf Phänomene und konstituieren damit Wirklichkeit. Die spezifischen Handlungszwecke sind nicht unabhängig von *Interessenausgleich* und *Interessenverbindung* zu sehen, entsprechen also dem, was Weber *Vergesellschaftung* nennt.

Im Diskurs erfolgt ebenso der sprachbezogene Ausgleich von Interessen bzw. geteilten Handlungszwecken wie der Diskurs das Feld der Verbindung von geteilten Interessen selbst ist. Keineswegs sollte man aber *Ausgleich* und *Verbindung* als konsensuelle Kategorien missverstehen, denn es ist nicht zuletzt der semantische Kampf als Agonalität des Diskurses, der Interessenverbindungen manifestiert und zu einer Durchsetzung von Handlungszwecken führt. Foucault selbst (1977: 199) versteht den Diskurs ja ebenfalls als Begrenzung eines Objektfeldes, das heißt als Definition einer legitimen Perspektive für Agenten des Wissens, als normierende Instanz für die Formulierung von Theoriekonzepten. Im Diskurs werden Grenzen spezifischer Handlungszwecke gezogen, Sprachspiele werden als legitim oder illegitim ausgehandelt und normierende Instanzen für die Erfassung von Wissen definiert. Bei der Frage nach der sprachlichen Konstruktion von Wirklichkeit kann es also nicht in erster Linie darum gehen, kulturtypische Wirklichkeitszuschnitte zu verfolgen – wie dies eben die Ethnolinguistik mit ihrer Annahme von der sprachlichen Relativität der Erkenntnis tut –, sondern vielmehr geht es darum, die Handelnden selbst in den Blick zu nehmen als Instanzen der Produktion sprachlicher Aussagen. Mit Verweis auf Guedez (1972: 76) hat Busse (1987: 226) bereits sehr deutlich gezeigt, dass der Diskurs nicht ein Bindeglied zwischen Sprache und Denken ist. Der Diskurs ist keine Schablone für die Vorfertigung von Perspektiven, er ist kein Mechanismus der Wirklichkeitskonstituierung, sondern ein Regelsystem, das sachbezogene Äußerungen überhaupt erst ermöglicht. In der Diskurslinguistik geht es folglich um „Regeln der Wissenskonstitution und -strukturierung" (Busse 1987: 233). Die sprachliche Konstruktion von Wirklichkeit und die sprachliche Konstituierung sowie Strukturierung von Wissen sind soziale Prozesse. Es erstaunt deshalb auch nicht, dass die Linguistik ihr epistemologisches Erkenntnisinteresse an Diskursen vor allem mit der Soziologie teilt.

Bisher habe ich die Ausdrücke *Konstruktion* und *Konstitution/ Konstituierung* sehr unpräzise verwendet und unter Umständen den Verdacht geweckt, dass diese hier synonym verwendet werden. Ich halte jedoch eine begriffliche Einschränkung und Klärung nicht zuletzt aus Gründen der analytischen Differenzierung für notwendig. Dabei gebrauche ich *Konstituierung* in der Bedeutung »Anordnung von Wissen durch Äußerungen« als Oberbegriff für drei Typen der Wissenskonstituierung: *Konstruktion*, *Argumentation* und *Distribution*.

Unter (a) *Konstruktion von Wissen* ist die »Herstellung von Faktizität in regelgeleiteten sozialen Prozessen« zu verstehen. *Was* wir erkennen, *worüber* wir nachdenken können, ist gemäß diskurslinguistischer Vorannahmen bedingt durch Äußerungen, weil nur das, was sprachlich objektiviert ist, auch als geteiltes Wissen erfahrbar ist. Häufig wird Wirklichkeit als soziale Konstruktion in kollaborativen Prozessen konstruiert, etwa in Institutionen bzw. Organisationen. So ist das geteilte *Wissen um den Klimawandel* die Folge von institutionalisierten Forschungsleistungen, politischen Standpunkten und wirtschaftlichen Interessen. Sofern von der Konstruktion der Wirklichkeit im diskurslinguistischen Zusammenhang gesprochen wird, bezieht man sich auf Positionen des Konstruktivismus, der davon ausgeht, dass die so genannte Wirklichkeit ein mentales Konstrukt ist. Die *Wirklichkeit* entspricht der phänomenalen Welt, den propositional bestimmbaren Erfahrungen. Roth (1985) unterscheidet davon die transphänomenale Welt, die als *Realität* bezeichnet wird. Jegliche Form sprachbezogener Sachverhaltskonstituierung, also all das, was in Propositionen die Konstruktion von Gegenständen des Wissens bestimmt, ist in diesem Verständnis Teil der *Wirklichkeit*, das heißt zunächst einer Konstruktion.

> „In einem nicht-trivialen Sinn ist die Wahrnehmungswelt konstruiert, weil die Geschehnisse in der Umwelt in Elementarereignisse zerlegt und dann nach teils stammesgeschichtlich erworbenen und teils erfahrungsbedingten Regeln zu bedeutungshaften Wahrnehmungsinhalten neu zusammengesetzt werden." (Roth 1994: 231)

Von besonderem Interesse ist die Rolle des Gedächtnisses, denn die im Gedächtnis hinterlegten kategorialen Einheiten prägen unsere Wahrnehmung. Dabei stellt sich die Frage, ob das propositionale Wissen das Erfahrungswissen dominiert, da die Konstruktion von Wirklichkeit als Zuordnung von Wahrnehmungsinhalten der Realität zu Klassen von Entitäten maßgeblich über Sprache erfolgt und hier insbesondere über solche Einheiten, die regelhaft wiederkehren. Ich werde auf diese Frage noch zurückkommen.

Unter (b) *Argumentation von Wissensakteuren* ist die »Rechtfertigung von Faktizität durch Begründung oder Widerlegung von konstruiertem Wissen« zu verstehen. Argumente sind für die Durchsetzung von Geltungsansprüchen auf Wahrheit notwendig, weil Wissen nicht statisch ist. Die bloße Konstruktion von Wissen ist bei aller denkbaren immanenten Logik von Wissensbeständen nicht ausreichend für die intersubjektive Akzeptanz. Wirklichkeit wird daher immer wieder neu verhandelt, und das heißt nicht zuletzt durch argumentative Thematisierung ins Leben gerufen. So ist das geteilte *Wissen um den Klimawandel* nicht zuletzt auch das Ergebnis von Argumentationen. Bei der argumentativen Aushandlung von Wirklichkeit sind Mechanismen der Kontrolle entscheidend, da nur *das* als geteiltes Wissen erfahrbar wird, was als Resultat von Interessenausgleich und Interessenverbindung überhaupt positiv geäußert ist, also textuelle oder anders geartete (etwa visuelle) Materialität besitzt. Die Kategorisierungen der politischen Welt in *arm* vs. *reich*, *kommunistisch* vs. *kapitalistisch*, *demokratisch* vs. *diktatorisch* usw. sind zunächst die Folge der Argumentation von Wissensakteuren. Erfahren werden die Schlüsse aus Argumenten durch ihr Erscheinen in Texten, Bildern, Symbolen usw. Zeichenträger dienen der Rechtfertigung von Geltungsansprüchen auf Wahrheit.

Unter (c) *Distribution von Wissen* ist die »Streuung von Geltungsansprüchen auf Wahrheit« zu verstehen. Die Wissensdistribution ist ausgeprägt vor allem in massenmedial organisierten Gesellschaften. Dabei geht es um die Durchsetzung normativer Geltungsansprüche in semantischen Kämpfen. So ist das geteilte *Wissen um den Klimawandel* nicht nur institutionell konstruiert sowie geäußert, also gesellschaftlich konstituiert, sondern auch umkämpft. Akteure bezwecken mit ihren jeweiligen Interessen die Durchsetzung ihrer Positionen durch Dominantsetzung dessen, was sie jeweils über *Klimawandel* wissen. Die Hypothese von der distributiven Durchsetzung von Wirklichkeit gründet selbstverständlich in der Annahme der prinzipiellen Konstruiertheit von Wissen. Wie ich später zeigen werde, wird der Zusammenhang von *Sprache und Wissen* noch deutlicher, wenn man sich mit dem referentiellen Gehalt von Äußerungen befasst. Ich möchte darauf bereits hier in Kürze eingehen, da die Annahme ontologischer Konstanten erfahrungsgemäß einen Einwand gegen die These von der diskursiven Konstituierung von Wissen provoziert. Mit Jackendoff (1983: Chap. 2) können zwei Fragen gestellt werden, die meines Erachtens verdeutlichen, worum es der linguistischen Erforschung von *Sprache und Wissen* geht: Man kann fragen, welche Informationen mittels sprachlicher Formen übermittelt werden. Man kann aber auch fragen, worauf sich diese Informationen beziehen. Die Aussage

> Für Norddeutschland habe die globale Erwärmung einen positiven Effekt, sagt Schönwiese: „Das wärmere Wetter im Sommer fördert dort den Tourismus (…).“ [WELT ONLINE 30.03.08]

lässt zunächst die Frage zu, welche Informationen mit ‚globale Erwärmung' übermittelt werden sollen. Hier ist es offensichtlich der Hinweis auf ein angenehmeres mitteleuropäisches Klima, das bestimmten Formen des Tourismus förderlich sein kann. Doch auf was bezieht sich die Mehrworteinheit ‚globale Erwärmung' nun? Vorwissenschaftlich bewegt man sich schnell in der Falle der Annahme einer ontologisch nicht verhandelbaren Realität der globalen Erwärmung. Das Konzept *Klimawandel* ist aber, wie andere Wissensbestände auch, das Resultat von Konstruktion, Argumentation und Distribution von Wissen. Was alltagsweltlich gewusst wird über *Klimawandel*, ist eine Projektion von Realität. Selbstverständlich heißt das nicht, dass aus solchen Projektionen keine Verantwortungen erwachsen.

Jedoch bezieht sich der Ausdruck *globale Erwärmung* nicht auf die Realität des Klimawandels, sondern auf eine in Wissensbeständen verankerte Wirklichkeit. Jackendoff (1983: 29) spricht aus der Perspektive der kognitiven Linguistik zur Unterscheidung dieser beiden Kategorien von der *real world* und der *projected world*:

> „We have conscious access only to the projected world – the world as unconsciously organized by the mind; and we can talk about things only insofar as they have achieved mental representation through these processes of organization. Hence *the information conveyed by language must be about the projected world.* "

Die naive Annahme, Sprache beziehe sich auf Wirklichkeit im Sinne ontologischer Realität mit substantiellen Eigenschaften, kann im Forschungszusammenhang von Sprache und Wissen also nicht erkenntnisfördernd sein. Was Wahrheit ist, wird immer wieder ausgehandelt auf der Grundlage von Konstruktion, Argumentation und Distribution, die zusammen die diskursive Konstituierung von Wissen ausmachen:

Konstituierung »Anordnung von Wissen durch Äußerungen«	(a)	Konstruktion »Herstellung von Faktizität in regelgeleiteten sozialen Prozessen«
	(b)	Argumentation »Rechtfertigung von Faktizität durch Begründung oder Widerlegung von konstruiertem Wissen«
	(c)	Distribution »Streuung von Geltungsansprüchen auf Wahrheit «

Tab. 1: Klassen der Konstituierung von Wissen

Im Forschungsfeld *Sprache und Wissen* beschäftigt man sich folglich mit Regeln der sprachlichen Wissenskonstruktion, der Argumentation von Wissensakteuren und der Wissensdistribution. Wir können den drei Dimensionen des diskursiv konstituierten Wissens folgende Zwecke und Mittel zuordnen:

Dimension	Zweck		Mittel
Konstruktion	Herstellung	von Faktizität	durch Wahrheitsansprüche
Argumentation	Rechtfertigung	von Wirklichkeit	durch Argumente
Distribution	Durchsetzung	von Geltungsansprüchen	durch Regulierung

Tab. 2: Dimensionen, Zwecke und Mittel diskursiv konstituierten Wissens

2.2   Knowledge by description − Zum Zusammenhang von Diskurs und Referenz

Die erläuterten Dimensionen, Zwecke und Mittel sprachlich manifesten Wissens möchte ich im Weiteren noch genauer auf ihre diskurslinguistische Relevanz befragen. Es mag zunächst als Verkomplizierung erscheinen, noch eine weitere Differenzierung ins Spiel zu bringen, doch wird sie zur Vereinfachung der weiteren Beschäftigung nützlich sein. Als Reaktion auf ein Missbehagen über die Polysemie und den alltagsweltlich unpräzisen Gebrauch von *Wissen* bzw. *etwas wissen*, die auch im Englischen mit *knowledge* und *to know* gegeben ist, hat Russell (1911) mit Bezug auf eine bereits vorausgehende lebhafte Auseinandersetzung mit diesem Problem bei John Grote, Hermann von Helmholtz und William James vorgeschlagen, zwischen *knowledge by acquaintance* und *knowledge by description* zu unterscheiden.[4] *Knowledge by acquaintance* (Wissen aus Erfahrung) beruht auf einer unmittelbaren kausalen Interaktion zwischen Wissenssubjekt (jemand, der etwas weiß) und Wissensobjekt (das, worüber etwas gewusst wird). Als Wissensobjekte kommen beim *knowledge by acquaintance* stets nur sensorische Daten in Betracht, also das, was ein Subjekt sinnlich als objektiv erfährt. So ist der durch eine Person unmittelbar erfahrene Schmerz ein subjektives Wissen aus Erfahrung. Der Satz „Mein Arm schmerzt." ist also, wenn er durch *knowledge by acquaintance* verifiziert ist. Erfährt man Wissen nicht unmittelbar, sondern teilt man es ohne Erfahrung, so spricht man von *knowledge by description* (Wissen durch Beschreibung). Das alltagsweltliche *Wissen um den Klimawandel* ist für Wissenssubjekte in der Regel nicht das Ergebnis einer unmittelbaren kausalen Interaktion mit der globalen Erwärmung selbst, sondern was man weiß, weiß man aufgrund von Beschreibungen. Dabei kommt es häufig zum Versuch der Verifizierung

---

4   Die Diskussion wurde differenzierend weitergeführt, worauf ich jedoch hier nicht eingehen möchte.

des *knowledge by description* durch vermeintliches *knowledge by acquaintance*: Ein Apriltag scheint ungewöhnlich warm zu sein. Die subjektive Empfindung eines der Jahreszeit an und für sich entsprechenden Kleidungsstückes als zu warm wird zur Bestätigung des *Wissens um den Klimawandel*. Selbstverständlich bleibt das *Wissen um den Klimawandel* aber ein *knowledge by description*, denn erfahren wird nicht der Klimawandel selbst, sondern ein als zu warm empfundenes Kleidungsstück. Ganz anders stellt sich dies dar bei Beobachtung des rapiden Abschmelzens von Gletschern. Wer so etwas selbst beobachtet, hat ein *knowledge by acquaintance*. Doch in der Regel ist unser *Wissen um den Klimawandel* ein *knowledge by description*, etwa durch Berichte, Filme etc. über das rapide Abschmelzen von Gletschern.

Sofern Wissen diskursiv konstruiert, argumentativ ausgehandelt und distribuiert ist, handelt es sich um *knowledge by description*. Die Herstellung von Faktizität durch Wahrheitsansprüche, die Rechtfertigung von Wirklichkeit durch Argumentation und die Durchsetzung von Geltungsansprüchen durch Regulierung sind Kennzeichen diskursiven Wissens. Unberührt davon bleibt das *knowledge by acquaintance*, also das Wissen aus unmittelbarer sinnlicher Erfahrung. Hier gibt es einen Zusammenhang zur Diskussion um die Abgrenzung von *Diskurs* und *Nicht-Diskurs* bei Foucault (1973: 301), der davon ausgeht, dass es neben den diskursiven Praktiken der Wahrheitserzeugung auch nichtdiskursive „Praktiken und Ereignisse der Geschichte" gibt, „seien sie politischer, ökonomischer oder technischer Art". Das Nicht-Diskursive bildet Wissen auf der Grundlage unmittelbarer Erfahrung, der Diskurs hingegen bildet *knowledge by description*.

Bedingt ist *knowledge by description* durch spezifische Regeln des Diskurses. So sind Diskurse grundsätzlich durch die gegenläufigen Tendenzen der Verfestigung und Dynamik gekennzeichnet. Die diskursive Konstituierung von Wissen legt Wahrheit durch ihre sprachliche Erfassung bzw. Positivierung fest, agonale Diskurse dynamisieren aber zugleich solche Festlegungen auch wieder. Aus diesem Grund sind Formationen des *Wissens durch Beschreibung* stets historisch; in Foucault'scher Terminologie kann von der Historizität des Epistems gesprochen werden. Mills (2007: 60) grenzt im Zusammenhang solcher Überlegungen das Epistem von der Weltanschauung ab. Während die Weltanschauung das Merkmal der Geschlossenheit besitze, sei das Epistem ein Effekt diskursiver Praxis und stehe damit im Spannungsfeld von Verfestigung und Dynamik. Die Interdependenzen dessen, was in einer Gesellschaft gewusst wird, mit wissenskonstruierenden, -argumentierenden und -distribuierenden Diskursen ist unmittelbar:

„Wenn man über Diskurse im Hinblick auf ihre Wirkung nachdenkt, sind die Faktoren Wahrheit, Macht und Wissen von Bedeutung, weil Diskurse aufgrund dieser
Faktoren Wirkungen erzeugen." (Mills 2007: 19)

Es stellt sich in diesem Zusammenhang noch einmal die Frage nach der
Referenz, die mit dem vorausgehenden Verweis auf Jackendoffs (1983: 29)
Unterscheidung zwischen *real world* und *projected world* ja bereits thematisiert
wurde. *Knowledge by description* – und damit die diskursiven Wissensbestände – bezieht sich nicht auf unmittelbare Erfahrung sinnlicher Daten. Aber
auch sprachliche Ausdrücke beziehen sich nicht unmittelbar auf eine so
genannte *real world*, sondern auf deren Konzeptualisierung als *projected world*
(vgl. auch Bierwisch 1983). Aussagen im Diskurs verweisen also auf Einheiten im menschlichen Konzeptsystem. Die Mehrwort-Einheit ‚globale
Erwärmung' referiert auf ein Konzept von der *globalen Erwärmung*. Dieses
Konzept ist für die meisten Menschen ohne Zweifel *knowledge by description*.

Strawsons (1950) pragmatischer Referenzbegriff ist in diesem Zusammenhang klärend, weil Referenz hier *Referenz für einen Äußerer in einer
konkreten Äußerungssituation* meint. Vater (2005: 65) fasst diese Position wie
folgt zusammen: „Anstelle ‚semantischer Fakten' wurden nun Sprecher-
Annahmen als entscheidend angesehen." Solche Sprecherannahmen sind
immer in einem diskursiven Feld referentiell, das heißt im Kontext dessen,
was als Wissen konstruiert, argumentativ ausgehandelt und distribuiert ist.
Das heißt, dass grundsätzlich auch auf Gegenstände und Sachverhalte
referiert werden kann, die niemals als *knowledge by acquaintance* verfügbar
gemacht werden können, da es sie in der *real world* nicht gibt. Denken wir
in diesem Zusammenhang an das Substantiv *Einhorn*, um die Thematik an
dieser Stelle nicht zu brisant zu machen. Auch hier ist der bisher wenig
wahrgenommene Zusammenhang zwischen diskurslinguistischen Forschungen zu *Sprache und Wissen* und der kognitiven Referenzlinguistik offensichtlich. Die kognitive Referenzlinguistik ergänzt den pragmatischen
Referenzbegriff, der bereits ‚semantische Fakten' als inexistent ansieht,
durch die Annahme von „reference without referents" (Geiger 1995: 16)
bzw. Referenz auf „non-existing objects" (Parsons 1980), also um Einheiten wie *Einhorn*:

„[...] reference in human language is not a mapping from linguistic terms to individuals existing in the Real World, but rather to individuals established verbally [...]
the universe of discourse." (Wright/Givón 1987: 11)

Referenz ist mithin ein diskursiver Prozess im Spannungsfeld von Pragmatik und Kognition. Interessant für den diskurslinguistischen Ansatz ist
Pérennec (1994), die ihrerseits auf Ducrot (1989) verweist. Im Zusammenhang von Intertextualitätsforschungen wird in diesen Ansätzen vom
Konzept der Textpolyphonie ausgegangen. Quellen der Äußerung sind

hier nicht nur Textproduzenten, sondern auch andere Texte bzw. Äußerungen, die als Äußernde verstanden werden, und mithin in der Rolle des
énonciateur gesehen sind. Vater (2005: 173) bezieht sich auf diese Position,
wenn er unterscheidet zwischen „Referenzen von Sprachausdrücken in
Texten" einerseits und „Referenzrelationen zwischen Ausdrücken in
Texten" andererseits (ebd.). Gerade beim Versuch der Durchsetzung von
Geltungsansprüchen auf Wahrheit erfolgen nicht selten intertextuelle
Bezüge auf bereits bestehende Konstituierungsformen von Wissen. Der
sprachliche Ausdruck ‚globale Erwärmung' referiert dann nicht nur auf ein
Konzept als Ausdruck von Sprecher-Annahmen, sondern auch auf Verwendungen dieses Ausdrucks in anderen Texten. Konerding (2007: 124)
beschreibt die ausdrucksseitige Explikation einer so verstanden Diskursivität von Sprache:

> „Entsprechend werden Themen im Diskurs durch Wiederaufnahme, Bezugnah-
> me, Kommentierung und (kontroverse) Respondierung in den jeweiligen Texten
> ‚intertextuell', d.h. im Zusammenwirken der Einzeltexte, ‚verhandelt'."

Die Beschäftigung mit dem, was eine Gesellschaft wissen kann, führte
mich zu einer ersten Frage: Was heißt Wirklichkeitskonstituierung im
Diskurs? In Beantwortung dieser Frage habe ich das diskursiv erzeugte
Wissen als *knowledge by description* bestimmt. Die sprachlichen Dimensionen
sind *Konstruktion, Argumentation* und *Distribution,* die den Zwecken der *Herstellung von Faktizität,* der *Rechtfertigung von Wissen* und der *Durchsetzung von*
Geltungsansprüchen entsprechen und mit den Mitteln *Wahrheitsanspruch,
Argumentation* und *Regulierung* erscheinen. Die so erzeugte Wirklichkeit und
das Wissen über diese ist kein Phänomen der realen Welt, sondern eine
Konzeptualisierung von Wirklichkeit. Mithin referieren Aussagen im Diskurs auch nicht auf semantische Fakten, sondern auf das, was Sprecher
annehmen und folglich konzeptualisieren. Die Referenz auf nicht-
existierende Objekte ist der Standardfall. Stützung erfahren wirklichkeitskonstituierende Aussagen durch intertextuellen Verweis. Geteiltes Wissen
wird in Diskursen sprachlich konstituiert und ist als Form der Erkenntnissicherung ontologischer Fakten nicht zutreffend erfasst.

Wie ich bereits ausgeführt habe, richtet sich das diskurslinguistische
Interesse insbesondere darauf, *wie* die Konstruktion, Argumentation und
Distribution von Wissen erfolgt oder anders gefragt, wie Interessenausgleich und Interessenverbindung im Diskurs beschreibbar sind. Noch
präziser formuliert ist dies die Frage nach den Voraussetzungen der Gültigkeit von Aussagen im Diskurs. Ich möchte dem im Folgenden nachgehen.

3   Verstehenshintergründe und Diskurskohärenz

3.1   „Alle glauben, dass alle glauben, dass es alle glauben"[5] – Präsuppositions-Anpassung und Common Ground

Die Referenz sprachlicher Ausdrücke erfolgt ebenso wie das Verstehen von Aussagen in Situationen mit jeweiligen bedeutungsbestimmenden Parametern. Damit ist vermitteltes, geteiltes Wissen immer Wissen in Kontexten. So hat auch der folgende Satz keine dekontextuelle Bedeutung, das von ihm vermittelte Wissen ist ein Wissen im Kontext des Diskurses um den *Klimawandel*:

(2)   Die globale Erwärmung ist eine wachsende Bedrohung für die Eskimos der nördlichen Polarregionen. [SALZBURGER NACHRICHTEN, 17.12.1998]

Das beim Lesen präferierte Verstehen für Satz (2) lässt sich in etwa so paraphrasieren:

(2a)   Weil die globale Erwärmung zum Abschmelzen der Polkappen führt, wird der Klimawandel zur wachsenden Bedrohung für die Eskimos der nördlichen Polarregionen.

Man erkennt hier recht gut, was Busse (2007) meint, wenn er Diskurse als Kontexte von verstehensrelevantem Wissen beschreibt. Im Diskurs ist *das* Wissen thematisiert, das für das Verständnis einer Aussage notwendig ist. Satz (2) ist im Sinne der Paraphrase (2a) nur zu verstehen, wenn das verstehensrelevante Wissen um den *Klimawandel* und damit verbunden um das Abschmelzen der Polkappen als Kontext der Aussage aktiviert ist. Solches Wissen ist diskursiv konstituiert und hat in der Regel den Status als *knowledge by description*. Eine andere als die offensichtlich intendierte Bedeutung von (2) ergäbe sich im fiktiven Kontext (3):

(3)   Für Norddeutschland habe die globale Erwärmung einen positiven Effekt, sagt Schönwiese: „Das wärmere Wetter im Sommer fördert dort den Tourismus." Die Tourismusbranche investiert daher inzwischen auch in Immobilienprojekte im bisher als kaum bewohnbar geltenden hohen Norden. So wird die globale Erwärmung zur wachsenden Bedrohung für die Eskimos der nördlichen Polarregionen.

---

5   Vgl. Stalnaker (2002: 704).

Das Interesse der Diskurslinguistik an Sprache und Wissen richtet sich mithin vor allem darauf, welche Kontexte spezifischen Aussagen eine Bedeutung geben. Dabei geht es nicht um Kontextanalyse im Allgemeinen, sondern um die Analyse der Kontextualisierung von Aussagen in diskursiv konstituiertem Wissen. Deutlich wird dies mit Busses (2007: 88) Unterscheidung von vier funktional relevanten Kontextualisierungsformen:

a) Kontextualisierung von Wörtern im Satz (evtl. erweitert auf Text).
b) Kontextualisierung von Wörtern im Wortfeld (lexikalisch-semantisches Feld).
c) Kontextualisierung von Wörtern im Prädikationsrahmen.
d) Kontextualisierung von Wörtern in textweltbezogenen Wissensrahmen.

Das diskurslinguistische Interesse richtet sich auf (d), also auf die Analyse der Kontextualisierung von Wörtern bzw. Aussagen in textweltbezogenen Wissensrahmen. Die analytische Aufgabe besteht vorrangig in der Rekonstruktion dessen, was als Wissensrahmen aktualisiert und damit als Hintergrund des Verstehens wirksam ist. Von einem Verstehens*hintergrund* spricht man deshalb, weil das verstehensrelevante Wissen in der Regel selbst nicht in Aussagen expliziert ist. Die Lesart (2a) für Satz (2) wird nicht präferiert, weil in Satz (2) der Verweis auf das gesellschaftlich geteilte Wissen um den *Klimawandel* expliziert wird. Vielmehr ist die Aussage über eine wachsende Bedrohung für die Eskimos der nördlichen Polarregionen verständlich aufgrund impliziter Voraussetzungen, die als Kontextualisierung einen textweltbezogenen Wissensrahmen bilden. Sprecher bzw. Hörer teilen bei erfolgreicher Kommunikation dieselben Annahmen über Hintergrundwissen. Diese Annahmen sind als konstruiertes, argumentiertes und distribuiertes Wissen ein textweltbezogener Rahmen der Bedeutung von Aussagen.

Aussagen erfolgen also vor dem Hintergrund von geteiltem Wissen. Der geteilte Glaube an die Richtigkeit von Aussagen, etwa die Lesart (2a) für Satz (2), resultiert aus gemeinsamen Verstehenshintergründen. Kontexte sind insofern nicht nur sprachliche Umgebungen oder Handlungsparameter, sondern auch Voraussetzungen in Form von Annahmen. Mit Stalnaker (2002: 704) bezeichnet man gemeinsam anerkannte und geteilte Informationen als *common ground*:

„when speakers mean things, they act with the expectation that their intensions to communicate are mutually recognized. This leads naturally to a notion of common ground."

Interessant scheint mir nun zu sein, dass das geteilte Wissen erst durch
eine Äußerung hergestellt werden kann. Wenn Humboldt bereits feststellt,
dass das Sagen nicht nur als Mitteilung an ein Gegenüber wirkt, sondern
dass durch die Entäußerung eines Gedankens dieser zugleich für die Sprecher selbst objektiviert, also als Objekt erfahrbar wird, so sind gemeinsam
anerkannte und geteilte Informationen auch nicht zwangsläufig vorausgesetztes Wissen, sondern sie können durch die Äußerung implizit konstituiert werden. Es geht insofern beim *common ground* nicht um vorausgesetztes, sondern um tatsächlich geteiltes Wissen. Stalnaker macht dies am Fall
der *presupposition accomodation* deutlich, also der *Präsuppositions-Anpassung*
(vgl. Stalnaker 2002: 705):[6]

> (4)   Mein Bruder wird heute Mittag losfahren. (P1)
> → PS Der Sprecher hat einen Bruder. (P'1)

Ein Hörer kann bereits vor der Äußerung von (P1) wissen, dass (P'1). Es
ist aber ebenso möglich, dass er erst durch (P1) erfährt, dass (P'1). Geteiltes Wissen ist im zweiten Fall das Ergebnis der Äußerung (P1) und nicht
geteiltes Wissen durch Voraussetzung. Geteilt ist hier das Wissen, dass ein
Sprecher glaubt, dass es geteiltes Wissen ist, dass (P'1). Weniger formal:
Weil ein Sprecher glaubt, ein Hörer wisse, dass der Sprecher einen Bruder
hat, äußert er, dass sein Bruder heute Mittag losfahren wird, ohne dem
Hörer mitzuteilen, dass er einen Bruder hat. Wenn der Hörer nun glaubt,
dass (P'1), dann ist es tatsächlich geteiltes Wissen, dass (P'1).

Wichtig ist nun, dass (P'1) ein Effekt der Äußerung von (P1) sein
kann, da der Hörer vor der Äußerung (P1) gar nicht wusste, dass der
Sprecher einen Bruder hat. Verstehensrelevantes, geteiltes Wissen kann
also überhaupt erst im Diskurs thematisiert sein. Das präsupponierte Wissen wird durch Äußerungen selbst implizit konstituiert. Diesen Fall nennt
Stalnaker (2002) *presupposition accomodation* (*Präsuppositions-Anpassung*). Ich
möchte dies am Beispiel von Satz (2) noch einmal verdeutlichen:

> (2b)   Die globale Erwärmung ist eine wachsende Bedrohung für die Eskimos
> der nördlichen Polarregionen. (P2)
> → PS Es gibt eine globale Erwärmung. (P'2)

In (P2) wird mehr als (P'2) präsupponiert, doch zur Vereinfachung konzentriere ich mich auf die mit (P2) verbundene Voraussetzung, dass es
eine globale Erwärmung gibt. Dies kann ein Hörer (H) bereits vor der
Äußerung von (P2) wissen. Es ist aber auch möglich, dass das Wissen um

---

6   <P> = Proposition, <→ PS> = präsupponiert.

die globale Erwärmung erst durch die Äußerung von (P2) konstituiert wird. Das geteilte Wissen um die Wahrheit der globalen Erwärmung ist also nicht notwendigerweise Wissen durch Voraussetzung, sondern Wissen als Effekt der Äußerung von (P2): Weil ein Sprecher glaubt, dass ein Hörer wisse, dass es eine globale Erwärmung gibt, äußert er, dass die globale Erwärmung eine wachsende Bedrohung für die Eskimos der nördlichen Polarregionen darstellt, ohne dem Hörer mitzuteilen, dass es eine globale Erwärmung gibt. Wenn der Hörer nun aufgrund der Äußerung von (P2) an die Präsupposition (P'2) glaubt, dann ist (P'2) geteiltes Wissen. Der Punkt ist also, dass zunächst ein Sprecher nur glaubt, dass es allgemeiner Glaube sei, dass es eine globale Erwärmung gibt.

Stalnaker (2002) befragt den Fall, bei dem ein Hörer die Präsupposition nicht teilt, also für das Beispiel (2b), dass ein Hörer nicht an die globale Erwärmung glaubt und insofern seinen Glauben daran auch nicht als geteiltes Wissen in die Kommunikation einbringen kann. Ist es unter einer solchen Voraussetzung überhaupt sinnvoll, dass ein Sprecher glaubt, dass der Hörer glaubt, dass (P'2)? Aufgrund der Möglichkeit einer *Präsuppositions-Anpassung* ist diese Frage eindeutig zu bejahen. Stalnaker (2002: 710) argumentiert wie folgt (<ø> steht für ‚proposition‘):

> „I have argued that, in general, if it is common belief that the addressee can come to know from the manifest utterance event both that the speaker is presupposing that ø, and that ø is true, that will suffice to make ø common believe, and so a presupposition of the addressee as well as the speaker."

Es ist mithin so, dass ein Hörer erst durch eine Äußerung an dem Wissen teilnimmt, dass ein Sprecher als wahr voraussetzt. Notwendiges Wissen für die Gültigkeit von Lesarten, das wir auch als Kontextualisierung von Aussagen in textweltbezogenen Wissensrahmen bezeichnet haben, wird häufig weder explizit verhandelt noch tatsächlich vorausgesetzt, sondern entsteht als geteiltes Wissen durch Äußerungen selbst. Im Diskurs wird Wissen stets durch *Präsuppositions-Anpassung* erzeugt. Diese Anpassung an Voraussetzungen zur Gültigkeit von Lesarten ist nichts anderes als eine wissensbezogene Form der Vergesellschaftung durch Interessenverbindung und Interessenausgleich; im Diskurs wird *common ground* generiert; in den Worten Stalnakers (2002: 711):

> „The phenomenon of accomodation, in general, is the process by which something becomes common ground in virtue of one party recognizing that the other takes it to be common ground."

Infolge der Historizität und Dynamik von Diskursen werden so neue Annahmen durch Äußerungen ermöglicht. Kurz: In Diskursen wird geteiltes Wissen konstituiert und jeweils neu eingespielt. Dies entspricht im

Übrigen einer Grundannahme der Relevanztheorie von Sperber und Wilson, nämlich der These,

> „dass menschliche – und damit speziell auch sprachliche – Informationsverarbeitung wesentlich auf Inferenzbildung beruht, d.h. auf der Gewinnung von neuen ‚relevanten‘ Annahmen über die Situation bzw. den Situationstyp durch neu eingehende, als ‚relevant‘ erachtete Informationen." (Konerding 2002: 300)

Die Sachverhaltskonstituierung bzw. Etablierung von Wissen erfolgt damit nicht nur durch sprachliche Formen, (wie Wörter, Propositionen etc.), sondern maßgeblich auch über Inferenzen.

Wissen und Wahrheit sind sozial konstruierte Wirklichkeit (vgl. Frow 1985: 200). Ebenso wie bei Frow findet sich auch bei Foucault (1976; 2003: 149) die damit verbundene Annahme, dass die diskursive Hervorbringung von Wissen nicht frei von Macht und Zwängen ist: „Die Wahrheit ist von dieser Welt; sie wird in ihr dank vielfältiger Zwänge hervorgebracht." In einer radikal machtkritischen Lesart findet sich dieser Gedanke bei Mills (2007: 81):

> „Wir bekommen vermittelt, dass unsere Gedanken und Äußerungen nicht einfach Ausdruck unseres individuellen Willens sind, sondern wir erkennen, dass das, was wir denken, artikulieren zu wollen, durch Regeln und Systeme erzwungen ist, die jenseits menschlicher Kontrolle existieren." (Mills 2007: 81)

3.2   Sprachliche Routine

Wenn es möglich ist, dass Hörer erst durch Äußerungen eines Sprechers Wissen aufbauen, das ein Sprecher als wahr voraussetzt, kommt den Äußerungen für die Konstituierung des gesellschaftlich verankerten Wissens eine wichtige Rolle zu. Da Sprache als *fait social* ein regelgeleitetes, auf Konventionen beruhendes Kommunikationsmedium ist, erfolgt die sprachliche Konstituierung von Wissen und der Bezug auf geteiltes Wissen nicht zufällig oder idiosynkratisch. Vielmehr sind Konventionen des Sprechens entscheidend daran beteiligt, was als geteiltes Wissen gilt. Man muss den im letzten Zitat von Mills zum Ausdruck kommenden machtkritischen Gestus nicht teilen, stellt aber fest, dass in der Tat die Gedanken und Äußerungen nicht einfach individueller Ausdruck sind, sondern regelgeleitet erfolgen. Wenn wir mit Busse (2007: 82) nun zudem davon ausgehen, dass Diskurse im weitesten Sinne Kontextualisierungszusammenhänge markieren, dann ist das regelhafte Verhalten im Diskurs von besonderem Interesse. Die Kontextualisierung von Äußerungen in textweltbezogenen Wissensrahmen erfolgt durch regelhafte, diskursiv angelegte Gedächtnisinhalte. Busse (2007: 86 f.) spricht auch von der Kontextualisierung aufgrund zeicheninduzierter kognitiver Repräsentationen. Diskursiv verankerte Wissensrahmen sind durch ein hohes Maß an Iteration, Intertextualität und Routineformen gekennzeichnet. So finden sich im Zusammenhang des Diskurses über den *Klimawandel* häufig die folgenden Kookkurrenzen:[7]

(5)   drohende Klimakatastrophe verhindern
        Vorboten einer Klimakatastrophe
        globale Klimakatastrophe
        Folgen der globalen Erwärmung

Wissen als geteilte Akzeptanz von Erkenntnis wird oft durch regelgeleitete Routinen seriell formuliert und aufgrund von *Präsuppositions-Anpassungen* iteriert. Dabei werden Einheiten in Wortfeldern für die Bezeichnung von Wissenszusammenhängen diskursiv präferiert: {*Erwärmung, Erdatmosphäre, Treibhauseffekt, Treibhausgas, Ozonloch*}. Was eine Gesellschaft wissen kann, ist nicht unabhängig davon, wie eine Gesellschaft über Wissen spricht. Ähnlich wie die Konstituierung von Wissen über *Klimawandel* in sprachlichen Routinen gemäß (5) funktioniert, ist die wirklichkeitskonstitutive Kraft der Sprache (vgl. Busse 1987: 86) auch bei anderen gesellschaftlich verhandelten Themen formelhaft, wie folgende Beispiele zeigen:

(6)   Jugendliche mit Migrationshintergrund
        weltweiter Kampf gegen den Terror

Unter sprachlicher Routine verstehe ich mit Stein (1995: 127):

> „eine der Kreativität komplementäre sprachliche Verhaltensweise, die sich auch in der Beherrschung formelhafter Wendungen und Texte sowie in der Einhaltung von Formulierungsmustern äußert. Sprachliche Routine heißt weiterhin, daß sprachliche Fertigteile (Wendungen, Textbausteine, Texte) in der Sprachgemeinschaft etabliert und individuell gespeichert sind, so daß sie wiederholt eingesetzt werden können, ohne Planungs- und Produktionsaufwand treiben zu müssen."

In der Sprachgemeinschaft etabliert bedeutet im Zusammenhang des Forschungsfeldes *Sprache und Wissen*, dass solche sprachlichen Routinen diskursiv konstruiert, argumentativ ausgehandelt und distribuiert sind. In Diskursen wird Wissen sprachbezogen über Produktionsroutinen und Verstehenspräferenzen gruppiert, Wirklichkeit also kategorisiert. Coulmas

---

7   Ergebnisse nach Kookurrenzanalyse in Cosmas II. Cyril Belica: Statistische Kollokations-analyse und Clustering. Korpuslinguistische Analysemethode. © 1995 Institut für Deutsche Sprache, Mannheim.

(1981: 55) unterscheidet in seiner noch immer grundlegenden Arbeit zur Routine im Gespräch vier Typen von verbalen Stereotypen:

  a) Redewendung
  b) Sprichwort
  c) Gemeinplatz
  d) Routineformel

Von besonderem diskurslinguistischen Interesse sind die Routineformeln (d), weil sie als textsorten- bzw. mediengebundene Diskurstypen erscheinen. Obwohl Coulmas (1981: 86) unter ‚Diskurs' hier das Alltagsgespräch versteht, erscheinen solche Routineformeln auch als Marker von Diskursen im Sinne der Diskurslinguistik. Die sprachlichen Routinen gemäß (5) sind diskurstypische Formen der Thematisierung von Wissen über den Klimawandel. Auch in anderen Wissensdomänen beobachten wir die Routinisierung von sprachlicher Wissenskonstituierung, so in der populärwissenschaftlichen Alltagskommunikation der Neurowissenschaften:

(7)   Wie die moderne Gehirnforschung zeigt
      körpereigenes Belohnungssystem
      Aussschüttung von Glückshormonen

Routineformeln sind also sowohl im Gespräch als auch im Diskurs als Alltagsriten zu beschreiben. Coulmas (1981: 124) erkennt in sprachlichen Routinen aber nicht nur verfestigte Formen des Redens, sondern auch Strategien bzw. Muster des Handelns. Damit rückt neben die formbezogene Analyse von sprachlichen Routinen die akteursbezogene in den Blick:

„Es muß unterschieden werden zwischen einerseits Routine, die ihren Niederschlag in sprachlichen Einheiten gefunden hat […] und andererseits Routinen, die sich als fixierte diskursive Strategie resp. als Ablaufmuster zur Durchsetzung verbalkommunikativer Handlungen mit relativ variabler sprachlicher Realisierung manifestiert. […] Der Bereich der diskursiven Routine zerfällt also in Ausdrucksroutinen (verbale Stereotype) und Handlungsroutinen (Strategien und Ablaufmuster) […]."

Das Interesse an sprachlichen Routinen richtet sich also nicht nur auf die Verfestigung sprachlicher Formen in der Idiomatik, sondern auch auf die Dynamik der Durchsetzung bestimmter Handlungsmuster in einer Sprechergemeinschaft. Die Präferenz bestimmter Handlungsmuster zur Vertextung, die Medienwahl, der Bezug auf Autoritäten usw. bilden einen Raum der Handlungssimulation, so dass Diskurse häufig als Praxis der routinehaften Bestätigung bzw. Infragestellung von Wissen funktionieren.

Neben den deklarativen Routinen durch Wahl geprägter Ausdrucksformen sind es also die prozeduralen Routinen durch Wahl geprägter Handlungsformen, die die Regelhaftigkeit von Diskursen ausmachen. Die Geltung von Ausdrucks- und Handlungsroutinen als Modalität der Produktion von Äußerungen im Diskurs hängt selbstverständlich mit der Akzeptanz als Modalität der Rezeption zusammen. Denn sprachliche Routinen sind im Gegensatz zu vielen nicht-sprachlichen Handlungen reproduktiv, rekursiv und rekurrent. Ich möchte mich auch hier Coulmas (1981: 127) anschließen, der von Routineformeln als Reflex akzeptierter Verhaltensweisen spricht. Die Akzeptanz von Routinen der Wissenskonstruktion im Sinne einer Modalität der Rezeption ist nichts anderes als soziale Kontrolle.

Kommen wir an dieser Stelle noch einmal auf die besondere Rolle des Gedächtnisses bei der Wissenskonstituierung zurück. Die Kategorisierung von Wirklichkeit als Zuordnung von Wahrnehmungsinhalten zu Klassen von Entitäten erfolgt maßgeblich über Sprache und hier insbesondere über solche Einheiten, die als Gedächtnisinhalte wiederkehrend sind. Deutlich wird dies an der Unterscheidung von *recollection* und *memory*. Während Erinnern im Sinne von Gedenken (recollection) daran gebunden ist, wie eine Gesellschaft ihre Vergangenheit sozial konstruiert, ist die subjektive Erinnerung (memory) zunächst nichts anderes als die individuelle Konzeptualisierung von Vergangenheit. Ein sehr bemerkenswerter und linguistisch bisher nicht präzise beschriebener Vorgang ist die subjektive Verinnerlichung von sozialen Konzepten der Vergangenheit durch Sprache: „Moments when the participants in commemoration begin to experience the past in the way that is psychologically similar to their own experience, their inscribed memory" (Bloch 2008: 5).

Es kann davon ausgegangen werden, dass die subjektive Internalisierung sozialer Konstruktionen von Vergangenheit wesentlich über diskursive Routinen erfolgt. Die diskursive Konstruktion von sozialen Mustern des Gedenkens im Sinne von *recollection* prägt offenbar die individuelle Erinnerung im Sinne von *memory* dergestalt, dass kollektive Routinen des Erinnerns den Status individueller Erfahrungen bekommen können. Das individuelle Erinnern funktioniert in Relation zu sozialen Konstrukten der Vergangenheit, die über sprachliche Routinen in die subjektive Narration eingepasst sind. Die Vergangenheit wird durch diskursives Material zum Baustein einer kohärenten Biographie. Bereits Piaget (1936) beschreibt in seiner konstruktivistischen Lerntheorie diese Anpassung des Erinnerns an aktuelle Gegebenheiten, danach konstruiert das Individuum in der Retrospektion Ereignisse und Situationskonstellationen (vgl. Vollmers 1997: 82). Dies entspricht der heutigen sozialpsychologischen Modellierung des episodischen Gedächtnisses als Montagestruktur, wonach „bedeutungshaltige Bruchstücke nach ihrem sinnstiftenden und selbstbezogenem Wert zusammengefügt" (Welzer 2005: 162) sind. Dabei kommt es zur Überlagerung von Gedächtnisinhalten aus verschiedenen Quellen mit der Folge, dass lückenhafte Erinnerungen durch Konfabulation gefüllt werden. Mithin ist die subjektive Erinnerung nicht autonom von kommunikativen, kollektiven und kulturellen Dimensionen des Gedächtnisses (vgl. Assmann 1999: 19).

Es ist zu vermuten, dass diese Angleichung der individuellen Erinnerung an die soziale Formen des Gedenkens in Abhängigkeit vom diskursiven Status der Erinnerungsgegenstände erfolgt, das heißt nicht zuletzt in Abhängigkeit von sprachlichen Routinen der Vergangenheitskonstruktion. Erinnerungsgegenstände wie z.B. *Flucht und Vertreibung 1945-1949* oder *11. September* bzw. *9/11* sind in hohem Maße öffentlich konstruierte Wissensgegenstände, deren individuelles Erinnern durch Internalisierung von Routinen erfolgt. Gleiches gilt für das individuelle Nicht-Erinnern als Folge der Nicht-Thematisierung in Vergangenheitsdiskursen. Im Forschungszusammenhang *Sprache und Wissen* kann gerade die Beschäftigung mit der Anpassung individueller Erinnerungsinhalte an soziale Inhalte des Erinnerns wichtige Hinweise geben über die Wirkung von Routinen im Diskurs bei der Konstruktion von Wissen. Diesen Vorgang möchte ich in Parallele zu Stalnakers (2002) Terminus der *presupposition accomodation* als *recollection accomodation* bezeichnen, als *Erinnerungsanpassung*. Ebenso wie in der Kommunikation eine Anpassung des Hörers an das als geteilt vorausgesetzte Wissen eines Sprechers erfolgen kann, ist davon auszugehen, dass das individuelle *Wissen* als Gedächtnisinhalt auch der Effekt von Anpassungen an soziale Konstruktionen der Vergangenheit ist. Hier wie dort ist Wissen diskursiv konstruiert und es geht um eine Konstruktion von Wissen als Rezeption von Aussagen im Diskurs, also um Akzeptanz als Modalität der Rezeption im Diskurs. Gegenstand der individuellen Akzeptanz können unter anderem sowohl Präsuppositionen als auch Erinnerungsinhalte sein.

Feilke (1994: 338) beschreibt in ganz anderem Zusammenhang das Phänomen der Verstehenspräferenz, das dem Konzept der Akzeptanz als Modalität der Rezeption im Diskurs recht nahe kommt. Dabei präzisiert er, was in diesem Zusammenhang unter grammatischem Wissen verstanden werden kann:

> „Das grammatische Wissen der SprecherInnen einer Sprache erstreckt sich nicht nur auf die Differenz ‚möglich vs. nicht möglich in L', sondern auch auf die Differenz zwischen verschiedenen Möglichkeiten in L, wobei Differenzen pragmatisch als Präferenzen des Meinens und Verstehens strukturiert werden."

Präferenzen des Meinens und Verstehens sind das Ergebnis von Gedächtnisinhalten, sie beruhen auf sprachlicher Routine und diskursiver Musterbildung. Mit Feilke (2003: 213) kann man hier auch von *konventionalem Sprachwissen* reden:

> „Die ‚idiomatische Prägung' sprachlicher Ausdrücke geht darauf zurück, dass der Gebrauch neben der möglichen wörtlichen Bedeutung von Ausdrücken stets konnotativ auch semantische Informationen zum Gebrauchskontext in das konventionale Sprachwissen integriert."

Deutlich wird damit, dass sowohl Ausdrucksroutinen als auch Handlungsroutinen als konventionalisiertes Sprachwissen anzusehen sind. Als Reflex akzeptierter Verhaltensweisen funktioniert die Konstituierung von Wissen gerade auch durch Iteration, Intertextualität und Routineformen, also durch serielle Praxis. Gerade im Hinblick auf Wissen zeigt die *recollection accomodation* als individuelle Verinnerlichung formelhaften Erinnerns, dass das, was wir glauben zu wissen, nicht unabhängig davon ist, was diskursiv als Wissen konstituiert ist und das heißt eben auch durch sprachliche Routinen konstruiert, argumentativ ausgehandelt und distribuiert.

Am Beispiel des Diskurses zum *Klimawandel* wird dies sehr deutlich. Routinen wie *drohende Klimakatastrophe verhindern, Vorboten einer Klimakatastrophe, globale Klimakatastrophe, Folgen der globalen Erwärmung* transportieren Informationen, die als *knowledge by description* verinnerlicht werden. Sprachliche Routinen unterstützen die diskursive Konstituierung von Wissen.

4 Kontroverse und Diskurs – Eine Schlussbemerkung

Die Dimensionen, Zwecke und Mittel diskursiv konstituierten Wissens (s. Tab. 2) sind in der Regel nicht konsensuell hergestellt. Bezeichnend für die diskursive Konstituierung von Wissen sind vielmehr agonale Diskurse. Zur Bezeichnung der Durchsetzung von interessegeleiteten Handlungs- und Denkmustern hat Felder (2006: 17) den Terminus *Semantischer Kampf* in die Diskussion eingebracht. Mit Felder ist die Frage nach dem Status von Konsens und Kontroverse im Diskurs eindeutig zu beantworten. Der Standardfall sprachlicher Wissenskonstituierung ist die Kontroverse, der semantische Kampf (vgl. auch Liebert 2006). Das diskurslinguistische Interesse an Regeln des Ausdrucks kommt daher nicht umhin, die Agonalität als Grundprinzip der Wissenskonstitution zu beschreiben. Wenn von diskursiver Konstituierung des Wissens gesprochen wird, bedeutet das eine anti-ontologische Position. Die Konstruktion, die argumentative

Aushandlung und Distribution von Wissen ist grundsätzlich und primär durch Wahrheitsansprüche gekennzeichnet, die den Ausschluss von Wissen beinhalten. Dies beschreibt bereits Kuhn (1970) mit dem Konzept der Inkommensurabilität bei Paradigmenwechsel mit Bezug auf Fleck (1934). Danach sind unterschiedliche wissenschaftliche Paradigmen grundsätzlich inkommensurabel. Diskurslinguistisch sind Paradigmenwechsel als epistemische Brüche zu beschreiben, als diskursive Praxis der Verdrängung von Wissen. Denn Wahrheit erscheint nicht substantiell als wahr, sondern in Folge ihrer Kontextualisierung. Im Forschungszusammenhang *Sprache und Wissen* werden daher Kontroversen als Teil der Wissenschaftskommunikation beschrieben.

Wissenschaftskommunikation erfolgt in der Gliederung von Fächern. Innerhalb dieser Fächer gibt es Kontroversen, etwa innerhalb der Meteorologie über den *Klimawandel* oder zwischen Fächern, etwa in Kontroversen um den *Klimawandel* zwischen Meteorologie und Geowissenschaften. Wissen, das eine Akteursgruppe zur Projektion der künftigen Klimaentwicklung veranlasst, ist für andere Wissenschaftler vielleicht nur Grundlage eines möglichen Szenarios. Hinzu kommen nicht-wissenschaftliche Akteure wie Politik, Medien oder Wirtschaft, die das Feld agonaler Diskurse noch ausweiten. So ist der Diskurs zum *Klimawandel* mit seinem durch das *Intergovernmental Panel on Climate Change* institutionalisierten Wissen und seiner gleichzeitigen, durch andere Organisationen interessegeleiteten Infragestellung des konstituierten Wissens um die globale Erwärmung ein geradezu exemplarischer Beobachtungsgegenstand für die sprachliche Konstituierung von geteiltem Wissen im Diskurs.

Die fachliche Organisation von Wissen in Institutionen bzw. Organisationen kennzeichnet die *knowledgeable societies* ebenso wie die semantischen Kämpfe zwischen institutionalisierten Akteuren des Wissens. Zu bedenken ist zudem, dass die Gliederung der Fächer selbst die Folge von Diskursen ist. Foucault (1974) betont, dass die Disziplin selbst eine interne Prozedur der Regulierung von Wahrheit im Diskurs ist. Dabei ist die Polysemie von *Disziplin* aus lat. *disciplina* „Lehre, Zucht, Schule" bereits ein Hinweis auf die Machtstrukturen von Disziplinen. In Positionen der marxistischen Diskursanalyse, wie sie etwa Michel Pêcheux vertritt, wird der Zusammenhang von Diskurs und Institution immer wieder thematisiert und es wird betont, dass institutionalisierte Formen des Sprechens zum Ausschluss von Meinungen und Wissen führen. Diskurse thematisieren nicht nur, sondern sie schließen immer auch Wissen aus. Die sprachwissenschaftliche Konzentration auf den Diskurs als Aussagenverbund sollte bedenken, dass die Aussagenstrukturen durch Grenzen gekennzeichnet sind, die letztlich in semantischen Kämpfen gezogen werden und stets dynamisch verhandelt werden. Konsensuell gewendet kann man dann von Interessenausgleich und Interessenverbindung sprechen.

Sprache und Wissen korrelieren im Gefüge von Disziplinen und damit in Wissensdomänen. Im Wissensmanagement wird *Domäne* häufig synonym zu Fachgebiet und Wissensgebiet verwendet, wobei Fachgebiete als institutionalisierte Gliederung von Wissensspezialisierungen zu verstehen sind und Wissensgebiete als die Summe des Wissens einer Disziplin. Im linguistischen Forschungsbereich *Sprache und Wissen* haben weitere Forschungen zu zeigen, wie Disziplinen, Institutionen, Domänen, Fach- und Wissensgebiete in semantischen Kämpfen interagieren. Das Ziel solcher Forschungen ist es, die Konstituierung von Wissen durch Analysen der sprachlichen Konstituierung von geteiltem Wissen in Diskursen beschreibbar zu machen. Die linguistische Untersuchung von Sprache und Wissen leugnet damit nicht die Existenz von Fakten und Objekten, auf die sich Wissen beziehen kann. Mit Foucault ist es jedoch „weder sinnvoll, das Objekt dem Diskurs vorausgehen zu lassen, noch, es sich in diesem Diskurs auflösen zu lassen. Man muß ihre Gleichursprünglichkeit denken und verstehen, wie sie sich ko-konstituieren". (Visker 1991: 97)

Was eine Gesellschaft wissen kann, entscheidet sich nach Regeln der Wissenskonstituierung und -strukturierung. Dabei ist Wissen als *knowledge by description* unmittelbar abhängig davon, wie diskursiv konstituiertes Wissen konstruiert ist, wie es argumentativ verhandelt und distribuiert wird. Faktizität wird durch Wahrheitsansprüche hergestellt und Argumente dienen der Rechtfertigung von Wirklichkeit. Durch Regulierung von Wissen werden schließlich Geltungsansprüche durchgesetzt. Diese Regulierung von Wissen steht in Zusammenhang mit Konventionen des seriellen Sprechens. Reguliert ist das, was in einer Gesellschaft als zeicheninduzierte kognitive Repräsentation funktioniert. So sind die sprachlichen Routinen und Ausdrucksfelder des *Klimawandeldiskurses* nichts anderes als Formen der Konstituierung von Wissen mit Entsprechungen in kognitiven Repräsentationen bei Mitgliedern der so genannten *knowledgeable societies*. Der Diskurs funktioniert nicht nur in der Präsenz dessen, was als geteilte Akzeptanz von Erkenntnis in einer Gesellschaft angesehen wird, sondern auch im Gedächtnis. Denn was eine Gesellschaft wissen kann, wird erinnert, und auf diesem Weg kann sich sogar das individuelle Gedächtnis an geteiltes Wissen anpassen. Der Diskurs dominiert die individuelle Erkenntnis, dominiert das subjektive Meinen und Wissen. Die sprachliche Konstituierung von geteiltem Wissen in Diskursen ist in Wissensgesellschaften hart umkämpft. Mit Foucault (1971: 462) ist eines hier gewiss: „der Mensch ist nicht das älteste und auch nicht das konstanteste Problem, das sich dem menschlichen Wissen gestellt hat."

138 Ingo H. Warnke

Literatur

ANTOS, GERD/WICHTER, SIGURD (Hgg.) (2005): Wissenstransfer durch Sprache als gesellschaftliches Problem. Frankfurt/M.

ASSMANN, ALEIDA (1999): Erinnerungsräume. Formen und Wandlungen des kulturellen Gedächtnisses. München.

BELL, DANIEL (1973): The Coming of Post-Industrial Society. New York.

BERGER, PETER L./LUCKMANN, THOMAS (1966): The Social Construction of Reality: A Treatise in the Sociology of Knowledge. Garden City/New York.

BIERWISCH, MANFRED (1983): Semantische und konzeptuelle Repräsentation lexikalischer Einheiten. In: RŮŽIČKA, R. et al. (Hg.): Untersuchungen zur Semantik. Berlin.

BLOCH, MAURICE (2008): The reluctant anthropologist. In: eurozine 2008. [http://eurozine.com/pdf/2008-02-28-bloch-en.pdf] (April 2008)

BUSSE, DIETRICH (1987): Historische Semantik. Analyse eines Programms. Stuttgart.

- (2005): Architekturen des Wissens – Zum Verhältnis von Semantik und Epistemologie. In: MÜLLER, E. (Hg.): Begriffsgeschichte im Umbruch. Berlin, 43–57.

- (2007): Diskurslinguistik als Kontextualisierung. Sprachwissenschaftliche Überlegungen zur Analyse gesellschaftlichen Wissens. In: WARNKE, I.H. (Hg.): Diskurslinguistik nach Foucault. Theorie und Gegenstände. Berlin/New York, 81–105.

COULMAS, FLORIAN (1981): Routine im Gespräch. Zur pragmatischen Fundierung der Idiomatik. Wiesbaden.

DUCROT, OSVALD (1989): Logique, Structure, Enonciation. Paris.

FEILKE, HELMUTH (1994): Common sense-Kompetenz. Überlegungen zu einer Theorie „sympathischen" und „natürlichen" Meinens und Verstehens. Frankfurt/M.

- (2003): Textroutine, Textsemantik und sprachliches Wissen. In: LINKE A. et al. (Hg.): Sprache und mehr. Ansichten einer Linguistik der sprachlichen Praxis. Tübingen, 209–229.

FELDER, EKKEHARD (Hg.) (2006): Semantische Kämpfe. Macht und Sprache in den Wissenschaften. Berlin/New York.

FLECK, LUDWIK (1935): Entstehung und Entwicklung einer wissenschaftlichen Tatsache. Einführung in die Lehre vom Denkstil und Denkkollektiv. Basel.

FOUCAULT, MICHEL (1971): Die Ordnung der Dinge. Eine Archäologie der Humanwissenschaften [Franz.: Les mots et les choses: une archéologie des sciences humaines. Paris 1966]. Frankfurt/M.

- (1974): Die Ordnung des Diskurses. Inauguralvorlesung am Collège de France, 2. Dez. 1970. München [Franz.: L'ordre du discours. Leçon inaugurale au Collège de France pronocée le 2. décembre 1970. Paris 1972].

- (1976/2003): Die politische Funktion des Intellektuellen. in: Schriften. Bd. 3, Frankfurt/M., 145–152.

- (1977): Language, Counter-memory, Practice. Selected Essays and Interviews. Hg. von D. Bouchard. Oxford.

FROW, JOHN (1985): Discourse and Power. in: Economy and Society 14/2, 192–214.

GEIGER, RICHARD A. (1995): Reference in Multidisciplinary Perspective, Philosophical Object, Cognitive Object, Intersubjective Process. Hildesheim.

GIPPER, HELMUT (1987): Das Sprachapriori. Sprache als Voraussetzung menschlichen Denkens und Erkennens. Stuttgart/Bad Cannstadt.

JACKENDOFF, RAY S. (1983): Semantics and Cognition. Cambridge, Mass.

-    (1996): Conceptual semantics and cognitive linguistics. In: Cognitive Linguistics 7.1, 93–129.

KONERDING, KLAUS-PETER (2002): Konsekutivität als grammatisches und diskurspragmatisches Phänomen. Untersuchungen zur Kategorie der Konsekutivität in der deutschen Gegenwartssprache. Tübingen.

-    (2007): Themen, Rahmen und Diskurse. Zur linguistischen Fundierung des Diskursbegriffs. In: WARNKE, I.H. (Hg.): Diskurslinguistik nach Foucault. Theorie und Gegenstände. Berlin/New York, 107–139.

KUHN, THOMAS S. (1970): The Structure of Scientific Revolutions. 2nd Ed. Chicago.

LANE, ROBERT E. (1966): The Decline of Politics and Ideology in a Knowledgeable Society. In: American Sociological Review 31, 662–683.

LIEBERT, WOLF-ANDREAS (2006): Kontroversen als Schlüssel zur Wissenschaft? Wissenskulturen in sprachlicher Interaktion. Bielefeld.

LIEBERT, WOLF-ANDREAS/WEITZE, MARC-DENIS (Hgg.) (2006): Kontroversen als Schlüssel zur Wissenschaft? Wissenskulturen in sprachlicher Interaktion. Bielefeld: transcript.

LYOTARD, JEAN-FRANÇOIS (1986): Das postmoderne Wissen. Graz/Wien.

-    (1987): Der Widerstreit. München.

MILLS, SARA (2007): Der Diskurs. Begriff, Theorie, Praxis. Tübingen/Basel.

PARSONS, TERENCE (1980): Nonexistent Objects. New Heaven.

PIAGET, JEAN (1936): La naissance de l'intelligence chez l'enfant. Neuchâtel.

PÉRENNEC, MARIE-HÉLÈNE (1994): Polyphonie und Textinterpretation. in: Cahier d'Etudes Germanistiques 27, 125–135.

ROTH, GERHARD (1985): Die Selbstreferentialität des Gehirns und die Prinzipien der Gestaltwahrnehmung. In: Gestalt Theory 7, 228–244.

-    (1994): Das Gehirn und seine Wirklichkeit. Kognitive Neurobiologie und ihre philosophischen Konsequenzen. Frankfurt/M.

RUSSELL, BERTRAND (1911): Knowledge by Acquaintance and Knowledge by Description. Proceedings of the Aristotelian Society (New Series), Vol. XI, (1910-1911), 108–128.

SEARLE, JOHN R. (1995): The construction of social reality. New York.

STALNAKER, R. (1999): Context and content. Oxford.

-    (2002): Common ground. In: Linguistics and Philosophy 25, 701–721.

STRAWSON, PETER F. (1950): On Referring. In: Mind 59, 320–344.

STEIN, STEPHAN (1995): Formelhafte Sprache. Untersuchungen zu ihren pragmatischen und kognitiven Funktionen im gegenwärtigen Deutsch. Frankfurt/M. u.a.

VATER, HEINZ (2005): Referenz-Linguistik. München.

VISKER, RUDI (1991): Michel Foucault. Genealogie als Kritik. München.

VOLLMERS, BURKHARD (1997): Learning by doing. Piagets konstruktivistische Lerntheorie und ihre Konsequenzen für die pädagogische Praxis. in: Internationale Zeitschrift für Erziehungswissenschaft 43(1), 73–85.

WEBER, MAX (1922): Wirtschaft und Gesellschaft. Tübingen.

WARNKE, INGO H. (Hg.) (2007): Diskurslinguistik nach Foucault. Theorie und Gegenstände. Berlin/New York.

WARNKE, INGO H./SPITZMÜLLER, JÜRGEN (Hgg.) (2008): Methoden der Diskurslinguistik. Sprachwissenschaftliche Zugänge zur transtextuellen Ebene. Berlin/New York.

WELZER, HARALD (2005): Das kommunikative Gedächtnis. Eine Theorie der Erinnerung. München.

WICHTER, SIGURD/ANTOS, GERD (Hg.) (2001): Wissenstransfer zwischen Experten und Laien. Frankfurt/M.

WRIGHT, S./GIVÓN, TALMY (1987): The pragmatics of indefinite reference. Quantified textbased studies. In: Studies in Language 11, 1–33.

Fragen und Verstehen

Wissenskonstitution im Gespräch zwischen Arzt und Patient

Thomas Spranz-Fogasy / Heide Lindtner

1 Einleitung

Gesprächsteilnehmer haben unterschiedliche Wissensvoraussetzungen, unterschiedliche Fähigkeiten und unterschiedliche Interessen, Meinungen und Erwartungen. Sie interessieren sich aber in der Regel nicht für diese Unterschiede als solche, sondern explizieren oder erfragen sie nur insofern, als dies aus ihrer jeweiligen Perspektive zur Erreichung interaktiver Handlungsziele erforderlich ist. Dies wird besonders deutlich in institutionell geprägten Interaktionen, in denen professionelle Agenten mit spezifischen, institutionell geprägten Kompetenzen mit institutionenferne(re)n Interaktionspartnern kommunizieren. Ein in dieser Hinsicht paradigmatischer Bereich sind ärztliche Gespräche mit Patienten, weil hier beispielsweise verschärfte Bedingungen des Wissensabgleichs[1] herrschen und die

---

1   In unserem Beitrag verwenden wir einen vortheoretischen Wissensbegriff. Wir beziehen uns damit auf unterschiedlich modalisierte Darstellungen von Sachverhalten (z. B. als faktisch oder subjektiv gekennzeichnete Darstellungen) und inferenzielle Bezugnahmen, die im Gespräch von den Teilnehmern geäußert oder auf andere Weise manifest gemacht werden.

Zweckorientierung der Beteiligten per se eklatant ist: Es geht um den Abgleich des subjektiven Beschwerdenwissens von Patienten mit dem medizinischen Fachwissen des Arztes zur Feststellung einer Diagnose und Entwicklung einer Behandlung der Beschwerden. Dieser Abgleich und die interaktive Wissenskonstitution geschieht im Wesentlichen mit sprachlichen Mitteln.

Eine zentrale Frage dabei ist, wie Ärzte ihre Patienten verstehen und wie ihr Verständnis, ihr Nichtverstehen und ihre Verstehensprobleme bzgl. der Darstellungen von Patienten in ihren Äußerungen dokumentiert und damit auch für die Patienten verdeutlicht werden, um die gemeinsame interaktive Aufgabe der Beschwerdenexploration kooperativ bearbeiten und die weiteren Handlungsschritte eines ärztlichen Gesprächs:[2] Diagnose und Therapieentwicklung einleiten zu können.[3]

Die Dokumentation von Verstehen durch das wechselseitige Aufzeigen des Verständnisses fremder und eigener Handlungen ist eine grundlegende Aufgabe für Gesprächsteilnehmer.[4] Sie dient der Koordination der Handlungen und der Herstellung intersubjektiver Wirklichkeiten für die Zwecke der laufenden Interaktion. Interaktive Aufzeigepraktiken sind dabei jedoch nicht beschränkt auf explizite Darstellungen von Interpretationen, sondern beispielsweise auch referenzielle, modale oder sequenzielle Formen der Bezugnahme auf Inhalte und Handlungen der Interaktionspartner.[5]

Mit der Anknüpfung an interaktive Aufzeigepraktiken behandeln wir Verstehen im Gespräch als empirisches Phänomen und nicht als mentalen Prozess, wie dies in der Kognitionspsychologie und Psycholinguistik üblich ist. Diese induktive Vorgehensweise ist dem gesprächsanalytischen Paradigma verpflichtet (Deppermann 1999): Wir untersuchen, wie Ge-

---

2   Zum Handlungsschema ärztlicher (Erst-)Gespräche siehe Spranz-Fogasy (2005). Einen erweiterten komponentiellen Vorschlag macht Nowak (2007).

3   Den Gegenstandsbereich unseres Beitrags haben wir gewählt, weil wir im Rahmen des Forschungsnetzwerks „Sprache und Wissen" die Domäne „Medizin und Gesundheitswesen" vertreten, aber auch, weil wir uns im Rahmen des Forschungsprojekts „Verstehen in der verbalen Interaktion", das unter der Leitung von Arnulf Deppermann am Institut für Deutsche Sprache in Mannheim durchgeführt wird, mit der sequenziellen und interaktionstypologischen Organisation des Verstehens besonders im Bereich medizinischer Kommunikation befassen.

4   Siehe Deppermann (2008).

5   Die positive Bestimmung des Untersuchungsgegenstands „Verstehen" setzt sich ab von der bisherigen Gesprächsforschung zu diesem Themenkomplex, die fast ausschließlich von Fällen des Nichtverstehens, von Verstehensproblemen beziehungsweise Missverständnissen ausgeht (siehe beispielsweise Coupland et al. 1991, Hinnenkamp 1998 oder Fiehler 1998). Verstehen als aktive interaktive Leistung wird dort in der Regel nur fallweise als Interpretament herangezogen.

sprächsteilnehmer durch ihr Handeln selbst Prozesse der Verstehens- und Wissenskonstitution als diskursive Phänomene organisieren. Zentrale Eigenschaften von Gesprächen, wie Interaktivität, Prozessualität, Pragmatizität oder Multimodalität wirken dabei auf den Zusammenhang von Sprache und Wissen ein und gestalten ihn grundlegend anders, als dies im schriftlichen Medium der Fall ist. Mit unserem Beitrag wollen wir daher auch die Perspektive des Forschungsnetzwerks „Sprache und Wissen" um die Dimension des Gesprächs und des Interaktiven und Flüchtigen darin erweitern. Wir werden im Folgenden zunächst anhand eines Vergleichs einer komprimierten Beschwerdenschilderung mit der dieser zugrunde liegenden realen interaktiven Beschwerdenexploration aus einem authentischen ärztlichen Gespräch exemplarisch die Komplexität der interaktiven Entfaltung verdeutlichen (2) und dann anhand der Analyse der Verstehensdokumentationen einer explorativen ärztlichen Frageaktivität auf verschiedenen Strukturebenen der Interaktion einige Aspekte der Verstehensarbeit diskutieren (3). Daran anschließend wollen wir kurz den weiteren Verlauf der Beschwerdenexploration bis zur Diagnosestellung durch die Ärztin charakterisieren und dabei unterschiedliche Typen von Fragehandlungen und ihre verstehensbezogenen interaktiven Funktionen und Implikationen fokussieren (4). Schließlich sollen auf dieser Grundlage noch Verstehensressourcen auf verschiedenen Strukturebenen der Interaktion identifiziert werden (5).

2 Eine Beschwerdenschilderung in zwei Fassungen

Wenn man die verschiedenen Bestandteile einer authentischen Beschwerdenexploration extrahiert, könnte man daraus folgende Beschwerdenschilderung montieren:

> „Ich habe seit drei Tagen einen Finger, bei dem ich nicht weiß, was ich damit machen soll. Gestern Abend habe ich einen Brief geschrieben, da ist er ganz dick geworden, und ich habe ihn gar nicht mehr grade gekriegt. Das sticht ziemlich und fühlt sich an, als ob hier eine Nadel oder irgendwas drin wäre. Über Nacht klingt das dann aber wieder ab. Das kleine Loch hier kommt davon, dass mich letzte Woche Donnerstag da eine Katze gehakt hat. An den anderen Fingern und an anderen Gelenken oder so habe ich aber überhaupt nichts."

Die Patientin hätte hier alles Wissenswerte formuliert, die wesentlichen Fakten wären genannt und auch die Zusammenhänge wären verdeutlicht worden. Als plausible Reaktion einer Ärztin auf diese Beschwerdenschilderung könnte daher die Diagnosestellung „Das ist sicher ein Weichteilinfekt, den Sie da haben" erfolgen.

Der hier montierten Zusammenfassung liegt nun eine wesentlich komplexere, interaktiv hergestellte Beschwerdenexploration zugrunde. Der reale Gesprächsausschnitt beginnt nach einer Begrüßung und einem ersten informellen Austausch mit der Aufforderung zur Beschwerdenschilderung durch die Ärztin:[6]

```
1    A:   NA weswegen kommen sie denn HER?
2    P:   ja ich habe seit drei tagen einen ä:h (-) FINger
          wo ich nicht weiß:-
3         (.) was ich damit MAchen soll;
4         (---) also ich' wenn ich' (-)
5         gestern abend hab ich n BRIEF geschrieben;=
6         =da is er also ganz DICK gewo:rden, (--)
7    A:   hm::?=
8    P:   =und das is als ob hier ein (.) ne NAdel
          oder irgendwas DRIN wär; (1.0)
9    A:   ham se n unfall gehabt?
10   P:   n überHAU:PT nichts passiert;
11   P:   [(...)           ]
12   A:   [nich erINNERlich;]
13        (.) was is n das hier für n kleines LOCH- (-)
14   P:   ja das heiß:t (-)
15        da hat mich glaub ich eine KATze:, (1.0) gehakt-
16   A:   wann WAR=n [das?   ]
17   P:              [das is-]
18        o:ch-
19        (.) des is- (1.3)
20        moment ich bin (-) ich KOMM nämlich jetzt von auSTRA:lien;
          und ä:h-
21        (1.2)
22        meine güte des müsste vielleicht am- (---)
23        letzte woche (-) DONnerstag gewesen sein. (---)
24   A:   ja:: aber hoffentlich hängt das nicht damit zuSAMmen
25        [nich, (.) die hat] ZWEImal hier reingehackt;
26   P:   [ja also sie hat- ]
27   A:   [nich]
28   P:   [nein]
29        das (-) das bin ICH gewesen;
```

---

6   Der folgende Ausschnitt ist transkribiert nach dem Basistranskript in GAT (Selting et al. 1998); die Transkriptionskonventionen finden sich im Anhang. A = Ärztin, P = Patientin.

```
30            das is [also die-]
31   A:              [ja: und ] HIER hat ne katze gekratzt; (--)

32            und DA tut=s auch we:h? (.) an der stelle?

33   P:       nein also HIE:R; (--) sticht es; (--)

34   A:       da:- (--)

35   P:       ja-

36            (-) da-

37            (-) ziemlich; (---)

38   A:       das is wohl der grund; (1.6)

39            an den ANdern fingern ist nichts;

40   P:       ÜBERhaupt nichts nein-

41   A:       und die wird das wird ganz DICK hier;

42   P:       zum beispiel gestern abend hab ich n BRIEF geschrieben=
              =also da hab ich n gar nich mehr GRA:de gekriegt;

43   A:       ja ja:,

44            (--) und über NACHT klingt das dann wieder AB;

45   P:       ja also DA is:-

46   A:       an andern geLEN[ken oder so haben sie GAR nichts;
47   P:                      [nein überHAUPT nichts; (.) ÜBER

48   P:       haupt nichts;]
49   A:       nich,        ]

50            (--) hm=hm-

51            (3.9) katzen haben manchmal (-) allerhand DRECK unter den

52   P:       ja:, (--) [ja-]            [hm=hm-     ]
53   A:                 [fin]gern; nich [unter den ]krallen;

54   P:       ja-

55   A:       nich wahr?

56            da KANN schon mal was passIEr[n; ]
57   P:                                    [ja;]

58            (1.0) also TOLLwütig is sie nich weil des is ene:;

59   A:       ne- (.)

60            das [GLAUB ich-]
61   P:           [ne Eigene ] katze gewesen nich-

62   A:       [ja:, das das GLAUB ich auch nich;]
63   P:       [und (...);                       ]

64   A:       das hat mit TOLLwut nix zu [tUN;]
65   P:                                  [ja- ]

66   A:       das is ein ein: sicher ein: WEICHteilinfekt-

67   P:       hm=hm,

68   A:       den se da HAben; [ne,     ]
69   P:                        ['hm=hm]

70   A:       sONST sind sie immer gesund gewesen-
```

Wie man leicht erkennen kann, ist das schlussendlich entstandene „Wissen" der Patientin P und der Ärztin A im vorliegenden Gesprächsausschnitt interaktiv zustande gekommen, beide Gesprächsteilnehmerinnen haben sich mit unterschiedlichen Aktivitäten an der Herstellung beteiligt. P weiß zwar offensichtlich um die einzelnen Aspekte des Beschwerdengeschehens, hat sie aber nicht in den Zusammenhang gebracht, wie er als Resultat der interaktiven Aushandlung zwischen A und P entsteht. Und A weiß erst einmal gar nichts vom konkreten Fall, verfügt aber über ein professionell-medizinisches Wissen als spezialisierte Verstehensressource.

Der Vergleich der beiden Varianten zeigt auch bereits auf den ersten Blick eine Reihe von Unterschieden auf. So sind einige Darstellungselemente der Zusammenfassung gar nicht von der Patientin geäußert worden, sondern in den und durch die Fragen der Ärztin überhaupt erst Gegenstand der gemeinsamen Aushandlung geworden. Auch macht die Zusammenfassung an einigen Punkten eine Umstellung einiger Darstellungselemente, wie sie im Gespräch aufeinander folgten, notwendig, und die interaktive, sehr aufwändige Lokalisierung des Verletzungsortes und dessen Relation zum Schmerzpunkt entfällt ganz. Schließlich wird deutlich, dass die Patientin selbst zunächst gar keinen Zusammenhang zwischen ihren Beschwerden, dem Loch in ihrem Finger beziehungsweise ihrer Hand und der zeitnahen Verletzung durch die Katze erkannt hatte. In der transkribierten Gesprächswiedergabe wird darüber hinaus auch noch erkennbar, wie typische Merkmale verbaler Interaktion wie Rückmelde- und Verzögerungssignale, Pausen, Heckenausdrücke, syntaktische und formulatorische Reparaturen, gesprochensprachliche Verschleifungen und Elisionen, Simultanpassagen sowie das Hin und Her sequenziell gebundener Sprachhandlungen wie vor allem Fragen und Antworten den Verstehensprozess und die Wissensentwicklung begleiten und mitorganisieren.

Im Mittelpunkt unserer folgenden Analysen zu interaktiven Verstehensprozessen sollen nun die Fragen der Ärztin stehen.[7] Wir wollen versuchen darzustellen, wie die beiden Protagonistinnen den Beschwerdensachverhalt gemeinsam und als für die Interaktionsziele ausreichendes intersubjektives Wissen herstellen und welche besondere Bedeutung dabei den Fragen der Ärztin zukommt. In diesem Zusammenhang möchten wir darauf hinweisen, dass man nicht von „einem" gemeinsamen Wissen sprechen kann, das hier durch die interaktiven Handlungen der Beteiligten entsteht. Es entwickelt sich zwar sicher auch ein gemeinsamer Kernbe-

7   Ärztliches Fragen ist vielfach schon Gegenstand linguistischer Untersuchungen (siehe beispielsweise Rehbein 1993, 1994; Redder 1994; Lalouschek 1999; Spranz-Fogasy 2005); aus ärztlicher Sicht befasst sich Ripke (1994) mit Fragen in Gesprächen mit Patienten.

stand an Sachverhaltswissen, der aber in unterschiedlichen Relevanzrahmen steht: bei der Ärztin im medizinischen Diagnose- und Handlungswissen, bei der Patientin hingegen im Zusammenhang ihrer persönlichen Einschränkung und subjektiven Betroffenheit.

3 Eine Frage – viele Bezüge, viele Implikationen

Wir konzentrieren unsere Analyse zunächst auf die erste Frage, die die Ärztin im Anschluss an die Beschwerdenschilderung der Patientin stellt. Dabei interessieren wir uns in erster Linie dafür, welche Aspekte von Verstehen und Wissen darin dokumentiert und kommuniziert werden. Wir werden auch in der weiteren Folge unser Hauptaugenmerk auf die Fragen der Ärztin richten, weil Fragen *das* Paradigma für Sprachhandlungen zur interaktiven Bearbeitung von Verstehensproblemen sind und es uns interessiert, was an gegenseitigem Verstehen der Gesprächsteilnehmer und an Einsicht in das interaktive Geschehen bereits in Fragen enthalten ist.

Fragen sind bislang in der Forschung hauptsächlich unter dem Gesichtspunkt ihrer augenfälligen interaktiv-projektiven Kräfte betrachtet worden,[8] retrospektiv sind allenfalls Nichtverstehen beziehungsweise Verstehensprobleme thematisiert worden.[9] In Fragen wird aber auch retrospektiv Verstandenes dokumentiert, und Fragen können damit gewissermaßen auch als Antworten auf Bezugsäußerungen gesehen werden – vor allem diesen Aspekten wollen wir uns nun widmen.

As Frage <ham se n unfall gehabt> (Z. 9) ist für die interaktive Verstehensprozessierung zentral. Mit ihr setzt A einen systematischen Explorationsprozess in Gang, der schließlich in die aus As Perspektive gesicherte Diagnose mündet. Mit dieser Frage werden aber auch verschiedene Phänomene und Dimensionen hinsichtlich allgemeiner struktureller Eigenschaften von Interaktion sichtbar, die den ganzen Gesprächsausschnitt sowie das Verstehen und die Ausbildung intersubjektiven Wissens darin organisieren.

Auf der *sprachstrukturellen Ebene* sind beispielsweise in pragmasemantischer Hinsicht referenzielle Operationen personaler und temporaler Natur sowie aktivitätstypologische Qualifizierungen erkennbar. Auf der *Ebene der*

---

8 Vgl. Meibauer (1987); Luukko-Vinchenzo (1988); Selting (1995) sowie Rost-Roth (2003) und (2006).

9 Selting (1995) und Rost-Roth (2006) unterscheiden dabei Bedeutungsverstehensprobleme, Referenzverstehensprobleme, akustische Verständigungsprobleme sowie Erwartungsprobleme.

Interaktionsstruktur sind retrospektiv und prospektiv *sequenzielle* Potenziale[10] und Zwänge wie z. B. der Redeübernahme wirksam, wie auch übergreifendere *interaktions-* beziehungsweise *gattungstypologische* Eigenschaften,[11] beispielsweise der spezifischen Aufgabenverteilung, deutlich werden. Und schließlich werden bei genauerer Betrachtung auch auf der Ebene der *Sozialstruktur* Rollenmerkmale und Wissensunterschiede sichtbar, die das interaktive Geschehen und die auf Verständigung ausgerichteten Aktivitäten der Beteiligten kennzeichnen.

Die genannten Ebenen besitzen fließende Übergänge, sie sind im interaktiven Geschehen eng miteinander verknüpft und beeinflussen sich wechselseitig. In theoretischer und methodologischer Hinsicht stellen sie ein Perspektivenmodell dar, das die Analyse interaktiver Phänomene auf unterschiedlichen Komplexitätsniveaus anleitet und deren Aufordnung in immer komplexere und umfassendere Zusammenhänge erlaubt.

Wir werden im Folgenden zunächst versuchen, das Geschehen auf jeweils einer der Strukturebenen zu rekonstruieren und dann prüfen, wie das Zusammenspiel der Ebenen organisiert ist.

Die Ebene der Sprachstruktur

Die Äußerung <`ham se n unfall gehabt`> weist zunächst einmal folgende inhaltliche und linguistische Elemente und Charakteristika auf: In syntaktischer und pragmatischer Hinsicht handelt es sich um eine „echte" syntaktische Frage mit Verb-Erststellung und damit um eine Entscheidungsfrage, die vom Gegenüber mit einem einfachen „ja" oder „nein" beantwortet werden kann beziehungsweise soll. Es erfolgt damit also eine Verstehensanweisung zur Auswahl einer dichotomen Alternative. Eine solche syntaktische Frage signalisiert außerdem Unwissen beziehungsweise Unklarheit beim Fragenden in Bezug auf die in Rede stehenden Sachverhalte.

In semantischer Hinsicht werden in der Frage As eine Reihe von Bezügen verdeutlicht: Durch die Perfektform wird ein spezifischer Zeitbezug, nämlich Vergangenheit, hergestellt. Die Gesprächspartnerin wird adressiert und zugleich als Betroffene und Wissensträgerin eines wie auch immer gearteten Geschehens identifiziert, das von A jedoch als ein spezifisches Geschehen, eben als ein <`unfall`>, erfragt wird.

---

10   Siehe Schegloff (2007).
11   Vgl. dazu Spiegel/Spranz-Fogasy (2001) und Günthner/Knoblauch (1997).

Bezieht man nun in die Analyse die vorangegangene Schilderung der Patientin mit ein, so lässt sich Folgendes sagen: A setzt die Sachverhalte in den Darstellungen der Patientin in ihrer Frage als gegeben voraus, signalisiert also bis auf Weiteres[12] ihr Verstehen, sie startet aber dennoch eine Initiative zur weiteren Exploration. Die Verb-Erststellung der syntaktischen Frage fungiert dabei als Mittel der Aufmerksamkeitssteuerung: Schon mit ihr markiert A, dass sie an die Darstellung Ps eine Frage anschließt und weitere Informationen einfordert. Dies verdeutlicht, dass die bisherigen Ausführungen Ps für A noch nicht soweit ausreichend waren, dass sie die Sache selbst verstehen kann – grob gesagt: A hat P verstanden, aber noch nicht die Sachlage.

A versteht aber immerhin Ps Deklaration von Nichtwissen und ihre Darstellungsweise als eine (aktivitätstypologisch implizite, jedoch sequenziell mögliche und interaktionstypologisch gar relevant gesetzte)[13] Aufforderung zur Exploration. P zeigt in ihrer Darstellung ein offensichtlich nur symptombezogenes Wissen, das zudem noch unscharf ist und als solches explizit und implizit gekennzeichnet wird – Unklarheit, Verzögerungen, Heckenausdrücke und weitere formulatorische Unsicherheiten prägen durchgängig ihre Darstellung (gerade auch nach Redeübergabe relevanten Stellen[14] in Z. 3 und 6). Und abgesehen von der klaren Aussage hinsichtlich der Dauer der Beschwerden <seit drei tagen> und der Identifizierung des betroffenen Körperteils <FINger>, konnte P ihr Verständnis der Beschwerden nur als ungenügend und nur mittels einer exemplarischen Beschreibung (Z. 5: <gestern abend hab ich n BRIEF geschrieben;== da is er also ganz DICK gewo:rdn>) beziehungsweise qua Analogie darstellen (Z. 8: <das is als ob hier ein (.) ne NAdel oder irgendwas DRIN wär>).

As Frage richtet sich mit der Wahl der Zeitform auf einen Zeitpunkt vor der von P beschriebenen Symptomatik. Durch diese Bezugnahme wird eine kategoriale Relation indiziert, <unfall> wird zu einer Ordnungskategorie im Sinne von Kausalität: A versteht das berichtete Geschehen also als einen Ursache-Wirkungszusammenhang, von dem P nur den Wirkungsanteil dargestellt hat und bei dem A jetzt auf den Ursachenteil zielt. Das Verstehen speist sich hier einerseits aus dem naturwissen-

---

12 Interaktionsteilnehmer müssen vielfach bereit sein, Indexikalität grundsätzlich zu tolerieren. Patzelt (1987: 84 ff.) erläutert verschiedene Einzelverfahren dieser Indexikalitätstoleranz wie „let it pass", „filling in" oder die „unless-Annahme".

13 Zu den beiden letztgenannten Aspekten siehe unsere Ausführungen zur Ebene der Interaktionsstruktur.

14 Zum Konzept der Redeübergabe relevanten Stellen (engl. transition relevance places) siehe Sacks et al. (1974).

schaftlich-kausalen Paradigma und einem allgemeinen medizinischen Wissen über Symptomzusammenhänge, andererseits auch aus der Darstellung Ps, die ihr Nichtwissen hinsichtlich einer Behandlung, aber auch hinsichtlich der Herkunft der Beschwerden formuliert hatte (Z. 2 <wo ich nicht weiß:- (.) was ich damit MAchen soll>).

As Frage ist als syntaktische Frage eine Entscheidungsfrage. A verdichtet darin ihr Verständnis der Darstellungen Ps zu einer Ursachenhypothese, die sie P, die ja als Betroffene ein exklusives Wissen besitzt, zur Beantwortung vorlegt. Dabei legt sie ihrer Patientin einen spezifischen Kandidaten zur Entscheidung vor, einen <unfall> nämlich. Da P zumindest implizit dargestellt hatte, dass sie selbst keinen Kandidaten für die Ursache hat, macht es für A hier auch keinen Sinn, generalisiert nach einer Ursache zu fragen. Insofern dokumentiert das Angebot eines spezifischen Kandidaten auch ein Verständnis des mangelnden Beschwerdenverständnisses Ps – eine allgemeine Frage, etwa in dem Sinne, ob „etwas geschehen" sei, wäre hier möglicherweise sogar Face verletzend, weil P ja ihr Unwissen selbst formuliert hatte.

Mit der Vorgabe der Kategorie „Unfall" erzeugt A allerdings auch ein Semantikproblem. „Unfall" wird in der Regel als ein äußeres Ereignis mit Schadensfolgen definiert, das durch menschliches oder technisches Versagen eintritt, etwa ein Haushalts- oder ein Verkehrsunfall. Unproblematischer wäre gewesen, wenn A sich auf den Schaden selbst beschränkt hätte und beispielsweise nach einer „Verletzung" gefragt hätte. P jedenfalls reagiert mit einer starken Negation (Z. 10 <n überHAU:PT nichts passiert>)[15] – was sich in der Folge aber als falsch erweist.

In diesem Zusammenhang ist es auch interessant zu überlegen, was P an (Fach-)Wissen besitzen muss, um kooperieren zu können beziehungsweise um die Fragen „richtig", d. h. im Sinne von A verstehen zu können. Z. B. muss P nicht wissen, dass A mit <ham se n unfall gehabt> implizit auch nach einer exogenen (gegenüber einer ebenso möglichen endogenen) Ursache fragen könnte – sie kann die Frage durchaus angemessen beantworten, ohne eine solche Implikation erkennen zu müssen. Vollständiges Verstehen einer Äußerung ist also keine notwendige Voraussetzung für angemessene Kooperation und die unterschiedlichen semantischen Schichten von Äußerungen können in Interaktionen von verschiedenen Gesprächsteilnehmern unterschiedlich gewusst beziehungsweise wahrgenommen und aufgegriffen werden, ohne dass die Hand-

---

15 Interessant sind hier der offensichtliche Ansatz einer einfachen Negation und die Selbstkorrektur durch eine ausgesprochen expressiv modalisierte Negation. Dies könnte ein Hinweis auf die Unterstellung eines latenten Vorwurfs sein, eine mögliche Ursache in der Beschwerdenschilderung „unterschlagen" zu haben.

lungsziele oder gar die soziale Beziehung der Teilnehmer gefährdet wäre. Einen paradigmatischen Fall dafür stellen Voranfragen[16] dar, mit denen ein Beteiligter Voraussetzungen für sein „eigentliches" Anliegen abklärt – dabei wird die Funktion einer solchen Voranfrage allerdings in der Regel aufgedeckt, was in unserem Fall nicht geschieht, aber auch nicht erforderlich ist. Auch strategische Äußerungen operieren oft auf der Grundlage der schwierigen oder unmöglichen Wahrnehmbarkeit pragma-semantischer Implikationen.

An anderer Stelle ist allerdings wiederum umgekehrt zu fragen, ob sich A nicht stärker erklären müsste, um effektiver mit P zusammenarbeiten zu können. Erläuterungen wie beispielsweise „ich frag deshalb, weil" fehlen auch im Folgenden vollständig: A will in erster Linie Ergebnisse, sie ist nicht an einer Aufklärung von P hinsichtlich ihres eigenen explorativen Vorgehens interessiert und lässt sie vielfach im Unklaren darüber, warum gerade was geschieht beziehungsweise erfragt wird.

As Frage könnte man nun aber auch als implizite Kritik an Ps Darstellung als nicht ausreichend ansehen: P hatte keine Ursachenvermutung nennen können. Allerdings hatte P das ja selbst auch angedeutet (Z. 2 <wo ich nicht weiß>), insofern ist die Vorgabe „Unfall" plausibel und sinnvoll, eine bloße Rückfrage „Was könnte die Ursache sein?" wäre nutzlos – A „weiß" offensichtlich, dass P keine Ursachenvermutung hat und formuliert deshalb selbst eine.

Die vielen Bezugnahmen auf Bestandteile der Beschwerdenschilderung Ps im Rahmen der bis dato vorgenommenen Untersuchung auf der Ebene der Sprachstruktur machen deutlich, dass eine statische und auf die bloße Frageäußerung selbst beschränkte Analyse für das Verständnis des Geschehens nicht ausreichen kann. Die Adressierung der Gesprächspartnerin P und ihre Identifizierung als Betroffene und Wissensträgerin mittels Personalpronomen, die Validierung ihrer Äußerungen als Beschwerdenschilderung oder die zeitlichen Bezüge verweisen darauf, dass die sequenzielle Position der Frage As selbst interpretationsleitend ist – für den Analytiker ebenso wie für die Beteiligten. Darüber hinaus ist auch die Charakteristik der Frage *als* explorative Aktivität nur in einem umfassenderen Verständnis der Situations- beziehungsweise Interaktionstypik vorstellbar, die mit dieser Aktivität zugleich aufgegriffen und fortgeschrieben wird. Es ist insofern jetzt erforderlich, die Analysen im übergeordneten interaktionsstrukturellen Zusammenhang fortzuführen, in dem die formalen Organisationsleistungen ebenso berücksichtigt werden können wie die übergreifenden Handlungsorientierungen der Beteiligten.

---

16 Siehe dazu Schegloff (2007).

Die Ebene der Interaktionsstruktur

Auf der Ebene der Interaktionsstruktur organisieren Gesprächsteilnehmer
die formalen sequenziellen Abläufe ihrer Interaktion, und sie stellen darüber hinaus übergreifende Handlungsorientierungen her, die ihre Interaktion als einen spezifischen Interaktionstyp beziehungsweise eine spezifische
Gattung mit bestimmten Handlungsaufgaben charakterisieren, die in einer
geregelten Abfolge und einer komplementären Aufteilung zwischen den
Beteiligten bearbeitet werden.[17] Für die Zwecke dieses Beitrags macht es
nun Sinn, die sequenzorganisatorische Dimension und die interaktionstypologische Dimension dieser Strukturebene getrennt zu betrachten, da die
formale Sequenzstruktur als eigenständige interaktive Organisationsstruktur[18] relativ unabhängig von sprachlichen Inhalten und der übergreifenden Handlungstypik spezifische Verstehenspotenziale bereit hält.

Die sequenzorganisatorische Dimension

As Frage <ham se n unfall gehabt> ist in sequenzieller Hinsicht
zunächst einmal als Reaktion auf Ps Beschwerdenschilderung zu bestimmen, als Äußerung in zweiter Sequenzposition also. Als Beschwerdenschilderung werden Ps Darstellungen dabei von A auch ratifiziert, durch
die Nachfrage in inhaltlicher Hinsicht jedoch zugleich als defizient behandelt. Dies wird deutlich, wenn man die sequenzorganisatorische Positionierung der Frage noch eine Position weiter zurück verfolgt: A bestätigt
mit ihrer Frage nämlich auch, dass P ihre vorhergehende Aufforderung
zur Beschwerdenschilderung (<weswegen kommen sie denn HER>
(Z. 1)) aktivitätstypologisch adäquat – wenn auch nicht ausreichend hin-
sicht-lich der Klärung der Sachlage – bearbeitet hat. In einer sequenziellen
Fol-ge Aufforderung – Bearbeitung – Akzeptanz/Ratifikation wird an
einer solchen dritten Position grundsätzlich immer auch die Äußerung in
zweiter Position evaluiert; dies geschieht zwar meist stillschweigend qua
Vollzug fortführender Handlungen,[19] ist aber immer eine zumindest implizite Komponente einer Äußerung in sequenziell dritter Position.[20]
    Interessant ist im Beispielfall nun auch die konkrete Platzierung der
Frage, eine Sekunde nach Abschluss der Beschwerdenschilderung Ps – A
lässt damit jedenfalls faktisch zunächst P die Möglichkeit zu weiteren

---

17   Vgl. dazu Spiegel/Spranz-Fogasy (2001) und Günthner/Knoblauch (1997).
18   Zur relativen Eigenständigkeit der Sequenzstruktur siehe Schegloff (2007).
19   Zum Konzept der Ratifikation qua Vollzug siehe Spranz-Fogasy (2005a: 63).
20   Deppermann (2008); Schegloff (1997, 2007).

Schilderungen.[21] Im Beitrag von P gibt es aber auch zuvor einige Stellen möglichen Sprecherwechsels, die A verstreichen lässt – wohl in der Erwartung weiterer diagnostisch relevanter Darstellungen. Erst nach den oben schon erwähnten absteigend konkreten Darstellungen zweiter und dritter Ordnung ergreift A das Rederecht – sie versteht also P hier als „am Ende ihres (Darstellungs-)Lateins" und unterbricht an dieser Stelle keine noch laufende Äußerung.

As Frage ist jedenfalls eine *mögliche* Reaktion auf Ps Darstellungen, jedoch nicht eine sequenziell präferierte Reaktion[22] – auf solche faktizistisch-assertive Darstellungshandlungen wäre das üblicher Weise die einfache Ratifikation der vorgetragenen Sachverhalte. Die Sachlage hier ist komplizierter: A akzeptiert ja implizit die Darstellungen Ps durch den Vollzug einer darauf aufbauenden, weiterführenden Aktivität, mit der sie aber zugleich problematisiert, dass die gesamte Sachlage für sie noch nicht ausreichend erfassbar ist. Damit ist sie einerseits auf dem Stand, den P für sich selbst reklamiert hat – nicht zu wissen, was mit dem Finger zu machen sei –, andererseits auch einen Schritt weiter, da sie eine mögliche Ursache benennt und erfragt – und die Beschwerden Ps damit aktiv exploriert.

Die sequenzorganisatorische Strukturebene liefert den Beteiligten hier einen formalen Interpretationsrahmen für das Geschehen und dessen Verständnis. Der Vollzug explorativer Aktivitäten hingegen erfordert einen weiteren Interpretationsrahmen, der mit der spezifischen Situierung des sequenziellen Geschehens im Rahmen einer übergeordneten Handlungsorientierung verbunden ist. Diese übergeordnete Handlungsorientierung wird auf der interaktionstypologischen Dimension von Gesprächen etabliert.

---

21 Zu vermuten ist allerdings, dass A in dieser Zeit und wahrscheinlich auch schon etwas vorher das betroffene Körperfeld, also den Finger beziehungsweise die Hand Ps, betrachtet, da P ihr ja spätestens mit dem deiktischen `<hier>` (Z. 8) ein Untersuchungsangebot gemacht hatte.

22 Dies gilt für den lokalen sequenzorganisatorischen Zusammenhang – im übergeordneten interaktionstypologischen Kontext der Beschwerdenexploration sind Fragen dagegen erwartbar (siehe hierzu den folgenden Abschnitt).

Die interaktionstypologische Dimension

P hatte A erkennbar das Rederecht übergeben. Dies aber nicht nur im engeren sequenzorganisatorischen Rahmen einer Sequenz „Aufforderung – Bearbeitung – Akzeptanz/Ratifikation", sie hat ihr prinzipiell auch die Initiative zu weiterführenden Aktivitäten überlassen.

A nutzt diese Überlassung hier und im Folgenden systematisch zu explorativen Aktivitäten hinsichtlich der Beschwerden Ps. Diese spezifische Handlungstypik lässt sich jedoch nicht aus der sequenzorganisatorischen Struktur allein ableiten, sondern speist sich vor allem aus der von den Gesprächsteilnehmern konstituierten Interaktionstypik eines ärztlichen Gesprächs, das als eine zentrale Komponente die Anamnese beziehungsweise die Exploration der Beschwerden vorsieht.[23]

Mit der Aufforderung zur Beschwerdenschilderung seitens A und der darauf folgenden Beschwerdenschilderung von P haben beide Gesprächsteilnehmerinnen eine Interaktion vom Typus „ärztliches Gespräch" hergestellt und sind zugleich in eine bestimmte Phase eingetreten: die Beschwerdenexploration. Darin haben A und P nun komplementäre Aufgaben: Schilderung und Exploration – damit ist zugleich auch eine Rechte- und Pflichtenverteilung verbunden (die nicht nur die Redeverteilung regelt, sondern darüber hinaus auch Verpflichtungen hinsichtlich der Inhalte, der Interaktionsmodalität und natürlich auch hinsichtlich der sozialen Beziehungen enthält). P hat – begrenzt auf die laufende Interaktion – A Rechte hinsichtlich explorativer Aktivitäten gegeben und damit einer Asymmetrie in Beteiligungsrechten und -pflichten zugestimmt.[24]

Alles, was im Folgenden bis zur Beendigung der Exploration (z.B. durch eine Diagnosestellung) geschieht, steht nun unter den gemeinsam hergestellten interaktionstypologischen Vorgaben, und dies dient in wesentlichen Hinsichten auch der Erleichterung der Verstehens- und Wissensorganisation durch die Beteiligten: Die Aktivitäten der Beteiligten orientieren sich daran, für eine Beschwerdenexploration relevante Aktivitäten und entsprechende Darstellungen zu realisieren und sie verstehen auch die partnerlichen Aktivitäten bis zum Beweis des Gegenteils als solche.

Die sequenzorganisatorische Struktur bildet dabei eine Art Trägerstruktur für die „inhaltliche" Ausgestaltung der Beschwerdenexploration:

---

23   Siehe dazu Nowak (2007); Spranz-Fogasy (2005).
24   Brock (1996) unterscheidet „lizenzierte lokale Symmetrie" von „globaler Asymmetrie"; in Bezug darauf könnte man hier von lizenzierter Asymmetrie sprechen. Siehe dazu auch die Überlegungen zur kommunikativen Ungleichheit in institutionellen Gesprächen in Brock/Meer (2004).

Auch in sequenzorganisatorischer Hinsicht setzt sich die eingangs formulierte Aufgabenstellung so lange fort, bis A mit den Auskünften ihrer Gesprächspartnerin „zufrieden" ist, sie also genügend „Material" für die Diagnosestellung und im Weiteren für die Therapieeinleitung besitzt.

Die Ebene der Sozialstruktur

Die interaktionstypologisch fundierten sequenzorganisatorisch wirksamen Rederechte As zur Exploration ergeben sich nun nicht allein aus der mit der Interaktionstypik verbundenen Zielsetzung und Aufgabenstellung der Gesprächspartner. Sie stehen in einem noch weiteren Rahmen, den aber P vorgibt: P erteilt A mit ihrem Erscheinen in der Praxis einen Behandlungsauftrag, der impliziert, dass A die Auskünfte Ps mit ihrem professionellen Wissen abgleicht, aufordnet und ggf. weitere Angaben einfordert, bis sie zu einem medizinisch ausreichenden Verständnis der Sachlage und des Anliegens Ps kommt.

Mit dem Behandlungsauftrag gibt P zwar eine ganze Reihe (untergeordneter) Rechte der Gesprächsführung ab, behält sich aber Eingriffe, bis hin zum Gesprächsabbruch, vor.[25] Der Behandlungsauftrag beruht dabei auf den sozialen Rollen „Arzt" und „Patient": Die Ärztin hat in einem gesellschaftlich kontrollierten Verfahren die Kenntnisse und die Berechtigung zur Behandlung erworben und die Patientin muss zur Legitimation des Behandlungsauftrags eine Krankheit „vorweisen". A hat mit ihrer Frage die Beschwerdenschilderung und damit genau diese Legitimation Ps ratifiziert (und bestätigt dies mit jeder weiteren Frage). Und sie hat u. a. durch die spezielle thematische Selektivität ihrer Frage nach einer möglichen Ursache, die auf eine kategoriale Aufordnung zielt, eine Interaktionsstrategie fachkundiger Exploration realisiert, die sie als kompetente Ärztin ausweist, die über einschlägiges professionelles Wissen verfügt und dies für Ps Anliegen einsetzt. Die sozialstrukturelle Dimension von Gesprächen ist somit nicht eine bloß äußere Rahmung des interaktiven Geschehens, sondern stets zugleich ein wichtiges Interpretament für die Beteiligten selbst.

---

25 Diese Staffelung von Interaktionsrechten wird bei Analysen zu ärztlichen Gesprächen oft übersehen, was häufig zu einer nur sehr einseitigen Zuordnung von Machtverhältnissen zugunsten des Arztes führt (siehe beispielsweise Löning 2001). Dies rührt vor allem daher, dass es sich bei dem professionellen Wissen von Ärzten um klassisches Herrschaftswissen handelt, das vom Arzt einem Patienten zugänglich beziehungsweise nutzbar gemacht, aber auch verweigert werden kann.

Die verschiedenen, aufsteigend makroskopischeren Strukturebenen der Verstehensprozessierung sind in der Gesprächsrealität natürlich nicht so voneinander getrennt gehalten, wie sie bis hierhin dargestellt wurden, sondern sind eng ineinander verwoben und unterstützen sich gegenseitig.

So ist beispielsweise die sozialstrukturelle Dimension auch in der linguistischen Struktur abgebildet: P hat A das Recht zu Fragen erteilt und sich selbst zur Beantwortung verpflichtet (Sprachhandlungsebene), A hat ihrerseits die Pflicht, medizinisch relevante Sachverhalte zu fokussieren und muss dabei u. a. auch alltagsweltliche Darstellungen Ps in medizinisch-kategorialer Form wenden. Dies geschieht hier durch die probeweise Herstellung und Erfragung eines kausalen Zusammenhangs und – für P eher versteckter – damit implizit verbundenem Ausschlussverfahren hinsichtlich exogener oder endogener Verursachung (endogen könnte in diesem Fall beispielsweise Weichteilrheuma sein).

P ihrerseits hatte durch As eröffnende Frage die Verpflichtung, medizinisch relevante Beschwerdensachverhalte darzustellen. Dies geschah u.a. durch die Angabe eines Körperfeldes, eine exemplarische Symptomschilderung und eine Schmerzcharakterisierung qua Analogie sowie durch die Charakterisierung des Sachverhalts als unabgeschlossenes und von P weder rational durchschaubares noch praktisch behandelbares Geschehen.

Die Ebene der Sozialstruktur schlägt dann auch auf die interaktionsorganisatorische Ebene durch: Der Behandlungsauftrag mit seiner Bezugnahme auf die sozialen Rollen Arzt und Patient organisiert eine spezifische Verteilung von Interaktionsrechten (hier: der Exploration durch A) und -pflichten (hier: der Auskunft Ps) und verbunden damit auch bestimmte sequenzstrukturelle Eigenschaften wie sequenzielle Zwänge (hier: die Antwortverpflichtung Ps) oder Evaluationsmöglichkeiten (hier: die Bewertung der Bearbeitung gestellter Aufgaben in der dritten Sequenzposition).

Das Zusammenspiel der verschiedenen interaktiven beziehungsweise interaktiv relevanten Strukturebenen des Verstehens ist natürlich noch sehr viel komplexer, als es hier in der Kürze darstellbar ist. Es gehört jedenfalls zum Diskurs-, Sach- und Handlungswissen der Beteiligten und muss für die Analyse konkreter interaktiver Handlungen und des in ihnen dokumentierten Verstehens in Rechnung gestellt werden.

4 Viele Fragen – der weitere Gesprächsverlauf

Neben der ausführlich besprochenen Frage `<ham se n unfall ge-habt>` (Z. 9) setzt A, wie der Gesprächsausschnitt zeigt, auch andere Fragen beziehungsweise Frage-Typen ein. Sie dokumentiert damit unter anderem auch ihr gesprächslokales Verständnis bezüglich der Darstellungen Ps und gibt zugleich der Patientin Anweisungen zum Verständnis und zur Bearbeitung der damit verbundenen Handlungsaufgaben. Dabei scheinen unterschiedliche verstehensbezogene Aufgaben und Implikationen jeweils mit bestimmten Frage-Typen verbunden zu sein, was die folgende kurze Abhandlung über den weiteren Verlauf der Beschwerdenexploration bis zur Diagnosestellung verdeutlichen soll.

Die Entwicklung des Gesprächs lässt sich aus der Perspektive der Ärztin dabei vorab wie folgt zusammenfassen:

Im zweiten Anlauf erfährt die Ärztin auf die Frage `<was is n das hier für n kleines LOCH->` (Z. 13), dass die Patientin eine Verletzung durch eine Katze erlitten hatte. Sie klärt daraufhin zeitliche Zusammenhänge ab (`<wann WAR=n das?>` (Z. 16)) und lokalisiert sowohl die Verletzung (`<die hat ZWEImal hier reingehackt; nich>` (Z. 25/27), `<und HIER hat ne katze gekratzt>` (Z. 31)) wie auch die Schmerzsymptome genauer (`<und DA tut=s auch we:h? (.) an der stelle?>` (Z. 32)). Anschließend geht sie zusätzlich auf die weitere körperliche Umgebung des Beschwerdengeschehens ein (`<an den ANdern fingern ist nichts>` (Z. 39), `<an andern geLENken oder so haben sie GAR nichts>` (Z. 46)) und kommt noch einmal auf ein spezifisches, von P bereits zu Beginn des Gesprächs erwähntes Symptom zu sprechen: den „dicken Finger" und den Verlauf dieses Symptoms (`<und die wird das wird ganz DICK hier>`, (Z. 41) `<und über NACHT klingt das dann wieder AB>` (Z. 44)). Die Informationen aus Ps Antworten auf die ärztlichen Fragen genügen A schließlich, um im Folgenden zum nächsten Handlungsschritt eines Arzt-Patient-Gesprächs, der Diagnosestellung, übergehen zu können:[26] `<das is ein ein: sicher ein: WEICHteilinfekt- den se da HAben>` (Z. 66/68).

Die ärztlichen Frageaktivitäten spielen dabei für die Verstehensarbeit *beider* Gesprächsteilnehmerinnen eine zentrale Rolle: Für A sind Fragen systematischer Bestandteil ihres interaktiven Handelns, um im jeweiligen lokalen Geschehen notwendiges Beschwerdenwissen für ihre Handlungszwecke einzuholen. P hingegen bekommt durch diese Fragen Verstehens-

---

26 Zur Diagnosestellung siehe Meyer (2000), zur Überbringung schlechter Nachrichten Ditz (2005 und 2006) sowie Jung (2005).

anweisungen oder Hinweise, inwiefern sie zuvor dargestellte Sachverhalte überdenken oder bestimmte Aspekte ihres Beschwerdenwissens fokussieren und (re-)aktivieren sollte. Auf diese Weise steuert A mit ihren Fragen den gesamten Gesprächsverlauf im untersuchten Ausschnitt.

Dabei verwendet A unterschiedliche Frage-Typen, mit denen unterschiedliche Funktionen einhergehen: W-Fragen, syntaktische Fragen und Deklarativsatzfragen.[27] Mit diesen Frage-Typen lassen sich ausgewählte Aspekte vorangegangener Bezugsäußerungen fokussieren, bereits angesprochene Sachverhalte thematisch weiter oder enger führen oder gänzlich neue Inhalte einbringen, um das Gespräch in eine andere Richtung zu lenken. Hinsichtlich *Verstehen* bedeutet dies, dass je nach Frage-Typ beim Fragenden ein Teilverstehen von Bezugsäußerungen vorhanden ist, eine Interpretation der Bezugsäußerungen oder des gesamten interaktiven Geschehens angeboten wird oder – beispielsweise bei der Abarbeitung eines Frageleitfadens – durch Ratifikation qua Vollzug weiterführender Handlungen[28] ein vollständiges, beziehungsweise interaktiv ausreichendes Verstehen des bisherigen Geschehens signalisiert wird.

Dass unterschiedliche Frage-Typen nicht nur verschiedene gesprächsorganisatorische und inhaltliche Funktionen erfüllen, sondern zugleich auch mit bestimmten Arten interaktiv relevanten Verstehens korrelieren, machen schon erste Beobachtungen des weiteren Gesprächsverlaufs deutlich. Denn auch As Frageaktivitäten setzen an Darstellungen Ps an, um ein gemeinsames Verstehen beider Gesprächsteilnehmerinnen zu erweitern beziehungsweise zu organisieren (oder zumindest, um das eigene ärztliche Fachwissen um das zur Diagnosestellung und Therapieentwicklung nötige handlungspraktische Wissen zu ergänzen). Dabei setzt die Ärztin W-Fragen, syntaktische Fragen und Deklarativsatzfragen in einer bestimmten Abfolge und zu bestimmten Zwecken ein. So finden sich unter As ersten vier Fragehandlungen neben der oben ausführlich behandelten syntaktischen Frage nach dem <unfall> drei W-Ergänzungsfragen:

- `<NA weswegen kommen sie denn HER?>` (Z. 1)
- `<was is n das hier für n kleines LOCH->` (Z. 13)
- `<wann WAR=n das?>` (Z. 16)

Mit den vier Fragen fokussiert A spezifische, kategoriale Aspekte der Beschwerdenschilderung Ps: nämlich Kausalität, Phänomenologie und Zeit

---

27   Eine Übersicht zur Klassifikation von Frage-Typen in verschiedenen Grammatiken zur deutschen Sprache gibt Rost-Roth (2006: 44 ff.).

28   Spranz-Fogasy (2005a: 63).

und dokumentiert damit ex negativo (und „bis auf Weiteres") ein interaktiv ausreichendes Verständnis der Bezugsäußerungen von P – abgesehen natürlich von den erfragten Aspekten, zu denen sie ja mehr Informationen einholen möchte.

Ordnet man nun Frage-Typen auf einer Skala an, die den Spielraum der Antworten, respektive die „Freiheit" der Befragten in ihrer Breite an Antwortmöglichkeiten widerspiegeln soll, stehen W-Fragen an einem von zwei entgegengesetzten Endpunkten: W-Fragen zählen zu den offenen Fragen, da sie den Antwortenden einen relativ freien Raum für ihre Reaktion lassen – eingeschränkt allein durch die jeweilige W-Spezifik,[29] ob die Frage also auf Personen (wer), Zeitangaben (wann) oder Gründe (wieso) etc. zielen. Zugleich bezeugen W-Fragen allgemein – und so auch A in unserem Fall –, dass Fragende verstanden haben, dass ein bestimmter W-Bereich relevant ist, es ihnen jedoch (noch) unklar ist, wie der Funktionswert darin zu definieren sei. A macht mit ihren W-Fragen deutlich, dass sie spezifische W-Bereiche fokussieren kann, also weiß bzw. verstanden hat, *worum* es jeweils geht, nicht aber, was die jeweils *konkreten* Gründe, Phänomene, Angaben etc. sind.

Auf einer nächsten Stufe der Skala lässt sich die zweite Frage As ansiedeln, die qua Verb-Erststellung als syntaktische Frage gekennzeichnete Äußerung <ham se n unfall gehabt> (Z. 9). Dieser Fragetypus mit der markanten Prädikatsumstellung an den Äußerungsanfang signalisiert zwar ebenfalls von Beginn an Unsicherheit beziehungsweise Ungewissheit der Fragenden hinsichtlich einer richtigen Antwort, schränkt den Antwortbereich aber auf eine dichotome ja/nein-Entscheidung ein. Mit einer syntaktischen Frage markieren Fragende aber immer auch, dass sie den thematischen Sachverhalt soweit verstanden haben, dass sie den Bereich des Fraglichen auf eine solche Dichotomie reduzieren können.

Nach der kurzen Eingangsphase, in der A tatsächlich noch Antworten respektive Informationen von P benötigt, die sie nicht allein aufgrund ihres Fachwissens antizipieren kann, formuliert sie nun eine erste Zusammenhangsthese zwischen Krankheitsbild und -ursache:

- <ja:: aber hoffentlich hängt das nicht damit zuSAMmen nich> (Z. 24/25)

---

29 Diese W-Spezifik kann allerdings auch sehr eng gefasst sein kann, beispielsweise in der Frage nach der Uhrzeit.

A selbst behandelt diese Äußerung als rhetorische Frage: Qua Intonation und angehängter Vergewisserungsfrage (engl. *tag-question*)[30] zwar als Frage markiert, fährt sie nach einer Mikropause selbst mit einer weiteren Frage fort und konkurriert dabei erfolgreich mit P um das Rederecht, die gleichzeitig auf die Frage zu antworten versucht (`<ja also sie hat->` (Z. 26)). Von nun an dienen As weitere Fragen der Verifikation ihrer Hypothese zum Beschwerdenbild Ps.

Auffällig ist dabei As Wechsel zu Deklarativsatzfragen, die nach der – gewissermaßen „überleitenden" – rhetorischen Frage die restliche Explorationsphase bestimmen:

- `<die hat ZWEImal hier reingehackt; nich>` (Z. 25/27)
- `<und HIER hat ne katze gekratzt>` (Z. 31)
- `<und DA tut=s auch we:h? (.) an der stelle?>` (Z. 32)
- `<an den ANdern fingern ist nichts>` (Z. 39)
- `<und die wird das wird ganz DICK hier>` (Z. 41)
- `<und über NACHT klingt das dann wieder AB>` (Z. 44)
- `<an andern geLEN[ken oder so haben sie GAR nichts>` (Z. 46)
- `<sONST sind sie immer gesund gewesen->` (Z. 70)

Diese acht Deklarativsatzfragen dokumentieren ein dezidiertes Verständnis der Situation seitens A – beziehungsweise von Aspekten des vermuteten Krankheitsbildes Ps, das A nur noch ratifiziert haben, nicht hingegen zur Interpretation anbieten oder explizit aushandeln möchte. Die ja/nein-Option dieses Fragetyps stellt dabei, im Gegensatz zu den Fragen der anfänglichen Phase des Suchens und der Unsicherheit, im negativen Antwortfall eine Dispräferenzhürde für P auf. Denn wenngleich Deklarativsatzfragen ebenfalls Entscheidungsfragen sind, so gibt die Fragende damit doch deutlich zu verstehen, dass *eine* Antwortmöglichkeit, nämlich die bestätigende Antwort, anderen vorzuziehen ist. Mit der Formulierung einer Deklarativsatzfrage macht A immer auch deutlich, dass sie selbst bereits ein bestimmtes Verständnis des Sachverhalts hat.

Evident wird dies schon in As erster Deklarativsatzfrage: `<die hat ZWEImal hier reingehackt, nich>` (Z. 25/27), die syntaktisch gesehen genauer gesagt aus einem Deklarativsatz, der prosodisch bereits eindeutig als Frage intoniert ist, und einer anschließenden *tag-question* besteht. Deklarativsatzfragen suggerieren zwar eine ja/nein-Option, dienen jedoch in erster Linie der Verstehenssicherung und stehen damit bzgl. der Ant-

---

30   Zur Funktion solcher angehängten Fragepartikel siehe Jefferson (1981).

wort-Freiheit am anderen Ende der Fragen-Skala – tatsächlich sollen sie jedoch auch noch den letzten Rest von Unsicherheit beim Sprecher beseitigen.[31]

Die verschiedenen Fragetypen reflektieren neben der Breite der Reaktionsmöglichkeit auch bestimmte Verstehenskonstellationen, die ebenfalls skalar geordnet sind. In W-Fragen drückt sich ein hoher Grad an Ungewissheit bzw. Unsicherheit hinsichtlich des in Rede stehenden Sachverhalts aus, syntaktische (Entscheidungs-)Fragen setzen voraus, dass ein Gesprächsteilnehmer den Problemsachverhalt schon als dichotomen Sachverhalt konzipieren kann und Deklarativsatzfragen verdeutlichen ein bereits vorhandenes weitgehendes Verständnis beim jeweiligen Sprecher – hier lassen sich noch hinsichtlich verschiedener Sicherheitsgrade des Verstehens beim Sprecher verschiedene Formen von Deklarativsatzfragen unterscheiden: Deklarativsätze, die schon prosodisch als Frage markiert sind und ggf. in der Fragequalität qua *tag-question* noch einmal verdeutlicht werden und solche Äußerungen, die deklarativ sind und prosodisch nicht als Frage erkennbar gemacht werden, bei denen jedoch eine angehängte Vergewisserungsfrage noch einen Rest an Unsicherheit verdeutlicht.

Im hier untersuchten Gesprächsausschnitt einer aktiven Beschwerdenexploration nutzt A diese Skala aus und folgt dabei mit ihren Fragen und insbesondere mit der Abfolge der Frage-Typen einer Verstehens- und einer damit verbundenen Handlungslogik: Von anfänglich offenen und Nichtwissen dokumentierenden Fragen geht sie über Vermutungen zu einer thetischen Annahme über, die dann in einem Prüfverfahren mittels mehrerer, thematisch diversifizierter Deklarativsatzfragen gesichert wird.

Ist dieses Vorgehen im vorliegenden Gespräch zwar unter Effektivitätsgesichtspunkten geglückt, lässt es sich jedoch nicht ohne Weiteres zu *dem* Erfolg versprechenden, ökonomischen ärztlichen Vorgehen für Arzt-Patient-Gespräche generell pauschalieren: Die vermeintlich eingesparte Zeit kann ebenso in einen erhöhten Zeitaufwand umschlagen, wenn sich eine relativ früh getroffene Annahme im Nachhinein nicht bestätigt. Und es kommt hinzu, dass dieses Fragemuster bei komplexeren Krankheitsbildern, bei denen die Persönlichkeit der Patientin selbst Bestandteil der Krankheit ist, nur einen Teil des Beschwerdengeschehens erfasst.

---

31 Im Beispielfall zeigt sich, dass P die hier und in der folgenden Frage As geäußerte Auffassung negiert – sie muss dafür jedoch einen erkennbar erhöhten Legitimierungsaufwand betreiben. Zum Konzept der Dis-/Präferenzorganisation s. Schegloff (2007: 58 ff.) sowie Pomerantz (1984).

5 Interaktive Ressourcen des Verstehens

Wir haben im kursorischen Durchgang durch die interaktive Beschwerdenexploration, vor allem aber in der voraufgehenden extensiven Verstehensanalyse der ersten fallbezogenen Explorationsfrage der Ärztin gesehen, dass Verstehensdokumentationen und Verstehensanweisungen auf den verschiedenen Strukturebenen interaktiven Handelns: Sprachstruktur, Interaktionsstruktur und Sozialstruktur operieren. Wir wollen im Folgenden noch kurz in allgemeinerer Hinsicht einige verstehensrelevante Eigenschaften betrachten, die im hier untersuchten Beispielfall deutlich werden und systematisch mit den genannten Strukturebenen verbunden sind.

Auf der *sprachstrukturellen* Ebene thematisieren und organisieren Gesprächsteilnehmer eine Vielfalt kategorialer Bestimmungen, mit denen sie ein Verständnis partnerlicher Äußerungen, interaktiver Entwicklungen, situativer Bezüge, allgemeinen Weltwissens, spezialisierter Wissensbestände, Wissen über andere Gesprächspartner und die gemeinsame Beziehungsgeschichte u.v.a.m.[32] dokumentieren beziehungsweise partnerliches Verstehen dazu voraussetzen, anfordern oder anweisen. Zu diesen kategorialen Bestimmungen gehören, wie am hier analysierten Gesprächsausschnitt abzulesen ist, beispielsweise Referenzen (personaler, gegenständlicher und ereignishafter, räumlicher oder zeitlicher Art), thematische Strukturierungen (Fokussierung/Defokussierung, Verallgemeinerung/Differenzierung, Relationierungen etc.), Modalisierungen (Verstärkung/Abschwächung, Sprechereinstellung) oder die lokale Aktivitätstypik (Frage-Antwort, Zustimmung, Ratifikation, Widerspruch etc.). Damit wird ein Verständnis dessen angezeigt, wer mit wem wie über wen beziehungsweise worüber spricht, in welchen Relationen Sachverhalte und Sachverhaltsdarstellungen zueinander stehen, welche Qualitäten ihnen zukommen oder nicht zukommen oder wie interaktive, insbesondere auch sprachliche Handlungen im Gespräch operieren beziehungsweise operieren sollen.

Fragen, ob lexikalisch indiziert wie W-Fragen, syntaktisch qua Verb-Erststellung markiert oder qua Prosodie und/oder *tag-question* angezeigt, verdeutlichen und dokumentieren für den Gesprächspartner immer (auch) ein Wissensproblem. Die unterschiedlichen Frage-Typen sind dabei systematisch mit unterschiedlichen Graden der Gewissheit des Sprechers und dadurch mit spezifischen Verstehenskonstellationen zwischen den Gesprächsbeteiligten verknüpft. Damit können die verschiedenen Frage-

---

32 Vgl. dazu die Auflistung kontextueller Bezüge von Äußerungen in Norén/Linell (2007: 88 f.).

Typen auch im Gesprächsverlauf in systematischer Weise eingesetzt und so beispielsweise zunehmendes Verständnis dokumentiert werden.

In *sequenzorganisatorischer* Hinsicht sorgen die Gesprächsteilnehmer für die lokale Verknüpfung von Äußerungen und deren Interpretierbarkeit hinsichtlich unterschiedlich stark bedingter und unterschiedlich motivierter Relevanzen. Sequenzialität konstituiert inhaltliche Bezüge von Äußerungen und Teiläußerungen mit und dadurch auch ihre Bedeutung und Verstehbarkeit. So dokumentiert beispielsweise eine Nachfrage immer auch ein Verstehensproblem der Bezugsäußerung. Der sequenzielle Gestaltzwang erzeugt immer prospektive und retrospektive Bindungen beziehungsweise ermöglicht die interpretative Orientierung daran, auch über unmittelbar aufeinander folgende Äußerungen hinaus: Die Bearbeitung einer Aufforderung zur Beschwerdenschilderung ist erst dann erfüllt, wenn der Auffordernde dies bestätigt; die Aufforderung bleibt bis dahin und auch über längere Phasen des interaktiven Austauschs handlungs- und orientierungsrelevant und sorgt für übergreifende Kohärenz des interaktiven Geschehens.[33]

Die sequenzorganisatorische Dimension beinhaltet auch systematische reflexive Eigenschaften: So sind zweite Aktivitätsschritte bis zum Erweis des Gegenteils als Bearbeitung eines ersten Aktivitätsschritts zu interpretieren oder dritte Schritte immer auch Bewertungen des zweiten Schritts.[34] Auf diese Weise laufen Verstehensdokumentationen gewissermaßen „automatisiert" mit.

Fragen in zweiter Position sind unterschiedlich stark relevant gesetzt: zwar nie konditionell relevant,[35] wohl aber affordant,[36] (partnerseitig) interpretativ nahegelegt, (sprecherseitig) kognitiv motiviert oder interaktionstypologisch erwartbar (und dies natürlich auch kombiniert). Fragen ihrerseits lösen dann aber wiederum – im Sinne der konversationsanalyti-

---

33 Dies zeigt Schegloff (1990) eindrucksvoll an einem Beispiel.

34 Dabei ist grundsätzlich zu berücksichtigen, dass – abgesehen von interaktionseröffnenden und -abschließenden Aktivitäten – alle Interaktionsbeiträge immer alle drei strukturellen Sequenzpositionen besetzen können, je nachdem, wo die Gesprächsteilnehmer jeweils den Schnitt ansetzen – dies dürfte auch die sequenzstrukturelle Grundlage negativer Reaktionszyklen (Spranz-Fogasy et al. 1993) oder der unterschiedlichen Interpunktion von Ereignisfolgen (Watzlawick et al. 1980: Kap. 2.4) sein.

35 Selbst bei einer Aufforderung zu einer Frage muss zwischen dem Befolgen der Aufforderung als konditionell relevant gesetzter Aktivität und der Frage als Inhalt der Befolgung und dabei präferierter Aktivität unterschieden werden; zum konversationsanalytischen Konzept der Präferenz siehe Bilmes (1988).

36 Zum Konzept der semantischen Affordanz s. Norén/Linell (2007: 389); Affordanzen sind nicht Eigenschaften eines isolierten Stimulus, sondern "aspects of the objects and events in the world *in relation to* human perceivers and users in situations" (Herv. durch die Autoren).

schen „machinery"[37] – einen konditionell bedingten sequenzorganisatorischen Ablauf aus. Dies Letzte macht sie dann auch besonders
„aufladefähig" für Verstehensanweisungen an den Gesprächspartner, der
die konditionelle Relevanz „bedienen" muss und allein schon dadurch
interpretative Vorgaben beispielsweise inhaltlicher oder aktivitätstypologi-
scher Natur erhält.

    In der *interaktionstypologischen* Dimension konstituieren Gesprächsteil-
nehmer einen übergeordneten Handlungsrahmen mit spezifischen pragmatischen Relevanzen, innerhalb dessen inhaltliche und linguistische wie
auch sequenzorganisatorische Aktivitäten operieren und interpretiert werden können. Der übergeordnete Handlungsrahmen sorgt für eine Verteilung von Handlungsaufgaben und regelt die Verteilung von Rechten und
Pflichten. Er gibt den Gesprächsteilnehmern damit Orientierung und die
Möglichkeit, Aktivitäten auf verschiedenen Konstitutionsebenen zu entfalten und die interaktive Entwicklung des intersubjektiven Wissens und
Verstehens zu kontrollieren und ggf. zu korrigieren. So erhält ein Arzt im
Rahmen der Beschwerdenexploration eine Lizenz für explorative Aktivitäten, d.h. mit Abschluss einer konditionell bedingten Handlung seitens P
fällt das (explorative) Rederecht an A zurück, bis A selbst die Exploration
erkennbar beendet.

    Auch die interaktionstypologische Dimension reflektiert Verstehens-
eigenschaften in systematischer Weise: Die Abfolge von Handlungsaufgaben folgt einer Handlungslogik, in der wechselseitiges Verstehen aufgebaut und zur Voraussetzung nachfolgender Aktivitäten gemacht wird. So
ist im ärztlichen Gespräch mit Patienten die Beschwerdenexploration
Voraussetzung der Diagnosestellung und diese wiederum Voraussetzung
der Therapieentwicklung. Der Diagnosestellung kommt dabei hinsichtlich
des Verstehens eine besondere Funktion zu: Als abstraktiv komplexitäts-
reduzierende und medizinsystematische Aktivität ist sie per se Ausdruck
der Verstehensarbeit durch ihren Zusammenhang mit der Beschwerdenexploration. Für die Beschwerdenexploration ihrerseits wird damit deutlich, dass in ihr ein auf wechselseitiges Verstehen gerichteter Austausch
zentral ist. In professionellen Kontexten wird dabei aber auch deutlich,
dass Verstehen und seine Dokumentation keine auf identischer Wahrnehmung von Sachverhalten abzielende Aufgabenstellung beziehungsweise Leistung der Gesprächsteilnehmer ist, sondern komplementär organisiert ist: Gesprächsteilnehmer interpretieren Ausdrücke und Sachverhalte
in ihren jeweiligen Relevanzrahmen, der diesen zum Teil sehr weit auseinander liegende Bedeutung zuweist (so dürfte der Ausdruck <WEICH-

---

37   Siehe Sacks et al. (1974: 41).

`teilinfekt>` (Z. 66) im Beispielfall von A und P sehr unterschiedlich interpretiert werden).

Die *sozialstrukturelle* Dimension von Gesprächen bietet Gesprächsteilnehmern noch umfassendere Interpretationsressourcen: Bei Eintritt in ein Gespräch werden soziale Rollen relevant gesetzt, mit denen interaktive Handlungserwartungen und -verpflichtungen verbunden sind. Entsprechend werden Aktivitäten der Gesprächspartner auf deren Erfüllung hin oder als Verstöße dagegen interpretierbar.

Die unterschiedliche Wissensverteilung als sozialstrukturelle Tatsache ist für das Verstehen und die Herstellung intersubjektiven Wissens Ressource und Problem zugleich: Gesprächsteilnehmer können sich gegenseitig durch ihre unterschiedlichen Interpretationen unterstützen und neue Einsichten ermöglichen, sie können sich aber auch blockieren, wie das durchaus häufige Phänomen der *false friends* in medizinischer Kommunikation zeigt. Im Beispielfall spielen nicht aufgedeckte, medizinsystematische Implikationen von Fragen – die Implikation der exogen-endogen-Dichotomie in der Frage nach einem `<unfall>` und in der Frage nach `<geLENken oder so>` (Z. 46) – zwar keine erkennbare (negative) Rolle, sie verdeutlichen aber die (oft sehr verdeckte) Distanz der Interpretationsvoraussetzungen von Gesprächsbeteiligten.

6   Schlussbemerkungen

In unserem Beitrag haben wir aus einer gesprächsanalytisch-verstehenstheoretischen Perspektive exemplarisch die Beschwerdenexploration in einem authentischen ärztlichen Gespräch untersucht. Aus dem Wechselspiel von Darstellen, Bestätigen, Hinterfragen, Zurückweisen oder Ausschließen entsteht in diesem Gespräch nach und nach die Kontur eines komplexen Beschwerdensachverhalts, die für beide Gesprächsteilnehmerinnen eine für die Zwecke des Gesprächs ausreichende Wissens- und Handlungsgrundlage darstellt. Einen erheblichen Anteil daran haben die Fragen der Ärztin, in denen auch dokumentiert wird, was sie aus den Darstellungen der Patientin verstanden hat, was für sie problematisch ist oder was ihr noch zum Verständnis des Beschwerdenbildes fehlt. Darüber hinaus gibt die Ärztin mit ihren Fragen aber auch Verstehens- und Handlungsanweisungen für die Patientin.

In der Untersuchung wurde deutlich, dass den Gesprächsteilnehmerinnen für die gemeinsame Verständigungsarbeit und interaktive Wissenskonstitution nicht nur semantische Darstellungsmittel zur Verfügung stehen, sondern dass sie auch auf eine Fülle interaktiver Ressourcen zugreifen können, um deutlich zu machen, was sie verstanden oder nicht verstanden haben beziehungsweise wie die Gesprächspartnerin Äußerungen und Aktivitäten verstehen soll. Interaktive Ressourcen finden sich auf verschiedenen Strukturebenen der Interaktion: der Sprach- respektive Ausdrucksebene, der Ebene der Interaktionsstruktur mit den Dimensionen Sequenzorganisation und Interaktionstypik sowie der Ebene der Sozialstruktur. Es zeigt sich auch, dass die verschiedenen Verständigungsmittel miteinander und Ebenen übergreifend korrelieren. Verständigungsarbeit und Wissenskonstitution begleiten die Interaktion dabei permanent, manchmal explizit, vielfach jedoch qua Vollzug fortführender Handlungen und wechselseitiger Ratifikation „bis auf Weiteres" als implizite oder besser gesagt: immanente Begleiterscheinung des Interaktionshandelns und seiner spezifischen Organisationsstruktur selbst.

Die Untersuchung der Fragen, die die Ärztin im Beispielfall einsetzt, zeigt, dass verschiedene Frage-Typen unterschiedliche Funktionen erfüllen können und in unterschiedlicher Weise Verstehen dokumentieren beziehungsweise unterschiedliche Verstehensstatus und -konstellationen reflektieren, die von Nichtwissen über Teilverstehen bis zu beinahe subjektiver Gewissheit reichen. Die verschiedenen Frage-Typen können dabei von Interaktionsteilnehmern im Fortgang eines Gesprächs auch systematisch sequenziert und ihr Einsatz damit an den lokal erreichten Stand intersubjektiver Verständigung angepasst werden. Fragen erweisen sich so als ein prominentes Mittel der Verstehensarbeit im Gespräch, sie sind aufgrund ihrer verschiedenen Eigenschaften ein vielseitig einsetzbares interaktionsorganisatorisches „Allroundtalent" zur interaktiven Dokumentation, Konstitution und Steuerung von Verstehen und Wissen.

Unsere Fallstudie zum Zusammenhang von Fragen und Verstehen in der Interaktion zwischen einer Ärztin und ihrer Patientin hat eine ganze Reihe aufschlussreicher Resultate und Hinweise dazu ergeben, aber — nicht verwunderlich — ebenso viele neue Fragen erzeugt: Wie operieren die Verstehensimplikationen der verschiedenen Frage-Typen in thematisch und handlungsorganisatorisch komplexeren Beschwerdenexplorationen? Welche Funktion hat der Zusammenhang von Fragen und Verstehen in der Beschwerdenexploration für andere Abschnitte eines ärztlichen Gesprächs (Diagnosestellung, Therapieentwicklung)? Wie werden Fragen lokal motiviert und woran zeigt sich das? Welche weiteren Verstehensressourcen lassen sich auf den verschiedenen Strukturebenen dingfest machen und wie ist deren wechselseitige Einflussnahme zu erfassen?

Diese Fragen können wir jetzt mit großem Optimismus angehen, eben weil Fragen selbst verstehensproduktiv sind.

Literatur

BILMES, JACK (1988): The concept of preference in conversation analysis. In: Language in Society 17, 161–181.

BROCK, ALEXANDER (1996): Symmetrie und Asymmetrie in einem ‚phone-in'. In: Arbeiten aus Anglistik und Amerikanistik 21, 2, 155–177.

BROCK, ALEXANDER/MEER, DOROTHEE (2004): Macht – Hierarchie – Dominanz – A-/Symmetrie: Begriffliche Überlegungen zur kommunikativen Ungleichheit in institutionelle Gesprächen. In: Gesprächsforschung – Online-Zeitschrift zur verbalen Interaktion 5(2004), 184–209.

COUPLAND, NIKOLAS/GILES, HOWARD/WIEMANN, JOHN M. (Eds.) (1991): „Miscommunication" and problematic talk. Newbury Park etc.

DEPPERMANN, ARNULF (1999): Gespräche analysieren. Opladen.

DEPPERMANN, ARNULF (2008): Verstehen im Gespräch. In: EICHINGER, LUDWIG M. /KÄMPER, HEIDRUN (Hgg.) (2007): Sprache – Kognition - Kultur. Jahrbuch des Instituts für Deutsche Sprache 2007. Tübingen, 225–261.

DITZ, SUSANNE (2005): Die Mitteilung der Diagnose Brustkrebs. In: NEISES, MECHTHILD/DITZ, SUSANNE/SPRANZ-FOGASY, THOMAS (Hgg.): Patientenorientiert Reden – Beiträge zu psychosomatische Grundkompetenz in der Frauenheilkunde. Stuttgart, 224–241.

DITZ, SUSANNE (2006): Diagnose Brustkrebs: „Breaking bad news". In: DITZ, SUSANNE/DIEGELMANN, CHRISTA/ISERMANN, MARGARETE (Hgg.): Psychoonkologie – Schwerpunkt Brustkrebs. Stuttgart, 167–174.

FIEHLER, REINHARD (Hg.) (1998): Verständigungsprobleme und gestörte Kommunikation. Opladen/Wiesbaden.

GÜNTHNER, SUSANNE/KNOBLAUCH, HUBERT (1997): Gattungsanalyse. In: HITZLER, RONALD/HONER, ANNE (Hgg.): Sozialwissenschaftliche Hermeneutik. Opladen, 281–307.

HINNENKAMP, VOLKER (1998): Mißverständnisse in Gesprächen. Eine empirische Untersuchung im Rahmen der Interpretativen Soziolinguistik. Opladen /Wiesbaden.

JEFFERSON, GAIL (1981): The Abominable Net. An Exploration of Post-Response Pursuit of Response. In: SCHRÖDER, PETER/STEGER, HUGO (Hgg.): Dialogforschung. Jahrbuch 1980 des Instituts für deutsche Sprache. Düsseldorf, 53–88.

JUNG, SYBILLE (2005): Das präoperative Aufklärungsgespräch. Zur Kommunikation zwischen Arzt und Patient. (Schriftenreihe Ethik und Recht in der Medizin, Bd. 39) Baden-Baden.

LALOUSCHEK, JOHANNA (1999): Frage-Antwort-Sequenzen im ärztlichen Gespräch. In: BRÜNNER, GISELA/FIEHLER, REINHARD/KINDT, WALTHER (Hgg.): Angewandte Diskursforschung. Bd. 1, 155–173.

LÖNING, PETRA (2001): Gespräche in der Medizin. In: BRINKER, KLAUS/ANTOS, GERD/HEINEMANN, WOLFGANG/SAGER, SVEN F. (Hgg.): Text- und Gesprächslinguistik. Handbücher zur Sprach- und Kommunikationswissenschaft. Berlin/New York., 1576–1588.

LUUKKO-VINCHENZO, LEILA (1988): Formen von Fragen und Funktionen von Fragesätzen. Eine deutsch-finnische kontrastive Studie unter besonderer Berücksichtigung der Intonation. Tübingen.

MEIBAUER, JÖRG (1987): Zur Form und Funktion von Echofragen. In: ROSENGREEN, INGER (Hg.): Sprache und Pragmatik. Lund, 335–356.

MEYER, BERND (2000): Medizinische Aufklärungsgespräche. Struktur und Zwecksetzung aus diskursanalytischer Sicht. Hamburg: Universität Hamburg, Sonderforschungsbereich 538. (Arbeiten zur Mehrsprachigkeit - Folge B, Nr. 8/2000).

NORÉN, KERSTIN/LINELL, PER (2007): Meaning potentials and the interaction between lexis and contexts: An empirical substantiation. In: Journal of Pragmatics 17/3, 387–416.

NOWAK, PETER (2007): Eine Systematik sprachlichen Handelns von Ärzt/inn/en. Metastudie über Diskursforschungen zu deutschsprachigen Arzt-Patient-Interaktionen. Wien: Dissertation Universität Wien.

PATZELT, WERNER (1987): Grundlagen der Ethnomethodologie. München.

POMERANTZ, ANITA (1984): Agreeing and disagreeing with assessments: some features of preferred/dispreferred turn shapes. In: ATKINSON, J.MAXWELL /HERITAGE, JOHN (Eds.): Structures of social action. Studies in conversation analysis. Cambridge, 57–101.

REDDER, ANGELIKA (1994): Eine alltägliche klinische Anamnese. In: REDDER, A./ WIESE, I. (Hgg.). Medizinische Kommunikation. Opladen, 171–198.

REHBEIN, JOCHEN (1993): Ärztliches Fragen. In: LÖNING, PETRA/REHBEIN, JOCHEN (Hgg.): Arzt-Patienten-Kommunikation. Analysen zu interdisziplinären Problemen des medizinischen Diskurses. Berlin/New York, 311–364.

REHBEIN, JOCHEN (1994): Zum Klassifizieren ärztlichen Fragens. In: REDDER, ANGELIKA/WIESE, INGRID (Hgg.): Medizinische Kommunikation. Opladen, 147–170.

RIPKE, THOMAS (1994): Patient und Arzt im Dialog. Stuttgart/New York.

ROST-ROTH, MARTINA (2003): In: Fragen – Nachfragen – Echofragen. Formen und Funktionen von Interrogationen im gesprochenen Deutsch In: Linguistik Online 13, 1/03. (http://www.linguistik-online.de/13_01/rostRoth.html)

ROST-ROTH, MARTINA (2006): Nachfragen. Formen und Funktionen äußerungsbezogener Interrogationen. Berlin/New York.

SACKS, HARVEY/SCHEGLOFF, EMANUEL/JEFFERSON, GAIL (1974): A simplest systematics for the organisation of turn taking in conversation. In: Language 50 (4), 1974, 696–735.

SCHEGLOFF, EMANUEL A. (1990): On the organization of sequences as a source of „coherence" in talk-in-interaction. In: DORVAL, BRUCE (Hg.): Conversational Organization and its Development. Norwood, NJ, 51–77.

SCHEGLOFF, EMANUEL (1997): „Third Turn repair". In: GUY, GREGORY R./FEAGIN, CRAWFORD/SCHIFFRIN, DEBORAH/ BAUGH, JOHN (Eds.): Towards a Social Science of Language 2. Amsterdam, 31–41.

SCHEGLOFF, EMANUEL (2007): Sequence organization in interaction. A primer in conversation analysis. Cambridge.

SELTING, MARGRET (1995): Prosodie im Gespräch. Aspekte einer interaktionalen Phonologie der Konversation. Tübingen.

SELTING, MARGRET et al. (1998): Gesprächsanalytisches Transkriptionssystem. Linguistische Berichte 173, 91–122.

SPIEGEL, CARMEN/SPRANZ-FOGASY, THOMAS (2001): Aufbau und Abfolge von Gesprächsphasen. In: BRINKER, KLAUS/ANTOS, GERD/HEINEMANN, WOLFGANG/SAGER, SVEN F. (Hgg.): Text- und Gesprächslinguistik. Handbücher zur Sprach- und Kommunikationswissenschaft. Berlin/New York, 1241–1252.

SPRANZ-FOGASY, THOMAS et al. (1993): nein - doch - nein - doch - nein - doch. Negative Reaktionszyklen in Konfliktgesprächen. Quantitative und qualitative Sequenzanalysen. In: Deutsche Sprache 1/21, 63–79.

SPRANZ-FOGASY, THOMAS (2005): Kommunikatives Handeln in ärztlichen Gesprächen - Gesprächseröffnung und Beschwerdenexploration. In: NEISES, MECHTHILD/DITZ, SUSANNE/SPRANZ-FOGASY, THOMAS (Hgg.): Psychosomatische Gesprächsführung in der Frauenheilkunde. Ein interdisziplinärer Ansatz zur verbalen Intervention. Stuttgart. 17–47.

SPRANZ-FOGASY, THOMAS (2005a): ‚widersprechen' - Zu Form und Funktion eines Aktivitätstyps in Schlichtungsgesprächen. Eine gesprächsanalytische Untersuchung. (Wiederveröffentlichung) Radolfzell.

WATZLAWICK, PAUL/BEAVIN, JANET H./JACKSON, DON D. (1980): Menschliche Kommunikation. Formen, Strategien, Paradoxien. Bern.

Transkriptionskonventionen nach GAT
(Basistranskript, Selting et al. 1998)

Sequenzielle Struktur/ Verlaufsstruktur

[ ] [ ]	Überlappungen und Simultansprechen
=	schneller, unmittelbarer Anschluß neuer Beiträge oder Einheiten

Pausen

(.)	Mikropause
(-), (--), (---)	kurze, mittlere, längere Pausen von ca. 0.25 - 0.75 Sek.; bis ca. 1 Sek.
(2.0)	Pause von mehr als ca. 1 Sek. Dauer

Sonstige segmentale Konventionen

un=äh	Verschleifungen innerhalb von Einheiten
:, ::, :::	Dehnung, Längung, je nach Dauer
äh, öh, etc.	Verzögerungssignale, sog. „gefüllte Pausen"
'	Abbruch durch Glottalverschluß

Rezeptionssignale

hm,ja,nein,nee	einsilbige Signale
hm=hm,ja=a,nei=ein	zweisilbige Signale
'hm'hm	mit Glottalverschlüssen, meistens verneinend

Akzentuierung

akZENT	Primär- beziehungsweise Hauptakzent
ak!ZENT!	extra starker Akzent

Tonhöhenbewegung am Einheitenende

?	hoch steigend
,	mittel steigend
-	gleichbleibend
;	mittel fallend
.	tief fallend

Sonstige Konventionen

( )	unverständliche Passage je nach Länge
(solche)	vermuteter Wortlaut

Sprachliche Wissenskonstitution aus Sicht der Kognitiven Grammatik und Konstruktionsgrammatik

Alexander Ziem

1 Einleitung: Was heißt „sprachliche Wissenskonstitution"?

Von zentraler Relevanz für das im Oktober 2005 gegründete Forschungsnetzwerk „Sprache und Wissen – Probleme der öffentlichen und professionellen Kommunikation" ist die Beobachtung, dass Sachverhalte in verschiedenen Fachdomänen (wie etwa in der Medizin, Wirtschaft, Politik) ebenso wie in der öffentlichen Kommunikation sprachlich konstituiert werden (Felder 2005). Die Erkenntnis, dass Sprache ein menschliches Erkenntnisinstrument ist, mit dem wir uns nicht nur die Welt erschließen, sondern mit dem wir ebenso die Welt formen, ja sie zuallererst schaffen, geht auf so unterschiedliche Forscher wie Humboldt, Wittgenstein und Foucault zurück. Auf eine vereinfachte Formel gebracht: Ohne Sprache kein Wissen[1] und ohne Wissen keine Sprache.

---

1   Vgl. Felder (2007). Ich stelle hier zunächst die Frage hintan, was mit Wissen gemeint ist – vielleicht nur soviel: Es ist ganz und gar nicht ausgemacht, dass das „Wissen", das Klein-

Mit Blick auf die konkrete sprachwissenschaftliche Analysepraxis dürfte eine der zentralsten Fragen sein, *wie* wir mit sprachlichen Mitteln Wissen schaffen und *wie* sich das so geschaffene Wissen linguistisch analysieren lässt. Wenn wir über analytische Mittel verfügen, die Bedingungen der sprachlichen Wissenskonstitution präzise zu beschreiben, verfügen wir zugleich über ein Instrument, mit dem wir Wissensbildungen in verschiedenen Fachdomänen (auch vergleichend) untersuchen können.

Im Forschungsnetzwerk sind zwei Analysemethoden verankert. Einen methodischen Werkzeugkasten stellt die linguistische Diskursanalyse (bzw. jede der mehr oder weniger etablierten Ausprägungsvarianten derselben) dar.[2] Geht es weniger um „tiefensemantische" Makrostrukturen im Sinne von Busse (2000) als um sprachliche Bedeutungsaspekte, die ihre spezifische Prägung erst im Zuge des aktuellen situations- und kontextgebundenen Zeichengebrauchs erfahren, hilft zum anderen das Methodenrepertoire der Gesprächsanalyse dabei, die interaktiv-dynamische Dimension der Bedeutungs- und damit Gegenstandskonstitution zu erfassen (vgl. etwa Deppermann 2007; Spranz-Fogasy in diesem Band).[3] Dass Gesprächsanalyse und Diskursanalyse grundsätzlich miteinander vereinbare Untersuchungsperspektiven darstellen, verbürgt die gemeinsame Prämisse, dass Wissen über die Welt zuvorderst vermittelt über Sprache entsteht und sozial zirkuliert.

Im Folgenden möchte ich die These vertreten, dass diese Annahme eines wechselseitigen Konstitutionszusammenhangs von Sprache und Wissen zu kurz greift und zu keiner zufrieden stellenden Erklärung von Wissens- und Sachverhaltskonstitutionen führen kann. Dies liegt in dem Umstand begründet, dass Sprache und Wissen in keinem dyadischen Bedingungsverhältnis stehen, sondern durch einen dritten Pol miteinander korreliert sind. Dieser dritte Pol heißt Kognition. Anders als in der traditionellen Sprach- und Erkenntnistheorie gemeinhin angenommen wird, sind es dieser Auffassung nach insbesondere (sozio-)*kognitive* Faktoren, die

---

kinder vor dem Spracherwerb in der physischen Interaktion mit ihrer Umwelt erwerben, sprachlich motiviert oder strukturiert ist (vgl. Abschnitt 2.3; auch: Mandler 2004, 2005; Ziem 2008a: Kap. III.2).

2   Vgl. etwa den Überblick in Bluhm/Deissler/Scharloth/Stukenbrock (2000); zu neueren Ansätzen in Anlehnung an Foucault auch Warnke (2007).

3   Hinsichtlich ihres Gegenstandsbereichs stellen Diskursanalyse und Gesprächsanalyse gewissermaßen komplementäre Ansätze dar. Diskursanalyse macht das sozial geteilte gesellschaftliche Hintergrundwissen von Sprachbenutzern einer Sprachgemeinschaft zu ihrem Untersuchungsgegenstand und fokussiert dabei zumeist schriftlich kodifizierte Texte. Die Gesprächsanalyse berücksichtigt hingegen stärker den je spezifischen *common ground* von KommunikationspartnerInnen sowie konkrete Realisierungsweisen von Sprachhandlungen.

bestimmen, wie mittels Sprache Erkenntnisobjekte entstehen. In diesem Sinne hat auch Ingo Warnke in dem vorliegenden Sammelband am Beispiel sprachlicher Referentialisierungen die Relevanz einer konzeptuellen Semantikkonzeption illustriert.[4] Klaus-Peter Konerding (in diesem Band) hebt darüber hinaus hervor, dass prozedurales Wissen (*knowing-how*) in schematischer Form unmittelbar am Prozess der sprachlichen Wissenskonstitution beteiligt ist.

An diese Befunde anknüpfend wird sich meine Argumentation stärker auf Forschungsergebnisse der Kognitiven Linguistik[5], insbesondere der so genannten „Kognitiven Grammatik" und „Konstruktionsgrammatik" stützen. Konzeptuell folge ich dem Rahmen, den ich in meiner Arbeit zur Frame-Semantik (Ziem 2008a) entwickelt habe. Obgleich ich die Position vertreten werde, dass jeder Ansatz, der von kognitiven Aspekten der Wissenskonstitution abstrahiert, notwendig defizitär bleibt, läuft meine Argumentation auf ein integratives Modell hinaus, das es erlaubt, diskurs- und gesprächsanalytische Fragestellungen anschließbar zu machen. Damit knüpfe ich direkt an jüngste Forschungsentwicklungen der Gesprächsanalyse (Deppermann 2006a, 2006b; Günthner/Imo 2007; Imo 2007) und der linguistischen Diskursanalyse (Busse 2007; O'Halloran 2003; Ziem 2008b) an. Gemeinsam gehen diese Studien davon aus, dass erstens sprach- und kognitionstheoretische Theoreme der Kognitiven Linguistik unmittelbar für diskurs- und gesprächsanalytische Studien relevant sind, sich zweitens methodisch ineinander integrieren lassen und drittens einen bislang kaum beachteten Faktor bei der sprachlichen Wissenskonstitution darstellen.

Ich werde folgendermaßen vorgehen: Zunächst thematisiere ich die zentralen kognitions- und sprachtheoretischen Voraussetzungen der Kognitiven Linguistik, soweit sie für den skizzierten Zusammenhang relevant sind (Abschnitt 2). Im Anschluss daran stelle ich drei Schematypen vor, die maßgeblich an der sprachlichen Wissenskonstitution beteiligt sind (Abschnitt 3). Schließlich gehe ich auf einige Einwände ein, die oft gegen kognitionstheoretische Ansätze vorgebracht werden (Abschnitt 4).

---

4 Vgl. hierzu auch meine Ausführungen in Ziem (2008a: Kap. VI.2.).

5 Das große „K" zeigt die holistische, antinativistische Ausrichtung des Ansatzes an. VertreterInnen dieses kognitiven Paradigmas lehnen zentrale Thesen der generativen Grammatik ab, so etwa die Annahme, dass der menschliche Geist modular aufgebaut sei und dass soziale Erfahrungen und unser Weltwissen insgesamt keine primäre Rolle in Sprachverstehensprozessen und beim Spracherwerb spielen (vgl. die Überblicke in Croft/Cruse 2004, Taylor 2002, Evans/Green 2006).

2 Konstruktionsgrammatik und Kognitive Grammatik: Eckpfeiler eines Forschungsprogramms

Mitte der 1970er Jahre begann sich die Kognitive Linguistik zunächst an verschiedenen Universitäten der Westküste Amerikas zu etablieren. Lakoff und Thomson stellten 1975 erstmalig Grundzüge eines Grammatikmodells vor, das in vielen Aspekten von der Mainstream-Linguistik, wie der generativen Grammatik, abwich. Dieses Modell nannten sie eine „Kognitive Grammatik".

> „In fact, we suggest that *grammars are just collections of strategies for understanding and producing sentences.* From this point of view, abstract grammars [such as the generative one, AZ] do not have any separate mental reality; they are convenient fictions for representing certain processing strategies. [...] From our perspective, linguistic structure is fully determined by the cognitive representation of meaning, the form of the linguistic signal, and the processing mechanisms that relate the two." (Lakoff/Thomson 1975: 295; kursive Stellen im Original unterstrichen)

Die radikal antigenerativistische These lautet also: Grammatische Strukturen sind nicht abstrakter, rein formaler Natur, sondern Werkzeuge des Verstehens, die dabei helfen, sich die Bedeutung eines komplexen sprachlichen Ausdrucks zu erschließen. Sprachliche Strukturen stellen keine autonomen Entitäten dar, die sich abstrakten Regeln folgend formieren, sondern weisen vielmehr die Gestalt von mehr oder weniger komplexen Form-Bedeutungseinheiten auf, die auf eine bestimmte Art und Weise miteinander verknüpft sind.

Zwölf Jahre später legte Langacker den ersten Teil einer umfassenden Theorie der Kognitiven Grammatik vor (Langacker 1987), der zweite Teil folgte vier Jahre danach (Langacker 1991). Langackers programmatische Studie darf immer noch als zentrales Standardwerk gelten (vgl. zusammenfassend auch Taylor 2002). Etwa zeitgleich bildete sich mit der so genannten „Konstruktionsgrammatik" ein weiterer, in vielen Aspekten vergleichbarer Beschreibungsansatz heraus (vgl. Fillmore 1988; Fillmore/Kay/O'Connor 1988). Anders als die Kognitive Grammatik stand die Konstruktionsgrammatik zunächst im engeren Zusammenhang mit der von Fillmore zuvor entwickelten semantischen Frame-Theorie. Inspiriert von Lakoffs Fallstudien in seiner weithin bekannten Monographie *Women, Fire, and Dangerous Things* entwickelte Goldberg eine konstruktionsbasierte Theorie von Argumentstrukturen (Goldberg 1995, 2006). Goldberg gilt inzwischen als Hauptvertreterin der Konstruktionsgrammatik, wenngleich in den letzten Jahren weitere Modelle von sich reden gemacht haben. Zu nennen sind insbesondere die „radikale Konstruktionsgrammatik" von Croft (2001) sowie die „*embodied* Konstruktionsgrammatik" von Bergen und Chang (2005).

Unterscheiden sich die einzelnen Modelle in einer Reihe von Einzelaspekten (Evans/Green 2006: 699–701), so gibt es doch fünf grundsätzliche Voraussetzungen, die alle miteinander teilen:[6]

- Das symbolische Prinzip. Die zeichentheoretische Ausgangsprämisse lautet, dass sich die menschliche Sprache erschöpfend als ein Inventar von mehr oder weniger variablen, konventionell miteinander verbundenen Form-Bedeutungspaaren beschreiben lassen. In der Konstruktionsgrammatik werden diese Paare „Konstruktionen" genannt (vgl. Fischer/Stefanowitsch 2006), in der Kognitiven Grammatik „symbolische Einheiten" (Langacker 1987, Taylor 2002).[7] Anders als in der generativen Grammatik wird somit die These der Autonomie der Formseite abgelehnt. Syntaktische und morphologische Aspekte erweisen sich in dieser Perspektive als semantisch relevante Phänomene. Eine Trennung zwischen Sprach- und Weltwissen und, in der Folge, zwischen Semantik und Pragmatik wird aufgegeben (Haiman 1980).
- Kategorisierung und Schematisierung als basale Fähigkeiten. Zentral für alle Formen der ‚Informationsverarbeitung' (unabhängig von der Art der perzeptuellen Daten) sind Kategorisierungs- und Schematisierungsprozesse.[8] In sprachlicher Hinsicht sind symbolische Einheiten mit anderen symbolischen Einheiten über so genannte „Kategorisierungslinks" verbunden. Symbolische Einheiten bilden auf diese Weise miteinander verlinkte konzeptuelle Netzwerke. Kategorisierung, also das Vermögen, symbolische Einheiten miteinander zu verknüpfen, oder, allgemeiner, eine Entität mit einer anderen in eine bestimmte Beziehung zu setzen, gilt als die grundlegendste Fähigkeit. Sie spielt auch beim Sprachverstehen eine zentrale Rolle und kann hier komplexe Formen (z.b. konzeptuelle Verschmelzungen, Verschiebungen und Projektionen[9]) annehmen.
- Grammatik ist Konzeptualisierung. Grammatische Phänomene werden durch Konzeptualisierungsleistungen erklärt, haben selbst den Status von Konzepten

---

6   Vgl. hierzu die instruktive Synopse in Croft/Cruse (2004: 257–290), auch: Ziem (2008a: Kap. IV.1). Einschränkend ist allerdings zu bemerken, dass Fillmore und Kay im strengen Sinne kein gebrauchsbasiertes konstruktionsgrammatisches Modell vertreten.

7   Ich ziehe fortan den Terminus „symbolische Einheiten" vor. Konstruktionen unterscheiden sich von diesen dadurch, dass sie kleinste Einheiten einer Sprache darstellen, also nicht in kleinere Konstruktionen zerlegt werden können. Symbolische Einheiten können dagegen auch komplexerer Natur sein.

8   Vgl. Cohen/Lefebvre (2005), in sprachlicher Hinsicht Taylor (2003), für den Spracherwerb etwa Abbot-Smith/Tomasello (2006).

9   Konzeptuelle Verschmelzung wird in der Kognitiven Linguistik unter dem Label „blending" thematisiert (Fauconnier/Turner 2002), konzeptuelle Verschiebung unter dem Label „frame-shifting" (etwa in Coulson 2001) und konzeptuelle Projektion als „mapping" (Hirschfeld/Gelman 1994).

und unterliegen denselben Bedingungen wie semantische Phänomene (so etwa Kategorisierungsprozessen, Prototypeneffekten, Profilbildungen, Motivationen durch Bildschemata usw.). Die Literatur hierzu ist kaum mehr überschaubar (vgl. den Überblick in Evans/Green 2006, Teil III).

• Sprachliches Wissen ist durch Körpererfahrung motiviert („embodiment"). Sprache gilt nicht als autonome Fähigkeit (oder als „Instinkt" oder „Organ"), weder ist sie durch abstrakte Regeln organisiert, noch weist sie eine modulare Organisation auf. Phänomene wie konzeptuelle Metaphern (Lakoff/Johnson 1980) und Bildschemata (Hampe 2005), aber auch Ergebnisse aus der neurowissenschaftlichen Forschung legen vielmehr nahe, dass unser sprachliches Wissen systematisch in (präverbalen) schematisierten Körpererfahrungen verankert und sensomotorisch motiviert ist (vgl. den Literaturüberblick in Barsalou 2008; auch: Gibbs 2006; Johnson 2007; Lakoff/Johnson 1999).

• Sprachliche Strukturen entstehen durch den Sprachgebrauch. Dem Angeborenheitsdogma der generativen Grammatik trotzend wird schließlich in der Kognitiven Linguistik die These vertreten, dass sowohl semantische als auch grammatische Strukturen Ergebnisse des Sprachgebrauches sind (vgl. Barlow/Kemmer 2000). Sprachliche Strukturen resultieren aus so genannten Verfestigungen („entrenchments") und kognitiven Routinen (Langacker 1987; Tomasello 2003), und sie gelten als Phänomene der dritten Art (im Sinne von Keller 1993). Grammatik erweist sich folglich als Epiphänomen konkreter sozialer Interaktionsprozesse. „Metaphorisch könnte man also sagen: Grammatik ist geronnener Diskurs." (Haspelmath 2002: 284)

Mit diesen Prämissen sind die Eckpfeiler eines übergreifenden sprachwissenschaftlichen Beschreibungsmodells benannt, das für sich in Anspruch nimmt, sprachliche Phänomene unterschiedlichster Art psychologisch realistisch erklären zu können.[10]

Vor dem Hintergrund der skizzierten sprachtheoretischen Voraussetzungen dürfte es selbsterklärend sein, dass es wenig sinnvoll ist, zwischen Sprachwissen und Weltwissen eine trennscharfe Linie zu ziehen. Abgesehen davon, dass kein in strukturalistischen und generativistischen Ansätzen angeführtes Unterscheidungskriterium einer kritischen Prüfung standhält (vgl. Ziem 2008a: Kap. III.1.), erweist sich die Sprachwissen /Weltwissen-Dichotomie für die Analyse von tatsächlich verstehensrelevantem Wissen als äußerst hinderlich. Für die Untersuchung von Wissenskonstitutionen in spezifischen Fachdomänen leitet sich daraus die

---

10   Als „psychologisch realistisch" gilt eine Theorie oder ein Theorem dann, wenn sie bzw. es den als gesichert geltenden Erkenntnissen der Neurowissenschaften und anderer tangierter Disziplinen (wie der Psychologie, Anthropologie usw.) nicht widerspricht (vgl. etwa Sweetser 1999). Vertreter und Vertreterinnen der Kognitiven Linguistik haben immer wieder darauf hingewiesen, dass in genau diesem Sinne zentrale Theoreme der generativen Grammatik (wie das der Universalgrammatik) psychologisch nicht realistisch seien.

Konsequenz ab, dass prinzipiell alle (kulturell bedingten und sozial distribuierten) Wissensaspekte relevant sein können.

Im weiteren Verlauf gehe ich auf das symbolische Prinzip und die Kategorisierungsfähigkeit vertieft ein, weil hieran deutlich wird, inwiefern kognitive Faktoren maßgeblich an der sprachlichen Wissenskonstitution beteiligt sind.

2.1 Sprachliches Wissen als Netzwerk symbolischer Einheiten

Ausgehend vom so genannten „content requirement", das besagt, dass es keinen Formaspekt (sei dieser morphologischer, syntaktischer oder irgendeiner anderen Art) ohne assoziierten Inhaltsaspekt gibt, formuliert Langacker das zentrale Prinzip der Kognitiven Grammatik folgendermaßen:

> „The only structures permitted in the grammar of a language [...] are (1) phonological, semantic, or symbolic structures that actually occur in linguistic expressions; (2) schemas for such structures, and (3) categorizing relationships involving the elements in (1) and (2)." (Langacker 1987: 54 f.)

Was sind „phonologische", „semantische" und „symbolische Strukturen"? Eine phonologische und eine semantische Struktur (oder „Einheit", wie Langacker sie auch nennt) bilden zusammen eine symbolische Einheit, insofern beide konventionell miteinander verbunden sind. Symbolische Einheiten stellen also Form-Inhaltspaare im Sinne von Saussures bilateralem Zeichenbegriff dar, wobei Langacker ausdrücklich neben der Ausdrucksseite sprachlicher Zeichen, sei es in lautlich oder in schriftsprachlich materialisierter Form, auch para- und extraverbale Zeichenformen wie Gesten einbezieht (Langacker 2005: 104). Da der Begriff *phonologische Einheit* in seiner Eigenschaft als *cover term* eher Verwirrung stiften dürfte, möchte im Folgenden schlicht von der Formseite sprachlicher Zeichen sprechen.

Langackers weitem Verständnis von „phonologischer Einheit" korrespondiert eine ähnlich weite Definition von „semantischer Einheit", nach der auch pragmatische und diskursfunktionale Informationen mögliche Elemente der Inhaltsseite bilden (vgl. Croft 2001: 18). Wichtig für unseren Zusammenhang ist, dass symbolische Einheiten in der Kognitiven Grammatik als einzige und folglich basale Einheiten einer Sprache gelten, woraus folgt, dass prinzipiell alle verstehensrelevanten Wissensaspekte die Gestalt symbolischer Einheiten annehmen müssen.

Der Vorteil dieser zeichentheoretischen Fundierung besteht m.E. darin, dass das symbolische Prinzip es ermöglicht, ganz verschiedene verstehensrelevante Phänomene unter denselben theoretischen Voraussetzungen in die semantische Analyse einzubeziehen. So könnte etwa ein ganzer Text als eine komplexe symbolische Einheit verstanden werden, deren Formseite (etwa Textstruktur und -aufbau) ein inhaltsseitiges Korrelat in der kommunikativ-pragmatischen Textfunktion bzw. -illokution findet. Textsortenwissen träte somit auch in Gestalt einer symbolischen Einheit auf. Weiterhin ließen sich im Fall der mündlichen Kommunikation etwa Intonationskurven als Ausdrucksformen analysieren, die auf der Inhaltsseite mit bestimmten Satzmodi bzw. Illokutionstypen konventionell verbunden sind.

Nun ist es wichtig zu sehen, dass sowohl die semantische Einheit als auch Formseite sprachlicher Zeichen und nicht weniger die Verbindung beider, also die symbolische Einheit, stark schematischer Natur sind. Als solche treten sie im Sprachgebrauch nicht auf. Die der Formseite konventionell assoziierte schematisch-semantische Einheit geht der Gebrauchsbedeutung logisch und zeitlich voraus. *Gebrauchsbedeutung* meint hier die aktuelle Bedeutung eines sprachlichen Tokens zu einem bestimmten Zeitpunkt, relativ zum gegebenen Kontext einerseits und zum Hintergrundwissen der Kommunikationsteilnehmer andererseits. Semantische Einheiten sind Abstraktionsprodukte von Gebrauchsbedeutungen, sofern sie keine spezifischen ko- und kontextuell relevanten Informationen umfassen.[11] So gehört beispielsweise zur semantischen Einheit [TISCH][12] konventionelles (und mithin immer schon typisiertes) Wissen über die Größe, das Material, den Verwendungszweck, das Vorkommen usw. eines Tisches, nicht aber genaue Angaben zu seiner Größe, materiellen Beschaffenheit, Farbe usw. Solche Wissensspezifikationen sind variabel und abhängig vom individuellen Gebrauchszusammenhang des Wortes *Tisch*. Im gleichen Maße ist ebenso der Grad an kognitiver Salienz einzelner Wissensspezifikationen vom Gebrauchszusammenhang abhängig. Bittet beispielsweise eine Person x eine Person y, das Glas auf den Tisch zu stellen, ist für die Gebrauchsbedeutung des verwendeten Wortes *Tisch* die Funkti-

---

11 Mit Bezug auf Textsortenwissen gilt übrigens analog, dass Textsorten schematisierte Abstraktionsprodukte von einer Vielzahl von Texten sind. Die Zuordnung eines Textes zu einer Textsorte (qua Kategorisierung) sowie die Herausbildung von Textsortenwissen (qua Schematisierung) ist selbst eine kulturelle Praxis (vgl. Fix 2006).
12 Ich folge hier dem Notationsvorschlag Langackers, die Inhaltsseite von symbolischen Einheiten durch Großbuchstaben und die Formseite durch Kleinschreibung kenntlich zu machen. Die eckige Klammer zeigt an, dass es sich um den Status einer Einheit handelt.

on eines Tisches und die horizontale Lage der Tischplatte ungleich salienter als etwa die materielle Beschaffenheit.

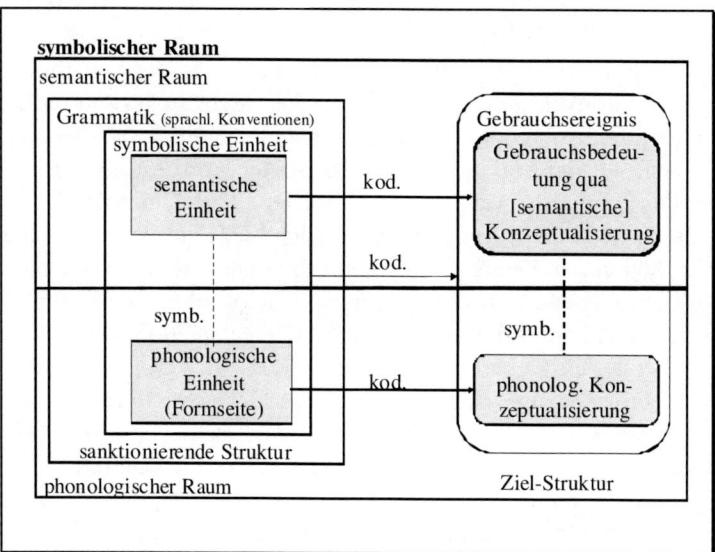

Abb. 1: Das Verhältnis von symbolischen Einheiten und Gebrauchsereignissen in der Kognitiven Grammatik Langackers (in Anlehnung an Langacker 1987: 77)

Abb. 1 fasst die bislang gemachten terminologischen Unterscheidungen zusammen und veranschaulicht ihren Zusammenhang. Der Übergang von einer symbolischen Einheit, also vom zeichengebundenen konventionellen Wissen, zu einer Gebrauchsbedeutung vollzieht sich mittels so genannter Kodierbeziehungen (in Abb. 1: „kod."). Die symbolische Einheit wird durch Konzeptualisierungen zu einem (mehr oder weniger spezifizierten) Gebrauchsereignis („usage event") (Langacker 1987: 65 f.).

Wie entstehen symbolische Einheiten? Das in Gestalt symbolischer Einheiten kodierte und sozial verbindliche konventionelle Wissen resultiert aus dem Sprachgebrauch. Konventionalisiert wird ein Wissensaspekt dann, wenn dieser beim Gebrauch eines sprachlichen Ausdrucks in einem bestimmten Kontextrahmen rekurrent auftritt und Sprachbenutzerinnen und Sprachbenutzer ihn infolgedessen memorieren. Semantische Einheiten ergeben sich deshalb gewissermaßen aus Dekontextualisierungen von Gebrauchsbedeutungen.

> „Thus, it is not that the expression intrinsically *holds* or *conveys* the contextual meaning [=„Gebrauchsbedeutung"], but rather, that conventional units [=„semantische Einheiten", AZ] *sanction* [the] meaning as falling within the open-

ended class of conceptualizations they *motivate* through judgements of full or partial schematicity. […] From the encyclopedic nature of contextual meaning that of conventional meaning follows fairly directly. The latter is simply contextual meaning that is schematized to some degree and established as conventional through repeated occurrence." (Langacker 1987: 158)

Mit der Formseite eines sprachlichen Ausdrucks werden also solche Wissensaspekte konventionell verbunden, die zuvor rekurrent aufgetreten sind. So vollzieht sich der Übergang vom Token zum Type.

Es liegt auf der Hand, dass bei derartigen Konventionalisierungsprozessen Diskurse eine wichtige Rolle spielen. Der Definition von Busse und Teubert (1994: 14) folgend verstehe ich hier unter einem Diskurs eine virtuelle Menge an Texten, die durch einen gemeinsamen Themenbezug aufeinander verweisen und so eine epistemisch-funktionale Einheit bilden. Beispiele wären der Migrationsdiskurs (Wengeler 2003) oder die so genannte „Sloterdijk-Debatte" (Steinseifer 2005). In empirischen Analysen, die ich zum Diskurs der „Kapitalismus-Debatte" durchgeführt habe (Ziem 2008a: Kap. VII), hat sich gezeigt, dass sich schon innerhalb eines recht kurzen Zeitraumes bestimmte Wissensaspekte so stark verfestigen können, dass Sprachbenutzer sie als geteiltes Hintergrundwissen präsupponieren. Im Diskurs zur „Kapitalismus-Debatte" etabliert sich beispielsweise der Ausdruck *Heuschrecke* als Metapher für Finanzinvestoren derart, dass er Prädikate wie *tritt in Schwärmen auf, ist Teil des Kapitalismus* und *zerstört Unternehmen* aufruft, ohne dass in neueren Texten – also jenseits der „Kapitalismus-Debatte" – die Quelldomäne „Finanzinvestoren" selbst in Erscheinung treten muss.[13] Die Prädikate sind folglich Teil der semantischen Einheit geworden.

Vor diesem Hintergrund scheint mir eine Einbindung der Diskursanalyse in die Kognitive Linguistik nicht nur möglich zu sein, sie erweist sich sogar als unerlässlich, wenn Re- oder Desemantisierungen konventionelles Wissen betreffen oder wenn sich – hinsichtlich der Verfestigung morphologischer und syntaktischer Strukturen – neue Grammatikalisierungstendenzen abzeichnen (vgl. Haspelmath 2002).

---

13   So ist es auch möglich, dass schon ein knappes halbes Jahr, nachdem die „Kapitalismus-Debatte" das letzte Mal in den Medien thematisiert wurde, das Nachrichtenmagazin Der SPIEGEL (10.10.2005) einen Artikel mit den Worten „Heuschrecke im Anflug" überschreibt, ohne im Artikel selbst einen Bezug zur Heuschrecken-Metapher herzustellen. Die Metapher ist in der Überschrift noch nicht einmal in Anführungszeichen gesetzt oder kursiv gedruckt. Beispiele dieser Art lassen sich in großer Anzahl belegen.

2.2   Kategorisierung

Kategorisierungs- und Schematisierungsprozesse finden bei der kognitiven ,Verarbeitung' jeglicher perzeptueller Daten statt. Für den visuellen Bereich lässt sich etwa am Beispiel von optischen Täuschungen zeigen,[14] dass die Wahrnehmung eines Gegenstandes maßgeblich davon abhängt, welchem kognitiven Konstrukt (Schema) der Sinneseindruck (Instanz) zugeordnet wird. Analoges gilt für den Bereich der Sensomotorik. Schon vor dem Spracherwerb erlernt ein Kind viele motorische Muster, die es ihm ermöglichen, einfache Handlungen (wie z.B. die Finger in den Mund nehmen, einen Gegenstand greifen und fallen lassen usw.) koordiniert und sicher zu vollziehen. Die an Bewegungsabläufen beteiligten Kategorisierungsprozesse verlaufen in der Regel so stark routiniert, dass sie nur selten die Bewusstseinsschwelle überschreiten. Schalten beim Autofahren, Treppensteigen, Begrüßung mit Handschlag – die meisten motorischen Bewegungsabläufe verlaufen schemageleitet und stark automatisiert (vgl. auch Jackendoff 2007: 111–143). Dass Kategorisierungsakte im Spiel sind, wird allenfalls bewusst, wenn ,Fehler' auftreten, wenn etwa die Hand des Gegenübers beim Handschlag verfehlt wird.

In sprachlicher Hinsicht betreffen Kategorisierungen Beziehungen, die Sprachbenutzerinnen und Sprachbenutzer (a) zwischen semantischen Einheiten, (b) zwischen der Formseite sprachlicher Zeichen und (c) zwischen symbolischen Einheiten als Ganze herstellen. Auch (d) die Kodierrelation, die zwischen konventionellen Wissenseinheiten und voll spezifizierten Gebrauchseinheiten besteht, kann als eine Kategorisierungsbeziehung verstanden werden. Ich werde auf diese Aspekte nun kurz eingehen, wobei die Relation (a) für den verbleibenden Teil dieses Beitrages von besonderer Relevanz sein wird.

Inwiefern bestehen nun inhaltseitig sowie formseitig Schema-Instanzbeziehungen? Semantische Schema-Instanzbeziehungen betreffen kategoriale Zuschreibungen, die sprachlich in Gestalt von Propositionen der Form *x ist y* auftreten, die aber auch beispielsweise in komplexen Nominalphrasen, etwa des Typs *die große Birke*, enthalten sind. Nominalphrasen lassen sich prinzipiell in Propositionen umformen (hier in *die Birke ist groß*). Typische Schema-Instanzbeziehungen finden sich also bei attributiven Spezifizierungen einer nominalen Einheit. Weiterhin bilden alle Hyponyme eine Instanz ihres übergeordneten Hyperonyms. Wie in Abb. 2. unter (a) illustriert, bildet die semantische Einheit [BIRKE] z.B. eine In-

---

14   Man denke an so genannte Kippfiguren, die abhängig von der getroffenen Vordergrund-Hintergrundunterscheidung zwei unterschiedliche Figuren ,zeigen'.

stanz im Schema [BAUM], das ihrerseits als Instanz des Schemas [PFLANZE] figuriert usw.

Was Kategorisierungsbeziehungen auf der Formseite angeht, also (b) in Abb. 2, bildet [Birke] eine Instanz im Schema [Nomen], das seinerseits im abstrakten Schema [Wort] instantiiert ist. Es liegt inzwischen empirische Evidenz dafür vor, dass Kinder so abstrakte Schemata wie [Nomen], [Verb] usw. induktiv durch rekurrente Schema-Instanzbeziehungen lernen (Behrens 2005). Abstraktes Wortartenwissen erweist sich somit als Abstraktionsprodukt von rekurrenten Kategorisierungs- und Schematisierungsprozessen.

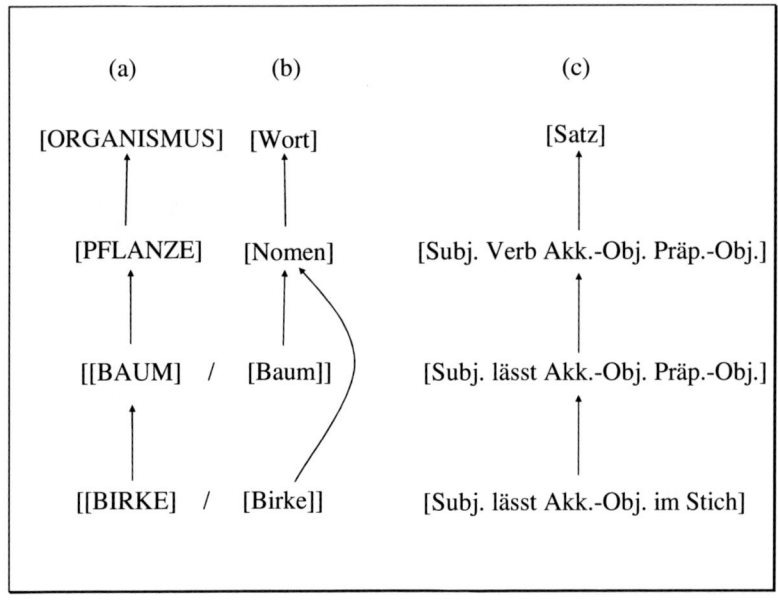

Abb. 2: Schema-Instanzbeziehungen, die (a) die Inhaltsseite, (b) die Formseite und (c) symbolische Einheiten als Ganze betreffen, illustriert am Beispiel des Wortes *Birke* und des Phrasems *jemand lässt jemanden im Stich*; „Akk.-Obj." steht für Akkusativobjekt, „Präp.-Obj." für „Präpositionalobjekt"

Schließlich betreffen Kategorisierungsbeziehungen auch symbolische Einheiten als Ganze. Dies ist in Abb. 2 unter (c) am Beispiel des Phrasems *jemand lässt jemanden im Stich* illustriert. Als Ganzes formiert es eine symbolische Einheit, die sich kompositionell nicht in andere symbolische Einheiten zerlegen lässt. Durch Schematisierungsprozesse ergeben sich dennoch Kategorisierungsbeziehungen zu anderen, abstrakteren symbolischen Einheiten. Abstrahiert man von dem Akkusativobjekt [jemanden] und der

Präpositionalphrase [im Stich], erhält man das Schema [Subj. lässt Akk.-Obj. Präp.-Obj.]. In diesem sind neben dem Phrasem [Subj. lässt jemanden im Stich] auch zahlreiche andere Einheiten instantiiert, so z.B. [Subj. lässt jemanden in Ruhe]. Mithilfe eines weiteren Schematisierungsprozesses, der vom finiten Verb abstrahiert, gelangt man endlich zum noch abstrakteren Schema [Satz]. Mit diesem sind die soeben erwähnten symbolischen Einheiten (vermittelt über Kategorisierungsbeziehungen) verlinkt.

Stellen wir uns noch einmal die Frage: Warum sind Kategorisierungen (und ebenso Schematisierungen) für sprachliche Wissenskonstitutionen so zentral? Die Antwort muss lauten: Die kognitive Fähigkeit, sprachliche Zeichen (genauer deren Form- und Inhaltsseite, die zusammen symbolische Einheiten konstituieren) durch Kategorisierungslinks miteinander zu verbinden, erlaubt es, ausgehend von sprachlichen Zeichen (und grammatischen Strukturen) ein komplexes kognitives Modell aufzubauen. Dieses Modell tritt zwar als gestalthafte Einheit auf, wird aber durch verschiedene Schemata strukturiert, die im nächsten Abschnitt thematisiert werden. Netzwerkartig miteinander verbundene inhaltsseitige, ausdrucksseitige und symbolische Einheiten sind integrale Bestandteile eines solchen kognitiven Modells.[15] Trägt man Kategorisierungsprozessen nicht schon im Ansatz Rechnung, wäre folglich das Bedingungsverhältnis zwischen Sprache und Wissen nicht nur unzureichend erklärt, es bliebe darüber hinaus auch ungeklärt, wie mittels sprachlicher Einheiten Wissen (im Sinne von *knowing-that*) entstehen kann. Anders formuliert: Mittels Sprache ‚Wirklichkeit' zu konstituieren, heißt, zwischen semantischen und symbolischen Einheiten bestimmte Kategorisierungslinks schemageleitet (d.h. motiviert durch Frames und Bildschemata, vgl. Abschnitt 3.2 und 3.3) herzustellen.

2.3   Schematisierung

Schematisierungsprozesse stehen mit Kategorisierungsprozessen in einem komplementären Zusammenhang. Kategorisiert wird nämlich immer eine „Instanz" in ein Schema, das seinerseits ein Abstraktionsprodukt konkre-

---

15   Hier ergibt sich eine gewisse Parallelität zum Begriff des „Wertes" („valeur") in de Saussures Zeichentheorie. Allerdings ist wichtig zu sehen, dass aus kognitiver Sicht ‚Werthaftigkeit' Resultat von Kategorisierungsleistungen ist und dass Kategorisierungen ihrerseits vom Wissen der Sprachbenutzer abhängen. Es handelt sich also um äußerst dynamische Strukturen (vgl. Langacker 2006), die zudem nicht abstrakter Natur sind, sondern durch den Sprachgebrauch entstehen und sich stetig verändern.

ter Erfahrungsdaten (Tokens) darstellt.[16] Wie vorhin angedeutet, sind im
Wortschatz Schema-Instanzbeziehungen etwa in Gestalt von Hyperonymiebeziehungen angelegt (vgl. hierzu Konerding 1993: 161–217).
[HUND] bildet beispielsweise eine Instanz im Schema [TIER], und
[TIER] fungiert wiederum als Instanz im Schema [LEBEWESEN]. Da
abstrakte sprachliche Kategorien wie [TIER] und [LEBEWESEN] keine
so genannten Basiskategorien bilden, gehen sie selbst auf Schematisierungsprozesse kon-kreterer sprachlicher Kategorien zurück. So kann
[TIER] als eine variable Menge semantischer Zuschreibungen verstanden
werden, die die semantischen Einheiten [HUND], [KATZE], [AFFE],
[VOGEL] usw. miteinander teilen. Konventionelles Wissen umfasst demnach die Menge an relativ stabilen semantischen Zuschreibungen in einer
Sprachgemeinschaft.[17]

Schematisierungsprozesse sind auch für den Spracherwerb grundlegend (Tomasello 2003). So lernt ein Kind die Bedeutung eines sprachlichen Ausdrucks nur dann, wenn es ihm gelingt, auf der Basis sprachlicher
Tokens Generalisierungen vorzunehmen.[18] Übergeneralisierungen dürfen
als empirische Evidenz dafür gelten, dass der Prozess der Kontextabstrak-
tion (Schemabildung) noch nicht erfolgreich abgeschlossen ist. So wie
Kinder qua Schematisierung allmählich lernen, was ein sprachlicher Ausdruck konventionell bedeutet und welche Argumentstruktur einem Ausdruck konventionell zukommt (Goldberg 2006), so lernen Sprachbenutzer
auch nach dem (Erst-)Spracherwerb, neue Schemata zu bilden bzw. bereits bestehende zu modifizieren. Konventionelle Metaphern wie Tischbein sind prominente Beispiele dafür, wie sich metaphorische Projektionen (hier von der Wissensdomäne „menschlicher Körper" in die Domäne
„Möbel") aufgrund rekurrenten Gebrauchs so sehr eingeschliffen haben,
dass der metaphorische Gehalt kaum mehr wahrgenommen wird: Die
vollzogenen Kategorisierungen sind zur kognitiven Routine geworden.[19]

---

16   Zum Verhältnis von Abstraktion und Schemabildung vgl. Langacker (1999: 93):
     „[A]bstraction is the emergence of a structure through reinforcement of the commonality
     inherent in multiple experiences. By its very nature, this abstractive process ‚filters out'
     those facets of the individual experiences which do not recur. […] A schema is the com-
     monality that emerges from distinct structures when one abstracts away from their points
     of difference by portraying them with lesser precision and specificity." (Langacker 1999:
     93)
17   Fraas (1996: 27) spricht in diesem Zusammenhang auch von usuellen bzw. „gebräuchli-
     chen Prädikationen" in einer Sprachgemeinschaft.
18   Zum so genannten „item-based" Lernen vgl. etwa Abboth-Smith/Tomasello (2006);
     Casenhiser/Goldberg (2005).
19   Genauer handelt es sich um eine Schemabildung, die auf eine hohe Token-Frequenz zu-
     rückzuführen ist. Zur Unterscheidung von Token- und Type-Frequenz vgl. Ziem (2008a:
     Kap. VI.5).

Sowohl Schematisierungs- als auch Kategorisierungsprozesse greifen auf schematisiertes Hintergrundwissen zurück. Im Fall von Tischbein muss eine Sprachbenutzerin etwa wissen, wie die Wissensdomänen „Möbel" und „menschlicher Körper" strukturiert sind. Kategorisierung erweist sich somit genauer besehen als eine äußerst komplexe kognitive Leistung:

> „Eine Instanziierung des Schemas heißt, dass das Schema auf einen bestimmten Fall mit bestimmten Anfangs- oder Randwerten, Anfangsdaten und Randwertdaten eingestellt werden muss, konkretisiert werden muss, um die strukturierte Menge von Situationsmerkmalen in einen bestimmten Rahmen einzubetten, zu erfassen und in Bezug auf schon allgemeinere, erlernte, erinnerte oder eben wieder aktualisierte Schemata zu beziehen." (Lenk 2004: 84 f.)

3   Verstehensrelevante Schematypen

Im Fall des Sprachverstehens sind Schematisierungen deshalb besonders komplex, weil mehrere Typen von Schemata ineinander greifen. Zu differenzieren ist zwischen drei Schematypen von unterschiedlichem Abstraktionsgrad: (i) so genannten „Bildschemata" („image schemas"), die erstmals von Lakoff und Johnson (1980) im Zusammenhang mit ihrer Theorie konzeptueller Metaphern zur Diskussion gestellt wurden, (ii) „Frames" bzw. kognitiven „Domänen", die Fillmore (zuerst 1975) bzw. Langacker (1987) eingeführt haben, und (iii) „mentalen Räume" („mental spaces"), deren semantische Relevanz Fauconnier (erstmals 1985) und Turner dargelegt haben.

3.1   Mentale Räume („mental spaces")

Fauconnier (1985) hat den Begriff „mentalen Raum" eingeführt, um stärker als andere Ansätze den kognitiven Prozess der Bedeutungskonstruktion zu berücksichtigen. Auf diesen Überlegungen aufbauend hat Fauconnier in Zusammenarbeit mit Turner inzwischen eine allgemeine Theorie der konzeptuellen Integration („blending") entwickelt (Fauconnier/ Turner 1998, 2002).

Mentale Räume sind „partial structures that proliferate when we think and talk, allowing a fine-grained partitioning of our discourse and knowledge structures" (Fauconnier 1997: 11). Von Frames, die konventionelles Wissen strukturieren, unterscheiden sich mentale Räume darin, dass sie erst während des Verstehensaktes entstehen. Sie greifen zwar auf Daten im Langzeitgedächtnis zurück, verändern sich aber während des Prozesses der Textrezeption fortwährend. Mit Langackers Terminologie könnte man sagen, dass mentale Räume sich auf (die Konstruktion von) Gebrauchsbedeutungen eines sprachlichen Ausdrucks beziehen (vgl. Abb. 1). In mentalen Räumen sind die zu einem bestimmten Zeitpunkt kontextuell relevanten Wissensaspekte integriert.

Fauconnier zufolge sind Bedeutungskonstruktionen durch zwei Prozesse geleitet: durch den Aufbau von mentalen Räumen einerseits und der Korrelation ausgewählter Elemente der aufgebauten mentalen Räume andererseits. Den Prozess der Korrelierung von Elementen nennt Fauconnier „Projektion" oder „Übertragung" („mapping"). Erst der Einbezug von Projektionen erlaubt es, eine Vielzahl sprachlicher Phänomene (wie Metaphern, Metonymien, kontrafaktische Bezugnahmen, verschiedene Wissensmodi) zu erklären.

Zur Veranschaulichung soll Beispiel (1) dienen.

1. Wenn Peter Hans wäre, wäre Peter reich.

Peter und *Hans* sind in (1) jene beiden sprachlichen Elemente, die jeweils den Aufbau eines mentalen Raumes veranlassen. Der mentale Raum I betrifft aktuell relevantes Wissen über Peter, mentaler Raum II aktuell relevantes Wissen über Hans. Bei kontrafaktischen Bezügen des vorliegenden Typs werden konzeptuelle Wissenselemente aus beiden mentalen Räumen miteinander korreliert und selektiv in einen mentalen Raum III projiziert, der kontrafaktisches Wissen darüber repräsentiert, was der Fall wäre, wenn Peter mit Hans die Eigenschaft des Reichseins teilen würde.[20] Aus dem aufgebauten mentalen Raum III ergeben sich nun zahlreiche Korrelierungsmöglichkeiten von Wissenselementen, so etwa die, dass Peter dann wie Hans eine Villa besäße und täglich Golf spielen würde, aber auch solche, die nicht dem mentalen Raum II zugehören.[21] So könnte es etwa heißen *Wenn Peter Hans wäre, wäre Peter reich und hätte vier Kinder*, obwohl Hans in Wirklichkeit kinderlos ist. Das Konzept „Reichsein" wäre in diesem Fall Ausgangspunkt weiterer Inferenzen, die zwar dem mentalen Raum III angehören, nicht aber mit Elementen aus dem mentalen Raum II korreliert sind. Hier könnte zum Ausdruck kommen, dass Kinder viel

---

20   Genauer: Die konzeptuelle Eigenschaft des Reichseins-von-Hans wird aus dem mentalen Raum II in den mentalen Raum III projiziert, während aus dem mentalen Raum I die konzeptuelle Eigenschaft des Nicht-Reichseins-von-Peter ebenfalls in den mentalen Raum III projiziert, dort aber durch die Eigenschaft des „Reichseins" ersetzt wird.

21   Diese Einsicht ist ein Verdienst der „blending theory" und in Fauconnier (1985) noch nicht expliziert. Jeder so genannte „blended space" enthält neue, emergente Elemente, die keinem der beteiligten Inputs inhärent sind. Wie Fauconnier und Turner (2002) eindrücklich demonstrieren, gilt das auch für eine Vielzahl von Metaphern.

Geld kosten und Peter sich deshalb keine vier Kinder ‚leisten‘ kann, obwohl er gerne welche hätte, wenn er reich wäre.

3.2 Frames (und Domänen)

Sind für mentale Räume kognitive Operationen elementar, die zum Aufbau neuer konzeptueller Einheiten führen, betreffen kognitive Domänen und Frames konzeptuelle Strukturen, auf die beim Aufbau zurückgegriffen werden. Es liegt nun nahe, Frames im Sinne von Sweetser als Strukturen von mentalen Räumen zu begreifen:

> „Mental spaces have internal structure which includes frame […] structure; one could view Fillmore's […] frame as a rather schematic (partially-filled) and conventional mental space, or as a possible internal structural component of more filled-out mental spaces." (Sweetser 1999: 135)

Machen Frames relativ stabiles Hintergrundwissen kognitiv verfügbar, enthält ein mentaler Raum darüber hinaus sehr detailreiche, im Akt des Verstehens relevante Informationseinheiten. In Langackers Terminologie (vgl. Abb. 1): Betreffen Frames die strukturelle Organisation von semantischen Einheiten, so stellen mentale Räume jene Formate dar, in denen Gebrauchsbedeutungen repräsentiert sind.

Fillmore begreift Frames als konzeptuelle Strukturen, die sowohl Bedeutungen sprachlicher Ausdrücke zugrunde liegen als auch den Gebrauch sprachlicher Ausdrücke motivieren. In einer bekannten Passage heißt es:

> „By the word ‚frame‘ I have in mind any system of concepts related in such a way that to understand any of them you have to understand the whole structure in which it fits; when one of the things in such a structure is introduced into a text, or into a conversation, all of the others are automatically made available." (Fillmore 1982: 111)

Um beispielsweise ein Wort wie *Wochenende* zu verstehen, muss ein Frame aktiviert werden, der Konzepte wie „Woche", „Tag", „Samstag", „Sonntag", „Arbeit" und „Freizeit" umfasst. Nur vor dem Hintergrund, dass eine (zyklisch wiederkehrende) Woche sieben Tage hat, von denen fünf als Arbeitstage gelten, kann verständlich werden, was das Wort *Wochenende* bedeutet. Über solches konventionalisiertes Wissen zu verfügen, das die semantische Einheit strukturiert, heißt demnach, ausgehend von der

Formseite eines sprachlichen Ausdrucks, einen Frame aus dem Gedächtnis abrufen zu können.[22]

In einem ganz ähnlichen Zusammenhang führt Langacker den Begriff
„Domäne" als Terminus technicus in seine „Kognitive Grammatik" ein.
In Langackers Bedeutungstheorie kommen „kognitiven Domänen" dieselbe zentrale Rolle zu wie Frames in Fillmores Ansatz.[23] Dabei gehen
beide, Langacker und Fillmore, von der Voraussetzung aus, dass sprachliche Bedeutungen einen rein konzeptuellen Status haben und sich generell
nur vor dem Hintergrund übergeordneter Wissensstrukturen erfassen
lassen. Wie Frames variieren auch Domänen in ihrem Abstraktionsgrad.
Ohne Bezug auf Domänen lässt sich keine sprachliche Bedeutung – auch
nicht rudimentär – erfassen.

> „[S]emantic units are characterized relative to cognitive *domains*, […] any concept
> or knowledge system can function as a domain for this purpose. Included as poss-
> ible domains, consequently, are the conceptions of social relationship, of the
> speech situation, of the existence of various dialects, and so on." (Langacker 1987:
> 63; kursive Hervorhebung im Original in Fettdruck)

Anders als Fauconnier und Turner (1998, 2002) heben Fillmore und
Langacker mit dem Frame- bzw. Domänen-Begriff weder auf kontextsen-
sitives Wissen ab noch auf den Status sprachlich ausgedrückten Wissens
(Glauben, Wünsche, hypothetische und kontrafaktische Annahmen). Ihnen kommt es vielmehr darauf an, dass auch Ausdrücke, deren Referenzbereich weniger komplex zu sein scheint (wie *Wochenende, Hypotenuse, Gift*
usw.), nur im Rahmen eines skript- oder szeneartig schematisierten Wis-
senszusammenhangs verständlich sind.[24] Insofern Frames und Domänen
Hintergrundwissen strukturieren, das auch in mentalen Räumen eingeht,
besteht ein komplementärer Zusammenhang (vgl. Coulson 2001). In dem
angeführten Beispiel (1) betreffen Frames/Domänen etwa relevantes Hintergrundwissen über Peter und Hans. Ein Unterschied zwischen Fra-
mes/Domänen und mentalen Räumen besteht ferner darin, dass mentale
Räume den beteiligten kognitiven Operationen Rechung tragen, die den
Aufbau konzeptueller Strukturen leiten.[25]

---

22 Zur Unterscheidung von „Aufrufen" und „Abrufen" eines Frames vgl. meine Ausführung-
    en in Ziem (2008a: Kap. IV.3.1).
23 Unterschiede leiten sich insbesondere aus dem übergeordneten theoretischen Rahmen ab,
    in dem Frames bzw. Domänen thematisiert werden. Domänen sind fest in Langackers
    „Kognitiver Grammatik" verankert, während Frames fester Bestandteil von Fillmores
    „Konstruktionsgrammatik" sind.
24 Zur Unterscheidung von verschiedenen Strukturtypen (wie „Szenen", „Skripten" und
    „Plänen") vgl. Ziem (2008a: Kap. V.2.2).
25 Dies sind vor allem „mapping", „blending", „compression", vgl. Fauconnier/Turner
    (2000, 2002).

3.3 Bildschemata („image schemas")

Mentale Räume und Frames decken jedoch weder den Bereich verstehens-relevanten Wissens vollständig ab, noch sind sie in der Lage, den kogniti-ven Voraussetzungen des Bedeutungserwerbs Rechnung zu tragen. Dem Erwerb von konventionellem sprachlichen Wissen sowie dem Aufbau von mentalen Räumen geht zeitlich und logisch die Aneignung zahlreicher (sensomotorischer und anderer) Fertigkeiten und Fähigkeiten voraus. Klaus-Peter Konerding (in diesem Band) weist mit Bezug auf Gilbert Ryles Unterscheidung von „knowing-that" (Wissen-dass) und „knowing-how" (Wissen-wie bzw. Können) darauf hin, dass letzterem beim Sprach-verstehen eine Schlüsselfunktion zukommt. Anders als Wissen-dass, auf das sich Frames und mentale Räume richten, erwächst Wissen-wie aus der nonverbalen und z.T. präverbalen Praxis. Es hat keinen konventionellen Charakter im strengen Sinne, denn viele Fähigkeiten und Fertigkeiten bilden sich ontogenetisch sehr früh heraus, ohne Teil einer kommunikati-ven Praxis sein zu müssen. In der Kognitiven Linguistik wird dieses impli-zite, hoch abstrakte Wissen im Zusammenhang mit so genannten „Bild-schemata" thematisiert. Ich möchte nun kurz auf die Frage eingehen, inwiefern auch Wissen-wie durch Schemata organisiert ist.

Zur Beantwortung der Frage, welche Rolle Wissen-wie beim Verste-hen eines sprachlichen Ausdrucks spielt, ist ein Blick auf den Spracher-werbsprozess lehrreich. Bevor Kinder im Alter von ca. 12-14 Monaten beginnen, einzelne gegenständliche Objekte sprachlich zu benennen, ha-ben sie bereits eine Menge gelernt. Vermittelt über den Tastsinn haben sie ihre gegenständliche Umwelt sensomotorisch erkundet, sie sind mit meh-reren hunderttausend sprachlichen Tokens konfrontiert worden, von de-nen besonders frequent auftretende schon voneinander unterschieden werden können, und die andauernde Praxis der Lautproduktion hat sich allmählich zur rudimentären Artikulation entwickelt. Die Entwicklung solcher Fähigkeiten und Fertigkeiten basieren auf der fortschreitenden Bildung kognitiver Muster (sensomotorischer, phonologischer und seman-tischer Art), die das Kind abrufen kann. Die Muster tragen zur kognitiven Ökonomie beim Spracherwerb bei und sind eng mit sensomotorischen Routinen verknüpft, so etwa mit der Fähigkeit, die Lippen derart zu for-men, dass bestimmte Laute gebildet werden können, oder die Finger (und entsprechend den Arm und die Hand) derart koordiniert zu bewegen, dass ein Gegenstand gegriffen werden kann. Es gibt Grund anzunehmen, dass ohne den Erwerb dieser Fähigkeiten und Fertigkeiten, Sprachlernprozesse nicht einsetzen können.[26] Musterwissen dieser Art hat nach Lakoff und Johnson (1980, 1999) den Charakter von Bildschemata. Unter Bildschemata verstehen Lakoff und Johnson sehr abstrakte Strukturen (wie z.b. die Schemata Behälter, Teil-Ganzes, Ursache-Wirkung, Weg-Ziel), die sich erfahrungsabhängig, d.h. in der sozialen oder umweltbezogenen Praxis herausbilden und sprachliche Verstehensprozesse motivieren (so motiviert das Behälter-Schema etwa die Interpretation von Präpositionen wie in, innerhalb, binnen). Der schematische und bildhafte Charakter ergibt sich aus strukturell vergleichbaren, rekurrent auftretenden Erfahrungszusammenhängen.

> „My argument begins by showing that human bodily movement, manipulation of objects and perceptual interactions involve recurring patterns without which our experience would be chaotic and incomprehensible. I call these patterns 'image schemas', because they function primarily as abstract structures of images." (Johnson 1987: XIV)

Über die Nahrungsaufnahme lernen Säuglinge etwa schon früh, den eigenen Körper als „Behälter" wahrzunehmen. So bildet sich bereits in diesem Entwicklungsstadium ein entsprechendes Bildschema heraus. Lakoff und Johnson argumentieren, dass Bildschemata später gleichsam als Konzeptualisierungsschablone für eine ganze Reihe sprachlicher Ausdrücke fungieren.[27] Bildschemata entfalten ihre verstehensrelevante Funktion schon im Bereich des Vorbewussten. Sie basieren zum großen Teil auf frühkindlichen Körpererfahrungen, die neuronale Strukturen präfigurieren und auf diesem Wege die Grundlage für die sich entwickelnde Fähigkeit schaffen, sprachliche Ausdrücke zu benutzen und zu verstehen (vgl. zusammenfassend Mandler 2005; Rohrer 2005).

Bildschemata dienen weiterhin dazu, aufgerufene Frames zueinander in Beziehung zu setzen (Watters 1996, Ziem im Druck). Schema-Instanzbeziehungen können generell als konkrete Ausprägungsform des Bildschemas TEIL-GANZES verstanden werden. Im Fall des erwähnten Beispiels *die Birke ist groß* (bzw. *die große Birke*) ist etwa bei der Interpretation des Prädikats das TEIL-GANZES-Bildschema involviert, weil das Prädikat als eine Eigenschaft interpretiert wird, die dem Referenzobjekt „Birke"

---

26 Vgl. Tomasello (2003). Eine fundamentale Voraussetzung für den Spracherwerb sieht Tomasello zudem in der sich allmählich entwickelnden Fähigkeit, Intentionen von Interaktionspartnern zu erkennen („intention reading").

27 Vgl. z.B. Lakoff/Johnson (1980 und 1999), unter entwicklungspsychologischer Perspektive auch Mandler (2004). Das Behälter-Schema stellt hierbei freilich nur ein Beispiel von vielen dar. In Gestalt von konzeptuellen Metaphern ist es uns allgegenwärtig (etwas in sich hineinfressen, etwas herausbrüllen, etwas platzt aus einem heraus, jemand explodiert usw.).

zukommt. Im Akt der Prädikation wird das Prädikat gewissermaßen zum Teil des Objekts.

Insgesamt sind Schemata beim Sprachverstehen also auf verschiedenen Abstraktionsstufen wirksam. Je abstrakter die Schemata sind, desto höher ist ihre Stabilität und desto routinierter und unreflektierter werden sie angewandt. Der Übergang von „neuen Metaphern" zu „toten" bzw. „lexikalisierten Metaphern" (Skirl/Schwarz 2007: 28–33) zeichnet sich beispielsweise dadurch aus, dass einst in mentalen Räumen organisiertes Wissen durch rekurrente Schemainstantiierungen zu konventionellem Wissen geworden ist. Die lexikalisierte Einheit (bzw. der entsprechende Frame) lässt sich fortan direkt aus dem mentalen Lexikon abrufen – der Verstehensprozess ist zu einer kognitiven Routine geworden.

4 Replik auf mögliche Einwände

Kritiker bemerken gerne, dass Schemata statische Einheiten seien, die der Dynamik sprachlich-kommunikativer Verstehens- und Handlungsprozesse nicht gerecht werden könnten. Hinzu komme, dass der (ontologische) Status von Schemata unbestimmt oder zumindest stark unterbestimmt sei, was zu gefährlichen Hypostasierungen führe. Ich halte Vorwürfe dieser Art für ungerechtfertig und unhaltbar.

Ich komme nun auf vier besonders virulente Kritikpunkte zu sprechen, die m.E. allesamt auf einer falschen oder zumindest stark verkürzten Rezeption und Interpretation der Kognitiven Grammatik und der Konstruktionsgrammatik (bzw. der diesen zugrunde liegenden Semantiktheorie) beruhen. Obwohl sich die Bedenken, die etwa Feilke, Fritz, Keller und Teubert vorbringen, zwar meist auf kognitive Ansätze per se beziehen, liegt bisweilen die Vermutung nahe, dass die Kritik letztlich modularistischen Ansätzen gilt. Auf diese treffen die folgenden Einwände teilweise tatsächlich zu.

(i)   Einwand: Eine kognitive Sprachtheorie verfährt subjektivistisch, sie ist eine „Flucht in den Kopf" (Feilke 1994: 19).

Feilkes pointiert formulierter Vorwurf einer „Flucht in den Kopf" oder einer „Kognitivierung" richtet sich gegen ein problematisches Verständnis von Sprache, das deshalb reduktionistisch genannt werden müsse, weil es sprachlicher Kompetenz „als emergente Ordnungsformen pragmatisch motivierter Strukturbildungen *eigener Art*" (Feilke 1994: 20) nicht Rechnung trage. Nach Feilke ist Sprache zuvorderst eine *soziale* Gestalt, d.h.

eine kommunikativ konstituierte, nicht auf einzelne (etwa systemgramma-
tische) Teile reduzierbare Ganzheit. In diesem Sinne sei es verfehlt, Spra-
che durch kognitive Prozesse zu erklären. Was meint hier aber „kognitiv"? Unter „kognitiv" versteht Feilke offenbar ausschließlich das, „was im ‚Kopf' abläuft" (Feilke 1994: 19), und
er scheint es als gegeben anzusehen, dass das Programm der kognitiven
Linguistik darauf hinausläuft, die soziale, kommunikative Dimension von
Sprache zugunsten einer Theorie des „Kopfes" zu kaschieren. „Kognition", so machen seine Ausführungen deutlich, ist eine mögliche Analyse-
perspektive von Sprache, die von den sprachrelevanten Parametern „Kultur" und „Kommunikation" losgelöst sei und gleichrangig neben diesen
stehe.[28] Kognition gilt hiernach als relativ abgeschlossenes, gewissermaßen
autopoietisches System (durchaus im Sinne Luhmanns, dessen system-
theoretische Grundüberzeugungen Feilkes Ansatz teilt). Unter diesen
Voraussetzungen wäre es in der Tat reduktionistisch und mithin höchst
problematisch, kognitive Linguistik zu betreiben.

In dieser Form trifft aber Feilkes Kritik zunächst kognitive Ansätze in
der generativistischen Tradition Chomskys.[29] An einer anderen Stelle heißt
es zwar:[30]

> „Kognition als wesentlich individuell-konstruktivistisch bestimmter Bereich einer-
> seits und Semantik als wesentlich kommunikativ emergenter Bereich andererseits
> sind entkoppelte Systeme." (Feilke 1996: 45 f.)

Die Charakterisierung von Kognition als ein rein individuelles Phänomen
und von Semantik als eine kommunikative Größe steht der kognitiv-
semantischen Überzeugung diametral entgegen, dass sich sprachliche Bedeutungen abhängig von Körpererfahrungen herausbilden. Insofern könnte man tatsächlich den systemtheoretischen Zugriff Feilkes als Grundsatz-
kritik holistischer Theoriebildungen verstehen. Aber: Sind es nach Feilke
nicht außersprachliche Faktoren, sondern intersubjektiv gültige Verhal-

---

28 So hält Feilke einem kognitivistisch verkürzten Blick auf Sprache Folgendes entgegen:
   „Vielleicht sind ‚Kopf', ‚Kultur', Kognition und Kommunikation theoretisch in ähnlicher
   Weise modellierbar, keinesfalls aber sind sie im Sinne einer Reduktion von Zusammenhängen des einen auf Zusammenhänge des anderen Bereichs erklärbar." (Feilke 1994: 19)
29 Gleiches gilt für die Kritik Teuberts (2006: 318): „Sowohl die Analytische Philosophie als
   auch der Kognitivismus sind [...] einem materialen Realismus verpflichtet, der konstruktivistische Ideen wie die, dass die Diskursgemeinschaft aushandelt, was sagbar ist, und nicht
   die Wirklichkeit oder ein in ihr angesiedeltes angeborenes Sprachorgan, schlicht ablehnt."
   Diese Behauptung trifft ausschließlich auf ein modularistisches Sprachmodell nach Fodor-
   /Chomsky-Art zu. Ironischerweise ist Teuberts leidenschaftliches Plädoyer für eine kon-
   textualistische, konstruktivistische und diskursorientierte Bedeutungstheorie weitestgehend
   kongruent mit dem gebrauchsbasierten Sprachmodell der Kognitiven Linguistik.
30 Ich danke den Herausgebern des vorliegenden Bandes für diesen Hinweis.

tensregeln, die sprachliche Bedeutungen maßgeblich mitprägen, muss er sich fragen lassen, auf welcher außersprachlichen Basis solche Regeln entstanden sind und Gültigkeit beanspruchen.[31]

Grundsätzlich scheint Feilkes Theorieangebot durchaus mit der Kognitiven Grammatik und Konstruktionsgrammatik kompatibel zu sein. Zu klären wäre, ob diese nicht – systemtheoretisch gesprochen – genau jene strukturelle Kopplung von Kognition und Kommunikation thematisieren, für die sich auch Feilkes Ansatz interessiert (vgl. Feilke/Schmitz 1995). Fest steht m.E. zumindest, dass sich die angeführte Skepsis gegenüber einem Kognitivismus nicht sinnvoll auf holistische Ansätze beziehen lässt. Wenn Langacker die kontextuellen und sozialen Grundlagen der Kognitiven Semantik herausstellt und dabei zum folgenden Schluss kommt, liest sich dies wie eine direkte Replik auf Feilke:

> „It is both simplistic and just wrong to assume that a focus on cognition implies a view of minds as detached entities which can be studied autonomously. The actual view adopted in cognitive grammar (and cognitive linguistics generally) is just the opposite: that minds are embodied; that mental processing lets us interact with our surroundings and is strongly shaped by these interactions; and that the processing constitutive of language has to be studied and described with reference to the social and contextual interaction of actual language use." (Langacker 1997: 248)

Dass die Kognitive Semantik keineswegs ‚in den Kopf flüchtet', sollte ferner in meinen vorangegangenen Ausführungen zu Bildschemata und Frames deutlich geworden sein. Bildschemata ergeben sich aus körpergebundener Erfahrung, und Frames strukturieren konventionelles Wissen, das seinerseits Ergebnis der kommunikativen Praxis ist.[32] Zwischen Kognition und Kommunikation wird hier also eine Brücke geschlagen.

(ii)   Einwand: Vertreterinnen und Vertreter einer kognitiven Bedeutungstheorie argumentieren zirkulär, sie müssen letztlich das voraussetzen, was sie zu erklären versuchen.

---

31 Eine andere, an dieser Stelle nicht angeschnittene Frage ist, inwiefern kognitive Routinen gerade auf der Ausdrucksseite sprachlicher Zeichen wirksam werden. Dieser für Feilke zentrale Aspekt dürfte auch für die Kognitive Semantik eine hoch interessante Fragestellung eröffnen, geht es doch dabei um solche Musterbildungen auf der Formseite, die ich in Abschnitt 2.2 kurz angesprochen habe.

32 Weshalb Feilkes (1994: 20) Dichotomisierung Kognition vs. Kommunikation ins Leere läuft: „Im Unterschied zur Kognition ist Kommunikation als sozialer Prozeß notwendig konventions- und damit auch zeichengebunden. Es geht beim Meinen und Verstehen um Kommunikation und nicht um irgendwelche kognitiven Prozesse." – Aus holistischer (nicht aber aus modularistischer) Sicht ist ebenso Feilkes Entgegensetzung von Kognition und Kultur problematisch, vgl. hierzu etwa Langacker (1994).

Keller (1995: 84–86) und Fritz (1998: 93) führen ein logisches Argument an, das ihrer Meinung nach zu einer unauflösbaren Aporie kognitiver Semantiktheorien führt. Anders als Feilke nehmen Fritz und Keller direkt auf holistische Ansätze Bezug. Der Vorwurf ist der einer zirkulären Erklärung. In der Version von Fritz lautet er folgendermaßen:

> „Zirkularität liegt dann vor, wenn Bedeutungsübergänge als Indikatoren für bestimmte Vorstellungsassoziationen gedeutet werden und eben diese Vorstellungsassoziationen dann zur Erklärung der Bedeutungsübergänge genutzt werden."

Und das heißt mit Blick auf die Kognitive Semantik:

> „Aus Beobachtungen sprachlicher Sachverhalte wird geschlossen auf das Vorhandensein korrespondierender kognitiver Strukturen, mit denen dann die beobachteten sprachlichen Sachverhalte ‚erklärt' werden." (Fritz 1998: 93)

Keller formuliert einen ganz ähnlichen Einwand, der direkt gegen Johnsons Theorie von Bildschemata gerichtet ist:

> „Wenn die Quelle der Kenntnisse über die Struktur der Kognition ausschließlich die semantische Struktur der Sprache ist, dann ist es nicht zulässig, sie zur Begründung oder Erklärung der semantischen Struktur der Sprache zurückzubiegen." (Keller 1995: 86)

Der wunde Punkt der Kritik Kellers und Fritz' liegt in der falschen unterstellten Voraussetzung: Die Quelle der Kenntnisse über die Struktur der Kognition ist eben *nicht* ausschließlich die semantische Struktur der Sprache. Eine der Pointen der Kognitiven Linguistik besteht gerade darin, dass semantische Strukturen systematisch motiviert sind, und zwar einerseits durch allgemeine kognitive Prinzipien wie Kategorisierung und Schematisierung (deren Wirksamkeit keineswegs allein durch linguistische Studien, sondern vielmehr durch Studien zur visuellen und auditiven Wahrnehmung sowie durch neurowissenschaftliche Befunde evident ist, vgl. Cohen/Lefebvre 2005) und andererseits durch präverbal erworbene, sensomotorisch motivierte Bildschemata. Das Bedingungsverhältnis ist deshalb genau umgekehrt als von Fritz und Keller behauptet: Sprachliche Strukturen stellen eine – sehr komplexe – Ausprägungsform nicht-sprachlicher Fähigkeiten und Fertigkeiten dar. An Sprache lassen sich Phänomene studieren, die in zahlreichen anderen Bereichen ebenso wirksam sind.[33]

---

33 Ein Beispiel sind konzeptuelle Verschmelzungen („blending"), die nicht nur konstitutiv für das Verstehen von sprachlichen Phänomenen sind wie morphologischen und syntaktischen Konstruktionen (Mandelbit 2000), Konditionalsätzen und komplexen Nominalphrasen (Dancygier/Sweetser 2005) sowie performativen Sprechakten (Sweetser 2000), sondern auch von nicht-sprachlichen Phänomenen wie perzipierten Bewegungen, Ritualen, Comicstrips, um nur einige zu nennen, vgl. den Überblick in Coulson/Oakley (2000: 182–186) und Fauconnier/Sweetser (1996). Weitere Beispiele wären Vordergrund/Hintergrundunterscheidung resp. Perspektivierung generell, Merkpunktefixierung („landmark/

Trägt man diesem fundamentalen Umstand Rechung, bricht der Vorwurf der zirkulären Argumentation in sich zusammen.

(iii)   Einwand: In einer kognitiven Sprach- und Bedeutungstheorie wird die handlungs- und gebrauchsspezifische Dimension der sprachlichen Bedeutungskonstitution nur unzureichend oder gar nicht berücksichtigt.

Hierbei handelt es sich um eine Variante des ersten Einwands. Sie wird oft durch an Wittgenstein II orientierten Bedeutungstheoretikern vorgebracht, die nicht selten die Relevanz von kognitiven Beschreibungsansätzen generell in Frage stellen. Eine solche Tendenz lässt sich in der vorhin zitierten Zeichentheorie Kellers finden, aber selbst manche Vertreter der Kognitiven Linguistik zweifeln radikal den Nutzen des Repräsentationsbegriffs an. So ersetzt etwa Zlatev, der sich konzeptionell an Wittgensteins „Sprachspiel" orientiert, jene Bedeutungsaspekte, denen Langacker einen konzeptuellen und repräsentationalen Status zuschreibt, weitestgehend durch „*criteria of appropriateness*" (Zlatev 2003: 457). Die Gebrauchsbedeutung einer sprachlichen Einheit zu kennen, heißt nach Zlatev, einen Ausdruck angemessen verwenden zu können. Überflüssig wird damit die Annahme, dass die Bedeutungsseite einer symbolischen Einheit repräsentationaler Natur ist, also selbst aus rekurrenten Konzeptualisierungsprozessen hervorgeht und im Langzeitgedächtnis abgespeichert ist. Hiernach ist vielmehr der Gebrauch eines Wortes konventionalisiert, nicht – wie bei Langacker – das konventionelle Wissen, das man unabhängig vom individuellen Gebrauch mit diesem Wort verbindet.

Doch die Schwierigkeiten eines jeden radikal antirepräsentationalistischen Ansatzes zeigen sich schnell, wenn es um folgende Fragen geht: Wie können „Kriterien der Angemessenheit" im Verstehensprozess wirksam werden, ohne auf Vorwissen Bezug zu nehmen? Woher weiß ein Sprachbenutzer oder eine Sprachbenutzerin, ob er oder sie einen sprachlichen Ausdruck angemessen verwendet hat bzw. was es heißt, einen Ausdruck angemessen zu verwenden? Und welche Kenntnis erlaubt es, zwischen verschiedenen semantischen Einheiten zu unterscheiden? Auf diese Fragen können radikale Antirepräsentationalisten deshalb keine Antworten geben, weil die Antworten auf eine repräsentationale Dimension semantischen Wissens zurückgreifen müssten, die genutzt wird, um ein Wort angemessen gebrauchen zu können.

---

trajectory"), Kraft/Dynamik („force dynamics"), Gradierung, Fokussierung, um nur einige zu nennen.

Eine schwache Repräsentationstheorie ignoriert keineswegs (sprach-) handlungsrelevante Aspekte. Kognition und Handlung bilden nämlich kein Gegensatzpaar, sondern eine nur analytisch trennbare Einheit.[34] In diesem Sinne hält Felder (2006: 23) fest, dass der Kognitions- und Handlungsansatz lediglich zwei verschiedene Betrachtungsweisen mit unterschiedlichen Forschungsinteressen seien. Tatsächlich ist ja im oben skizzierten kognitiven Semantikmodell dem Sprachgebrauch schon im Ansatz Rechung getragen. Dass sprachliche Strukturen durch den Sprachgebrauch entstehen (Stichwort „usage-based model"), ist *die* (direkt gegen Chomskys nativistisches Sprachmodell gerichtete) Grundannahme der Kognitiven Linguistik. In den Worten Dabrowskas:

> „[E]ach usage event leaves a trace in the processing system. Every time a particular unit is accessed, its representation is strengthened, or entrenched, so units which are accessed frequently become easier to activate; conversely, units which are not accessed gradually decay, and become more difficult to activate." (Dabrowska 2004: 213)

Da Gebrauchsereignisse („usage events") integrale Bestandteile kommunikativer Prozesse bilden und da es ihr rekurrentes Auftreten ist, das zur kognitiven Verfestigung („entrenchment") sprachlicher Strukturen beiträgt, handelt es sich bei semantischen Einheiten im besten Sinne um „Phänomene der dritten Art" (Keller 1993: 86 ff.). Konventionalisierung und kognitive Verfestigung sind zwei Seiten ein und derselben Medaille.[35]

> (iv)   Einwand: Der Status von Schemata (resp. Konzepten) bleibt ungeklärt, insofern Schemata tendenziell hypostasiert werden, was in einem problematischen semantischen Repräsentationalismus mündet.

Diesem Einwand begegnet man schließlich, etwa auf Tagungen, immer wieder. Auch hierbei handelt es sich keineswegs um eine Kritik, die nur von außen – etwa von Wittgensteinianern – an die Kognitive Linguistik herangetragen wird; noch in jüngster Zeit wurde vielmehr zwischen ver-

---

34   Vgl. auch Clark (1996). Der enge Zusammenhang von Kognition und Handlung leitet sich schon aus dem Umstand ab, dass auch Handlungswissen durch Schemata strukturiert wird. Hierzu Lenk (2004: 91): „Sie [Schemata, AZ] umfassen natürlich auch Handlungsstrukturierungen, sie sind nicht nur begriffliches, verbales oder propositionales Wissen. Zumindest sollte man ‚Handlungwissen' (Können, *knowhow*) einbeziehen."

35   Somit ist auch nicht der Vorwurf haltbar, dass kognitive Ansätze die Anschließbarkeit und Motivation potentieller Handlungen ignoriere (man denke an Metaphern wie Wirtschaft als braches Feld, Mensch als Ratte oder Kriegsopfer als Kollateralschäden, die allesamt bestimmte Handlungen motivieren und begründen könnten). Denn Handlungen sind nur dann anschließbar, wenn ein entsprechendes deklaratives Wissen bereits etabliert ist, d.h. wenn Wissen, das etwa durch (konzeptuelle) Metaphern usw. etabliert wird, kognitiv abrufbar ist.

schiedenen prominenten Vertretern der Kognitiven Linguistik kontrovers das Verhältnis von Stase und Dynamik sprachlicher Konzepte diskutiert (Allwood 2003; Langacker 2006; Zlatev 2003).

Vor dem Hintergrund meiner Ausführungen zu symbolischen Einheiten in Abschnitt 2.1 dreht es sich dabei im Kern um die Frage, ob konventionelle Bedeutungsaspekte nicht insgeheim zu festen, gebrauchsunabhängigen Einheiten reifiziert werden würden. Dieser Verdacht liegt nahe, weil ja jeder konventionelle Bedeutungsaspekt – wie in Abb. 2 ausschnittartig veranschaulicht – einen Knoten in einem Netzwerk bildet. Jeder Knoten ist zwar mit anderen Knoten durch Kategorisierungslinks verbunden, muss aber zugleich einen hohen Grad an Distinktivität aufweisen, ohne den eine Kategorisierungsbeziehung gar nicht zustande kommen könnte.

Was diesen Einwand angeht, ist jedoch zu bedenken, dass die Beziehung zwischen Knoten stets auf Kategorisierungsleistungen einzelner Sprachbenutzerinnen und Sprachbenutzer basiert (vgl. Langacker 2006: 142–146). Und das heißt: Ob ein Element einer Kategorie zugehört, geht auf Urteile einzelner Personen zurück. Kategoriale Zugehörigkeit ist somit ein Gradphänomen und kein objektives Faktum. Jede Kategorie weist unscharfe Ränder auf, weil sie selbst ein Abstraktionsprodukt individueller Erfahrungen darstellt. Die Realisierung einer Schema-Instanzbeziehung hängt maßgeblich von dem Wissen eines Sprachbenutzers oder einer Sprachbenutzerin ab, das er oder sie im Kategorisierungsvollzug einbringt. In diesem Sinne dürfen Knoten in einem semantischen Netzwerk also keineswegs als distinkte Einheiten gelten. Positiv gewendet ergibt sich vielmehr folgendes Bild:

„A lexeme does define a field of potential for meaning and use that for all intents and purposes is continuous. The network model is inappropriate if pushed too far. In particular, it is wrong to "reify" the senses in a network by viewing them as well-delimited islands representing the only linguistic meanings a lexeme can assume. Such atomization of the field of meaning- or use-potential is artificial and leads to pseudo-problems, e.g., the problem of ascertaining which discrete sense a given use instantiates." (Langacker 2006: 145)

Semantische ,Unschärferelationen' sind folglich untilgbar, weil sich Schemata (wie etwa aufgerufene Frames) durch Kategorisierungsprozesse fortwährend verändern. Schemata – vielleicht mit Ausnahme von Bildschemata – haben einen durch und durch dynamischen Charakter. Für sie gilt, was Busse zur Wechselbeziehung zwischen Stase und Dynamik von Wissen allgemein feststellt; Wissen sei

„kein statisches Etwas, keine feste, gegebene und temporär unveränderliche Struktur, die man wie einen vorgegebenen Gegenstand in quasi eingefrorener Perspektive stillhalten und deskriptiv erfassen kann." (Busse 2005: 52).

Umgekehrt erschöpfe sich Wissen aber ebensowenig in „reine[r] Dynamik" oder einer „flüchtige[n] Bewegung" (Busse 2005: 52).

5 Wissen durch Sprache qua Kognition: Konsequenzen für die Analyse sprachlicher Wissenskonstitutionen

Die Antwort auf die eingangs gestellte Frage, was „sprachliche Wissenskonstitution" heiße, fällt nach den vorangegangenen Überlegungen anders aus, als es die meisten sprachwissenschaftlichen Studien im Anschluss an Foucault und Wittgenstein nahe legen. Aus Sicht der Kognitiven Grammatik und der Konstruktionsgrammatik vollzieht sich jede Form der sprachlichen Wissenskonstitution durch schemageleitete Kategorisierungsprozesse. Mit Blick auf den Titel des vorliegenden Sammelbandes besteht meine zentrale These darin, dass nicht Sprache Wissen schafft und Sachverhalte konstituiert, sondern dass Sprachbenutzerinnen und Sprachbenutzer ausgehend von sprachlichen Tokens kognitive Modelle aufbauen, deren gestalthafte Erscheinung eine projizierte Wirklichkeit (Jackendoff 1983: 29) erzeugt. Sprachliche Tokens erfüllen eine Art Stimulusfunktion, indem sie Anlass zur Konstruktion kognitiver Modelle geben; sie selbst schaffen jedoch kein Wissen! In dieser Einsicht liegt die kognitionstheoretische Legitimation für eine linguistische Epistemologie.

Kognitive Modelle sind Konstruktionsprodukte. Sie bestehen aus ineinander integrierten Schemata unterschiedlichen Abstraktionsgrades, nämlich aus mentalen Räumen („mental spaces"), Frames und Bildschemata. Kognitive Modelle resultieren aus Kategorisierungs- und Schematisierungsleistungen, wozu auch so komplexe Prozesse wie konzeptuelle Verschmelzungen („blending") und konzeptuelle Projektionen („mapping") gehören (die hier im Detail nicht behandelt werden konnten). Wichtig zu sehen ist dabei, dass Schemabildungen selbst Resultate kommunikativer Prozesse sind. Schemata sind dynamische Einheiten, die durch den Sprachgebrauch entstehen und sich durch diesen verändern.

Eine Kognitive Semantik läuft somit dem Programm einer historischen Semantik nicht zuwider, sie wirft ‚nur' ein anderes Licht auf das Verhältnis von Sprache und Wissen. Ebensowenig versteht sie sich als Alternative zur bewährten Diskursanalyse und Gesprächsanalyse. Vielmehr macht sie diesen ein verlockendes Angebot: Stellt eure analytischen Studien unter die theoretischen Vorzeichen einer Kognitiven Semantik, und ihr erhaltet nicht nur einen einheitlichen terminologischen und me-

thodischen Beschreibungsapparat, sondern auch ein gemeinsames sprach-
und kognitionstheoretisches Fundament.

Literatur

ABBOT-SMITH, KIRSTEN/TOMASELLO, MICHAEL (2007): Exemplar-learning and
schematization in a usage-based account of syntactic acquisition. In: The Linguistic Review 23, 275–290.

ALLWOOD, JENS (2003): Meaning potentials and contexts: Some consequences for the
analysis of variation in meaning. In: CUYCKENS, HUBERT/DIRVEN, RENÉ/
TAYLOR, JOHN R. (Hgg.): Cognitive Approaches to Lexical Semantics. Ber-
lin/New York, 29–45.

BARLOW, MICHAEL/KEMMER, SUZANNE (Hgg.) (2000): Usage-Based Models of Language. Stanford: CSLI.

BARSALOU, LAWRENCE W. (2008): Grounded Cognition. In: Annual Review on Psychology 59.

BEHRENS, HEIKE (2005): Wortarten-Erwerb durch Induktion. In: KNOBLOCH, CLE-
MENS/SCHAEDER, BURKHARD (Hgg.): Wortarten und Grammatikalisierung:
Perspektiven in System und Erwerb. Berlin, 177–197.

BERGEN, BENJAMIN/CHANG, NANCY (2005): Embodied Construction Grammar in
Simulation-Based Language Understanding. In: ÖSTMAN, JAN-OLA/FRIED, MIR-
JAM (Hgg.): Construction Grammars: Cognitive grounding and theoretical exten-
sions. Amsterdam, 147–190.

BLUHM, CLAUDIA/DEISSLER, DIRK/SCHARLOTH, JOACHIM/STUKENBROCK, ANJA
(2000): Linguistische Diskursanalyse: Überblick, Probleme, Perspektiven. In:
Sprache und Literatur in Wissenschaft und Unterricht 86, 3–21.

BUSSE, DIETRICH (2000): Historische Diskurssemantik. Ein linguistischer Beitrag zur
Analyse gesellschaftlichen Wissens. In: STUKENBROCK, ANJA/SCHARLOTH, JOA-
CHIM (Hgg.): Linguistische Diskursgeschichte. (= Sprache und Literatur in Wis-
senschaft und Unterricht 31, Heft 86), 39–53.

BUSSE, DIETRICH (2005): Architekturen des Wissens – Zum Verhältnis von Semantik
und Epistemologie. In: MÜLLER, ERNST (Hg.): Begriffsgeschichte im Umbruch
(= Archiv für Begriffsgeschichte, Sonderheft 2004). Berlin, 43–57.

BUSSE, DIETRICH (2007): Linguistische Diskursanalyse: Zur Begründung einer linguistischen Epistemologie als Kultur- und Kognitionsforschung. Vortrag auf der Jah-
restagung 2007 des Instituts für Deutsche Sprache Mannheim zum Thema
„Sprache – Kognition – Kultur. Sprache zwischen mentaler Struktur und kultureller Prägung." Mannheim, 6.3.2007. Unveröffentlichtes Manuskript.

BUSSE, DIETRICH/TEUBERT, WOLFGANG (1994): Ist Diskurs ein sprachwissenschaftliches Objekt? Zur Methodenfrage der historischen Semantik. In: BUSSE, DIET-
RICH/HERMANNS, FRITZ/TEUBERT, WOLFGANG (Hgg.): Begriffsgeschichte und

Diskursgeschichte. Methodenfragen und Forschungsergebnisse der historischen Semantik. Opladen, 10–28.

CASENHISER, DEVIN/GOLDBERG, ADELE (2005): Fast mapping between a phrasal form and meaning. In: Developmental Science 8 (6), 500–508.

CLARK, HERBERT H. (1996): Using language. Cambridge: Cambridge University Press.

COHEN, HENRI/LEFEBVRE, CLAIRE (Hgg.) (2005): Handbook of Categorization in Cognitive Science. Amsterdam u.a.

COULSON, SEANA (2001): Semantic leaps: frame-shifting and conceptual meaning construction. Cambridge.

COULSON, SEANA/OAKLEY, TODD (2000): Blending Basics. In: Cognitive Linguistics 11 (3/4), 175–196.

CROFT, WILLIAM (2001): Radical Construction Grammar. Syntactic Theory in Typological Perspective. Oxford.

CROFT, WILLIAM/CRUSE, D. ALAN (2004): Cognitive Linguistics. Cambridge.

DABROWSKA, EWA (2004): Language, Mind And Brain: Some Psychological And Neurological Constraints On Theories Of Grammar. Washington.

DANCYGIER, BARBARA/SWEETSTER, EVE (2005): Mental spaces in grammar: conditional constructions. Cambridge.

DEPPERMANN, ARNULF (2006a): Construction Grammar – Eine Grammatik für die Interaktion? In: DERS./FIEHLER, REINHARD/SPRANZ-FOGASY, THOMAS (Hgg.): Grammatik und Interaktion. Radolfzell, 43–65.

DEPPERMANN, ARNULF (2006b): Von der Kognition zur verbalen Interaktion: Bedeutungskonstitution im Kontext aus Sicht der Kognitionswissenschaften und der Gesprächsforschung. In: DERS./SPRANZ-FOGASY, THOMAS (Hgg.): be-deuten. Wie Bedeutung im Gespräch entsteht. Tübingen, 11–33.

DEPPERMANN, ARNULF (2007): Grammatik und Semantik aus gesprächsanalytischer Sicht. Berlin.

EVANS, VYVAN/GREEN, MELANIE (2006): Cognitive Linguistics: An introduction. Edingburgh.

FAUCONNIER, GILLES (1985): Mental spaces. Aspects of Meaning Construction in Natural Languages. Cambridge.

FAUCONNIER, GILLES (1997): Mappings in Thoughts and Language. Cambridge.

FAUCONNIER, GILLES/SWEETSER, EVE (1996): Spaces, Worlds, and Grammars. Chicago.

FAUCONNIER, GILLES/TURNER, MARK (1998): Conceptual integration networks. In: Cognitive Science 22 (2), 133–187.

FAUCONNIER, GILLES/TURNER, MARK (2000): Compression and Global Insight. In: Cognitive Linguistics 11 (3/4), 283–304.

FAUCONNIER, GILLES/TURNER, MARK (2002): The Way We Think. Conceptual Blending and the Mind's Hidden Complexities. New York.

FEILKE, HELMUTH (1994): Common sense-Kompetenz. Überlegungen zu einer Theorie „sympathischen" und „natürlichen" Meinens und Verstehens. Frankfurt/M..

FEILKE, HELMUTH (1996): Sprache als soziale Gestalt: Ausdruck, Prägung und die Ordnung der sprachlichen Typik. Frankfurt/M.

FEILKE, HELMUTH/SCHMIDT, SIEGFRIED J. (1995): Denken und Sprechen. Anmerkungen zur strukturellen Kopplung von Kognition und Kommunikation. In: TRABANT, JÜRGEN (Hg.): Sprache denken. Positionen aktueller Sprachphilosophie. Frankfurt/M., 269–297.

FELDER, EKKEHARD (2005): Vorstellung des neu gegründeten Forschungsnetzwerkes „Sprache und Wissen – Probleme öffentlicher und professioneller Kommunikation". In: Aptum 3, 283–286.

FELDER, EKKEHARD (2006): Semantische Kämpfe in Wissensdomänen. Eine Einführung in Benennungs-, Bedeutungs- und Sachverhaltsfixierungs-Konkurrenzen. In: DERS. (Hgg.): Semantische Kämpfe. Macht und Sprache in den Wissenschaften. Berlin/New York, 13–46.

FELDER, EKKEHARD (2007): Ohne Sprache kein Wissen. In: Forschungsmagazin „Ruperto Carola". Heft 3/2007, 46–47.

FILLMORE, CHARLES (1988): The mechanisms of ‚Construction Grammar'. In: Berkeley Linguistics Society 14, 35–55.

FILLMORE, CHARLES J. (1975): An alternative to checklist theories of meaning. In: COGEN, CATHY/THOMPSON, HENRY/THURGOOD, GRAHAM/WHISTLER, KENNETH/WRIGHT, JAMES (Hgg.): Proceedings of the first annual meeting of the Berkeley Linguistics Society. Berkeley, 123–131.

FILLMORE, CHARLES J. (1982): Frame Semantics. In: The Linguistic Society of Korea (Hg.): Linguistics in the morning calm. Seoul, 111–137.

FILLMORE, CHARLES J. (1985): Frames and the semantics of understanding. In: Quaderni di Semantica 6 (2), 222–254.

FILLMORE, CHARLES J./KAY, PAUL/O'CONNOR, MARY C. (1988): Regularity and idiomaticity in grammatical constructions: The case of „let alone". In: Language 64, 501–38.

FISCHER, KERSTIN/STEFANOWITSCH, ANATOL (2006): Konstruktionsgrammatik: Ein Überblick. In: STEFANOWITSCH, ANATOL/FISCHER, KERSTIN (Hgg.): Konstruktionsgrammatik: Von der Anwendung zur Theorie. Tübingen, 3–17.

FIX, ULLA (2006): Was heißt Texte kulturell verstehen? Ein- und Zuordnungsprozesse beim Verstehen von Texten als kulturellen Entitäten. In: BLÜHDORN, HARDARIK/BREINDL, EVA/WAßNER, ULRICH H. (Hgg.): Text – Verstehen. Grammatik und darüber hinaus. Berlin/New York, 254–276.

FRAAS, CLAUDIA (1996): Gebrauchswandel und Bedeutungsvarianz in Textnetzen. Die Konzepte „Identität" und „Deutsche" im Diskurs zur deutschen Einheit. Tübingen.

FRITZ, GERD (1998): Historische Semantik. Stuttgart/Weimar.

GIBBS, RAYMOND W. (2006): Embodiment and Cognitive Science. Cambridge.

GOLDBERG, ADELE (1995): Constructions. A Construction Grammar Approach to Argument Structure. Chicago.

GOLDBERG, ADELE (2006): Constructions at work. The nature of generalization in language. Oxford.

GÜNTHNER, SUSANNE/IMO, WOLFGANG (Hgg.) (2007): Konstruktionen in der Interaktion. Berlin.

HAIMAN, JOHN (1980): Dictionaries and encyclopedias. In: Lingua 50, 329–357.

HAMPE, BEATE (Hg.) (2005): From Perception to Meaning: Image Schemas in Cognitive Linguistics. Berlin/New York.

HASPELMATH, MARTIN (2002): Grammatikalisierung. Von der Performanz zur Kompetenz ohne angeborene Grammatik. In: KRÄMER, SYBILLE (Hg.): Gibt es eine Sprache hinter dem Sprechen? Frankfurt/M., 262–286.

HIRSCHFELD, LAWRENCE A./GELMAN, SUSAN A. (Hgg.) (1994): Mapping the Mind: Domain Specificity in Cognition and Culture. New York.

IMO, WOLFGANG (2007): Construction Grammar und Gesprochene-Sprache-Forschung. Konstruktionen mit zehn matrixsatzfähigen Verben im gesprochenen Deutsch. Tübingen.

JACKENDOFF, RAY S. (1983): Semantics and Cognition. Cambridge/London.

JACKENDOFF, RAY (2007): Language, Consciousness, Culture. Essays on Mental Structure. Cambridge/London.

JOHNSON, MARK (2007): The Meaning of the Body: Aesthics of Human Understanding. Chicago.

KELLER, RUDI (1993): Sprachwandel. Von der unsichtbaren Hand in der Sprache. Tübingen/Basel.

KELLER, RUDI (1995): Zeichentheorie: zu einer Theorie semiotischen Wissens. Tübingen/Basel.

LAKOFF, GEORGE/JOHNSON, MARK (1980): Metaphors We Live By. Chicago.

LAKOFF, GEORGE/JOHNSON, MARK (1999): Philosophy in the Flesh. Embodied Mind and its Challenge to Western Thought. New York.

LAKOFF, GEORGE/THOMSON, HENRY (1975): Introducing Cognitive Grammar. In: Berkeley Linguistics Society 1, 295–313.

LANGACKER, RONALD W. (1987): Foundations of cognitive grammar. Volume 1: Theoretical prerequisites. Stanford.

LANGACKER, RONALD W. (1991): Foundations of Cognitive Grammar. Volume 2: Descriptive Application. Stanford.

LANGACKER, RONALD W. (1994): Culture, cognition and grammar. In: PÜTZ, MARTIN (Hg.): Language Contact. Language Conflict. Amsterdam/New York, 25–53.

LANGACKER, RONALD W. (1997): The contextual basis of cognitive semantics. In: NUYTS, JAN/PEDERSON, ERIC (Hgg.): Language and Conceptualization. Oxford, 229–252.

LANGACKER, RONALD W. (1999): Grammar and conceptualization. Berlin/New York..

LANGACKER, RONALD W. (2005): Construction Grammars: cognitive, radical, and less so. In: IBÁÑEZ, FRANCISCO J. RUIZ DE MENDOZA/CERVEL, M. SANDRA PEÑA

(Hgg.): Cognitive Linguistics. Internal Dynamics and Interdisciplinary Interaction. Berlin/New York, 101–159.

LANGACKER, RONALD W. (2006): On the continuous debate about discreteness. In: Cognitive Linguistics 17 (1), 107–151.

LENK, HANS (2004): Bewusstsein als Schemainterpretation. Ein methodologischer Integrationsansatz. Paderborn.

MANDELBLIT, NILI (2000): The grammatical marking of conceptual integration: From syntax to morphology. In: Cognitive Linguistics 11, 197–251.

MANDLER, JEAN M. (2004): The foundations of mind: origins of conceptual thought. Oxford u.a.

MANDLER, JEAN M. (2005): How to build a baby: III. Image schemas and the transition to verbal thought. In: HAMPE (2005), 137–163.

O'HALLORAN, KIERAN (2003): Critical Discourse Analysis and Language Cognition. Edingburgh.

ROHRER, TIM (2005): Image schemata in the brain. In: HAMPE (2005), 165–196.

SKIRL, HELGE/SCHWARZ-FRIESEL, MONIKA (2007): Metapher. Heidelberg.

STEINSEIFER, MARTIN (2005): Die „Sloterdijk-Debatte". Linguistische Diskursanalyse eines (Print-) Medienereignisses und seiner argumentativen Ordnung. In: WENGELER, MARTIN (Hg.): Sprachgeschichte als Zeitgeschichte. Konzepte, Methoden und Forschungsergebnisse der Düsseldorfer Sprachgeschichtsschreibung für die Zeit nach 1945. Hildesheim/New York, 498–526.

SWEETSER, EVE (1999): Compositionality and blending: semantic composition in a cognitively realistic framework. In: JANSSEN, THEO/REDEKER, GISELA (Hgg.): Cognitive Linguistics: Foundations, Scope, and Methodology. Berlin/New York, 129–162.

SWEETSER, EVE (2000): Blended spaces and performativity. In: Cognitive Linguistics 11, 305–333.

TAYLOR, JOHN R. (2002): Cognitive Grammar. New York.

TAYLOR, JOHN R. (2003): Linguistic Categorization. Prototypes in Linguistic Theory. Oxford.

TEUBERT, WOLFGANG (2006): Über den fragwürdigen Nutzen mentaler Konzepte. In: PROOST, KRISTEL/WINKLER, EDELTRAUD (Hgg.): Von Intentionalität zur Bedeutung konventionalisierter Zeichen, 285–325.

TOMASELLO, MICHAEL (2003): Constructing a language: A usage-based account of language acquisition. Cambridge.

WARNKE, INGO (2007): Diskurslinguistik nach Foucault – Dimensionen einer Sprachwissenschaft jenseits textueller Grenzen. In: DERS. (Hg.): Diskurslinguistik nach Foucault. Theorie und Gegenstände. Berlin/New York, 3–24.

WATTERS, JAMES K. (1996): Frames and the semantics of applicatives in Tepehua. In: CASAD, EUGENE H. (Hg.): Cognitive Linguistics in the Redwoods. The Expansion of a New Paradigm in Linguistics. Berlin/New York, 971–996.

WENGELER, MARTIN (2003): Topos und Diskurs. Begründung einer argumentations-analytischen Methode und ihre Anwendung auf den Migrationsdiskurs (1960-1985). Tübingen.

ZIEM, ALEXANDER (2008a): Frames und sprachliches Wissen. Kognitive Aspekte der semantischen Kompentenz. Berlin/New York.

ZIEM, ALEXANDER (2008b): Frame-Semantik und Diskursanalyse – Skizze einer kognitionswissenschaftlich inspirierten Methode zur Analyse gesellschaftlichen Wissens. In: WARNKE, INGO/SPITZMÜLLER, JÜRGEN (Hgg.): Methoden der Diskurslinguistik. Sprachwissenschaftliche Zugänge zur transtextuellen Ebene. Berlin/New York, 89–116.

ZIEM, ALEXANDER (im Druck): Universale Prägung oder kulturelle Varianz? Überlegungen zu einem integralen Bedeutungsmodell im kognitiven Paradigma. In: Zeitschrift für Literaturwissenschaft und Linguistik.

ZLATEV, JORDAN (2003): Polysemy or generality? Mu. In: CUYCKENS, HUBERT/DIRVEN, RENÉ/TAYLOR, JOHN R. (Hgg.): Cognitive Approaches to Lexical Semantics. Berlin/New York, 447–494.

Teil II:

Einzelanalysen

Frames im Einsatz

Aspekte anaphorischer, tropischer und multimodaler Bedeutungskonstitution im politischen Kontext

Alexander Ziem

1   Einleitung

Die semantische Frame-Theorie erlebt seit der Jahrtausendwende nicht nur in der germanistischen Linguistik eine kaum zu übersehende Renaissance. Nachdem im deutschsprachigen Raum zunächst nur eine lexiko-graphisch motivierte Rezeption stattfand (Wegner 1985; Konerding 1993), ist in den vergangenen Jahren eine Reihe von frame-semantisch inspirier-ten Beiträgen erschienen, die so unterschiedliche Gegenstandsbereiche wie Metaphern (Klein 2002a; Ziem 2008b), Argumentation (Klein 2002b), Bedeutungswandel (Blank 999; Fraas 1996) und Sprechaktverben (Kon-erding 1996) abdecken. Weiterhin hat 2005 unter der Leitung von Sebas-tian Löbner der Sonderforschungsbereich „Funktionalbegriffe und Fra-mes" seine Arbeit aufgenommen (Löbner 2005); im Projekt ist eine Er-weiterung des Anwendungsbereiches von Frames auf neurowissenschaftli-che, wissenschaftsgeschichtliche und philosophische Fragestellungen an-gelegt.

Trotz des wachsenden Interesses werden Frames jedoch in linguisti-schen Studien erstaunlich selten mit dem Namen Charles Fillmore, dem Begründer der semantischen Frame-Theorie, in Verbindung gebracht.

Auch im Projektantrag des Sonderforschungsbereiches spielen Fillmores
Studien praktisch keine Rolle;[1] unbeachtet bleiben ebenso sowohl die
konstruktionsgrammatische Grundposition, für die Fillmore eintritt, als
auch der übergeordnete holistisch-kognitionstheoretische Zusammenhang, in dem sich die Frame-Semantik neben der Theorie mentaler Räume
(Fauconnier 1997) und kognitiver Domänen (Langacker 1987) einordnet.
Dies hat zur Folge, dass neben der knapp 40jährigen Geschichte der
Frame-Theorie auch die genuin linguistischen Anliegen aus dem Blickfeld
geraten, die Mitte der 1970er Jahre Fillmore zur Einführung des Frame-
Konzepts geführt haben. Ein zentrales Anliegen bestand darin, eine Spielart der kognitiven Linguistik zu etablieren, die, anders als das damals vorherrschende generativistische Paradigma, dem Umstand Rechnung zu
tragen versucht, dass Welt- und Sprachwissen keine säuberlich zu tren-
nende Bereiche der menschlichen Kognition darstellen. In programmati-
scher und, wie man rückblickend konstatieren muss, bahnbrechender
Weise findet sich die Idee einer holistischen Sprachtheorie und eines am
Sprachgebrauch orientierten Modells erstmals in Langackers Entwurf
einer Kognitiven Grammatik (1987) und Lakoffs (1987) konstruktions-
grammatischem Ansatz realisiert.

Was bleibt übrig, wenn man die Frame-Theorie aus diesem Entste-
hungszusammenhang herauslöst? Wenn ich in diesem Beitrag die Auffassung vertrete, dass die oftmals praktizierte ‚Enthistorisierung‘ mit dem
Verlust frame-semantischer ‚Substanz‘ einhergeht, möchte ich weniger für
eine umfassende Aufarbeitung der Forschung plädieren[2] als dafür, etablierte und kognitionstheoretisch fundierte Bestimmungen von Frames
aufzugreifen, um diese für weitere Studien fruchtbar zu machen. Eine
grundlegende Bestimmung betrifft die schematische und gleichzeitig gestalthafte Struktur von Frames. Von ihr ausgehend möchte ich in Grundzügen ein frame-semantisches Theorie- und Analysemodell vorstellen, das
sich in vielfältiger Weise auf ganz unterschiedliche linguistische Gegenstandsbereiche anwenden lässt.

Nach einem kurzen Forschungsüberblick (Abschnitt 2) richtet sich
das Hauptaugenmerk zunächst auf die Bestimmung zentraler Charakteristika von Frames; dies geschieht am Beispiel der ‚terroristischen Geheimsprache‘ (Abschnitt 3). Im letzten Teil dient eine politische Karikatur dazu, die Relevanz von Frames für die Analyse multimodaler Bedeutungs-

---

1   Vgl. http://www.phil-fak.uni-duesseldorf.de/fff/ueber-die-forschergruppe; letzter Zugriff:
    27. März 2008.
2   Diese liegt, zumindest im angloamerikanischen Raum, schon mit umfangreichen Über-
    blicksdarstellungen wie Evans/Green (2006) und Ungerer/Schmid (2006) vor.

konstruktionen zu illustrieren. Den Gegenstandsbereich bilden hier konzeptuelle Verschmelzungen („blending") sowie sprachliche Tropen (Abschnitt 4).

2 Frames in der Forschung

2.1 Eine kurze Geschichte der Frame-Theorie

Schon die Tatsache, dass sich der Frame-Begriff Mitte 1970er Jahre zeitgleich in verschiedenen Wissenschaftsdisziplinen zu etablieren begann, täuscht über seine eigentlichen Wurzeln hinweg, die bis in die 20er Jahre des letzten Jahrhunderts zurückreichen. Zum einen wurden wichtige Grundideen, die auch für die Entwicklung der linguistischen Frame-Theorie leitend waren und es immer noch sind, bereits von führenden Vertretern der Gestaltpsychologie formuliert. So betonten insbesondere Vertreter der Berliner Schule wie Köhler, Koffka, Wertheimer, Lewin und Metzger, dass Objekte unserer perzeptuellen Wahrnehmung einen ganzheitlichen, gestalthaften Charakter aufweisen und maßgeblich auf der Basis allgemeiner psychologischer Prinzipien gebildet werden (vgl. hierzu auch Liebert 1992: 14-28). Zu diesen Prinzipien gehört etwa das der Übersummativität, nach dem sich keine Gestalt restlos als Summe ihrer Einzelteile bestimmen lässt.[3] Zusammen mit dem Prinzip der Figur-Grund-Unterscheidung, das besagt, dass jede Gestalt nur als Figur vor einem Grund wahrgenommen werden kann, sind zwei kognitive Fähigkeiten benannt, die der Kognitiven Linguistik weit über die Gründerjahre hinaus wichtige Impulse gegeben haben (vgl. Lakoff 1977; Langacker 1979). So ist nicht nur die zentrale Relevanz der Figur-Grund-Unterscheidung bei der Konstruktion sprachlicher Bedeutungen in jüngerer Zeit immer wieder herausgearbeitet worden (Talmy 2000: 311–344; Ungerer/Schmid 2006: 163–205); sprachliche Bedeutungen gelten überdies als übersummative Einheiten, sofern sie sich nicht kompositionell auf eine Menge semantischer Merkmale zurückführen lassen.[4]

Neben der Gestaltpsychologie kann der Einfluss von Bartletts Gedächtnistheorie auf die Entwicklung der Frame-Semantik kaum hoch genug eingeschätzt werden. Anfang der 1930er Jahre widerstand Bartlett den

---

3   Viele Prinzipien, wie auch das der Übersummativität, hat bereits der Philosoph Christian Ehrenfels thematisiert, der als wichtiger Vorläufer der Gestaltpsychologie gilt; Metzger (1923) hat seine Gedanken weiterentwickelt.

4   Vgl. mit Bezug auf Frames etwa Fillmore (1977, 1985: 224).

behavioristischen Verlockungen seiner Zeit und rückte, dem vorherr-
schenden Paradigma zum Trotz, den Schema-Begriff ins Zentrum seiner
Studie:

> „‚Schema' refers to an active organisation of past reactions, or of past experiences,
> which must always be supposed to be operating in any well-adapted organic re-
> sponse. That is, whenever there is any order or regularity of behaviour, a particular
> response is possible only because it is related to other similar responses which
> have been serially organised, yet which operate, not simply as individual members
> coming one after another, but as a unitary mass. Determination by schemata is the
> most fundamental of all the ways in which we can be influenced by reactions and
> experiences which occurred some time in the past." (Bartlett 1932: 201)

Sprachliche Strukturen stellen Ordnungen oder Regularitäten der kommunikativen Praxis par excellence dar – eine Erkenntnis, die mit Blick auf
die Konventionalität sprachlichen Zeichengebrauchs evident wird (vgl.
Taylor 2002: 50–58). Vor diesem Hintergrund liegt die Vermutung nicht
fern, dass Schemata auch zentrale Organisationseinheiten der sprachlichen
Kognition darstellen. Diese Hypothese fand mit Fillmores Frame-Theorie
in systematischer Weise Eingang in die linguistische Semantik. Frames
gelten als schematisierte Erfahrungen, die den Gebrauch sowie das Verstehen eines sprachlichen Ausdrucks motivieren. Sie bilden sich nicht nur
abhängig von Erfahrungen heraus, mit neuen Erfahrungen verändern sie
sich ebenso fortlaufend. In deutlicher Anlehnung an die Gestalt- und
Gedächtnispsychologie heißt es in der ersten semantischen Frame-Studie
Fillmores:

> „The frame is this. There are certain schemata or frameworks of concepts or
> terms which link together as a system, which impose structure or coherence on
> some aspects of human experience, and which may contain elements which are
> simultaneously parts of other such frameworks." (Fillmore 1975: 123)

Nachdem Fillmore den Frame-Begriff bereits im Zusammenhang mit
seiner Tiefenkasus-Theorie (Fillmore 1968) eingeführt hatte, um die syntaktische Funktion einzelner Satzelemente im übergeordneten Zusammenhang mit nicht realisierten Kasusrollen zu erklären, lenkte er seit Mitte
der 1970er Jahre die Aufmerksamkeit vor allem auf semantische Fragestellungen. Genauso wie Minsky verstand er dabei Frames als kognitive Formate der Wissensrepräsentation. Zielte Minskys Entwurf jedoch auf eine
umfassende Epistemologie, die so unterschiedliche Wissensformen wie
Paradigmen (im Sinne Kuhns 1976) und Daten der visuellen Perzeption
zu erfassen versucht, lenkte Fillmore das Augenmerk insbesondere auf
Hintergrundwissen, das zum Verstehen eines sprachlichen Ausdrucks
präsupponiert wird.

Diesen Leitlinien Minskys und Fillmores folgend entstand einerseits im Rahmen der Künstlichen Intelligenzforschung ein reges Interesse an Frames (vgl. etwa Metzing 1979). Andererseits konsolidierte sich der Frame-Ansatz immer mehr innerhalb der allmählich entstehenden kognitiven Semantik; den vorläufigen Höhepunkt markierte dabei der Workshop „Round Table Discussion on Frame/Script Semantics", den Victor Raskin 1983 im Rahmen des 13. Internationalen Linguistikkongresses in Tokio organisierte.

Obwohl die Frame-Semantik von Anfang an einen integralen Bestandteil der Konstruktionsgrammatik und Kognitiven Grammatik dargestellt hat (vgl. etwa Goldberg 1995; Petruck 1986; Lakoff 1987) und zudem zahllose Anwendungsmöglichkeiten in einer Reihe von Fallstudien illustriert worden sind,[5] ist für die deutsche Rezeption der Frame-Semantik die fehlende Einbettung von Forschungsfragen in den übergeordneten sprachtheoretischen Zusammenhang bezeichnend. Dies hängt sicherlich mit der über eine lange Zeit hinweg dominierenden Zwei-Ebenen-Semantik zusammen, deren generativistischer Ursprung dem konstruktivistischen Frame-Konzept diametral entgegensteht (vgl. Taylor 2000). In der germanistischen Linguistik war das Interesse an semantischen Frames zunächst stark lexikologisch und lexikographisch motiviert (Wegner 1985; Konerding 1993). Im Anschluss an Konerdings Operationalisierungsvorschlag entwickelte sich jedoch die neue Tendenz, Frames zur korpusbasierten Analyse sprachlich-konzeptueller Strukturen einzusetzen (Fraas 1996; Klein/Meißner 1999; Lönneker 2003; Ziem 2008a). Ohne diesen Ansatz explizit an Fillmores Konzeption rückzubinden, geriet damit eine zweite analytische Dimension in den Blick, die Fillmore selbst schon anvisiert hatte: Frames stellen nicht nur kognitive Repräsentationsformate verstehensrelevanten Wissens dar, sie fungieren darüber hinaus auch als korpuslinguistisches Instrument zur Untersuchungen ebendieser Formate (Fillmore 1985: 232).

Darüber hinaus wurden Frames sowohl als textanalytische Hilfsmittel eingesetzt (etwa in Holly 2001; Klein 2002a; Ziem 2005) als auch jenseits der Textgrenzen im Rahmen von Diskurstheorien thematisiert (Busse 2005; Ziem 2008a). Der diskursbezogene Einsatz von Frames steht dabei unter den Vorzeichen einer semantischen Epistemologie, d. h. Frames werden gezielt zur Untersuchung gesellschaftlichen Wissens eingesetzt und bilden in dieser Funktion einen festen Bestandteil des diskursanalytischen Werkzeugkastens.

---

5 An einer anderen Stelle habe ich einen ausführlicheren Literaturüberblick gegeben, vgl. Ziem (2008a: Kap. I.2.1).

2.2   Forschungsprämissen und Forschungsdesiderata

Wenngleich sich in Deutschland ungeachtet der verstärkten Rezeption der
Frame-Theorie seit den 1990er Jahren kein einheitliches Paradigma mit
gemeinsamen Forschungszielen formiert hat, muss man konstatieren, dass
dennoch ein unausgesprochener Konsens hinsichtlich der zugrunde liegenden semantiktheoretischen Voraussetzungen besteht. Erstens bildet
den Ausgangspunkt aller frame-basierten Studien das Postulat der Verste-
hensrelevanz. Dieses von mir (Ziem 2008a: Kap. III.3.) im Anschluss an
Busse (2000) eingeführte bedeutungstheoretische Prinzip besagt, dass die
semantische Analyse eines sprachlichen Ausdrucks auch jenes Hintergrundwissen einzubeziehen hat, das das Verstehen des Ausdrucks ermöglicht oder motiviert. Mit einer solchen Erweiterung des semantischen
Gegenstandsbereiches hängt zweitens die Prämisse zusammen, dass
Sprach- und Weltwissen grundsätzlich nicht trennscharf voneinander
unterschieden werden können. Denn eine solche Trennung basiert maßgeblich auf teils strukturalistischen, teils generativistischen Vorannahmen,
die sich bei genauerer Betrachtung als höchst problematisch und letztlich
nicht haltbar erweisen (vgl. Ziem 2008a: Kap. III. 1). Drittens vertreten
alle Studien, wenn auch nur implizit, einen semantischen Holismus, der
sich in der Ablehnung eines semantischen Mehr-Ebenen-Modells manifestiert;[6] jedoch ist zugleich eine gewisse Unsicherheit festzustellen, worin
dieser Holismus im Einzelnen besteht. Schließlich bleibt als vierter Punkt
festzuhalten, dass semantischen Frames zumeist die bereits erwähnte
Doppelfunktion zugeschrieben wird, einerseits konventionalisiertes Hintergrundwissen zu repräsentieren, andererseits aber auch als empirisches
Untersuchungsinstrument zu fungieren, wobei in deutschen, anders als in
angloamerikanischen Studien, der Einsatz von Frames als analytisches
Hilfsmittel stark dominiert.

Kaum Konsens besteht dagegen in der Frage, was Frames als kognitive Schemata auszeichnet; hierin unterscheidet sich die deutsche Literatur
nicht wesentlich von der angloamerikanischen (vgl. Konerding 1993: 20–
80). Rückblickend betrachtet muss man zu dem Schluss kommen, dass
begriffliche Unschärfen ein zum Teil immer noch gravierendes Problem
darstellen. Schon Bartletts nicht sehr differenziertes Verständnis von
Schemata als kognitive Ordnungsstrukturen und Minskys globale Verein-
nahmung von Frames leisteten einem geradezu inflationären Gebrauch
alternativer Termini für schematisch-gestalthafte Wisseneinheiten Vor-

---

6   Ausnahmen wie Blank (1999) und Gansel (2002) bestätigen die Regel.

schub. Ein Frame war dabei zunächst nur ein Format neben anderen.[7] Das Frame-Konzept fand Mitte der 1970er Jahre zeitgleich Eingang in die interaktionistische Soziologie (Goffman 1974), die Künstliche Intelligenz-Forschung (Minsky 1975) und die linguistische Semantik (Fillmore 1975). Der interdisziplinäre Kontext, in dem die Frame-Theorie von Anfang an angesiedelt war, hat trotz der zeitweise starken Resonanz in der Sprachwissenschaft nur wenig zu einer *linguistischen* Fundierung beigetragen. So blieb etwa weitgehend ungeklärt, inwiefern sich die schematisch-kognitive Struktur von Frames auf sprachliche Strukturen zurückführen lässt. Unklar ist auch der Status der Strukturkonstituenten von Frames. Überhaupt wurden strukturelle Eigenschaften von Frames kaum thematisiert. Zwar sprach Fillmore ganz nebenbei von „Leerstellen" eines Frames,[8] in denen Wörter eingesetzt werden würden; die Fragen aber, welche Leerstellen ein Frame aufweist und wie sich diese ermitteln lassen, kamen gar nicht erst auf. Viele Jahre später hat sich Konerding (1993) dieses Problems angenommen. Auf seinen Lösungsvorschlag komme ich im nächsten Abschnitt noch zurück.

Ein spezifisch deutsches Forschungsdesiderat betrifft ferner die sprachtheoretischen Voraussetzungen, unter denen Frames thematisiert werden. Es dürfte der besonderen Situation in der germanistischen Linguistik geschuldet sein, insbesondere der anhaltenden Verweigerung, die verschiedenen kognitiv-holistischen Schulbildungen umfassend zu rezipieren,[9] dass Frames bislang nicht im Rahmen des übergeordneten kognitiven Paradigmas (vgl. Evans/Green 2006) wahrgenommen und verankert worden sind. Diese Ignoranz hat zum einen zu einer gewissen Parzellierung der Einzelbeiträge geführt, da es keine Einheit stiftende Forschungsagenda gibt, an die man sich halten könnte. Zum anderen bleiben wichtige und weit reichende Anschlussmöglichkeiten sowohl theoretischer als auch empirischer Art unentdeckt, so etwa die Relevanz der Frame-Theorie für die Analyse syntaktischer Phänomene (Goldberg 1995; Boas 2008) oder für andere semantische Repräsentationsformate wie „mental spaces" (etwa Fauconnier 1997; Fauconnier/Turner 2002) und „Bildschemata" (etwa Lakoff 1987; Hampe 2005).

Im verbleibenden Teil des Beitrages stelle ich in Grundzügen zunächst einen erweiterten Frame-Ansatz vor, der den angesprochenen For-

---

7   Weitere Formate sind etwa Skript, Plan (Schank/Abelson 1977), Szenario (Sanford/ Garrod 1981), Rezept (Wettler 1980), (idealisiertes) kognitives Modell (Lakoff 1987), Domäne (Langacker 1987) und Szene (Fillmore 1977).

8   Wörtlich: „'positions ,left blank'" (Fillmore 1977: 63).

9   Insbesondere die Kognitive Grammatik Langackers sowie verschiedene Spielarten der Konstruktionsgrammatik.

schungsdesiderata Rechnung zu tragen versucht. Weil insgesamt aber die Anwendung und nicht die Theorie von Frames im Vordergrund stehen soll, werden theoretische Aspekte insofern thematisiert, als sie sich aus der Analysepraxis selbst ergeben. Ausgehend von konkreten Beispielanalysen soll ein (durchaus theoretisch anspruchsvolles) Verständnis semantischer Frames entwickelt werden. Der einzuschlagende Weg verläuft im nächsten Abschnitt also von der Anwendung zur Theorie. Rücken hier Frames als Repräsentationsformate ins Blickfeld, kommen in Abschnitt 4 Frames als Analyseinstrumente in weiteren linguistisch relevanten Bereichen zum Einsatz.

3   Frames im holistischen Paradigma: von der Anwendung zur Theorie

Ich beginne mit einem Beispiel, das Ende November 2007 in den Medien kursierte[10] und politisch von einiger Brisanz ist. Als sich der Al-Kaida Anhänger Redouane E. H. im November 2007 in Schleswig u.a. wegen Mitgliedschaft in einer terroristischen Vereinigung vor Gericht verantworten musste, berichtete er von der „terroristischen Geheimsprache", die Al-Kaida Anhänger, z.B. in Internetforen wie so genannten Chatrooms, benutzen, um sich verschlüsselt über geplante Terroranschläge zu unterhalten. Einige geheime Vokabeln gab der mutmaßliche Terrorhelfer preis. So informierte Redouane über die gängige Praxis, sich mit Wörtern wie *Taxifahrer, Teig, Hunde* und *heiraten* über aktuelle Geschehnisse und terroristische Pläne in Ländern wie Irak und Afghanistan auszutauschen. *Taxifahrer* stehe dabei für Selbstmordattentäter, *Teig* für Sprengstoff, und *Hund* für Spitzel, während *heiraten* so viel wie „als Märtyrer sterben" bedeute.

Ausgehend von diesen Beispielen möchte ich zunächst der Frage nachgehen, inwiefern sprachliche Bedeutungen einen schematischen Charakter haben, genauer: inwiefern die Redeweise von „Leerstellen" und „Füllwerten" eine sinnvolle Metapher darstellt.

---

10   Vgl. etwa die Artikel „„Kranke Taxifahrer heiraten nicht'" in der Tageszeitung WELT KOMPAKT, 18. Dezember 2007, S. 5, und „Mutmaßlicher Kieler Terrorhelfer weist Vorwürfe zurück" in der Online-Ausgabe der Tageszeitung DIE WELT, 30. November 2007, letzter Zugriff am 26. Januar 2008.

3.1 Leerstellen und Füllwerte: Beispiele aus der ‚terroristischen Geheimsprache'

In terroristischen Kreisen sind die den erwähnten Wörtern assoziierten Bedeutungen offensichtlich hinreichend spezifisch, um sich über konkrete Sachverhalte verständigen zu können, ohne von Geheimdiensten oder anderen erkannt zu werden, andererseits aber auch hinreichend abstrakt, um der Besonderheit des jeweils verhandelten Sachverhalts gerecht werden zu können. In dieser doppelten Anforderung unterscheiden sich die Ausdrücke der „terroristischen Geheimsprache" nicht von normalsprachlichen Ausdrücken. Beide ‚verfügen' über einen konventionellen, kontextabstrakten semantischen Gehalt, der im Zuge der Verwendung des Ausdrucks eine Konkretisierung erfährt. In normalsprachlicher Verwendung könnte mit $Taxifahrer_n$ – fortan gekennzeichnet mit dem Index „n" für „normalsprachlich" – etwa Paul C. gemeint sein, der am 13. Januar 2008 um 15.07 Uhr mit einem 200er Mercedes Gertrud und Dieter von Ort X zu Ort Y gefahren hat; $Taxifahrer_g$, also der geheimsprachliche Ausdruck, könnte sich dagegen auf Mustafa A. beziehen, der am selben Tag und zur selben Tageszeit in der Iraker Innenstadt ein Selbstmordattentat verübt hat (indem er seinen 200er Mercedes als ‚fahrende Bombe' benutzte). Genaue Angaben etwa zur Person, zu verwendeten Hilfsmitteln, zum Ort, zur Zeit etc. sind offensichtlich in beiden Fällen variabel; die Ausdrücke $Taxifahrer_n$ und $Taxifahrer_g$ könnten sich genauso gut auf andere Referenzobjekte als die erwähnten beziehen. In diesem Sinne stellt die konventionelle Bedeutung eines sprachlichen Ausdrucks ein Schema dar, das sich relativ zum jeweiligen Kontext, in dem der Ausdruck vorkommt, und relativ zum kontextrelevanten Hintergrundwissen, über das die SprachbenutzerInnen verfügen, ausdifferenziert.[11] Worin sich die Bedeutungen der Ausdrücke $Taxifahrer_n$ und $Taxifahrer_g$ unterscheiden, sind die prototypischen Füllungen bestimmter Leerstellen des jeweils aufgerufenen Schemas. Von Relevanz ist hier insbesondere jene Spezifizierung, die den Zweck der Nutzung eines Autos betrifft. Die Leerstellen selbst (etwa solche, die die Zeit, den Ort, die Hilfsmittel, den Zweck der Nutzung des Hilfsmittels usw. betreffen) können dabei durchaus dieselben sein.

---

11 In der traditionellen (logischen) Semantik, die sich etwa an Arbeiten von Frege und Carnap orientiert, wird oft zwischen „Bedeutung" und „Sinn" oder zwischen „Intension" und „Extension" unterschieden. Ich vermeide diese Termini hier deshalb, weil sie sich kaum unabhängig von den semantiktheoretischen Prämissen Freges und Carnaps (und all jenen, die ihnen folgen) verwenden lassen. Da ich die meisten Prämissen nicht teile (vgl. etwa die Kritik in Haiman 1980; Allwood 2003), halte ich die begriffliche Unterscheidung zwischen konventioneller Bedeutung und Äußerungsbedeutung für angemessener.

Was verbirgt sich aber hinter den Metaphern *Leerstellen* und *Füllungen*? In beiden Lesarten ruft der Ausdruck *Taxifahrer* einen Frame auf, dessen konventionalisierter Gehalt innerhalb einer bestimmten Sprachgemeinschaft vorausgesetzt werden kann. Das heißt: Mit dem Ausdruck *Taxifahrer* referiert ein Sprachbenutzer oder eine Sprachbenutzerin standardmäßig auf ein kognitives Referenzobjekt, das schon in vielerlei Hinsicht spezifiziert ist. Ohne Spezifikationen der folgenden Art gäbe es keine Unterscheidungsmöglichkeit zu anderen Referenzobjekten.

1.
   a) Ein Taxifahrer$_n$ transportiert eine Person für eine Gegenleistung zu einem bestimmten Ort.
   b) Ein Taxifahrer$_n$ verfügt über ein Personentransportmittel.
   c) Ein Taxifahrer$_n$ verfügt über eine gute Ortskenntnis.
   d) ...

2.
   a) Ein Taxifahrer$_g$ benutzt ein Auto zur Ausübung eines Sprengstoffanschlages.
   b) Ein Taxifahrer$_g$ verfügt über ein Auto und über Sprengstoff.
   c) Ein Taxifahrer$_g$ verfügt über terroristisches Insiderwissen.
   d) ...

Hierbei handelt es sich freilich nur um eine schmale Auswahl möglicher Spezifikationen. Hinsichtlich der beiden Referenzobjekte Taxifahrer$_n$ und Taxifahrer$_g$ lassen sich beispielsweise Fragen nach der spezifischen Tätigkeit einer Person, wie in (1a) und (2a), nach nötigen Hilfsmitteln zur Ausübung der Tätigkeit, wie in (1b) und (2b), oder nach erforderlichen Kenntnissen, um die Tätigkeit auszuüben, wie (1c) und (2c), beantworten. Die erwartbaren Antworten fallen in (1) und (2) natürlich sehr unterschiedlich aus. Von Interesse ist zunächst, dass Leerstellen im Fall von sprachlichen Bedeutungen den Charakter von Fragen haben, die sich sinnvoll bezüglich eines Referenzobjektes stellen lassen. Der frame-evozierende Ausdruck bildet dabei das Satzsubjekt der Frage, und das finite Verb gibt die Fragerichtung an; so hieße im Fall von (1c) die Leerstelle: Über welche Kenntnisse verfügt ein Taxifahrer?

Antworten auf Fragen entsprechen demgemäß möglichen Füllwerten der Leerstellen. Jede Antwort spezifiziert das Referenzobjekt in mindestens einer Hinsicht. Sprachlich treten Antworten grundsätzlich in Gestalt von Prädikaten auf, die einem Referenzobjekt (im Akt der Prädikation) zugewiesen werden. Daraus ergibt sich im Anschluss an Searles (1979: 38–43, 48–54) grundsätzlicher Unterscheidung von Referenz und Prädikation eine propositionstheoretische Grundstruktur eines Frames, die am Beispiel von (1c) in Tab. 1 zusammengefasst ist.

Proposition	
Referenz *Ein Taxifahrer$_n$*	Prädikation *verfügt über eine gute Ortskenntnis*
Frame *Ein Taxifahrer$_n$*	Leerstelle *Über welche berufsspezifischen Kenntnisse verfügt ein Taxifahrer$_n$?*
	Füllwert *verfügt über eine gute Ortskenntnis*

Tab. 1: Propositionstheoretische Grundstruktur eines Frames

Anders als in der Fillmore'schen Tradition (vgl. etwa Boas 2008: 13) gehe ich davon aus, dass potenziell verstehensrelevantes Hintergrundwissen eine Vielzahl von Prädikaten betrifft, die einem Referenzobjekt zugewiesen werden, ohne als Argumente syntaktisch realisiert sein zu müssen bzw. zu können. Um einem bedeutungstheoretischen Reduktionismus wie in Mehr-Ebenen-Semantiken vorzubeugen (vgl. Ziem 2008a: Kap. II.1.), wird die semantische Inhaltsstruktur unabhängig von der syntaktischen Ausdrucksstruktur betrachtet.[12]

Die zentrale Frage lautet nun, wie sich Leerstellen eines Frames systematisch ermitteln lassen. Wie schon bemerkt, entsprechen Leerstellen Fragen, die sich mit Bezug auf einen frame-aufrufenden Ausdruck, d.h. mit Bezug auf das jeweilige Referenzobjekt sinnvoll stellen lassen. Sinnvoll, im hier verwendeten Sinne, sind Fragen dann, wenn mögliche Antworten keinen metaphorischen Charakter haben. So lassen sich etwa, zumindest in unserem Kulturkreis, dem Referenzobjekt Taxifahrer Ding- oder Prozesseigenschaften (etwa Prädikate wie *ist abgenutzt* oder *dauert drei Stunden*) nicht zuschreiben, ohne von Metaphern Gebrauch zu machen.

---

12 Einen ähnlichen Vorschlag scheinen allerdings jüngere frame-semantische Studien im Rahmen des Berkeleyer FrameNet-Projektes zu unterbreiten. Vgl. exemplarisch Fillmores Frame-Analyse von *revenge*; neben so genannten „Kernelementen" wird auch „peripheren Frame-Elementen" Rechnung getragen, wozu etwa Angaben zum Ort, Zeitpunkt sowie zur Art und Weise eines Geschehnisses zählen (Fillmore 2006: 616-617).

Leerstellen	Frame zu *Taxifahrer_n* mögliche Füllwerte	Frame zu *Taxifahrer_g* (= Selbstmordattentäter) mögliche Füllwerte
1. Was wird vorausge-setzt, damit eine Person den Beruf ausüben kann?	- kann Auto fahren - ist pünktlich / verlässlich	- hat fundamentalisti-sche Überzeugungen - ist verschwiegen
2. Über welche berufs-spezifischen Kennt-nisse verfügt die Person?	- hat gute Ortskenntnisse	- verfügt über terroristi-sches Insiderwissen
3. In welchen (funktio-nalen) Zusammen-hängen und Ereig-nissen ist die Person durch die Ausübung des Berufes invol-viert?	- in Autofahrten - bietet Dienstleistung an	- in terrorist. Plänen - in Anschlägen
4. Welche Rolle und Funktionen spielt die Person in diesen Zusammenhängen und Ereignissen?	- ist Chauffeur; stellt Transportdienstleistung bereit	- ist ein (Selbstmord-) Attentäter
5. An welchen Hand-lungen ist die Person im Rahmen ihres Berufes beteiligt?	- fährt Auto - macht ‚Smalltalk' - kassiert Geld	- stellt Bomben her und zündet sie - plant terroristische Aktivitäten
6. An welchen Orten und mit wem arbeitet die Person üblicher-weise?	- hält sich in der Nähe von Flughäfen, Bahnhöfen auf - arbeitet mit Personen, die die bestimmte Strecken zurücklegen wollen	- hält sich in Krisenre-gionen, insbesondere Irak und Afghanistan auf - arbeitet mit anderen Terroristen
7. Welche Aufgaben und Pflichten muss die Person im Rah-men ihres Berufes wahrnehmen?	- hat den Fahrwunsch des Gastes zu befolgen - bringt den Fahrgast zum gewünschten Zielort	- gehorcht einer höheren Macht bedingungslos - möglichst viele Men-schen töten

8.	Mit welchen Mitteln /wie übt die Person ihren Beruf aus?	- benutzt ein als Taxi ge-kennzeichneten Auto - verfügt über Funk	- benutzt ein Auto, sich selbst, Sprengstoff
9.	Welche Bedeutung und welchen Stel-lenwert hat der Beruf für die Gesellschaft?	- stellt eine Dienstleistung bereit	- genießt innerhalb einer fanatisierten Gemein-schaft höchstes An-sehen - gilt außerhalb dieser als gefährlicher Terrorist
…	…	…	…

Tab. 2: Auswahl von Leerstellen und Füllwerten zu den frame-evozierenden Ausdrücken *Taxifahrer*n und *Taxifahrer*g; weitere Leerstellen finden sich in dem Matrixframe „Person (in berufsbezogener Rolle)", vgl. Konerding (1993: 324–326).

Zur Ermittlung von Leerstellen hat Konerding (1993: 139–217) eine so genannte Hyperonymtypenreduktion vorgeschlagen. Ausgangspunkt bildet die Beobachtung, dass sich die Leerstellen eines aufgerufenen Frames auf jene Frames vererben, die hyponyme und hyperonyme Ausdrücke aufrufen. Im vorliegenden Fall lässt sich beispielsweise das Substantiv *Taxifahrer* auf das höchste Hyperonym *Person* (in berufsbezogener Rolle) zurückführen. Dieses höchste Hyperonym evoziert mithin einen Frame, der mit dem Taxifahrer-Frame alle Leerstellen teilt.[13] In Tab. 2 sind einige davon zusammengefasst.

Aus Tab. 2 ist ersichtlich, dass sich die angeführten Leerstellen für beide Referenzobjekte Taxifahrer$_n$ sowie Taxifahrer$_g$ als relevant erweisen. Jedoch ist zu bedenken, dass die beiden aufgerufenen Frames insgesamt keinesfalls identisch sind, auch nicht hinsichtlich der eröffneten Leerstellen. Der Grund dafür liegt auf der Hand: Im Fall von *Taxifahrer*g handelt es sich um eine Metapher für einen Selbstmordattentäter, deren Quelldomäne Taxifahrer$_n$ und deren Zieldomäne Selbstmordattentäter ist. In die Bedeutung der Metapher gehen nur ausgewählte Füllwerte des Taxifahr-er$_g$-Frames ein, hier etwa solche, die die Nutzung eines Autos als Hilfsmittel und die Annahme betreffen, dass ein Taxi als Mittel fungiert, um etwas

---

13 Die einzelnen Leerstellen der Frames von höchsten Hyperonymen bzw. Hyperonymtypen ermittelt Konerding im Rückgriff auf die schematheoretische Verbstudie von Ballmer und Brennstuhl (1986); vergleiche hierzu die zusammenfassenden Erläuterungen in Fraas (1996: 16 ff.).

oder jemanden zu einem bestimmten Zielort zu transportieren.[14] Wissensaspekte bzw. Füllwerte der Quelldomäne werden also selektiv in die Zieldomäne projiziert bei gleichzeitiger Ausblendung anderer Füllwerte. Ein
Selbstmordattentäter zu sein, ist in der Folge zwar kein Beruf im konventionellen Sinn, aber eine religiös-fundamentalistische Berufung, die mit
dem Beruf eines Taxifahrers einige Charakteristika teilt.

3.2   Standardwerte: kognitive Trampelpfade in der ‚terroristischen Geheimsprache‘

Was motiviert die Aktivierung eines Frames? Konkreter: Unter welchen
Umständen wird beispielsweise der Frame zu $Taxifahrer_n$, nicht aber zu
$Taxifahrer_g$ aufgerufen (und vice versa)? Zuletzt hat sich gezeigt, dass sich
die Bedeutung des Ausdrucks $Taxifahrer$ im Rückgriff auf bestimmte Annahmen erschließt, die in einer Sprachgemeinschaft als konventionalisiert
und mithin präsupponierbar gelten dürfen. Eine sprachliche Bedeutung zu
erwerben, heißt demnach, einem Referenzobjekt eine Menge an konventionellen Prädikaten zuweisen zu können. Dies kann immer auch misslin-
gen – vergleiche hierzu folgendes Beispiel:

> „Mit einer gefährlichen Vokabelnotiz hat ein Englisch lernender Japaner am Flug-
> hafen von Chicago Bombenalarm ausgelöst. Der 60-Jährige hatte sich das Wort
> für die Bombe eines Selbstmordattentäters (Suicide bomb) in ein Heft geschrie-
> ben, um die Bedeutung nach dem Flug nachzuschlagen, wie die Behörden mitteil-
> ten. Sein Sitznachbar bemerkte die Notiz und alarmierte die Besatzung. Der Pilot
> kehrte zum Terminal zurück. Alle 120 Fluggäste mussten von Bord gehen, Sicher-
> heitskräfte und Polizei nahmen den vermeintlich gefährlichen Fluggast fest. Der
> Japaner wurde jedoch schnell freigelassen." (SÜDDEUTSCHE ZEITUNG, 4. August
> 2004)

Ruft der Ausdruck *suicide bomb* bei dem Japaner keinen Frame auf, verbinden dagegen der Sitznachbar, der Pilot, die Sicherheitskräfte und die Poli-
zei mit demselben Ausdruck sehr differenziertes Wissen, etwa darüber,
wozu der bezeichnete Gegenstand dient, wer ihn üblicherweise aus welchen Gründen benutzt, welche Folgen seine ‚Benutzung‘ nach sich ziehen
kann usw. Die Verbindung von Zeichenform und Zeicheninhalt hängt
somit von erworbenem Wissen der SprachteilnehmerInnen ab, das unerlässlich ist, um ausgehend von einer Wortform einen Referenzakt zu vollziehen bzw. ein Referenzobjekt kognitiv zu konzeptualisieren. Dies gilt für
prinzipiell jeden Ausdruck, auch für nicht-metaphorisch verwendete Wör-

---

14   Eine detaillierte Metaphernanalyse habe ich mit frame-semantischem Instrumentarium an
     einer anderen Stelle durchgeführt, vgl. Ziem (2008a).

ter wie etwa *Taxifahrer$_n$*; in diesem Fall gehen beispielsweise Kenntnisse über Dienstleistungen, soziale Praktiken (etwa hinsichtlich der Nutzung einer Dienstleistung) und nötige Voraussetzungen zur Nutzung einer Dienstleistung (wie Zahlungsmittel, Kenntnis des Zielortes, funktionstüchtiges Transportmittel usw.) in die Konzeptualisierung des spezifischen Referenzobjektes ein.

Derart strukturiertes Hintergrundwissen stellt ein Frame bereit, der folglich wortsemantisch relevantes Wissen um soziale Praktiken genauso wie ein Set an kulturellen Überzeugungen umfasst. In diesem Sinne halten auch Fillmore und Atkins fest:

> „Word's meaning can be understood only with reference to a structured background of experience, beliefs, or practices, constituting a kind of conceptual prerequisite for understanding the meaning." (Fillmore/Atkins 1992: 76)

Wenn sich sprachliche Bedeutungen tatsächlich nur vermittelt über Frames erfassen lassen, die konventionelles Hintergrundwissen verfügbar machen, fragt sich, in welcher Gestalt uns dieses Wissen gegeben ist bzw. welche Gestalt es haben muss, damit man es sich erschließen kann. Es spricht nichts dagegen, Standardwerten denselben Status zuzusprechen wie Füllwerten (im oben explizierten Sinn, vgl. Tab. 1). Das heißt: Damit Hintergrundwissen ausdrückbar und kognitiv ‚verfügbar‘ sein kann, muss auch dieses einen prädikativen Charakter aufweisen. Hintergrundwissen ist immer Hintergrundwissen hinsichtlich eines spezifischen Referenzobjektes, das sich durch eine Menge von standardmäßig zugesprochenen Prädikaten von anderen Referenzobjekten unterscheidet.

Dennoch scheint es sich um besondere Prädikate zu handeln, die sich von Füllwerten wesentlich unterscheiden. Ich habe deshalb an einer anderen Stelle (Ziem 2008a: Kap. VI.4.–5.) die Unterscheidung zwischen impliziten und expliziten Prädikationen eingeführt. Explizit ist eine Prädikation dann, wenn sie sprachlich realisiert ist, implizit hingegen unter der Bedingung, dass sie sich als bedeutungsrelevant erweist, ohne aber selbst sprachlich realisiert zu sein. Eine einzige explizite Prädikation reicht in der Regel aus, um eine Vielzahl impliziter Prädikationen zu motivieren.

3. Der Teig ist angerührt.

Im Fall von (3) wäre beispielsweise der Frame zu *Teig$_n$* mit Standardwerten belegt wie *kann man kneten, hat einen festen Aggregatzustand, ist pastellfarbig* (hinsichtlich der Leerstelle zu Form und Farbe), *geht auf, ist Basis für Brot* (hinsichtlich der Leerstellen zu Existenzphasen), *ist ein Nahrungsmittel* (hinsichtlich der Leerstelle zur Verwertbarkeit), *besteht aus Mehl, Wasser und*

Milch (hinsichtlich der Leerstelle zu Bestandteilen), um nur die offensichtlichsten zu nennen.[15] Prädikate dieser Art weisen wir dem Referenzobjekt Teig beim Lesen oder Hören von (3) gleichsam automatisch zu. Der Akt der Referentialisierung, also die auf der Basis sprachlicher Daten vollzogene Bezugnahme auf ein konstruiertes, mentales Vorstellungsobjekt, besteht maßgeblich darin, dem Referenzobjekt so viele Prädikate zuzusprechen, dass es von anderen möglichen Referenzobjekten hinreichend abgehoben und differenziert werden kann. Dieser Vorgang der Konzeptualisierung gelänge ohne implizite Prädizierungsleistungen wohl kaum. Explizit ist in Beispiel (3) allein das Prädikat *ist angerührt*, das den Zustand des Objektes spezifiziert. Die für die semantische Konzeptualisierung wesentlichen Informationen bleiben implizit und müssen inferiert werden.

Wie kommen Standardwerte zustande? Welche Faktoren tragen dazu bei, dass sich nur bestimmte Standardwerte herausbilden? Die Antworten lassen sich aus konkreten Beispielen ableiten. Nehmen wir an, eine Gruppe von Terroristen ist in einem Chatroom verabredet, um geheime Absprachen darüber zu treffen, wer den Sprengstoff – also den Teig$_g$ – für einen geplanten Anschlag besorgen, ,anrühren' und dem Taxifahrer$_g$ bereitstellen soll. Nehmen wir weiterhin an, dass alle GesprächsteilnehmerInnen über das annähernd gleiche geheimsprachliche Vokabular verfügen, also sowohl die konventionellen Bedeutungen der verwendeten normalsprachlichen Ausdrücke kennen als auch die übertragenen (und innerhalb der Sprachgemeinschaft der Terroristen konventionalisierten) Bedeutungen der geheimsprachlich verwendeten Ausdrücke. Unter diesen Rahmenbedingungen äußert nun ein Gesprächsteilnehmer (4).

4. Er rührt den Teig an.

Obwohl es sich bei *Teig$_g$* um eine Metapher handelt, verfügt der durch diesen Ausdruck aufgerufene Frame deshalb über dieselben Leerstellen wie der Teig$_n$-Frame, weil sich *Sprengstoff*, also jener Ausdruck, der die Zieldomäne der Metapher benennt, auf dasselbe höchste Hyperonym, nämlich auf *Gegenstand* (konkreter, nicht-natürlicher Art) (vgl. Konerding 1993: 405–410), zurückführen lässt wie *Teig$_g$*. Unterscheiden sich demnach die Frames zu *Teig$_g$* und zu *Teig$_n$* nicht hinsichtlich ihrer Leerstellen, so doch umso gravierender hinsichtlich der Standardwerte dieser Leerstellen. Dass beim Verstehen von (4) eine Vielzahl von Standardwerten aktualisiert wird, zeigt sich unter anderem daran, dass man problemlos auf be-

---

15   Zu weiteren Leerstellen des Teig-Frames vgl. Konerding (1993: 405–410).

stimmte Aspekte des Referenzobjektes Teig$_g$ Bezug nehmen kann, ohne diese eigens thematisiert zu haben. In (4b) geschieht dies mit dem Ausdruck *Bauchschmerzen* auf indirekt-anaphorische Weise.

5.
    a) Er rührt den Teig an.
    b) Die Bauchschmerzen werden gewaltig sein.

Eine anaphorische Beziehung zwischen den mit *Bauchschmerzen* und *Teig$_g$* bezeichneten Entitäten herstellen zu können, setzt voraus, dass die Leserin bzw. der Hörer beim Rezipieren von (5a) Standardwerte zur Nutzung und zu den Folgen der Nutzung von Teig$_g$ aktiviert hat. Der anaphorische Referenzbereich erschließt sich dabei aus der nicht-metaphorischen Lesart von (5), nach der zwischen (5a) und (5b) dadurch Kohärenz entsteht, dass Bauchschmerzen als kausale Folge des Verzehrs von Teig interpretiert wird. Vor dem Hintergrund der Annahme, dass der Verzehr von Teig Bauchschmerzen verursachen kann, wird in einer analogen Konstruktion die Bedeutung von *Bauchschmerzen* mit der Bedeutung von *Teig$_g$* korreliert. Der Ausdruck *Bauchschmerzen* wird dann so interpretiert, dass er auf die kausale Folge der spezifischen Nutzung des mit *Teig$_g$* bezeichneten Referenzobjektes abhebt: Mit dem vorbereiteten Sprengstoff soll ein Anschlag verübt werden, und die schrecklichen Folgen des Anschlags sollen vielen (indirekt) Betroffenen ‚Bauchschmerzen' bereiten, auch dem Geheimdienst, Terrorexperten und, synekdochisch gesprochen, der ‚westlichen Welt' insgesamt. Der Ausdruck *Bauchschmerzen* wird also ebenso metaphorisch interpretiert. Er steht für die emotionale Betroffenheit und die zahlreichen Konsequenzen, die der Anschlag möglicherweise nach sich zieht. Wichtig ist in diesem Zusammenhang, dass erst die Aktualisierung jener Standardwerte die indirekt-anaphorische Referenz ermöglicht, die den möglichen Einsatzbereich von Teig$_g$ sowie mögliche Folgen des Einsatzes spezifizieren. Ähnliche Überlegungen ließen sich zu anderen Standardwerten anstellen, etwa zu solchen, die die prototypische Beschaffenheit, die Nutzer, den Zweck der Nutzung usw. von Teig$_g$ näher bestimmen.

Verallgemeinert man den Befund, dass der Formseite von Wörtern wie *Teig$_n$* und *Bauchschmerzen$_n$* und innerhalb der terroristischen Sprachgemeinschaft auch von *Teig$_g$* und *Bauchschmerzen$_g$* inhaltsseitig jeweils eine komplexe, konventionelle Bedeutung assoziiert ist, muss man zu folgendem Schluss kommen:

> „Presumably, a lot of what speakers say is available in memory in some kind of prepackaged, ready-made format. Convincing evidence for this claim are the words of a language, since these represent nothing else than conceptualizations that have been fossilized by convention in a speech community. We hardly ever

stop to think what language would be like without prepackaged concepts readily
encodable by words." (Schmid 2007: 118)

Wie an dem angeführten Beispiel ersichtlich ist, können Konventionen
zwar von Sprachgemeinschaft zu Sprachgemeinschaft variieren; in jeder
Sprachgemeinschaft sorgen sie aber dafür, dass mit etablierten Konventionen effizient kommuniziert werden kann. Prädikate verfestigen sich
dabei in dem Maße, wie sie in einer Sprachgemeinschaft rekurrent auftreten.[16] Je öfter das gleiche Prädikat auftaucht bzw. die gleiche prädikative
Zuschreibung erfolgt, desto stärker verfestigt sich dieses Prädikat; umgekehrt verliert ein Prädikat (und das damit verbundene Konzept) an Relevanz, wenn es über einen längeren Zeitraum hinweg nicht gebraucht wird
(vgl. Langacker 1987: 59).

Für die durch die Ausdrücke *Taxifahrer$_n$* und *Taxifahrer$_g$* aufgerufenen
Frames hieße das etwa, dass sich sowohl bestimmte Leerstellen als auch
bestimmte Werte dieser Leerstellen aufgrund einer hohen Gebrauchs- und
Auftretensfrequenz verfestigt haben. Innerhalb der terroristischen Sprachgemeinschaft gilt das Gleiche für den Frame zu *Taxifahrer$_g$*. Selbst wenn
sich, wie in Abb. 1 angedeutet, erweisen sollte, dass sich in beiden Fällen
dieselben Leerstellen verfestigt haben, weichen die verfestigten Standardwerte natürlich voneinander ab.

---

16 *Verfestigung* bzw. die *verbale Form verfestigen* ist hier eine Übersetzung des gängigen englischen
    Terminus *entrenchment* bzw. *to entrench*.

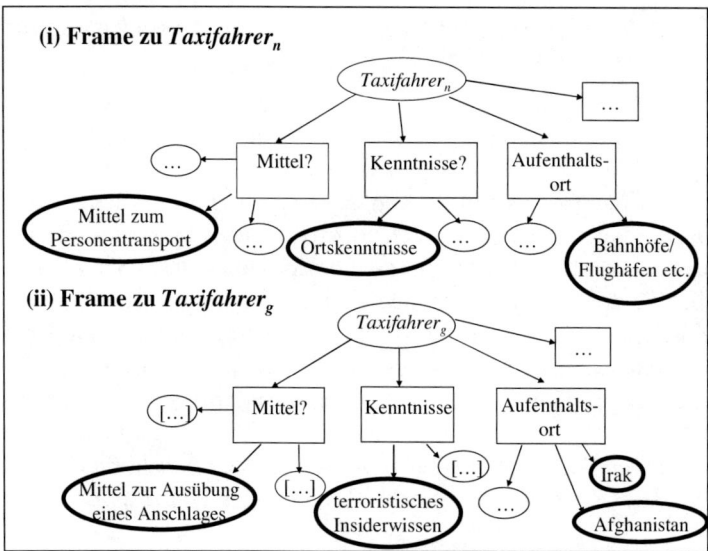

Abb. 1: Verfestigung von Füllwerten

Es sind nun zwei Fälle von kognitiver Verfestigung voneinander zu unterscheiden, einer, der durch eine hohe Token-Frequenz bedingt ist, und
einer, der auf eine hohe Type-Frequenz zurückgeht.[17] Eine hohe Token-
Frequenz liegt dann vor, wenn ein und dieselbe Leerstelle häufig mit verschiedenen Prädikaten bedient wird. Sie führt dazu, dass sich die entsprechende Leerstelle sowie der gesamte Frame verfestigen. Spezifiziert hingegen das gleiche Prädikat sehr häufig dieselbe Leerstelle, handelt es sich um
eine hohe Type-Frequenz vor. Sie hat zur Folge, dass sich das Prädikat
selbst verfestigt. In Abb. 1 soll dies durch die fette Umrandung zum Ausdruck kommen. In diesem zweiten Fall entstehen (neue) Standardwerte.

Metaphorisch könnte man sagen, dass Standardwerte kognitive Tram-
pelpfade darstellen, denn ihr hoher Grad an Salienz verdankt sich der
Tatsache, dass bestimmte Prädizierungen in einer Sprachgemeinschaft zu
üblichen und erwartbaren Prädizierungen, d.h. zu kognitiven Routinen im
Sinne Langackers (1987) geworden sind.

---

17 Zur Unterscheidung von Type- und Token-Frequenz vgl. Tuggy (1993) und Bybee (2001);
    den Gegenstandsbereich bilden hier allerdings nicht semantische Phänomene, sondern
    phonologische und morphologische. Semantische Aspekte sind etwa in Langacker (1988)
    angesprochen.

3.3 Wie Terroristen wissen, was andere nicht wissen: Charakteristika von Frames

Die Analysen in den letzten beiden Abschnitten laufen auf die Hypothese hinaus, dass semantisches Wissen in Gestalt von Schemata, insbesondere Frames, im Langzeitgedächtnis abgespeichert ist und in dieser Form kognitiv abgerufen werden kann. Ich möchte deshalb, illustriert an weiteren Beispielen, die wesentlichen Charakteristika von Frames aus schematheoretischer Perspektive herausstellen. Bei diesen Charakteristika handelt es sich durchweg um allgemeine schematheoretische Bestimmungen, deren kognitive Relevanz in psychologischen Studien, wie z.b. in Untersuchungen zum Leseverständnis oder Erinnerungsvermögen, validiert worden sind.[18]

Im letzten Abschnitt ist das wohl wichtigste Charakteristikum bereits thematisiert worden; es sei der Vollständigkeit halber noch einmal erwähnt.

(i)   *Frames verfügen über Leerstellen, von denen zwar viele bereits mit Standardwerten gefüllt sind, jedoch jederzeit durch konkrete Kontextdaten ersetzt werden können.*

Mit dem Befund, dass jeder aktivierte Frame eine Fülle von Standardwerten (in Gestalt von Prädikaten) bereitstellt, durch die sprachliche Referentialisierung erst gelingt, hängt das zweite Charakteristikum von Frames eng zusammen.

(ii)   *Evozierte Frames aktivieren Erwartungen.*

Ein aufgerufener Frame erweckt, vermittelt über Standardwerte, bei einer Hörerin oder einem Leser Erwartungen.[19] Prinzipiell entspricht die Menge aller Standardwerte den kommunikativen Anschlussmöglichkeiten und verstehensermöglichenden Inferenzen. Nicht alle Standardwerte erweisen sich jedoch als kommunikativ gleich relevant; abhängig von unterstelltem Hintergrundwissen unterscheiden sie sich vielmehr erheblich im Salienzgrad. Der semantische Unterschied zwischen *Teig$_n$* und *Teig$_g$* geht beispielsweise auf unterschiedliche Standardwerte zurück, die die erwartbaren kommunikativen Anschlussmöglichkeiten so sehr lenken, dass im einen

---

18   Vgl. etwa die Überblicksdarstellungen Christmann (1989) und Rumelhart (1980), aus philosophischer Perspektive auch Lenk (2004).

19   Vgl. die generelle Diskussion in Rumelhart (1980); Brewer (1999); mit Blick auf Frames auch Tannen (1979).

Fall solche Standardwerte maximal salient sind, die im anderen Fall möglicherweise gar keine Rolle spielen. Hierzu ein Beispiel, das an (5) anknüpft:

6. Er rührt den Teig an.

    a) In wenigen Stunden kann es losgehen.
    b) Der Schaden wird gewaltig sein.

In der Lesart von *Teig* als *Teig_n* wird (6a) prototypisch so interpretiert, dass
das Ziel oder der Zweck der Tätigkeit, Teig anzurühren, in der Herstellung von Nahrungsmitteln (wie Brötchen) besteht. Das Satzsubjekt „es"
verweist so anaphorisch auf die Art und Weise der ‚Nutzung' des Teiges.
Derselben Lesart folgend gilt in (6b) *Schaden* als Resultat von ungeschick-
tem Anrühren; zumindest bietet sich ein anaphorischer Bezug auf ein
Element des Teig-Frames so lange nicht an, wie weitere Kontextinformationen fehlen.

   In der zweiten Lesart *Teig* als *Teig_g* ist es dagegen im Fall von (6a) zwar
ebenfalls die Leerstelle „Zweck", deren Füllung Kohärenz zwischen den
beiden Sätzen herstellt. Die Bestimmung des Zweckes fällt aber gänzlich
anders aus. Genauso weicht in (6b), der zweiten Lesart folgend, der infe-
rierte Grund dafür erheblich ab, warum Schaden entstehen wird. Gemeint
ist nun der Schaden, den die Nutzung von Teig_g anrichtet. Festzuhalten
bleibt, dass beide Lesarten maßgeblich durch Standardwerte motiviert
sind, die dem jeweils evozierten Frame zugehören und den Verstehensprozess steuern.

(iii)   *Frames haben einen dynamischen Charakter.*

Die Dynamizität resultiert aus der Schematizität von Frames. Die zuletzt
thematisierten Unterschiede zwischen den beiden Lesarten von *Teig* sind
ein gutes Beispiel dafür, wie die Bedeutung sprachlicher Ausdrücke in dem
Maße variiert, wie sich aktivierte Standardwerte ändern. Obwohl im Fall
von (6a) für beide Lesarten dieselbe Leerstelle („Zweck der Nutzung")
zentral ist, sorgt die Instantiierung unterschiedlicher Standardwerte
(„[Teig] dient als Nahrungsmittel" vs. „[Teig] dient als Mordinstrument")
dafür, dass das Satzsubjekt „es" völlig unterschiedlich interpretiert wird.

   Am Beispiel (6b) erkennt man besonders deutlich, dass Prädizierungen, also Zuweisungen von Prädikaten zu Referenzobjekten, strukturell
der Instantiierung von Elementen in ein kognitives Schema entsprechen.
Die unterschiedlichen Lesarten von *Teig* kommen nämlich dadurch zustande, dass dasselbe Prädikat verschiedenen Referenzobjekten zugespro-

chen wird. Im einen Fall ergibt sich so die Proposition (7), im anderen die Proposition (8).

7. Das Anrühren richtet Schaden an.
8. Der Teig richtet Schaden an.

Während in (7) das Satzsubjekt „das Anrühren" einen Frame aufruft, dessen Leerstelle „Resultat der Tätigkeit" mit dem Füllwert „richtet Schaden an" bestimmt wird, ist in (8) *der Teig* das frame-evozierende Element, weshalb derselbe Füllwert nun die Nutzung des Teiges betrifft.

Die Dynamik von Frames leitet sich zum einen aus variierendem Hintergrundwissen der Sprachteilnehmenden ab; dies führt im vorliegenden Beispiel dazu, dass derselbe Ausdruck *Teig* zur Konzeptualisierung verschiedener Referenzobjekte (Teig$_n$ und Teig$_g$) führt. Daneben sorgt die Integration relevanter Ko- und Kontextdaten für eine hohe konzeptuelle Dynamik; auf diesen Aspekt komme ich in Abschnitt 4.3 zurück.

(iv)   *Frames sind kognitive Gestalten.*

Elemente eines Frames, insbesondere Standardwerte, treten psychologisch gesehen nie isoliert, sondern nur im Verbund, also als integrale Bestandteile eines Frames auf. Die Zerlegung von Frames in eine Menge von Standardwerten stellt eine analytische Leistung dar, die im Akt des Sprachverstehens nicht auf dieselbe Weise vollzogen wird. Bedeutungen bzw. aktualisierte Frames sind vielmehr stets als ganzheitliche, d.h. gestalthafte Einheiten gegeben. So erklärt sich, dass die metaphorische Bedeutung von *Teig*$_g$, wie etwa in Beispiel (4), nicht erst kompositionell in ihre Einzelteile zerlegt werden muss, bevor sie erfasst wird, sondern umgekehrt gleichsam auf einen Schlag evident ist, welche semantischen Aspekte der konventionellen Bedeutung von *Teig*$_n$ in den Metapherngehalt eingehen und welche ausgeblendet werden. Dass die Bezugsobjekte Teig$_g$ und Teig$_n$ möglicherweise materielle Eigenschaften wie Farbe, Größe, Gewicht und Konsistenz miteinander teilen, keineswegs aber funktional äquivalent sind, muss man sich nicht analytisch erschließen. Teig$_n$ als Teig$_g$ verstehen zu können, die Fähigkeit also, zwei Konzepte ad hoc miteinander konzeptuell zu verschmelzen, gehört zu den herausragenden menschlich-kognitiven Leistungen, dessen kulturgeschichtliche Relevanz kaum hoch genug eingeschätzt werden kann.[20]

---

20   Fauconnier/Turner (2002); vgl. auch Abschnitt 4.3.

Den gestalthaften Charakter sprachlicher Bedeutungen verdeutlicht ebenfalls die indirekte Anapher in (5). Zwar fungiert hier das Konzept Teig$_g$ als Ankerpunkt einer Anaphorisierung, doch ist es nicht ohne kognitiven Aufwand möglich, das Verankerungselement, also den relevanten Standardwert, zu benennen – und dies obwohl im Akt des Verstehens gar kein Verständnisproblem auftritt und sich die metaphorische Bedeutung bei vorausgesetztem Hintergrundwissen wie von selbst ergibt. Dass der Konzeptualisierungsprozess derart routiniert verläuft, erklärt sich durch die grundsätzlich gestalthafte Erfassung sprachlicher Bedeutungen.

(v)   *Elemente eines Frames sind in Mustern organisiert.*

Der Eindruck einer gestalthaften Ganzheit entsteht dadurch, dass Elemente eines Frames miteinander systematisch in Beziehung gesetzt sind. Bei diesen Beziehungen handelt es sich, gestaltpsychologisch gesprochen, um Kontiguitätsbeziehungen. Kontiguität betrifft entweder eine zeitliche oder eine räumliche Form der Gliederung zwischen Elementen eines Schemas. Abhängig vom Kontext mag derselbe sprachliche Ausdruck einen Frame aufrufen, dessen Elemente einmal zeitlich organisiert sind, während sie im anderen Fall einen eher ‚statischen' Charakter aufweisen. Statisch – hier im Sinn von „nicht-zeitlich" – ist der Frame zu Taxifahrer etwa dann, wenn es um die Voraussetzungen zur Ausübung des Berufes oder um berufsspezifische Kenntnisse geht, wenn also die Leerstellen 2 und 3 in Tab. 2 thematisiert werden. Eine zeitliche Dimension wäre dagegen beispielsweise im Spiel, sobald die Tätigkeit des Taxifahrers in den Mittelpunkt rücken würde (vgl. Leerstelle 3 in Tab. 2). In diesem Fall sind Frame-Elemente skriptartig miteinander korreliert; man denke an das Skript „Fahrgastbeförderung", das Elemente wie „Begrüßung des Fahrgastes", „Registrieren des Fahrtziels", „Einschalten des Taxameters" usw. in eine chronologische Ordnung bringt.

(vi)   *Ein Frame ist mit anderen Frames durch Kategorisierungslinks verbunden.*

Ausdrücke wie *Taxifahrer*$_g$, *Teig*$_g$ und *heiraten*$_g$ rufen Frames auf, die miteinander über Kategorisierungslinks verbunden sind bzw. verbunden werden können. Solche Kategorisierungslinks werden sprachlich über prädikative Zuschreibungen realisiert.

9. Ein Taxifahrer$_g$ besitzt Teig$_g$.
10. Teig$_g$ hilft beim Heiraten$_g$.

Jede Instanz, wie in (9) $Teig_g$, mag selbst wiederum einen Frame aufrufen, der durch andere Instanzen qualifiziert ist. So ist in (10) $Teig_g$ selbst der frame-evozierende Ausdruck. Schema-Instanzbeziehungen haben folglich einen rekursiven Charakter; aufgrund ihres schematischen Charakters sind Frames rekursiv ineinander eingebettet (Barsalou 1992: 30–35, 43). Wenn beispielsweise die Tageszeitung *Welt kompakt* ihren Artikel zur terroristischen Geheimsprache mit den Worten überschreibt „Kranke Taxifahrer heiraten nicht",[21] sind die den einzelnen Wörtern assoziierten Frames durch Kategorisierungslinks miteinander verbunden. Zum einen fungiert *kranke_g*, ein geheimsprachlicher Ausdruck für „verhaftet worden sein", als Instanz im Frame zu $Taxifahrer_g$. Dass es sich hierbei um eine prädikative Zuschreibung handelt, ist leicht an folgender Auflösung der attributiven Bestimmung ersichtlich:

11. Taxifahrer sind krank.

Der durch *Taxifahrer* aufgerufene Frame ist weiterhin durch das Prädikat „heiraten" spezifiziert: $Heiraten_g$, in der Bedeutung „als Märtyrer sterben", bestimmt den Tätigkeitsbereich des Referenzobjektes Taxifahrer näher. Schließlich ist die Tätigkeit des Heiratens selbst näher qualifiziert: Die Partikel „nicht" bildet eine Instanz im Frame zu $Heiraten_g$.

(vii)   *Frames weisen eine hierarchische Organisationsstruktur auf.*

Die hierarchische Organisation von Frames ist insbesondere für die Ermittlung von Leerstellen von zentraler Bedeutung. Konerdings (1993) Methode der Hyperonymtypenreduktion basiert maßgeblich auf der Einsicht, dass Frames hyperonymer Ausdrücke ihre Leerstellen auf Frames hyponymer Ausdrücke vererben. Dieser Umstand sorgt beispielsweise dafür, dass die Frames zu *Teig* und *Sprengstoff* dieselben Leerstellen aufweisen. Beide lassen sich nämlich auf das höchste Hyperonym *Gegenstand* zurückführen. Wichtig zu sehen ist aber auch, dass die hierarchische Organisationsstruktur ebenso die Formseite sprachlicher Zeichen betrifft. So herrschen ebenfalls zwischen den sprachlichen Einheiten „Buchstabe", „Wort", „Satz", „Text" und „Diskurs" Schema-Instanzbeziehungen. Kategorisierungsprozesse sind also auch hier im Spiel.

(viii)   *Frames werden induktiv und abduktiv gelernt.*

---

21 WELT KOMPAKT, 18. Dezember 2007, 5.

Wie werden Frames gelernt? Da sich Frames erfahrungs-, d.h. insbesondere sprachgebrauchsabhängig wandeln, liegt die Annahmen nahe, dass sich Frame-Strukturen und Standardwerte abduktiv und induktiv aus der Schnittmenge ähnlicher Einzelerfahrungen ergeben (Langacker 1999: 93) und dass dabei dieselben kognitiven Prozesse wirksam sind, die auch für nicht-sprachliches Lernen zentral sind. Kurz erwähnt wurde schon die Relevanz von Frequenzeffekten, insbesondere einer hohen Type- und Token-Frequenz, für die Schemabildung. Schlagende Evidenz für die Effektivität induktiven, schemabasierten Lernens liegt inzwischen aus der Spracherwerbsforschung vor (vgl. den Überblick in Tomasello 2003).

4 Von der Theorie zur Anwendung: weitere Anwendungsbereiche

Exemplarisch durchgeführte Analysen dienten in den letzten Abschnitten dazu, zentrale Charakteristika von Frames vorzustellen. Die Anwendbarkeit der Frame-Theorie im Bereich der lexikalischen Semantik (wörtliche Bedeutung, Metaphern) und am Beispiel sprachlicher Referentialisierung (Anaphorisierung, Konzeptualisierung) hat sich dabei gewissermaßen en passant ergeben. Darüber hinaus können Frames aber auch als korpuslinguistisches Instrument zum Einsatz kommen. Auf diesen Einsatzbereich möchte ich jedoch aus Platzgründen nun nicht näher eingehen.[22] Stattdessen sollen im letzten Teil dieses Beitrages zwei andere Anwendungsbereiche thematisiert werden. Ausgehend von einer (multimodal verfassten) politischen Karikatur konzentriere ich mich am Beispiel des Wortes Kindsköpfe auf tropologische, morphologische und solche Aspekte der Bedeutungskonstruktion, die durch Text-Bild-Beziehungen motiviert sind.

4.1 Politische Karikaturen als analytische Herausforderungen

Die Karikatur in Abb. 2 zeigt den damals amtierenden (CDU-)Bundesinnenminister Wolfgang Schäuble; sie zeigt ihn allerdings nicht im Kontext seiner politischen Tätigkeit, sein Bild schmückt vielmehr die Produktverpackung der „Kinderschokolade". Das Bild des Innenministers

---

22 Interessierte Leserinnen und Leser seien auf zwei andere Beiträge von mir verwiesen: Ziem
    (2008a, Kap. VII.), Ziem (2008b). Die Korpusanalyse betrifft hier die metaphorische Bezeichnung von Finanzinvestoren als Heuschrecken, die im April 2007 der damalige SPD-
    Arbeitsminister Franz Müntefering geprägt hat.

ersetzt jenes Foto eines lächelnden Jungen, das der „Kinderschokolade" über 32 Jahre hinweg, von 1973 bis 2005, ein besonderes Image verliehen hat. Die Karikatur spielt somit auf das große Medieninteresse im Jahr 2005 an, das entstand, als eine Online-Petition den Austausch des altbekannten Gesichtes zu verhindern versuchte.[23] Satirische Züge erhält die Karikatur durch den Einbezug der Worte „neue Kindsköpfe auf der Schokolade". Auslöser der Pointe ist dabei das Determinativkompositum *Kindsköpfe*, dessen Erstglied (Determinans) *Kind-* das Zweitglied (Determinatum) *-köpfe* näher bestimmt. Neben der wörtlichen Bedeutung von *Kindsköpfe*, nämlich „Köpfe von Kindern", im Folgenden b_1, ist jedoch eine zweite, idiomatische Bedeutung b_2 so stark lexikalisiert, dass diese in der Regel präferiert wird. Dieser möchte ich im Folgenden zunächst nachgehen, ohne allerdings schon auf die spezifische Bedeutungskonstruktion von *Kindsköpfe* in der Karikatur einzugehen. Dies hole ich in Abschnitt 4.3 nach.

Abb. 2: Karikatur der Zeitschrift TITANIC[24]

4.2   *Kindsköpfe*: synekdochische Bedeutungskonstruktion

Die Standardinterpretation von Determinativkomposita verläuft aus frame-semantischer Perspektive über eine einfache Kategorisierungs- bzw. Schema-Instanzbeziehung, und zwar derart, dass das Determinans min-

23 Dieser Versuch war jedoch trotz des großen medialen Echos nicht von Erfolg gekrönt. Die Petition sowie weitere Informationen sind über www.weg-mit-kevin.de erhältlich.

24 Bei dieser Abbildung handelt es sich um eine Postkarte der Satire-Zeitschrift TITANIC, vgl. http://www.titanic-magazin.de/postkarten.html?&page=8&cat=181&cHash=503feaa575 (letzter Zugriff: 12. März 2008).

destens eine Leerstelle des Frames spezifiziert, den das Determinatum aufruft. So evoziert im Fall von b_1 *Köpfe* einen Frame, dessen Leerstelle „wessen?" bzw. „Teil wovon?" das Erstglied *Kind-* genauer bestimmt. Hierbei handelt es sich insofern um die wörtliche Bedeutung von *Kindsköpfe*, als diese keine tropologische (etwa metaphorische, metonymische oder synekdochische) Verschiebung impliziert.

Im Fall von b_2, der idiomatischen Bedeutung von *Kindsköpfe*, ist es komplizierter. Hier sind andere Kategorisierungsbeziehungen im Spiel. Zwar erfüllt auch im Fall b_2 das Determinans *Kind-* die Funktion, das Determinatum genauer zu charakterisieren, jedoch scheint zunächst nicht klar, was im Einzelnen näher qualifiziert wird. Offensichtlich geht es nicht um die Köpfe von Kindern, sondern um bestimmte Personen, für die der Ausdruck *Köpfe* pars pro toto steht. Im Deutschen ist diese synekdochische Verschiebung stark konventionalisiert und mithin kognitiv sofort verfügbar.[25] Wie verläuft aber genau die Konzeptualisierung des Referenzobjektes Kindsköpfe? Anders als *Kindsköpfe* in der Lesart von b_1 ruft das Determinatum *-köpfe* selbst keinen Frame auf, sondern fungiert umgekehrt als Instanz eines Frames.[26] Genauer: Das Determinatum spezifiziert jene Leerstelle „Teil von?", die der Frame zu *Personen* aufruft (vgl. Abb. 3). Wird in der Folge *-köpfe* im Sinne von „Personen" interpretiert, bestimmt das Determinans *Kind-* ausgewählte Leerstellen des Personen-Frames näher. Zu nennen wären insbesondere die Art des Verhaltens und die Aktivitäten von Personen. So attestiert man einer als *Kindskopf* bezeichneten erwachsenen Person kindliches, im pejorativen Sinne meist kindisches Verhalten, und man qualifiziert ihre Aktivitäten als solche, die denen eines Kindes ähneln. Kurzum: Das Verhalten und die Tätigkeiten einer erwachsenen Person werden mit dem Verhalten und den Tätigkeiten eines Kindes gleichgesetzt.

---

25 Man denke an Redeweisen wie der „Kopf der Bande", eine „Familie mit vier Köpfen" usw.

26 Aufgrund des rekursiven Charakters von Frame-Instanzbeziehungen (vgl. Barsalou 1992) ruft natürlich der Ausdruck Köpfe ebenso einen Frame auf; im Fall von b2 spielt dieser Frame jedoch eine nur untergeordnete Rolle, wie wir gleich sehen werden.

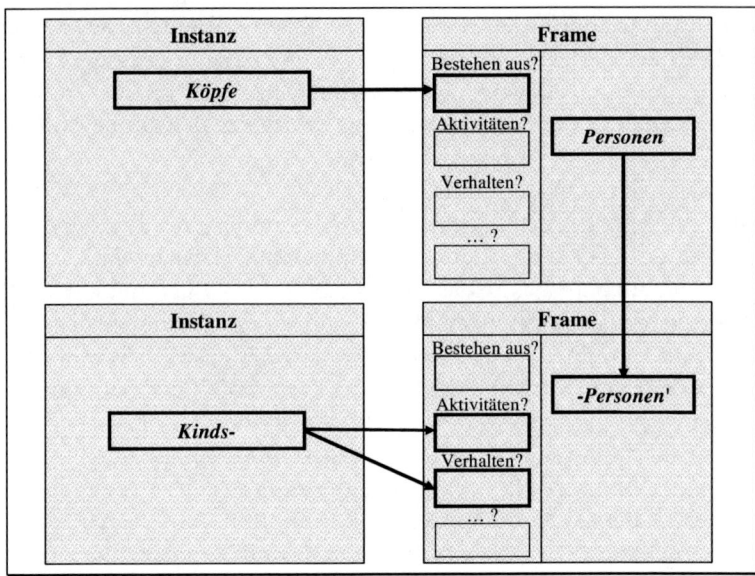

Abb. 3: Frame-Instanzbeziehungen bei der Konzeptualisierung
von *Kindsköpfe* in der Lesart b₂

Abb. 3 illustriert die Bedeutungskonstruktion des Ausdrucks *Kindsköpfe* in der Lesart von b₂. Bei der Konzeptualisierung des Referenzobjektes kommt die synekdochische Verschiebung dadurch zustande, dass die semantische Einheit [Köpfe][27] als Instanz im Personen-Frame fungiert (und als solche interpretiert wird). Das so über den Weg einer Hyperonymie-Beziehung etablierte Personen-Schema gilt dann als neues Zweitglied des Kompositums (Determinatum). Das Determinans *Kind-* fungiert schließlich als Instanz in mehreren Leerstellen des Personen-Schemas: Den Personen wird eben das Verhalten und die Aktivitäten eines Kindes zugeschrieben.

Die Kategorisierungsbeziehungen, in Abb. 3 durch einen einseitig gerichteten Pfeil symbolisiert, erweisen sich für die Bedeutungskonstruktion als zentral. Deutsche Muttersprachler meistern die Kategorisierungen meist so routiniert, dass sie sich kaum der involvierten Kategorien bewusst sind. In der wirksamen kognitiven Routine spiegelt sich der hohe Grad der Idiomatisierung des Ausdrucks *Kindsköpfe*.

---

27   Ich übernehme hier den Notationsvorschlag von Langacker (1987), die Inhaltsseite sprachlicher Zeichen durch eckige Klammern darzustellen. Im vorliegenden Fall von [Köpfe] handelt es sich aufgrund der Pluralform bereits um eine komplexe semantische Einheit.

In der Karikatur gerät nun die Beutungskonstruktion b_2 gewissermaßen mit der Bedeutungskonstruktion b_1 in Konflikt. Jedoch löst sich die
Spannung auf, indem b_1 und b_2 – unter Einbezug des multimodalen Kontextes, in dem das Kompositum *Kindsköpfe* eingebettet ist – konzeptuell
verschmolzen werden. Dazu nun mehr.

4.3   *Kindsköpfe*: konzeptuelle Verschmelzung im multimodalen Kontext

Bedeutungskonstruktionen basieren zwar maßgeblich auf semantischem
Wissen darüber, was sprachliche Ausdrücke im Standardfall bedeuten, d.h.
welchen Frame und welche ihm assoziierten Standardwerte ein sprachlicher Ausdruck aufruft; in die Äußerungsbedeutung gehen aber darüber
hinaus ebenso relevante Kontextdaten ein. Der Theorie der konzeptuellen
Verschmelzung („blending") zufolge bauen wir im Akt der Bedeutungskonstruktion (mindestens) einen so genannten mentalen Raum („mental
space") auf, in dem aktuelle Kontextdaten repräsentiert sind (Faucon-
nier/Turner 1998, 2002).[28] Ist ein mentaler Raum einmal aufgebaut, können in diesen problemlos weitere neue Informationen integriert werden.
Von einer konzeptuellen Verschmelzung spricht man dann, wenn sich
zwei (oder mehr) mentale Räume zu einem vereinigen. Auf diesem Wege
wird neues Wissen geschaffen. In der Karikatur sind es insbesondere bild-
lich gegebene Kontextinformationen, die im Zusammenspiel mit dem
Ausdruck *Kindsköpfe* neues Wissen erschließbar machen.

In den einschlägigen Studien zu mentalen Räumen richtet sich der
analytische Fokus fast ausnahmslos auf das Ergebnis des Verstehenspro-
zesses. Vorausgesetztes Hintergrundwissen, das den Aufbau einer Äußerungsbedeutung ermöglicht, wird allenfalls erwähnt, selbst jedoch nur sehr
unzureichend thematisiert. Dessen ungeachtet haben Fauconnier und
Turner (1998: 137) zwar von Anfang an betont, dass mentale Räume
durch Frames vorstrukturiert sind; ein integriertes Modell zur frame-
basierten Analyse konzeptueller Verschmelzungen haben sie bislang jedoch nicht entwickelt. Am Beispiel der Karikatur in Abb. 3 möchte ich
abschließend zumindest anzudeuten versuchen, dass der vorgestellte

---

28   Konzeptuelle Verschmelzungen sind für zahlreiche Verstehensprozesse zentral, jenseits des
     klassischen Anwendungsbereiches Metaphern/Metonymien etwa auch im Fall von syntak-
     tischen Konstruktionen und performativen Sprechakten, vgl. etwa die Spezialausgabe der
     Zeitschrift *Cognitive Linguistics* (2000, Heft 3/4).

Frame-Ansatz hinreichend differenziert ist, um mentale Räume einzubeziehen.

Die Karikatur würde ihre Pointe einbüßen, wenn nicht das Kompositum *Kindsköpfe*, wie zuletzt dargestellt, zwei Interpretationen zuließe. Erhält die Lesart b_2 ohne Berücksichtigung des Kontextes Vorzug vor b_1, so kehrt sich die Präferierungshierarchie um, sobald die Kommentierung „neue Kindsköpfe auf der Schokolade" mit den bildlichen Daten in Beziehung gesetzt wird. Denn insofern Schäubles Kopf die „Kinderschokoladen"-Verpackung ziert, figurieren die Bilder seines Hauptes tatsächlich im Sinn von b_1 als *neue Kindsköpfe*: Sie ersetzen das Bild des Jungen, das normalerweise auf der Verpackung zu sehen ist. Die Leerstelle „Identität" desjenigen Frames, den *Köpfe* aufruft, erfährt mithin eine wesentliche Konkretisierung; es handelt sich um den Kopf, der die Verpackung der „Kinderschokoladen" ziert. In dieser Lesart gelten die Köpfe primär als integrale Bestandteile der Verpackung und nicht als Körperteil einer bestimmten Person.[29]

Gleichwohl lässt sich die Lesart b_2 von *Kindsköpfe* nicht einfach ausblenden, schon deshalb nicht, weil sich die „neuen Kindsköpfe" in der bildlichen Darstellung gar nicht als Köpfe von Kindern erweisen. Dies führt geradezu zwingend zur Aktualisierung von b_2, was in Abb. 4 der von b_1 auf b_2 gerichtete Pfeil zum Ausdruck bringen soll.

---

29   Das gilt übrigens auch für den „alten Kindskopf" auf der Verpackung; seine Identität sichert die Kinderschokoladen-Verpackung und nicht die Person Günter Euringer.

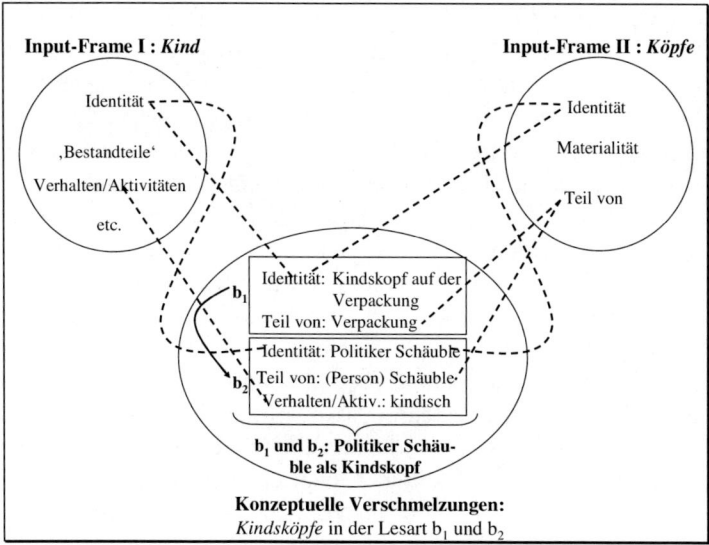

Abb. 4: Zwei Bedeutungen b_1 und b_2 von *Kindsköpfe*, die
die Karikatur in Abb. 3 nahe legt[30]

Mit b_2 ändert sich die Bestimmung der Identität. Der Ausdruck *neue Kindsköpfe* nimmt nun Bezug auf den Politiker Schäuble. Zum Tragen kommt damit jene synekdochische Lesart von *Kindsköpfe*, die ich im letzten Abschnitt ausführlich analysiert habe. Anders als b_1 erlaubt b_2 nun, Aussagen über das politische Verhalten und die politischen Aktivitäten und Fähigkeiten von Schäuble zu treffen. Dem Politiker Schäuble wird kindisches Verhalten attestiert, und seine politischen Tätigkeiten werden als kindische Aktivitäten gebrandmarkt. Diese Kritik mag etwa politische Entscheidungen betreffen, die der Innenminister vor dem Hintergrund des drohenden islamistischen Terrorismus kraft seines Amtes gefällt hat.[31]

Nach den letzten Ausführungen könnte der Eindruck erweckt worden sein, die beiden Bedeutungskonstruktionen b_1 und b_2 stünden unverbun-

---

30 Die graphische Veranschaulichung in Abb. 4 entspricht der üblichen Darstellungsweise konzeptueller Verschmelzungen. Abweichend von Fauconnier/Turner (2002) handelt es sich bei den beiden Inputs jedoch nicht um mentale Räume, sondern um Frames, die über aktuelle Kontextdaten hinaus auch Hintergrundwissen in Form von Standardwerten verfügbar machen.

31 Prinzipiell variieren die Inferenzen in dem Maße, wie Betrachterinnen und Betrachter ihr Hintergrundwissen einbringen. Diese interpretatorische Offenheit könnte man sich hier durch den Einbezug aktueller Entscheidungen und Beschlüsse (etwa über so genannte „Online-Durchsuchungen", die „Antiterrordatei" oder das Abhören und Aufnehmen von Telefonaten) zunutze machen, die Schäuble als Bundesinnenminister forciert hat.

den nebeneinander. Gegenteiliges ist aber der Fall. Der satirische Effekt entsteht erst im Zuge der Verschmelzung von b_1 und b_2: Der Politiker Schäuble ist ein Kindskopf im doppelten Sinn; sein Haupt ziert die „Kinderschokoladen"-Verpackung, und sein (politisches) Verhalten ähnelt zugleich dem eines Kindes. Es obliegt nun der Betrachterin und dem Betrachter der Karikatur, diese doppelte Belegung der Leerstelle „Identität" auszudeuten.[32] Eine Möglichkeit wäre, das kindische Verhalten von Schäuble als entscheidenden Grund dafür anzusehen, dass sein Haupt als „neuer Kindskopf" für die Verpackung ausgewählt worden ist.

Festzuhalten bleibt, dass die Konzeptualisierung der Bedeutung(en) von *Kindsköpfe* maßgeblich frame-gesteuert verläuft. Die semantische Dynamik, die in den beiden Bedeutungen b_1 und b_2 Ausdruck findet, entsteht dadurch, dass beide Bedeutungskonstruktionen dieselben Leerstellen desselben Frames mit unterschiedlichen Füllwerten bedienen, während die semantische Stabilität ein Resultat aktivierter Standardwerte ist. Füllwerte (explizite Prädikationen) tragen den kontextsensitiven Aspekten der Bedeutungskonstruktion Rechnung (siehe Abb. 4), also dem Aufbau mentaler Räume (im Sinne von Fauconnier 1997), Standardwerte dem semantischen Hintergrundwissen, ohne dass sich die Bedeutung des Kompositums weder in der Lesart von b_1 noch in der Lesart von b_2 erschließen ließe. Das kreative Zusammenspiel von Hintergrundwissen und aktuellen Text- bzw. Bilddaten der Karikatur vermag die traditionelle linguistische Frame-Theorie nach Fillmore nicht zu erklären. Der Grund dafür liegt in der fehlenden Bestimmung des linguistischen Status von Frame-Elementen. Erst die Berücksichtigung verschiedener Grade der kognitiven Salienz und Verfestigung von Frame-Elementen im Sinne des „entrenchment"-Theorems (Schmid 2007) ermöglicht eine kognitiv adäquate Explizierung der Bedeutungskonstruktion. Zu dieser führt die Unterscheidung von expliziten und impliziten Prädikationen im vorgestellten frame-semantischen Modell.

---

32 Fauconnier und Turner (1998: 144) sprechen in diesem Zusammenhang von einer Elaboration („elaboration") des Verschmelzungsraumes („blend"), also einer Interpretation des neuen mentalen Raumes auf der Basis der Informationen, die dieser bereitstellt.

5 Fazit

Ausgehend von wissenschaftsgeschichtlichen Überlegungen zur Frame-Theorie habe ich in diesem Beitrag Grundzüge eines linguistischen Frame-Ansatzes vorgestellt, der sich zwar in zentralen Aspekten an die Konzeption Fillmores anlehnt, zugleich jedoch einige wichtige Differenzierungen und Ergänzungen vornimmt. Rekurrierend auf die Gestaltpsychologie sowie die Gedächtnistheorie Bartletts, betrifft die grundsätzlichste Übereinstimmung die gemeinsamen schematheoretischen Prämissen sowie die Einschätzung, dass semantische Frames sowohl ein kognitives Format der Wissensrepräsentation als auch ein linguistisches Werkzeug zur Analyse semantischen Wissens darstellen. Anders als in Fillmores Ansatz geht jedoch das vorgestellte Modell von einem untrennbaren Zusammenhang zwischen semantischen Frames und den beiden Grundfunktionen von Sprache, Referenz und Prädikation, aus. Es macht sich zur Aufgabe, die kognitive Dimension sprachlicher Referentialisierungsleistungen zu erfassen. Die Leitthese lautet, dass die Evozierung eines Frames durch die Ausdrucksseite eines sprachlichen Zeichens der Konzeptualisierung des Referenzobjektes entspricht, auf das eine Sprachbenutzerin oder ein Sprachbenutzer mit einem Ausdruck Bezug nimmt.

Da jeder Ausdruck (in nominalisierter Form) eine referenzielle Funktion übernehmen kann,[33] fällt der (potenzielle) Anwendungsbereich des vorgestellten Modells entsprechend breit aus. Grundsätzlich können Frames überall dort gewinnbringend zum Einsatz kommen, wo es um zeichenvermitteltes Verstehen geht, also dort, wo die kognitive Aufgabe zu lösen ist, einer Zeichenform einen spezifischen Zeicheninhalt zuzuweisen. Insofern decken die in diesem Beitrag exemplarisch durchgeführten Untersuchungen nur einen kleinen Ausschnitt des möglichen Applikationsbereiches ab. Untersucht wurden Beispiele aus der lexikalischen Semantik (wörtliche Bedeutungen, Metaphern, Synekdochen) sowie (indirekte) Anaphern und Text-Bild-Beziehungen bzw. multimodale Bedeutungskonstruktionen.

Überdies hat sich gezeigt, dass Frames einen wesentlichen Beitrag zur Erklärung konzeptueller Verschmelzungen („blending") leisten. Die Analyseergebnisse der politischen Karikatur im letzten Abschnitt legen nahe, dass sich mentale Räume in das Frame-Modell vollständig integrieren lassen. Dafür wäre es allerdings erforderlich, Prinzipien der Konstruktion

---

33 Vater (2005: 71 ff.) scheint sogar die Auffassung zu vertreten, dass alle sprachlichen Ausdrücke in einem Satz/Text referierende Ausdrücke sind.

mentaler Räume stärker zu berücksichtigen.[34] Ferner müssten zentrale Prozesse der konzeptuellen Verschmelzung Beachtung finden, so etwa Komposition („composition"), Vervollständigung („completion") und Elaboration („elaboration") (Fauconnier/Turner 2002: 48–49).

Wichtige, jedoch hier nicht behandelte Anwendungsbereiche von Frames betreffen den Bedeutungswandel und Argumentationsmuster. Ist der Frame-Begriff tatsächlich, wie Busse feststellt, „innerhalb einer epistemologisch orientierten Semantik ein Fundierungsbegriff erster Ordnung" (Busse 2007: 95), ist es plausibel, dass Argumentationsmuster, verstanden als komplexe Form-Inhalts-Paare im Sinne von Wengeler (2005: 272–280), Wissen mittels aktualisierter Frames zugänglich machen und dass sich auch Bedeutungswandel frame-basiert vollzieht; dieser betrifft die Etablierung neuer oder das Verschwinden alter Standardwerte, und zwar mittels einer hohen Token-Frequenz im ersten Fall und mittels einer hohen Type-Frequenz im zweiten Fall.

Literatur

ALLWOOD, JENS (2003): Meaning potentials and contexts: Some consequences for the analysis of variation in meaning. In: CUYCKENS, HUBERT/DIRVEN, RENÉ/TAYLOR, JOHN R. (Hgg.): Cognitive Approaches to Lexical Semantics. Berlin/New York, 29–45.

BALLMER, THOMAS T./BRENNSTUHL, W. (1986): Deutsche Verben. Eine sprachanalytische Untersuchung des deutschen Verbwortschatzes. Tübingen.

BARSALOU, LAWRENCE W. (1992): Frames, Concepts, and Conceptual Fields. In: Lehrer, ADRIENNE/KITTAY, EVA FEDER (Hgg.): Frames, fields and contrasts. New Essays in Semantics and Lexical Organisation. Hillsdale, 21–74.

BARTLETT, FREDERIC (1932): Remembering. A study in experimental and social psychology. Cambridge.

BLANK, ANDREAS (1999): Kognitive Linguistik und Bedeutungswandel. In: POHL, INGE (Hg.): Interdisziplinarität und Methodenpluralismus in der Semantikforschung: Beiträge der Konferenz „Interdisziplinarität und Methodenpluralismus in der Semantikforschung" an der Universität Koblenz-Landau/Abteilung Landau 1998. Frankfurt/M., 125–148.

BOAS, HANS C. (2008): Resolving form meaning discrepancies in Construction Grammar. In: LEINO, JAAKKOO (Hg.): Constructional Reorganization. Amsterdam/New York, 11–36.

---

34 Fauconnier (1997) nennt folgende: „space builders", „elements", „properties and relations", „mental spaces lattices" und „counterpart and connectors".

BREWER, WILLIAM F. (1999): Schemata. In: KEIL, FRANK C./WILSON, ROBERT A. (Hgg.): The MIT Encyclopedia of the Cognitive Sciences. Cambridge, 729–730.

BUSSE, DIETRICH (2000): Historische Diskurssemantik. Ein linguistischer Beitrag zur Analyse gesellschaftlichen Wissens. In: STUKENBROCK, ANJA/SCHARLOTH, JOACHIM (Hgg.): Linguistische Diskursgeschichte (= Sprache und Literatur in Wissenschaft und Unterricht 31, Heft 86), 39–53.

BUSSE, DIETRICH (2005): Architekturen des Wissens – Zum Verhältnis von Semantik und Epistemologie. In: MÜLLER, ERNST (Hg.): Begriffsgeschichte im Umbruch. Berlin, 43–57.

BUSSE, DIETRICH (2007): Diskurslinguistik als Kontextualisierung: Methodische Kriterien. Sprachwissenschaftliche Überlegungen zur Analyse gesellschaftlichen Wissens. In: ADAMZIK, KIRSTEN/WARNKE, INGO (Hgg.): Diskurslinguistik. Methoden – Gegenstände – Grenzen. Berlin/New York, 81–105.

BYBEE, JOAN L. (2001): Phonology and Language Use. Cambridge.

CHRISTMANN, URSULA (1989): Modelle der Textverarbeitung. Textbeschreibungen als Textverstehen. Münster.

EVANS, VYVAN/GREEN, MELANIE (2006): Cognitive Linguistics: An introduction. Edingburgh.

FAUCONNIER, GILLES/TURNER, MARK (1998): Conceptual integration networks. In: Cognitive Science 22 (2), 133–187.

FAUCONNIER, GILLES/TURNER, MARK (2002): The Way We Think. Conceptual Blending and the Mind's Hidden Complexities. New York.

FAUCONNNIER, GILLES (1997): Mappings in Thoughts and Language. Cambridge.

FILLMORE, CHARLES J. (1968): The Case for Case. In: BACH, EMMON/HARMS, ROBERT T. (Hgg.): Universals in Linguistic Theory. New York, 1–88.

FILLMORE, CHARLES J. (1975): An alternative to checklist theories of meaning. In: COGEN, CATHY/THOMPSON, HENRY/THURGOOD, GRAHAM/WHISTLER, KENNETH/WRIGHT, JAMES (Hgg.): Proceedings of the first annual meeting of the Berkeley Linguistics Society. Berkeley, 123–131.

FILLMORE, CHARLES J. (1977): Scenes-and-frames semantics. In: ZAMPOLLI, ANTONIO (Hg.): Linguistic Structures Processing. Vol. 5. Amsterdam/New York/Oxford, 55–81.

FILLMORE, CHARLES J. (1985): Frames and the semantics of understanding. In: Quaderni di Semantica 6 (2), 222–254.

FILLMORE, CHARLES J. (2006): Frames Semantics. In: BROWN, KEITH (Hg.): Encyclopedia of Linguistics and Language, vol. 4. Amsterdam, 613–620.

FILLMORE, CHARLES J./ATKINS, SUE (1992): Toward a frame-based lexicon: The Semantics of RISK and its Neighbors. In: LEHRER, ADRIENNE/KITTAY, EVA F. (Hgg.): Frames, Fields, and Contrast: New Essays in Semantics and Lexical Organization. Hillsdale, 75–102.

FRAAS, CLAUDIA (1996): Gebrauchswandel und Bedeutungsvarianz in Textnetzen. Die Konzepte „Identität" und „Deutsche" im Diskurs zur deutschen Einheit. Tübingen.

GANSEL, CHRISTINA (2002): Zur kognitiven Erfassung der Welt durch sprachliche Bedeutungsstrukturen. In: Akten des X. Internationalen Germanistenkongresses Wien 2000. Bd. 2: Entwicklungstendenzen der deutschen Gegenwartssprache – Lexikologie und Lexikographie (Jahrbuch für Internationale Germanistik, Reihe A). Bd. 54. Berlin/Frankfurt/M. u.a., 277–282.

GOFFMAN, ERVING (1974): Frame analysis: an essay on the organization of experience. New York.

GOLDBERG, ADELE (1995): Constructions. A Construction Grammar Approach to Argument Structure. Chicago.

HAIMAN, JOHN (1980): Dictionaries and encyclopedias. In: Lingua 50, 329–357.

HOLLY, WERNER (2001): ‚Frame' als Werkzeug historisch-semantischer Textanalyse. Eine Debattenrede des Chemnitzer Paulskirchen-Abgeordneten Eisenstuck. In: DIECKMANNSHENKE, HAJO/MEIßNER, IRIS (Hgg.): Politische Kommunikation im historischen Wandel. Tübingen, 125–146.

KLEIN, JOSEF (2002a): Metapherntheorie und Frametheorie. In: POHL, INGE (Hg.): Prozesse der Bedeutungskonstruktion. Frankfurt/M. u.a., 179–185.

KLEIN, JOSEF (2002b): Topik und Frametheorie als argumentations- und begriffsgeschichtliche Instrumente, dargestellt am Kolonialdiskurs. In: CHERUBIM, DIETER (Hg.): Neue deutsche Sprachgeschichte: mentalitäts-, kultur- und sozialgeschichtliche Zusammenhänge. Berlin/New York, 167–181.

KLEIN, JOSEF/MEIßNER, IRIS (1999): Wirtschaft im Kopf. Begriffskompetenz und Einstellungen junger Erwachsener bei Wirtschaftsthemen im Medienkontext. Frankfurt/M.

KONERDING, KLAUS-PETER (1993): Frames und lexikalisches Bedeutungswissen. Untersuchungen zur linguistischen Grundlegung einer Frametheorie und zu ihrer Anwendung in der Lexikographie. Tübingen.

KONERDING, KLAUS-PETER (1996): Konzept, Bedeutung und sprachliche Handlung. Grundzüge einer methodisch fundierten Framesemantik für Sprechaktverben. In: WEIGAND, EDDA/HUNDSNURSCHER, FRANZ (Hgg.): Lexical Structures and Language Use. Proceedings of the International Conference on Lexicology and Lexical Semantics. Münster, September 13-15. Tübingen, 77–88.

KUHN, THOMAS S. (1976): Die Struktur wissenschaftlicher Revolution. Frankfurt/M.

LAKOFF, GEORGE (1977): Linguistic Gestalts. In: BEACH, WOODFORD A./FOX, SAMUEL E./PHILOSOPH, SHULAMITH (Hgg.): Papers from the thirteenth Regional Meeting Chicago Linguisic Society, April 14-16, 1977. Chicago, 236–286.

LAKOFF, GEORGE (1987): Women, Fire, and Dangerous Things. What Categories Reveal about the Mind. Chicago.

LANGACKER, RONALD W. (1979): Grammar as Image. In: Linguistic Notes from La Jolla 6, 87–126.

LANGACKER, RONALD W. (1987): Foundations of cognitive grammar, vol. 1: theoretical prerequisites. Stanford.

LANGACKER, RONALD W. (1988): A view of linguistic semantics. In: RUDZKA-OSTYN, BRYGIDA (Hg.): Topics in Cognitive Linguistics. Amsterdam, 49–90.

LANGACKER, RONALD W. (1999): Grammar and Conceptualization. Berlin/New York.

LENK, HANS (2004): Bewusstsein als Schemainterpretation. Ein methodologischer Integrationsansatz. Paderborn.

LIEBERT, WOLF-ANDREAS (1992): Metaphernbereiche in der deutschen Alltagssprache. Kognitive Linguistik und die Perspektiven einer Kognitiven Lexikographie. Frankurt/M.

LÖBNER, SEBASTIAN (2005): Funktionalbegriffe und Frames – Interdisziplinäre Grundlagenforschung zu Sprache, Kognition und Wissenschaft. In: LABISCH, ALFONS (Hg.): Jahrbuch der Heinrich-Heine-Universität Düsseldorf 2004. Düsseldorf, 463–477.

LÖNNEKER, BIRTE (2003): Konzeptframes und Relationen. Extraktion, Annotation und Analyse französischer Corpora aus dem World Wide Web. Berlin.

METZGER, WOLFGANG (1923): Figural-Wahrnehmung. In: DERS. (Hg.): Handbuch der Psychologie, Bd. 1: Allgemeine Psychologie. Der Aufbau des Erkennens. Göttingen, 693–744.

METZING, DIETER (Hg.) (1979): Frame conception and text understanding. Berlin, New York.

MINSKY, MARVIN (1975): A Framework for Representing Knowledge. In: WINSTON, PATRICK H. (Hg.): The Psychology of Computer Vision. New York, 211–277.

PETRUCK, MIRJAM R. L. (1986): Body Part Terminology in Hebrew: A Study in Lexical Semantics. Ph.D. dissertation.

RUMELHART, DAVID E. (1980): Schemata: The Building Blocks of Cognition. In: SPIRO, RAND J. u.a. (Hgg.): Theoretical Issues in Reading Comprehension. Perspectives from Cognitive Psychology, Linguistics, Artificial Intelligence, and Education. Hillsdale/New Jersey, 33–58.

SANFORD, ANTHONY J./GARROD, SIMON C. (1981): Understanding written language: Explorations in comprehension beyond the sentence. Chichester u.a.

SCHANK, ROGER C./ABELSON, ROBERT P. (1977): Scripts, Plans, Goals and Understanding. An Inquiry into Human Knowledge Systems. Hillsdale.

SCHMID, HANS-JÖRG (2007): Entrenchment, Salience, and Basic Levels. In: GEERAERTS, DIRK/CUYCKENS, HUBERT (Hgg.): The Oxford Handbook of Cognitive Linguistics. Oxford/New York, 117–138.

SEARLE, JOHN R. (1979): Sprechakte. Ein sprachphilosophischer Essay. Frankfurt/M.

TALMY, LEONARD (2000): Toward a cognitive semantics. Vol. I: Conceptual structuring systems. Cambridge.

TANNEN, DEBORAH (1979): What's in a frame? Surface evidence for underlying expectations. In: FREEDLE, ROY (Hg.): Discourse Production and comprehension. Norwood, 137–181.

TAYLOR, JOHN R. (2000): Approaches to word meaning: The network model (Langacker) and the two-level model (Bierwisch). In: PEETERS, BERT (Hg.): The lexicon-encyclopedia interface. Amsterdam, 115–141.

TAYLOR, JOHN R. (2002): Cognitive Grammar. New York.

TOMASELLO, MICHAEL (2003): Constructing a language: A usage-based account of language acquisition. Cambridge.

TUGGY, DAVID (1993): Ambiguity, Polysemy, and Vagueness. In: Cognitive Linguistics 4 (3), 273–290.

UNGERER, FRIEDRICH/SCHMID, HANS-JÖRG (2006): An Introduction to Cognitive Linguistics. London.

VATER, HEINZ (2005): Referenz-Linguistik. München.

WEGNER, IMMO (1985): Frame-Theorie in der Lexikographie. Untersuchungen zur theoretischen Fundierung und computergestützten Anwendung kontextueller Rahmenstrukturen für die lexikographische Repräsentation von Substantiven. Tübingen.

WENGELER, MARTIN (2005): „Das Szenario des kollektiven Wissens einer Diskursgemeinschaft entwerfen". Historische Diskurssemantik als „kritische Linguistik". In: Aptum (3), 262–282.

WETTLER, MANFRED (1980): Sprache, Gedächtnis, Verstehen. Berlin/New York.

ZIEM ALEXANDER (2005): Begriffswissen. Ein linguistischer Beitrag zur sprachlichen Bedeutungskonstruktion in literarischen Texten. In: ROUSSEL, MARTIN/WIRTZ, MARKUS/WUNDERLICH, ANTONIA (Hgg.): Eingrenzen und Überschreiten. Verfahren in der Moderneforschung. Würzburg, 272–285.

ZIEM, ALEXANDER (2008a): Frames und sprachliches Wissen. Kognitive Aspekte der semantischen Kompetenz. Berlin/New York.

ZIEM, ALEXANDER (2008b): „Heuschrecken" in Wort und Bild. Zur Karriere einer Metapher. In: Muttersprache 2, 108–120.

Kompetenz

Zur sprachlichen Konstruktion von Wissen über Wissen und Können im Bildungsdiskurs nach PISA

Jörg Kilian / Dina Lüttenberg

1 Zur Einführung

Für den gesamten Referenzbereich der Wissensdomäne „Bildung und Schule" existiert keine systematische fachsprachliche Terminologie(arbeit) im engeren Sinne. Die Wissensdomäne „Bildung und Schule" ist (fach)sprachlich vielmehr ein gesamtgesellschaftliches Sprachspiel mit sehr unterschiedlichen Mitspielern: Schüler/innen, Lehrer/innen, Eltern, Bildungspolitiker/innen, Fachwissenschaftler/innen und Fachdidaktiker/innen, allgemeine Pädagog/inn/en, pädagogische Psycholog/inn/en, Berufsausbilder/innen, Lehrmeister/innen, Wirtschaftsvertreter/innen u. a. Es ist daher kaum verwunderlich, dass der Referenzbereich der Wissensdomäne „Bildung und Schule" von verschiedenen Akteuren verschieden wahrgenommen und entsprechend verschieden als sprachliche Wirklichkeit konstruiert und konstituiert wird, wobei noch einmal zwischen fachlich innenperspektivischen und außenperspektivischen Konstruktionen und Konstitutionen von Wirklichkeitsausschnitten zu unterscheiden ist.

Solche Wirklichkeitsausschnitte können fachlich und gesellschaftlich umstrittene Sachverhalte darstellen. Fachlich und gesellschaftlich umstrittene Sachverhalte in der Wissensdomäne „Bildung und Schule" sind Sachverhalte mit Differenzierungen und Differenzen im Bereich bildungs- und schulbezogener Weltansichten bei unterschiedlichen Gruppen von Mitspielern. In Deutschland sind solche umstrittenen Sachverhalte in den letzten Jahren im Rahmen zweier Teilsprachspiele mitunter bis in feinste Verästelungen des alltäglichen Lebens hinein heftig diskutiert worden: im Sprachspiel um den so genannten „Bologna-Prozess", der 1999 durch die Vertretungen von 29 europäischen Nationen auf den Weg gebracht wurde und die Struktur des Wissenserwerbs und der Wissensvermittlung an Hochschulen fokussiert, sowie im Sprachspiel um die (Ergebnisse der) Leistungsmessung an Schulen, die erstmals im Jahr 2000 unter dem Namen PISA gleichsam schlagwortartig berühmt, möglicherweise auch berüchtigt wurde.

Das Ringen um den Begriff der „Kompetenz" im Rahmen dieser Teilsprachspiele soll im Folgenden als Versuch von Wirklichkeitskonstruktion und -konstitution beleuchtet werden. Dazu werden die Differenzierungen und Differenzen im Zuge der sprachlichen Arbeit am „Kompetenz"-Begriff seitens verschiedener Mitspieler in den Blick genommen. Dabei wird der bislang gebrauchte Begriff des „Sprachspiels" jedoch durch den des „Diskurses" ersetzt. Der Begriff des „Sprachspiels" ist zwar wegen seiner semantischen Motiviertheit sehr anschaulich, doch soll er der Wittgenstein'schen Sprachphilosophie vorbehalten bleiben. Der Begriff des „Diskurses" ist semantisch weniger anschaulich und keinesfalls weniger schillernd als der „Sprachspiel"-Begriff, doch lässt er sich methodologisch besser modellieren und für die Arbeit im Forschungsnetzwerk „Sprache und Wissen" nutzbar machen. Den Untersuchungen im Rahmen der Wissensdomäne „Bildung und Schule" innerhalb dieses Forschungsnetzwerkes liegt folgende Definition eines „Diskurs"-Begriffes zugrunde (vgl. auch www.suw.uni-hd.de/dom_edu.html): Ein Diskurs ist „eine kommunikative Handlungskonstellation, die abgrenzbar ist durch Zeit, Themengebundenheit, Handlungsbeteiligte (Individuen, Gruppen, Institutionen). Aus der Konstellation von Zeit, Thema und Aktanten ergeben sich weitere diskurskonstitutive Merkmalkomplexe: Handlungsziele, Handlungsbedingungen, Handlungsmöglichkeiten und Handlungsformen; themengebundene Wortschätze und Wortgebräuche. Ein konkreter Diskurs ist eine historisch singuläre Erscheinung insofern, als es dieselbe Konfiguration aller Merkmale in ihrer konkreten Gestaltung nicht ein zweites Mal gibt." (Kilian 1997: 69) Die das Diskursthema benennende lexikalische Einheit dient als frame- und scriptsemantisches und -pragmatisches Rahmenstichwort und ist zugleich heuristisches Mittel zur Rekonstruktion des Diskurses, insbesondere in Bezug auf die Zusammenstellung des diskursspezifischen Textkorpus. Der so gefasste „Diskurs"-Begriff grenzt kommunikative Handlungskonstellationen synchronisch aus, ermöglicht zugleich aber auch diachronisch aufgrund der Themengebundenheit den Vergleich verwandter Diskurse.

In Bezug auf den Beginn des aktuellen „Kompetenz"-Diskurses im Rahmen der Wissensdomäne „Bildung und Schule" darf man, wie erwähnt, zwei Daten gleichsam als sprach- und bildungsgeschichtliche Startimpulse werten: Im Oktober 1997 fasste die Kultusministerkonferenz in Konstanz den Beschluss, „das deutsche Schulsystem im Rahmen wissenschaftlicher Untersuchungen international vergleichen zu lassen" und formulierte das Ziel dieser Untersuchungen dahin gehend, „gesicherte Befunde über Stärken und Schwächen der Schülerinnen und Schüler in den zentralen *Kompetenz*bereichen zu erhalten." (KMK: Bildungsstandards; Hervorhebung von uns, J. K./D. L.) Das zweite Datum bildet der so genannte Bologna-Beschluss des Jahres 1999.

Es ist nun zwar nicht so, dass der heute im Rahmen der Wissensdomäne „Bildung und Schule" beinahe inflationäre Gebrauch des Wortes „Kompetenz" von diesen bildungspolitischen Daten seinen Ausgang nähme – von „Kompetenz" in einem engeren bildungswissenschaftlichen Sinne war schon lange vorher die Rede, etwa in Heinrich Roths „Pädagogischer Anthropologie" (vor allem Band 2 aus dem Jahre 1971), im Anschluss daran in den Empfehlungen des Deutschen Bildungsrates von 1974 (vgl. Reetz 2003) und im Anschluss an Chomsky schon sehr früh auch in der Didaktik der deutschen Sprache (vgl. z. B. Helmers 1970 [noch nicht in der ersten Aufl. 1966]: 92; Ingendahl 1975: 26 ff.). Seit der Wende vom 20. zum 21. Jahrhundert ist die Wortfamilie von „Kompetenz" einschließlich der mit Hilfe attributiver Adjektive lexikalisch gefassten Varianten (z. B. neben älterem „kognitive Kompetenz", „ästhetische Kompetenz", „kommunikative Kompetenz", „soziale Kompetenz" neueres „interkulturelle Kompetenz" u. v. a.) jedoch kaum mehr zu überblicken.

Und es ist auch nicht so, dass der Begriff „Kompetenz" im bildungswissenschaftlichen Sinne gänzlich Neues erfasste. Man darf beispielsweise Wolfgang Klafkis Begriff der „kategorialen Bildung" (1964) ebenso in eine begriffliche Nähe zu dem gegenwärtigen „Kompetenz"-Begriff bringen wie den von Dieter Mertens 1972/74 geprägten Begriff der „Schlüsselqualifikation" (vgl. Lösche [u.a.] [fortl.], s.v. *Schlüsselqualifikation*). Der Referenzrahmen des aktuellen bildungswissenschaftlichen Begriffs „Kompetenz" wird jedoch zugleich weiter – nämlich in Bezug auf unterschiedliche

Arten von Wissen und Können, Fähigkeiten und Fertigkeiten – und enger – nämlich in Bezug auf die Erfordernis einer Messbarkeit, empirischen Nachprüfbarkeit, normativen Erfassbarkeit von Wissen und Können, Fähigkeiten und Fertigkeiten – gezogen, als es bei früheren Konstruktionen des „Kompetenz"-Begriffs und gar erst bei den Begriffen „Bildung" und „Qualifikation" der Fall ist bzw. war. Es lohnte, auch diese begriffsgeschichtlichen Fäden des „Kompetenz"-Begriffes einmal weiter zu verfolgen (vgl. dazu z. B. Huber 2004).

Im Folgenden werden Aspekte dieses aktuellen „Kompetenz"-Begriffes in der Wissensdomäne „Bildung und Schule" in den Blick genommen. Um dabei die Differenzen und Differenzierungen genauer erfassen zu können, die dieser „Kompetenz"-Begriff im Rahmen der sprachlichen Konstruktion und Konstitution des Sachverhalts durch unterschiedliche Diskursbeteiligte erfährt, wird aus dem Gesamtdiskurs ein subthematischer Bezugspunkt ausgewählt. Ein solcher subthematischer Bezugspunkt ist im Rahmen des aktuellen „Kompetenz"-Diskurses die Konstruktion und Konstitution von „Kompetenz" in Bezug auf Sprache und Sprachgebrauch, kurz: „Sprachkompetenz". Die sprachliche Konstruktion und Konstitution von „Kompetenz" wird deshalb im Folgenden immer wieder am Beispiel der sprachlichen Konstruktion und Konstitution von Aspekten des Begriffes der „Sprachkompetenz" bzw. der „sprachlichen Kompetenz" (mit Bezug auf die so genannte Muttersprache bzw. die Erstsprache Deutsch) veranschaulicht. Dabei ist mit der Formulierung *„Aspekte* des Begriffes der ‚Sprachkompetenz' bzw. der ‚sprachlichen Kompetenz'" bereits zum Ausdruck gebracht, dass selbst dieser konkretere Ausschnitt aus dem „Kompetenz"-Diskurs hier nicht umfassend erhellt, sondern nur schlaglichtartig beleuchtet werden kann. Notwendig wäre zum Beispiel, zu den jeweiligen Konstruktionen und Konstitutionen von „Sprachkompetenz"(-Begriffen) die jeweils zugrunde gelegten „Sprach"-Begriffe zu rekonstruieren (vgl. dazu auch Steinbrenner 2007). Sprache, und damit auch die so genannte Muttersprache, wird ein ganzes Leben lang gelernt und besitzt so zahlreiche Facetten, dass nicht einmal ein überdurchschnittlich langes Leben ausreicht, um alles von ihr zu kennen und alles in ihr zu können – falls dies denn das Optimum dessen wäre, was Diskursbeteiligte unter „Sprachkompetenz" verstehen.

Bei der Forschung in unserer Wissensdomäne selbst legen wir großen Wert darauf, sie im Sinne der angewandten Diskursforschung zu betreiben und als Forschung zum Zwecke einer Wissenstransformation und eines Wissenstransfers zu begreifen: Unterschiedliche Wirklichkeitskonstitutionen in der Wissensdomäne „Bildung und Schule" sollen linguistisch beschrieben und auf dieser Grundlage in der Praxis des Diskurses, bis hin zur Praxis in konkreten Diskursbereichen, zusammengeführt werden. Diese Zusammenführung macht Übereinstimmungen, aber auch Bruchstellen zwischen den Wirklichkeitskonstitutionen unterschiedlicher Diskursbeteiligter deutlich, was eine unabdingbare Voraussetzung für die Lösung von Problemen darstellt. Es werden daher nicht allein Texte analysiert, um die sprachliche Konstruktion und Konstitution von Wirklichkeit zu rekonstruieren, sondern es werden auch praktische Konsequenzen dieser sprachlichen Konstruktion und Konstitution untersucht – im vorliegenden Fall namentlich Konsequenzen der sprachlichen Konstruktion und Konstitution von „Kompetenz" in der Praxis der didaktischen und methodischen Modellierung von Kompetenzerwerb in unterrichtlichen Zusammenhängen. Die Arbeit in der Wissensdomäne „Bildung und Schule" befasst sich deshalb auch mit Ansätzen zur Lösung unmittelbar praxisnaher Probleme, die u. a. aufgrund unterschiedlicher Versprachlichungsformen und Gegenstandskonstitutionen entstanden sind. So führen beispielsweise unterschiedliche Konstruktionen des „Kompetenz"-Begriffs in Bezug auf Sprache und Sprachgebrauch durchaus zu unterschiedlichen, zum Teil gar gegensätzlichen „Sprachkompetenz"-Erwartungen und -Formulierungen bei unterschiedlichen Diskursbeteiligten, z. B. Verfasser/innen von Bildungsplänen für die Hauptschule einerseits und Arbeitgeber(verbände)n andererseits oder Verfasser/innen von Bildungsplänen für das Gymnasium einerseits und Verfasser/innen von Bachelor- und Masterstudiengängen für das Lehramt an Gymnasien andererseits.

2   „*Kompetenz*" – Konstruktionen, Differenzierungen, Differenzen des Wissens in Bildung und Schule, Wissenschaft, Wirtschaft und Gesellschaft

2.1   Konstruktionen der Bildungs- und Wissenswelt am Beispiel des „Kompetenz"-Begriffs innerhalb der Wissensdomäne „Bildung und Schule"

In Bezug auf die fachsprachliche (Er)fassung des „Kompetenz"-Begriffs innerhalb der Wissensdomäne „Bildung und Schule" lassen sich gegenwärtig zwei Tendenzen beobachten, die miteinander in engem Zusammenhang stehen. So gibt es, einerseits, Versuche, einen allgemeinen „Kompetenz"-Begriff im Rahmen der empirischen Bildungsforschung zu definieren, und es gibt, andererseits, einen Konsens darüber, dass unterhalb dieser Ebene der empirischen Bildungsforschung der Begriff der „Kompetenz" zu spezifizieren ist, nämlich: 1.) (unterrichts)fachspezifisch, und 2.) innerhalb der Disziplinen bzw. Fächer noch einmal bereichsspezifisch (beispielsweise innerhalb des Faches Deutsch im Rahmen der Lehr-Lern-Bereiche „Sprache" und „Literatur").

An dieser Stelle sei zunächst die Fassung eines allgemeinen „Kompetenz"-Begriffs im Rahmen der empirischen Bildungsforschung skizziert; eine fachlich spezifizierte Ausgestaltung desselben für das Fach Deutsch – und mittelbar die universitäre Disziplin Germanistik – wird im dritten Kapitel aufgezeigt. Dazu wird auf das „Bedeutungsdreieck" von Ogden/Richards (1966: 11) zurückgegriffen, das eine vereinfachende Darstellung der Differenzen und Differenzierungen erlaubt, die zwischen der Konstruktion und Konstituierung einer „Weltansicht" von „Kompetenz" innerhalb und außerhalb der Wissensdomäne „Bildung und Schule" bestehen.

In einem allgemeinen Sinne kann „Kompetenz" wiedergegeben werden mit „Sachverstand, Fähigkeiten". So paraphrasiert das „Universalwörterbuch" aus dem Dudenverlag (^{5}2003) den semantischen Kern der hier interessierenden Teilbedeutung von „Kompetenz" (die anderen Teilbedeutungen geben die rechtssprachliche Lesart „Zuständigkeit" sowie die sprachwissenschaftliche Lesart „Summe aller sprachlichen Fähigkeiten, die ein Muttersprachler besitzt" an; auf Letztere wird noch zurückzukommen sein). Nach dieser allgemeinen Teilbedeutung kann die Bedeutung des Wortes „Kompetenz" also in folgender Weise mit Hilfe des „semantischen Dreiecks" von Ogden/Richards veranschaulicht werden:

„Sachverstand"/ „Fähigkeit" (zu X-en)

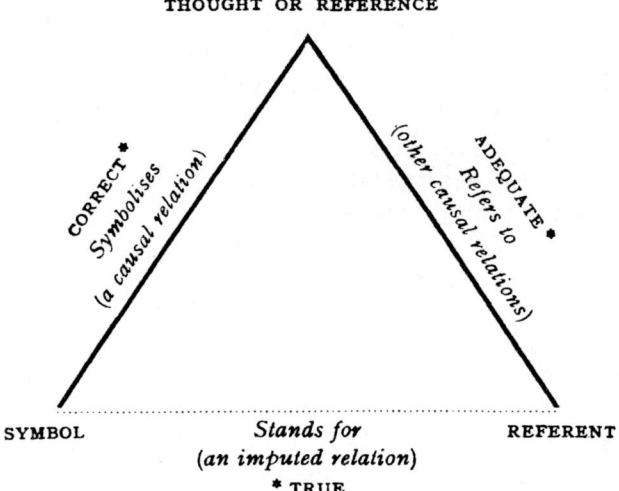

„Kompetenz"   Jmd. ist fähig, dafür zu
                                                   sorgen, dass X gelingt

Jemand ist demnach in einem allgemeinen Verständnis in einem Bereich X
kompetent, wenn er/sie den Sachverstand und die Fähigkeit hat, so zu X-
en, dass X gelingt.

Innerhalb der Wissensdomäne „Bildung und Schule" wird dieser allgemeine „Kompetenz"-Begriff im Rahmen der aktuellen empirischen
Bildungsforschung konkreter gefasst. Es bedarf an dieser Stelle der aus-
drücklichen Hervorhebung des Bezugs zur *aktuellen* Bildungsforschung
insofern, als der „Kompetenz"-Begriff im Rahmen des Referenzbereichs
der Wissensdomäne „Bildung und Schule", wie angedeutet, in den vergangenen Jahren eine umwälzende Entwicklung erfahren hat. Es gibt in dieser
Wissensdomäne, spätestens seit dem Konstanzer Beschluss der KMK aus
dem Jahr 1997, eine hohe Anzahl an Versuchen, „Kompetenz" zu definieren, wobei um die Jahrtausendwende – im Zusammenhang mit den Ergebnissen der ersten PISA-Studie – eine neue Konturierung des Begriffs
erfolgte. So wird beispielsweise im Konstanzer Beschluss der KMK von
1997 das Wort „Kompetenz" zwar gebraucht, jedoch noch in einem eher
alltagssprachlichen Verständnis (vgl. KMK: Bildungsstandards), etwa wie
es oben auf der Grundlage des Duden-Wörterbuchs dargestellt ist. Auch
das im Jahr 2000 in vierter Auflage erschienene dtv-Wörterbuch Pädagogik bleibt noch in diesem Rahmen:

„Kompetenz (lat. competens geeignet, zuständig; engl. competence). Fähigkeit einer Person, Anforderungen in bestimmten Bereichen zu entsprechen. Soziale Kompetenz bezieht sich auf den Umgang mit Menschen und bedeutet, in sozialen, gesellschaftlichen und politischen Bereichen urteils- und handlungsfähig zu sein. Ich- bzw. Selbstkompetenz bezeichnet die Fähigkeit, für sich selbst verantwortlich handeln zu können. Sachkompetenz kennzeichnet die Leistungsfähigkeit und damit die Zuständigkeit für bestimmte Sachbereiche." (Schaub/Zenke 2000, s. v. Kompetenz)

Nach Bekanntwerden der Ergebnisse der ersten PISA-Studie wurde indes der „Kompetenz"-Begriff zunehmend verengt auf Fähigkeiten und Fertigkeiten, die als messbare erscheinen. Kritiker eines solchen überhaupt nicht mehr idealen, sondern empirisch (mitunter gar empiristisch) orientierten „Kompetenz"-Begriffes weisen wiederholt darauf hin, dass ein lediglich auf messbaren Daten aufruhendes Konstrukt von „Kompetenz" das nicht-messbare Wissen und Können in Vergessenheit geraten lasse und überdies rasch dazu führen könne, das Testen, Messen und Vergleichen für wichtiger zu erachten als das Bilden, Lehren, Forschen (frei nach der Bauernregel „Kein Schwein wird durch Wiegen fetter"; vgl. z. B. Meyer (2004). Es scheint mittlerweile jedoch darüber Konsens zu herrschen, dass „Kompetenz" weder in Form der Angabe idealer Lehr-Lern-Ziele für Kollektive noch in Form der Angabe empirisch erwiesener Ist-Zustände (sowohl für Individuen wie für Kollektive) ein nützliches Konzept ist.

Als eine allgemeine, die einzelnen Unterrichtsfächer und Universitätsdisziplinen übergreifende Definition findet die Bestimmung des „Kompetenz"-Begriffes des Erziehungswissenschaftlers und Psychologen Franz Weinert weithin Anerkennung:

> Kompetenzen, so Weinert, definieren „die bei Individuen verfügbaren oder durch sie erlernten Fähigkeiten, um bestimmte Probleme zu lösen sowie die damit verbundenen motivationalen, volitionalen und sozialen Bereitschaften und Fähigkeiten, um Problemlösungen in variablen Situationen erfolgreich und verantwortungsvoll nutzen zu können." (Weinert 2001: 27 f.)

Dieser „Kompetenz"-Begriff weist als Genus proximum den Begriff der „Fähigkeit" auf, der den „Kompetenz"-Begriff, einerseits, mit Wissen und Kennen in einem theoretischen Sinne der individuellen Disposition in Beziehung setzt, ihn zugleich aber, andererseits, auch mit konkretem Können verknüpft insofern, als eine Fähigkeit grundsätzlich stets eine Fähigkeit *zu etwas* ist. Im Unterschied zu einer „Leistung", die punktuell das Gelingen eines Vorhabens bzw. die Lösung eines Problems bezeichnet, bezieht sich „Kompetenz" auf die innere Anlage, dieselbe Leistung immer wieder erbringen zu können. Wiewohl „Kompetenz" nun nicht mehr lediglich auf fertiges und reproduzierbares deklaratives Faktenwissen bezogen, vielmehr (auch mit Hilfe der finalen „um … zu"-Konstruktion) sogar eine gewisse Handlungs- bzw. Anwendungsorientierung zum Ausdruck gebracht wird, bleibt der „Kompetenz"-Begriff bei Weinert kognitionstheoretisch fundiert und er bleibt auf die Feststellung eines Ist-Zustandes („verfügbar") bezogen.

Auf der Grundlage der Unterscheidung von vier verschiedenen Wissensarten in der Pädagogischen Psychologie (Heinz Mandl u. a.) lässt sich dieser „Kompetenz"-Begriff auf die folgenden Wissensarten erstrecken (nach Ossner 2006a: 31 ff.)

Deklaratives Wissen	Problemlösungs-wissen	Prozedurales Wissen	Metakognitives Wissen
Wissen über Sachverhalte	Wissen über Strategien zur Bewältigung von Problemsituationen	Wissen, das psychomotorischen und kognitiven Fertigkeiten zugrunde liegt	Wissen, das die Reflexion über das eigene Wissen und über die eigenen Handlungen steuert
Wissen	Können	Können	Bewusstheit

Insofern diese Wissensarten nur analytisch zu unterscheiden sind, im Rahmen des Wissenserwerbs und der Wissensnutzung jedoch miteinander interagieren (zum Beispiel setzt Problemlösungswissen auch deklaratives Wissen voraus; vgl. Ossner 2006a: 32), ist „Kompetenz" im bildungswissenschaftlichen Sinne auch dahin gehend zu definieren, dass ein Individuum diese Interaktion unterschiedlicher Wissensarten zu organisieren versteht. „Kompetenz" bezeichnet dann mithin die Disposition eines Individuums zur Organisation dieser Interaktion bzw. eine „Disposition, die Personen befähigt, bestimmte Arten von Problemen erfolgreich zu lösen, also konkrete Anforderungssituationen eines bestimmten Typs zu bewältigen" (Klieme et al. 2003: 72). Im dritten Kapitel wird dies an einem konkreten Beispiel veranschaulicht. Wiederum ins Dreieck gebracht, sieht dieser „Kompetenz"-Begriff wie folgt aus:

individuelle „Fähigkeiten, um bestimmte Probleme zu lösen sowie die damit verbundenen motivationalen, volitionalen und sozialen Bereitschaften und Fähigkeiten, um Problemlösungen in variablen Situationen erfolgreich und verantwortungsvoll nutzen zu können"

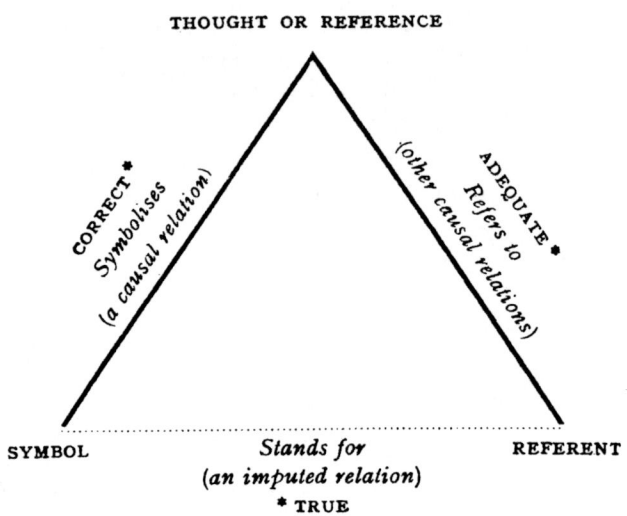

„Kompetenz"	jmd. ist fähig, X-Probleme zu lösen, jmd. ist bereit und fähig, X-Problemlösungen zu nutzen

2.2 Konstruktionen der Bildungs- und Wissenswelt am Beispiel des „Kompetenz"-Begriffes in verschiedenen Wissenschaftsdisziplinen

Der Begriff „Kompetenz" startet seine Karriere in der Linguistik bei Noam Chomsky: In den „Aspects of The Theory of Syntax" von 1965 bestimmt Chomsky vor dem Hintergrund einer angenommenen Universalgrammatik die „Sprachkompetenz" als „the speaker-hearer's knowledge of his language" (Chomsky 1965: 4), in der deutschen Übersetzung wird sie häufig mit „Sprachkenntnis" paraphrasiert (vgl. Chomsky 1969: 19 f.). Dies ist eine Kenntnis, die zur Grundlage der Performanz, der Sprachverwendung dieses idealen Sprechers, wird. Sie ist „immanent" und „unreflektiert" (Chomsky 1969: 178). Es gilt, sie als ein Regelsystem durch die Analyse der Performanz zu beschreiben. Während der „linguistischen

Wende" in der deutschen Sprachdidaktik der 1970er Jahre gibt es Versuche, Chomskys generative Grammatik in die Sprachdidaktik zu integrieren: bezeichnenderweise mit dem explizit didaktischen Ziel, „abstraktes sprachliches Denken der Schüler" zu fördern (vgl. Steets 2003: 212). Der Ansatz ist jedoch „wirkungslos" geblieben (Nilsson 2002: 51), nicht zuletzt wegen der empiriefernen Weite dieses Begriffs bei Chomsky.

Chomskys „Kompetenz"-Begriff ruft früh kritische Stimmen hervor: Hier ist vor allem der Linguist und Anthropologe Dell Hymes zu nennen, der im Zuge der „pragmatischen Wende" in der Linguistik die Fokussierung der „idealen" Abstraktion beanstandet. Bemerkenswert ist, dass für Hymes gerade (sprach-) didaktisch-pädagogische Probleme den Anlass zur Kritik an mangelnder Anwendungsfreundlichkeit von Chomskys „Kompetenz"-Begriff geben:

> „From the standpoint of the children we seek to understand and help, such a statement [by Chomsky] may seem almost a declaration of irrelevance. All the difficulties that confront the children and ourselves seem swept from the view." (Hymes 1972: 270)

Hymes fordert eine neue „Kompetenz"-Theorie, die den sozialen Aspekt der konkreten Kommunikation und die Heterogenität der (oft multilingualen) Sprachgemeinschaft berücksichtigt (Hymes 1972: 277) und spricht von „kommunikativer Kompetenz". Die „tacit knowledge", also „Kompetenz" in Chomskys Verständnis, ist für Hymes nur ein Teil davon:

> „Competence is dependent upon both (tacit) *knowledge* and (ability for) *use*." (Hymes 1972: 282; Hervorhebung im Original)

Hymes' Begriff der „kommunikativen Kompetenz" wird in Deutschland vor allem über die Vermittlung von Jürgen Habermas bekannt, der darunter eine pragmatisch perspektivierte Fähigkeit versteht, angemessene Sprechakte in unterschiedlichen Situationen zu bilden. Habermas geht jedoch – ähnlich wie Chomsky – von Universalien, hier: einer „Universalpragmatik" (Habermas/Luhmann 1975: 102) und von einem idealen Sprecher/Hörer aus. Sein Kompetenzmodell zielt auf die Beschreibung von „idealen" Sprechsituationen ab, die einen „wahren Konsensus" (Habermas/Luhmann 1975: 123) evozieren und den „herrschaftsfreien Diskurs" konstituieren sollen. Im Unterschied zu Chomskys Begriff der „Kompetenz" ist die „kommunikative Kompetenz" hier eine reflektierte, bewusste:

> „Die Idee des wahren Konsensus verlangt von den Teilnehmern eines Diskurses die Fähigkeit, zwischen Sein und Schein, Wesen und Erscheinung, Sein und Sollen zu unterscheiden, um kompetent die Wahrheit von Aussagen, die Wahrhaftigkeit von Äußerungen und die Richtigkeit von Handlungen zu beurteilen." (Habermas/Luhmann 1975: 135)

Auch Habermas' Gedanken werden in den 1970er Jahren unter anderem in der Sprachdidaktik populär. Dieser Einfluss ist heutzutage abgeschwächt. So wie Chomskys individuelles „Ideal" vielfach kritisch hinterfragt wird, wirkt Habermas' utopischer Gesellschaftsentwurf mit dem herrschaftsfreien Dialog nicht mehr denkbar. Chomskys und Habermas' Begriffe der „Kompetenz" sind darüber hinaus normativ und scheinen daher mit dem aktuellen bildungswissenschaftlichen „Kompetenz"-Begriff nicht vereinbar: Sie sind nicht in Bezug auf messbare Standards oder individuelle Fähigkeiten formuliert. Der Begriff „kommunikative Kompetenz", noch immer eine zentrale Größe in der Sprachdidaktik, entbehrt bis heute einer „begrifflichen Präzision" (Glück 2000: 357) und wird gegenwärtig vielerorts von dem ähnlich vage gebrauchten Begriff der „interkulturellen Kompetenz" abgelöst (vgl. House 1996).

2.3 Konstruktionen der Bildungs- und Wissenswelt am Beispiel des „Kompetenz"-Begriffes im Kommunikations- und Praxisbereich der Wirtschaft

In einer Rede mit dem Titel „Persönliche und soziale Kompetenzen – was erwartet die Wirtschaft von Schulabgängern" führt Arbeitgeberpräsident Hundt am 10. Juli 2003 aus:

> „Im Gegenteil benötigen wir heute vor allem selbstständig denkende und verantwortlich handelnde Menschen in den Betrieben. Der Begriff der persönlichen und sozialen Kompetenz hat sich deshalb zu recht durchgesetzt, weil dazu weit mehr gehört, als einmal gelernte Muster nachzuvollziehen. Notwendig sind vielmehr Urteilskraft und Orientierungsvermögen, Handlungsfähigkeit, Eigenständigkeit und Entscheidungssouveränität. [...]
>
> Die Unternehmen stehen seit geraumer Zeit vor dem Problem, dass wir auch diese Kompetenzen bei den Schulabgängern im Grunde nicht mehr voraussetzen können. Es fehlt leider zu oft an Kenntnis schon der einfachsten Regeln des Zusammenlebens und -arbeitens, und auch Selbstständigkeit und Verantwortungsbewusstsein lassen zu wünschen übrig. Dies kann so weit gehen, dass die Zusammenarbeit mit dem Auszubildenden oder dem Mitarbeiter unmöglich und die Trennung unvermeidbar wird." (Hundt 2003)

Der Begriff der „Kompetenz" ist hier durch die Adjektivattribute „persönlich" und „sozial" bereits fokussiert, worauf sich „Selbständigkeit" und „Verantwortungsbewusstsein" beziehen. Persönliche und soziale Kompetenz zeichnen sich aus durch „Urteilskraft und Orientierungsvermögen, Handlungsfähigkeit, Eigenständigkeit und Entscheidungssouveränität." Als von diesen Adjektivattributen zu abstrahierender semantischer Kern einer Paraphrase von „Kompetenz" erscheinen die Merkmale „Urteils-kraft und Orientierungsvermögen, Handlungsfähigkeit und Entschei-dungssouveränität", „Kenntnis", so dass sich folgendes Bild ergibt:

„Urteilskraft und Orientierungsvermögen,
Handlungsfähigkeit, Eigenständigkeit und Entscheidungssouveränität,
Kenntnis"

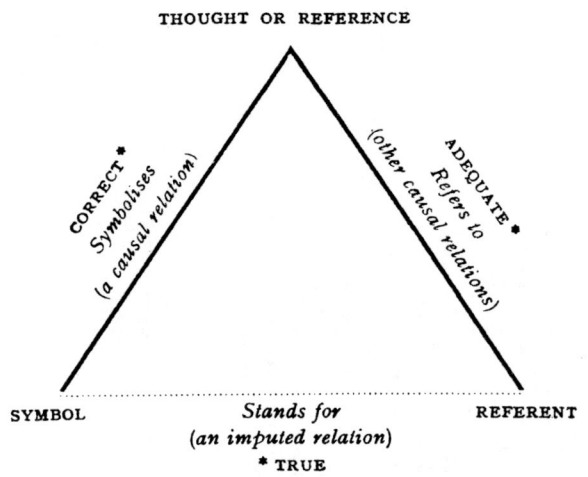

„persönliche und soziale Kompetenz"   jmd. ist „berufsfähig"

Die Leistungsmessung im Rahmen der Feststellung der Berufsfähigkeit potenzieller Auszubildender erfolgt nicht selten auf dem Wege der Fest-stellung von Kenntnissen in den Bereichen (bzw. Schulfächern) Deutsch und Mathematik, die als Kompetenzen interpretiert werden.[1] Für das Fach Deutsch stützt sich die Feststellung solcher Kompetenzen nicht ausschließlich, aber überwiegend auf die Feststellung von Recht-schreibleistungen. Die BASF beispielsweise führt seit 1975 mit Schülerin-nen und Schülern, die sich um einen Ausbildungsplatz bewerben, u. a.

---

1   In den „Informationen für Bewerber für kaufmännische Ausbildungsberufe" der BASF etwa heißt es hinsichtlich der Frage nach einer Vorbereitung auf die Eignungstests: „Eine Vorbereitung auf die Tests, wie Sie es bei Klassenarbeiten (= Wissensabfrage) gewöhnt sind, ist nicht möglich. Psychologische Tests messen nämlich grundlegende Fähigkeiten, die kaum durch ‚Einpauken' [im Original durch Fettsatz hervorgehoben, J.K.] beeinflusst werden können." (BASF 2004)

Eignungstests mit Aufgaben zur Rechtschreibung durch. Die Ergebnisse einer Langzeituntersuchung in den Jahren 1975 bis 2004 werden vom ehemaligen Vorsitzenden des Sprecherausschusses der Leitenden Angestellten der BASF, Peter Hilbert, wie folgt veranschaulicht und kommentiert:

Bewerberleistungen 1975 – 2004
Elementare Rechtschreibkenntnisse

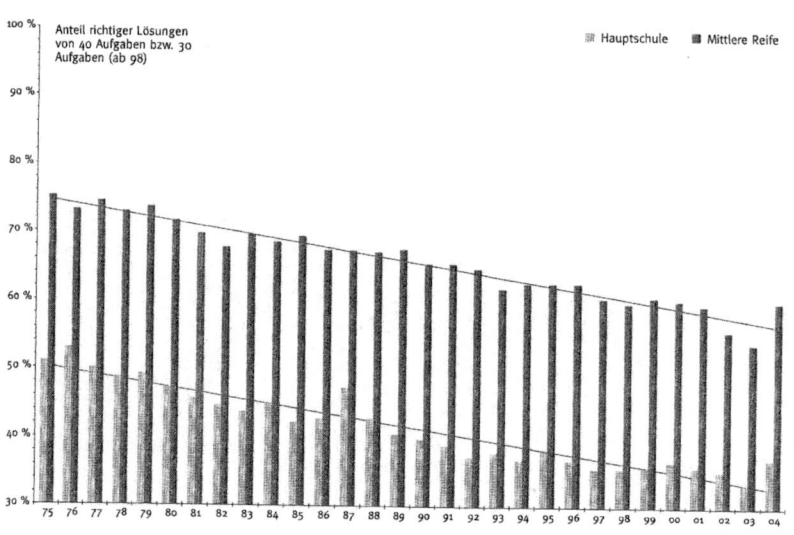

(Quelle: Hilbert 2004: 40)

Hilbert führt dazu aus:

> „Wie die [...] Grafiken dokumentieren, ist ein kontinuierlicher Rückgang der Bewerberleistungen bei den elementaren Rechen- und Rechtschreibkenntnissen nicht zu übersehen. Dass jugendliche Schulabgänger solche Unsicherheiten im Umgang mit einfachsten Grundrechenarten sowie der Schreibweise alltagsgebräuchlicher Worte aufweisen, ist alarmierend. Auch lässt ein weiteres Phänomen – die Differenz in den Leistungen zwischen Haupt- und Realschülern bei den Rechtschreibkenntnissen – auf einen weiteren Mangel in unserem Bildungssystem schließen." (Hilbert 2004: 41)

Über die seit 1975 gestellten Testaufgaben ist leider nur wenig in Erfahrung zu bringen; öffentlich zugängliche Beispielaufgaben sind im Multiple-Choice-Format gehalten, die Aufgaben selbst seien stets „unverändert", um die Vergleichbarkeit zu gewährleisten.[2] Gleichwohl werden die Ergebnisse der BASF-Erhebungen zu Rechtschreibkenntnissen von Schülerinnen und Schülern in Vorträgen von Arbeitgebervertretern, in Print- und online-Medien verschiedener Arbeitgeberorganisationen sowie anderer mit der Bildung und Ausbildung von Jugendlichen betrauter Organisationen oft zitiert, wobei diese Ergebnisse als „Kompetenz"-Wirklichkeit konstituiert werden. So heißt es beispielsweise in einer Verlautbarung des Förderkreises der Freiherr-vom-Stein-Realschule Bernkastel-Kues:

> „Dass die durch PISA bestätigten Probleme nicht erst seit ein paar Jahren auftreten, beweist eine Langzeitstudie über die „*Elementaren Rechen- und Rechtschreibkenntnisse*" von Bewerbern für Ausbildungsplätze beim größten Chemiekonzern der Welt, der BASF AG in Ludwigshafen. Seit 1975 wird dort der gleiche Bewerbertest in Deutsch und Mathematik durchgeführt. Kontinuierlich sind die Leistungen der Bewerber in diesen Bereichen gesunken." (Förderkreis der Freiherr-vom-Stein-Realschule Bernkastel-Kues)

Es geht im vorliegenden Zusammenhang nicht darum, den Sachverhalt „Rechtschreibkenntnisse" bzw. die Rechtschreibkompetenzen der getesteten Schülerinnen und Schüler zu beurteilen, auch nicht darum, die Leistungsmessungen des Psychologischen Dienstes der BASF einer Kritik zuzuführen, sondern darum, die sprachliche Konstruktion und Konstitution von „Kompetenz" als eine existierende Wirklichkeit zu erhellen. So wirft der Satz: „Kontinuierlich sind die Leistungen der Bewerber in diesen Bereichen gesunken" bei Sprachwissenschaftlern und Sprachdidaktikern zumindest die Frage auf, ab wann im Bereich der Rechtschreibung von „Leistung" bzw. von „Kompetenz" zu sprechen ist, und ob eine Veränderung derselben nach 1996 nicht möglicherweise auch mit der Reform der deutschen Rechtschreibung in Zusammenhang stehen könnte. Mehr noch: Im Bereich von Sprachwissenschaft, Sprachdidaktik und Schule sind Rechtschreibkenntnisse keineswegs identifizierbar mit „Deutschkenntnissen". Das Fach Deutsch schließt den Erwerb und die Vermittlung von

---

2   Ein Beispiel für eine Rechtschreibaufgabe bietet u. a. BASF (2004). In einer „Information zur beruflichen Bildung in der Europäischen Union" (CEDEFOP), Nr. 1, 2003, unter dem Titel „Schreiben und Rechnen mangelhaft. Langzeitstudie der BASF AG offenbart kontinuierlich wachsende Defizite bei Haupt- und Realschulabsolventen", heißt es dazu: „Die Anwärter auf eine Lehrstelle mussten sich 30 Wörter auf ihre Schreibweise hin ansehen und Fehler korrigieren [...]. Das Unternehmen wendet diese Eignungstests seit nahezu 25 Jahren unverändert [!] an, denn die damit überprüften Fertigkeiten haben nach wie vor elementare Bedeutung für Alltag, Ausbildung und Beruf. Die Langfristbetrachtung der jährlichen Durchschnittsergebnisse von jeweils mindestens 300 Testteilnehmern mit klassischem Haupt- oder Realschulabschluss zeigt einen kontinuierlichen Abwärtstrend. Katastrophale Rechtschreibmängel sind bei den getesteten Hauptschulabsolventen festzustellen: Lösten 1975 noch die Hälfte von ihnen die Rechtschreibaufgabe richtig, schaffte das 2002 nur noch jeder dritte. [...]." (Schreiben und Rechnen mangelhaft 2003)

Rechtschreibkenntnissen ein, greift sodann aber auch weit darüber hinaus auf die Bereiche sprachliches Lernen und sprachliche Bildung in einem weiten Verständnis – und versucht, das fachspezifisch in Bezug auf die sprachliche Kompetenz zu erwerbende Wissen in Form von Kompetenzmodellen zu beschreiben (vgl. dazu z. B. Ossner 2006a). In weiten Kreisen der Gesellschaft indes erfahren die Ergebnisse von Erhebungen der Rechtschreibkenntnisse nicht selten eine Interpretation und Darstellung als Ergebnisse von Erhebungen zu Sprachkompetenzen, mithin zur Intelligenz der Probanden schlechthin und damit eine Darstellung als Gesamtleistung im Fach Deutsch. Die verschiedenen Mitspieler – Schüler, Lehrer, Bildungspolitiker, Arbeitgeber, Eltern – konstruieren und konstituieren hier zu demselben Referenzbereich zum Teil völlig unterschiedliche „Weltansichten" als „Wirklichkeiten".

2.4   Konstruktionen der Bildungs- und Wissenswelt am Beispiel des „Kompetenz"-Begriffes in Politik und Medien

In den meisten Nachrichtenmeldungen zur Bildungspolitik taucht das Wort „Kompetenz" als ein mittlerweile populäres Schlagwort auf. Der Begriff „Sprachkompetenz" ist dabei einer der meistgenannten: Auch außerhalb der Sprach- und Bildungswissenschaften werden sprachliche Fähigkeiten und Fertigkeiten zu den zentralen Schlüsselkompetenzen gerechnet. Dabei darf man unterstellen, dass solcherlei komplexe Begriffe wie „Kompetenz" im gesellschaftlichen Diskurs eine laiensprachliche Semantik entfalten. Die Bezeichnung „Sprachkompetenzen" (im Plural) wird in politischen Programmen, die sich gegenwärtig intensiv der Migrations- und Integrationsproblematik widmen, meistens als Fremd- bzw. Zweitsprachenkenntnisse thematisiert. Ein Zitat aus den Grundsätzen der Hamburger Grünen für die familienorientierte Integrationspolitik lautet:

> „Familien sind es, die durch eine mehrsprachige Bildungsinstitution ihre Sprachkompetenzen einbringen und feststellen, dass Mehrsprachigkeit positiv bewertet und gefördert wird." (Winkler 2005: 37)

Unter „Sprachkompetenzen" wird hier offenbar die Beherrschung der kommunikativen und kulturellen, vielleicht auch der metasprachlichen Fertigkeiten von Zweisprachigen verstanden und – entsprechend der Mahnung vieler Sprachdidaktiker – als eine Ressource im Bildungsprozess bewertet. Auf der anderen Seite erscheint Mehrsprachigkeit allerdings auch als Hindernis für das Erreichen von „Sprachkompetenz", zumal dann, wenn Mehrsprachigkeit zu Lasten der Standardsprache geht. So beispielsweise, wenn die SPD mit Bezug auf „Kinder aus benachteiligten Familien oder mit Migrationshintergrund" ausführt:

> „Angesichts der schulischen Leistungsbefunde ist offensichtlich davon auszugehen, dass für diese Kinder ein Besuch nur des letzten Kita-Jahres nicht ausreicht, um insbesondere die für einen erfolgreichen Schulstart erforderlichen Basiskompetenzen, insbesondere die Sprachkompetenz, zu erwerben." (SPD-Bundestagsfraktion 2007: 8)

Eine positive Stellung erhält Mehrsprachigkeit in Bezug auf „Sprachkompetenz" zumeist nur im Sinne der professionellen Fremdsprachenkenntnis: Die FDP etwa spricht auf ihrer Homepage im Zusammenhang mit der Bildungspolitik von der Förderung der „Kommunikationskompetenz in Wort und Schrift, mit mindestens einer Fremdsprache" (FDP-Bundespartei 2007). Gemeint ist offensichtlich die im gesteuerten Fremdsprachenunterricht zu erwerbende Kompetenz in geschriebener und gesprochener Sprache. Die Bezeichnung „Kommunikationskompetenz" ist hier jedoch heikel: Sprache ist nicht nur ein Kommunikationsmittel, sondern der Schlüssel zur (nationalen) Kultur und vor allem die Grundlage der kognitiven Entwicklung. Vygotskij (2002: 388 f.) spricht vom „sprachlichen Denken", das sich im Laufe des fortschreitenden Spracherwerbs ausbildet, und verweist auf die entscheidende Rolle der Sprache bei der Bildung abstrakter Begriffe. Es darf also nicht nur um das Training der mündlichen und schriftlichen Kommunikationsfertigkeiten gehen, sondern nicht zuletzt auch um Kultivierung von metasprachlichen Fähigkeiten und von Strategien der sprachreflexiven Entwicklung sowie von Sprachbewusstsein gerade in der Erstsprache.

Derselbe Befund, nämlich eine je nach Bezugspunkt höchst unterschiedliche, bisweilen gegensätzliche semantische Sättigung der Lesarten und kommunikativ-pragmatischen Funktionen von „Mehrsprachigkeit" im Bezug auf den „Kompetenz"-Begriff in Politik und Medien lässt sich beim Vergleich zweier Artikel aus der „Süddeutschen Zeitung" aus dem Jahre 2005 beobachten. Am 17. Juli titelt die Zeitung „Dialekt macht schlau" und berichtet:

> „Tatsächlich lassen wissenschaftliche Untersuchungen den Schluss zu, dass Kinder, die mit dem Dialekt aufwachsen und sich dann erst die Standardsprache aneignen, eine größere Sprachkompetenz entwickeln." (Kratzer 2005)

Drei Monate später, am 4.11.2005, erscheint ein Artikel, der sich auf die zweite PISA-Studie bezieht – diesmal jedoch unter dem Titel „Münchner Kinder: Ohne Dialekt leichter zum Abi". Der Verfasser zitiert den Vorsitzenden des bayerischen Philologenverbandes mit den Worten:

„In ländlichen Gebieten [...] schränke ein starker Dialekt teilweise die Sprachkompetenz von Kindern ein." (Hickmann 2005)

Der Leser kann die beiden Artikel als widersprüchlich verstehen: Es geht
schließlich in beiden Texten explizit um „Sprachkompetenz". Zum einen
soll der Dialektgebrauch sich äußerst positiv auf die Sprachkompetenz
auswirken, zum anderen soll er ein Hindernis für die Entwicklung der
Sprachkompetenz sein.[3] Fragt man sich als Leser, was in den beiden Artikeln unter „Sprachkompetenz" verstanden wird, ergibt sich ein differenziertes Bild: Kratzer spricht

- von der „Auffassungsgabe und abstraktem Denken",
- vom „sprachanalytischem Verständnis",
- von „weiterer Entfaltung auf sprachlichem Gebiet" und
- von der „Beherrschung der Schriftsprache" (Kratzer 2005).

Der „dialektkritische" Text spricht dagegen von der „Wahrscheinlichkeit,
ein Gymnasium zu besuchen" (Hickmann 2005). Hier bezieht sich der
Sprachkompetenzbegriff offensichtlich vor allem auf die Beherrschung
der Schriftsprache und nicht auf die „mentalen Ressourcen" zur sprachlichen Weiterentwicklung.

2.5   „Kompetenz" innerhalb und außerhalb der Wissensdomäne „Bildung und Schule" – Ein Zwischenfazit

Am Beispiel des Begriffs „Sprachkompetenz" wurden Versuche aus verschiedenen Wissenschaften (Linguistik, Soziologie) aufgezeigt, den Begriff
– u. a. normativ – zu definieren, wobei der tatsächliche Sprachgebrauch
aus dem Blickfeld gerät. In Wirtschaft und Politik schrumpft der Begriff
häufig zur „Kommunikationskompetenz" in der Erst- oder Zweitsprache,
was dem bildungswissenschaftlich diskutierten Begriff nicht gerecht wird

---

3   Die neuesten PISA-Ergebnisse mit dem guten Abschneiden der Schülerinnen und Schüler
     in Baden-Württemberg, Bayern und Sachsen in der Lesekompetenz werden übrigens dahin
     gehend interpretiert, dass Dialektsprecher bessere Leistungen in Deutsch und Mathematik
     erbringen als Nicht-Dialektsprecher (vgl. etwa SPIEGEL ONLINE 2006). Erklärt wird das
     damit, dass sie früh anfangen, auf verschiedene sprachliche Varietäten zu achten, was vor
     allem dem Schrifspracherwerb und der Literarisierung zugute kommt. Nun weiß man in
     der Sprachdidaktik schon lange, dass gerade Dialektsprecher eine explizite Förderung, auch
     in Familien, brauchen, die in der Tat offensichtlich den Mehrwert einer „besseren" Sprach-
     kompetenz ergibt.

und einzelne Fertigkeiten wie die Rechtschreibleistung im gesellschaftlichen Diskurs unzulässigerweise in den Rang der „Sprachkompetenz" erhebt.

In den Bildungswissenschaften wird ein empirisch deskriptives Verständnis von „Kompetenz" erstrebt, das auch die Möglichkeit zum weiteren Ausbau der Sprachkenntnisse berücksichtigt. Es wird offensichtlich, dass man von einem Begriff der „Kompetenz" ausgeht, diesen jedoch unterschiedlich akzentuiert.

Diese Unterschiede in der Begriffsintension und -extension je nach Diskurstradition führen zu unterschiedlichen „Weltansichten" und – durch die Beibehaltung der Bezeichnung „(Sprach)-Kompetenz" – häufig zu missverständlichen oder widersprüchlichen Formulierungen wie in den zitierten Texten.

3 Kompetenzen, Standards, Tests: „Kompetenz"-Konstruktionen für die Lehr-Lern-Praxis – am Beispiel ausgewählter *outcome*-Konstruktionen für Deutsch/Germanistik

Im Jahr 1999 wurde, wie erwähnt, in Bologna beschlossen, eine internationale Vergleichbarkeit der Hochschulabschlüsse herzustellen, um die Mobilität von Studierenden zu erhöhen. Eine Vergleichbarkeit der Leistungen ist auch ein zentrales Anliegen der bildungspolitischen Bemühungen im Zusammenhang mit den Ergebnissen der PISA-Studien und spielt auch im Rahmen der Föderalismusreform in der Bundesrepublik Deutschland eine Rolle. Um Vergleichbarkeit herstellen zu können, bedarf es eines standardisierten Vergleichspunktes, eines Tertium comparationis. Vor dem Hintergrund eines „Kompetenz"-Begriffes, der grundlegende und entwicklungsfähige Fähigkeiten und Fertigkeiten von Lernersubjekten fokussiert, kann als ein solches Tertium comparationis kaum allein ein starrer Kanon zu vermittelnder konkreter Inhalte, gleichsam eine Stoffsammlung, dienen. Vielmehr bietet es sich an, das in einem jeden Fach zu erwerbende Grundlagenwissen nach fachlich-inhaltlichen Kompetenzbereichen sowie lernalterspezifischen und lernpsychologischen Gesichtspunkten zu ordnen, für die zu erlangenden Abschlüsse relativ zu Lerneraltern und Lernentwicklungsstufen Wissensstandards in Form von Kerncurricula festzulegen und deren Erreichen sowohl in Bezug auf die Lernenden wie in Bezug auf grundlegende Wissensinhalte als zu erwerbende „Kompetenzen" zu beschreiben (vgl. z.B. Tenorth 2001). Eine solche Fokussierung auf Kompetenzen hat zur Folge, dass konkrete Wissensinhalte zu Exempla werden, an denen das ihnen jeweils zugrunde liegende spezifische deklarative Wissen, prozedurale Wissen, Problemlösungswissen und metakognitive Wissen erworben werden sollen. Es muss also nicht notwendigerweise Schillers „Lied von der Glocke" konkreter Gegenstand literarischen Lernens und literarischer Bildung in Bezug auf lyrische Texte sein. Es müssen aber, soll der „Kompetenz"-Begriff nicht schleichend entfachlicht werden, auch Inhalte sein, die den „Kompetenz"-Begriff sättigen. Dies ist gegenwärtig eines der größten Probleme bei der Konstruktion und Konstitution von „Kompetenz" im Zusammenhang mit der Kürzung der Gymnasialschulzeit auf acht Gymnasialjahre und der Begrenzung des so genannten polyvalenten Bachelor-Studiums auf sechs Semester: Die Menge der Bildungs- und Wissensinhalte wächst stetig und je nach den Kriterien für die Auswahl aus dieser Menge verändert der fachspezifische „Kompetenz"-Begriff sein Aussehen. So fokussiert die Weinert'sche Definition relativ stark eine Art Nützlichkeits- oder Brauchbarkeitskriterium der „erlernten Fähigkeiten", worin Kritiker eine bildungsabgewandte Kollektivierung individueller Fähigkeiten, eine Standardisierung nicht allein des Wissens, sondern auch der Wissenden befürchten (vgl. Spinner 2005). Eine allein nach Nützlichkeits- oder Brauchbarkeitskriterien definierte „germanistische Kompetenz" oder „Sprachkompetenz" konstituierte gewiss eine ganz andere „Kompetenz"-Wirklichkeit als eine an fachlichen Inhalten und individuellen Fertigkeiten und Fähigkeiten orientierte. Ob und inwiefern die Orientierung an Inhalten den „Kompetenz"-Begriff gleichsam „kanonisch" auflüde, wird in jedem Fall zu prüfen sein.

Da Kompetenzen jeweils zum Abschluss von Lehr-Lern-Phasen erreicht sein sollen, wird auch von *outputs* oder *outcomes* als Maßstab für die Feststellung des Erfolges von Lernen, Bildung und Ausbildung gesprochen. An Universitäten stand und steht diese *output*-Orientierung maßgeblich in einem Zusammenhang mit der Umstellung auf Bachelor- und Master-Studiengänge, an Schulen mit der Umstellung von lernziel- auf kompetenzorientierte curriculare und didaktische Rahmen- bzw. Bildungspläne sowie mit der Formulierung von Bildungsstandards für die Schule (vgl. KMK: Bildungsstandards) und die Lehrerbildung (vgl. KMK: Lehrerbildung). Es ist hier nicht der Ort, diese Umstellungen kritisch zu würdigen, doch soll auch nicht unerwähnt bleiben, dass zu namhaften befürwortenden sich auch namhafte kritische Stimmen erhoben.

Am Beispiel des Bereichs „Sprache" innerhalb des Faches Deutsch sowie innerhalb des Germanistik-Studiums für Lehramtskandidat/inn/en sei ein Ausschnitt aus diesen Umstellungen wenigstens holzschnittartig

veranschaulicht, wobei auch ein Blick auf das außerhalb der Wissensdomäne „Bildung und Schule" in besonderer Weise mit „Sprachkompetenz"
identifizierte orthographische Wissen geworfen wird.

3.1 outcome-Konstruktionen für die Kompetenz von Schüler-
innen und Schülern (am Beispiel einer Modellierung
sprachlicher Kompetenz im Fach Deutsch)

Der „Kompetenz"-Begriff in der Wissensdomäne „Bildung und Schule"
besitzt, wie eingangs ausgeführt, zahlreiche semantisch-konzeptuelle Fal-
ten; er ist von Weinert für den Bildungsbereich insgesamt zu fassen versucht und sodann im Rahmen seiner Entfaltung und Konkretion in den
einzelnen Wissenschaftsdisziplinen und Schulfächern immer weiter differenziert worden – und zwar nicht allein in horizontaler, sondern auch in
vertikaler Dimension (vgl. z.B. Ossner 2006b: 12 ff.). Dabei kann indes oft
gar nicht angegeben werden, worin eine konkrete Kompetenz bestehen
soll. Ein Beispiel aus dem Bereich „Wortschatz und Semantik" zeigt, wie
schwierig es ist, den „Kompetenz"-Begriff konkret (er)fassbar zu machen
– und ruft diesen im gesamten Diskurs annähernd bis zur Fahrlässigkeit
sprachdidaktisch unterschätzten Bereich in Erinnerung. Damit soll zugleich der eingangs angeführte Anspruch eingelöst werden, dass die Arbeit
in der Wissensdomäne „Bildung und Schule" die konzeptuellen Probleme
der Wirklichkeitskonstruktion und -konstitution stets auch praxisnah in
den Blick zu nehmen sucht.
 Die Bildungsstandards im Fach Deutsch für den Mittleren Schulabschluss vom 4.12.2003 führen für den Kompetenzbereich „Sprache und
Sprachgebrauch untersuchen" u. a. als einen Standard innerhalb dieses
Kompetenzbereichs an: Die Schülerinnen und Schüler können „beim
Sprachhandeln einen differenzierten Wortschatz gebrauchen einschließlich
umgangssprachlicher und idiomatischer Wendungen in Kenntnis des jeweiligen Zusammenhangs"; unter den Angaben zu „Methoden und Arbeitstechniken" findet sich dazu der Hinweis: „Nachschlagewerke nutzen"
(vgl. KMK: Bildungsstandards im Fach Deutsch für den Mittleren Schulabschluss). Es bedarf keiner näheren Erläuterung, dass diese Formulierung
eines Standards nur wenig Konkretes über die Kompetenz aussagt, die die
Schülerinnen und Schüler erwerben sollen. Bereits ein nur kursorischer
Vergleich von Schulwörterbüchern für die Sekundarstufe I offenbart nicht
geringe Unterschiede in Bezug auf die Frage, was unter einem „differenzierten Wortschatz" verstanden werden kann. So führt beispielsweise

Peter Kühn in seinem Schulwörterbuch (2004) unter dem Lemma „sprechen" insgesamt zwölf „Ersatzwörter" bzw. (teil)synonym zu gebrauchende lexikalische Einheiten auf, während Helmut Melzer et al. (2006) das Wortfeld „sprechen" in zehn Kategorien differenzieren und mit insgesamt 39 (teil)synonymen lexikalischen Einheiten weiter untergliedern. Unter dem Lemmaansatz „Gold", um ein weiteres Beispiel anzuführen, werden den Lernenden in Kühns Wörterbuch differenzierte Informationen zu polysemer Bedeutung und zum Gebrauch der Lesarten geboten, was durchaus dem Kennenlernen und der Einübung eines differenzierten Wortgebrauchs dienlich ist, während Melzer et al. auf eine Bedeutungserklärung ganz und gar verzichten. – In Anlehnung an Lessings Nathan könnte man bereits in Ansehung dieses kleinen Befundes formulieren: „Begreifst du aber,/Wie viel allgemeine Kompetenzen und Standards formulieren leichter, als/Konkret linguistisch und didaktisch fundieren ist?" (vgl. Lessing, Nathan, I,2).

Wie aber kann und soll der „Kompetenz"-Begriff in Bezug auf eine fachspezifische Lehr-Lern-Theorie und Lehr-Lern-Praxis konstruiert und konstituiert werden? Kompetenzorientierter Unterricht richtet den Blick auf den *output* schulischer Bildungsprozesse. Er fragt danach, wie Unterricht zu organisieren ist, dem es um die Entfaltung von Kompetenzen auf Seiten der Schülerinnen und Schüler geht, und welche Fähigkeiten und Fertigkeiten von den Schülerinnen und Schüler auf einer bestimmten Entwicklungs- bzw. Kompetenzstufe (aus)gebildet werden sollen, mithin tatsächlich (aus)gebildet worden sind.

Kompetenzen, so wurde oben Franz Weinert zitiert, definieren „die bei Individuen verfügbaren oder durch sie erlernten Fähigkeiten, um bestimmte Probleme zu lösen sowie die damit verbundenen motivationalen, volitionalen und sozialen Bereitschaften und Fähigkeiten, um Problemlösungen in variablen Situationen erfolgreich und verantwortungsvoll nutzen zu können." Kompetenzen, so ergänzt der Mitgliederbrief 11/2005 des Symposions Deutschdidaktik, sind „die Fähigkeiten und Fertigkeiten […], die die Gesellschaft nach dem Ende eines Ausbildungsganges erwartet." (vgl. SDD 2005, 1). Eine Ergänzung ist dies insofern, als im SDD-Mitgliederbrief der bei Weinert angelegten deskriptiven „Kompetenz"-Definition eine normative Perspektive hinzugefügt wird, die im Grunde auch ganz und gar unvermeidlich ist. Denn bereits die Auswahl dessen, was bei Weinert „Fähigkeiten" heißt, ist historisch, sozial und kulturell verschiedenen und je durch Normen er- und eingefasst (so ist eben in literalen Gesellschaften eine schriftsprachliche Kompetenz höher bewertet als in rein oralen Gesellschaften; und innerhalb der deutschen literalen

Gesellschaft wird „orthographische Kompetenz" höher bewertet als in anderen literalen Gesellschaften).

Die Konkretion dieser Facetten des „Kompetenz"-Begriffes mit Bezug auf – empirisch zu messende – individuelle Fähigkeiten einerseits sowie – als normativ gesetzte – gesellschaftliche *outcome*-Erwartungen andererseits führt dazu, den Deutschunterricht von den zu erwerbenden Kompetenzen der Schülerinnen und Schüler her zu denken, und dies wiederum wirft auch die Frage auf, ob und inwiefern das Studium der Germanistik bzw. des Faches Deutsch neu konzipiert werden muss dahingehend, dass auch die Studienziele als *outcome*-Kompetenzen definiert und erfasst werden (vgl. Ossner 2006a). Dies kann an dieser Stelle nicht entfaltet werden. Vielmehr soll die Konkretion der voranstehend zitierten „Kompetenz"-Definitionen für den Bereich „Sprache" im Rahmen des schulischen Deutschunterrichts sowie des Studiums des Faches Deutsch für das Lehramt umrissartig in Anlehnung an die wesentlich ausführlicheren Überlegungen Jakob Ossners nachgezeichnet werden. Das Ziel dieser Nachzeichnung ist nicht eine kritische Diskussion der Konkretionen im Einzelnen, sondern die Veranschaulichung sowohl der Konkretion des gesellschaftlich umstrittenen Begriffs der „Kompetenz" in einem konkreten Kommunikations- und Praxisbereich wie auch der dabei auftretenden Differenzen und Differenzierungen im Vergleich zum „Kompetenz"-Begriff anderer Diskursbeteiligter.

Ausgehend von den vier kommunikativen Grundfertigkeiten (Sprechen [mündliche Kommunikation: produktiv], Hören [mündliche Kommunikation: rezeptiv], Schreiben [schriftliche Kommunikation: produktiv], Lesen [schriftliche Kommunikation: rezeptiv]) können vier Arbeitsbereiche des Sprachunterrichts grob unterschieden werden (vgl. z. B. Kilian 2005: 206):

	gesprochen	geschrieben
produktiv	SPRECHFERTIGKEIT	SCHREIBFERTIGKEIT
rezeptiv	HÖRVERSTEHEN	LESEVERSTEHEN

(Kommunikative Fertigkeiten in der Sprachdidaktik und ihre Relationen zu medialen Varietäten)

Die außerhalb der Wissensdomäne „Bildung und Schule" in Bezug auf eine „Sprachkompetenz" hoch bewertete Rechtschreibung gesellt sich zum Schreiben; quer zu allen Arbeitsbereichen steht als fünfter Arbeitsbereich die Sprachreflexion bzw. (kritische) Sprachbetrachtung in Bezug auf Grammatik, Lexik, Semantik, Pragmatik.

Im Sinne dieser Arbeitsbereiche hat die Kultusministerkonferenz „Kompetenzbereiche" definiert und dabei zum Teil einzelne Kompetenzen klassenstufenspezifisch benannt, wie beispielsweise die folgenden für das „Fach Deutsch für den Mittleren Schulabschluss":

Sprache und Sprachgebrauch untersuchen
Sprache zur Verständigung gebrauchen,
fachliche Kenntnisse erwerben,
über Verwendung von Sprache nachdenken und sie als System
verstehen

Methoden und Arbeitstechniken
werden mit den Inhalten des Kompetenzbereichs erworben

Sprechen und Zuhören	**Schreiben**	**Lesen – mit Texten und Medien umgehen**
zu anderen, mit anderen, vor anderen sprechen, Hörverstehen entwickeln	reflektierend, kommunikativ und gestalterisch schreiben	Lesen, Texte und Medien verstehen und nutzen, Kenntnisse über Literatur erwerben
Methoden und Arbeitstechniken werden mit den Inhalten des Kompetenzbereichs erworben	*Methoden und Arbeitstechniken werden mit den Inhalten des Kompetenzbereichs erworben*	*Methoden und Arbeitstechniken werden mit den Inhalten des Kompetenzbereichs erworben*

(aus: KMK: Bildungsstandards im Fach Deutsch für den Mittleren Schulabschluss)

Diese Kompetenzbereiche bedurften (und bedürfen) der Konkretion, und eine Form der Konkretion besteht darin, für jeden Kompetenzbereich Standards zu formulieren, und zwar relativ zu bestimmten Lernentwicklungs- bzw. Kompetenzstufen. Im Unterschied zu Lehr-Lern-Zielen, die gleichsam einen (stofflichen) Input in ein Kollektiv beschreiben, sollen sich Kompetenzen und Standards an einem *output* des einzelnen Schülers ausrichten. Standards sollen die einzelnen Kompetenzen definieren (vgl. dazu auch Spinners [2005] lesens- und nachdenkenswerten Essay „Der standardisierte Schüler"). Das Verhältnis von Kompetenzen zu Standards wird im Mitgliederbrief 11/2005 des „Symposion Deutschdidaktik" wie folgt veranschaulicht:

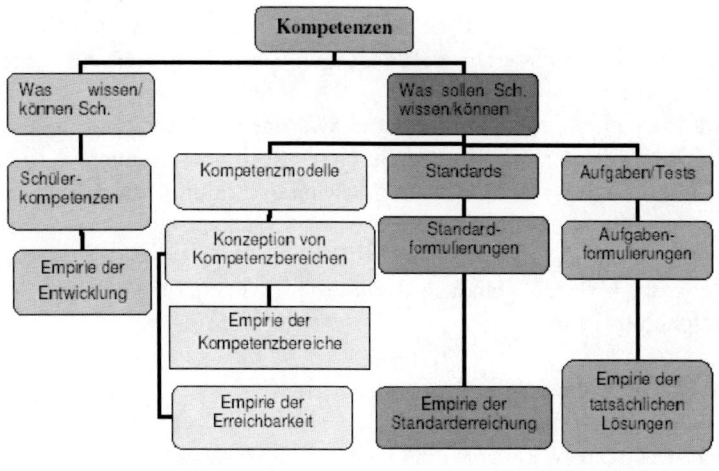

(aus: SDD 2005)

Dieses Modell spannt den Begriff der „Kompetenz" gleichsam ein zwischen deskriptiver Feststellung dessen, was die Schüler/innen bereits „wissen/können" und normativer Feststellung dessen, was sie wissen/können „sollen". Letzteres, das heißt, die normative Feststellung dessen, was Schüler/innen wissen und können sollen, führt zur Formulierung von Standards, verstanden als Mindeststandards dessen, was Schüler/innen auf einer bestimmten Kompetenzstufe *mindestens* wissen und können sollen. Für jeden einzelnen Kompetenz- bzw. Aufgabenbereich müssen als Antwort auf die Frage: „Was sollen Schüler wissen/können?" nun Kompetenzmodelle erstellt werden, die die erforderten/gewünschten Kompetenzen als Mindeststandards formulieren (vgl. z. B. Ossner 2006b: 12 ff.).

Im bereits erwähnten Mitgliederbrief des Symposions Deutschdidaktik heißt es dazu:

„Standards sind die konkreten Ausformulierungen eines Kompetenzmodells im Lehr- und Lernzusammenhang. Während ein Kompetenzmodell eine analytisch-empirische Beschreibung eines Kompetenzbereichs ist, bei dem eine normative Komponente hineinkommt, weil es in einen institutionellen Bildungskontext gestellt wird, sind Standards aus sich heraus normativ. Im institutionellen Bildungskontext stellt sich bei beiden die empirische Frage der Erreichbarkeit, bei Standards damit auch die Frage, was als Mindest- bzw. als Regelstandard formulierbar ist. Diese Fragen verweisen auch auf SchülerInnen mit Lernschwierigkeiten." (SDD 2005, 1)

Alle zwei Jahre soll ein Schnitt im Rahmen der Kompetenzentwicklung gesetzt sein; im Rahmen einer sechsjährigen Grundschulzeit also drei Schnitte bzw. Stufen.

Nimmt man nun den außerhalb der Wissensdomäne „Bildung und Schule" hoch bewerteten Kompetenzbereich „Rechtschreibung", so sind folgende Mindeststandards in den bundesweiten Bildungsstandards formuliert:

Für Klassenstufe 4 (KMK: Bildungsstandards im Fach Deutsch für den Primarbereich 2004: 10):

„richtig schreiben [die Schüler/innen können]

- geübte, rechtschreibwichtige Wörter normgerecht schreiben,
- Rechtschreibstrategien verwenden: Mitsprechen, Ableiten, Einprägen,
- Zeichensetzung beachten: Punkt, Fragezeichen, Ausrufezeichen, Zeichen bei wörtlicher Rede,
- über Fehlersensibilität und Rechtschreibgespür verfügen,
- Rechtschreibhilfen verwenden
- Wörterbuch nutzen,
- Rechtschreibhilfen des Computers kritisch nutzen,
- Arbeitstechniken nutzen
- methodisch sinnvoll abschreiben,
- Übungsformen selbstständig nutzen,
- Texte auf orthographische Richtigkeit überprüfen und korrigieren."

Für Klassenstufe 9, Hauptschule (KMK: Bildungsstandards im Fach Deutsch für den Hauptschulabschluss 2004: 11):

„richtig schreiben [die Schüler/innen können]

- Grundregeln der Rechtschreibung und Zeichensetzung kennen und anwenden,
- häufig vorkommende Wörter – auch wichtige Fachbegriffe und Fremdwörter – richtig schreiben,
- individuelle Fehlerschwerpunkte erkennen und Fehler durch Anwendung von Rechtschreibstrategien vermeiden: z. B. Ableiten, Wortverwandtschaften suchen, grammatisches Wissen nutzen."

Und für Klassenstufe 10, Mittlerer Schulabschluss, zu denen exemplarisch die oben (2.1.) genannten Wissensarten angeführt seien (KMK: Bildungsstandards im Fach Deutsch für den Mittleren Schulabschluss 2003: 11):

„richtig schreiben [die Schüler/innen können]

- Grundregeln der Rechtschreibung und Zeichensetzung sicher beherrschen [deklaratives Wissen] und häufig vorkommende Wörter, Fachbegriffe und Fremdwörter richtig schreiben [prozedurales Wissen],
- individuelle Fehlerschwerpunkte erkennen [metakognitives Wissen] und mit Hilfe von Rechtschreibstrategien abbauen, insbesondere Nachschlagen, Ableiten, Wortverwandtschaften suchen, grammatisches Wissen anwenden [problemlösendes Wissen]."

Darüber hinaus ist von Rechtschreibung in diesen Bildungsstandards zwar hin und wieder noch die Rede, jedoch zumeist als Hinweis auf Bezüge der Aufgabenbeispiele zu den Standards oder bei den Angaben zu Methoden und Arbeitstechniken. In Bezug auf die Konstruktion und Konstitution eines konkreten „Kompetenz"-Begriffs darf daher festgestellt werden, dass der Bereich „Rechtschreibung" unterschiedliche Konzeptualisierungen erhält, außerhalb der Wissensdomäne „Bildung und Schule" nicht selten mit „Sprachkompetenz" identifiziert wird, während er innerhalb derselben in einen Gesamtrahmen von „Sprachkompetenz" gestellt wird.

3.2 *outcome*-Konstruktionen für die Kompetenz von Studentinnen und Studenten (am Beispiel einer Modellierung sprachlicher Kompetenz im Germanistik-Studium)

Wenn für Schülerinnen und Schüler Mindeststandards formuliert werden, deren Erreichen als Indiz für den Erwerb einer bestimmten Kompetenz angesehen wird, dann impliziert dies, dass Lehrerinnen und Lehrer über diese Kompetenzen (sowie deren sprach- und lerntheoretische Fundierung) verfügen und dass Lehramtsstudierende diese Kompetenzen im Rahmen ihrer eigenen sprach- und lerntheoretischen Fundierung erwerben müssen. Die gesellschaftlichen Erwartungen sind hier in der Regel sehr eindeutig: Es wird vorausgesetzt, dass Studierende der Germanistik bzw. des Faches Deutsch für das Lehramt „*die* deutsche Grammatik" sowie „*die* deutsche Rechtschreibung" beherrschen, und zwar nicht allein im Sinne eines automatisierten prozeduralen Wissens, sondern auch im Sinne des deklarativen, des Problemlösungs- und des metakognitiven Wissens. In weiten Teilen außerhalb der Fachgrenzen gilt dieser Anspruch zugleich als Darstellung einer Kompetenz wie als Formulierung eines Mindeststandards. Es bedarf keiner näheren Erläuterung, dass sich hinter

diesem Anspruch unbewusst die Annahme eines idealen Spre-
chers/Schreibers verbirgt. Denn wenngleich selbstverständlich auch innerhalb der Fachgrenzen ein fundiertes Kennen und Beherrschen (d. i.
Können) orthographischer und grammatischer Normen bei Studierenden
erwartet wird, ist dieser Anspruch doch, einerseits, nicht der einzige, der
an Studierende der Germanistik bzw. des Faches Deutsch gestellt wird
(Sprachwissenschaft und Sprachdidaktik bestellen bekanntlich über
Orthographie und Grammatik hinaus weitere Arbeitsfelder; ganz abgesehen von der Literaturwissenschaft und Literaturdidaktik, die hinzukom-
men), und er ist, andererseits, innerhalb der Fachgrenzen nicht in dieser
Absolutheit gestellt. Um die Sachen Wissende wissen, dass niemand über
„die" deutsche Grammatik oder „die" deutsche Orthographie in allen
Details deklarativ, prozedural und problemlösend verfügt.

Auf ein (oder mehrere) Kompetenzmodell(e) bezogene Formulierungen von (Mindest-)Standards für Studierende der Germanistik bzw. des
Faches Deutsch liegen noch nicht vor, wobei hier nicht entschieden sei,
ob dies Fluch oder Segen ist. Die Umstellung auf Bachelor- und Master-
studiengänge führte in den letzten Jahren allerdings zunehmend dazu, dass
an germanistischen Instituten und Seminaren bundesdeutscher Hochschulen Kompetenz- und Standardorientierungen der Erarbeitung von Modul-
strukturen zugrunde gelegt und in diesem Zusammenhang auch eine kritische Sichtung des akademischen Lehrangebots aus curricularer Perspektive in die Wege geleitet wurde und wird. Eine aktuelle Einführung in die
Didaktik der deutschen Sprache (Ossner 2006a) ist gar an dem oben refe-
rierten Kompetenzmodell für den schulischen Deutschunterricht orientiert und versucht, daraus konkrete (!) fachspezifische Kompetenzen (und
zumindest mittelbar Mindeststandards) für die fachwissenschaftliche und
fachdidaktische Bildung und Ausbildung künftiger Deutschlehrer/innen
abzuleiten (vgl. auch Hoppe/Ehlich 2003; Hoppe 2005). Es wird auch im
Bereich des akademischen Lehrens und Lernens in der Germanistik die
Kunst sein, fachspezifisch inhaltlich gesättigte Formulierungen für Kompetenzen und Mindeststandards zu finden, die zugleich Wege exemplarischen Lehrens und Lernens eröffnen.

4 Schluss

Die voranstehenden Erkundungen zur sprachlichen Konstruktion von Wissen über Wissen und Können im Bildungsdiskurs nach PISA am Beispiel des „Kompetenz"-Begriffes haben bewusst einen sehr kleinen Ausschnitt aus dem Referenzbereich des aktuellen „Kompetenz"-Begriffes fokussiert, nämlich Aspekte des Referenzbereichs dessen, was von unterschiedlichen Diskursbeteiligten als „sprachliche Kompetenz" oder „Sprachkompetenz" gefasst wird. Die Erkundungen haben gezeigt, dass deren sprachliche Konstruktion Differenzen und Differenzierungen aufweist. Besonders deutlich wird dies in Bezug auf den Stellenwert der orthographischen Kompetenz innerhalb der „Sprachkompetenz" – notabene: auf den Stellenwert, nicht in Bezug auf die bei Schülerinnen und Schülern am Ende ihrer Schulzeit erwartete „mindeststandardisierte" Kompetenzstufe.

Man darf allerdings auch feststellen, dass diese aktuellen Differenzen und Differenzierungen zwischen den Konstruktionen von Wissen und Können kein grundsätzlich neues Bild zeichnen, kein grundsätzlich neues Verhältnis zwischen maßgeblichen Diskursbeteiligten spiegeln. So führte beispielsweise im Jahr 1966 der Deutsche Industrie- und Handelstag einen Leistungstest unter 2143 damals „Volksschüler" genannten Schülerinnen und Schülern mit Hauptschulabschluss durch. In Bezug auf eine sprachliche Kompetenz stand die Rechtschreibleistung im Rahmen eines Diktats im Vordergrund; das Ergebnis wurde als „bestürzend" bezeichnet („Bei zwanzig Prozent der Lehrlinge war die Beherrschung der Rechtschreibung mangelhaft. Bei weiteren siebzehn Prozent konnte von einer Sicherheit in der Rechtschreibung nicht die Rede sein." (vgl. Ulrich 2006, Folie 6). Schon damals stieß diese auf orthographische Kompetenzen verengte sprachliche Konstruktion von Wissen und Können bei der noch sehr jungen, sich eben erst etablierenden Fachdidaktik auf zum Teil scharfe Kritik (vgl. die Dokumentation bei Kochan 1975: 14). Die Grenzlinien der Differenzen und Differenzierungen bei der Konstruktion von „Sprachkompetenz" durch unterschiedliche Mitspieler im „Kompetenz"-Diskurs verliefen damals ähnlich wie heute. Zumindest in diesem Punkt bewegt sich die sprachliche Konstruktion von Wissen über Wissen und Können im „Kompetenz"-Diskurs nach PISA noch in den Bahnen des (damals anders benannten) „Kompetenz"-Diskurses vor PISA.

Literatur

ABRAHAM, ULF/BAURMANN, JÜRGEN/FEILKE, HELMUT/KAMMLER, CLEMENS /MÜLLER, ASTRID (2007): Kompetenzorientiert unterrichten. Überlegungen zum Schreiben und Lesen. In: Praxis Deutsch 203 (2007), 6–14.

BASF (2004): Informationen für Bewerber für kaufmännische Ausbildungsberufe. Stand: 09.2004.
    www.karriere.basf.com/igp/Career/de_DE/function/conversions:/publish/cont ent/abg/mwa/Testinfo_Internet_K.pdf (Zugriff am 23.10.2007)

CHOMSKY, NOAM (1965): Aspects of the Theory of Syntax. Cambridge, Massachusetts.

CHOMSKY, NOAM (1969): Aspekte der Syntax-Theorie. Frankfurt/M.

DEHN, MECHTHILD/HÜTTIS-GRAFF, PETRA (Hgg.) (2005): Kompetenz und Leistung im Deutschunterricht. Freiburg.

DUDEN (2003): Deutsches Universalwörterbuch. Hrsg. vom Wissenschaftlichen Rat der Dudenredaktion. 5., überarb. Aufl. Mannheim.

FDP-BUNDESPARTEI (2007): Bildungskampagne.
    www.fdp-bundesverband.de/webcom/show_article.php/_c-372/_nr-1/i.html (Zugriff am 22.10.2007)

FÖRDERKREIS DER FREIHERR-VOM-STEIN REALSCHULE BERNKASTEL-KUES (o. J.): PISA 2000.
    haa-s.de/lernen/pisa_ill.pdf#search=%22Rechtschreibkenntnisse%20basf%22 (Zugriff am 23.10.2007)

GLÜCK, HELMUT (Hg.) (2000): Metzler Lexikon Sprache. 2., überarb. u. erweit. Aufl. Stuttgart/Weimar.

HABERMAS, JÜRGEN/LUHMANN, NIKLAS (1975): Theorie der Gesellschaft oder Sozialtechnologie – Was leistet die Systemforschung? Frankfurt/M. (Theorie Diskussion).

HELMERS, HERMANN (1970): Didaktik der deutschen Sprache. Einführung in die Theorie der muttersprachlichen und literarischen Bildung. 5., neu bearb. und erw. Aufl.

HICKMANN, CHRISTOPH (2005): Münchner Kinder: Ohne Dialekte leichter zum Abi. In: SÜDDEUTSCHE ZEITUNG, 04.11.2005.
    www.sueddeutsche.de/muenchen/artikel/742/63679/print.html (Zugriff am 23.10.2007)

HILBERT, PETER (2004): AG Schule und Wirtschaft: Was erwartet die Wirtschaft von der Schule? Wie können sich Unternehmen in der Schule engagieren? In: Bürgerschaftliches Engagement als Bildungsziel (in) der Schule. Dokumentation der bundesweiten Tagung des Bundesnetzwerks Bürgerschaftliches Engagement in Kooperation mit der Staatskanzlei Rheinland-Pfalz und der Deutschen Kinder- und Jugendstiftung. 29.-30. Oktober 2004, Mainz, 39–43. www.b-b-e.de/fileadmin/inhalte/PDF/aktuelles/dokumentation_be_schule_041029.pdf (Zugriff am 23.10.2007)

HOPPE, ALMUT/EHLICH, KONRAD (Hgg.) (2003): Bologna-Folgen. Bielefeld (= Mitteilungen des Deutschen Germanistenverbandes 50/3 [2003]).

HOPPE, ALMUT (2005): Standards für die Ausbildung von Deutschlehrer/innen an Gymnasien in Deutschland. In: NEULAND, EVA/EHLICH, KONRAD/ROGGAUSCH, WERNER (Hgg.): Perspektiven der Germanistik in Europa. Tagungsbeiträge. München, 124–131.

HOUSE, JULIANE (1996): Zum Erwerb interkultureller Kompetenz im Unterricht des Deutschen als Fremdsprache. In: Zeitschrift für Interkulturellen Fremdsprachenunterricht (online) 1 (3), 21 ff. www.spz.tu-darmstadt.de/projekt_ejournal/jg-01-3/beitrag/house.htm (Zugriff am 23.10.2007)

HUBER, HANS DIETER (2004): Im Dschungel der Kompetenzen. www.hgb-leipzig.de/ARTNINE/huber/aufsaetze/kompetenz.html (Zugriff am 20.9.2007).

HUNDT, DIETER (2003): Persönliche und soziale Kompetenzen – was erwartet die Wirtschaft von Schulabgängern. www.iaw-koeln.de/uploads/83/Arbeitgeber.pdf; (Zugriff am 14.10.2007)

HYMES, DELL H. (1972): On Communicative Competence. In: PRIDE, J. B./HOLMES, J. (Hgg.): Sociolinguistics. Selected Readings. Harmondsworth, 269–293.

INGENDAHL, WERNER (1975): Sprechen und Schreiben. Studienbuch zur Didaktik der sprachlichen Äußerung. Heidelberg.

KILIAN, JÖRG (1997): Demokratische Sprache zwischen Tradition und Neuanfang. Am Beispiel des Grundrechte-Diskurses 1948/49. Tübingen.

KILIAN, JÖRG (2005): DaF im Chat. Zur Grammatik geschriebener Umgangssprachen als Ergänzung zum Erwerb standardsprachlichen Wissens. In: BEIßWENGER, MICHAEL/STORRER, ANGELIKA (Hgg.): Chat-Kommunikation in Beruf, Bildung und Medien: Konzepte – Werkzeuge – Anwendungsfelder. Stuttgart, 201–220.

KILIAN, JÖRG (2006): Standardnorm versus „Parlando" in Schüler/innen-Chats. Kontrastiv-kritische Spracharbeit im Bereich mündlich und schriftlich entfalteter Schriftlichkeit. In: Der Deutschunterricht 58/5 (2006), 74–83.

KLIEME, ECKHARD [et al.] (2003): Zur Entwicklung nationaler Bildungsstandards [...], Berlin. www.bmbf.de/pub/zur_entwicklung_nationaler_bildungsstandards.pdf (Zugriff am 5.10.2007)

KLIEME, ECKHARD/MAAG-MERKI, KATHARINA/HARTIG, JOHANNES (2007): Kompetenzbegriff und Bedeutung von Kompetenzen im Bildungswesen. In: Bundesministerium für Bildung und Forschung (Hg.): Möglichkeiten und Voraussetzungen technologiebasierter Kompetenzdiagnostik. Bonn, Berlin, 5–15. www.bmbf.de/pub/band_zwanzig_bildungsforschung.pdf (Zugriff am 5.10.2007)

KMK: Bildungsstandards. www.kmk.org/schul/Bildungsstandards/bildungsstandards.htm (Zugriff am 6.11.2007).

KMK: Lehrerbildung: Vereinbarung zu den Standards für die Lehrerbildung: Bildungswissenschaften. www.kmk.org/doc/beschl/standards_lehrerbildung.pdf; (Zugriff am 29.9.2007)

KMK: Bildungsstandards im Fach Deutsch für den Mittleren Schulabschluss 2003. www.kmk.org/schul/Bildungsstandards/Deutsch_MSA_BS_04-12-03.pdf (Zugriff am 6.11.2007)

KMK: Bildungsstandards für das Fach Deutsch im Primarbereich. 2004. www.kmk.org/schul/Bildungsstandards/Grundschule_Deutsch_BS_307KMK. pdf (Zugriff am 6.11.2007)

KMK: Bildungsstandards im Fach Deutsch für den Hauptschulabschluss. 2003. www.kmk.org/schul/Bildungsstandards/Hauptschule_Deutsch_BS_307KMK. pdf (Zugriff am 6.11.2007)

KOCHAN, DETLEF C. (1975): Forschungen zum Deutschunterricht. Ergänzte Teilausgabe des Handbuches der Unterrichtsforschung. In: INGENKAMP, KARLHEINZ (Hg.) (1975): Weinheim/Basel.

KRATZER, HANS (2005): Dialekt macht schlau. In: SÜDDEUTSCHE ZEITUNG, 17.07.2005. www.sueddeutsche.de/wissen/artikel/892/56836/print.html (Zugriff am 23.10.2007)

KÜHN, PETER (2004): Mein Schulwörterbuch. Rechtschreibung, Sprachbetrachtung, Sprachbildung, Sprachgestaltung. Regensburg, Troisdorf.

LÖSCHE [u.a.] [fortl.]: Pädagogische Fachbegriffe in der beruflichen Bildung. www.learn-line.nrw.de/angebote/paedagogischefb (Zugriff am 6.11.2007)

MELZER, HELMUT/MENZEL, WOLFGANG/RUDOLPH, GÜNTER (2006): Unser Wortschatz. Mit CD-ROM. Braunschweig.

MEYER, HILBERT (2004): Nicht charismatisch, sondern authentisch. [Interview]. www.uni-oldenburg.de/presse/uni-info/2004/9/interv.htm (Zugriff am 27.9.2007)

NILSSON, TORSTEN (2002): Das Dilemma der deutschen Schulgrammatik. Dissertation zur Erlangung des Grades des Doktors der Philologie an der Gerhard-Mercator-Universität Duisburg. deposit.ddb.de/cgi-bin/dokserv?idn=970513623&dok_var=d1&dok_ext=pdf&filename=970513623. pdf (Zugriff am 22.10.2007)

OGDEN, C. K./RICHARDS, I. A. (1966): The Meaning of Meaning. A Study of The Influence of Language upon Thought and of The Science of Symbolism, 10. Aufl. (6. Nachdruck; [1]1923) London/Bradford.

OSSNER, JAKOB (2006a): Sprachdidaktik Deutsch. Eine Einführung. Paderborn [etc.].

OSSNER, JAKOB (2006b): Kompetenzen und Kompetenzmodelle im Deutschunterricht, in: Didaktik Deutsch 21 (2006), 5–19.

REETZ, LOTHAR (2003): Zum Zusammenhang von Schlüsselqualifikationen – Kompetenz – Bildung. www.sowi-online.de/reader/berufsorientierung/reetz.htm (Zugriff am 27.9.2007)

RÖSCH, HEIDI (Hg.) (2005): Kompetenzen im Deutschunterricht. Beiträge zur Literatur-, Sprach- und Mediendidaktik. Frankfurt/M.

ROTH, HEINRICH (1971): Pädagogische Anthropologie. Bd. 2: Entwicklung und Erziehung. Grundlagen einer Entwicklungspädagogik. Hannover.

RYCHEN, D. S./SALGANIK, D. H. (Hgg.) (2005): OECD. Definition und Auswahl von Schlüsselkompetenzen. Zusammenfassung und Schlussbericht. www.oecd.org/dataoecd/36/56/35693281.pdf (Zugriff am 27.9.2007)

SCHAUB, HORST/ZENKE, KARL G. (2000): dtv-Wörterbuch Pädagogik. 4., grundlegend überarbeitete und erweiterte Auflage. München.

SCHREIBEN UND RECHNEN MANGELHAFT (2003). Schreiben und Rechnen mangelhaft. Langzeitstudie der BASF AG offenbart kontinuierlich wachsende Defizite bei Haupt- und Realschulabsolventen. In: CEDEFOP (Info zur beruflichen Bildung in der Europäischen Union 1). www2.trainingvillage.gr/download /Cinfo/Cinfo12003/C13E4DE.html (Zugriff am 23.10.2007)

SDD (2005): Mitgliederbrief des Symposions Deutschdidaktik. Nr. 11, 2005. www.symposion-deutschdidaktik.de/cweb/cgi-bin-noauth/cache/VAL_BLOB /108/108/52/SDDNewsletter11%20neu.pdf (Zugriff am 6.11.2007)

SPD-BUNDESTAGSFRAKTION (2007): Gute Betreuung ab eins! Abschlussbericht der gemeinsamen Arbeitsgruppe „Neue Akzente in der Familienpolitik" von SPD-Bundestagsfraktion und SPD-Parteivorstand. www.spd.de/show/1706344/ 280207_abschlussbericht_neue_akzente_familie.pdf (Zugriff am 23.10.2007)

SPIEGEL ONLINE (2006): Schlauer durch Dialekt (2006). www.spiegel.de/ schulspiegel/0,1518,392865,00.html (Zugriff am 22.10.2007)

SPINNER, KASPAR H. (2005): Der standardisierte Schüler. Rede bei der Entgegennahme des Erhard-Friedrich-Preises für Deutschdidaktik am 27. Sept. 2004. In: Didaktik Deutsch 18 (2005), S. 4-13 [dazu eine Debatte in den Folgeheften].

STEETS, ANGELIKA (2003): Lernbereich Sprache in der Sekundarstufe I. In: KÄMPER-VAN DEN BOOGAART, MICHAEL (Hg.): Deutsch Didaktik. Leitfaden für die Sekundarstufe I und II. Berlin, 210–245.

STEINBRENNER, MARCUS (2007): Freiheit und Bindung – Sprachlich-literarische Bildung und die Suche nach einem Denkrahmen für die Deutschdidaktik. In: GÖLITZER, SUSANNE/ROTH, JÜRGEN (Hgg.): Wirklichkeitssinn und Allegorese. Festschrift für Hubert Ivo zum achtzigsten Geburtstag. Münster, 390–420.

TENORTH, HEINZ-ELMAR (Hrsg.) (2001): Kerncurriculum Oberstufe. Mathematik – Deutsch – Englisch. Expertisen im Auftrag der KMK. Weinheim, Basel.

ULRICH, JOACHIM GERD (2006): Ausbildungsreife von Jugendlichen. www.bibb.de/dokumente/pdf/a21_wirueberuns_vortraege2006_ulrich_ Ausbildungsreife_LAB_NS_20060606.pdf (Zugriff am 21.9.2007)

VYGOTSKIJ, LEV SEMËNOVIČ (2002): Denken und Sprechen. Psychologische Untersuchungen. Hrsg. und aus dem Russischen übersetzt von JOACHIM LOMPSCHER UND GEORG RÜCKRIEM. Mit einem Nachwort von Alexandre Métraux. Weinheim/Basel.

WEINERT, FRANZ (2001): Vergleichende Leistungsmessung in Schulen – eine umstrittene Selbstverständlichkeit. In: FRANZ WEINERT (Hg.): Leistungsmessung in Schulen. Weinheim, 17–31.

WILLENBERG, HEINER (Hg.) (2007): Kompetenzhandbuch für den Deutschunterricht. Auf der empirischen Basis des DESI-Projekts. Baltmannsweiler.

WINKLER, BRIGITTE (2005): Grundsätze und Perspektiven einer familienorientierten Integrationspolitik – Migrationsfamilien zwischen Integration und Ausgrenzung. In: GAL Bürgerschaftsfraktion Hamburg (Hg.): Formel Vielfalt. Mehr Bildung = Mehr Integration, 37–43.

www.hamburgkreativestadt.de/fileadmin/user_upload/dokumente/ Broschueren/formel_vielfalt.pdf (Zugriff am 23.10.2007)

Die Rahmung der Zwergenwelt

Argumentationsmuster und Versprachlichungsfomen im Nanotechnologiediskurs

René Zimmer

1   Einleitung

In den letzten Jahren haben die Entwicklungen in Naturwissenschaft und Technik rasant zugenommen. Hier sind insbesondere die Informationstechnik, die Biomedizin und seit Kurzem auch die Nanotechnologie zu nennen. Die mit der Etablierung dieser Technologien verbundenen gesellschaftlichen Auseinandersetzungen sind von einer offensichtlichen Fragmentierung und Pluralität an Bewertungen, Meinungen und vertretenen Interessenlagen gekennzeichnet. In diesem Spannungsfeld zeichnen sich auch Kommunikationskonflikte ab, die in kontroversen Diskussionen zutage treten. Dort, wo komplexe Sachverhalte in ihrer Deutung umstritten sind oder waren, wird auch die sprachliche Konstitution dieser Sachverhalte zentral. Öffentliche Kontroversen lassen sich demnach in semantischer Hinsicht nicht nur als ein Ringen um einen angemessenen Ausdruck verstehen, sondern als ein komplexer und ständiger Kampf um die Etablierung bestimmter Perspektiven auf Naturwissenschaft und Technik und deren Stellenwert in der Gesellschaft. In diesen „semantischen Kampf" (Felder 2006) sind Journalisten, wissenschaftliche Experten, Politiker, Administratoren und nicht zuletzt wirtschaftliche Akteure und Nichtregierungsorganisationen mit ihren eigenen Interessen, Interpretationen, Forderungen und Vorschlägen involviert.

Die Hegemonie einer bestimmten Sichtweise ist dabei nicht Produkt eines linear fortschreitenden Prozesses, in dem die debattierenden Akteure von der „Richtigkeit" eben dieser Sichtweise überzeugt wurden. Vielmehr hängt die Vorherrschaft einer Sichtweise davon ab, ob sie genügend soziopolitische Resonanz bekommt und politische Effekte zeitigt. In diesem Prozess gruppieren sich Akteure in so genannten „Diskurs-Koalitionen" um Storylines (Hajer 1995). Dabei können sich die Akteure einer Diskurs-Koalition in ihren spezifischen Interessen und in der Interpretation der jeweiligen Storylines durchaus stark voneinander unterscheiden. Storylines sind hier als Illustrationen allgemeinerer Argumentationsmuster zu verstehen. Auch müssen Diskurs-Koalitionen nicht zwingend formal sein, sie sind vielmehr meist virtuell zu verstehen. Auf Basis der faktischen Nähe ihrer jeweiligen Positionen können die Akteure virtueller Diskurs-Koalitionen bei der Existenz von „Gelegenheitsfenstern" im Sinne von Kingdon (2003) jedoch zu gemeinsamen Unterstützern oder Gegnern bestimmter Sichtweisen werden.

Gerade bei sich neu entwickelnden Technologien wie der Nanotechnologie haben die beteiligten Akteure mit verschiedenen sprachlichen Problemen zu kämpfen:

- Die Sachverhalte, die der naturwissenschaftlichen Forschung entwachsen sind, müssen in einem neuen Kontext (z.B. in einem alltäglichen oder einem politisch-administrativen Kontext) beschrieben werden.
- Weiterhin müssen diese Sachverhalte begrifflich gefasst werden, was sich im Ringen um angemessene Definitionen, Schlüsselwörter und Metaphern widerspiegelt.
- Die anfängliche sprachlich-konzeptuelle Rahmung und Perspektivierung von Sachverhalten und Modellvorstellungen kann gravierende Konsequenzen für den späteren gesellschaftlich-öffentlichen Adaptionsprozess einer Technik haben.

Sprache ist dabei durchaus ein bewusst eingesetztes strategisches Mittel zur diskursiven Durchsetzung von Positionen. Schlagwörter werden im „Kampf um Begriffe" mit eigenen Wertungen positiv oder negativ „besetzt" und lenken die Aufmerksamkeit auf bestimmte Aspekte des Diskurses, während andere ausgeblendet werden.

„Beim publizistischen Gebrauch politischer Sprache geht es darum, die Akzeptanz der mit ihnen verbundenen politischen Konzepte und Personen in der Öffentlichkeit zu fördern, dabei aber zugleich den politischen Gegner zu diskreditieren, um so die jeweils eigenen Meinungen und Interessen politisch mehrheitsfähig zu machen und durchzusetzen." (Burkhardt 2003: 9)

Gesamtgesellschaftlich relevante Dispute werden oft vor ihrem Bekanntwerden in der allgemeinen Öffentlichkeit auf der Fachebene oder im politisch-administrativen Raum geführt. Dort finden Auseinandersetzungen statt, die sich anhand von Diskursbeschreibungsverfahren nachzeichnen lassen. Mit Hilfe einer Inhaltsanalyse von Positionspapieren und Stellungnahmen von gesellschaftlichen Akteuren zur Nanotechnologie sollen in diesem Aufsatz die Frühphase der gesellschaftlichen Debatte zu dieser Technologie nachgezeichnet und die Konsequenzen für den weiteren Verlauf der Debatte abgeleitet werden.

2 Der Fall Nanotechnologie

Nanotechnologie gilt als eine der wichtigsten Zukunftstechnologien, ihr wird von Wissenschaft, Wirtschaft und Politik ein hohes Innovationspotenzial zugeschrieben (vgl. BMBF 2007), Erkenntnisse aus der Nanotechnologie werden zur Optimierung bestehender Produkte, aber auch zur Öffnung ganz neuer Märkte führen. Im Umweltbereich können nanotechnologische Entwicklungen beispielsweise zur schonenderen Verwendung von Ressourcen, zu Verbesserungen der Effizienz von Energieerzeugungssystemen und leistungsfähigeren Filtersystemen zur Luft-, Wasser- oder Bodenreinigung führen. Im medizinischen Bereich eröffnen sich neue Diagnostik- und Therapieverfahren. So wird z.B. erwartet, dass Diagnosen früher, Prävention sowie Behandlungsmethoden gezielter, Verfahren patientenschonender gestaltet werden können. Zudem hat die Nanotechnologie bereits Einzug in unseren Alltag gehalten. Ob sich selbst reinigende Keramikoberflächen oder nano-imprägnierte Kleidung, die einen wirkungsvollen UV-Schutz ermöglicht – die Nanotechnologie ist für eine unübersehbar große Anzahl neuer Produktideen gut. Derzeit sind über 600 Produkte auf dem Markt verfügbar, die Nanomaterialien enthalten (vgl. Woodrow Wilson International Center for Scholars 2007) und tausende weitere Produkte befinden sich derzeit in der Entwicklungsphase. Marktprognosen sehen langfristig ein Umsatzvolumen von 700 bis 800 Milliarden Dollar jährlich (Hullmann 2006; VDI Technologiezentrum 2004).

Trotz der Vielzahl von Produkten, bei deren Herstellung Nanomaterialien oder nanotechnologische Verfahren eingesetzt werden, handelt es sich bei der Nanotechnologie um eine so genannte „emerging technology". Doch nicht nur die Technologie selbst, auch die gesellschaftliche Debatte hat den „emerging"-Status – beide befinden sich in einem frühen Entwicklungsstadium. Nur wenige Menschen arbeiten direkt am Thema Nanotechnologie, die Mehrheit der Menschen sammelt ihre Erfahrungen mit der Nanotechnologie (wenn überhaupt) medienvermittelt. Nanotechnologie, ob im Hinblick auf ihre materiellen Grundlagen oder ihre Erzeugnisse, entzieht sich unserer direkten, sinnlichen Wahrnehmung und ist deshalb in hohem Maße offen für Assoziationen und Ersatzwahrnehmungen. Gemäß dem Ansatz, der die konstruktive Eigenleistung der öffentlichen Sphäre betont, ist danach zu fragen, welche thematischen Einschränkungen, Erweiterungen und Zuspitzungen die anfangs prinzipiell offene Thematik der Nanotechnologie in der öffentlichen Debatte durch gesellschaftliche Akteure erfährt.

Die Debatte zur Nanotechnologie konzentrierte sich in den ersten Jahren insbesondere auf futuristische Vorstellungen von Richard Feynman und Eric Drexler. Feynman hatte bereits 1959 auf dem jährlichen Treffen der Amerikanischen Physikalischen Gesellschaft am California Institute of Technology eine visionäre Rede unter dem Titel: „There's plenty of room at the bottom" gehalten. Darin erläuterte er, wie die Welt winzig kleiner Elementarteilchen zur Entwicklung verbesserter Systeme genutzt werden könnte. Drexler entwickelte diesen Gedanken in seinem Buch „Engines of Creation" (1986) weiter und führte aus, dass mit Hilfe des „Molecular Manufacturing" zukünftig selbstreplizierende Nanoroboter präzise auf molekularer Ebene arbeiten werden (Coenen 2004).

Das Profil der Diskurse zur Nanotechnologie hat sich in den letzten Jahren gewandelt. Die Debatten sind im Hier und Jetzt verankert und kreisen um die Chancen und Risiken von Nanomaterialien bzw. Nanoprodukten. Annahmen über die Auswirkungen der Nanotechnologie und ihre gesellschaftlichen Herausforderungen existieren dabei in vielerlei Ausprägung. Sie reflektieren die unterschiedlichen Perspektiven und zugrunde liegenden Konzeptionen von Nanotechnologie. Die derzeit wichtigsten Debatten zur Nanotechnologie, die in Expertenkreisen und auf politischer Ebene geführt werden, drehen sich insbesondere um Definitionsfragen (Decker 2006). Das leuchtet ein, wenn man bedenkt, dass die Definition der Nanotechnologie das Objekt des Diskurses auf eine bestimmte Art und Weise konstruiert und den semantischen Raum absteckt, wie Nanotechnologie überhaupt thematisiert werden kann und wo die Grenzen des Diskurses liegen. Beispielhaft seien hier drei Diskussionsbereiche angesprochen:

a) Die derzeit wohl wichtigste Debatte widmet sich der Frage, wie Nanotechnologie definiert werden soll. Viele der derzeit verwendeten Definitionen beziehen sich auf Größenangaben: So wird als Obergrenze oft angegeben, dass Nanomaterialien in mindestens einer Dimension kleiner als 100 Nanometer sein sollen (z.B. BSI 2005). Eine Untergrenze wird teils gar nicht angegeben (Deutscher Bundestag 2004) oder bei 1 Nanometer festgesetzt (SCCP 2007). Doch wichtige Nanomaterialien wie die Fullerene sind kleiner als 1 Nanometer, so dass wiederum angeregt wurde, die untere Grenze auf 0,1 Nanometer herabzusetzen. Doch die Kleinheit der Nanopartikel ist eigentlich nur Mittel zum Zweck, denn durch ihre Nanoskaligkeit bekommen Materialien neue Eigenschaften. So stellt der Deutsche Bundestag in seiner Drucksache 15/2713 fest:

> „Nanotechnologie macht sich charakteristische Effekte und Phänomene zunutze, die im Übergangsbereich zwischen atomarer und mesoskopischer Ebene auftreten." (Deutscher Bundestag 2004: 7)

Diese neuen Eigenschaften werden teilweise jedoch auch zwischen 100 und 200 Nanometern beobachtet. In der Textilindustrie erzielt man bereits mit Partikelgrößen zwischen 600 und 800 Nanometern neue Effekte. Das britische Umweltministerium schlägt deshalb vor, bei der Definition von Nanotechnologie eher die neuen Eigenschaften, als eine konkrete Obergrenze in den Mittelpunkt zu stellen:

> „that the focus is on materials that have important properties as a result of their size, and are broadly in the nanoscale range, rather than focusing on particular rigid size limits." (DEFRA 2006: 9)

An diesen Definitionsfragen arbeiten derzeit alle wichtigen nationalen wie internationalen Standardisierungs- und Regulationsgremien.

b) In einer anderen, eher verdeckt geführten Debatte geht es um die Frage, ob Nanotechnologie eine grundsätzlich neue Technologie ist oder ob nur alter Wein in neuen Schläuchen verkauft wird. So wird beispielsweise von Akteuren aus der Forschungspolitik die Nanotechnologie seit einigen Jahren als eine der Schlüsseltechnologien des 21. Jahrhunderts beschrieben, die das Leben der Menschen in allen Lebensbereichen beeinflussen wird:

> „Die Verfügung über die Nanotechnologie – als eine der chancenreichsten Querschnittstechnologien der Welt – bestimmt daher die technologische Leistungsfähigkeit und die internationale Wettbewerbsfähigkeit der deutschen Wirtschaft entscheidend mit." (BMBF 2006: 3)

Insbesondere Vertreter aus der chemischen Industrie, von Grundmittelherstellern oder Materialanwendern z.B. in der Automobilindustrie sehen jedoch in der Nanotechnologie eher eine Fortsetzung des Wegs in immer kleinere Dimensionen. Die Schöpfung eines Ausdrucks „Nanotechnologie" verschleiert ihrer Meinung nach die Tatsache, dass bereits seit Jahrzehnten eine – bislang aber nicht so genannte – „nanotechnologische" Forschung stattfindet und auch Materialien mit Partikelgrößen kleiner als 100 Nanometer eingesetzt werden.

> „Diese Branchenzugehörigkeit bringt selbstverständlich auch mit sich, dass Unternehmen, die bislang beispielsweise im Bereich Biotechnologie oder der organischen Chemie tätig waren, sich neuerdings immer öfter als Nanotechnologie-Unternehmen bezeichnen. Eine solche Besinnung auf nanotechnologische Werte ist natürlich aus Unternehmenssicht mehr als verständlich: Schließlich ist das Präfix ‚Nano' mittlerweile sexy und bringt dem Unternehmen die begehrte größere Aufmerksamkeit." (Beckmann/Lenz 2002: 98)

Aus semantischer Sicht stehen sich hier vereinfacht gesprochen „realistische" und „futuristische" Annahmen über die Entwicklungspotenziale der Nanotechnologie einander gegenüber. Bei beiden Akteursgruppen handelt es sich aber um Verfechter der Nanotechnologie.

c) Eine weitere Debatte dreht sich um die Frage, ob man von „Nanotechnologie" oder „Nanotechnologien" sprechen sollte. Der Begriff „Nanotechnologie" wurde erstmals 1974 von dem Japaner Norio Taniguchi eingeführt und später durch Eric Drexler weltweit bekannt gemacht. „Nanotechnologie" wird heute als Sammelbegriff für diverse Technologien verwendet, die in verschiedenen naturwissenschaftlichen Disziplinen angewendet werden. Korrekterweise müsste man deshalb eigentlich von „Nanotechnologien" sprechen. Es ist ein typisches Problem von Sammelbezeichnungen, dass sie bei positiver Konnotation gern breit verwendet werden. „Nanotechnologie" wurde als Ausdruck in der Einzahl in die Debatte eingeführt und konnotiert „Innovation". Die Verwendung der Mehrzahl würde die seine innovative Bedeutung nur verwässern. Käme es zu einem Nanounfall, könnte dies durch die Stigmatisierung der Sammelbezeichnung „Nanotechnologie" hingegen eine ganze Unternehmensbranche diskreditieren, obwohl sich die jeweils verwendeten Nano-Technologien stark voneinander unterscheiden. In dieser Debatte geht es somit vor allem um Hoffnungen und Ängste, die die Akteure mit dem Begriff Nanotechnologie verbinden.

All diese (Be-)Deutungskämpfe werden von den beteiligten Akteuren mit Engagement geführt. Es sind jedoch keine Debatten zwischen polarisierten Lagern aus Befürwortern und Gegnern und es geht auch nicht oder nur am Rande um eine moralische Bewertung der Nanotechnologie. Vielmehr beziehen sich die Debatten größtenteils auf Sachfragen. Allerdings scheinen die Akteure Wertdebatten für die Zukunft zu befürchten. In Reden oder Stellungnahmen wird regelmäßig betont, dass der Nanotechnologie möglichst nicht dasselbe passieren sollte, wie der Grünen Gentechnik – sprich in der Gesellschaft keine Akzeptanz zu finden (z.B. Arbeitsgemeinschaft der Umweltbeauftragten in der EKD 2007; Catenhusen 2006).

Diese Befürchtungen scheinen nicht zu Unrecht zu bestehen, denn am Rande der geschilderten Sachdebatten und in der Öffentlichkeit noch wenig präsent, formiert sich auch Widerstand gegen die Nanotechnologie. Bereits 2003 forderte die ETC Group ein Moratorium für die Kommerzialisierung von Nanomaterialien, bis nachgewiesen ist, dass die Materialen sicher sind (ETC Group 2003). Im Jahr 2005 protestierte eine Gruppe unter dem Namen THONG (Topless Humans Organized for Natural Genetics) in Chicago vor einem Bekleidungsgeschäft gegen Nanotextilien. Im Jahr 2006 richtete eine Koalition aus acht Nichtregierungsorganisationen unter Führung des International Center for Technology Assessment eine Petition an die amerikanische Food and Drug Administration, dafür zu sorgen, dass sämtliche Sonnenschutzcremes, die Nanopartikel enthalten, vom Markt genommen werden (ITA 2005). Und im Jahr 2008 forderten Friends of the Earth und der Bund für Umwelt und Naturschutz Deutschland (BUND) ein Moratorium für den Einsatz von Nanomaterialien in Lebensmitteln, Lebensmittelverpackungen und Agrochemikalien (BUND 2008: 6). Deshalb scheint es wichtig, bereits in dieser frühen Phase der Nanotechnologieentwicklung und -debatte zu untersuchen, wie die Technologie von verschiedenen gesellschaftlichen Akteuren kontextualisiert wird und welche Konsequenzen die jeweiligen Sichtweisen der Akteure für den künftigen Verlauf der Nano-Debatte haben könnten.

Die ETC Group hat in ihrem Report „NanoGeoPolitics" (2005: 7 ff.) eine erste Strukturierung der Nanodebatte nach Akteuren und ihren Positionen vorgenommen, ohne diese allerdings empirisch zu belegen. Danach werden drei große Gruppen unterschieden:

1. Die Technik-Skeptiker versuchen die Nanotechnologie in einen weiteren Kontext der Einführung neuer Technologien zu stellen (z.B. Biotechnologie, Atomenergie). Sie misstrauen Versprechungen der Industrie und Wissenschaft, welche die „großartigen Potenziale" dieser Technologie betreffen, und glauben nicht an die Neutralität von Technik und an die Unfehlbarkeit wissenschaftsbasierter Entscheidungsfindung. Stattdessen befürworten die Technik-Skeptiker eine strenge Regulierung technologischer Innovationen und halten die Anwendung des Vorsorgeprinzips für notwendig. Auch die Möglichkeit der Ablehnung ganzer Technologien kann aus ihrer Sicht nicht ausgeschlossen

werden. Den technik-skeptischen Ansatz dürfte man am ehesten bei Nichtregierungsorganisationen vermuten.

2. Technik-Realisten sehen in der Nanotechnologie ein neutrales Werkzeug, das
   zum Guten wie zum Schlechten eingesetzt werden kann. Eine unkontrollierte
   Umsetzung der Nanotechnologie kann nachteilige Effekte für die Gesellschaft
   haben, aber die „Nano-Revolution" selbst ist nicht mehr zu stoppen. Deshalb
   ist es notwendig, Risiken zu minimieren und Anwendungen, die für Umwelt
   und Gesellschaft von Nutzen sind, zu fördern. Es ist wichtig, gesellschaftliche
   Anliegen bereits frühzeitig in den Innovationsprozess einzubeziehen („up-
   stream engagement"). Auch die Industrie sollte sich in den Dialog mit der Gesellschaft einbringen. Die Möglichkeit einer generellen Ablehnung der Nanotechnologie wird nicht gesehen, stattdessen würden Technik-Realisten versuchen, Probleme regulierend in den Griff zu bekommen. Diese Position findet
   man insbesondere in der Politik und bei Regulationsbehörden.

3. Das Motto der Technik-Optimisten heißt „Verantwortliche Nanotechnologie". Vertreter dieser Gruppe argumentieren, dass die Nanotechnologie
   grundsätzlich gut für die Gesellschaft ist, da sie eine Quelle für Gesundheit
   und Wohlstand darstellt. Deshalb sollte ihre Entwicklung auch nicht unnötig
   eingeschränkt werden. Industrie und Wissenschaft sind sensibel genug, um
   Nano-Risiken verantwortungsvoll zu handhaben. Wenn Regulation unvermeidlich ist, sollte ihre Umsetzung jedoch freiwillig erfolgen. Bei der Risikobewertung sollten ausschließlich wissenschaftsbasierte Daten berücksichtigt
   und gesellschaftliche Fragestellungen Berufsethikern übertragen werden. Diese
   nanogeopolitische Positionierung dürfte sich am ehesten bei Vertretern der
   Industrie finden.

Diese Darstellung tendiert zugegebenermaßen zur Karikatur, aber sie
bietet eine gute Grundlage für weiterführende Untersuchungen. Von diesen drei Gruppen dürften sich insbesondere Texte der Technik-
Optimisten und der Technik-Skeptiker zur Analyse von Argumentationsmustern und Versprachlichungsformen eignen.

3 Untersuchungsdesign und methodische Umsetzung

Im Mittelpunkt dieses Beitrags steht die sprachliche Konstitution der Nanotechnologie. Wie lassen sich anhand relevanter Beispieltexte unterschiedliche sprachliche Handlungsstrategien gesellschaftlicher Akteure
beschreiben? In welchen Bedeutungsakzentuierungen oder unterschiedlichen Benennungen wird fachlicher Dissens aufgegriffen, ausgeblendet
oder konstruiert? Welche sprachlichen Strategien lassen sich beobachten?
    Der Analyse liegt der so genannte Framing-Ansatz zugrunde. Nach
Gamson (1992) kann davon ausgegangen werden, dass das Thema Nano-

technologie in der öffentlichen Debatte über „interpretative packages"
oder Deutungsmuster in bestimmte Perspektiven gesetzt wird, die mit
Bezug auf eine zentrale Idee ein bestimmtes Framing des Themas vorgeben. Das bedeutet, dass bestimmte Interpretationen und Deutungen im
Diskurs nahe gelegt und gleichzeitig andere Deutungen über den Diskurs
ausgeschlossen werden. Beim Thema Nanotechnologie hat man es also
mit je unterschiedlichen Situationsdefinitionen und Orientierungsrahmen
zu tun hat. Mit Hilfe des Framing-Ansatzes soll eine komplexe Beschreibung der gesellschaftlichen Debatte um diese Zukunftstechnologie ermöglicht werden. Frames – oder synonym Wissensrahmen bzw. Deutungsmuster – werden, Felder (2006: 19) folgend, als verstehensrelevante Wis-
sensagglomerationen verstanden. Sie bestehen aus einem Geflecht sprachlicher Konzepte bzw. Begriffe, die dem Thema Nanotechnologie Bedeutung zuschreiben.

Im Mittelpunkt der Untersuchung stehen die folgenden Fragen:

- Gibt es bei Befürwortern und Gegnern der Nanotechnologie typische sprachliche Handlungsstrategien?
- Welche Argumentationen und semantische Mittel, Schlagwörter und Metaphern werden bei der Darstellung von Nanotechnologie verwendet?
- Mit welchen Bezeichnungen werden Begriffe bzw. Konzepte der Nanotechnologie geprägt und welche Bedeutungsakzentuierungen verbergen sich dahinter?

Die Analyse der sprachlichen Mittel, die im Nanotechnologiediskurs zu
beobachten sind, ermöglicht die Erkenntnis, welche Interpretationsframes
und Präsuppositionen von den Akteuren in den Diskurs eingeführt werden sowie welche diskursiven Konflikte sich darin widerspiegeln.

3.1   Analyseinstrument

Die Fragestellung des Aufsatzes – „Wie wird Nanotechnologie in öffentlichen Stellungnahmen als Begriff konstruiert und von verschiedenen Akteuren sprachlich besetzt?" – wird inhaltsanalytisch bearbeitet. Die Inhaltsanalyse als Methode der empirischen Sozialwissenschaften bezeichnet
als Oberbegriff verschiedene wissenschaftliche Verfahren, die die objekti-
vierende, systematische Erfassung und Quantifizierung des manifesten
Inhaltes von Texten zum Ziel haben:

„Die Inhaltsanalyse befasst sich mit der systematischen Erhebung und Auswer-
tung von Texten, Bildern und Filmen. [...] Allerdings greift die Bezeichnung ‚In-

haltsanalyse' in einem Punkt zu kurz: Die Inhaltsanalyse muss sich nicht notwen-
digerweise nur auf die ‚Inhalte' von Texten oder anderem Material beschränken,
[...]. Vielmehr kann die Aufmerksamkeit auch formalen Gesichtspunkten von
Texten, Filmen oder Bildern gelten, etwa stilistischen Merkmalen, der Länge von
Sätzen, dem häufigen Gebrauch von Verben u. a. m." (Diekmann 2001: 481)

Inhaltsanalysen beziehen sich in der Regel auf drei unterschiedliche Ebenen: Auf der syntaktischen Ebene wird das Vorkommen von Buchstaben,
Wörtern, Ausdrücken etc. untersucht; auf der semantischen Ebene steht
das Verhältnis von Zeichen und ihren Bedeutungen im Mittelpunkt der
Untersuchungsinteresses; auf der pragmatischen Ebene schließlich werden
Gebrauch und Funktion bestimmter Zeichen analysiert. Sobald oberhalb
der syntaktischen Ebene operiert wird, spielen immer Interpretationen,
also qualitative Aspekte von Sprache eine Rolle, so dass eine Inhaltsanalyse nie allein quantifizierend sein kann. Eine interpretierende Herangehensweise hilft zu verstehen, wie Diskurse aufgebaut sind und wie sie z.B.
über Aussagen vermittelt werden. Die Methode zielt grundsätzlich darauf
ab, Wissen darüber zu generieren, wie soziale Bedeutung in bestimmten
Kontexten konstruiert wird (Winther Jörgensen/Philipps 1999). Bei der
vorliegenden Untersuchung handelt es sich um eine qualitativ ausgerichtete Inhaltsanalyse.

3.2   Textkorpus

Als Textkorpus wurden beispielhaft öffentliche Stellungnahmen von Wirtschaftsunternehmen und Nichtregierungsorganisationen (NGOs) zur
Nanotechnologie ausgewählt. Die insgesamt zwölf Texte besitzen alle
programmatischen Charakter. Das heißt,

> „sie sind in erster Linie nicht deskriptiv, sondern normativ-wertend, indem sie die
> Meinung der jeweiligen Akteure widerspiegeln. Auch reflektieren sie keine Kon-
> troversen, sondern sind selbst Teil dieser Kontroverse. ‚Programmatisch' im hier
> verstandenen Sinne hebt also auf die kommunikative Funktion der Texte ab, ziel-
> setzende oder richtungsweisende Äußerungen zu formulieren." (Domasch
> 2006: 105)

Ursprünglich sollte sich die Analyse auf Stellungnahmen deutscher Akteure beziehen. Bei den Wirtschaftsunternehmen gelang dies auch. Auf Seiten
der NGOs lag bis 2006 jedoch nur die Stellungnahme des Bundes für
Umwelt und Naturschutz (BUND) vor. Deshalb mussten in die Analyse
auch Stellungnahmen von NGOs aus dem englischsprachigen Raum einbezogen werden. Die Stellungnahmen stammen alle aus der Zeit zwischen
2003 und 2006. Bei der Analyse wurden die von der ETC Group (2005)

verwendeten Termini „Technik-Skeptiker" und „Technik-Optimisten"
beibehalten. Folgende Stellungnahmen potenzieller Technik-Skeptiker fanden Eingang in das Textkorpus:

- BUND (2006): Memorandum: Nanotechnologie nachhaltig gestalten
- Environmental Defense (2005): Getting Nanotechnology Right the First Time
- ETC Group (2004): Down on the Farm: The Impact of Nano-Scale Techno-
  logies on Food and Agriculture (Press Release)
- Friends of the Earth (2005): Evidence of probable harm to health associated
  with exposure to nanoparticles
- Greenpeace (2003): Future technologies, today's choices (Foreword)
- Natural Resources Defense Council (2005): Nanotechnologies. Tiny particles
  promise much, but could pose big risk

Folgende Stellungnahmen potenzieller Technik-Optimisten fanden Eingang in das Textkorpus:

- BASF (ohne Jahr): Im Dialog. Nanotechnologie bei der BASF
- Bayer (2005): Nachhaltigkeitsbericht
- Degussa (ohne Jahr): Verantwortungsvoller Umgang mit der Nanotechnologie
- Henkel (2000): Bessere Produkte für Verbraucher durch Nanotechnologie
- Milchindustrieverband (2006): Stellungnahme zum Einsatz der Nanotechno-
  logie bei der Herstellung von Lebensmitteln
- Nanogate (ohne Jahr): Das Wertschöpfungs-Prinzip

4 Argumentationsmuster im Nano-Diskurs

Um etwas über typische Wirklichkeitskonstruktionen in der Nanotechno-
logiedebatte aussagen zu können, ist es sinnvoll Argumentationsmuster zu
identifizieren. Diese liefern Aussagen über typische, wichtige und dominante Denk- und Sichtweisen von Akteuren bzw. Akteursgruppen in einem bestimmten Zeitraum zu einem bestimmten Thema. Im Folgenden
soll der Versuch unternommen werden, strukturell typische Argumentationsmuster bei Technik-Skeptikern und Technik-Befürwortern herauszuarbeiten. Treten in mehreren Texten vermehrt die gleichen Argumente
bzw. analoge Argumentationsführungen auf, so liegt die Vermutung nahe,
dass hinter diesen strukturell bedingte Argumentationsmuster liegen.

4.1   Argumentationsmuster bei Technik-Skeptikern

4.1.1   Risiko und Vorsorgeprinzip

Wichtigstes Thema der Technik-Skeptiker ist die Frage nach den Risiken der Nanotechnologie. Dabei werden Risiken ganz allgemein thematisiert nach dem Motto: Wir wissen nur wenig, trotzdem sind große Risiken zu erwarten:

> „very little is known about the risks it may pose to people, wildlife or the environment. The limited research on nanotechnologies indicates that there is a very real potential for harm." (Natural Resources Defense Council 2005)

> „These altered properties also raise significant health and environmental risks that remain poorly studied, poorly understood and wholly unregulated. However the little peer-reviewed toxicological research that has been published regarding the health and environmental impacts of nanoparticle exposure is extremely concerning." (Friends of the Earth 2005)

Beliebt ist es zu beschreiben, wie die Nanopartikel aus einem Produkt bis ins Gehirn des Menschen gelangen:

> „nanoparticles are highly mobile and readily enter the blood stream following inhalation or ingestion. It also appears likely that nanoparticles can penetrate human skin and gain access to the blood stream [...] laboratory studies have repeatedly shown that nanoparticles cross from the deeper lungs to the blood stream. Once in the blood stream, nanoparticles are transported around the body and are absorbed by organs and tissues including the brain, heart, liver, bone marrow, ovaries and muscles. Inhaled nanoparticles can travel directly to the brain along olfactory nerve cells. This is of particular concern given recent findings that nanoparticles cause brain damage to fish and dogs." (Friends of the Earth 2005)

Spezielle Risiken werden immer wieder nach demselben Schema thematisiert: Im Tier- oder Zellversuch beobachtete Schädigungen werden frei mit Daten zu wahrscheinlichen Expositionswegen im menschlichen Körper oder mit gegebenen Expositionen kombiniert:

> „Laboratory animal studies suggest that nanoparticles can cause inflammation, damage brain cells, and cause pre-cancer lesions. Early research also has found that nanoparticles easily move from one area of the body to another." (Natural Resources Defense Council 2005)

> „Neuro-degenerative diseases such as Alzheimer's or Parkinson's are thought to be caused by a disruption of the iron concentration in the brain. However, iron oxide nanoparticles are already being used in a number of applications, for example magnetic resonance scans." (Friends of the Earth 2005)

> „scientists at the New Jersey Institute of Technology found that high levels of nano-alumina oxide stunts the growth of five plant species, which include corn, cucumbers, cabbage, carrots and soybeans. Nano-alumina already is used to make scratch-resistant coatings and sunscreen lotions, and to neutralize water pollution,

where it could be released directly into waterways." (Natural Resources Defense Council 2005)

„The duration of deposits of nanoparticles in vital organs is unknown, although there is some evidence to suggest they may accumulate in organs such as the liver. The extent of damage they may do and what dose may cause a harmful effect remains unknown. However scientists have shown that even low levels of nanoparticles are toxic to human liver cells." (Friends of the Earth 2005)

Dieses Argumentationsmuster gelangte auch in der taz zu einer neuen Blüte. Unter dem Titel „Sonnencreme könnte Hirn aufweichen" schrieb der Autor:

„Doch jetzt macht ein beunruhigender Verdacht die Runde: Das Titanoxid könnte die Gehirnzellen schädigen [...] Bellina Veronesi vom EPA-Labor in North-Carolina hatte die Nanopartikel im Reagenzglas mit so genannten Gliazellen aus Mäusegehirnen vermischt. Diese wirken als Schutzzellen für die Nerven. Mit den Titandioxid-Partikeln konfrontiert produzierten die Gliazellen aggressive Sauerstoffmoleküle, die die Nervenzellen schädigen." (taz vom 11.07.2006: 8)

Dieses im Zellversuch gewonnene Ergebnis wurde mit der Tatsache kombiniert, dass Titandioxid-Nanopartikel in Sonnenschutzcremes eingesetzt werden. Schlussfolgerung: Sonnencremes schädigen das Gehirn. Allerdings musste der Autor selbst einschränken, dass die Nanopartikel dazu erst einmal den Weg durch die Haut finden müssen.

Diese drei Risikoargumente:

- potenziell hohes Gefährdungspotenzial (bei wenig Wissen),
- Nanopartikel können über das Blutgefäßsystem bis ins Gehirn gelangen,
- in Einzelfällen wurde Schädigung beobachtet, die sich verallgemeinern und übertragen lässt

führen die Technik-Skeptiker dazu, für die Anwendung von Nanomaterialien das Vorsorgeprinzip zu fordern, was z.B. bei der ETC Group heißt: ein sofortiger Stopp des Experimentierens mit und der Freisetzung von Nanomaterialien, bis ihre Auswirkungen auf Gesundheit, Umwelt und Gesellschaft geklärt sind.

4.1.2 Druck des Marktes verspielt die Chancen der Nanotechnologie

Die Chancen der Nanotechnologie zur Herstellung von Verbraucherprodukten mit völlig neuen Eigenschaften oder zur Umweltentlastung werden von den Technik-Skeptikern keineswegs unter den Tisch gekehrt. Es wird jedoch betont, dass durch den Druck des Marktes die Sicherheit der Produkte nicht ausreichend gewährleistet werden kann.

„Yet the rapid development and commercial introduction of nanomaterial applications is outpacing our efforts to understand their implications – let alone ensure their safety." (Environmental Defense 2005: 1)

Der BUND schreibt dazu:

„… verbunden mit dem immer stärker werdenden Druck der Hersteller von Nanotechnologien zur schnellen Markteinführung, behindern eine ausgewogene Betrachtung und angemessene Untersuchung von Risiken." (BUND 2005: 4)

Das unregulierte Inverkehrbringen von Nanoprodukten ohne ausreichende Kenntnisse der Risiken dieser Produkte (einhergehend mit potenziellen Schadensfällen) wird, so die Technik-Skeptiker, in der Bevölkerung zu einem Vertrauensverlust gegenüber der Nanotechnologie insgesamt führen. Dadurch würden einerseits nutzbringende Nanoprodukte abgelehnt werden und zum anderen könnten potenzielle Chancen der Nanotechnologie nicht verwirklicht werden. So schreibt beispielsweise die ETC Group:

„By allowing nanotech products to come to market in the absence of public debate and regulatory oversight, governments, agribusiness and scientific institutions have already jeopardised the potential for nano-scale technologies to be used beneficially." (ETC Group 2004: 53)

Einen ähnlichen Tenor findet man bei Environmental Defense:

„If the public is not convinced that nanotechnology and nanomaterials are being developed in a way that identifies and minimizes the risks to human health and the environment, we can be virtually assured of a backlash that will delay, reduce, or even prevent the realization of many of the potential benefits of nanotechnology." (Environmental Defense 2005: 2)

In dieser Argumentationskette werden somit der Druck des Marktes über Vertrauensverlust und Nichtakzeptanz mit dem Verspielen nanotechnologischer Chancen verbunden.

4.1.3 Gesellschaftliche Folgen

Eine vorschnelle Kommerzialisierung der Nanotechnologie könnte nach Auffassung der Technik-Skeptiker zu enormen gesellschaftlichen Kosten führen. Denn sollten sich nachträglich gesundheitsgefährdende Effekte ergeben, gingen die Konsequenzen über das menschliche Leiden und die Schädigung der Umwelt hinaus. Es wären langandauernde Kämpfe um Regulationsaspekte, hohe Sanierungskosten, kostenintensive Rechtsstreitigkeiten und schmerzhafte PR-Debakel zu erwarten.

„And if it proves harmful after widely entering commerce, the consequences go beyond human suffering and environmental harm to include lengthy regulatory battles, costly clean-up efforts, expensive litigation quagmires, and painful public-relation debacles." (Environmental Defense 2005: 1)

Es wird weiter eine Spaltung der Gesellschaft gesehen – nach der "digital divide" eine "nano divide". Nur Reiche würden sich Nanoprodukte leisten können, während Arme und die dritte Welt von den „Segnungen" der Nanotechnologie ausgeschlossen blieben bzw. noch zusätzlich benachteiligt würden.

> „... this implies the pursuit of income streams from those already possessing disposable income. Is the future of nanotechnology then, a plaything of the already-rich? Will the much talked about 'digital-divide' be built upon, exacerbating the inequities present in current society through a 'nano-divide'? Nanotechnology can only be made available to the poor and to developing countries if the technology remains open to use." (Greenpeace 2003: 7)

Und die ETC Group schreibt:

> „... that small farmers and agricultural workers in the developing world will be among the first and most adversely affected by nanotech's new designer materials. Poor farmers are seldom in a position to respond quickly to abrupt economic changes. Particularly at risk are farm communities and countries in the global South that depend on primary export commodities such as rubber and cotton – products that could be displaced by new nanotech materials." (ETC Group 2004: 2)

4.1.4 Macht und Kontrolle der Nanotechnologie

Ein vierter Argumentationsstrang der Technik-Skeptiker zielt auf die Frage, wer die Nanotechnologie kontrolliert. Denn wer die Kontrolle über eine Technologie hat, bestimmt, wie sie genutzt wird. In diesem Kontext werden speziell die militärische Nutzung der Nanotechnologie und Patentierungsfragen angesprochen. Greenpeace schreibt zu diesen Punkten:

> „One possible dystopian future would be the shift of the control of nanotechnology towards being driven by military needs." (Greenpeace 2003: 7)

> „If ownership of molecules is allowed, the nanotechnology techniques for the precise manipulation of atoms open up a whole new terrain for private ownership. As with genetic engineering where genes have become controlled by patents, things that were once considered universally owned could become controlled by a few." (Greenpeace 2003: 7)

4.1.5   Argumentationsmuster der Technik-Skeptiker im Nano-Diskurs

Die Kommunikationsstrategie der Technik-Skeptiker konzentriert sich insbesondere auf die folgenden vier Argumentationsstränge:

1. Anwendung des Vorsorgeprinzips angesichts großer potenzieller Risiken
2. Druck des Marktes verspielt die Chancen der Nanotechnologie
3. Hohe gesellschaftliche Kosten und gesellschaftliche Spaltung
4. Macht und Kontrolle über die Nanotechnologie liegen in den Händen weniger

4.2   Argumentationsmuster bei Technik-Optimisten

4.2.1   Heterogen und nicht neu

Während die Technik-Skeptiker die Nanotechnologie eher pauschal behandeln, betonen die Technik-Optimisten, dass es sich bei der Nanotechnologie um ein höchst heterogenes Feld handelt. So schreibt die BASF:

> „Bei Nanotechnologie handelt es sich nicht um eine spezifische Technologie oder um eine klar umgrenzte Gruppe von Technologien, sondern um ein breites, höchst heterogenes Technologiefeld. Unter dem Begriff Nanotechnologie werden Materialien, Strukturen und Technologien zusammengefasst, deren verbindendes Element die Erzeugung oder das Vorhandensein von mindestens einer Größendimension kleiner als einige hundert Nanometer (nm) ist." (BASF o. J.: 1)

Und Nanogate betont, dass selbst die eingesetzten Nanomaterialien von nahezu unüberschaubarer Vielfalt sind:

> „Diese Nanoteilchen sind winzig kleine Festkörper. Es ist eine Welt für sich aus unterschiedlichsten Ausgangsstoffen, in unterschiedlichen Größen mit unterschiedlichen Formen. Und je nach Form, Zusammensetzung und Größe ergibt sich ein unterschiedliches Verhalten." (Nanogate o. J.: 7)

Aus diesem Grund wird auch ein generelles Verbot der Nanotechnologieforschung von BASF abgelehnt.

> „Grundsätzlich können nur einzelne Anwendungen von Nanotechnologie in Produkten oder Prozessen betrachtet werden." (BASF o. J.: 9)

Weiter wird von den Technik-Optimisten betont, dass es sich bei der Nanotechnologie um nichts Neues handelt.[1]

> „Schon lange haben wir Produkte in unseren Sortimenten, bei denen Nanopartikel und Nanostrukturen die Grundlage für hoch wertschöpfende Produkteigenschaften sind oder zu Verarbeitungsvorteilen führen. Allerdings beschäftigen wir uns

---

1   Vgl. die analoge Argumentation der Gentechnik-Befürworter in Felder (1999).

erst seit einigen Jahren wirklich gezielt mit dem Einsatz von Nanotechnologie."
(BASF o. J.: 2)

4.2.2 Wachstum durch Innovation

Die Technik-Optimisten heben gern den innovativen Charakter der Nanotechnologie hervor. So argumentiert Bayer in seinem Nachhaltigkeitsbericht:

> „Es werden Chancen gesehen, innovative Produkte und Prozesse zu entwickeln,
> die sowohl völlig neue Anwendungsgebiete erschließen als auch Altbekanntes wei-
> terentwickeln." (Bayer 2005: 62)

Oder Nanogate:

> Wir können „Eigenschaften von Oberflächen und Materialien verändern, andere
> Nutzungen ermöglichen oder völlig neue Funktionen zuordnen." (Nanogate o.
> J.: 5)

Auf diese Weise können z.B. Sonnenschutzcremes mit extrem hohen
Lichtschutzfaktoren hergestellt werden (BASF o. J.: 4). Für die Automobilindustrie werden neue Materialien zur Verfügung stehen mit „Eigen-
schaftskombinationen, die bisher noch nicht erreicht wurden" (BASF o.
J.: 5) und „Werkstoffe, die sich in kürzerer Zeit verarbeiten lassen und
dünnerwandige Bauteile ermöglichen" (BASF o. J.: 5). Weitere Beispiele
sind wasserabweisende und selbstreinigende Beschichtungen von „Texti-
lien, welche den Pflegeaufwand reduzieren und die Lebensdauer verlängern" (BASF o. J.: 5). Und in der Elektronikindustrie werden neue, hoch
leistungsfähige Speichermedien für Laptops, Camcorder oder Handys
entwickelt sowie organische Leuchtdioden für energieeffiziente TV- und
Computerbildschirme.

Im Mittelpunkt der industriellen Forschungsaktivitäten „steht dabei
die Entwicklung von Produkten mit erlebbarem Zusatznutzen für den
Verbraucher", so die Firma Henkel (2000: 2). Und die BASF schreibt:

> „Wir setzen Nanotechnologie überall dort ein, wo sie unseren Kunden Vorteile
> bringt." (BASF o. J.: 2)

Die Nanotechnologie wird aber nicht nur für die Kunden von Vorteil
sein, sondern auch für die Hersteller. So lässt sich der Marktwert und
Stückertrag erheblich steigern (Nanogate o. J.: 5). Die Firma Degussa sieht
in der Nanotechnologie eine Schlüsseltechnologie mit hoher wirtschaftlicher Relevanz (Degussa o. J.: 1). Auch die Firma BASF betont die wirtschaftlichen Potenziale der Nanotechnologie, mahnt aber gleichzeitig

weitsichtige regulatorische Entscheidungen an, um diese Potenziale nicht zu verspielen.

> „Die prognostizierten wirtschaftlichen Perspektiven sind enorm. An der Ermittlung möglicher Risiken beteiligen wir uns in nationalen und internationalen Projekten. Weltweit betrachtet belegt Deutschland heute im Bereich der Nanotechnologie-Forschung noch einen Spitzenplatz. Um diesen zu sichern und auszubauen, müssen weitere Forschungsaktivitäten nicht nur möglich sein, sondern intensiviert werden." (BASF o. J.: 8)

Motto: Nanotechnologie ist eine innovative Technologie mit Zusatznutzen für den Verbraucher und wirtschaftlichen Vorteilen für die Produzenten – also eine win-win-Lösung, geschaffen durch Hightech. Auch bei den Technik-Optimisten findet sich das Argument, dass Chancen der Nanotechnologie verspielt werden könnten, aber nicht, weil die Nanotechnologie unterreguliert ist, sondern weil sie zu stark reguliert werden könnte.

4.2.3   Nachhaltigkeit

Doch Nanotechnologie ist nach Ansicht der Technik-Optimisten nicht nur innovativ, sondern auch nachhaltig. Die Firma Bayer betont beispielsweise, dass Nanotechnologie Produkte und Prozesse einschließt,

> „die die alltäglichen Belastungen unserer Umwelt reduzieren sollen oder die es ermöglichen, unsere natürlichen Ressourcen hocheffizient einzusetzen." (Bayer 2005: 62)

Die Firma Degussa widmet in ihrer Stellungnahme der Thematik Nachhaltigkeit einen eigenen Punkt:

> „Da bei Entscheidungen des Unternehmens zur Entwicklung, Herstellung und Vermarktung von Nanomaterialien ökonomische, ökologische und soziale Interessen gleichermaßen berücksichtigt werden, leisten wir einen Beitrag zur nachhaltigen, zukunftsträchtigen Entwicklung." (Degussa o. J.: 1)

Und die BASF erklärt in ihrer Stellungnahme:

> „Es ist unser Ziel, mit unseren Produkten und Prozessen einen Beitrag zu einer nachhaltigen Entwicklung zu leisten. Dazu tragen unsere Produkte auf Basis der Nanotechnologie bei." (BASF o. J.: 9)

Nachhaltigkeitseffekte der Nanotechnologie werden sich in den verschiedensten Gebieten einstellen. So lassen sich Produkte besonders umweltfreundlich herstellen, weil der Stoff- und Energieverbrauch erheblich reduziert wird. Lösemittel lassen sich durch Wasser ersetzen, der Reinigungsmittelaufwand wird reduziert, Leuchtdioden lassen sich energieeffizienter herstellen und Produkte bekommen eine längere Lebensdauer (BASF o. J.: 4 ff.).

4.2.4   Risiken und Verantwortung

Risiken, die die Nanotechnologie mit sich bringen könnte, werden von den Unternehmen nicht geleugnet, aber auf Einzelfälle bzw. einzelne Materialien begrenzt gesehen. Die verwendeten nanoskaligen Materialien sind nicht grundsätzlich neu und in zahlreichen epidemiologischen und toxikologischen Studien untersucht worden, so die Degussa (o. J.: 1). Neu sind allerdings nach Ansicht der BASF die veränderten biologischen Wirkungen, die mit den veränderten Stoffeigenschaften von Nanopartikeln einhergehen (o. J.: 7). Zu diesem Phänomen besteht toxikologischer Forschungsbedarf. Risiken bleiben aber auf nur wenige Ausnahmen, wie freie Nanopartikel und Carbon Nanotubes beschränkt.

> „... die meisten auf Nanotechnologie basierenden Produkte [sind] als ungefährlich einzustufen ...“ (BASF o. J.: 7)

Mit Risiken muss nach Meinung der Unternehmen verantwortungsbewusst umgegangen werden. Die BASF schreibt dazu:

> „Darüber hinaus erarbeiten wir in eigenen Projekten und innerhalb von nationalen und internationalen Netzwerken eine wissenschaftlich fundierte Datenbasis zur Bewertung möglicher Risiken, bei einer Exposition gegenüber freien, nicht in eine Matrix eingebundenen Nanopartikeln.“ (BASF o. J.: 2) Und weiter „hat die BASF als Leitlinie für ihre Mitarbeiter sowie als Selbstverpflichtung einen Verhaltenskodex zum Thema Nanotechnologie erstellt, der den Prinzipien des Responsible Care-Programms folgt.“ (BASF o. J.: 8)

Auch Bayer und Degussa betreiben eigene Risikobetrachtungen bzw. beteiligen sich am Responsible Care-Programm.

4.2.5   Argumentationsmuster der Technik-Optimisten im Nano-Diskurs

Die Kommunikationsstrategie der Technik-Optimisten konzentriert sich insbesondere auf die folgenden vier Argumentationsstränge:

1. Nanotechnlogie ist eine höchst heterogene Technologie und lässt sich nicht pauschal bewerten.
2. Nanotechnologie ist innovativ und ihre Produkte bringen Kunden wie Herstellern Zusatznutzen.
3. Nanotechnologie trägt zur nachhaltigen Entwicklung bei.
4. Risiken werden verantwortlich behandelt, beschränken sich aber auf Einzelfälle.

4.3   Zusammenfassung der Argumentationsmuster

Von den Technik-Skeptikern wird die Bedeutung der Nanotechnologie für
Gesundheit und Umwelt keineswegs negiert. Auch ihre wichtige Rolle bei
der Sicherung gesellschaftlichen Wohlstands wird betont. Aus der Erfahrung mit früheren innovativen Technologien heraus wird jedoch vor einer
vorschnellen Umsetzung der Nanotechnologie in Marktprodukte gewarnt,
da derzeit nicht abgeschätzt werden kann, ob die Nanotechnologie auch
Risiken für Mensch und Umwelt mit sich bringt. Sollten solche Risiken
dann tatsächlich auftreten, könnte die Akzeptanz der Nanotechnologie in
der Bevölkerung in Nichtakzeptanz umschlagen und damit die großen
Potenziale dieser Technologie verspielt werden. Nanotechnologie wird
von den Technik-Skeptikern in einen breiten gesellschaftlichen Kontext
gestellt, der auch soziale Fragen wie gesellschaftliche Spaltung, Macht und
Kontrolle einschließt.

Von den Technik-Optimisten wird die Nanotechnologie als innovative und nachhaltige Technologie präsentiert, die sowohl Kunden als auch
Herstellern nutzt. Auf die pauschale Bewertung der Nanotechnologie
durch die Technik-Skeptiker eingehend, betonen die Technik-Optimisten,
dass Nanotechnologie ein höchst heterogenes Technologiefeld ist. Entsprechend kann auch die Prüfung potenzieller Risiken nur in Einzelfallbe-
trachtungen erfolgen.

Eine Übersicht der Argumentationslinien beider Gruppen bietet die
nachfolgende Tabelle:

Technik-Skeptiker	Technik-Optimisten
Anwendung des Vorsorgeprinzips angesichts großer potenzieller Risiken	Nanotechnologie ist eine höchst heterogene Technologie und lässt sich nicht pauschal bewerten
Druck des Marktes verspielt die Chancen der Nanotechnologie	Nanotechnologie ist innovativ und ihre Produkte bringen Kunden wie Herstellern Zusatznutzen
Hohe gesellschaftliche Kosten und gesellschaftliche Spaltung	Nanotechnologie trägt zur nachhaltigen Entwicklung bei
Macht und Kontrolle über die Nanotechnologie liegen in den Händen weniger	Risiken werden verantwortlich behandelt, beschränken sich aber auf Einzelfälle

5 Framing und Versprachlichungsformen im Nano-Diskurs

In diesem Abschnitt soll herausgearbeitet werden, wie Technik-Skeptiker und Technik-Optimisten die Nanotechnologie framen, sprich in welche thematischen Zusammenhänge sie die Technologie stellen, und ob sie dabei spezifische Versprachlichungsformen für „Nanotechnologie" nutzen. Die verwendeten Frames oder Rahmen definieren dabei Handlungssituationen resp. Handlungsräume und legen so mögliche Anschlusshandlungen nahe, während sie andere ausschließen.

5.1 Framing und Versprachlichungsformen bei Technik-Skeptikern

5.1.1 Risikotechnologie

Nanotechnologie wird von den Technik-Skeptikern oft undifferenziert präsentiert. Wenn Differenzierung vorgenommen wird, so heißt mehr Vielfalt vielfältigere Risiken.

> „Despite its name, nanotechnology is anything but singular; it is a potentially limitless collection of technologies and associated materials. The sheer diversity of potential materials and applications – which is a source of nanotechnology's enormous promise – also poses major challenges with respect to characterizing potential risks." (Environmental Defense 2005: 2)

Nanotechnologie wird von den Technik-Skeptikern in eine Reihe mit Stoffen und Produkten gestellt, die zu großen Schädigungen der menschlichen Gesundheit und der Umwelt geführt haben.

> „As illustrated by asbestos, CFCs, DDT, leaded gasoline, PCBs, and numerous other substances, the fact that a product is useful does not ensure it is benign to health or the environment." (Environmental Defense 2005: 1)

> „... it does not want to face another asbestos liability debacle." (NRDC 2005: 2)

> „We are at the same crossroads we were a few years ago with genetically modified food ..." (NRDC 2005: 2)

Aufgrund der Manipulation auf atomarer Ebene spricht die ETC Group (2004) von „atomically-modified food". Mit dem Ausdruck „Atomtechnik" statt „Nanotechnologie" wird gezielt Anschluss an die negative Konnotation der Atomenergie gesucht.

5.1.2   Neue Eigenschaften und Mobilität als Gefahr

In den Texten der Technik-Skeptiker wird festgestellt, dass die Nanoskaligkeit von Stoffen zu neuen Eigenschaften führt:

> „Nanoscale materials exhibit different properties than the same materials at larger
> scales – and scientists are now finding out that nano-scale materials are generally
> more reactive and mobile if they enter the body." (ETC-Group 2004: 1)

> „The defining character of nanotechnology – the emergence of wholly novel
> properties when materials are reduced to or assembled at the nanoscale – carries
> with it the potential for novel risks and even novel mechanisms of toxicity that
> cannot be predicted from the properties and behavior of their bulk counterparts.
> By their very nature many nanomaterials are more reactive per unit mass than
> their conventional counterparts." (Environmental Defense 2005: 2)

> „Some new materials may constitute new classes of non-biodegradable pollutant
> about which we have little understanding. Additionally, little work has been done
> to ascertain the possible effects of nanomaterials on living systems, or the possi-
> bility that nanoparticles could slip past the human immune system." (Greenpeace
> 2003: 7)

> „Early research also has found that nanoparticles easily move from one area of the
> body to another. A nanoparticle may easily penetrate a cell, while the normal-size
> form of the same chemical may not be able to enter." (NRDC 2005: 2)

Aus den Texten wird jedoch deutlich, dass die neuen Eigenschaften nicht
als Chance gesehen werden, sondern eher negativ als „größere Reaktivität"
beschrieben werden. Ebenso wird in der großen Mobilität der Nanopartikel etwas Beängstigendes gesehen. Im Greeenpeace-Text wird von Nanopartikeln als „pollutant" gesprochen, also als „Schadstoff".

5.2   Versprachlichungsformen bei Technik-Optimisten

5.2.1   Präzisionstechnologie veredelt Natur

Wie im Abschnitt zu den Kommunikationsmustern gezeigt wurde, wird
Nanotechnologie von den Technik-Optimisten als innovative, nachhaltige
Zukunftstechnologie präsentiert. Zur Verdeutlichung Ihres Nutzens werden gern Hightech-Produkte wie Handys, Laptops oder Camcorder angeführt.

Häufig findet man in den Texten Ausdrücke wie „präzise Herstellung", „richtiges Prozessing" (Henkel 2000, S. 1) oder „Steuerungspro-
zess" (Nanogate o. J.: 9). Mit diesen Präzisionsinstrumenten sollen die
Nanoteilchen in eine „faszinierende Ordnung" gebracht werden (Nanogate o. J.: 7).

Zugleich wird Nanotechnologie als etwas Alltägliches und ganz Natürliches dargestellt:

> „Eine Nanogate Veredelung ist viel dünner als der Film, den ein Klarspüler auf diesem Glas hinterlassen würde." (Nanogate o. J.: 6)

> „Milch und Milcherzeugnisse gibt es seit Jahrtausenden. Sie bestehen natürlicherweise aus Nanopartikeln, wie Molkenproteinen und Caseinen. Die Nanotechnologie ist somit im Milchsektor nichts Neues." (Milchindustrieverband 2006: 1)

Eine schöne Verknüpfung von Innovation und Natürlichkeit findet sich in der Informationsbroschüre der Firma Nanogate:

> „Wenn man eine Glaskugel in eine Auster einsetzt, beginnt ein faszinierender Prozess: Die Muschel beschichtet die Oberfläche mit winzigen Partikeln aus Perlmutt, die sich fest mit dem Trägermaterial verbinden. Diese hauchdünne Schicht macht aus einer einfachen Glasperle ein Juwel von beständigem Wert. Die Nanogate-Technologie® bedeutet eine wesentliche Verfeinerung dieser Methode. Wir veredeln branchenunabhängig Produkte zum Beispiel mit einer unvorstellbar dünnen Schicht aus Nanomaterialien oder können Funktionen von Oberflächen oder Werkstoffen ganz nach Wunsch optimieren, variieren oder völlig neu definieren." (Nanogate o. J.: 3)

Dank Nanotechnologie können hochwertige Materialien hergestellt (Bayer 2005: 62) und der Marktwert der Produkte erheblich gesteigert werden (Nanogate o. J.: 5), Alltagsprodukte werden veredelt. Nanogate spricht sogar von der Herstellung von Juwelen.

5.2.2 Klein und mobil

Die besonderen Eigenschaften von Nanoprodukten lassen sich auf die Kleinheit der Nanopartikel zurückführen. Betont werden in den Texten die Vorteile, die diese neuen Eigenschaften mit sich bringen:

> „Materialien aus solchen ‚Winzlingen' haben häufig andere Eigenschaften als ‚klassische Materialien' aus den gleichen chemischen Bausteinen. Dieses können beispielsweise neue mechanische, optische, chemische, magnetische oder elektronische Eigenschaften sein. Ziel der chemischen Nanotechnologie ist es vor allem, aus diesen kleinsten Teilchen Materialien mit neuen Eigenschaften zu entwickeln, die uns in unserer makroskopischen Welt deutliche Vorteile bieten." (BASF o. J.: 3)

Das zweite positive Merkmal von Nanopartikeln ist in den Augen der Technik-Optimisten ihre Mobilität.

> „Auf Grund ihrer Kleinheit sind sie zudem besonders mobil und können in kleinsten Hohlräumen verfügbar gemacht werden" (Henkel 2000: 1).

Diese außergewöhnliche Mobilität macht Nanopartikel insbesondere für medizinische Anwendungen interessant, um gezielt Wirkstoffe in Organe und Zellen zu transportieren. Hier ist zu erwähnen, dass Nanopartikel aufgrund ihrer Kleinheit nicht vom Immunsystem erkannt werden und auch die Blut-Hirn-Schranke überwinden können.

5.2.3　Versprachlichungsformen der Technik-Optimisten im Nano-Diskurs

- Nanotechnologie wird als Veredelung von Natur präsentiert.
- Die Kleinheit der Nanopartikel führt zu ungeahnten Eigenschaften und zu grenzenloser Mobilität (wird als Chance gesehen).

5.3　Zusammenfassung zum Framing der Nanotechnologie

Die beiden zentralen Ausdrücke der Nanotechnologie: „Nanotechnologie" und „Nanopartikel" sind nicht umstritten und werden sowohl von Technik-Skeptikern und Technik-Optimisten benutzt. Nur vereinzelt gibt es Versuche, den Ausdruck „Nanotechnologie" durch „Atomtechnik" zu ersetzen. Umstritten sind jedoch die dahinter liegenden Konzepte.

In den vielfältigen Materialien, Strukturen und Prozessen, die unter dem Label „Nanotechnologie" zusammengefasst werden, sehen die Technik-Skeptiker v. a. ein Mehr an Risiken, die Technik-Optimisten hingegen neue Chancen und vielfältige Anwendungsmöglichkeiten. Dazu passt, dass die Technik-Skeptiker die Nanotechnologie in eine Reihe anderer Risikotechnologien stellen, während die Technik-Optimisten in der Nanotechnologie eine Präzisionstechnik sehen.

Auch die neuen Eigenschaften, die Nanopartikel aufgrund ihrer Kleinheit besitzen, und ihre hohe Mobilität werden von den Technik-Skeptikern vorrangig unter Risikogesichtspunkten gesehen, Technik-Optimisten betonen hingegen die Vorteile. Insbesondere die Überwindung der Blut-Hirn-Schranke durch Nanopartikel wird völlig gegensätzlich interpretiert. Die Technik-Skeptiker befürchten die Schädigung des Gehirns, während die Technik-Optimisten die Möglichkeit sehen, neuronale Krankheiten zu heilen.

Technik-Skeptiker	Technik-Optimisten
Nanotechnologie	
Heterogene Technologie → mehr Risiken	*Heterogene* Technologie → mehr Chancen
Nanotechnologie → GMO, Asbest, DDT, FCKW, „Atomtechnik"	*Nanotechnologie* → Präzisionstechnologie
Nanopartikel	
Kleinheit bringt *neue Eigenschaften* mit sich → größere Reaktivität und Toxizität	Kleinheit bringt *neue Eigenschaften* mit sich → bieten deutliche Vorteile
Hohe Mobilität → Nanopartikel können selbst die Blut-Hirn-Schranke überwinden und Schäden im Gehirn verursachen	*Hohe Mobilität* → Wirkstoffe können gezielt in Organe transportiert und die Blut-Hirn-Schranke überwunden werden

6 Ausblick

Die öffentliche Debatte zur Nanotechnologie ist, wie eingangs beschrieben, derzeit eher sachorientiert. Auch die in den letzten Jahren weltweit durchgeführten Bevölkerungsbefragungen sprechen von weitgehender Akzeptanz der Nanotechnologie in der Bevölkerung. So liegen repräsentative Befragungen aus den USA (Bainbridge 2002; Cobb/Macoubrie 2004; Macoubrie 2005; Scheufele/Lewenstein 2006), Großbritannien (BMRB 2004) und Deutschland (komm.passion 2004; Rosenbladt et al. 2007; Bundesinstitut für Risikobewertung 2007) vor. Danach ist die öffentliche Wahrnehmung der Nanotechnologie über alle Länder hinweg positiv. Einschränkend muss jedoch festgehalten werden, dass gerade 20 Prozent der Bevölkerung etwas mit dem Ausdruck *Nanotechnologie* anfangen konnten. Neben solchen Befragungen sind in verschiedenen Ländern Fokusgruppen und Bürgerkonferenzen zur Wahrnehmung der Nanotechnologien in der Bevölkerung durchgeführt worden (Toumey 2004; Kleinman/Powell 2005; TA-Swiss 2006; Zimmer et al. 2007). Mit Ausnahme des Einsatzes von Nanomaterialien in Lebensmitteln sehen die befragten Bürger in der Nanotechnologie deutlich größere Nutzenpotenziale als Risiken.

Anders als in der Prognose von Schummer (2006) ist derzeit nicht davon auszugehen, dass es allein durch die Tatsache, dass durch die Nanotechnologie große Hoffnungen geweckt, diese dann in absehbarer Zeit aber nicht erfüllt werden, zu einer generellen Ablehnung dieser Technologie in der Öffentlichkeit kommen werde. Denn bereits in der Frühphase der Technologieentwicklung sind auf Basis der Nanotechnologie entwickelte Produkte mit einem klaren Nutzen für Verbraucher verbunden. Allenfalls werden, wie bereits angemerkt, einige ethisch umstrittene Anwendungsbereiche oder der Einsatz von Nanomaterialien in Lebensmitteln zu Nichtakzeptanz in der Bevölkerung führen.

Die Ergebnisse des vorliegenden Beitrags zeigen aber, dass bereits jetzt bei wichtigen Akteuren in der Gesellschaft (Wirtschaftsunternehmen und NGOs) zum Teil gegensätzliche kommunikative Muster und Begriffskonstruktionen zur Nanotechnologie existieren. Diese Muster und Frames könnten in Eskalationssituationen (beispielsweise nach Nanounfällen) eine wichtige Rolle dabei spielen, dass sich die öffentliche Debatte polarisiert und das generell positive Image der Nanotechnologie in der Bevölkerung in größere Ablehnung dieser Technologie verwandelt.

Es bleibt somit zu klären, ob es weitere Anhaltspunkte gibt, die eine Prognose erlauben, in welche Richtung sich die öffentliche Meinung in Konfliktsituationen entwickeln könnte. Eine wichtige Rolle für Akzeptanz oder Nichtakzeptanz der Nanotechnologie in der Bevölkerung wird, wie auch bei anderen Technologien, die Glaubwürdigkeit der Akteure spielen, die in der Öffentlichkeit Position beziehen. Nanotechnologie ist, wie eingangs erwähnt, für die Mehrzahl der Menschen nicht direkt erfahrbar, so dass bei der intuitiven Risikowahrnehmung Erfahrungen aus früheren Technologiedebatten, generelle Wertemuster, aber auch die Orientierung an den Positionen vertrauenswürdiger gesellschaftlicher Akteure wichtig werden. Gottschalk-Mazouz (2007) beispielsweise schlussfolgert, dass Nanotechnologie und Gentechnik strukturell vergleichbar sind und die Akzeptanz der Nanotechnologie im Wesentlichen von denselben Faktoren bestimmt werden dürfte. Im „Risikosurvey Baden-Württemberg 2001" hatten Zwick und Renn (2002) gefunden, dass die Akzeptanz der Gentechnik von psychometrischen Faktoren wie z.B. Nutzen- und Risikoerwartungen, Freiwilligkeit der Risikoübernahmen oder Kontrolle über das Risiko sowie von dem Faktor institutionelles Vertrauen abhängig ist. Bei neuen, nicht direkt erfahrbaren Technologien wie der Nanotechnologie dürfte das Vertrauen in gesellschaftliche Akteure und Institutionen aber eine wesentlich größere Bedeutung haben als die psychometrischen Faktoren:

> „Ist das Institutionenvertrauen erst einmal beschädigt, werden die psychometrischen Faktoren allein die Akzeptanz m.E. nicht sicherstellen können: Zu unklar sind die direkten Vorteile für den Verbraucher, zu wenig individuell kontrollierbar

sind die Risiken, wenn eine Kennzeichnung fehlt, und zu groß sind die Unbekannten …" (Gottschalk-Mazouz 2007: 184)

Nach einer Bevölkerungsbefragung im Auftrag des Bundesinstituts für Risikobewertung (Bundesinstituts für Risikobewertung 2007) werden Verbraucherorganisationen wie die Verbraucherzentralen und die Stiftung Warentest von der Bevölkerung als vertrauenswürdigste Informationsquelle zur Nanotechnologie angesehen (92 Prozent Zustimmung). Informationen, die von der Wirtschaft kommen, vertrauen hingegen nur 32 Prozent der Befragten. In der Vertrauensskala noch weiter unter rangiert nur die Politik mit 23 Prozent Zustimmung. Dieses Ergebnis spricht dafür, dass sich die Bevölkerung in Phasen einer „aufgeheizten" öffentlichen Debatte eher an der Argumentation der „vertrauenswürdigeren" NGOs orientieren wird als an der Argumentation von Politik- und Wirtschaftsvertretern. Das könnte zur Folge haben, dass sich in der Öffentlichkeit eine eher kritische Wahrnehmung der Nanotechnologie durchsetzt, die insbesondere die Risiken betont, die die Kleinheit, Reaktivität und Mobilität von Nanopartikeln für die Gesundheit des Menschen und das Wohl der Umwelt mit sich bringen.

Literatur

ARBEITSGEMEINSCHAFT DER UMWELTBEAUFTRAGTEN IN DER EKD (2007): Ethische Aspekte der Nanotechnologie. Akzente. Texte – Materialien – Impulse, Nr. 14. Institut für Kirche und Gesellschaft, Iserlohn.

BAINBRIDGE, WILLIAM SIMS (2002): Public Attitudes toward Nanotechnology. Journal of Nanoparticle Research 4, 561–570.

BECKMANN, MARCO / LENZ, PHILIP (2002): Nanostocks. Aktien der Zukunft. Frankfurt.

BMRB SOCIAL RESEARCH (2004): Nanotechnology: Views of the General Public. Prepared for The Royal Society & The Royal Academy of Engineering.

BRITISH STANDARDS INSTITUTION (BSI) (2005): Vocabulary — Nanoparticles. Publicly Available Specification PAS 71.

BUND (2008): Aus dem Labor auf den Teller. Die Nutzung der Nanotechnologie im Lebensmittelsektor.

BUNDESINSTITUT FÜR RISIKOBEWERTUNG (2007): Verbraucher stehen der Entwicklung der Nanotechnologie überwiegend positiv gegenüber. Pressedienst 23/2007 vom 19.12.2007.

BUNDESMINISTERIUM FÜR BILDUNG UND FORSCHUNG (2006): Nano-Initiative – Aktionsplan 2010. URL: http://www.bmbf.de/pub/nano_initiative_aktionsplan_2010.pdf

306   René Zimmer

BUNDESMINISTERIUM FÜR BILDUNG UND FORSCHUNG (2007): Nanotechnologie –
Eine Zukunftstechnologie mit Visionen. URL:
http://www.bmbf.de/de/nanotechnologie.php

BURKHARDT, ARMIN (2003):Vom Schlagwort über die Tropen zum Sprechakt : Begriffe und Methoden der Analyse politischer Sprache. In: Der Deutschunterricht:
55, Nr. 2, 10–23.

CATENHUSEN, WOLF-MICHAEL (2006): Nanotechnologie und gesellschaftliche Verantwortung. Vortrag in der evangelischen Akademie Iserlohn am 5.-7.05.2006.

COBB, MICHAEL D./MACOUBRIE, JANE (2004): Public perceptions about nanotechnology: Risks, benefits and trust. In: Journal of Nanoparticle Research 6, 395–405.

COENEN, CHRISTOPHER (2004): Nanofuturismus: Anmerkungen zu seiner Relevanz,
Analyse und Bewertung. In: Technikfolgenabschätzung – Theorie und Praxis, Nr.
2, 13. Jahrgang - Juni 2004, 78–85.

DECKER, MICHAEL (2006): Eine Definition von Nanotechnologie: Erster Schritt für
ein interdisziplinäres Nanotechnology Assessment. In: NORDMANN, ALFRED
/SCHUMMER, JOACHIM/SCHWARZ, ASTRID (Hgg.): Nanotechnologien im Kontext.
Berlin, 33–48.

DEPARTMENT FOR ENVIRONMENT FOOD AND RURAL AFFAIRS (DEFRA) (2006):
Consultation on a proposed Voluntary Reporting Scheme for engineered nano-
scale materials. March 2006. URL: http://www.defra.gov.uk/

DEUTSCHER BUNDESTAG (2004): TA-Projekt – Nanotechnologie. Bericht des Aus-
schusses für Bildung, Forschung und Technikfolgenabschätzung (17. Ausschuss)
gemäß § 56a der Geschäftsordnung, Drucksache 15/2713 vom 15. 03. 2004.

DIEKMANN, ANDREAS (2001). Empirische Sozialforschung. Grundlagen, Methoden,
Anwendungen. Reinbek.

DOMASCH, SILKE (2006): Zum sprachlichen Umgang mit Embryonen. Semantische
Konkurrenzen innerhalb des biomedizinischen Diskurses zur Präimplantations-
diagnostik. In: FELDER, EKKEHARD (Hg.): Semantische Kämpfe. Macht und
Sprache in den Wissenschaften. Berlin, 99–125.

DREXLER, ERIC (1986): Engines of Creation. The coming era of nanotechnology.
New York.

FELDER, EKKEHARD (1999): Differenzen in der Konzeptualisierung naturwissenschaftlicher Grundlagen bei Befürwortern, Skeptikern und Gegnern der Gen-
/Biotechnologie. In: SATZGER, AXEL (Hrsg.): Sprache und Technik. Frankfurt/M.
u. a., 35–49 (Forum Angewandte Linguistik, Band 36).

FELDER, EKKEHARD (2006): Semantische Kämpfe in Wissensdomänen. Eine Einführung in Benennungs-, Bedeutungs- und Sachverhaltsfixierungs-Konkurrenzen. In:
FELDER, EKKEHARD (Hg.): Semantische Kämpfe. Macht und Sprache in den Wissenschaften. Berlin, 15–46.

ETC GROUP (2003): The Big Down: Atomtech - Technologies Converging at the
Nanoscale. URL:
http://www.etcgroup.org/en/materials/publications.html?pub_id=171

ETC GROUP (2004): Down on the Farm: The Impact of Nano-Scale Technologies on Food and Agriculture (Press Release).

ETC GROUP (2005): NanoGeoPolitics. ETC Group surveys the political landscape. ETC Group Special Report – Communiqué No. 89.

GAMSON, WILLIAM A. (1992): Talking Politics. Cambridge, U.K.

GOTTSCHALK-MAZOUZ, NIELS (2007): Risiko, Akzeptanz und Akzeptabilität. Was die Nanotechnologie von der Gentechnologie lernen kann. In: KOSLOWSKI, PETER / HUBIG, CHRISTOPH (Hgg.): Mensch-Maschine-Hybride. Transformationsprozesse des Wirtschaftens und ihre ethische Relevanz. Freiburg, 171–187.

HAJER, MARTEN A. (1995): The politics of environmental discourse; ecological modernization and the policy process. Clarendon/Oxford.

HULLMANN, ANGELA (2006): The economic development of nanotechnology - An indicators based analysis. European Commission, DG Research, Unit „Nano S&T - Convergent Science and Technologies", Version: 28. November 2006.

INTERNATIONAL CENTER FOR TECHNOLOGY ASSESSMENT (ITA) (2006): Citizen Petition to the United States Food and Drug Administration. Washington.

KINGDON, JOHN (2003): Agendas, Alternatives and Public Policies. New York.

KLEINMAN, DANIEL/POWELL, MARIA (2005): Report of the Madison Area Citizen Consensus Conference on Nanotechnology. University of Wisconsin`s Center on Nanoscale Science and Engineering & Intergrated Liberal Studies Program, Wisconsin.

KOMM.PASSION GMBH (2004): Wissen und Einstellungen zur Nanotechnologie.

LÖHR, WOLFGANG (2006): Sonnencreme könnte Hirn aufweichen. In: TAZ vom 11.07.2006, 8.

MACOUBRIE, JANE (2005): Informed Public Perceptions of Nanotechnology and Trust in Government. Woodrow Wilson International Center for Scholars.

ROSENBLADT, BERNHARD VON/SCHUPP, JÜRGEN/WAGNER, GERT G. (2007): Nanotechnologie in der Bevölkerung noch wenig bekannt. In: Wochenbericht des DIW Berlin Nr. 45/2007, 673–677.

SCHEUFELE, DIETRAM A./LEWENSTEIN, BRUCE (2006): The public and nanotechnology: How citizens make sense of emerging technologies, Journal of Nanoparticle Research 7 (6), 659–667.

SCHUMMER, JOACHIM (2006): „Societal and ethical implications of nanotechnology": Meanings, interest groups, and social dynamics. In: SCHUMMER, JOACHIM/BAIRD, DAVIS (Hgg.): Nanotechnology challenges: implications for philosophy, ethics, and society. Singapur, 413–449.

SCIENTIFIC COMMITTEE ON CONSUMER PRODUCTS (SCCP) (2007): Preliminary opinion on safety of nanomaterials in cosmetic products. Approved by the SCCP for public consultation 12th plenary of 19 June 2007.

TA-SWISS (2006): Nanotechnologien in der Schweiz: Herausforderungen erkannt. Bericht zum Dialogverfahren publifocus „Nanotechnologien und ihre Bedeutung für Gesundheit und Umwelt". TA-P 8/2006 d, Bern.

TOUMEY, CHRISTOPHER P. (2004): Final report on the South Carolina Citizens' School of Nanotechnology for Spring 2004: An outreach program of the University of South Carolina.

VDI TECHNOLOGIEZENTRUM (2004): Nanotechnologie als wirtschaftlicher Wachstumsmarkt. Düsseldorf.

WINTHER JÖRGENSEN, MARIANNE / PHILLIPS, LOUISE (1999): Diskursanalyse som teori og metode (Discourse analysis as theory and methodology). Kopenhagen.

WOODROW WILSON INTERNATIONAL CENTER FOR SCHOLARS (2007): A nanotechnology consumer products inventory. Stand 02.10.2007 URL: http://www.nanotechproject.org

ZIMMER, RENÉ/DOMASCH, SILKE/SCHOLL, GERD/ZSCHIESCHE, MICHAEL /PETSCHOW, ULRICH (2007): Nanotechnologien im öffentlichen Diskurs. Deutsche Verbraucherkonferenz mit Votum. In: Technikfolgenabschätzung – Theorie und Praxis Nr. 3, 16. Jg., Dezember 2007, 98–101.

ZWICK, MICHAEL M./RENN, ORTWIN (Hgg.) (2002): Wahrnehmung und Bewertung von Risiken. Ergebnisse des „Risikosurvey Baden-Württemberg 2001". Stuttgart.

Wissenskonflikte im Diskurs

Zur diskursiven Funktion von Metaphern und Schlüsselwörtern im öffentlich-politischen Diskurs um die humane embryonale Stammzellforschung

Constanze Spieß

1 Einleitung

Als ein prominentes Beispiel für sprachlich manifestierte Wissenskonflikte kann der Diskurs um humane embryonale Stammzellforschung gelten, der Gegenstand der vorliegenden Untersuchung ist. Dieser kann gegenwärtig zu einem der wichtigen, öffentlich-politischen Diskurse gezählt werden, die die gesellschaftliche Öffentlichkeit maßgeblich prägen. Seit November 1998, dem Zeitpunkt der ersten gelungenen Isolierung menschlicher embryonaler Stammzellen durch J.A. Thomson, stellt die humane embryonale Stammzellforschung ein zentrales und neues biomedizinisches Forschungsfeld dar. Damit nahm auch der Diskurs um die humane embryonale Stammzellforschung seinen Anfang. Intensiviert wurde der Stammzelldiskurs durch einen im Sommer 2000 von dem Neuropathologen Oliver Brüstle gestellten Antrag bei der Deutschen Forschungsgemeinschaft, den Import humaner embryonaler Stammzellen zu Forschungszwecken finanziell zu unterstützen. Des Weiteren beeinflussten beispielsweise Ereignisse wie die Verabschiedung der „Human Fertilisation and Embryology (Research Purposes) Regulations" in Großbritannien im Dezember

2000 durch das *House of Commons*, die Einsetzung der Enquete-Kommission „Recht und Ethik der modernen Medizin" im März 2001 durch den deutschen Bundestag, die Bundestagsdebatte zu Fragen und Entwicklungen der modernen Medizin Ende Mai 2001, die Einsetzung des Nationalen Ethikrates durch Bundeskanzler Gerhard Schröder im Mai 2001, die zweite Bundestagsdebatte über drei Gesetzesanträge zur Regelung des Imports von humanen embryonalen Stammzellen sowie die Verabschiedung des Stammzellgesetzes, das am 1. Juli 2002 in Kraft trat, den Verlauf und die Entwicklung des Diskurses.

Der Beitrag wird – ausgehend von einigen kurzen theoretischen Einlassungen über die Verhältnisbestimmung von Diskurs und Wissen – für den bioethischen Diskurs um humane embryonale Stammzellforschung charakteristische sprachliche Formationen von Wissen vorstellen und die sprachliche Strukturiertheit des Diskurses am Beispiel einiger typischer sprachlicher Phänomene verdeutlichen, wobei den einzelnen sprachstrukturellen Ebenen (Einzelwortebene, Ebene der Einzelaussage und textübergreifende Diskursebene) in ihrer gegenseitigen Bedingtheit und ihrem Zusammenspiel Beachtung geschenkt wird, insofern sie im Diskurszusammenhang betrachtet werden.

2 Wissenskonstituierung und Wissenskonflikte im Stammzelldiskurs

Wissen kann mithin als einer der aktuell diskutierten und umstrittenen Leitbegriffe der gegenwärtigen Gesellschaft ausgemacht werden. Wir reden von der *Wissensgesellschaft*[1] und von *Wissen als Ressource* oder von *Wissen als Schlüssel* für Fortschritt, Wohlstand oder Partizipation am gesellschaftlichen Leben. Begriffe wie *Wissen* und *Wissensgesellschaft* werden dabei vielschichtig gebraucht.[2]

Das in einer Gesellschaft vorhandene Wissen ist für die Generierung von Bedeutungs- und Sinnstrukturen von großer Relevanz. Nur aufgrund eines Wissensbestandes ist es überhaupt möglich, in einer Gesellschaft zu existieren. Wissen wird dabei großteils als ein „kohärentes und dynamisches Gebilde von Typisierungen wahrgenommen" (Berger/Luckmann 2004: 36) und ist eng mit der Konstitution von Gesellschaft, Kultur und

---

1   Zu Auseinandersetzungen um den Begriff der Wissensgesellschaft vgl. Stehr (2005: 363); zur Geschichte des Begriffs vgl. Filipovic (2007: 27–60); vgl. auch Keller (²2008: 88).

2   Vgl. Tänzler/Knoblauch/Soeffner (2006: 7).

Wirklichkeit verknüpft.[3] Die Typisierung von Wissen dient dabei vornehmlich der Lösung kommunikativer Probleme einer Gesellschaft. Diese werden nach Luckmann (1986) in einer Gesellschaft dahin gehend behandelt, dass Muster für die Lösung von Problemen ausgebildet werden, die letztlich auch als kommunikativer Grundbestand und damit als unhinterfragbares Wissen einer Sprachgemeinschaft aufgefasst werden können.[4] Textsorten bzw. kommunikative Gattungen[5] stellen solche sprachlichen Muster der Problemlösung dar, die in einer Gesellschaft nicht nur der Wissensgenerierung, sondern auch der Wissensvermittlung und Wissensverarbeitung dienen (vgl. Busse 2005). Der Sprache kommt hierbei eine fundamentale Rolle zu. So konstatieren Berger/Luckmann:

> „Sprache vergegenständlicht gemeinsame Erfahrung und macht sie allen zugänglich, die einer Sprachgemeinschaft angehören. Sie wird zugleich Fundament und Instrument eines kollektiven Wissensbestandes. Darüber hinaus stellt sie Mittel zur Vergegenständlichung neuer Erfahrungen zur Verfügung und ermöglicht deren Eingliederung in den bereits vorhandenen Wissensbestand." (Berger /Luckmann 202004: 72 f.)

Berger/Luckmann (2004) gehen dabei von einem engen Zusammenhang zwischen Sprache, Wissen und Gesellschaft aus. Wissen wird demnach durch kommunikative Prozesse vermittelt und emergiert, beispielsweise innerhalb öffentlich-politischer Diskurse, wie am Beispiel des Diskurses um die humane embryonale Stammzellforschung zu sehen ist.

Kennzeichnend für den Diskurs um die humane embryonale Stammzellenforschung ist das Aufeinandertreffen verschiedener Wissensdomänen[6] bzw. Fachdisziplinen. So konstituiert sich der Stammzelldiskurs aus den wissenschaftlichen Bereichen der Ethik, Philosophie, Theologie, der Naturwissenschaften (insbesondere Biologie, Biotechnologie und Biomedizin), der Jurisprudenz sowie dem öffentlich-politischen Kommunikationsbereich. Auf Grund der unterschiedlichen Wissens- und Kommunikationsbereiche und der damit in Zusammenhang stehenden unterschied-

---

3 Schütz/Luckmann konstatieren, dass sich der „lebensweltliche Wissensvorrat [...] aus Sedimentierungen ehemals aktueller, situationsgebundener Erfahrungen [aufbaut]." Schütz/Luckmann (2003: 149). Fraas (2001) macht auf die doppelte Perspektivierung von Wissen – einmal als kognitionswissenschaftlich begründetes und zum anderen als kulturell, gesellschaftlich und historisch geprägtes Phänomen – aufmerksam. Vgl. Fraas (2001).

4 Vgl. Luckmann (1986, 1988); Günthner/Knoblauch (1994); zur Musterhaftigkeit von Textsorten und zur Diskussion der Begriffe Textsorte und Textmuster vgl. Bachmann-Stein (2004: 30–47), die die unterschiedlichen Konzepte und Begriffsbestimmungen von Textsorte und Textmuster zusammenführt und diskutiert.

5 Zum Begriff der kommunikativen Gattung vgl. Luckmann (1988); Günthner/Knoblauch (1994).

6 Alternativ zum Begriff der Wissensdomäne wird auch vom Wissensbereich oder vom Wissenssystem gesprochen.

lichen Bewertungen von Sachverhalten ist der Diskurs von einer deutlichen Konflikthaftigkeit geprägt, die sich sprachlich manifestiert. Bereits durch die Wortwahl und der damit verbundenen Hervorhebung bestimmter Bedeutungsaspekte werden Bewertungen impliziert, sprachliche Handlungen vollzogen und Wirklichkeit konstituiert, Sprache strukturiert demnach die Wissens- bzw. Kommunikationsbereiche.

Der Untersuchung eines Teilbereiches des öffentlich-politischen Kommunikationsbereiches liegt ein linguistischer Diskursbegriff zugrunde, der sich im Anschluss an Foucault in der Linguistik etabliert hat.[7] Diskurse werden hier als Formationssysteme von Wissen aufgefasst.[8] Foucault beschreibt Wissen als diskursive Praktiken bzw. diskursive Formationssysteme.[9]

> „Diese Menge von einer diskursiven Praxis regelmäßig gebildeten und für die Konstitution einer Wissenschaft unerläßlichen Elementen, obwohl sie nicht notwendig dazu bestimmt sind, sie zu veranlassen, kann man *Wissen* nennen. Ein Wissen ist das, wovon man in einer diskursiven Praxis sprechen kann, die dadurch spezifiziert wird: der durch die verschiedenen Gegenstände, die ein wissenschaftliches Statut erhalten werden oder nicht, konstituierte Bereich [...]; ein Wissen ist auch der Raum, in dem das Subjekt die Stellung einnehmen kann, um von Gegenständen zu sprechen, mit denen es in seinem Diskurs zu tun hat [...]; ein Wissen ist auch ein Feld von Koordinationen und Subordination der Aussagen, wo die Begriffe erscheinen, bestimmt, angewandt und verändert werden [...]; schließlich definiert sich ein Wissen durch die Möglichkeiten der Benutzung und der Aneignung, die vom Diskurs geboten werden [...]. [...], aber es gibt kein Wissen, ohne definierte diskursive Praxis; und jede diskursive Praxis kann durch das Wissen bestimmt werden, das sie formiert." (Foucault 1981: 259 f.)

Wissen ist demnach immer relativ. Es stellt eine für eine bestimmte Zeit geltende Wahrheit dar, die sich je nach Kontext und Situation verändern kann und durch diskursive Formationen auch erst hervorgebracht wird.

Wissen wird dabei als durch Machtpraktiken konstituiert und Machtpraktiken hervorbringend konzipiert, wobei Machtpraktiken Möglich-

---

7   Vgl. unter anderen Busse (1987), Warnke (2002, 2007, etc).
8   Vgl. Gehring (2004: 47). Wissen im foucaultschen Sinne wird von Gehring als Wissensraum beschrieben, der einer Zeit und einer Gesellschaft „letzte[n] Gewissheiten darüber [liefert], was als Erfahrung zählt und was als Praktik anerkannt wird. Es ist ein vorgängiges, halb-alltägliches Wissen." (Gehring 2004: 47)
9   Foucaults Denken wurde maßgeblich von Bachelard und Canguilhem beeinflusst. Die ideengeschichtlichen Wurzeln gehen aber bis ins 19. Jahrhundert zu Marx und Engels zurück und reichen über die Entwicklung der Wissenssoziologie bei Karl Mannheim, der die soziale Bestimmtheit jeglichen Wissens in den Vordergrund stellte, bis zur „historischen Wende der analytischen Wissenschaftstheorie, [...] an der Autoren wie Thomas Kuhn, Imre Lakatos und Paul Feyerabend, aber auch Gaston Bachelard und Georges Canguilhem beteiligt waren." (Detel 2003: 182); zur Verbindung der Wissenssoziologie mit der Diskursanalyse nach Foucault vgl. auch Keller (2008: 11–20 sowie 179–277).

keitsbedingungen für Wissen darstellen und als Beziehungsgefüge aufzu-
fassen sind, die notwendig für die Existenz von Diskursen sind. In diesem
Kontext spricht Foucault von Dispositiven (vgl. Foucault 1978: 104–111).
Das sich in Diskursen formierende Wissen, das sich mit den Diskursprin-
zipien der *Ereignishaftigkeit, Serialität, Regelhaftigkeit* und der *Möglichkeitsbedin-
gung* beschreiben lässt, kann hinsichtlich unterschiedlicher Ausprägungen
(*Begriffe, Gegenstände, Äußerungsmodalitäten, Strategien*) beschrieben werden.
Diese heterogenen Ausprägungen legen es nahe, Diskurse mittels einer
Mehrebenenanalyse zu beschreiben.

   Eine linguistische Implementierung des foucaultschen Diskursbegriffes wie sie beispielsweise die historische Diskurssemantik nach Busse
darstellt, geht davon aus, dass Wissen sprachlich manifestiert wird. Zu-
griffsobjekt für eine linguistische Analyse des Diskurses bildet das sprachliche Material, hier im Speziellen die Handlungseinheit *Text.* Busse geht –
sozusagen als Basisannahme für eine maßgeblich von ihm entwickelte
historische Semantik, die sich u.a. am foucaultschen Diskursbegriff orientiert – von der gesellschaftlichen Konstruktion von Wissen aus (vgl. Busse
2005: 45). Speziell für die linguistische Analysearbeit bedeutet das, dass

> „eine sprachtheoretische Grundlegung der historischen Semantik, die [...] die Pro-
> zesse der Bedeutungskonstitution, der Bedeutungskonstanz oder Tradierung und
> des Bedeutungswandels erklären soll, [...] erklären können [muss], in welcher Wei-
> se gesellschaftliches Wissen in die Konstitution und den Wandel von Wort- und
> Textbedeutungen eingreift." (Busse 2000: 42)[10]

Dabei lässt sich der Diskursbegriff Foucaults als Anknüpfungspunkt in
zweifacher Weise für die Linguistik fruchtbar machen: Zum einen als
theoretischer Rahmen und zum anderen als methodische Verfahrensweise.
Als theoretischer Rahmen reflektiert die linguistische Diskursanalyse ihre
methodische Zugriffsweise und stellt diese in den Kontext sprachtheoretischer sowie erkenntnistheoretischer Überlegungen. Dabei nimmt die
linguistische Diskursanalyse nicht nur auf eine einzige Theorie Bezug,
vielmehr stellt sie Bezüge zu unterschiedlichen sprach- und erkenntnis-
theoretischen Positionen her.[11] Foucault spielt als Bezugspunkt dabei eine
herausragende Rolle. Diskursanalyse stellt darüber hinaus auch ein bestimmtes Verfahren dar, auf das sprachliche Material zuzugreifen. Die
Besonderheit und Innovation linguistischer Diskursanalyse gegenüber
gängigen linguistischen Methoden besteht nicht darin, diese zu ersetzen,

---

10   Vgl. dazu auch Busse (2005: 43).
11   Unter anderem wurden Bezüge zu Grice, Humboldt, Lewis, Saussure oder Wittgenstein in
     bisherigen theoretischen Erörterungen herausgearbeitet. Vgl. hier Busse (1987); Gardt
     (2007); Warnke (2002) oder Wengeler (1992).

sondern vielmehr in der Anwendung gängiger Methoden auf textübergreifende Zusammenhänge (vgl. Gardt 2007: 35).

Für diesen konkreten Zusammenhang wurden hier zwei verschiedene methodische Analyseverfahren fokussiert, die sich auf unterschiedliche sprachliche Phänomene beziehen und unterschiedliche sprachstrukturelle Ebenen umfassen können: Es handelt sich zum einen um die Analyse von Bedeutungs- und Bezeichnungskonkurrenzen sowie um die Analyse von Metaphern. Anhand der ausgewählten Beispiele wird deutlich, dass die sprachstrukturellen Ebenen (Wort – Satz – Text) immer schon aufeinander verwiesen und voneinander abhängig sind, denn jedes Lexem ist in einen bestimmten Handlungskontext eingebettet, in dem es seine Bedeutung entfalten kann. An den Beispielen aus dem Stammzelldiskurs zeigt sich ebenso, welche Bedeutungen von den je spezifischen Wissensbereichen generiert werden, wie diese im Diskurs aufeinander treffen und wie sich daran Konflikte entzünden können. Erst die Diskursperspektive erlaubt, Aussagen über die Verteilung und die Funktion diskurstypischer, sprachlicher Phänomene zu machen und aufzuzeigen.

3   Sprachliche Phänomene

Um zu zeigen, dass innerhalb von Diskursen unterschiedliche Wissensdomänen in Kontakt treten und sich das von Konflikten gekennzeichnete Aufeinandertreffen auch sprachlich manifestiert, beziehe ich mich auf einen Diskursausschnitt aus dem bioethischen Diskurs um humane embryonale Stammzellforschung[12]. Dieser Diskurs ist auf Grund seiner Konflikthaftigkeit in der Sache geradezu beispielhaft von semantischen Kämpfen geprägt, die sich auf unterschiedlichen sprachstrukturellen Ebenen auffinden lassen und die auf weltanschaulichen Differenzen bzw. auf dem Zusammentreffen der unterschiedlichen Sprachspiele der Wissensbereiche beruhen.

Umstrittene Ausdrucksweisen (Schlüsselwörter) deuten zumeist daraufhin, dass verschiedene Kommunikationsbereiche hier mit dem für den jeweiligen Bereich spezifischen Wissen aufeinanderprallen. Deutlich wird das innerhalb des Stammzelldiskurses beispielsweise an den unterschiedli-

---

12   Die hier vorgestellten Sprachbelege entstammen einem umfangreichen Textkorpus, das der Dissertation „Linguistische Diskursanalyse am Beispiel des Bioethikdiskurses um humane, embryonale Stammzellforschung. Theorie, Methode und Gegenstand." (Arbeitstitel) entstammt, die in Kürze von der Verfasserin dieses Beitrags abgeschlossen werden wird. Im Kontext des Beitrags kann nur auf einige der herausgearbeiteten Bedeutungsaspekte genauer eingegangen werden.

chen Bedeutungsdimensionen von *Lebensbeginn* (vgl. Abb. 1), an den verschiedenen Bezeichnungen für das Referenzobjekt bzw. den Sachverhalt ‹verschmolzene Ei- und Samenzelle› wie beispielsweise *Zellhaufen* oder *Embryo* oder an der *Rubikon*-Methapher, mit der auf unterschiedliche Bedeutungsaspekte embryonaler Stammzellforschung verwiesen wird. Die genannten sprachlichen Strategien lassen sich unter den Terminus *Semantische Kämpfe* fassen.[13]

3.1 Semantische Kämpfe auf lexikalischer Ebene: Nominations- und Bedeutungskonkurrenzen

Semantische Kämpfe können sowohl aus onomasiologischer als auch aus semasiologischer Perspektive beschrieben werden. Semantische Kämpfe in semasiologischer Perspektivierung umfassen die Beschreibung der unterschiedlichen Bedeutungen eines Lexems, also Bedeutungskonkurrenzen. In onomasiologischer Perspektivierung handelt es sich um Bezeichnungskonkurrenzen. Für die Beschreibung des sprachlichen Phänomens der Bedeutungskonkurrenz wird als Beispiel das im Diskurs sehr frequente und im Allgemeinen hoch bewertete Lexem *Lebensbeginn* herangezogen.

Lebensbeginn ist ein Ausdruck, der vielschichtig gebraucht wird und der keine klar definierte und feste Bedeutungsstruktur aufweist. Das macht den Gebrauch dieses Begriffes interessant, da er als eine üblicherweise positiv bewertete Vokabel häufig verwendet wird, um die jeweilige Position zu legitimieren. Das Lexem *Lebensbeginn* kann nicht unabhängig vom Begriff *Leben* betrachtet werden. Die unterschiedlichen, im Diskurs gebrauchten Bedeutungsaspekte von *Lebensbeginn* sind daher im Kontext der unterschiedlichen Begriffsbestimmungen von *Leben* zu betrachten.

Schaut man in gängige Bedeutungswörterbücher oder Lexika, die die Begriffsgeschichte von *Leben* zum Gegenstand haben, so lässt sich feststellen, dass mit dem Ausdruck *Leben* unterschiedliche Konzepte verbunden werden und je nach Wissensgebiet unterschiedliche Bedeutungsaspekte im Vordergrund stehen. Der Begriff *Leben* ist Gegenstand interdisziplinärer Auseinandersetzungen; er steht dabei in drei unterschiedlichen fachlichen und ideengeschichtlichen Kontexten, die den Begriff *Leben* je für sich in seiner Geschichte und hinsichtlich seines Bedeutungsgehalts reflektieren: Im naturwissenschaftlich-biologischen Kontext, im philosophischen Kon-

---

13   Zum Begriff des Semantischen Kampfes vgl. Felder (2006a: 13–46); zur Diskussion spezifischer semantischer Kämpfe in bioethischen Zusammenhängen vgl. Domasch (2006: 99–125) und Zimmer (2006: 73–97).

text und im theologischen Kontext. In allen drei Zusammenhängen weist die Bedeutungsstruktur von *Leben* eine gewisse Komplexität und Vielschichtigkeit auf.[14] Dementsprechend wird der Begriff *Leben* variant gebraucht. Je nach Sprechergruppe und Handlungsziel werden bestimmte Bedeutungsaspekte von *Leben* auch innerhalb der Disziplinen durch Hervorhebung oder Ausblendung unterschiedlich gewichtet. Im naturwissenschaftlichen Kontext wird der Begriff mit verschiedenen Aspekten umschrieben, eine klare Definition jedoch vermieden. *Leben* wird mit Stoffwechsel, Fortpflanzung, Veränderung der genetischen Information, Zellprozessen, biochemischen Reaktionen in Verbindung gebracht. In der philosophischen Reflexion wird mit *Leben* das Seiende verbunden und dem Toten, der Materie gegenübergestellt. *Leben* wird demnach in den Kontext der Begriffe *Prozessualität*, *Bewegung*, *Dynamik* und *Veränderbarkeit* gestellt. Die theologische Dimension reflektiert den Begriff im Kontext von Tod einerseits und der Unendlichkeit Gottes bzw. der Glaubenserfahrungen andererseits.[15]

Der Begriff *Lebensbeginn* kann im Diskurs als strittiger Begriff ausgemacht werden, was insbesondere durch Sprachthematisierungen explizit wird[16]. (Vgl. Sprachbelege 1, 2) Bei der Analyse des Lexems muss beachtet werden, dass *Lebensbeginn* häufig im Kontext der Hochwert-Lexeme *Lebensschutz* oder *Lebensrecht* verwendet wird, die ihrerseits wieder semantisch vage sind und kontextualisiert werden müssen (vgl. Sprachbeleg 3). *Lebensschutz* und *Lebensrecht* dienen damit der Bedeutungsfixierung von *Lebensbeginn*. In verschiedenen Äußerungen werden *Lebensschutz* und *Lebensbeginn* bzw. *Lebensrecht* und *Lebensbeginn* oder alle drei Begriffe zusammen im Gleichklang gebraucht, doch ist das nicht immer der Fall. Die Strittigkeit wird durch die Thematisierung unterschiedlicher Bedeutungsdimensionen von *Lebensbeginn* und der damit einhergehenden differenten Verwendungsweise des Ausdrucks offenbar. Betrachtet man die Sprachbelege, so wird deutlich, dass die Bedeutungsfixierung im Kontext weiterer Ausdrücke, umfassender Aussagen und Argumentationen stattfindet. Die einzelnen Ausdrücke lassen sich demnach nicht isoliert beschreiben, vielmehr stehen sie immer schon in einem Netz weiterer semantischer Bezüge. Innerhalb des Diskurses um Stammzellforschung lassen sich folgende Bedeutungsvarianten von *Lebensbeginn* finden.

---

14 Vgl. Eser (2000a und 2000b); Hepp/Lutwin (2000); Wildfeuer (2000); Rath (2000); Honecker (2000); Kummer (2000).
15 Vgl. etwa Korff (2000, Bd.: 525–544).
16 Der Begriff wird z.B. durch die lexikalischen Einheiten Lebensbeginn oder Beginn menschlichen Lebens realisiert.

Begriff	*Bedeutungsaspekte*[17]
Lebensbeginn	a) ‚stufenweiser Prozess‘ b) ‚bei Vorhandensein bestimmter Eigenschaften‘ c) ‚mit Verschmelzung von Ei- und Samenzelle‘ d) ‚mit der Nidation‘ e) ‚mit dem Vorkernstadium‘ f) ‚mit der Geburt‘ g) ‚in Verbindung mit dem Mutterleib‘

Abb. 1 Teilbedeutungen *Lebensbeginn*

Einige der dargestellten Teilbedeutungen sind in den nachstehend aufgeführten Sprachbelegen enthalten, wobei häufig mehrere Bedeutungsaspekte zugleich thematisiert werden. Nicht immer sind die Bedeutungsaspekte vollständig expliziert, z.T. müssen sie aus dem Kontext erschlossen werden bzw. sind die Bezüge oder Bezugsausdrücke aus dem Kontext zu erschließen.

1. „Es gebe auch andere jüdische Positionen. Letzten Endes sei die Frage, wann genau das Leben beginne, wohl eher »ein semantisches Problem«.“ (DIE ZEIT 7.6.2001)
2. „Nach der Position des Vatikans ist der Embryo schon nach Abschluss der Befruchtung ein Mensch. Darüber lässt sich streiten. Die Engländer favorisieren als Grenze den 14. Tag. [...] Die entscheidende Frage ist also: Wann ist das menschliche Lebewesen moralisch so qualifiziert wie eine erwachsene Person?“ (Burtscheid/Thurau, SZ 31.8.2000)

Die Problematik um die Bedeutungsfestlegung wird im Diskursausschnitt durch Sprachthematisierungen offensichtlich. Durch die lexikalische Einheit *ein semantisches Problem* (Sprachbeleg 1) und durch die Aussage *darüber lässt sich streiten* (Sprachbeleg 2) wird deutlich, dass Bedeutung und demnach auch Wissen im Diskurs verhandelt werden. Dadurch werden sowohl die eigene als auch die Position der Fremdgruppe relativiert, Wissenskonflikte um den Sachverhalt angedeutet und das Phänomen der Be-

---

17 Im Diskurs werden unterschiedliche Stufen genannt, die den Beginn des menschlichen Lebens begründen können; neben den in der Tabelle bereits erwähnten Stufen wären das beispielsweise a) der Abschluss der Organbildung (12. SSW) b) das Funktionieren des Nervensystems (14. SSW) c) die Entwicklung des Ich-Bewusstseins. Genau genommen stellen die hier aufgelisteten und so im Diskurs vorkommenden Teilbedeutungen c-g Unterstufen zu den allgemeiner gefassten Teilbedeutungen a und b dar, wobei die Teilbedeutungen a und b nicht deutlich voneinander unterschieden werden können.

deutungsaushandlung hervorgehoben. *Lebensbeginn* wird zudem mit *Mensch* gleichgesetzt und mit dem *Personbegriff*[18] positiv kontextualisiert.

In Sprachbeleg (2) werden zwei unterschiedliche Bedeutungsfixierungen von *Lebensbeginn* – der ‚Abschluss der Befruchtung' und der ‚14. Tag nach der Befruchtung' – einander gegenübergestellt, die im Diskurs unterschiedliche Positionen begründen. Durch das Verb *streiten* wird die Konflikthaftigkeit des Sachverhalts explizit thematisiert.

> 3. „Es mag andere Setzungen geben, die den Beginn des menschlichen Lebens und damit den Beginn des Schutzes seiner Würde zutreffend bestimmen, etwa – darüber wird diskutiert – den Beginn der Schwangerschaft zwei Wochen nach der Befruchtung mit der Nidation der befruchteten Eizelle in der Gebärmutter. Wer aber diesen Zeitpunkt annimmt, der muss wissen: Dann gibt es auch keinen unbedingten Rechtsschutz für im Reagenzglas befruchtete Eizellen vor ihrer Einpflanzung mehr; deren Zeitpunkt ist bekanntlich an Fristen nicht gebunden." (Friedrich Merz, MdB (CDU), Bundestagsdebatte 31.5.2001)[19]

Als eine weitere Realisierung des Verfahrens der *Gegenüberstellung* und *Abgrenzung* werden in Sprachbeleg (3) Bedeutungsfixierungen anderer Sprecherpositionen in kritischer Absicht aufgegriffen und wiedergegeben. Auch hier wird *Lebensbeginn* zur *Schutzwürdigkeit* in Bezug gesetzt. Die Wiedergabe fremder Redepositionen erfolgt in diesem Kontext zum Zwecke der Legitimation der eigenen Bedeutungsfixierung von *Lebensbeginn*, die von der Verschmelzung von Ei- und Samenzelle ausgeht. Das kommt hier jedoch nur implizit durch die Verbalphrase *es mag andere Setzungen geben* zum Ausdruck.

> 4. „In der damaligen Auseinandersetzung mit dieser Position kam ich zu der Grundüberzeugung, dass nicht nur die Verschmelzung von Ei und Samen den Lebensbeginn und die Schutzwürdigkeit begründen, sondern dass der zweite Schritt ein ebenso elementarer ist: die Einnistung in die Gebärmutter und die Entscheidung der Frau für eine Schwangerschaft." (Pia Meier, MdB (PDS), BD 30.1.2002)

In Sprachbeleg (4) wird *Beginn menschlichen Lebens* an drei Bedeutungsaspekte gleichermaßen gebunden: ‚Verschmelzung von Ei- und Samenzelle'; ‚Einnistung' und ‚Entscheidung der Frau' spielen bei der Festlegung der

---

18 Der Personbegriff ist ebenfalls ein mehrfach polysemer und umstrittener, positiv konnotierter Begriff, auf den hier nicht näher eingegangen werden soll. Die Frage nach dem Beginn menschlichen Lebens wird im Diskurs häufig im Kontext der Frage nach dem moralischen Status von Embryonen, der häufig am Personbegriff festgemacht wird, gestellt.

19 Im Folgenden wird Bundestagsdebatte mit BD abgekürzt.

Bedeutung eine Rolle. Der alleinige Bezug auf den Bedeutungsaspekt ‚Verschmelzung von Ei- und Samenzelle' begründet in diesem Kontext nicht den Beginn menschlichen Lebens, ebenso auch nicht der alleinige Bezug auf den Aspekt der ‚Einnistung in die Gebärmutter'. Dem Bedeutungsaspekt der ‚Entscheidung der Frau' wird in diesem Kontext bei der Bedeutungsfixierung von *Lebensbeginn* eine wichtige Rolle beigemessen. *Lebensbeginn* und *Schutzwürdigkeit* werden darüber hinaus im Gleichklang gebraucht und semantisch in Bezug zueinander gesetzt.

> 5. „In dieser Debatte geht es für mich eigentlich auch nicht um den Beginn des menschlichen Lebens. Das ist – wie das Sterben – doch wohl eher ein Prozess, als dass man es an einem Punkt, an einer Sekunde festmachen könnte." (Wolfgang Schäuble, MdB (CDU), BD 30.1.2002)

Durch die Negation der Frage nach der Bedeutung des *Beginns menschlichen Lebens* wird gleichsam eine Definition desselben gegeben und von einer festen Bedeutungsfixierung abgesehen, was durch die Verbalphrase *Das ist doch wohl eher ein Prozess* zum Ausdruck gebracht wird. Was genau unter *Lebensbeginn* zu verstehen ist, bleibt vage.

> 6. „Der Antrag des Kollegen Wodarg und weiterer unterstellt, menschliches Leben entstehe mit der Empfängnis. Ich hingegen gehe davon aus: Der Mensch ist ein soziales, ein gesellschaftliches Wesen. Sein Menschsein beginnt mit der Geburt." (Wolfgang Gehrcke, MdB (PDS), BD 30.1.2002)

Hier wird das kommunikative Verfahren der *Abgrenzung durch Gegenüberstellung* herangezogen, um die eigene Position zu legitimieren. Der Sprecher grenzt sich deutlich von einem Begriffsverständnis, das ‚mit Verschmelzung von Ei- und Samenzelle' verbunden ist, ab. Die Verwendung des negativ konnotierten Verbs *unterstellen* kontextualisiert die Bedeutungsfixierung der Fremdposition negativ und kann als *Vorwurf* seitens des Sprechers interpretiert werden. Durch Attribuierungen wie *sozial* und *gesellschaftlich* werden zudem bestimmte Eigenschaften hervorgehoben, die die Sprecherposition hinsichtlich der Bedeutungsfixierung des Begriffs *menschlicher Lebensbeginn* auf den Bedeutungsaspekt ‚mit der Geburt' festlegen und diesen damit gleichzeitig positiv kontextualisieren.

> 7. „Wird z.B. die Eizelle schon im Vorkernstadium [...] als schützenswertes menschliches Leben bezeichnet, dann darf sie nicht für Forschungszwecke verwendet werden." (Evangelische Kirche in Hessen und Nassau 2004: 9)

Der *Beginn menschlichen Lebens* wird in Sprachbeleg (8) in der Bedeutung ‚mit dem Vorkernstadium‘[20] gesehen und in deontischer Absicht gebraucht, insofern es mit dem Lexem *schützenswert* (etwas muss geschützt werden) in Verbindung gebracht wird. Die Bedeutungsfixierung erfolgt hier im Kontext der Argumentation gegen Stammzellforschung.

> 8. „Wann beginnt das zu schützende menschliche Leben? Diese Frage stand in den letzten Wochen und Monaten immer wieder in der Diskussion. Ich meine, es gibt eine klare Antwort. Ich hoffe auf eine große Übereinstimmung in dieser Frage. Es ist die Grundfrage, von der alles Weitere ausgeht. Zu schützendes Leben beginnt mit der Verschmelzung von Ei- und Samenzelle; denn von Anbeginn ist das volle Potenzial, also das volle genetische Programm des Menschen, vorhanden. Der Embryo ist menschliches Leben und nichts anderes. Es gilt, dieses menschliche Leben zu schützen und seine menschliche Würde zu wahren." (Maria Böhmer 31.5.01)

Die Bedeutungsfixierung von *Lebensbeginn* durch den Aspekt ‚mit Verschmelzung von Ei- und Samenzelle‘ ist auch hier in einen größeren Argumentationskontext gegen die Befürwortung humaner embryonaler Stammzellforschung eingebettet. *Lebensbeginn* wird positiv kontextualisiert, insofern auf das Menschsein und die damit verbundene menschliche Würde referiert wird. Mittels der Proposition *es gilt, dieses menschliche Leben zu schützen und seine menschliche Würde zu wahren* wird *menschliches Leben* bzw. der *Beginn menschlichen Lebens* positiv evaluiert. Verbunden damit ist eine appellative Funktion, die zu einer bestimmten Handlung auffordert. Die deontische Bedeutungsdimension kommt hier in Verbindung mit der appellativen Funktion besonders zur Geltung.

Insgesamt lässt sich festhalten, dass die Bedeutungsfixierung durch die Verwendung weiterer Bezugsausdrücke (z.B. *Nidation, Prozess, Geburt, Mensch* etc.) erfolgt, die durch Adjektivattribute in einer Substantivgruppe (Belege 6, 7, 8), Verbalphrasen oder ganze Propositionen (Belege 5 und 6) sowie durch die In-Beziehung-Setzung zu anderen lexikalischen Einheiten (*Lebensschutz, Würde des Menschen, Lebensrecht, Person*) semantisch spezifiziert werden. Eine wichtige Rolle kommt dabei den größeren Argumentationskontexten zu, die die Bedeutung maßgeblich beeinflussen. Eine besondere Rolle spielt dabei der Gebrauch von Adjektivattributen. Die Verwendung von Adjektivattributen lässt „im Gegensatz zu verbal ausgedrückten Prädikationen eine Sache als bereits entschieden und von den Kommunikationsteilnehmern bereits gebilligt ausdrücken." (Schmidt 1993: 165) Mit

---

20 Das Vorkernstadium bezeichnet jenes Stadium der Befruchtung, in dem die Samenzelle zwar in die Eizelle eingedrungen ist, die Kerne aber noch nicht verschmolzen sind.

Adjektivattributen kann demnach sekundär prädiziert werden, insofern sie nicht in gleichem Maße als Sprecherurteile, sondern zunächst als Identifikationshilfen wahrgenommen werden (vgl. Schmidt 1993: 165–166). Die genannten Bedeutungsaspekte des Begriffs *Lebensbeginn* werden je nach Sprecherposition in bestimmter Weise miteinander verknüpft bzw. eine der Teilbedeutungen wird in den Vordergrund gestellt. So verwenden Gegner der Forschung für die Begründung ihrer Thesen zumeist den Ausdruck *Lebensbeginn* mit der Teilbedeutung ‚mit Verschmelzung von Ei- und Samenzelle' bzw. auch ‚im Vorkernstadium' (vgl. Sprachbelege 7 und 8). Die Verbindung der Vokabel mit diesen Bedeutungsaspekten dient der Unterstützung der vorgebrachten Argumentation und dem damit verbundenen Ziel, embryonale Stammzellforschung nicht zu erlauben (vgl. z.B. Sprachbeleg 2, 7 und 8).

Im Zusammenhang mit der Verwendung der Vokabel *Lebensbeginn* verweisen auch die Forschungsbefürworter auf die Schutzpflicht menschlichen Lebens. Um die Schutzpflicht menschlichen Lebens nicht zu verletzen, aber dennoch für die Forschung an embryonalen Stammzellen argumentieren zu können, wird der Beginn menschlichen Lebens zu einem späteren Zeitpunkt als dem der Verschmelzung von Ei- und Samenzelle angenommen. So werden in den Argumentationskontexten der Forschungsbefürworter die Bedeutungsaspekte ‚stufenweiser Prozess' (Sprachbeleg 5); ‚mit der Geburt' (Sprachbeleg 6); ‚mit der Nidation/Einnistung' (Sprachbeleg 4); ‚in Verbindung mit dem Mutterleib' (Sprachbeleg 4) oder allgemein ‚mit dem Vorhandensein bestimmter Eigenschaften' hervorgehoben. (Vgl. z. B. Sprachbeleg 6. Hier wird die Eigenschaft der *Sozialität* durch die lexikalische Einheit *soziales, gesellschaftliches Wesen* verdeutlicht.)

Damit betonen auch die Forschungsbefürworter diejenigen Bedeutungsaspekte von *Lebensbeginn*, die direkt die eigenen Handlungs- bzw. Argumentationsziele – nämlich die Forschung an humanen embryonalen Stammzellen – unterstützen.[21] Die mit dem Schlüsselwort *Lebensbeginn* verbundene positive Konnotation wird somit von den Diskursakteuren gezielt als Akzeptanz schaffende Sprachstrategie eingesetzt. Dabei wird das Lexem *Lebensbeginn* in seiner Bedeutungsstruktur je nach Sprechergruppe bzw. weltanschaulichem Hintergrund dem entsprechenden Handlungsziel angepasst.

---

21 Vor allem geht es darum, pluripotente Stammzellen, die sich noch in alle Zellarten ausdifferenzieren können, zu gewinnen. Dies geschieht im Blastozystenstadium (5.-7. Tag der Embryogenese). Vgl. Wobus u.a. (2006: 43).

Als Beispiel für semantische Kämpfe aus onomasiologischer Perspektive kann das Referenzobjekt ‚verschmolzene Ei- und Samenzelle'[22] angeführt werden, für das unterschiedliche Bezeichnungen innerhalb des Diskurses existieren. Ob die befruchtete Eizelle als *menschliches Leben* oder als *Zellhaufen* bezeichnet wird, hängt unmittelbar mit der Position im Diskurs zusammen. Die Verwendung der Ausdrücke impliziert zugleich eine bestimmte, auf unterschiedlichen weltanschaulichen Voraussetzungen und Wissensformationen basierende Sicht der Wirklichkeit. Das hier genannte Phänomen der Bezeichnungskonkurrenz kann auch als Nominationskonkurrenz beschrieben werden, was insofern adäquater ist, als das Nominationskonzept die Handlungsperspektive integriert. Nomination ist nach Bellmann „Referenz plus – vor allem Wertungspragmatik" (Bellmann 1996: 11). Insbesondere für die Beschreibung von Sprachgebrauch in öffentlich-politischen Diskursen scheint dieses Konzept geeignet zu sein, da es die evaluative Bedeutungskomponente lexikalischer Mittel in ein Handlungskonzept implementiert.[23] Das Phänomen der Nominationskonkurrenz lässt sich folgendermaßen veranschaulichen:

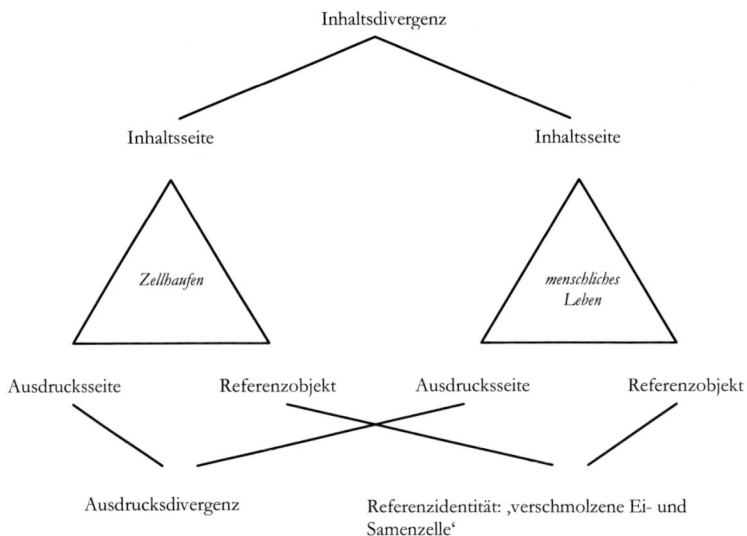

Abb. 2: Bezeichnungskonkurrenz im sprachlichen
Zeichen nach Girnth (2002: 65)

22   ‚verschmolzene Ei- und Samenzelle' stellt hier das außersprachliche Bezugsobjekt dar. Dies
     kann natürlich gleichsam eine weitere Bezeichnungsalternative sein, wurde hier aber als Be-
     schreibung des Referenzobjektes festgelegt.
23   Zur Erörterung des Nominationskonzeptes vgl. Bellmann (1996), vor allem aber Girnth
     (1993: 75–116).

Realisierungen von Nominationskonkurrenzen des Referenzobjektes ‚verschmolzene Ei- und Samenzelle' zeigen sich in folgenden Sprachbelegen:

9. „Was verbirgt sich dahinter? Nichts anderes, als einen menschlichen Embryo zu Forschungszwecken oder für Therapien zu verbrauchen. Der Mensch ist aber kein Experimentierfeld und der Mensch ist kein Ersatzteillager. Hier müssen wir die Grenze deutlich ziehen, damit in Zukunft niemand in die Versuchung gerät, diese Grenze zu überschreiten" (Maria Böhmer, MdB (CDU), BD 30.1.2002)

10. „Embryonen sind kein beliebiges Material, sondern sind Leben, sind im Werden befindliche Menschen, sind zukünftige Kinder." (Josef Hollerith, MdB (CSU), BD 30.1.2002)

11. „Je länger ich mich mit dieser Frage befasste, wie dieser menschliche Zellhaufen in dem für ihn eigentlich unfreundlichen Milieu des Uterus existieren kann, desto mehr wurde ich gefangen von dem faszinierenden Geschehen der embryonalen Entwicklung, das seit Jahrtausenden unbeobachtet und ungestört im Körper der Frau ablief." (Rene Röspel, MdB (SPD), BD 31.5.2001)

12. „Wie kann sich Deutschland an einer internationalen Embryonenforschung beteiligen, ohne dabei gezielt Embryonen für Forschungszwecke herzustellen? Es geht eben nicht um fabrikmäßig hergestellte Forschungsembryonen, sondern es geht um überzählige embryonale Zellkörper, die bei der künstlichen Befruchtung entstehen und derzeit eingefroren werden." (Ulrike Flach, MdB (FDP), BD 31.5.2001)

Während Forschungsbefürworter dazu tendieren, bei ihrer Wahl der Nominationen den Aspekt der ‚Verwertung' zu betonen (vgl. Sprachbeleg 11 und 12), präferieren Forschungsgegner in erster Linie Bezeichnungen, die mit den Teilbedeutungen ‚Mensch', ‚menschlich', ‚Individualität', ‚Einzigartigkeit' in Verbindung gebracht werden. Auf Ausdrücke mit den Aspekten der ‚Verwertung' greifen Forschungsgegner zumeist in kritischer und sich distanzierender Absicht zurück, wie in den Sprachbelegen 9 und 10 deutlich wird (*Mensch* als *Experimentierfeld* und *Mensch* als *Ersatzteillager*). Die unterschiedlichen Bezeichnungen geben auf Grund der je unterschiedlichen mit der Bezeichnung verbundenen Konnotation Aufschluss über unterschiedliche Bewertungen.[24] Es handelt sich jedoch nicht bloß um eine inhaltliche Divergenz, die die Ebene der Konnotation betrifft. Zusätzlich können die alternativen Lexeme auch unterschiedliche denotative Bedeutungsaspekte enthalten, so dass man zugleich auch von denotativen Bedeutungskonkurrenzen sprechen kann. Die Ausdrücke sind demnach nur partiell synonym. Die divergenten Bewertungen gründen dabei

---

24 Lexikalische Einheiten können aus drei Bedeutungsdimensionen bestehen, einer deontischen, einer deskriptiven und einer evaluativen Dimension. Vgl. Klaus (1971: 25).

in unterschiedliche Wertzuschreibungen dem menschlichen Embryo gegenüber.

Drei Dinge werden also an der Sprachstrategie der Nominationskonkurrenz deutlich: Es gibt keine ‚neutrale‘ bzw. ‚objektive‘ Bezeichnung, die jeweilige Bezeichnung ist immer schon in einen bestimmten weltanschaulichen Kontext verortet, zum anderen zeigt sich daran, dass Bezeichnungsalternativen immer zugleich Bedeutungsalternativen, die unterschiedliche Bedeutungsaspekte betreffen, darstellen[25] und zum dritten werden hier Konflikte zwischen und innerhalb der einzelnen Disziplinen offenbar. Die Akteure der speziellen Wissensgebiete bzw. -systeme lassen sich wie bereits angesprochen in Befürworter und Gegner der humanen embryonalen Stammzellforschung differenzieren. Während also Befürworter bei der Bedeutungsfixierung des Sachverhalts ‚verschmolzene Ei- und Samenzelle‘ den Fokus auf die Teilbedeutungen ‚Verwertbarkeit‘ einerseits und ‚stufenweises Werden‘[26] menschlichen Lebens andererseits legen, heben Forschungsgegner vor allem den Aspekt des ‚Menschlichen‘ bzw. des ‚Menschseins von Anfang an‘ hervor[27] und bringen somit durch die Wahl der Ausdrücke Rückschlüsse auf Bedeutungsdifferenzen zum Vorschein.

Die nachstehende Tabelle gibt Aufschluss über einige im Diskurs verwendete Nominationskonkurrenzen. Auffällig sind auch hier die verwendeten Attribuierungen, die das Referenzobjekt näher spezifizieren und eine Bewertung des Sachverhalts implizieren.

---

25 Insbesondere anhand der evaluativen Bedeutungsaspekte wird deutlich, dass Nominationskonkurrenzen immer zugleich auch Bedeutungsalternativen darstellen, da mit der Verwendung entsprechender Ausdrücke für einen bestimmten Sachverhalt unterschiedliche Bewertungen bzw. Einstellungsbekundungen den Sachverhalt betreffend verbunden sind.

26 Dabei wird der Bedeutungsaspekt des ‚graduellen Werdens‘ im Kontext der Argumentation gebraucht, dass es sich noch nicht um ein vollständig schutzwürdiges menschliches Leben handelt.

27 Wobei hier wenigstens darauf hingewiesen werden soll, dass diese „Fundamentalisierung" des Diskurses in ethischer Hinsicht möglicherweise ein gravierendes Problem darstellt, auf das inzwischen auch hingewiesen wird; vgl. Autiero (2008).

Referenzobjekt	*Nominationsausdrücke/Bezeichnungskonkurrenzen*[28]
‹verschmolzene Ei- und Samenzelle›	*befruchtete Eizelle, Blastozyste, Zygote, Embryo* *embryonaler Mensch, Person, menschliches Leben, menschliches Wesen, werdendes Leben, ungeborenes Leben, im Werden befindlicher Mensch, Mensch, potenziell werdendes Leben* *Nutzenembryonen, beliebiges Material, Ersatzteillager Experimentierfeld, fabrikmäßig hergestellte Forschungsembryonen, überzähliger Embryo, überzähliger embryonaler Zellkörper, übriggebliebene Zellen aus der künstlichen Befruchtung Zellhaufen*

Abb. 3 Nominationsausdrücke

Die Bezeichnungsalternativen lassen sich darüber hinaus nach Sprechergruppen differenzieren, wie in Abbildung 4 zu sehen ist.

Forschungsbefürworter	Forschungsgegner	relative Neutralität, gebraucht von beiden Sprechergruppen bzw. von Neutralgruppen
Nutzenembryonen, überzähliger Embryo, überzähliger embryonaler Zellkörper, übriggebliebene Zellen aus der künstlichen Befruchtung, Zellhaufen, fabrikmäßig hergestellte Forschungsembryonen	*embryonaler Mensch, Person, menschliches Leben, menschliches Wesen, werdendes Leben, ungeborenes Leben, im Werden befindlicher Mensch, Mensch, menschlicher Zellhaufen* als Stigmawörter: *Ersatzteillager, Experimentierfeld, beliebiges Material*	*befruchtete Eizelle, Blastozyste, Zygote, Embryo*

Abb. 4 Nominationskonkurrenzen

---

28 An dieser Stelle werden nur einige der in den Diskurstexten aufgefundenen Nominationen genannt.

3.2   Semantische Kämpfe durch Metaphorisierungen

Metaphern strukturieren unser Reden, Denken und Handeln.[29] Damit
spielen sie in allen Wissensdomänen bei der Konzeptualisierung und
Vermittlung von Wissen eine wichtige Rolle. Aspekte des einen Wissens-
bereiches werden dabei auf einen anderen übertragen. Metaphern helfen
somit, komplexe Sachverhalte zu verstehen, gleichzeitig fokussieren sie
aber eine bestimmte Perspektive, indem durch sie bestimmte Bedeutungsaspekte hervorgehoben bzw. verdrängt werden. Durch Metaphern konstruieren und interpretieren wir demnach auch Wirklichkeiten bzw. Sachverhalte. Sie stellen nicht nur kognitive Phänomene dar, sondern sind vor
allem auch kulturell und sozial zu begründen. (Vgl. Nerlich 2005; vgl.
Kövecses 2007[30]) Durch die unterschiedliche Verwendung eines Meta-
phernkonzeptes – durch beispielsweise disparate Sprechergruppen – kann
ein Metaphernkonzept innerhalb von Diskursen unterschiedliche Bedeutungsdimensionen und -aspekte entfalten.

Im Stammzelldiskurs nimmt die *Rubikon*-Metapher eine besondere
Rolle ein, insofern sie von unterschiedlichen Sprechergruppen in je
spezifische Handlungskontexte eingebettet und zu unterschiedlichen Argumentationszwecken gebraucht wird. Die *Rubikon*-Metapher kann als
eine zentrale Diskursmetapher beschrieben werden. Nerlich definiert Diskursmetaphern als stabile metaphorische Konzepte, die innerhalb be-

---

29 Lakoff und Johnson haben mit ihrem Werk *Metaphors we live by* die Betrachtung der Meta-
    pher als alltagssprachliches Phänomen, das in unserem kognitiven Konzeptsystem gründet,
    zum Aufschwung verholfen. Mit ihrer Theorie haben sie eine Diskussion um Relativität
    und Universalität von Metaphernkonzepten in Gang gesetzt. Kövecses bezieht sich auf die
    Ausführungen von Lakoff/Johnson und erörtert das Verhältnis von Universalität und Re-
    lativität metaphorischen Sprachgebrauchs hinsichtlich erfahrungsbasierter Phänomene wie
    beispielsweise Emotionalität. Vgl. hierzu Kövecses (2000, 2002 und 2007); vgl. La-
    koff/Johnson (1980); vgl. Johnson/Lakoff (1982).
30 Kövecses stellt in seinem Buch *Metaphor in Culture* das Verhältnis der kognitiven, kulturellen
    und sprachlichen Bedingtheit von Metaphern dar. Er geht davon aus, dass Metaphern so-
    wohl kognitiv als auch kulturell und sprachlich vermittelt werden, wobei primäre Meta-
    phern auf Grund der körperlichen Erfahrung, auf die sie basieren, eher universal sind,
    komplexe Metaphern dagegen eher kulturell geprägt werden (vgl. Kövecses 2007: 11). Dar-
    aus resultieren schließlich auch die Universalität bestimmter körpererfahrungsbedingter
    Metaphern sowie die kulturelle Spezifität bestimmter, zumeist komplexerer Metaphern-
    konzepte. Kövecses versucht zwischen Universalität und Varianz von Metaphern zu ver-
    mitteln. „I believe it has required several intellectual revolutions for us to recognize that
    metaphor is a many-sided phenomenon that involves not only language, but also the con-
    ceptual system, as well as social-cultural structure and neural and bodily activity." (Köve-
    ses 2007: 9) Zentrale, so genannte elementare Metaphern lassen sich kulturübergreifend
    feststellen, da sie in der menschlichen Körpererfahrung gründen. Lakoff/Johnson spre-
    chen hier von primären Metaphern (primary metaphors). Die konkreten Ausprägungen un-
    terliegen aber kulturellen Faktoren (vgl. z.B. Kövecses 2007: 67–113).

stimmter Teile bestimmter Diskurse über einen gewissen Zeitraum eine Schlüsselstellung einnehmen (vgl. Nerlich 2005).

„Such discourse metaphors, we claim, are relatively stable metaphorical mappings that function as key framing devices within a particular discourse over a certain period of time. They are conceptually grounded but their meaning is also shaped by their use at a given time and in the context of a debate about a certain topic." (Nerlich 2005: 72)

Diskursmetaphern beziehen sich auf weit verbreitete, reale oder fiktionale Gegenstände, die Teil des gemeinsamen Wissenshaushaltes und damit den Sprachteilhabern bekannt sind. Sie fokussieren zentrale Aspekte sozialer, kultureller und politisch relevanter Themen und sind damit immer kontextuell bedingt. Am Beispiel der *Rubikon*-Metapher kann die Diskursivität in mehrfacher Hinsicht nachvollzogen werden: Zum einen wird die Metapher mit unterschiedlichen Bedeutungsaspekten gebraucht, zum anderen steht sie zu anderen konzeptuellen Metaphern in Beziehung und kann nicht unabhängig von diesen betrachtet werden.

Die konzeptuelle *Rubikon*-Metapher[31] kann als eine diskursdominante Metapher beschrieben werden, deren Gebrauch innerhalb des Stammzelldiskurses nach der Verwendung durch den damaligen Bundespräsidenten Johannes Rau in seiner Berliner Rede vom 18. Mai 2001 deutlich anstieg. Rau argumentierte u.a. mit Hilfe eines Teilaspekts der *Rubikon*-Metapher gegen die Ausweitung biomedizinischer Forschung auf den Bereich humaner embryonaler Stammzellen. Die Metapher diente in diesem Kontext dazu, auf die Gefahren der Forschung aufmerksam zu machen und zu bedenken zu geben, dass „diesseits des Rubikons" noch viele Möglichkeiten für die Forschung existieren. Rau fokussierte mit seiner Verwendung der Metapher die Teilbedeutungen der ‚unverrückbaren Grenze'. Gleichzeitig bezog er sich auf eine geographische *Gebiets*-Metaphorik, in dem er auf das Gebiet, das durch den Rubikon getrennt wird, verwies und dieses in einen ‚bekannten' und ‚unbekannten', einen ‚sicheren' und ‚unsicheren' Teil unterschied. Er konzeptualisierte den Bereich der *Stammzellforschung* als *unbekanntes, unsicheres Gebiet*[32].

Im Anschluss an die Rede Raus wurde die Metapher im Diskurs immer wieder aufgegriffen und zu Argumentationszwecken eingesetzt.

---

31 Die Rubikon-Metapher wird auch innerhalb der Willenspsychologie zur Veranschaulichung von Willensprozessen prominent gebraucht. Die Metapher erfuhr in diesem Bereich in den 80er Jahren durch Heckhausen, Gollwitzer und Kuhl eine Wiederbelebung. In seiner Struktur geht das Rubikon-Modell auf Lewin 1926 zurück. In der Willenspsychologie steht die Überschreitung des Rubikons für das Ende des Abwägens und Zauderns vor einer Entscheidung und beschreibt damit die Phase der Entschlussfassung (vgl. Schumacher 2001).

32 Nerlich beschreibt diesen Vorgang als „metonymic mapping". (Nerlich 2005: 78)

Damit einher ging vor allem ein semantisch *varianter* Gebrauch dieser Metapher sowohl von Forschungsbefürwortern als auch von Forschungsgegnern. Betrachtet man sich das Metaphernkonzept näher, so ist die *Rubikon*-Metapher dem allgemeineren Metaphernbereich[33] der *Grenz*-Metaphorik zuzuordnen. Gleichzeitig kann das Konzept der *Grenz*-Metaphorik als Teil der dynamischen *Weg*-Metapher oder der bereits erwähnten geographischen *Gebiets*-Metapher betrachtet werden. Der Rubikon ist im Kontext der *Weg*-Metapher als ein Hindernis auf dem Weg zu einem bestimmten Ziel zu betrachten. Zugleich trennt er zwei geographische Gebiete voneinander. Hier zeigt sich, dass die *Rubikon*-Metapher in ein Netz verschiedener Metaphern eingebettet ist bzw. mit verschiedenen Metaphern verlinkt ist. Hinzu kommt, dass sie in einem bestimmten historischen Kontext gründet, der speziell mit dem Fluss *Rubikon* verbunden ist.

Wie bereits angedeutet, werden durch Metaphorisierungen Wirklichkeiten konstituiert oder spezifisch gedeutet. Bedeutungsaspekte eines Erfahrungsbereiches werden dabei auf einen anderen Erfahrungsbereich übertragen bzw. projiziert. Man unterscheidet hier Herkunfts- und Zielbereich (vgl. Pielenz 1993: 81; Lakoff/Johnson 1980: 13 ff. sowie 85 f.).

Herkunftsbereich dieses Metaphernkonzepts ist nicht einfach nur eine Grenzüberschreitung im Sinne der Überwindung irgendeines Hindernisses, vielmehr steht hier ein historisches Ereignis einer umstrittenen Grenzüberschreitung von Italien nach Gallia cisalpina im Hintergrund. Es handelt sich dabei um die Grenzüberschreitung des norditalienischen Flusses Rubikon durch Cäsar. Mit dieser Überschreitung setzte Cäsar einen Bürgerkrieg in Gang, dessen Folgen zunächst unabsehbar waren[34]. Dieser historische Kontext wird mit dem Gebrauch der Metapher sozusagen als Strukturfolie aufgerufen und auf die Problematik der Entscheidung für oder gegen Stammzellforschung übertragen.

Im Diskurs lassen sich folgende Bedeutungsaspekte, die mit dem Gebrauch der Metapher in Verbindung stehen, herausfiltern und nach Sprechergruppen differenzieren.

---

33 Zur Unterscheidung in Metaphernbereich, Metaphernkonzept und Lexemmetapher vgl. Liebert (1992: 5 f.).

34 Cäsars Gründe für die Entscheidung, den Fluss zu überschreiten, werden kontrovers diskutiert, ebenso wird diese Handlung unterschiedlich interpretiert. Vgl. beispielsweise dazu Heuss 2007: 204–218, vgl. Müller 2001: 2–6, vgl. Ziegler/Sontheimer 1979, Bd. 1, Sp. 997–1003.

Konzept A: Forschungsgegner	Konzept B: Forschungsbefürworter
‚feststehende Grenze' ‚natürliche Grenze' ‚schwer überschreitbar' ‚gefährlich' ‚zwei Gebiete trennend' ‚unumkehrbare Konsequenzen' ‚unabsehbare Folgen' ‚unverantwortlich' ‚bezugnehmend auf Cäsars Über- querung des Rubikon'	‚verrückbare Grenze' ‚künstliche Grenze' ‚Erfolg' ‚Chance' ‚überschaubare Konsequenzen' ‚Fortschritt' ‚verantwortlich' ‚bezugnehmend auf Cäsars Über- querung des Rubikon'

Abb. 5 Bedeutungsaspekte der *Rubikon*-Metapher

Wie zu sehen ist, konzeptualisieren die Sprechergruppen die Metapher unterschiedlich. Während Forschungsbefürworter unter anderem die Aspekte der ‚Veränderbarkeit von Grenzen' und der damit verbundenen Teilbedeutungen der ‚Chancen' und ‚Erfolge', ‚Fortschritt' und ‚Zukunftsperspektive' hervorheben, betonen Forschungsgegner eher die ‚Gefahr', ‚die unabsehbaren Konsequenzen', die ‚Unverrückbarkeit der Grenze' und schließlich die ‚Unumkehrbarkeit' oder ‚Unverantwortlichkeit' der Entscheidung. Deutlich wird daran, dass die Metapher in argumentativer Funktion eingesetzt wird. Die im Folgenden erwähnten Sprachbelege geben Aufschluss über die jeweilige Realisierung einzelner Bedeutungsaspekte der Metapher und den argumentativen Kontext.

hervorgehobene Bedeutungsaspekte bzw. Teilbedeutungen	Realisierungen
	Ich bin fest davon überzeugt, dass wir unendlich viel Gutes erreichen können, ohne dass Forschung und Wissenschaft sich auf ethisch bedenkliche Felder begeben müssen. Es ist viel Raum diesseits des Rubikon. (Berliner Rede, Johannes Rau, 18.5.2001)
‚Überschreitung als Gefahr‘ ‚Rubikon als feststehende Grenze‘ ‚unabsehbare Konsequenzen‘	Mit dem Vorhaben der Forschung mit menschlichen Embryonen und embryonalen Stammzellen stehen wir in der Tat, wie Wolfgang Huber, der Bischof der Evangelischen Kirche in Berlin-Brandenburg mit Recht betont, vor einem bioethischen Rubikon. Wenn wir ihn überschreiten, steht uns gewiss die Erfahrung von Goethes Zauberlehrling ins Haus: «Die Geister, die ich rief, werde ich nicht mehr los.» (Schweizer Bischof Kurt Koch 2003)
‚Rubikon als veränderbare Grenze‘ ‚Rubikon als überschreitbare Grenze‘ ‚Rubikon als Chance‘ ‚Verantwortlichkeit‘ ‚Fortschritt‘ ‚Zukunftsperspektive‘	Es lag mir sehr am Herzen zu verdeutlichen, dass der Rubikon kein Fluss ist, jenseits dessen das Böse lauert; denn das Böse ist, wenn schon, dann längst immer mitten in uns. Der Rubikon ist vielmehr ein Fluss, dem der Mensch ständig selber ein neues Flussbett bahnt, weil er das Vertraute vom Unerschlossenen trennt, und den wir deshalb nur wohlbedacht und mit Verantwortung für unser Handeln überschreiten sollten. Aber wir sollten auch nicht vergessen: Rom liegt auch künftig jenseits des Rubikon und Caesar hat ihn erfolgreich überschritten. Denn der Mensch ist seit jeher ein Wesen, das seine Grenzen überschreiten muss, um ganz Mensch zu sein und das sich dabei dennoch immer neue Grenzen setzen muss." (Hubert Markl, 25.6.2001)

Liebe Kolleginnen und Kollegen, ich erinnere mich, dass schon damals der Rubikon beschworen wurde, den man nicht überschreiten dürfe. Heute hören wir von höchster Stelle genau das Gleiche. Übrigens: Cäsar hat den Rubikon überschritten. Er hat Rom gewonnen und die Geschichte hat ihm Recht gegeben. (Peter Hinze, BD 31.5.2001) |

| Die Überschreitung liegt in der Vergangenheit ,unumkehrbare Konsequenzen' | Die DFG ist sich – auch vor dem Hintergrund der jüngsten deutschen Geschichte – der Problematik bewußt, einerseits frühes menschliches Leben zu Forschungszwecken zwar nicht explizit herzustellen, andererseits aber doch zu verwenden. Sie ist der Meinung, daß der Rubikon in dieser Frage mit der Einführung der künstlichen Befruchtung überschritten wurde und daß es unrealistisch wäre zu glauben, unsere Gesellschaft könne in einem Umfeld bereits bestehender Entscheidungen zum Lebensrecht des Embryos (dauerhafte Aufbewahrung künstlich befruchteter Eizellen, Einführung von Nidationshemmern, Schwangerschaftsabbruch) zum status quo ante zurückkehren." (Hubert Markl, 25.6.2001) |

Abb. 6 Bedeutungsaspekte der *Rubikon*-Metapher und ihre Realisierungen

Die neu etablierte Forschungsrichtung der humanen embryonalen Stammzellforschung wird gemäß der Ansicht der Forschungsgegner als ein außerhalb der Grenzen stehendes, noch nicht abgegrenztes und bislang unentdecktes Gebiet betrachtet, zu deren Erschließung man eine Grenze überschreiten muss. Das Eindringen in das Neuland der Stammzellforschung wird in diesem Zusammenhang mit Gefahren in Verbindung gebracht, die nicht mehr rückführbar und vor allem in ihren weiteren Wirkungen nicht überschaubar sind. Hier wird besonders deutlich, dass die *Rubikon*-Metapher eng mit der *Gebiets*-Metapher in Verbindung steht. Wenn Forschungsbefürworter in ihren Argumentationskontexten das Konzept der *Rubikon*-Metapher aufgreifen, betonen sie dagegen den Aspekt der ,Zukunftsperspektive', des ,Fortschritts' und des ,Erfolges'.[35]

Die Entscheidung für die Forschung mit humanen embryonalen Stammzellen wird dabei mit den Bedeutungsaspekten in Verbindung gebracht, für die Cäsars Grenzüberschreitung steht: also entweder ,Gefahr' oder ,Chance'. Für einige Diskursakteure ist die gefahrvolle Überschreitung der Grenze mit Einführung der In-vitro-Fertilisation bereits geschehen und Stammzellforschung demzufolge eine der damals unvorhersehbaren Konsequenzen.[36] Der Herkunftsbereich der Grenze bezieht sich dabei

---

35 Häufig lehnen Forschungsbefürworter jedoch die Verwendung der Rubikon-Metapher für diese Zusammenhänge ab, weil sie in der Entscheidung für die Stammzellforschung keine Rubikonüberschreitung bzw. keine Grenzüberschreitung sehen. Wird die Metapher in dieser Weise verwendet, so stehen dahinter genau die Bedeutungsaspekte, die von den Forschungsgegnern aufgerufen werden.

36 Diese im Diskurs nicht selten verwendete Argumentationsfigur wird sowohl von Befürwortern als auch von Gegnern in argumentationsstützender Funktion gebraucht. Während

deutlich auf staatliche bzw. politische Grenzen. Im Stammzelldiskurs werden die Überschreitung der *Grenze* und die damit verbundenen Bedeutungsaspekten auf die Entscheidung für die Forschung mit humanen embryonalen Stammzellen projiziert (vgl. Abb. 6). Ebenso wird mit der Verwendung der *Rubikon*-Metapher hier die Frage aufgeworfen, wie weit man überhaupt gehen darf, wenn eigene Interessen bzw. Rechte mit den Rechten oder Interessen anderer kollidieren.

Die *Rubikon*-Metapher wird den empirischen Ergebnissen zufolge nicht einheitlich verwendet. Es bestehen vielmehr zwei sich gegenüberstehende Verwendungsweisen bzw. Bedeutungskonzepte, die je nach Sprechergruppe durch die Hervorhebung bestimmter Bedeutungsaspekte in bestimmten Argumentations- und Handlungskontexten aufgerufen werden.

4 Fazit

Wissen als gesellschaftlich geteiltes und dauerhaftes Wissen ist immer schon in Diskurse integriert bzw. wird innerhalb von Diskursen hervorgebracht, verbreitet, angeeignet oder verändert. Der Foucaultsche Diskursbegriff kann aus diesem Grund als eine zentrale Kategorie für die Beschreibung und Hervorbringung gesellschaftlichen Wissens angesehen werden. Eine linguistische Perspektivierung geht dabei von der sprachlichen Verfasstheit von Wissen aus und legt ihr Augenmerk auf die sprachlichen Phänomene innerhalb von Diskursen.

Anhand des hier analysierten Sprachmaterials konnte gezeigt werden, dass unterschiedliche Wissensbereiche aufeinander treffen und dadurch Konflikte entstehen, die sich sprachlich manifestieren. Aufgrund des unterschiedlichen Gebrauchs bestimmter Ausdrücke oder Metaphern in den verschiedenen Wissensbereichen kann es im öffentlich-politischen Kommunikationsbereich wegen der unterschiedlichen Wissenskontexte zu Verständigungsschwierigkeiten kommen, die nicht immer bewusst und offensichtlich sind. Unterschiedliche Wissenshintergründe führen somit zu Konflikten, die anhand linguistischer Analyse offen gelegt werden können. Andererseits können unterschiedliche Wissenskontexte und der da-

---

Forschungsgegner mit dieser Argumentationsfigur vor allem auf die möglicherweise unkontrollierbare Gefahr hinweisen möchten, die von humaner embryonaler Stammzellforschung ausgehen könnte, gebrauchen Forschungsbefürworter dieses Muster vor allem mit der Begründung, dass die entscheidenden Weichen schon längst gestellt worden seien und die Entscheidung, an humanen embryonalen Stammzellen zu forschen, keine Grenzüberschreitung darstelle.

mit verbundene Sprachgebrauch gezielt als Strategie im Kampf um Akzeptanz der je vertretenen Position eingesetzt werden.

Literatur

AUTIERO, ANTONIO (2008): Verletzender Fundamentalismus. In: DIE ZEIT Nr. 2 vom 3.1.2008.

BACHMANN-STEIN, ANDREA (2004): Horoskope in der Presse – Ein Modell für holistische Textsortenanalysen und seine Anwendung. Frankfurt/M.

BELLMANN, GÜNTER (1996): Der Beitritt als Wende. Referenz und Nomination. In: BRENNER, ERNST/HILDEBRANDT, REINER (Hgg.): Stand und Aufgaben der deutschen Dialektlexikographie. II. Brüder-Grimm-Symposium zur Historischen Wortforschung. Beiträge zu der Marburger Tagung vom Oktober 1992, 1–16.

BERGER, THOMAS/LUCKMANN, PETER (2004): Die gesellschaftliche Konstruktion der Wirklichkeit. Eine Theorie der Wissenssoziologie. Mit einer Einleitung zur deutschen Ausgabe von Helmutz Plessner. Übersetzt von Monika Plessner. 20. Auflage. Frankfurt/M.

BUSSE, DIETRICH (1987): Historische Semantik. Analyse eines Programms. Stuttgart.

BUSSE, DIETRICH (2000): Historische Diskurssemantik. In: STUKENBROCK, ANJA/SCHARLOTH, JOACHIM (Hgg.): Themenheft ‚Linguistische Diskursgeschichte‘ der Zeitschrift Sprache und Literatur in Wissenschaft und Unterricht 31, 39–53.

BUSSE, DIETRICH (2001): Sprachgeschichte als Teil der Kultur- und Wissensgeschichte – Zum Beitrag einer Historischen Diskurssemantik. In: WIESINGER, PETER u.a. (Hgg.): Aufgaben einer zukünftigen Sprachgeschichtsforschung. Bern u.a., 33–38.

BUSSE, DIETRICH (2005): Architekturen des Wissens – Zum Verhältnis von Semantik und Epistemologie. In: MÜLLER, ERNST (Hg.): Begriffsgeschichte im Umbruch. Berlin, 43–57.

DETEL, WOLFGANG (2003): Einleitung: Ordnungen des Wissens. In: HONNETH, AXEL/SAAR, MARTIN (Hgg.): Michel Foucault. Zwischenbilanz einer Rezeption. Frankfurter Foucault-Konferenz 2001, Frankfurt/M., 181–191.

DOMASCH, SILKE (2006): Zum sprachlichen Umgang mit Embryonen. Semantische Konkurrenzen innerhalb des biomedizinischen Diskurses zur Präimplantationsdiagnostik. In: FELDER, EKKEHARD (2006b), 99–125.

ESER, ALBIN (2000a): Art. Leben. Rechtlich. In: KORFF u.a. (Hgg.), 527–529.

ESER, ALBIN (2000b): Art. Lebensbeginn. Rechtlich. In: KORFF u.a. (Hgg.), 539–541.

FELDER, EKKEHARD (1999): Differenzen in der Konzeptualisierung naturwissenschaftlicher Grundlagen bei Befürwortern, Skeptikern und Gegnern der Gen-/Biotechnologie. In: SATZGER, AXEL (Hg.): Sprache und Technik, Frankfurt/M., 35–49.

334   Constanze Spieß

FELDER, EKKEHARD (2006a): Semantische Kämpfe in Wissensdomänen. Eine Einführung in Benennungs-, Bedeutungs- und Sachverhaltsfixierungskonkurrenzen. In: FELDER (2006b), 13–46.

FELDER, EKKEHARD (Hg.) (2006b): Semantische Kämpfe. Macht und Sprache in den Wissenschaften. Berlin/New York.

FILIPOVIC, ALEXANDER (2007): Öffentliche Kommunikation in der Wissensgesellschaft. Sozialethische Analysen. Bielefeld.

FOUCAULT, MICHEL (1978): Dispositive der Macht. Michel Foucault über Sexualität, Wissen und Wahrheit. Berlin.

FOUCAULT, MICHEL (1981): Archäologie des Wissens. Frankfurt/M.

FOUCAULT, MICHEL (2003): Die Ordnung des Diskurses. 9. Auflage. Frankfurt/M.

FRAAS, CLAUDIA (2001): Usuelle Wortverbindungen als sprachliche Manifestation von Bedeutungswissen. Theoretische Begründung, methodischer Ansatz und empirische Befunde. In: NIKULA, HENRIK/DRESCHER, ROBERT (Hgg.): Lexikon und Text. Vaasa, 41–66.

GARDT, ANDREAS (2007): Diskursanalyse – Aktueller theoretischer Ort und methodische Möglichkeiten. In: WARNKE (Hg.), 27–52.

GEHRING, PETRA (2004): Foucault – Die Philosophie im Archiv. Frankfurt/M.

GIRNTH, HEIKO (1993): Einstellung und Einstellungsbekundung in der politischen Rede. Eine sprachwissenschaftliche Untersuchung der Rede Philipp Jenningers vom 10. November 1988. Frankfurt/M.

GIRNTH, HEIKO (2002): Sprache und Sprachverwendung in der Politik. Eine Einführung in die linguistische Analyse öffentlich-politischer Kommunikation. Tübingen.

GÜNTHNER, SUSANNE/KNOBLAUCH, HUBERT (1994): ‚Forms are the Food of Faith'. Gattungen als Muster kommunikativen Handelns. In: Kölner Zeitschrift für Soziologie und Sozialpsychologie 4, 693–723.

HEPP, HERMANN/BECK, LUTWIN (2000): Art. Lebensbeginn. Medizinisch. In: KORFF u.a. (Hgg.), 537–539.

HEUSS, ALFRED (2007): Römische Geschichte. 10. Auflage. Paderborn u.a.

HONECKER, MARTIN (2000): Art. Leben. Theologisch. In: KORFF u.a. (Hgg.), 534–537.

JOHNSON, MARK/LAKOFF, GEORGE (1982): Metaphor and Communication. Berkeley.

KELLER, REINER (2008): Wissenssoziologische Diskursanalyse. Grundlegung eines Forschungsprogramms. 2. Auflage Wiesbaden.

KLAUS, GEORG (1971): Sprache der Politk. Berlin.

KÖVECSES, ZOLTAN (2000): Metaphor and Emotion. Language, Culture and Body in Human Feeling. Cambridge.

KÖVECSES, ZOLTAN (2002): Metaphor. A Practical Introduction. Oxford.

KÖVESCES, ZOLTAN (2007): Metaphor in Culture. Universality and Variation. Cambridge.

KORFF, WILHELM u.a. (Hg.) (2000): Lexikon der Bioethik, Bände 1-3. Gütersloh.

KUMMER, CHRISTIAN (2000): Art. Leben. In: KORFF u.a. (Hgg.), 525–527.

LAKOFF, GEORGE/JOHNSON, MARK (1980): Metaphors we live by. Chicago u.a.

LIEBERT, WOLF-ANDREAS (1992): Metaphernbereiche der deutschen Alltagssprache. Kognitive Linguistik und die Perspektiven einer kognitiven Lexikographie, Frankfurt/M. u.a.

LUCKMANN, THOMAS (1986): Grundformen der gesellschaftlichen Vermittlung des Wissens: Kommunikative Gattungen. In: NEIDHARDT, FRIEDHELM u.a. (Hgg.): Kultur und Gesellschaft. Sonderheft 27 der Kölner Zeitschrift für Soziologie und Sozialpsychologie, 191–211.

LUCKMANN, THOMAS (1988): Kommunikative Gattungen im kommunikativen „Haushalt" einer Gesellschaft. In: SMOLKA-KOERDT, GISELA. u.a. (Hgg.): Der Ursprung von Literatur. Medien, Rollen, Kommunikationssituationen zwischen 1450 und 1650. München, 279–288.

MANGASSER-WAHL, MARTINA (Hg.): Prototypentheorie in der Linguistik. Anwendungsbeispiele – Methodenreflexion – Perspektiven. Tübingen.

MÜLLER, CHRISTOPH (2001): Ikarus fliegt weiter. Ursprung und Rezeption geflügelter Worte und Sprachbilder. Mainz.

NERLICH, BRIGITTE (2005): ‚A River Runs Through it': How the discourse metaphor *crossing the Rubicon* structured the debate about human embryonic stem cells in Germany and (not) the UK. (online unter http://www.metaphorik.de/08/)

PIELENZ, MICHAEL (1993): Argumentation und Metapher. Tübingen.

RATH, MATTHIAS (2000): Art. Leben. Philosophisch. In: KORFF u.a. (Hgg.), 529–534.

ROSCH, ELEANORE (1978): Principles of Categorization. In: ROSCH, ELEANORE/LLOYD, BARBARA (Hgg.): Cognition and Categorization. Hillsdale/New Jersey, 27–48.

SANDIG, BARBARA (2000): Text als prototypisches Konzept. In: MANGASSER-WAHL(Hg.), 93–112.

SCHMIDT, JÜRGEN ERICH (1993): Die deutsche Substantivgruppe und die Attribuierungskomplikation. Tübingen.

SCHÜTZ, ALFRED/LUCKMANN, THOMAS (2003): Strukturen der Lebenswelt. Konstanz.

SCHUMACHER, JÖRG (2001): Das Überschreiten des Rubikon: Willensprozesse und deren Bedeutung für Therapie und Rehabilitation. In: SCHRÖDER, HARRY/HACKHAUSEN, WINFRIED (Hgg.): Persönlichkeit und Individualität in der Rehabilitation. Frankfurt/M.

STEHR, NICO (2005): Aktuelle Probleme der Wissensgesellschaft: Bildung, Arbeit und Wirtschaft. In: KEMPTER, KLAUS/MEUSBURGER, PETER (Hgg.): Bildung und Wissensgesellschaft. Berlin, 363–377.

TÄNZLER, DIRK/KNOBLAUCH, HUBERT/SOEFFNER, HANS-GEORG (2006) (Hgg.): Neue Perspektiven der Wissenssoziologie. Konstanz.

WENGELER, MARTIN (1992): Die Sprache der Aufrüstung. Zur Geschichte der Rüstungsdiskussionen nach 1945. Wiesbaden.

WARNKE, INGO (2002): Texte in Texten – Poststrukturalistischer Diskursbegriff und Textlinguistik. In: ADAMZIK, KIRSTEN (Hg.): Texte – Diskurse – Interaktionsrollen. Analysen zur Kommunikation im öffentlichen Raum. Tübingen, 1–17.

WARNKE, INGO (Hg.) (2007): Diskurslinguistik nach Foucault. Theorien und Gegenstände. Berlin/New York.

WENGELER, MARTIN (2003): Topos und Diskurs. Begründung einer argumentationsanalytischen Methode und ihre Anwendung auf den Migrationsdiskurs (1960-1985). Tübingen.

WILDFEUER, ARMIN (2000): Art. Lebensbeginn. Ethisch. In: KORFF u.a. (Hgg.), 541–544.

WOBUS, ANNA u.a. (2006): Stammzellforschung und Zelltherapie. Stand des Wissens und der Rahmenbedingungen in Deutschland. Supplement zum Gentechnologiebericht, München.

ZIEGLER, KONRAT/SONTHEIMER, WALTER (1979) (Hgg.): Der kleine Pauly. Lexikon der Antike auf der Grundlage von Pauly's Realencyclopädie der classischen Altertumswissenschaft. München.

ZIMMER, RENÉ (2006): Zwischen Heilungsversprechen und Embryonenschutz. Der semantische Kampf um das therapeutische Klonen. In: FELDER (2006b), 73–97.

Quellen und Quellensammlungen:

ALBRECHT, STEPHAN/DIERKEN, JÖRG/FREESE, HARALD/HÖßLE, CORINNA (2002) (Hgg.): Stammzellforschung – Debatte zwischen Ethik, Politik und Geschäft. Hamburg.

GEYER, CHRISTIAN (Hg.) (2001): Biopolitik. Die Positionen. Frankfurt/M.

EVANGELISCHE KIRCHE IN HESSEN UND NASSAU (2004), Forschung an humanen Stammzellen. Eine argumentationshilfe für die ethische Bewertung, Darmstadt, online unter
http://www.ekhn.de/inhalt/download/standpunkt/bio/04_bio_stammzell_kom.pdf

ZEITDOKUMENT 1/2001: Stammzellen. Hamburg.

Bundestagsdebatte vom 30.1.2002 und vom 31.5.2001, online unter http://dip.bundestag.de/parfors/parfors.htm mit der Plenarprotokollnummer 14/173 und 14/214).

Fensterweihe und Fensterstreit

Die Katholische Kirche und der mediale Diskurs

Alexander Lasch

1 Hinführung

Die Weihe des Fensters im Südquerhaus des Kölner Doms am 25. August 2007 markiert den Höhepunkt eines kleinen ‚Medienevents'. Ein Gast, der Kölner Erzbischofs Kardinal Joachim Meisner, war nicht erschienen. Stattdessen löst er wenig später durch kritische Kommentare den so genannten „Kölner Fensterstreit" aus ([30 Bericht] Wrangel/Lohse 2007), der mit der Meldung bei FOCUS ONLINE im Bereich Politik „Meisner beklagt ‚Moscheefenster'" ([20 Bericht] Mayer 2007) am Donnerstag, den 30. August 2007, seinen Höhepunkt erreicht haben wird.

Ein Medienereignis dieser Art ist von besonderem Interesse für die Wissensdomäne „Religion" im Forschungsnetzwerk „Sprache und Wissen", da in der Domäne z. B. der Frage nachgegangen wird, wie in ‚semantischen Kämpfen' zwischen einer Glaubensgemeinschaft und der Öffentlichkeit um den Anspruch auf Deutung und Herstellung der Wirklichkeit mittels und durch Sprache gerungen wird. Ich werde am Beispiel des „Fensterstreits" folgende Hypothesen diskutieren: Zum einen, dass Vertreter der Katholischen Kirche durch mediale Inszenierung versuchen, für Kirche zu faszinieren. Zum anderen, dass die mediale Inszenierung zu-

gleich einen medialen Diskurs konstituiert,[1] der sich durch die Institution
nur noch begrenzt steuern lässt. Zum dritten, dass spezifisch christliche
und theologische Dimensionen des Streits in diesem medialen Diskurs nur
noch eine marginale Rolle spielen. Und zum vierten, dass sich die Dynamik eines medialen Diskurses an der Produktivität der Instanzen und
Akteure, die am medialen Diskurs beteiligt sind, ablesen lässt. Der Höhepunkt wäre dann erreicht, wenn eine Vielzahl unterschiedlicher Aussagen
von um Deutungshoheit konkurrierenden Akteuren produziert worden
ist, die je für sich alternative Entwicklungen des Diskurses und seiner
Teilbereiche ermöglichen oder verhindern (vgl. Warnke 2007a: 17). Um
diese Dynamik nachzuzeichnen, die dem medialen Diskurs des „Fensterstreits" innewohnt, werden hier vor allem Agenturmeldungen, Berichte
und Kommentare aus den Onlineausgaben der deutschen Presse herangezogen.

2 Der „Kölner Fensterstreit"

Die Planungen für die Rekonstruktion und Erneuerung des Fensters im
Südquerhaus des Kölner Doms begannen 1999 mit dem Amtsantritt von
Dombaumeisterin Barbara Schock-Werner ([5 Interview] Hoffmans
2007). In einem längeren Entscheidungsprozess fiel die Wahl des Domkapitels, welches für den Kölner Dom die alleinige Verantwortung trägt,[2] auf
einen nichtfigürlichen Entwurf Gerhard Richters, der sich dann der Aufgabe gegenübersah, ein „Fenster für die Ewigkeit" ([8 Meldung]) zu gestalten. Geschaffen wurde der „Ozean aus Glas" ([6 Kommentar] Spies 2007)
aus über 11.000 farbigen Glasquadraten. Vorlage waren die „4096 Farben"
Richters aus dem Jahr 1974, die in der Ausstellung „Gerhard Richter –
Zufall. 4900 Farben und Entwürfe zum Kölner Domfenster" bis zum 13.
Januar 2008 im Museum Ludwig in Köln zu sehen waren.

> „Die unterschiedlichen Entwurfsvarianten geben einen Einblick in das komplexe
> Zusammenspiel von Zufall und Kalkül, das dem auf 72 Farbtönen aufbauenden
> Glasmosaik im Dom zugrunde liegt, das sich zwischen dem Maßwerk auf etwa
> 113 Quadratmetern entfaltet. Richters Bild ,4096 Farben' von 1974 bildet einen
> ebenso spannungsvollen wie aufschlussreichen Bezugspunkt, auf den die ersten
> Entwürfe zurückgehen; derzeit ist es im Kontext der permanenten Sammlung mit

---

1   „Diskurse markieren [...] Kontextualisierungszusammenhänge" – hier wäre mit Busse
    (2007: 82) von nicht intendierten oder von nicht-intendierten, aber bewussten (als bewusst
    unterstellten) Kontextualisierungen zu sprechen.
2   Zur Entwicklung des Erzbistums Köln vgl. Seibert (1999), zum Domkapitel und zur
    geistlichen Verwaltung besonders ebd. (1265 f.)

Werken Gerhard Richters im 2. Obergeschoss des Museum Ludwig zu sehen." ([3 Ausstellungstext] APÖK 2007)

Das Domfenster wurde am Samstag, den 25. August 2007 mit einem Festgottesdienst eingeweiht. Dompropst Norbert Feldhoff hob die Funktion des Fensters für die „Verherrlichung Gottes" heraus und betonte, dass der Dom auch fortan ein „Gotteshaus und kein Museum" ([8 Meldung]) sei. Domkapitular Prälat Sauerborn lobt die „überwältigende Farbenfülle" des Fensters, das eine „Symphonie des Lichts sei, in der alle Farben des Doms erklingen" ([7 Bericht] Wortel 2007).

> „Wie eindrucksvoll das Richter-Fenster das Licht bricht, zeigt anschließend ein so genannter Weihrauchritus: Der Rauch steigt hoch ins Südquerhaus und macht plötzlich unzählige bunte Strahlen sichtbar, die das Licht in den Dom wirft. ‚Himmel und Erde berühren sich', sagt Hildegard Müller-Brünker leise. Die Theologin hat eine direkte Sicht auf das neue Fenster und ist beeindruckt. ‚Das ist doch ein schönes Symbol: Gott scheint durch das Fenster hindurch.'" ([7 Bericht] Wortel 2007)

Die Dombaumeisterin Barbara Schock-Werner bezeichnet es als „sakrales Fenster, weil es [...] die Schönheit von Gottes Schöpfung repräsentiert" ([9 Meldung] und [10 Bericht] Hofsähs 2007). Bereits am Donnerstag, dem 23. August 2007, äußerte sie gegenüber dem WDR, dass das Fenster „farbig aus[sehe], aber nicht zu bunt, sondern strahlend, glänzend." In seiner „Zurückgehaltenheit" habe es gleichzeitig „etwas ganz Überirdisches. Das Licht fließt fantastisch durch die Farben hindurch." ([4 Meldung]). Die Öffentlichkeit jedenfalls ist sich einig: Das „Richter-Fenster" ([9 Meldung] und [10 Bericht] Hofsähs 2007) ist ein „Meisterwerk" ([5 Interview] Hoffmans 2007). Bei seinem Anblick dürfe „man von Auferstehung, von Erlösung sprechen" ([6 Kommentar] Spies 2007). Die Kölner bezeichnen es bereits als „Konfettifenster" ([7 Bericht] Wortel 2007).

Allerdings sind auch Misstöne vernehmbar. Es gilt als offenes Geheimnis, dass der Kardinal mit der Entscheidung des Domkapitels für Richters Entwurf weniger zufrieden ist: In einem Interview in der WELT vom 25. August 2007 wird Schock-Werner mit der Frage konfrontiert, wie Kardinal Meisner auf die Entscheidung des Domkapitels reagiert habe, da er ja bekanntlich mit dem „Richter-Entwurf" nicht einverstanden sei. Sie kommentiert knapp: „Das ist ein heikles Thema. Aber der Kardinal hat keine Entscheidungsbefugnis im Dom, sondern nur das Domkapitel." ([5 Interview] Hoffmans 2007)

Dieses ‚heikle Thema' bringt der KÖLNER STADT-ANZEIGER mit einer Meldung in seiner Online-Ausgabe am Montagvormittag, den 27. August 2007, zur Sprache: „Meisner wollte das neue Domfenster nicht" ([11 Meldung]). Unter Berufung auf einen engen Vertrauten wollte der

ANZEIGER auch in Erfahrung gebracht haben, dass Meisner den Entwurf
Richters zu verhindern suchte, da er – wie auch Teile des Domkapitels –
lieber figürliche Darstellungen, etwa von Heiligen und Märtyrern des 20.
Jahrhunderts, für das Fenster im Südquerhaus des Doms wünschte. Nun
erschien plötzlich auch das Fernbleiben Meisners zur Einweihung des
Fensters in neuem Licht. Dompropst Feldhoff, der sonst zur Haltung
Meisners „mit Sicherheit nichts sagen" wollte, bot für das Fernbleiben
Meisners eine Erklärung: „Der ursprünglich geplante Weihetermin hat
sich nach Feldhoffs Worten verschoben und kollidierte dann mit einer seit
langem geplanten Polenreise des Kardinals." Auch der Sprecher des Kardinals, Christoph Heckeley, verwies auf die Reiseplanung Meisners (vgl.
[11 Meldung]). Wenig später ist das Thema im Online-Angebot der deutschen Tagespresse unter Berufung auf den KÖLNER STADT-ANZEIGER
präsent, wie einige wenige Beispiele zeigen:

> „Kölner Stadt-Anzeiger: Meisner wollte Richter-Fenster für den Kölner Dom
> nicht. Heftige Auseinandersetzungen mit dem Domkapitel" ([12 Meldung]) –
> „Kunst im Kölner Dom. ‚Der Kardinal wollte dieses Fenster nicht'. Das von dem
> weltberühmten Künstler Gerhard Richter entworfene Fenster des Kölner Doms
> ist offenbar gegen den Willen des Erzbischofs Kardinal Joachim Meisner realisiert
> worden. Ein Vertrauter Meisner (sic!) berichtet von heftigem Streit." (13 Mel-
> dung]) – „Meisner wollte Medienbericht zufolge das Richter-Fenster in Kölner
> Dom verhindern." ([14 Meldung]) – „Kontroverse mit dem Domkapitel. Meisner
> wollte angeblich Richter-Fenster verhindern." ([15 Meldung])

Zweifel daran, ob der Kardinal denn tatsächlich sich in diesem Sinne geäußert habe, die in diesen Meldungen noch mitschwingen, räumt Meisner
kurz darauf selbst aus. Am Mittwoch, den 29. August 2007, meldet der
DÜSSELDORFER EXPRESS:

> „‚Das Fenster passt nicht in den Dom', sagte Erzbischof Joachim Kardinal Meis-
> ner (73) [...]. ‚Es passt eher in eine Moschee oder in ein Gebetshaus. Wenn wir
> schon ein neues Fenster bekommen, dann soll es auch deutlich unseren Glauben
> widerspiegeln. Und nicht irgendeinen.'" ([16 Meldung])

Noch am selben Abend liest man im Online-Angebot des KÖLNER
STADT-ANZEIGERS: „Domfenster passt eher in eine Moschee" ([17 Be-
richt] Berger/Imdahl 2007). „Ausgerechnet" ([18 Bericht] Kuhn 2007) am
„Rande einer Veranstaltung in Düsseldorf" sagte Meisner dem EXPRESS:
„Das Fenster passt nicht in den Dom. Es passt eher in eine Moschee oder
in ein Gebetshaus" ([17 Bericht] Berger / Imdahl 2007). Dieses verkürzte
Zitat wird zur Quelle für die öffentliche Berichterstattung und Auseinan-
dersetzung mit der Kritik Meisners (vgl. z. B. [21] und [22 Meldung]).
FOCUS-ONLINE ordnet das Thema als ein politisches ein und meldet:
„Meisner beklagt ‚Moscheefenster'" – dem Titel ist dabei nicht mehr zu
entnehmen, ob es sich beim Begriff „Moscheefenster" um ein direktes

Zitat Meisners handelt oder um die Hervorhebung eines Ausdrucks ([20 Bericht] Mayer 2007). In anderen Meldungen wird das Modaladverb „eher" durch das adverbial gebrauchte und nicht synonyme „besser" ersetzt. Damit wird die Aussage Meisners vereindeutigt und der Entwurf Richters zusätzlich abgewertet. Der TAGESSPIEGEL schließlich kommentiert die Dimensionen des „Fensterstreits" vor der Folie der Diskussionen in der Stadt Köln ([18 Bericht] Kuhn 2007). Mit diesen Meldungen ist am 30. August 2007 der Höhepunkt des „Fensterstreits" erreicht. Der stellvertretende Sprecher des Erzbistums Köln, Christoph Heckeley, wird am Nachmittag desselben Tages die Äußerung und die Intention des Kardinals erklären:

> „Meisner habe ihm erklärt, er habe tatsächlich gesagt, er könne sich das Gerhard-Richter-Fenster genau so gut in einer Moschee vorstellen, zumal der Islam ja ein ausdrückliches Bilderverbot kenne und das Dom-Fenster ohne figürliche Darstellung auch in einer Moschee möglich sei. Allerdings bestätigte Heckeley, dass Meisner nicht mit dem Fenster einverstanden gewesen sei, er hätte sich für den Dom etwas ‚weniger Beliebiges' vorstellen können. Heckely betonte, er verstehe die Aufregung um das Thema nicht: ‚Über Kunst kann man streiten und der Kardinal hat eben seine eigene Meinung', sagte er." ([23 Meldung])

> „Dombaumeisterin Barbara Schock-Werner hatte das Richter-Fenster unmittelbar vor der Enthüllung für seinen ‚fast überirdischen Glanz' gelobt und betont, es werde bislang von niemandem als Fremdkörper in der gotischen Kathedrale empfunden. Dagegen verwies Heckeley darauf, dass die Meinungen über das Glasfenster bei Bevölkerung und Besuchern ‚sehr weit auseinandergehen'." ([22 Meldung])

Zur gleichen Zeit veröffentlichen die überregionalen Tageszeitungen und Rundfunksender Kommentare (DEUTSCHLANDRADIO) oder bereiten diese für die Publikation am nächsten Tag vor (FAZ).

> „Und nun kommt Joachim Kardinal Meisner und sagt, das neue abstrakte Kirchenfenster Gerhard Richters passe besser in eine Moschee als in den Dom. Was in Anbetracht des Verbotes figürlicher Darstellungen im Islam vordergründig nicht falsch ist, hintergründig aber das ganze kirchenkunsthistorische Elend des Ikonoklasmus, der Bilderstürmerei wachruft, die in verschiedenen Phasen im Osten wie im Westen Tabula rasa erzeugte. Bilder sollen nicht ablenken von der Botschaft, aber solange der größte Teil des Christenvolkes nicht lesen konnte, brauchte man Bilderzyklen, um die biblische Geschichte zu erzählen. Und nun das neue abstrakte Fenster? Und wenn es eine Verlängerung der Sammlung Ludwig in den Dom wäre, stellt es nicht die Schönheit des Schöpfungstages dar, da das Licht vom Dunkel geschieden wurde? Wenige mögen nur zu solcher Assoziation fähig sein – weil wohl mit dem technisch-naturwissenschaftlichen Fortschritt proportional reziprok die emotional-ästhetische Verblödung einhergeht. Doch diese wenigen können die Blinden sehend machen und an einem Ort, wo hinter lauter Gotik Gusseisen drin ist, darf auch an einem Platz Moderne gewagt werden. Bange würde man freilich bei der Frage, ob es sich die benachbarte weit berühmte echt kölsche Braustätte getraut hätte, mit einem solchen Fenster die bestehenden biedermeierlich-betulichen zu ersetzen. Wohl nicht. Aber das Christentum, Eminenz,

Herr Kardinal, ist auch ein Ort der Aufklärung spätestens seit Bonifatius zum Är-
ger der damaligen Grünen die Wodanseiche fällte." ([19 Kommentar] Koczian
2007)

„,Das Fenster passt nicht in den Dom. Es passt eher in eine Moschee oder ein
Gebetshaus', sagte der Erzbischof am Rande der Caritas-Schiffstour ‚Alt und Jung
in einem Boot' in Düsseldorf dem EXPRESS: ‚Wenn wir schon ein neues Fenster
bekommen, dann soll es auch deutlich unseren Glauben widerspiegeln und nicht
irgendeinen.' Befremdend an diesem Verdikt ist auch die Beiläufigkeit, mit der es
in Umlauf gesetzt und zugespitzt wird: Am Rande eines Gottesdienstes auf der
‚MS RheinEnergie' vertraut Meisner seine Auffassung über ein auch theologisch
relevantes Thema einem Boulevardblatt an und schließt sie kurz mit der heftigsten
lokalpolitischen Debatte, die Köln seit Wochen bewegt. Dem Rang des Künstlers,
seinem Werk und dem Ort, für den es geschaffen ist, wird das nicht gerecht. Sehr
ernst kann es dem Kardinal mit seiner Meinung nicht sein, und ernst ist sie, auch
wenn sein Amt und seine Autorität gegen diesen Schluss sprechen, auch nicht zu
nehmen. Denn in der Sache ignoriert sie, dass in der Kathedrale, begründet in den
Fenstern des Domumgangs und fortgesetzt im Obergaden, eine ungegenständli-
che Gestaltung Tradition hat. Diese ist keineswegs nur in den vom Bildverbot bestimmten Zisterzienserkirchen wie dem nahe gelegenen Altenberger Dom, sondern auch in Bischofskirchen präsent. Sie hat – herausragend sind die um 1260
(mithin fast gleichzeitig mit den ersten Kölner Fenstern) entstandenen ‚Fünf
Schwestern' in der Kathedrale von York große Kunstwerke hervorgebracht. Es ist
das gute Recht des Kardinals, sich kritisch auf eine Position des neunzehnten
Jahrhunderts zurückzuziehen – als hätte es Kandinskys Aufsatz ‚Über das Geistige
in der Kunst' von 1911 nicht gegeben. Doch wenn er damit mehr als nur belächelt
werden will, sollte er sie auf einem Podium, wie es das Domforum vis-à-vis der
Kathedrale bietet, darlegen. So aber bedient er altbackene Vorurteile, die dem
Werk eine metaphysische Dimension absprechen, die es schon bei seiner Wei-
hung, an der Meisner nicht teilnahm, aufscheinen ließ: In Richters Fenster kommt
ein mittelalterliches Lichtverständnis zum Tragen, das das Prinzip der Diaphanie
in gesteigerter Form erfahren lässt." ([24 Kommentar] Rossmann 2007)

Am 31. August 2007 erscheinen neben diesen Kommentaren Meldungen,
in denen sich Gerhard Richter zu Meisners Kritik äußert:

„In einem Punkt gibt Richter dem Kardinal recht – seine Fenstergestaltung sei
nicht katholisch: ‚Aber wie sähe eine katholische Gestaltung aus, die nicht plagiatorisch die Historie beschwört und nicht kunstgewerblich ist?' Richter ist eigenen
Angaben zufolge schon als junger Mann aus der evangelischen Kirche ausgetreten
und würde sich heute am ehesten als Agnostiker bezeichnen [...]. Richter fühlt sich
aber als Spross des Christentums: ‚Das Christentum hat uns entscheidend geprägt
und hat sogar Atheisten hervorgebracht.' Der Künstler zeigt in seinem Domfenster eigener Aussage zufolge den Zufall als überwältigende Macht, nicht etwa göttliche Vorsehung. Dennoch vertritt er die Meinung, dass das Fenster sich in sakra-
lem Rahmen am richtigen Platz befinde. Wenn er auch keiner Glaubensgemeinschaft angehöre, so sei er doch der Auffassung, dass ‚man ohne Glauben gar nicht

leben kann', ohne den Glauben an eine höhere Macht oder an ‚etwas Unbegreifliches'."[3]

Am 31. August wird Richter in der Online-Ausgabe des KÖLNER STADT-ANZEIGERS zitiert:

„Gerhard Richter hat die Kritik des Kölner Kardinals Joachim Meisner an seinem neuen Domfenster nicht als übertrieben polemisch empfunden. Und sie ihm also auch nicht verübelt? ‚Nee! Aber er irrt sich ein bisschen. In eine Moschee passt es nicht. Die hätten mich auch nie gefragt.' Er selbst kenne übrigens auch keine Moschee ‚von innen. Das ist gar nicht meine Welt. Ich wäre nicht auf die Idee gekommen, ihnen so ein Fenster vorzuschlagen.' Der Kölner Maler hatte aber, was die jetzt tatsächlich vorgebrachte Kritik Meisners betrifft, ‚schon so was geahnt' – nicht den Hinweis auf eine Moschee, aber die Möglichkeit, dass ihm sein Entwurf ‚nicht passen' könne. Und so schwante Richter bereits im Voraus, ‚das könnte der Einzige sein, der mitkriegt, dass das wirklich nicht katholisch ist, das Fenster', sagt er im Gespräch mit dem KÖLNER STADT-ANZEIGER. [...] Richter hält [entgegen Meisner] sein Fenster an diesem Ort mit dieser Bedeutung für sinnvoll. Natürlich könne man sich fragen, ob eine solche ästhetische Lösung nicht auch an anderen Orten denkbar wäre: ‚Denkbar ist vieles.' Woanders aber ‚wäre es eben nicht so geworden', wie es sich jetzt im Dom zeige. Der Dom und die Katholiken ‚haben mich gefragt', so Richter, deshalb sei es müßig, über ‚Wenn und Aber' zu spekulieren. ‚Der Islam ist nicht meine Kultur, und ich glaube daran und bin fest überzeugt davon: Wir haben eine Vergangenheit, die uns prägt, egal, ob ich jetzt katholisch bin oder nicht.' Das Christentum habe ‚auch die Atheisten gemacht, sozusagen.' [...] Er habe ein ‚metaphysisches Bedürfnis, eine Sehnsucht: Ich würde ja gerne was glauben. Ich glaube ja auch ständig irgendetwas, von Mal zu Mal – nicht an den lieben Gott, aber es ist doch eh ganz unbegreiflich alles.' Sind ihm zeitgenössische Beispiele einer gelungenen Begegnung von Kunst und Kirche bekannt? ‚Nein, tut mir leid. Ich bin allerdings so gut auch nicht informiert.' Doch das meiste, ‚was ich so kenne, ist unangenehm, irgendwie falsch, gemimt auf religiös. Und die Kirchenleute, die über Kunst reden, sind ja auch ganz hilflos. Sie klammern sich an irgendwelche Symbole.'" ([29 Bericht] Imdahl 2007)

Neben Richter und Meisner werden jetzt auch andere Gewährsmänner über das Domkapitel hinweg gehört. Die RHEINISCHE POST-Online bezieht den Direktor des Museums Ludwig, Kaspar König, und den Kunsthistoriker Werner Spies, er hatte den Artikel „Ozean aus Glas" für die FAZ verfasst ([6 Kommentar] Spies 2007), in die Diskussion ein:

„Der Kölner Museumsdirektor Kasper König sagte, Meisners ‚unqualifizierte Bewertung' sei kein Beitrag zur Kulturdiskussion: ‚Meisner wurmt nur, dass er im Kölner Dom nichts zu kamelle hat', sagte König unserer Zeitung. Außerdem, so König, sei das Werk Richters gar nicht rein abstrakt. Es enthalte ein in anderthalbjähriger Maßarbeit entwickeltes Bildprogramm, das von der Geschlossenheit und von den durchs Licht initiierten Farbeffekten lebe. Es sei gut, dass dieses Meisterwerk gerade im Dom die Moderne markiere. Die Geschichte der Kirchenfenster sei mit wenigen Ausnahmen von klassischen Kirchenfenstergestaltern ge-

---

3   (26 Bericht) Bosetti/Müller (2007). Und im Anschluss daran (28 Bericht) Ahlers (2007) sowie (27 Meldung).

schrieben worden. Richter sei es gelungen, mit seiner zurückgenommenen Expressivität einen neuen Maßstab zu setzen. Für den Kunsthistoriker Werner Spies
kommt dieser Streit nicht überraschend. ‚Das zeigt uns nur wieder den Bruch zwischen Klerikern und Kunst‘, sagte Spies gegenüber unserer Zeitung. Er halte die
Kritik des Erzbischofs für eine verbitterte Reaktion. ‚Gerade im Augenblick, wo
es um Entspannung in der Welt und zwischen den Religionen geht‘, so Spies weiter, ‚ist Meisners Position indiskutabel und eine unnötige aggressive Reaktion gegenüber einem anderen Glauben.‘“ ([26 Bericht] Bosetti/Müller 2007)

Die Redaktion des DEUTSCHLANDRADIOS geht einen Schritt weiter: Dieter Kassel moderiert am 31. August 2007 ein Interview mit dem Architek-
ten Paul Böhm zu der Frage, ob das von Richter geschaffene Fenster vielleicht nicht besser in die von ihm entworfene Zentral-Moschee in Köln
passe – was Böhm verneint und statt dessen erklärt:

„Und das Problem ist ja eigentlich, dass jetzt hier im Kölner Dom ein zeitgenössi-
sches, modernes Kunstwerk entstanden ist, was es eigentlich so in den letzten 20
und 30 Jahren nicht gegeben hat. In meinen Augen zumindest ist das Problem so
ein bisschen, dass in der katholischen Kirche so in den letzten Jahren der Anschluss verloren gegangen ist an die moderne Kunst, und durch dieses Fenster
und durch die Diskussion darüber, finde ich, ist das eigentlich wieder auf die Ta-
gesordnung gekommen. Und auch, wenn es der Herr Meisner nicht gewollt hat, er
hat eigentlich die moderne Kunst wieder in der katholischen Kirche aktuell gemacht, und das finde ich eigentlich sehr gut.“ ([25 Interview] Kassel (2007])

Dieses Interview fällt mit der Veröffentlichung eines Berichts auf der
Internetpräsenz der SÜDDEUTSCHEN ZEITUNG zeitlich zusammen: Am
Abend des 30. August 2007 hielt Meisner bei der Eröffnung der Ausstel-
lung „Gott und Mensch – Christusbilder zeitgenössischer Künstler“ in der
Thomas-Morus-Akademie in Bergisch Gladbach-Bensberg den Eröff-
nungsvortrag „Wie viel künstlerische Avantgarde verträgt die Kirche?“.
Meisner habe sich hier „mehr Avantgarde-Kunst über Christus“ ([27 Mel-
dung]) gewünscht, damit ist die Diskussion zwischen „Klerikern und
Kunst“ (Spies) an dieser Stelle vorerst beendet.

Am 1. September 2007 wird in der FAZ.NET noch einmal der Versuch unternommen, den „Kölner Fensterstreit“ weiterzuführen. Im Feuilleton kommt neben der (evangelisch-lutherischen) hannoverschen Landesbischöfin Dr. Margot Käßmann die Bundesvorsitzende von Bündnis
90/Die Grünen, Claudia Roth, zu Wort. Damit hat die Diskussion den
engeren Rahmen zwischen ‚Kunst und Klerikern‘ verlassen und zieht nun
auch (religions-)politische Kreise.

„„Der Kölner Kardinal Joachim Meisner ist mit seiner Kritik, das neue, abstrakte
Kirchenfenster von Gerhard Richter im Kölner Dom könne genauso gut in einer
Moschee hängen, auf Widerspruch in Politik und Kirche gestoßen. Nach Ansicht
der Grünen-Vorsitzenden Claudia Roth offenbart diese Äußerung ‚eine funda-
mentalistische Geisteshaltung und eine große Distanz gegenüber einem Dialog der
Religionen‘. Auch Abstraktion könne eine Glaubenssprache sein, sagte die hanno-

versche Landesbischöfin Margot Käßmann der Frankfurter Allgemeinen Sonntagszeitung. Der Verzicht auf Figuren zeige die Fähigkeit zum Dialog und eröffne neue Dimensionen der Spiritualität, ‚nach denen wir ja in unseren Kirchen suchen'. Es sei großartig, einen so renommierten Künstler wie Gerhard Richter für die Ausgestaltung eines Gotteshauses gewonnen zu haben. Frau Käßmann nannte die Kritik Meisners ‚eine sehr persönliche Wahrnehmung des Kardinals'. Katholische Bischöfe wollten sich auf Anfrage zu dem Fensterstreit nicht äußern. Niemandem müsse die Arbeit eines weltberühmten Künstlers gefallen, sagte Frau Roth. Richters Arbeit aber in den Islam abzuschieben, sei ‚auf seltsame Weise borniert'." ([30 Bericht] Wrangel/Lohse 2007)

Der „Fensterstreit" wird durch überregionale und prominentere Themen, die verhinderten, dass die Debatte in der Politik weitergeführt wird, schnell beendet: Am 2. September meldete der SPIEGEL, dass das Bundesinnenministerium das Waffenrecht lockern wolle ([31 Meldung]), worauf der Innenminister Wolfgang Schäuble in den nächsten Tagen in den Fokus der Berichterstatter rückte. Am 5. September 2007 wird die Verhaftung von drei mutmaßlichen Terroristen bekannt, die Anschläge auf den Frankfurter Flughafen und die US-Militärbasis Ramstein geplant hatten ([32 Meldung]). Auch in der regionalen Presse wird ab dem 4. September 2007 der Haltung des Erzbischofs zum Domfenster keine Beachtung mehr geschenkt ([33 Bericht] Zitzen 2007). Man kann schließlich nur schwer erahnen, mit welcher Intention oder auf Grund welcher Unbedachtheit Kardinal Meisner und/oder sein Sprecher Heckeley am 14. September 2007 wieder mit einem Paukenschlag ins Licht der Öffentlichkeit traten, doch das wird ein anderes Mal Thema sein müssen.[4]

---

4 „Anlässlich der Einweihung des Kölner Diözesanmuseums Kolumba hat Kardinal Joachim Meisner an die Verantwortung der Künstler erinnert. ‚Dort, wo die Kultur von der Gottesverehrung abgekoppelt wird, erstarrt der Kultus im Ritualismus und die Kultur entartet. Sie verliert ihre Mitte', sagte Meisner laut vorab verbreitetem Manuskript am Freitag [den 14.09.2007] bei einem Festgottesdienst im Kölner Dom." (vgl. [34 Meldung]) – Der Zusammenhang zwischen „Entartung" und „Kultur", den Meisner in seiner Predigt herstellte, löste lauten Protest aus. Am Dienstag, den 18.09.2007, wird auf FAZ.NET eine Stellungnahme Meisners für die Mittwochsausgabe angekündigt, in der Meisner sein Bedauern über das „Missverständnis" ([35 Meldung]) ausdrücken werde. Am Mittwoch erscheint dann die Stellungnahme Meisners ([36 Kommentar] Meisner 2007).

3 Der „Fensterstreit" aus der Perspektive des Forschungsnetzwerks „Sprache und Wissen"

In unserem Zusammenhang muss nun interessieren, aus welchen Perspektiven das Forschungsnetzwerk „Sprache und Wissen" auf die vorgestellte Debatte blickt und welche Schlussfolgerungen sich für das spezifische Verhältnis von (sprachlichen) Vermittlungsleistungen zwischen der Domäne „Religion" und der Öffentlichkeit ergeben. Hier – an diesem Ausschnitt wäre dies auch nicht zu leisten – soll zunächst die Sprache in ihrer Bedeutung als Konstituierungsmedium fachlichen Wissens noch nicht in den Blick genommen werden, sondern die Probleme öffentlicher Kommunikation über das Wissen einer Domäne. Dass Rückschlüsse auf die Art des in einer Domäne kommunizierten Wissens anhand beobachteter sprachlicher Phänomene gezogen werden können, führte das Forschungsnetzwerk eindrücklich mit der Publikation „Semantische Kämpfe in Wissensdomänen" (Felder 2006b) vor.

Ausgehend von der Auffassung, dass sich Wissen sprachlich konstituiert und dass damit „der Sprachgebrauch die Sachverhaltskonstitution" prägt und daher Semantik streitbar ist (Felder 2006a: 1 f.), kann man dann von „semantischen Kämpfen" sprechen, wenn sich die für die Konstitution von Wissen bedeutenden Kämpfe als Kämpfe um angemessene Benennungen, Kämpfe um Bedeutungen (und Teilbedeutungen) und Kämpfe um Sachverhalte beschreiben lassen. Auf der Hand liegt, dass nicht Benennungsschwierigkeiten oder in der Sache selbst liegende Gründe für die Durchsetzung von Benennungs- und Bedeutungsalternativen, sondern Durchsetzungsversuche von Herrschafts- und Machtansprüchen eine entscheidende Rolle spielen. Der „Kölner Fensterstreit" resultiert aus sprachlichen Sachverhaltspräsentationen, die nicht reflektiert werden (Felder 2006a: 2) und aus einer Wissensdomäne an die Öffentlichkeit dringen, „veröffentlicht" und dann „öffentlich" diskutiert werden. In diesem Beispiel haben wir daher nicht versprachlichte Sachverhaltspräsentationen innerhalb einer Wissensdomäne zu untersuchen, sondern das kommunikative Zusammenspiel einer Wissensdomäne und der überregionalen Öffentlichkeit in einem medialen Diskurs. Die verschiedenen Bezeichnungsalternativen für das Fenster im Südquerhaus des Doms deuten darauf hin, dass verschiedene Domänen Anteil am „Fensterstreit" haben. Ich werde im Folgenden vier Bezeichnungsalternativen vorstellen, die sich je durch eine spezifische Perspektivität auszeichnen (Köller 2004). Sie indizieren verschiedene am Streit beteiligte Diskursbereiche.

Der hier noch einmal ausgebreitete „Fensterstreit" ist als ein Diskurs zu verstehen, der sich durch Äußerungen und Aussagen sich konstituiert, die von den an der Debatte Beteiligten intendiert oder nicht-intendiert, aber bewusst (als bewusst unterstellt) dem Diskurs zugeordnet werden und als solche auch erkannt werden sollen, da „Diskurse [...] Kontextualisierungszusammenhänge" markieren (Busse 2007: 82).[5] Als Indiz für eine intendierte Kontextualisierung ist die Verwendung der bereits beschriebenen Wortneuschöpfungen zu bewerten, die das Fenster im Südquerhaus des Kölner Doms bezeichnen. Als nicht-intendierte, aber bewusste (als bewusst unterstellte) Kontextualisierung ist u. a. Meisners Äußerung einzuschätzen – sie wird in verschiedenen Diskursbereichen aufgegriffen und ausgedeutet. Sie steigert die Dynamik des Diskurses:

> „‚Das Fenster passt nicht in den Dom', sagte Erzbischof Joachim Kardinal Meisner (73) [...]. ‚Es passt eher in eine Moschee oder in ein Gebetshaus. Wenn wir schon ein neues Fenster bekommen, dann soll es auch deutlich unseren Glauben widerspiegeln. Und nicht irgendeinen.'" ([16 Meldung])

Ich werde im Folgenden aus diskursanalytischer Perspektive die am medialen Diskurs „Fensterstreit" beteiligten Diskursbereiche rekonstruieren, die die Bezeichnungsalternativen für das Fenster indizieren, um schließlich verschiedene Aussagenkomplexe und die ihnen innewohnenden Argumentationstopoi und Konzepte beschreiben zu können (vgl. Wengeler 2007: 167 und 170).

3.1   (Religions-)Politischer Diskursbereich: Das ‚Moschee-Fenster'

Das ‚Moschee-Fenster' bezeichnet wie die Begriffe ‚Dom-' oder ‚Richter-Fenster' denselben Gegenstand. Während ‚Dom-Fenster' aber im Gestus als neutral, sachverhaltsbezogen, und ‚Richter-Fenster' den Kunstwertcharakter des Fensters betont und dem Diskursbereich des Ästhetischen zuzuordnen ist, ist der Begriff des ‚Moschee-Fensters' ein offensiver, politisch gebrauchter Begriff, der von Kritikern Kardinal Meisners als Stigmawort eingesetzt wird (Hermanns 1982: 92). Er wird als Ausdruck in der Schlagzeile „Meisner beklagt ‚Moscheefenster'" ([20 Bericht] Mayer 2007) explizit verwendet, um eine (unterstellte) Haltung des Erzbischofs anzug-

---

5   Zum Verständnis vom „Diskurs als Korpus" vgl. Busse (1987); Busse/Teubert (1994). Zur Entwicklung der Forschung vgl. Warnke (2007a: 8f.), zur weiteren Diskussion Konerding (2007) und zur Reformulierung mittels des Kontextualisierungsbegriffs vgl. Busse (2007: 82 ff.).

reifen. Verwendet man den Ausdruck als Begriff für ein handlungsleitendes Konzept, dann lassen sich bestimmte Aussagenkomplexe vor dem
Hintergrund dieses Konzepts mittels des Instruments der Argumentationstopoi identifizieren und interpretieren, ohne dass der Ausdruck selbst
expliziert werden muss.

> „Nach Ansicht der Grünen-Vorsitzenden Claudia Roth offenbart diese Äußerung
> ‚eine fundamentalistische Geisteshaltung und eine große Distanz gegenüber einem
> Dialog der Religionen'. […] Niemandem müsse die Arbeit eines weltberühmten
> Künstlers gefallen, sagte Frau Roth. Richters Arbeit aber in den Islam abzuschie-
> ben, sei ‚auf seltsame Weise borniert'." ([30 Bericht] Wrangel/Lohse 2007)

Mit dem Begriff des Argumentationstopos sind „Plausibilitäten – und
nicht auf formal-logisch gültige Schlüssigkeit – zielende Argumentationen" zu erfassen, die die Erschließung gemeinsamer Denkmuster und
Argumentationen in der Zuordnung zu bestimmten Motiven erlauben
(Wengeler 2007: 167). Auch wenn für die Analyse von Topoi im Bereich
der Kommunikation zwischen verschiedenen Religionsgemeinschaften
und der Öffentlichkeit noch detaillierte Einzeluntersuchungen ausstehen,
können an dieser Stelle durch die Adaptation der von Wengeler für den
Migrationsdiskurs beschriebenen Argumentationstopoi verschiedene Aussagenkomplexe analysiert werden. Der in der FAZ zitierten Aussage Claudia Roths liegt eine Variante des Vorurteils-Topos zu Grunde, der hier –
im besonderen Falle der Einschätzung anderer Religionsgemeinschaften –
etwas spezieller formuliert werden muss (*Weil Vorurteile gegen bestimmte
religiöse Gruppen bestehen, gibt es ein bestimmtes Problem. Wenn solche Vorurteile
beibehalten werden, kann das Problem nicht gelöst werden*). Auf dieser Basis ruht
der Topos vom, und dies ist eine vorläufige Formulierung, Kampf der
Religionsgemeinschaften (*Wir nehmen andere Religionsgemeinschaften als anders-
artig war und schätzen unsere eigene Religion im Vergleich dazu als höherwerti-
ger/minderwertiger ein.*), der hier bei Roth gleichzeitig durch die Synonymset-
zung von Religionsgemeinschaft und Kulturgemeinschaft als eine Variante
des Topos vom Kulturkampf interpretiert werden muss. Diesen Topos
erkennt Roth in der Äußerung Meisners und weist ihn aufs Schärfste zurück („fundamentalistische Geisteshaltung"). Im politischen Diskursbereich wird Meisner bei der Verwendung der Ausdrücke „Moschee" und
„Gebetshaus" unterstellt, diese als Stigmawörter pars pro toto für die
Glaubensgemeinschaft des Islam zu gebrauchen („aber in den Islam abzuschieben […] ist borniert"). Vor dem Hintergrund der Diskussion um den
Moscheeneubau in Köln-Ehrenfeld[6] liegt der Schluss Roths angesichts der

---

6   Vgl. Sommerfeld (2008).

umstrittenen Rolle, die Meisner als einer der größten Kritiker des Neubaus einnimmt, nahe.

Weiterhin spricht Roth Kardinal Meisner die Fähigkeit ab, am „Dialog der Religionen" teilzunehmen. Der „Dialog" ist als Fahnenwort, als positiv affirmatives Schlagwort,[7] mittlerweile als Hochwertwort auf der Ebene europäischer (Außen-)Politik angekommen und ruft hier über das Genitivattribut Diskurse auf, die kategorial anderer Natur zu sein scheinen als ein Fenster im Dom. Die positive Bewertung des „Dialogs der Religionen" deutet auf den Komplex der Verständnis-Topoi hin, der hier im Anschluss an Wengeler wieder dem Gegenstand gemäß modifiziert werden soll (*Wenn Angehörige einer Religionsgemeinschaft und dieser Religionsgemeinschaft nicht Angehörende sich besser kennen lernen und mehr Verständnis füreinander aufbringen, können Konflikte zwischen den Angehörigen beider Religionsgemeinschaften gelöst werden*). Die Stellungnahme des Kunsthistorikers Werner Spies gegenüber der RHEINISCHEN POST ist dem politischen Diskursbereich zuzuordnen. Ihr liegen sowohl der Vorurteils- als auch der Verständnistopos zu Grunde:

> „Für den Kunsthistoriker Werner Spies kommt dieser Streit nicht überraschend. ‚Das zeigt uns nur wieder den Bruch zwischen Klerikern und Kunst', sagte Spies gegenüber unserer Zeitung. Er halte die Kritik des Erzbischofs für eine verbitterte Reaktion. ‚Gerade im Augenblick, wo es um Entspannung in der Welt und zwischen den Religionen geht', so Spies weiter, ‚ist Meisners Position indiskutabel und eine unnötige aggressive Reaktion gegenüber einem anderen Glauben.'" ([26 Bericht] Bosetti/Müller 2007)

Die Bischöfin Käßmann spricht ebenfalls über einen „Dialog":

> „Auch Abstraktion könne eine Glaubenssprache sein, sagte die hannoversche Landesbischöfin Margot Käßmann der Frankfurter Allgemeinen Sonntagszeitung. Der Verzicht auf Figuren zeige die Fähigkeit zum Dialog und eröffne neue Dimensionen der Spiritualität, ‚nach denen wir ja in unseren Kirchen suchen'. Es sei großartig, einen so renommierten Künstler wie Gerhard Richter für die Ausgestaltung eines Gotteshauses gewonnen zu haben. Frau Käßmann nannte die Kritik Meisners ‚eine sehr persönliche Wahrnehmung des Kardinals'." ([30 Bericht] Wrangel/Lohse 2007)

Im Zusammenhang mit den Äußerungen von Roth und Spies ist zu schließen, dass auch Käßmann dem Kardinal die „Fähigkeit zum Dialog" abspricht. Allerdings hat sie den positiv bewerteten „Dialog" als Mittel, um Differenzen zwischen verschiedenen Gruppen abzubauen, zwischen anderen Gruppen im Blick als Spies und Roth. Käßmann spricht vom „Dialog" zweier Religionsgemeinschaften. Hinter der Variante des Verständnis-Topos liegt hier – vielleicht in ironischer Wendung an Meisner

---

7   Vgl. Busse (1987), Fritz (1993) und vor allem Hermanns (1994: 16).

persönlich adressiert – eine Form des Topos vom Kampf der Religionsgemeinschaften zu Grunde, in dem sie gerade der Katholischen Kirche
zuruft, von figürlichen Darstellungen Abstand zu nehmen. Das Stichwort
gibt Meisner und sie nimmt es auf und ruft damit wie Meisner selbst das
„ganze kirchenkunsthistorische Elend des Ikonoklasmus" ([19 Kommen-
tar] Koczian 2007) auf den Plan.

Um die Differenzen zwischen verschiedenen Gemeinschaften zum
Thema zu machen, müssen Differenzen jedoch überhaupt erst erkannt
werden können und auch als solche markiert werden. Der „Dialog", der
gefordert wird, um über Gemeinsamkeiten und Unterschiede verschiedener Gemeinschaften zu reflektieren, ist also nur dann möglich, wenn die je
eigene Position stets expliziert wird. Dies hat Meisner versucht:

> „Das Fenster passt nicht in den Dom', sagte Erzbischof Joachim Kardinal Meis-
> ner (73) [...]. ‚Es passt eher in eine Moschee oder in ein Gebetshaus. Wenn wir
> schon ein neues Fenster bekommen, dann soll es auch deutlich unseren Glauben
> widerspiegeln. Und nicht irgendeinen." ([16 Meldung])

Ob dieses Diskursereignis, welches das Medienevent „Fensterweihe"
empfindlich störte, durch Meisner in Kenntnis des medialen Diskurses
bewusst gesetzt wurde oder ob es unbedacht in den medialen Diskurs
gestreut und dann von den beteiligten Domänen als Diskursereignis interpretiert wurde, kann mit letzter Sicherheit nicht gesagt werden. Davon
abgesehen gab die Äußerung dem medialen Diskurs einen kräftigen
Schub, der durch Ergänzungen und Erläuterungen der Drosselung be-
durfte. Vor allem die Passage „passt eher in eine Moschee oder in ein
Gebetshaus" wurde vom Sprecher des Erzbistums, Christoph Heckeley,
nachträglich erläutert.

> „Meisner habe ihm erklärt, er habe tatsächlich gesagt, er könne sich das Gerhard-
> Richter-Fenster genau so gut in einer Moschee vorstellen, zumal der Islam ja ein
> ausdrückliches Bilderverbot kenne und das Dom-Fenster ohne figürliche Darstel-
> lung auch in einer Moschee möglich sei. Allerdings bestätigte Heckeley, dass
> Meisner nicht mit dem Fenster einverstanden gewesen sei, er hätte sich für den
> Dom etwas ‚weniger Beliebiges' vorstellen können. Heckely betonte, er verstehe
> die Aufregung um das Thema nicht: ‚Über Kunst kann man streiten und der Kar-
> dinal hat eben seine eigene Meinung', sagte er." ([23 Meldung])

Neben der Erläuterung setzt der stellvertretende Sprecher des Erzbistums
noch auf eine weitere Strategie. Gegenüber dem HANDELSBLATT weist
Heckeley darauf hin, dass „die Meinungen über das Glasfenster bei Bevölkerung und Besuchern ‚sehr weit auseinandergehen'." ([22 Meldung])
Damit markiert er, dass Meisner mit seiner Kritik nicht alleine stünde.
Doch niemand reagiert auf die Ausweichstrategien Heckeleys, statt dessen
wird dem Vertreter der Katholischen Kirche entgegnet, dass die Markie-

rung von Differenzen seitens der Kirche vor dem Hintergrund des „Dialogs der Religionen" als unzeitgemäß, unmodern und borniert gelten kann. In der Terminologie des Forschungsnetzwerks oder der Foucaultschen Diskursanalyse: Im (religions-)politischen Diskursbereich, der wie an der Äußerung Spies' zu erkennen ist, in den ästhetischen Diskursbereich hineinreicht, werden die Durchsetzungsversuche von Herrschaftsansprüchen einer Partei – hier der Katholischen Kirche – energisch zurückgewiesen.

3.2   Kunstästhetischer Diskursbereich: Das ‚Richter-Fenster'

Verwendet man den Begriff des ‚Richter-Fensters', ordnet man das Fenster im Dom dem Werk eines Künstlers zu. Das Fenster wird damit aus seiner funktional bestimmten Umgebung und auch aus dem Kontext der Kirchenkunsthistorie herausgelöst und als Kunstwerk betrachtet. Mit dem als Fahnenwort gebrauchten Begriff verteidigen die Befürworter das Werk des Künstlers Gerhard Richter. Von den Gegnern des Entwurfs wird der Begriff als Stigma-Wort eingesetzt.

Beim Anblick des „Ozean[s] aus Glas" ([6 Kommentar] Spies 2007) könne man „von Auferstehung, von Erlösung sprechen" ([6 Kommentar] Spies 2007), sagen die Vertreter des sekundären Kunstbetriebs – den entgegen steht die Wahrnehmung als „Pixelei" ([18 Bericht] Kuhn 2007), was die breite Öffentlichkeit dem Erzbistum unterstellt. Während im politischen Diskursbereich der Begriff ‚Moschee-Fenster' als offensiver Begriff zum Einsatz kommt, wird im kunstästhetischen Diskursbereich vor allem der defensive Begriff des ‚Richter-Fensters' verwendet. Die Motivation liegt auf der Hand: Das „Fenster" und vor allem sein Kunstwerk-Charakter sollen gegen die Vorwürfe Meisners verteidigt werden.

> „Der Kölner Museumsdirektor Kasper König sagte, Meisners ‚unqualifizierte Bewertung' sei kein Beitrag zur Kulturdiskussion: ‚Meisner wurmt nur, dass er im Kölner Dom nichts zu kamelle hat', sagte König unserer Zeitung. Außerdem, so König, sei das Werk Richters gar nicht rein abstrakt. Es enthalte ein in anderthalbjähriger Maßarbeit entwickeltes Bildprogramm, das von der Geschlossenheit und von den durchs Licht initiierten Farbeffekten lebe. Es sei gut, dass dieses Meisterwerk gerade im Dom die Moderne markiere. Die Geschichte der Kirchenfenster sei mit wenigen Ausnahmen von klassischen Kirchenfenstergestaltern geschrieben worden. Richter sei es gelungen, mit seiner zurückgenommenen Expressivität einen neuen Maßstab zu setzen." ([26 Bericht] Bosetti/Müller 2007)

König wertet die Äußerung Meisners vor dem Hintergrund der Diskussion über zeitgenössische bildende Kunst als „unqualifizierte" ab. Dies impliziert, dass König Meisners Äußerung nicht dem kunstästhetischen

Diskursbereich zugeordnet sehen will. Vielmehr deute die Äußerung auf
die Unzufriedenheit ob der Entscheidung des Domkapitels, die nicht zu
Gunsten Meisners ausgefallen war. Den ersten Teil seiner Argumentation
spricht er als Vertreter des sekundären Kunstbetriebs, den zweiten Teil als
Kölner, was der Regionalismus „etwas zu kamellen haben" anzeigt. Dem
Fenster schreibt er die Funktion zu, „im Dom die Moderne" zu markieren. Richter habe einen „neuen Maßstab" setzen können, doch in Bezug
worauf? Dies bleibt im Unklaren: Hat Richter in der Kirchenfenstergestal-
tung einen neuen Maßstab gesetzt und/oder in Bezug auf die Markierung
der Moderne im Dom? Diese Offenheit der Bezüglichkeit rührt daher,
dass im kunstästhetischen Diskurs das Fenster – trotz allem – nicht nur
als autonomes Kunstwerk betrachtet wird, sondern immer auch im Zusammenhang mit dem Haus und damit der Kirche, für die es geschaffen
wurde – das ist eine paradoxe Konstruktion, denn zum einen hebt man
das Fenster aus dem Dom heraus und ordnet es dem Werk Richters zu
und zum anderen sieht man seinen Platz als Kirchenfenster genau im
Dom. Weil der Bezug zwischen Fenster, Dom und Katholischer Kirche
wie im politischen Diskursbereich aufrecht erhalten wird und man sich
nicht nur auf den Kunstwertcharakter des Fensters beschränkt, sind hier
dieselben Argumentationstopoi wie im politischen Diskursbereich auszumachen. Denn auch hier läuft die Argumentation darauf hinaus, dem Vertreter der Kirche die Fähigkeit zum „Dialog" abzusprechen – allerdings
nicht zwischen verschiedenen Religions- und Kulturgemeinschaften, sondern zwischen Kunstschaffenden, als deren Sprachrohr hier Spies und
König auftreten, und Vertretern der Katholischen Kirche. Während König seiner Argumentationslogik nach auch für Claudia Roth sprechen
könnte, korrespondiert die Argumentation Paul Böhms im Interview mit
Dieter Kassel mit den Ausführungen Käßmanns (vgl. [25 Interview] Kassel 2007). Die Spannung in der ästhetischen Dimension des Streits wird
vor allem dadurch aufgebaut, dass Meisner mit seiner Äußerung unterstellt
wird, dass er zeitgenössische bildende Kunst als Darstellungsform im
religiösen Rahmen ablehne:

> „Und das Problem ist ja eigentlich, dass jetzt hier im Kölner Dom ein zeitgenössi-
> sches, modernes Kunstwerk entstanden ist, was es eigentlich so in den letzten 20
> und 30 Jahren nicht gegeben hat. In meinen Augen zumindest ist das Problem so
> ein bisschen, dass in der katholischen Kirche so in den letzten Jahren der An-
> schluss verloren gegangen ist an die moderne Kunst, und durch dieses Fenster
> und durch die Diskussion darüber, finde ich, ist das eigentlich wieder auf die Ta-
> gesordnung gekommen. Und auch, wenn es der Herr Meisner nicht gewollt hat, er
> hat eigentlich die moderne Kunst wieder in der katholischen Kirche aktuell ge-
> macht, und das finde ich eigentlich sehr gut." ([25 Interview] Kassel 2007)

Das Fenster und die „Diskussion darüber" macht „eigentlich die moderne Kunst wieder in der katholischen Kirche aktuell". Durch eine solche Diskussion wird sie selbst „moderner", „zeitgemäßer", aktueller" und sensibler gegenüber der Ästhetik moderner Kunst – wenn sie denn zum „Dialog" fähig ist. Dem politischen wie dem ästhetischen Diskursbereich liegen über den Leitbegriff des „Dialogs" strukturell analoge Konzepte zu Grunde, was u. a. daran deutlich wird, dass Spies zugleich die Einstellung Meisners gegenüber anderen Religionen und Kulturen angreifen und die ästhetische Qualität des Fensters loben kann.

Zur Strukturanalogie der beiden Diskursbereiche gehört auch, dass alle Angebote des Gesprächspartners überhört werden. Meisner löst mit der Ansprache zur Einweihung des Diözesanmuseums Kolumba am 14. September 2007 die nächste Debatte aus – diese Segmentierung ist eine rein analytische –, die in ihrer Schärfe den „Kölner Fensterstreit" übertreffen wird und uns an dieser Stelle bezüglich des Konzepts „Dialog" interessieren wird, weil diesem Konzept sowohl im politischen wie auch kunstästhetischen Diskursbereich noch einige Merkmale hinzugefügt werden müssen.

> „„Dort, wo die Kultur von der Gottesverehrung abgekoppelt wird, erstarrt der Kultus im Ritualismus und die Kultur entartet. Sie verliert ihre Mitte', sagte Meisner laut vorab verbreitetem Manuskript am Freitag bei einem Festgottesdienst im Kölner Dom. Die schönsten Menschenbilder Europas seien Bilder von Christus, Maria und den Heiligen. Hier leuchte etwas von dem innersten Wesen des Menschen auf, betonte Meisner: ‚Der Mensch ist nie nur profan, er ist auch immer sakral. Deshalb gehört es zur Sachlichkeit des Künstlers, diese Menschenwirklichkeit in ihrer ganzen Breite und Tiefe zur Kenntnis zu nehmen'. Wo dies vergessen werde, werde man dem Menschen nie gerecht, sagte der Kardinal." ([34 Meldung])

Der Sturm des Protestes, der sich nach dieser ddp-Meldung im KÖLNER STADT-ANZEIGER erhob, erfasste alle Lager: Politiker aller Parteien, Vertreter aller Religionsgemeinschaften und die breite Öffentlichkeit forderten von Meisner eine Richtigstellung und Entschuldigung für die Verwendung des Ausdrucks „Entartung" im Zusammenhang mit der Diskussion um moderne Kunst – die Erklärung Meisners zum „Missverständnis" wird für Mittwoch angekündigt und die FAZ druckt am 17. September einen Kommentar von Spies, der sich sowohl auf den „Fensterstreit" als auch auf die „Gefahr der Entartung der Kultur" bezieht.

> „So besehen, hätte der Kirche kaum etwas Dümmeres passieren können als die gnadenlose Zurückweisung eines weltberühmten Künstlers, der bereit war, an der müden Akzeptanz zeitgenössischer Kunst durch die Kirche zu rütteln. Die Schärfe, mit der Kardinal Meisner das Fenster abstraft, die Art und Weise, wie er es gönnerhaft einer Religionsgemeinschaft anbietet, die gegenstandslose Muster goutiere, verweist auf die Geringschätzung aller autonomen Auseinandersetzung mit zeitgenössischer Kunst. Bisher wurde diese mit Geschick verdrängt, da sie im Kir-

chenraum nie in dieser verwirrenden Wucht spürbar geworden war. Die Attacke offenbart die Kontinuität dieses Vorbehalts gegenüber der Freiheit des Künstlers und gegenüber dem Experiment, das die kirchlich-gegenständliche Auftragskunst nicht für einen unfehlbaren künstlerischen Ausdruck halten kann. Mit diesem Angriff auf Richters Werk, auf Richters Lebenswerk zerbricht die Heuchelei, die in den letzten fünfzig Jahren wohl nur deshalb so gut wie allem mit Liberalität zu begegnen gezwungen war, weil hinter einer weiteren Ächtung der Moderne die Schande des tödlichen Wortes, die Niedertracht vom ‚Entarteten' lauerte."
([36 Kommentar] Spies 2007)

Dafür, dass die Kirche nicht das Recht habe, ihre Position im „Dialog" mit verschiedenen Gruppierungen markieren zu dürfen, nennt Spies in seiner Argumentation einen Grund: Die Katholische Kirche – nicht mehr einer ihrer Vertreter – habe sich die Schuld einzugestehen, als Gesprächspartner im Dialog nicht aufrichtig zu sein, sondern „Liberalität" zu „heucheln". Mit dieser Unterstellung werden von einer Gesprächspartei die Bedingungen für einen „Dialog" als nicht erfüllt markiert, da der andere Gesprächspartner die Konversationsmaximen verletze – prinzipiell wird jeder „Dialog" damit eröffnet, dem Gegenüber (implizit) sein Misstrauen auszudrücken. Das erlaubt auch Rückschlüsse auf die Bewertung des in diesem Bereich der Wissensdomäne „Religion" kommunizierten Wissens und seine Träger: Sie sind nur zum Schein modern und liberal, in ‚Wirklichkeit' sind sie antiliberal, unzeitgemäß und borniert – und damit auch das von ihnen kommunizierte Wissen.[8]

3.3   Theologischer Diskursbereich: Das ‚Dom-Fenster'

In der wertungsfreien, neutralen Berichterstattung wird das Fenster im Südquerhaus des Kölner Doms wie auch im theologischen Diskursbereich als ‚Dom-Fenster' konzeptualisiert. Mit diesem Begriff wird das Fenster als Teil des glasmalerischen Gesamtensembles in einem sakralen Gebäude gesehen, welches hier seinen Platz hat und eine Funktion erfüllt – es dient der „Verherrlichung Gottes" ([8 Meldung]).

Ein Aspekt, den man dem theologischen Diskursbereich zuordnen sollte, spielt im ästhetischen Diskursbereich eine eher marginale Rolle.

„Die Geschichte der Kirchenfenster sei mit wenigen Ausnahmen von klassischen Kirchenfenstergestaltern geschrieben worden. Richter sei es gelungen, mit seiner zurückgenommenen Expressivität einen neuen Maßstab zu setzen." ([26 Bericht] Bosetti/Müller 2007)

---

8   Vgl. Grice (1948, 1957, 1993: 213–223) und in Übersetzung Grice (1993: 2–15) sowie Brinker/Sager (2006).

Auch wenn man das Fenster im Dom als ein „Meisterwerk" des Künstlers Gerhard Richters erkennen mag, so ist es doch Teil des glasmalerischen Ensembles des Doms, welches zum einen darstellende Funktion hat, zum anderen durchscheinender Wandverschluss des sakralen Raumes ist. „[D]ie Fenster verbinden nicht mehr mit der Außenwelt, sondern sind durchleuchtete, farbig gleichsam aufglühende Wandteile geworden." (Knappe 1984: 270) Allerdings ist in den meisten Sakralbauten in Deutschland die Wirkung der seit der Gotik größeren Fensterflächen „nicht mehr die einer diaphanen Bildwand, da der ursprüngliche Bestand weitgehend dezimiert ist." (Frenzel 1958: 1584) Mit dem Wunsch nach figürlicher Darstellung orientierten sich das Domkapitel und auch Meisner wohl an hochmittelalterlichen Bildzyklen oder aber an der neo-gotischen Glasmalerei des 19. Jahrhunderts, die der Glasmalerei „kaum neue Impulse vermitteln" (Frenzel 1958: 1585) konnte und dem „Farbfenster als Mittler zwischen Diesseits und Jenseits [...] seine ursprüngliche Bedeutung" nicht wiederzugeben vermochte. (Frenzel 1958: 1584)

> „Es ist das gute Recht des Kardinals, sich kritisch auf eine Position des neunzehnten Jahrhunderts zurückzuziehen – als hätte es Kandinskys Aufsatz „Über das Geistige in der Kunst" von 1911 nicht gegeben. [...] So aber bedient er altbackene Vorurteile, die dem Werk eine metaphysische Dimension absprechen, die es schon bei seiner Weihung, an der Meisner nicht teilnahm, aufscheinen ließ: In Richters Fenster kommt ein mittelalterliches Lichtverständnis zum Tragen, das das Prinzip der Diaphanie in gesteigerter Form erfahren lässt." ([24 Kommentar] Rossmann 2007)

Der Entwurf Richters stellt sich auch nach den eigenen Worten des Künstlers den Anspruch, sowohl in profaner wie auch in sakraler Hinsicht ein „Fenster für die Ewigkeit" zu sein, und man darf sicher unterstellen, dass Richter die Glasmalerei der Gegenwart studiert hat, deren Wesenszug „Flächenhaftigkeit, tektonischer Aufbau und ganzheitliche Lösung [...] im Architekturverband [ist]". Formen und Funktionen der Glasmalerei, „die seit der Renaissance verloren gegangen waren, sind in unserem Jh. in neuer Form wiedergewonnen worden." (Frenzel 1958: 1585) „Völlig anders als bei den oft an Öldrucke erinnernden Glasgemälden des historistischen 19. Jahrhunderts wird wieder wahrhaft mit Farbe und Licht ‚gemalt'" (Knappe 1984: 275). Auch tritt Richter der Kritik Meisners entgegen, indem er die beiden historischen Inspirationsquellen für die Wünsche des Kapitels und Meisners benennt: „„Aber wie sähe eine katholische Gestaltung aus, die nicht plagiatorisch die Historie beschwört und nicht kunstgewerblich ist?""[9] Damit fällt er jedoch nicht nur ein Urteil über das

---

9 (26 Bericht) Bosetti/Müller (2007). Und im Anschluss daran (28 Bericht) Ahlers (2007) sowie (27 Meldung).

Verständnis moderner Kunst in der Katholischen Kirche, sondern gibt
durchaus auch etwas von der Hilflosigkeit preis, mit der man über Jahre
versuchte, den angemessenen Entwurf für den Kölner Dom zu finden:

> „Schock-Werner: Ich war bei dem Geburtstagsempfang des ehemaligen Weihbi-
> schofs Friedhelm Hofmann. Und da stand Richter in der Mitte des Raums. Er
> hielt ein Sektglas in der Hand. An diese Situation erinnere ich mich noch sehr gut.
> Und ich dachte: Der müsste es können. Ein Künstler mit einem so unglaublich
> feinen Farbgefühl, einem sicheren Umgang mit großen Flächen und einem sensi-
> blen Gespür für ungewöhnliche Strukturen, der zudem auch figürlich arbeitet, der
> könnte diese Aufgabe bewältigen. Dann habe ich mich mit Weihbischof Hofmann
> abgestimmt und Richter gefragt. Und der hat gesagt, er würde es mal probieren.
>
> WELT ONLINE: Trotz des Märtyrer-Themas?
>
> Schock-Werner: Ja. Ich habe ihm alle Unterlagen gebracht, und er hat angefangen,
> den Inhalt figürlich zu bearbeiten. Nach ein paar Monaten rief er Bischof Hof-
> mann und mich an und erklärte uns, dass es nur über die Farbe gehe. Wir haben
> dann eine Weile diskutiert und jetzt ist es fertig.
>
> WELT ONLINE: Bis zur Fertigstellung hat es dann immerhin noch fünf Jahre
> gedauert.
>
> Schock-Werner: Das Domkapitel musste sich mit dem neuen Konzept ja erst mal
> auseinandersetzen. Ich habe es insgesamt drei Mal vorgestellt. Wir haben immer
> sehr intensiv, aber sachlich diskutiert. Es war nicht einfach, aber wir haben Über-
> zeugungsarbeit geleistet. Zum Schluss hat das Domkapitel zugestimmt, was ich
> ganz toll finde." ([5 Interview] Hoffmans 2007)

Im Gegensatz zu König und Spies jedoch positioniert sich Richter darüber hinaus mit seiner Aussage über eine „katholische Ästhetik" nicht mehr
nur im ästhetischen Diskursbereich, sondern er vermag zugleich, die theologischen Einwände gegen seinen Entwurf nachzuvollziehen.

    Während Meisner für sich und seinen Glauben reklamierte, auch Ei-
genständigkeit sichtbar machen zu dürfen, sprach sich Käßmann für die
die Unterschiede nivellierenden abstrakten Darstellungen aus, die „neue
Dimensionen der Spiritualität" eröffneten. Nur müssen die „neuen Dimensionen" hinsichtlich ihrer theologischen Konsequenzen auch über-
dacht werden und nicht jeder mag den Diskussionsbedarf hinsichtlich des
Fensters erkannt haben:

> „Wie eindrucksvoll das Richter-Fenster das Licht bricht, zeigt anschließend ein so
> genannter Weihrauchritus: Der Rauch steigt hoch ins Südquerhaus und macht
> plötzlich unzählige bunte Strahlen sichtbar, die das Licht in den Dom wirft.
> ‚Himmel und Erde berühren sich', sagt Hildegard Müller-Brünker leise. Die Theo-
> login hat eine direkte Sicht auf das neue Fenster und ist beeindruckt. ‚Das ist doch
> ein schönes Symbol: Gott scheint durch das Fenster hindurch.'" ([7 Bericht] Wor-
> tel 2007)

Es ist theologisch ein Unterschied, ob man das Fenster metaphorisch als
„Symphonie des Lichts" fasst und funktional beschreibt, indem man sagt:

‚Es diene der Verherrlichung Gottes', oder ob man es symbolisch auffasst und sagt: „Gott scheint durch das Fenster hindurch." Assoziationen dieser Art sind dann problematisch, wenn man sich den Entstehungsprozess des Fensters vergegenwärtigt. Als „Agnostiker" sieht Richter hier scheinbar klarer.

> „In einem Punkt gibt Richter dem Kardinal recht – seine Fenstergestaltung sei nicht katholisch: ‚Aber wie sähe eine katholische Gestaltung aus, die nicht plagiatorisch die Historie beschwört und nicht kunstgewerblich ist?'" ([26 Bericht] Bosetti/Müller 2007)

> „Der Kölner Maler hatte aber, was die jetzt tatsächlich vorgebrachte Kritik Meisners betrifft, ‚schon so was geahnt' – nicht den Hinweis auf eine Moschee, aber die Möglichkeit, dass ihm sein Entwurf ‚nicht passen' könne. Und so schwante Richter bereits im Voraus, ‚das könnte der Einzige sein, der mitkriegt, dass das wirklich nicht katholisch ist, das Fenster', sagt er im Gespräch mit dem KÖLNER STADT-ANZEIGER." ([29 Bericht] Imdahl 2007)

Mit diesen Äußerungen reagiert Richter auf die Erläuterungen Heckeleys, der die Aussage von Meisner gegenüber dem EXPRESS erläutert:

> „Meisner habe ihm [sc. Heckeley] erklärt, er habe tatsächlich gesagt, er könne sich das Gerhard-Richter-Fenster genau so gut in einer Moschee vorstellen, zumal der Islam ja ein ausdrückliches Bilderverbot kenne und das Dom-Fenster ohne figürliche Darstellung auch in einer Moschee möglich sei. Allerdings bestätigte Heckeley, dass Meisner nicht mit dem Fenster einverstanden gewesen sei, er hätte sich für den Dom etwas ‚weniger Beliebiges' vorstellen können. Heckeley betonte, er verstehe die Aufregung um das Thema nicht: ‚Über Kunst kann man streiten und der Kardinal hat eben seine eigene Meinung', sagte er." ([23 Meldung])

Auch wenn Meisner sicher noch andere Motivationen und Intentionen mit seinen Äußerungen verbunden haben mag, so ist doch die ‚Beliebigkeit' des Fensters, der Zufall seiner Entstehung, die Meisner moniert, in der Tat theologisch zumindest nicht unumstritten.

> „Die unterschiedlichen Entwurfsvarianten geben einen Einblick in das komplexe Zusammenspiel von Zufall und Kalkül, das dem auf 72 Farbtönen aufbauenden Glasmosaik im Dom zugrunde liegt, das sich zwischen dem Maßwerk auf etwa 113 Quadratmetern entfaltet." ([3 Ausstellungstext] APÖK 2007)

> „Der Künstler zeigt in seinem Domfenster eigener Aussage zufolge den Zufall als überwältigende Macht, nicht etwa göttliche Vorsehung. Dennoch vertritt er die Meinung, dass das Fenster sich in sakralem Rahmen am richtigen Platz befinde. Wenn er auch keiner Glaubensgemeinschaft angehöre, so sei er doch der Auffassung, dass ‚man ohne Glauben gar nicht leben kann', ohne den Glauben an eine höhere Macht oder an ‚etwas Unbegreifliches'." ([26 Bericht] Bosetti/Müller 2007)

Dieser Erklärung zum „Unbegreiflichen" wird die Kritik Meisners nicht zugeordnet. Dies hat möglicherweise zwei Ursachen. Zum einen lässt die nachträgliche Erläuterung durch das Erzbistum keine eindeutige Zuordnung zu einem Diskursbereich zu, stattdessen wird vielmehr im medialen

Diskurs jeder Diskursbereich bedient („zumal der Islam ein ausdrück-
liches Bilderverbot kenne", „[ü]ber Kunst kann man streiten und der
Kardinal hat eben seine eigene Meinung", „er hätte sich für den Dom
etwas ‚weniger Beliebiges' vorstellen können"). Zum anderen darf man
darüber nachdenken, ob Meisner nicht unterstellt wird, dass sein Einwand
gar kein theologischer gewesen sein könne. Jedoch sind sowohl die
Äußerung Meisners als auch die Erläuterung Heckeleys im theologischen
Diskursbereich verankert und mit dem „komplexe[n] Zusammenspiel von
Zufall und Kalkül" ist der Kern genannt, um den sich die Rede Meisners
und die Erwiderung Richters bewegen. Richter bringt den „Zufall als
überwältigende Macht, nicht etwa die göttliche Vorsehung" zur Anschauung. Damit sind Assoziationen wie „Gott scheint durch dieses Fenster hindurch" aus der Sicht der Katholischen Kirche dann bedenklich,
wenn sich nicht der christliche Gott, sondern zufällig irgendeiner im Farbenspiel offenbart – die Deutungshoheit über das, was sich dem Betrachter im Fenster zeigt, mag die Katholische Kirche zwar noch beanspruchen, doch die Wirklichkeit religiöser Praxis sieht anders aus. Diese
Einschätzung kann wohl neben theologischen Argumenten ebenfalls als
Motivation für die Favorisierung eines Entwurfs mit figürlicher Darstellung ins Spiel gebracht werden. Daneben wäre auch der Glaube an den
‚Zufall' selbst unchristlich, denn der christliche Vorsehungs-Glaube (Mt.
10,29 f. und Röm 8,28) sieht das, was uns als Zufall erscheinen mag, und
unser Schicksal im göttlichen Heilsplan aufgehoben (vgl. Konrad 1962:
1939).

Das Bild, wie es sich nach der Analyse der Pressemeldungen und der
Online-Berichterstattung abzeichnet, ist, zusammenfassend gesagt, folgendes: Nur Richter nimmt Meisners Einwand als theologischen ernst und
stellt damit seine Sensibilität gegenüber dem komplexen Verhältnis von
christlichem Glauben, bildender Kunst und Architektur aus. Er hat eige-
nem Anspruch nach ein „Fenster für die Ewigkeit" ([8 Meldung]) geschaffen, welches als diaphane Bildwand ([24 Kommentar] Rossmann 2007)
zwischen Diesseits und Jenseits vermittelt (vgl. Frenzel 1958: 1584) und
der „Verherrlichung Gottes" ([8 Meldung]) dienen wird. Dass diese theologische Dimension des „Fensterstreits" im medialen Diskurs nicht weiter
ausgebaut wird, legt verschiedene Schlüsse nahe. 1) Theologische Bedenk-
lichkeiten gelten anders als der Gegensatz in der Wahrnehmung moderner
Kunst durch ‚Kunstschaffende und Kleriker' und die Verständigung zwischen verschiedenen Religions- und Kulturgemeinschaften nicht mehr als
„gesellschaftlich umstrittene Themen". 2) Auch im Geschäft der Verkün-
digung hat die Personalisierung nachhaltige Folgen. Ein Vertreter der
Katholischen Kirche mit einem definierten Amtsbereich wird nicht mehr

allein in seiner Funktion für eine Glaubensgemeinschaft wahrgenommen, sondern als eine Person des öffentlichen Lebens, sein Amt ist eine Rolle neben anderen geworden – Meisner wird im medialen Diskurs als Erzbischof, Kölner, Schlesier, Politiker und Kunstkritiker angesprochen. Man muss dabei nicht an Kardinal Meisner denken, doch lassen sich auch positive Effekte dieser Personalisierung an anderen Fällen beschreiben – hier ruhen neue Identifikationspotentiale mit einer Glaubensgemeinschaft (vgl. Forschungskonsortium WJT 2007).

3.4 Städtische Perspektive: Das ‚Konfetti-Fenster'

Der Ausdruck ‚Konfetti-Fenster' hatte das Potenzial, sich neben anderen Bezeichnungsalternativen in der städtischen Kommunikation Kölns zu etablieren. Allerdings wird er durch den medialen Diskurs ins Licht der Öffentlichkeit gerückt, er ist – wie das „Dom-Fernster" - kein Produkt desselben. Mit dem Ende des „Fensterstreits" ist auch die Neubildung „Konfetti-Fenster" aus diesem und anderen medialen Diskursen verschwunden, eine Aussage darüber, ob sich der Ausdruck in der städtischen Kommunikation durchgesetzt hat, kann an dieser Stelle nicht getroffen werden. Als Begriff steht das ‚Konfetti-Fenster' im „Fensterstreit" für die pragmatisch, augenzwinkernde Bezeichnungsalternative der Kölner für ein Fenster in ihrem Dom. Als Pate der metaphorischen Begriffsbildung ist der Kölner Karneval zu identifizieren, der sich in die Architektur des Doms einschreibt. Stellvertretend für die Kölner Sicht auf den „Fensterstreit" ist der Artikel von Kuhn heranzuziehen, der auf dem Höhepunkt der Debatte am 30. August 2007 in der Onlineausgabe des TAGESSPIEGELS veröffentlicht wurde.

> „Wo selbst ein frohmutiger Kölner keinen Spaß versteht, gibt es wohl wirklich nichts zu lachen. Und worüber der Kölner so gar nicht lachen kann? Über Nörgeleien in Sachen Kölner Dom. Da kocht die Kölsche Volksseele hoch, wenn jemand ihren Dom kritisiert. Ausgerechnet Kardinal Joachim Meisner, der Erzbischof von Köln, hat das jetzt gewagt. Schon zum Einweihungsgottesdienst für das neue, von Gerhard Richter entworfene [sic!] Kirchenfenster, war er am vergangenen Sonnabend nicht gekommen. Zeitprobleme, hieß es, der Erzbischof habe seine Polenreise schon länger geplant. Dann jedoch stellte sich heraus, dass der Kirchenmann die bunte Pixelei im Gotteshaus nicht leiden kann und der Termin nur vorgeschoben war. Gestern nun brach es aus ihm heraus, gegenüber dem Express ließ er am Rande einer Veranstaltung ausgerechnet in Düsseldorf, Kölns klassischer Rivalin, seinem Herzen freien Lauf: ‚Das Fenster passt nicht in den Dom', konstatierte er knapp. ‚Es passt eher in eine Moschee.' Das sitzt. Doch Meisner tut sich damit keinen Gefallen. Er stellt sich nicht nur gegen die durchweg positive Resonanz – wobei Eigensinn auch einem Erzbischof gut ansteht. Er

offenbart auch seine Ahnungslosigkeit, was christliche Kunstgeschichte betrifft. Nicht nur im Islam, auch hier gibt es das Ornament seit jeher. Die vom Kardinal offenbar bevorzugte Gegenständlichkeit ist eine Variante der Kirchenfensterkunst. Zugleich watscht er die Muslime und die maurische Formensprache ab. Als sei ornamentale Kunst beliebiger als figürliche Glasmalerei – und weniger wert. Hinter der ästhetischen Rangelei zwischen Erzbischof und Domkapitular, das den Auftrag an Gerhard Richter vergab, verbirgt sich ein weitaus längerer Streit. Der aus Schlesien stammende Kardinal mit dem konservativen Kunstgeschmack ist zwar das geistige Oberhaupt des Erzbistums, doch im Dom hat er nichts zu kamellen, wie es auf gut Rheinisch heißt. Die Kölner sitzen den Konflikt seit Jahrhunderten aus. Sie wissen: Kardinäle kommen und gehen, der Dom bleibt." ([18 Bericht] Kuhn 2007)

Zum einen darf als bekannt vorausgesetzt werden, dass es für einen Bürger Kölns zum guten Ton gehört,[10] mit dem Erzbischof nicht einer Meinung zu sein – im Moment beherrscht die Debatte um den Moscheeneubau in Köln-Ehrenfeld die städtische Diskussion.[11] Auch haben die Kölner wahrscheinlich nicht vergessen, dass ihr derzeitiger Erzbischof Meisner 1988 von Papst Johannes Paul II. faktisch eingesetzt wurde. Zum anderen stehen die Städte Köln und das jüngere Düsseldorf in Konkurrenz zueinander. Der Erzbischof, dem „Eigensinn […] gut ansteht" – an dem sich die „Kölsche Volksseele" reiben kann, möchte man ergänzen – hat nun „ihren Dom" „ausgerechnet" von Düsseldorf aus kritisiert:

„Befremdend an diesem Verdikt ist auch die Beiläufigkeit, mit der es in Umlauf gesetzt und zugespitzt wird: Am Rande eines Gottesdienstes auf der ‚MS Rhein-Energie' vertraut Meisner seine Auffassung über ein auch theologisch relevantes Thema einem Boulevardblatt an und schließt sie kurz mit der heftigsten lokalpolitischen Debatte, die Köln seit Wochen bewegt." ([24 Kommentar] Rossmann 2007)

Das Unverständnis, mit dem man in Köln reagiert, hat also vor allem seine Ursache darin, dass Meisner überhaupt und in dieser Beiläufigkeit Kritik geübt hat. Die Reaktion ist geschlossen: Zunächst wird öffentlich erklärt, dass der Kardinal im Dom keine Entscheidungsbefugnis habe. Anschließend wird expliziert, dass man als Kölner fortan Äußerungen dieser Art ignorieren werde. Oder mit Harald „Toni" Schuhmacher gesagt, den die Kölner gern in diesem Zusammenhang zitieren: „Der Kardinal kann hingehen, wo er will. Der Dom bleibt in Kölle." ([17 Bericht] Berger/Imdahl 2007).

Doch damit ist zur Einschätzung des Fensters selbst noch wenig gesagt – und hier hat Heckeley recht, denn die Meinungen gehen diesbezüg-

---

10 Das erste Mal erhebt sich die Kölner Bürgerschaft 1074 gegen Erzbischof Anno II. und seitdem steht das Verhältnis zwischen Erzbistum und Kölner Bürgerschaft immer wieder in Frage. Vgl. Groten (1999: 1258) und Seibert (1999: 1266 f.).
11 Vgl. Sommerfeld (2008).

lich weit auseinander ([22 Meldung]). Abgesehen von der positiven Befürwortung („Konfetti-Fenster") lassen sich auch Stimmen vernehmen,
die mit dem neuen Fenster nicht einverstanden sind, wie z. B. die Unter-
schriften-Aktion „Frommes Fenster" der Satire-Sendung „Extra 3" des
NDR gegen die „Pixelwand" – wider alle Erwartung – tatsächlich aufzeigt.[12]

3.5   Fazit

Der ‚semantische Kampf' um die Bezeichnungsalternativen des Fensters
kam, wie der „Fensterstreit" selbst, schnell zu einem Ende.[13] Der Aus-
druck „Konfetti-Fenster" hatte im August 2007 das Potential, sich im
Sprachgebrauch der Kölner als Bezeichnungsalternative für das „Dom-
Fenster" zu etablieren – ob dies gelungen ist, könnte heute nur durch eine
Befragung der Kölner ans Licht gebracht werden, da aus der regionalen
wie überregionalen Presse der Ausdruck mit dem Ende des „Fensterstreits" verschwunden ist. Aus der Perspektive der innerstädtischen
Kommunikation können die Ausdrücke „Dom-Fenster" und „Konfetti-
Fenster" – auch wenn man Gebrauchseinschränkungen formulieren muss
– weitestgehend als Synonyme verstanden werden. Die den Begriffen
‚Dom-Fenster' und ‚Konfetti-Fenster' jedoch zugrunde liegenden Hand-
lungskonzepte sind verschieden: Während der erste sachverhaltsbezogen
und neutral ist und sich für jede Perspektivierung geeignet zeigt, lenkt
zweiter den Fokus auf die städtische Eingebundenheit des Domes. Die
Frage, die sich hier unmittelbar anschließt, muss zu einem späteren Zeitpunkt noch einmal aufgegriffen werden: Wie stark müssen soziale Netzwerke und damit Geltungsbereiche spezifischer Sprachverwendung sowie
die Einschätzungen und Bewertungen linguistischer Laien unbedingt in
die linguistische Interpretation von Begriffen mit einbezogen werden?
   Die Begriffe ‚Richter-Fenster' und ‚Moschee-Fenster' sind aus unserer
Perspektive interessanter und auch – wie sich zeigte – schwieriger zu bewerten. Der Ausdruck des ‚Moschee-Fensters' erscheint nur ein einziges
Mal und ist als Versuch zu bewerten, die bisherigen Bezeichnungsset-
zungsversuche zu vereinheitlichen. Mit der Verwendung des Begriffs ‚Moschee-Fenster' wird auf das handlungsleitende Konzept verwiesen um die

---

12   Der kurze Beitrag wurde in der Sendung am 6. September 2007 um 23 Uhr im NDR
     ausgestrahlt.
13   Dass dies bei der Bewertung von ‚semantischen Kämpfen' durchaus eine gewichtige Rolle
     spielt, zeigt der Beitrag von Zimmer in Felder (2006) auf. – Vgl. Zimmer (2006: 73).

bisher zwischen ‚Kunst und Klerikern' geführte Diskussion zu einer politischen Debatte zu machen. Dieser Versuch ist aus verschiedenen Gründen nicht erfolgreich, die Debatte über das ‚Richter-Fenster' macht jedoch deutlich, dass verschiedene Diskursbereiche, die den medialen Diskurs bilden, daran partizipieren den Anspruch auf Deutungshoheit der Katholischen Kirche zurückzuweisen.

Die diskursanalytische Beschreibung sucht einzelne Diskurse und Diskursbereiche voneinander zu segmentieren, allerdings ist dies – wie auch wieder am Beispiel des „Fensterstreits" ersichtlich ist – eine analytische Trennung, die durch die eingezogenen Unterscheidungen ein wesentliches Merkmal des Diskurses ausblendet. Durch das Ineinandergreifen unterschiedlicher Argumentationstopoi, Aussagenkomplexe und schließlich auch Kontextualisierungen sind die beteiligten Diskurse produktiv. Für den Fortgang des „Streits" sind vor allem nicht-intendierte, aber bewusste (als bewusst unterstellte) Kontextualisierungen verantwortlich (vgl. Busse 2007: 82). Meisner ordnet seine Äußerung, dass das neue Fenster im Dom eher in eine Moschee oder ein Gebetshaus als in den Dom passe, nicht einem Diskurs oder einem Diskursbereich im medialen Diskurs zu, sondern überlässt es den Beobachtern, diese Kategorisierung vorzunehmen. So wird Meisners Aussage für verschiedene Diskursbereiche als diskursrelevant bewertet. Für die Entwicklung des medialen Diskurses öffnet diese Überlassung der Deutungshoheit durch Meisner eine Vielzahl an sich nun anschließenden Alternativen. Meisner selbst hat den Anlass zur Interpretation gegeben. In den sich konstituierenden Diskursbereichen innerhalb des medialen Diskurses kann überdies der Zeitpunkt genau ausgemacht werden, an dem der „Fensterstreit" seinen Höhepunkt erreicht – man würde hier im übertragenen Sinne mit Ernst Bloch von der Gleichzeitigkeit des Ungleichzeitigen zu sprechen haben als einem Charakteristikum, in welchem die Produktivität der Instanzen und Akteure, die am medialen Diskurs beteiligt sind, am höchsten ist und dabei eine Vielzahl unterschiedlicher Aussagen produziert wird, die je für sich alternative Entwicklungen des Diskurses und seiner Teilbereiche ermöglichen oder verhindern (vgl. Warnke 2007a: 17). Da an der Produktion der verschiedenen Diskursbereiche nicht allein ein Akteur oder eine Instanz beteiligt ist und außerdem keine Instanz Deutungshoheit (ein Signum der Moderne) für sich beanspruchen kann, laufen Argumente und Gegenargumente, Vorwürfe, Kritik und Reparaturen parallel nebeneinander. Dass in dieser Auseinandersetzung der Leitbegriff „Dialog" herangezogen wird, steht dem nicht entgegen. Der Verlust der Deutungshoheit einer Instanz lässt sich durch das Nebeneinander verschiedener Diskurse und das Nebeneinander von Argument und Gegenargument im Streit ablesen.

Für das konkrete Beispiel des „Fensterstreits" lassen sich für die Kommunikation an der Schnittstelle zwischen römisch-katholischer Glaubensgemeinschaft und Öffentlichkeit folgende Rückschlüsse ziehen. Auf dem Spiel steht in Debatten dieser Art in letzter Konsequenz immer die beanspruchte Deutungshoheit der Katholischen Kirche in ihrem Selbstverständnis und ihrer Legitimität als Stellvertreter Christi auf Erden, auch wenn das corpus delicti in diesem Falle ‚nur' ein Fenster unter vielen im Kölner Dom ist. Einwände von Vertretern der Katholischen Kirche werden als „unmodern", nicht „zeitgemäß", „aggressiv" und „borniert" bewertet. Wie sich zeigte, wird Kritik an einem Vertreter der Kirche schnell zur Kritik an der Kirche selbst. Dabei werden die theologischen Dimensionen solcher „Streits" in der öffentlichen Debatte, wie sie sich in der Online-Berichterstattung darstellt, nicht aufgenommen.

Im „Dialog" mit der Katholischen Kirche weist die Öffentlichkeit das Thema der Selbstbehauptung der Kirche energisch zurück, in dem sie Unaufrichtigkeit unterstellt, und die Kirche wiederum ist versucht, den „Dialog" aufrecht zu erhalten, in dem der Öffentlichkeit nachträglich Erläuterungen angeboten werden, was aber wiederum zu Lasten des eigenen Geltungsanspruchs gehen muss. In diesem „Dialog" arbeiten sowohl die Kirche als auch die Öffentlichkeit mit daran, die Deutungshoheit der Kirche abzutragen. Die Katholische Kirche hat dem Vorwurf des „Nicht-Zeitgemäßen" und „Unmodernen" zu begegnen, und im „Fensterstreit" und der nachfolgenden Debatte deutet sich an, wie Vertreter dieser Religionsgemeinschaft keinesfalls der Öffentlichkeit begegnen sollten. Werden zu Interpretationen keine Gültigkeitsbereiche und für die Interpretation relevante Diskurse expliziert, dann droht die Gefahr, dass diese Interpretationen durch verschiedene Domänen der Öffentlichkeit gegen die Kirche verwendet werden, um deren Anspruch auf Deutungshoheit anzugreifen – zumal wenn der im Licht stehende Akteur, hier Kardinal Meisner, die Spielregeln des medialen Diskurses nicht beherrscht, ignoriert oder willentlich verletzt.

4   Ausblick

Dem gegenwärtig umstrittenen Thema, dem sich die christlichen Kirchen
zu stellen haben, werden zahlreiche Interviews, Kommentare, Beiträge
und Publikationen gewidmet: „Führen wir noch einen Streit um Werte?"
ist die Frage,[14] die nicht nur theologisch relevant ist, sondern mediale Diskurse speist, ethische, politische und pädagogische Debatten antreibt.
Diese Frage zielt nicht nur implizit darauf, ob die christlichen Kirchen in
der Öffentlichkeit noch als Vermittler und Tradenten von (positiv bewerteten) Werten und Normen wahr- und ernst genommen werden. Der
„Fensterstreit" Ende August 2007 machte deutlich, dass der Umgang
einiger Vertreter der Katholischen Kirche mit der Öffentlichkeit im medialen Diskurs noch der Deutung und Klärung bedarf. Dass dabei nicht
nur bestimmte Vertreter, sondern auch die Glaubensgemeinschaft der
Katholischen Kirche selbst Gefahr läuft, im medialen Diskurs Schaden zu
nehmen und nicht mehr als Tradent positiver Werte, sondern als reaktio-
närer Bewahrer eines als „unzeitgemäß" und „borniert" bewerteten Verständnisses von Kunst und Kultur wahrgenommen zu werden, ist nicht
eben gering.
    Zu Recht stellt sich dann die Frage, wie die christlichen Kirchen auf
noch größere Herausforderungen reagieren werden. Auch wenn Meisner
mit seiner Position zum Moscheeneubau in Köln eine Sonderrolle einnimmt, die keinesfalls auf andere Vertreter der Katholischen Kirche übertragen werden darf, zeigt sich doch am „Fensterstreit" wieder exemplarisch, dass die Debatte von Kampf und Verständigung der Kultur- und
Religionsgemeinschaften aktueller denn je ist, auf nachhaltiges Interesse
stößt und hinsichtlich ihres Fortgangs und der daraus resultierenden Konsequenzen immer neu bewertet werden muss. In der Domäne „Religion"
wird diesen und anderen Problembereichen nachzugehen sein, die sich
sowohl mit der Kommunikation innerhalb einzelner Bereiche der Domäne beschäftigen und zum anderen die Schnittstelle zwischen der Domäne
und der Öffentlichkeit zum Thema haben. Im Zentrum werden dabei
zunächst die christlichen Glaubensgemeinschaften in Theologie und religiöser Praxis stehen, eine Einbeziehung von Theologie und religiösen
Praxen anderer Religionsgemeinschaften ist darüber hinaus unerlässlich.
An erster Stelle sind hier der Islam und das Judentum zu nennen, die in
engster Verbindung zum Christentum stehen. Außerdem kann es keinesfalls genügen, sich mit synchronischen Querschnitten den aktuellen „umstrittenen Themen" zu widmen. Auch in diachronischen Längsschnitten

---

14   Huntington/Harrison (2004).

muss das Verhältnis der Religionsgemeinschaften zueinander und zu einer
– dann für die jeweiligen Zeiträume und kulturellen Umstände näher zu
bestimmenden – ‚Öffentlichkeit‘ in Fallstudien untersucht werden.

Literatur

Zeitungsberichte, Interviews, Kommentare und Agenturmeldungen werden chronologisch geordnet angegeben. Die Internetadressen wurden mittels des Dienstes „Ti-
nyURL" abgekürzt. Die im Verzeichnis aufgeführten Adressen stehen als Stellvertreter für die angegeben Quellen.

(1 Interview) GERLACH, ALEXANDRA (2007): „Kirchenaustritte heute nicht mehr
    unser Hauptproblem". Bischof Wolfgang Huber spricht sich für größere Landes-
    kirchen aus. In: DEUTSCHLANDFUNK (27.01.2007), Online-Text: [http://
    tinyurl.com/2vs98y], Stand: 07.092007.

(2 Kommentar) SCHMITHALS, WALTER (2007): Islam heißt Staatsreligion. Der Protest
    gegen die dänischen Karikaturen verunsichert Europa: Können wir auf einen Is-
    lam hoffen, der sich mit unseren Freiheitsrechten verträgt? In: DIE ZEIT –
    Feuilleton (09.02.2006), Online-Text: [http://tinyurl.com/2m2gcp], Stand:
    07.09.2007.

(3 Ausstellungstext) APÖK (=AMT FÜR PRESSE- UND ÖFFENTLICHKEITSARBEIT DER
    STADT KÖLN, ONLINE-REDAKTION) (2007): Museum Ludwig Köln – Ausstel-
    lungen. Online-Text: [http://tinyurl.com/4dnwa], Stand: 12.09.2007.

(4 Meldung) Kölner Dombaumeisterin hochzufrieden. Neues Domfenster von Ge-
    rhard Richter. In: WDR2.DE Online – Mittagsmagazin (24.08.2007), Online-
    Text: [http://tinyurl.com/2wzwj8], Stand: 12.09.2007.

(5 Interview) HOFFMANS, CHRISTIANE (2007): Dom-Fenster. Gerhard Richter schenkt
    Köln ein Meisterwerk. Der weltberühmte Künstler hat das 113 Quadratmeter
    große Südfenster des Doms neu gestaltet. Am Samstag wurde es eingeweiht.
    Dombaumeisterin Barbara Schock-Werner über den langen Weg und die Schwie-
    rigkeiten, das ungewöhnliche Kunstwerk durchzusetzen. In: WELT ONLINE
    (25.08.2007), Online-Text: [http://tinyurl.com/2kl2nb], Stand: 12.09.2007.

(6 Kommentar) SPIES, WERNER (2007): Gerhard Richters Fenster. Ein Ozean aus
    Glas im Kölner Dom. FAZ.NET – Feuilleton – Kunst (25.08.2007), Online-
    Text: [http://tinyurl.com/2tgz2c], Stand: 12.09.2007.

(7 Bericht) WORTEL, SILKE (2007): Richter-Fenster im Kölner Dom eingeweiht. „Ein
    Fenster für die Ewigkeit". In: WDR.DE – Kultur (25.08.2007), Online-Text:
    [http://tinyurl.com/3bhjxt], Stand: 12.09.2007.

(8 Meldung) „Ein Fenster für die Ewigkeit". Kölner Dom weiht Fenster von Gerhard Richter. In: RHEINISCHE POST ONLINE (25.08.2007), Online-Text: [http://tinyurl.com/35pua6], Stand: 12.09.2007.[15]

(9 Meldung) Kölner Dom. Richter-Fenster enthüllt. 113 Quadratmeter-Fenster aus kleinen, farbigen Quadraten zusammengesetzt. In: STUTTGARTER ZEITUNG Online 26.08.2007, Online-Text: [http://tinyurl.com/2pfduq], Stand: 12.09.2007.

(10 Bericht) HOFSÄHS, ULRIKE (2007): 113 qm im Licht des Doms. Richter-Fenster enthüllt. In: N-TV.DE Online (26.08.2007), Online-Text: [http://tinyurl.com/2v72lg], Stand: 12.09.2007.

(11 Meldung) Meisner wollte das neue Domfenster nicht. In: KÖLNER STADT-ANZEIGER Online (27.08.2007), Online-Text: [http://tinyurl.com/2nb7x4], Stand: 13.09.2007.

(12 Meldung) Kölner Stadt-Anzeiger: Meisner wollte Richter-Fenster für den Kölner Dom nicht. Heftige Auseinandersetzungen mit dem Domkapitel. In: PRESSE-PORTAL Online (27.08.2007), Online-Text: [http://tinyurl.com/2olwam], Stand: 13.09.2007.

(13 Meldung) Kunst im Kölner Dom. „Der Kardinal wollte dieses Fenster nicht". Das von dem weltberühmten Künstler Gerhard Richter entworfene Fenster des Kölner Doms ist offenbar gegen den Willen des Erzbischofs Kardinal Joachim Meisner realisiert worden. Ein Vertrauter Meisner berichtet von heftigem Streit. In: TAGESSPIEGEL Online – Kultur (27.08.2007), Online-Text: [http://tinyurl.com/3x9fd7], Stand: 13.09.2007.

(14 Meldung) Meisner wollte Medienbericht zufolge Richter-Fenster in Kölner Dom verhindern. In: DEUTSCHLANDRADIO – Kulturnachrichten (27.08.2007), Online-Text: [http://tinyurl.com/39zrly], Stand: 13.09.2007.

(15 Meldung) Meisner wollte angeblich Richter-Fenster verhindern. In: WDR2.DE Online – Mittagsmagazin (27.08.2007), Online-Text: [http://tinyurl.com/384dvk], Stand: 13.09.2007.

(16 Meldung) Köln- Kardinal Meisner. „Dom-Fenster passt besser in eine Moschee!". Gegenüber EXPRESS äußert sich der Kölner Erzbischof Joachim Kardinal Meisner erstmals zum Streit um das neue Richter-Fenster im Dom. In: DÜSSELDORFER EXPRESS Online (29.08.2007), Online-Text: [http://tinyurl.com/37mrh3], Stand: 07.09.2007.

(17 Bericht) BERGER, PETER / IMDAHL, GEORG (2007): „Domfenster passt eher in eine Moschee". In: KÖLNER STADT-ANZEIGER Online (29.08.2007), Online-Text: [http://tinyurl.com/2nteqh], Stand: 13.09.2007.

(18 Bericht) KUHN, NICOLA (2007): Kölner Dom. Meisner: „Das Fenster passt nicht in den Dom". In: DER TAGESSPIEGEL Online – Kultur (30.08.2007), Online-Text: [http://tinyurl.com/2j88mk], Stand: 14.09.2007.

---

15 Auf den Websites von RP ONLINE werden vor allem in den Regio-Portalen der Rheinischen Post Teile der Rheinischen Post als digitale Teil-Ausgabe eingestellt. Die entsprechenden Artikel sind durch die Kürzel „Rheinische Post" oder „RP" gekennzeichnet.

(19 Kommentar) KOCZIAN, WOLFGANG (2007): Kardinal Meisner und das Glasfenster. In: Deutschlandfunk (30.08.2007), Online-Text: [http://tinyurl.com/2wgut2] – Kommentar als Audio-File: [http://tinyurl.com/37u47sv], Stand: 14.09.2007.

(20 Bericht) MAYER, IRIS (2007): Kölner Dom. Meisner beklagt „Moscheefenster". Der Kölner Erzbischof Kardinal Joachim Meisner hat das neu gestaltete Domfenster scharf kritisiert. Es spiegele nicht den christlichen Glauben wider. In: FOCUS ONLINE – Politik (30.08.2007), Online-Text: [http://tinyurl.com/2bgok5], Stand: 13.09.2007.

(21 Meldung) Kölner Dom. Meisner: Richter-Fenster würde besser in Moschee passen. In: RHEINISCHE POST Online – Kultur (30.08.2007), Online-Text: [http://tinyurl.com/3ytbkf], Stand: 13.09.2007.

(22 Meldung) Kardinal Meisner sähe Richter-Fenster in Moschee besser aufgehoben. In: HANDELSBLATT.COM (30.08.2007), Online-Text: [http://tinyurl.com/2sn3f8], Stand: 14.09.2007.

(23 Meldung) „Kardinal Meisner hat seine eigene Meinung". In: KÖLNISCHE RUNDSCHAU ONLINE (30.08.2007), Online-Text: [http://tinyurl.com/2s8hxo], Stand: 14.09.2007.

(24 Kommentar) ROSSMANN, ANDREAS (2007): Richters Domfenster. Altbackene Vorurteile eines Kardinals. FAZ.NET – Feuilleton – Kunst (31.08.2007), Online-Text: [http://tinyurl.com/2j6egm], Stand: 14.09.2007.

(25 Interview) KASSEL, DIETER (2007): „Ein wahnsinnig spannendes Farbenspiel". Moschee-Architekt Böhm lobt Richter-Fenster im Kölner Dom. In: DEUTSCHLANDRADIO – KULTUR (31.08.2007), Online-Text: [http://tinyurl.com/3djvpk], Interview als Audio-File: [http://tinyurl.com/2sfqog], Stand: 14.09.2007.

(26 Bericht) BOSETTI, ANETTE/MÜLLER, BERTRAM (2007): Streit um neues Domfenster. Viel Kritik an Meisners Moschee-Äußerung. In: RHEINISCHE POST Online (31.08.2007), Online-Text: [http://tinyurl.com/3agrnx], Stand: 14.09.2007.

(27 Meldung) Kardinal Meisner über moderne Kunst. Schlingensief für Jesus. In: SÜDDEUTSCHE.DE – Kultur (31.08.2007), Online-Text: [http://tinyurl.com/2tdbow], Stand: 14.09.2007.

(28 Bericht) AHLERS, SYBILLE (2007): Kölner Domfenster. Gerhard Richter weist Meisners Kritik zurück. In: WELT ONLINE – Politik (31.08.2007), Online-Text: [http://tinyurl.com/2qy3pm], Stand: 14.09.2007.

(29 Bericht) IMDAHL, GEORG (2007): „Meisner irrt sich ein bisschen". In: KÖLNER STADT-ANZEIGER Online (31.08.2007), Online-Text: [http://tinyurl.com/2w7but], Stand: 14. 09.2007.

(30 Bericht) WRANGEL, CORNELIA VON / LOHSE, ECKART (2007): Kölner Fensterstreit. Kritik an Kardinal Meisner. FAZ.NET – Feuilleton – Kunst (01.09.2007), Online-Text: [http://tinyurl.com/2nr5j3], Stand: 13.09.2007.

(31 Meldung) Nachrichtenarchiv: Sonntag, 02.09.2007, 11.00 Uhr. In: DEUTSCHLANDRADIO (02.09.2007), Online-Text: [http://tinyurl.com/cebke], Stand: 10.09.2007.

(32 Meldung) Nachrichtenarchiv: Mittwoch, 05.09.2007, 11.00 Uhr. In: DEUTSCH-LANDRADIO (05.09.2007), Online-Text: [http://tinyurl.com/cebke], Stand: 10.09.2007.

(33 Bericht) ZITZEN, HARTMUT (2007): Kardinal Meisner nahm es sportlich. In: KÖLNER STADT-ANZEIGER Online (04.09.2007), Online-Text: [http://tinyurl.com/2qmwuv], Stand: 10.09.2007.

(34 Meldung) Meisner warnt vor Entartung der Kultur. In: KÖLNER STADT-ANZEIGER Online (14.09.2007), Online-Text: [http://tinyurl.com/36vm4d], Stand: 19.09.2007.

(35 Meldung) „Entartete Kultur". Meisner bedauert „Missverständnis". In: FAZ.NET – Feuilleton – Nachrichten (18.09.2007), Online-Text: [http://tinyurl.com/yr7ts2], Stand: 19.09.2007.

(36 Kommentar) SPIES, WERNER (2007): Der Kardinal züchtigt den Maler. Die Affäre um den Bannstrahl gegen das Kölner Domfensters Gerhard Richters ist eine Farce ganz nach dem Geschmack der Surrealisten. In: FAZ (18.09.2007), Heftnr. 217, 35.

(37 Kommentar) MEISNER, JOACHIM (2007): Wenn Gott nicht mehr in der Mitte steht. In: FAZ (19.09.2007), Heftnr. 218, 10.

Sekundärliteratur

BRINKER, KLAUS/SAGER, SVEN FREDERIK (2006): Linguistische Gesprächsanalyse. Eine Einführung. 4. Aufl. Berlin.

BUSSE, DIETRICH (1987): Historische Semantik. Analyse eines Programms. Stuttgart (Sprache und Geschichte 13).

BUSSE, DIETRICH/TEUBERT, WOLFGANG (1994): Ist Diskurs ein sprachwissenschaftliches Objekt? In: DIES./HERMANNS, FRITZ (Hgg.): Begriffgeschichte und Diskursgeschichte. Methodenfragen und Forschungsergebnisse der historischen Semantik. Opladen, 10–29.

BUSSE, DIETRICH (2007): Diskurslinguistik als Kontextualisierung – Sprachwissenschaftliche Überlegungen zur Analyse gesellschaftlichen Wissens. In: WARNKE (Hg.), 81–105.

FELDER, EKKEHARD (Hg.) (2006): Semantische Kämpfe. Macht und Sprache in den Wissenschaften. Berlin, New York (Linguistik – Impulse & Tendenzen 19).

FELDER, EKKEHARD (2006a): Zur Intention dieses Bandes. In: DERS. (Hg.), 1–11.

FELDER, EKKEHARD (2006b): Semantische Kämpfe in Wissensdomänen. Eine Einführung in Benennungs-, Bedeutungs- und Sachverhaltsfixierungs-Konkurrenzen. In: DERS. (Hg.), 13–46.

FRENZEL, G. (1958): Art. Glasmalerei. In: RGG 2, Sp. 1582–1586.

FORSCHUNGSKONSORTIUM WJT (2007): Megaparty Glaubensfest. Weltjugendtag: Erlebnis – Medien – Organisation. Wiesbaden (Erlebniswelten 12).

FRITZ, GERD (2006): Historische Semantik. Stuttgart.

GRICE, H. PAUL (1948/1957/1993): Meaning. In: DERS. (1989): Studies in the Way of Words. Cambridge/London, 213–223. Übersetzung: H. PAUL GRICE (1993): Intendieren, Meinen, Bedeuten. In: MEGGLE, GEORG (1993)(Hg.): Handlung, Kommunikation, Bedeutung. Frankfurt/M., 2–15.

GROTEN, MANFRED (1999): Art. Köln. A. Stadt. II. Mittelalter. In: LexMA 5, Sp. 1256–1261.

HERMANNS, FRITZ (2007): Diskurshermeneutik. In: WARNKE (Hg.), 187–210.

HUNTINGTON, SAMUEL P./HARRISON, LAWRENCE E. (Hgg.)(2004): Streit um Werte. München.

KNAPPE, KARL ADOLF (1984): Art. Glasmalerei. In: TRE 13, 270–275.

KÖLLER, WILHELM (2004): Perspektivität und Sprache. Berlin, New York.

KONRAD, J. (1962): Art. Zufall. In: RGG 6, 1938 f.

KONERDING, KLAUS PETER (2007): Themen, Rahmen und Diskurse – Zur linguistischen Fundierung des Diskursbegriffes. In: WARNKE (Hg.), 107–139.

SEIBERT, HUBERT (1999): Art. Köln. B. Erzbistum. In: LexMA 5, Sp. 1261–1268.

SOMMERFELD, FRANZ (Hg.) (2008): Der Moscheestreit. Eine Exemplarische Debatte über Einwanderung und Integration. Köln.

WARNKE, INGO H. (2006): Die begriffliche Belagerung der Stadt – Semantische Kämpfe um urbane Lebensräume bei Robert Venturi und Alexander Mitscherlich. In: FELDER (Hg.), 185–222.

WARNKE, INGO H. (Hg.) (2007): Diskurslinguistik nach Foucault. Theorie und Gegenstände. Berlin, New York (Linguistik – Impulse und Tendenzen 25).

WARNKE, INGO H. (2007a): Diskurslinguistik nach Foucault – Dimensionen einer Sprachwissenschaft jenseits textueller Grenzen (=Einleitung). In: DERS. (Hg.), 3–24.

WENGELER, MARTIN (2000): „Gastarbeiter sind auch Menschen". Argumentationsanalyse als diskursgeschichtliche Methode. In: Sprache und Literatur in Wissenschaft und Unterricht 86, 54–69.

WENGELER, MARTIN (2006): Mentalität, Diskurs und Kultur. Semantische Kämpfe in der deutschen Geschichtswissenschaft. In: FELDER (Hg.), 157–183.

WENGELER, MARTIN (2007): Topos und Diskurs – Möglichkeiten und Grenzen der topologischen Analyse gesellschaftlicher Debatten. In: WARNKE (Hg.), 165–186.

ZIMMER, RENÉ (2006): Zwischen Heilungsversprechen und Embryonenschutz – Der semantische Kampf um das therapeutische Klonen. In: FELDER (Hg.), 73–97.

Die Grammatik der Zugehörigkeit

Possessivkonstruktionen und Gruppenidentitäten im Schreiben über Kunst

Marcus Müller

1 Einleitung

Im Folgenden behandle ich die Inszenierung sozialer Zugehörigkeit in einer grammatischen Kleinform. Ich konzentriere mich dabei auf den Bereich der schriftlichen Kommunikation über Kunst, und hier wiederum untersuche ich Possessivkonstruktionen[1] des Typs UNSER + [SUBSTAN-TIV], z. B. *unser Volk, unsere Malerei, unsere Vergangenheit.* Ich beschreibe also Fügungen, in denen durch die Verwendung des possessiven Determinativs der ersten Person Plural ein irgendwie geartetes Zugehörigkeitsverhältnis zwischen einer Gruppe, in die sich ein Schreiber einbezieht (im Folgenden *Wir-Gruppe* genannt) und einer weiteren Person, einer zweiten Gruppe

---

1   Die Terminologie folgt dem konstruktionsgrammatischen Beschreibungsparadigma, und zwar in einer Form, wie sie zur Zeit in der empirischen Linguistik, hier v. a. in der Gesprächsforschung adaptiert wird (allg. zum Theorieverbund ‚Konstruktionsgrammatik' s. Ziem in diesem Band, zur Adaption in der Gesprächslinguistik Deppermann 2007, 2008; Imo 2007; Fischer/Stefanowitsch 2006). – Ich danke Alexander Ziem, dessen missionari-schem Eifer meine erste ernsthafte Beschäftigung mit der Konstruktionsgrammatik ge-schuldet ist.

oder einem individuellen, generischen oder abstrakten Sachverhalt (im Folgenden mit Strunk 2004 *Possessum* genannt) präsentiert wird. Die untersuchten Belege entstammen einem Korpus aus *Geschichten der deutschen Kunst*, also Gesamtdarstellungen der deutschen Kunstgeschichte. Ich will erstens verschiedene diskurssemantisch-funktional begründete Verwendungstypen der UNSER X-Konstruktion unterscheiden und zweitens zeigen, auf welche Weise solche Konstruktionen in diskurssensitiven Textstrategien zur Inszenierung nationaler Identität funktionalisiert werden. Beides geschieht mittels exemplarischer Analysen von Belegstellen. Daneben will ich diskutieren, inwieweit der konstruktionsgrammatische Ansatz für Analysen wie die hier vorgelegte hilfreich ist. Dabei soll deutlich werden, wie das sprachsystematisch geprägte Potenzial der Possessivkonstruktion UNSER X zur sprachlichen Inszenierung von ‚Zugehörigkeit‘ in einem bestimmten diskursiven Umfeld[2] genutzt und mit vielfältigen in der sprachlichen Umgebung eingesetzten Mitteln korreliert wird: Durch die rekurrente Verwendung desselben Musters in ähnlichen sprachlichen und als außersprachlich inszenierten Zusammenhängen prägen sich bestimmte diskursbezogene Gebrauchsstereotype (im Sinne Feilkes 1996, 1998) aus, in denen die grammatische Kategorie POSSESSION begrifflich als ‚Zugehörigkeit zur Nation‘ spezifiziert wird. Die Possessivkonstruktion konstituiert also eine stereotype Situation, die mindestens zwei Rollen vergibt: Die erste Rolle ist dabei als ‚Wir-Gruppe‘ festgelegt, die zweite variiert in Abhängigkeit vom lexikalischen Füller, welcher die Leerstelle der Konstruktion besetzt.

Die den Aufsätzen in diesem Band übergeordnete Frage, inwieweit die spezifische Verfasstheit von Wissen an sprachlichen Ausdrucksformen erstens erklärt und zweitens demonstriert werden kann, behandle ich in folgender Weise: ‚Deklaratives Wissen‘ kann als sedimentierte, reflexiv verfügbare und kommunikativ abrufbare Menge an Zuschreibungen beschrieben werden.[3] Ich konzentriere mich im Folgenden auf solche Zuschreibungen, die an soziale Gruppen ergehen, in die sich der Zuschreibende kommunikativ einbezieht.

---

2   Die Diskurssensitivität von Konstruktionen ist ein Moment, das in den meisten konstruktionsgrammatischen Arbeiten unterbelichtet bleibt. Ziem (in diesem Band a)) betont dagegen gerade diesen Aspekt.

3   Siehe dazu im Überblick mit Literatur Konerding (in diesem Band; sowie 1993: 83); Müller (2007a: 57); Strohner (2000: 262).

2 Identität, Wissen und Erfahrung

Vorbereitend soll im nun folgenden Kapitel ,soziale Identität' als ein Sonderfall von Wissen thematisiert und außerdem die Rolle der verbalen Kommunikation bei der sprachlichen Inszenierung von Zugehörigkeit beleuchtet werden. Die Forschung zu dem vielgestaltigen Konzept ,Identität' ist unüberschaubar.[4] Hermanns (1999: 381) präsentiert nach einer Literaturschau zum Thema die im *Collins Cobuild Dictionary* gegebene Bedeutungserläuterung des Lemmas *identity* als prägnanteste Begriffsdefinition: „Your identity is what you are." Geht man mit Hermanns davon aus, dass sich diese Basisdefinition auch für den deutschen Ausdruck *Identität* geben lasse, wird ersichtlich, dass die Bedeutungsexplikation von *Identität* immer über einen Akt der Selbstzuschreibung verlaufen muss.[5] Bei dem hier zugrunde gelegtem Verständnis von ,Identität' geht es nun um die Selbstbeschreibung des Einzelnen als Mitglied einer sozialen Gruppe. Hermanns (1999: 384) hat diese Art von Identität „Zugehörigkeitsidentität" genannt. Identität beschreibt hier also Wissen über sich selbst als Teil einer Gruppe, was erstens (extrinsisches) Wissen über die Beschaffenheit und Gestalt der Gruppe und zweitens (intrinsisches) Wissen über intern geltende Schichtungen und Handlungsmuster bedingt. Identität ist ohne kommunikativ vermitteltes und mehr oder weniger bewusst verfügbares Wissen über die eigene Gesellschaft nicht denkbar. Oder prägnanter formuliert: Identität ist selbstreflexiv wirksames soziales Kategorisierungswissen. In diese Richtung zielt auch die Beschreibung von Auer (2005: 404), der unter Berufung auf Antaki/Widdicombe (1998) den Zusammenhang

---

4   Als Referenztexte zur Identitätsdebatte seien hier genannt: der immer noch wichtige Band aus der Reihe *Poetik und Hermeneutik* (Marquard/Stierle 1979); zum für diesen Aufsatz unmittelbar einschlägigen Themenkomplex „Identität durch Sprache" Janich/Thim-Mabrey (2003); speziell zum Themenbereich ,nationale Identität Link/Wülfing (1991); Gardt (2004); Ehringshaus (1996); von See (1994). Zusammenfassend mit wortgeschichtlichen Erläuterungen, lexikologischer Studie und Literaturschau Strauß/Zifonun (2002). Dort heißt es zur Begründung der Themenwahl: „Der arrivierte Begriff Identität und insbesondere das Schlagwort von der nationalen Identät scheint inzwischen im Denken und Reden von Sprechern aller Coleurs schon unentbehrlich, ja unverzichtbar geworden zu sein." (168)

5   Abzugrenzen von im weiteren Sinne mathematisch gemeinten Identitätsbegriffen, vgl. Henrich (1979), Strauß/Zifonun (2002: 168 ff.). Henrich (1979: 140) präzisiert den als sozialpsychologisch erkannten Identitätsbegriff mit dem Ausdruck „diachrone Identität", worunter er die „Selbigkeit einer Person über die Abfolge ihrer inneren Vorstellungszustände" versteht.

zwischen sozialer Identität, Gesellschaftsstruktur und Kategorisierungswissen folgendermaßen beschreibt:[6]

> „Social identity is clearly a useful mediating concept between language and social
> structure. On the one hand, it allows one to see interactants as being involved in
> linguistic ‚acts of identity‘ through which they claim or ascribe group membership,
> or more precisely, through certain speaking styles (which usually incorporate cer-
> tain linguistic ‚variables‘). On the other hand, membership categories can be re-
> garded as constituting members' knowledge and perception of social structures.“

In diesem Sinne kann also ‚Identität‘ als Wissenskategorie zur kognitiven
Erschließung des Sozialen beschrieben werden. An dieses Zitat lässt sich
die Hauptargumentation, die ich verfolgen will, anknüpfen: Der Wissensbereich ‚Gesellschaft‘ wird kognitiv aus Abstraktionsprozessen zwischen-
menschlicher Erfahrungen modelliert. Er zeichnet sich dadurch aus, das
präreflexive Erfahrungen aus dem Nähebereich des Individuums (z.B.
Familie) zum prägenden Deutungsmuster für Beschreibungen des Dis-
tanzbereichs ‚gesellschaftlicher Großverband‘ (z. B. ‚Nation‘) werden.
Dieses kann nur dadurch geschehen, dass in Distanzmedien gesellschaftliche Kollektive wie etwa ‚Nation‘ kommunikativ inszeniert werden, und
zwar in semiotischen Mustern, die dem unmittelbar perzeptiv zugängli-
chen Erfahrungsbereich des Individuums entstammen, diesen also zei-
chenstrukturell indizieren. Dabei spielen insbesondere im Distanzmedium
Fernsehen neben der Sprache selbstverständlich auch andere, v. a. pictura-
le Zeichenfolgen eine wichtige Rolle. Die Analyse beschränkt sich im Folgenden auf sprachliche Konstituierungsprozesse in schriftlichen Distanz-
texten.

Hier scheint es zunächst erforderlich, kurz an die an anderer Stelle in
diesem Band geführte Diskussion zum Wissensbegriff anzuknüpfen (vgl.
die Aufsätze von Konerding, Ziem a), Kilian/Lüttenberg). Konerding (in
diesem Band) unterscheidet zwischen deklarativem und prozessualem
Wissen.[7] Der erste Wissenstyp wird als propositional verfasst und primär
an das Medium der Sprache gebunden beschrieben, der zweite als nicht

---

6   Der Bezug auf Auer dieser Stelle ist nicht unproblematisch, da Auer (2007: 2 f.) ausdrück-
    lich zwischen der diskurslinguistischen Forschung über die (distanz-)sprachliche Konsti-
    tuierung kollektiver, v. a. nationaler Identitäten und der interaktionslinguistischen For-
    schung über die interaktive Hervorbringung sozialer Identitäten unterscheidet. Mit dem
    aufgeführten Zitat bezieht er sich natürlich auf Letzteres. Dennoch halte ich einen An-
    schluss hier für legitim, da nationale Identität wie alle anderen mehr oder weniger stabilen
    Gruppenidentitäten über semiotisch induzierte Kategorisierungen aufgebaut werden. Die
    Probleme bei der Übertragung des interaktionalen Ansatzes, die durch den Medien- und Si-
    tuationswechsel zustande kommen, seien nicht geleugnet und werden später noch angeris-
    sen (3.2.3).
7   Nach Gilbert Ryles Unterscheidung von „knowing-that“ und „knowing-how“, siehe dazu
    auch Ziem a) in diesem Band.

bewusst-reflexiv verfügbares „Können" im Sinne von interaktiv eingeübten Handlungsmustern gedacht. Demnach kann deklaratives Wissen als Substrat zumeist vorbewusster interaktionaler Handlungsroutinen aufgefasst werden, welches ausschließlich in sozial emergenten Objektivierungsformen verfügbar ist. Anders ausgedrückt: Deklaratives, also reflexiv-bewusst verfügbares und medial gebundenes Wissen ergibt sich in der Kommunikationsgeschichte des Individuums wie der Sprechergemeinschaft aus automatisierten Abläufen, welche die Orientierung des Einzelnen in der sozialen Lebenswelt gewährleisten.[8] Grenzt man die Aussagen wieder auf den hier zur Rede stehenden Wissenstyp ein, dann lässt sich zusammenfassen: Soziales Kategorisierungswissen ist medial gebunden und entsteht individual- wie kommunikationsgeschichtlich als Sediment sozialer vorreflexiver Handlungsroutinen.

Es bleibt die Frage, wie sich aus der Analyse sprachlicher Objektivierungsformen Aussagen über soziales Kategorisierungswissen gewinnen lassen und welchen Stellenwert sie haben. Hilfreich ist hierzu ein Blick auf das Vorgehen Hausendorfs (2000: 3 ff.), der in seinem Buch „Zugehörigkeit durch Sprache" Identität in unserem Sinne als ein Inklusionsverhältnis von Person und sozialer Gruppe betrachtet[9]:

---

8   Diese Anschauungen haben eine medienlogische Pointe, die deutlich wird, wenn man die mit dem Gesagten korrelierenden Ergebnisse der neueren Hirnforschung betrachtet. Linz (2007: 55) fasst die Ergebnisse neurowissenschaftlicher Forschungen von Antonio Damasio, Francis Crick und Christof Koch in der These zusammen, „dass sowohl Denkprozesse als auch Denkinhalte weitgehend unbewusst bleiben und nur in sensualisierter Form als Bild, Ton, inneres Sprechen etc. Gegenstand bewusster Operationen sein können. […] Die Grundidee der bislang vor allem für den Bereich der Wahrnehmung entwickelten zeitlichen Bindungsmodelle besteht also darin, dass das Gehirn aus der Fülle parallel ablaufender Verarbeitungsprozesse eine Menge von Einzelaspekten herausgreift, die unterschiedlichen Feuerungsraten für eine kurze Zeitspanne synchronisiert und so neuronal verteilte Ereignisse für ein begrenztes Zeitfenster zur holistischen Erfahrungen von distinkten Objekten bzw. Ereignissen synthetisiert. Objekte und Ereignisse sind damit in der Form, wie sie dem Bewusstsein zugänglich sind, an keiner Stelle des Gehirns permanent repräsentiert, sondern müssen jeweils in Synthesisakten rekonstruiert werden. Auf neuronaler Ebene existieren nur strukturelle Dispositionen zur Rekonstruktion synthetisierter Welterfahrung, Dispositionen also, die gewissermaßen die Instruktion zur je aktuellen Sinnerzeugung bereitstellen. Die Bedeutungsgenerierung wird damit nicht nur zu einer synthetisierenden Leistung, sondern zugleich zu einem unhintergehbar performativen Akt, weil kohärente Bewusstseinsinhalte grundsätzlich nur im Moment der Aktivierung erzeugt werden."

9   Hausendorf und Auer treffen nun ihre Aussagen im Hinblick auf die mündliche Interaktion. Bei der Analyse von Identitätsmarkern in schriftlichen Diskursen muss dementsprechend das Moment der unidirektionalen Gestaltung sprachlicher Objektivierungsformen gegenüber der interaktiven Online-Prozessierung von Sprache in Gesprächen (vgl. z. B. Spranz-Fogasy/Lindtner in diesem Band) berücksichtigt werden. Nimmt man die sich daraus ergebenden Konsequenzen für Analyse und Interpretation aber ernst (s. 3.2.3), dann lässt sich hier die Grundanschauung der neueren interaktionalen Soziolinguistik von Identi-

„Zugehörigkeit bezeichnet einen für den Einzelnen wie für die Gesellschaft grundlegenden Sachverhalt. Als einer Quelle der Identitätsfindung steht der Zugehörigkeit zu einer Gruppe (dem ‚Wir‘) in gewisser Weise das Konzept der ‚Person‘ (das ‚Ich‘) gegenüber, so wie es aus anthropologischer Perspektive […] rekonstruiert wird. – Im Paradigma der ‚Personalpronomina‘ sind diese unterschiedlichen Identitätsquellen auf unscheinbare Weise vereint und aktualisierbar."

Daraus folgt – auch bei Hausendorf selbst – die Möglichkeit, Zuschreibungen an die eigene Gruppe, über die sich Zugehörigkeitsidentität sprachlich konstituiert, in der Weise analytisch zu re-konstituieren, dass zuerst das Personalpronomen der ersten Person Plural und dann dessen sprachliche Umgebung untersucht wird.[10]

Insbesondere für distanzsprachliche Schrifttexte wie die hier betrachteten ist dabei entscheidend, dass das Personalpronomen der ersten Person Plural nicht etwa als reiner „Index" fungiert, sondern dass die damit präsentierte Großgruppe – also die aktuelle „referentielle" Bedeutung – in immer neuen Anläufen durch Ko(n)textualisierung, (Nebenbei-) Prädikation[11] und Attribuierung modelliert wird. Angewandt auf das vorliegende Korpus heißt das: In Texten, in denen eine *nationale* Geschichte der Kunst erzählt werden soll, liegt zwar die Bedeutung ›wir Deutsche‹ als Standard-Interpretament nahe, diese kann aber in jeder einzelnen Verwendung modifiziert werden, indem die aktuelle Extension der Wir-Gruppe z.B. auf die Gegenwart beschränkt (*Heute haben wir in Deutschland…*), auf die Vergangenheit ausgedehnt (*Schon im Mittelalter haben wir Deutschen…*) oder geo-ideologisch erweitert wird (*Im Westen haben wir …*).[12] Neben den hier gewählten appositiven und adverbialen Mitteln spielt bei der sprachlichen Modellierung der Wir-Gruppe deren rückbezügliche Indizierung durch das possessive Determinativ[13] und die dadurch erreichte Relationierung zu einer Person (*unser bester Maler*), einer zweiten Gruppe (*unsere Expressionisten*) oder einem sonst wie gearteten individuellen oder abstrakten Sachverhalt eine wichtige Rolle. In den so entstehenden Fügungen wird ‚Zugehörigkeit‘ doppelt präsentiert: einmal durch die immanente soziale Kategorisierungsleistung des Personalpronomens (vgl. Hausendorf 2000: 4 ff.) und dann noch einmal durch die Explikation eines zweiten Zugehörigkeitsverhältnisses im possessiven Determinativ, das ja „Besitz" nur im

---

tät als sprachlich (besser: semiotisch) hervorgebrachter sozialer Orientierungsgröße gewinnbringend anbringen.

10 Bei Hausendorf wird auch die soziologische Identitätsdebatte unter dem Schlagwort „soziale Kategorisierung" besprochen – dort auch einschlägige Literaturhinweise.

11 Zum Terminus ‚Nebenbei-Prädikation‘ s. Linke/Nussbaumer (2000).

12 Hier und im Weiteren sei abgesehen von Verwendungsweisen des Personalpronomens im Autorenplural u. Ä.

13 Die Terminologie hier nach Zifonun et al. (1997).

Spezialfall anzeigt, allgemein aber eben Zugehörigkeit indiziert. Bär (i. V.) spricht daher auch folgerichtig vom „Pertinenzpronomen". Weinrich (2005: 433) weist im selben Sinne darauf hin, dass der Ausdruck *Possessiv-Artikel*

> „in die Irre führt, wenn man ihn wörtlich nimmt. Mit Besitz und Eigentum hat der Possessiv-Artikel nichts zu tun. Nur wenn bestimmte zusätzliche Bedingungen erfüllt sind, nämlich ein Determinationsgefüge Person/Sache und ein Kontext, der eine besitz- oder eigentumsbezogene Auffassung nahelegt, kann mit dem Possessiv-Artikel auch ein Eigentumsverhältnis ausgedrückt werden."

Damit ist die grammatische Kategorie POSSESSION semantisch als ‚Zugehörigkeit' identifiziert. Die Beschreibung ist hinsichtlich der damit zu deckenden grammatischen Phänomene aber nur dann valide, wenn die so bezeichnete Klasse nicht als aristotelische wohldefinierte Kategorie, sondern vielmehr als prototypisch organisierter Deutungsraum modelliert wird. In diesem Sinne ist die recht ausführliche Differenzierung der vagen Klasse ‚Zugehörigkeit' bei Langacker (1991: 169) für das Englische zu verstehen:

> „It is widely appreciated that the linguistic category of possession does not reduce to any single, familiar value, such as ownership. A moment's thought reveals the extraordinary variety of the relationships coded by possessive constructions. With respect to the possessor, the thing possessed may constitute: a part (my elbow); a more inclusive assembly (her team); a relative (your cousin); some other associated individual (their friend); something owned (his watch); an unowned possession (the baby's crib); something manipulated (my rook); something at one's disposal (her office); something hosted (the cat's fleas); a physical quality (his health); a mental quality (your patience); a transient location (my spot); a permanent location (their home); a situation (her predicament); an action carried out (his departure); an action undergone (Lincoln's assassination); something selected (my horse [i.e. the one I bet one]); something that fulfills a particular function (your bus); someone serving in an official capacity (our mayor); and so on indefinitely" (zitiert auch in Strunk 2004: 12).

Schon in den Beispielen Langackers wird aber auch deutlich, dass die verschiedenen semantischen Spezifizierungen der Kategorie ‚Zugehörigkeit' ganz offensichtlich soziolinguistischen Restriktionen unterliegen: Nicht jede Possessivrelation kann immer gesagt werden – oder anders herum: In spezifischen kommunikativen Umfeldern, medialen Kontexten oder Diskursen prägen sich je spezifische Konkretisierungen der Zugehörigkeitsrelation aus.

Die nachfolgende Analyse beschreibt also Possessivkonstruktionen als Spezifikationstypen der grammisch-semantischen Figur ‚Zugehörigkeit', und zwar aufsteigend aus der Analyse einer grammatischen Fügung in einem bestimmten Diskurs, der sich hier in distanzsprachlichen Überblickstexten zur nationalen Kunstgeschichte entwickelt. Dabei kann in der

Analyse der UNSER X-Konstruktion gezeigt werden, wie sich ‚Zugehörig-keit' als soziale Figuration in sprachlichen Mikrostrukturen formiert. Um das spezifisch Soziale im Prozess der diskursiven Prägung der UNSER X-Konstruktion deutlich werden zu lassen, soll eine kurze Be-schreibung des Kommunikationsbereichs KUNST sowie des zur Rede stehenden Diskurses vorgelagert werden.

3 Kunst als Kommunikationsbereich

Im Sprachraum der Kunstkommunikation sind deklaratives Wissen und soziale Positionierung besonders eng miteinander korreliert. Die simple Erkenntnis, dass Kunst als gesellschaftlicher Wirkfaktor nur mit und über Sprache funktionieren kann, hat erst in der jüngsten Vergangenheit zu einem gewissen Interesse der Sprachwissenschaft an der Kunstkommuni-kation geführt.[14] Die Relevanz des Forschungsgegenstandes ‚Kunstkom-munikation' macht Hausendorf (2007: 19), diesmal als Herausgeber eines einschlägigen Sammelbandes, deutlich:

„Vieles spricht […] dafür, dass die Kommunikation über Kunst maßgeblich dazu beiträgt, dass Kommunikation mit und durch Kunst(werke/n) überhaupt erst möglich wird, dass anders gesagt das Reden und Schreiben über Kunst dieser Kunst nicht äußerlich bleibt, sondern die Voraussetzungen dafür schafft, dass sich in unserer Gesellschaft ein eigenständiger Kommunikationsbereich der Kunst (neben solchen der Wirtschaft, des Rechts, der Politik oder Wissenschaft) ausge-bildet hat und weiter ausbilden kann."

Hinzuzufügen ist hier, dass der Kommunikations- und Wissensbereich KUNST zwar als ein „eigenständiger" wahrgenommen wird – dieser aber nur deshalb gesellschaftlich wirksam werden kann, weil die gedanklichen und sprachlichen Formen der kommunikativen Hervorbringung von Kunst auf allen Ebenen und auf die vielfältigste Art und Weise mit ande-ren Kommunikationsbereichen verknüpft sind. Erst unter dieser Voraus-setzung können Denk- und Argumentationsmuster der Kunstkommunika-tion gesellschaftlich bedeutsam werden.[15]

---

14 Vgl. die Arbeiten und Sammelbände von Lüttenberg (2006); Gardt/Warnke (2007); Hau-sendorf (2007); Müller (2007a); Klotz/Lubkoll (2005).
15 Beispielsweise wurde in Müller (2007a: 120, 169 ff.) gezeigt, wie in deutschen Kunstge-schichten Kunstwerken regelmäßig Prädikate zugeschrieben werden, die der Zuschrei-bungstradition an ‚die Deutschen' entstammen. So werden die – bis in die 1950er Jahre als akzeptabel vorausgesetzten – Prädikationen ‚Deutsche sind treu, tiefsinnig und innerlich' auf Kunstwerke und Kunststile übertragen. Ein Kunstwerk ist dann nicht mehr naturalis-tisch, sondern treu, nicht mehr expressiv, sondern tiefsinnig, nicht mehr einfühlsam, son-dern innerlich. Sind diese Prädikationen erst einmal an die Kunstwerke gebunden, dann

3.1 Relevanz und Forschungsstand des Untersuchungsbereichs ‚Kunstkommunikation'

Neben Untersuchungen zu Bildbeschreibungen, die sich ganz oder teilweise Kunstbeschreibungen widmen und sich als Fortsetzung der rhetorischen Ekphrasisforschung (Böhm/Pfotenhauer 1995; Gross 2000) mit textlinguistischen Mitteln begreifen (Köller 2005; Klotz 2005, 2007; Müller 2009) sind hier diskursanalytische Ansätze (Lüttenberg 2006; Müller 2007a und b; Gardt/Warnke 2007) zu nennen. Der von Hausendorf (2007) herausgegebene Sammelband mit dem Titel *Vor dem Kunstwerk* stellt u. a. gesprächsanalytische Ansätze zum Reden über Kunst vor. Sturm (1996) bespricht schriftliche und mündliche Situationen der Kunstkommunikation im Rückgriff auf die psychoanalytischen Diskursstudien Lacans. Auffällig ist, dass in allen genannten Arbeiten – neben dem sprachfunktionalen Aspekt – Kunstkommunikation als Mittel der Konstituierung, Regulierung und Kontrolle individueller und/oder sozi-aler Identitäten behandelt wird. Der hohe soziale Distinktionswert der Kunst ermöglicht für sprachlich Handelnde im künstlerischen Kommunikationsbereich offensichtlich per se schon die Möglichkeit der sozialen Positionierung, da Wissen über Kunst immer ein exklusives Wissen ist. Deshalb scheint diese Untersuchungsperspektive für die Forschung ganz besonders relevant zu sein. Kindt (2007: 68) verweist auf den „Umstand, dass manche Teilnehmer diese Kommunikation [über Kunst, M. M.] extensiv zu Selbstdarstellungs- und Positionierungszwecken nutzen. [...] Dies hängt wahrscheinlich auch mit dem hohen Imagewert von Kunst zusammen." Erst recht gilt das für das Wissen über Entwicklungslinien, Konjunkturen und regionale Ausbreitungen bestimmter Kunststile. Der Fachdiskurs, der sich über diesem Redegegenstand konstituiert, ist die ‚Kunstgeschichte'.

---

reicht es, über ein Kunstwerk zu sagen, es sei deutsch, um eine ganze Klasse an Zuschreibungen aufzurufen, die gleichzeitig an die Bereiche ‚Kunst' und ‚Nation' gebunden sind. Auf diese Weise werden die Wissensbereiche semantisch überblendet. Dieses Verfahren habe ich *Kreuzprädikation* genannt.

3.2 Geschichte(n) der deutschen Kunst

3.2.1 Geschichte als Form der Wissenskonstituierung

Im Kommunikationsbereich der Kunsthistoriographie lassen sich verbale Konstruktionen auf allen Ebenen der Kunstkommunikation als Sedimente sozialen Kategorisierungswissens beschreiben, die dem Einzelnen prä-reflexiv wirksame Orientierung bieten. Hier spielt insbesondere das Erzählen eine wichtige Rolle. Der Literaturwissenschaftler Karlheinz Stierle (1979) hat in einem Aufsatz über die Funktion der narrativen Form in der Geschichtsschreibung den historiographischen Text als Integrationsform von ‚Wissen‘ und ‚Erfahrung‘ bestimmt (vgl. dazu Müller 2007a: 17) – und damit eine Differenzierung geleistet, die mit der von *knowing that* (‚Wissen‘) und *knowing how* (‚Erfahrung‘) in Verbindung gebracht werden kann: ‚Wissen‘ meint dabei die konkreten Forschungsergebnisse der Quellenforschung, während ‚Erfahrung‘ nach Stierle als Deutungsmodus fungiert, welcher die Darstellung des Wissens hinsichtlich seiner handlungspraktischen Relevanz für die Gemeinschaft regelt. In dieser Vermittlung von ‚Wissen‘ und ‚Erfahrung‘ macht Stierle (1979: 100) den Grundcharakter der Historiographie aus. Deren Aufgabe sieht er darin, das methodisch gesicherte und objektivierbare ‚Wissen‘ so darzustellen, dass es für das an Vergangenheit, Gegenwart und Zukunft ausgerichtete Selbstbild der Gemeinschaft erfahrbar und bedeutsam wird. Stierle spricht hier davon, dass das historische „Faktum", also der vom Historiker methodisch objektivierte historische Sachverhalt eine historiographische „Aneignung" erfahre (1979: 100). In diesem Prozess kann die Aneignung des Wissens durch die Erfahrung aber nicht als Robinsonade funktionieren, vielmehr greift der Historiker wohl oder übel auf die Vortexte, Textmuster und Deutungstraditionen des eigenen Fachs zurück:

> „Historiographie steht gewöhnlich zu ihrem Gegenstand nicht im Verhältnis einer unmittelbaren und voraussetzungslosen Beziehung. Zwischen das Faktum selbst und seine historiographische Aneignung sind zumeist als vermittelnde Instanzen vorgängige Geschichten gelagert, die das vergangene Geschehen immer schon ergriffen, gedeutet und im Hinblick auf eine die narrative Form leitende Anschauung stilisiert haben." (Stierle 1979: 100)

Unter dem Aspekt der nationalen Kategorisierung besonders interessant ist hier die national ausgerichtete Kunstgeschichtsschreibung, und zwar weil sich die diskurssensitiven Modi der Sachverhaltskonstituierung nicht aus dem Kommunikationsbereich KUNST selbst ergeben (vgl. dazu ausführlich Müller 2007a: 34 ff. und 310 ff.): Aus der diskursimmanten Logik der Kunsthistoriographie ist nicht ohne Weiteres ersichtlich, wieso eine bestimmte Bogenform, ein Pinselduktus oder ein Art des Faltenwurfs nicht nur z. B. ‚gotisch' oder ‚barock', ‚malerisch' oder ‚linear', sondern eben auch ‚deutsch' oder ‚französisch' sein könne.

3.2.2   Nationale Kunstgeschichte in Deutschland

Daher will ich kurz den Entwicklungsgang der nationalen Perspektive in der deutschen Kunstgeschichtsschreibung skizzieren. Auf diese Weise wird auch die soziale Lagerung der nachstehend beschriebenen kommunikationsstrukturellen Phänomene angedeutet:

Eine deutsche historische Kunstwissenschaft, welche die ‚eigene' Kunstgeschichte in den Blick nimmt, lässt sich auf die Rehabilitierung der Gotik als eines ‚deutschen' Stils in der Romantik zurückführen. Mitte des 19. Jhs. entsteht die erste Gesamtdarstellung der deutschen Kunstgeschichte. Ihr Autor ist Ernst Förster, der in seiner Jugend selbst als Historienmaler, später als Dichter und Kunstjournalist tätig war.[16] Im Laufe der zweiten Hälfte des 19. Jhs. wird die ‚eigene' Kunst als Gegenstand der deutschen Kunstwissenschaft immer zentraler. Die ‚Sattelzeit' der klassischen deutschen Kunsthistoriographie liegt zwischen 1880 und 1926, dem Jahr, in dem der letzte Band der bekanntesten deutschen Kunstgeschichte von Georg Dehio erscheint. Im Nationalsozialismus schließlich wird die Beschäftigung mit der deutschen Kunst, besser: ‚dem Deutschen in der Kunst', zur Staatsdoktrin. Ihre propagandistisch zubereitete Präsentation bildet einen wichtigen Pfeiler des nationalsozialistischen Entwurfs einer deutschen Identität, freilich unter Ausgrenzung bedeutender Stile und Epochen, z. B. des Expressionismus, als „entartete Kunst". Nach 1945 ist die nationale Perspektive innerhalb der deutschen Kunstwissenschaft desavouiert. Erst nach der Wiedervereinigung entsteht wieder ein Bedürfnis nach nationaler Identität und damit nach der Darstellung einer nationalen Kunstentwicklung, jetzt aber unter den Vorzeichen einer internationalistischen Weltanschauung, welche die deutsche Kunst als Ergebnis und Teil einer größeren, internationalen Gesamtentwicklung sieht. In den 1980er Jahren in der DDR und Ende der 1990er Jahre im wiedervereinigten Deutschland entstehen wieder Großtexte zur Geschichte der deutschen Kunst, deren Autoren zentrale Protagonisten des Fachs sind. Die Textserie ‚Geschichte der deutschen Kunst' lässt sich somit in drei Phasen

---

16   Vgl. Locher (2001: 255).

gliedern. Die genannten Texte bilden gleichzeitig das Korpus der vorliegenden Untersuchung[17]:

1. Begründung der Textserie im nationalhistorischen Paradigma der zweiten Hälfte des 19. Jahrhunderts:
   Förster [1851–60][18], Grotesche Verlagsbuchhandlung [1885–91], Knackfuß [1888], Lübke [1890], Schweitzer [1905].
2. Nationalpädagogische Zuspitzung nach dem ersten Weltkrieg:
   Dehio [1919–1934], Luckenbach [1926], Schreyer [1931], Müseler [1934], Jantzen [1935], Schwander [1936], Pinder [1935–51], Weigert [1942], Bruckmann Verlag [1942–55], Barthel [1949].[19]
3. Wiederaufnahme der Textserie:
   Lindemann [1974], Seemann Verlag [1981–89], Klotz/Warnke [1998–2001], Suckale [1998], Gebhart [2002].

3.2.3   Kunstgeschichte als Meisterdiskurs

Die Abweichung von ‚acts of identity', wie sie in der interaktionalen Soziolinguistik (Auer 2005, 2007; Hausendorf 2000) beschrieben werden, zu den hier zur Rede stehenden sind neben dem Medienwechsel, der Distanzsituation und – damit verbunden – der Unidirektionalität der Kommunikation (medial und konzeptionell schriftliche Texte im Gegensatz zur interaktiv prozessierten Mündlichkeit des interaktionalen Paradigmas) in der spezifischen Asymmetrie der Kommunikationssituation zu sehen: Als Autor fungieren in der Regel im Fach herausragende Experten, während die intendierte Leserschaft (oft expressis verbis[20]) meist der sog. „gebildet Laie" ist. Anders gesagt: Es handelt sich um institutionell abgesicherte, redaktionell bearbeitete und fachgeschichtlich validierte Großtexte, welche Zentren und Referenzpunkte ihres Kommunikationsbereichs bilden. Diese Konstellation bedingt einen ‚Meisterdiskurs'[21], in dem Akte der eigenen sozialen Positionierung immer auch Akte der sozialen Positionierung an-

---

17 Die Belege im Folgenden sind einem elektronischen Sekundärkorpus entnommen, das aus ca. 187.000 Wortformen besteht. Dieses kam durch die Exzerption relevanter Stellen zustande – genauere Informationen in Müller (2007a: 83 ff.).

18 Die Angaben der Belegstellen in Korpustexten werden in eckige Klammern gesetzt, um sie von Verweisen auf Forschungsliteratur unterscheidbar zu machen.

19 Die zwei zuletzt genannten Arbeiten sind teils nach Kriegsende erschienen, ihre Niederschrift geht jedoch auf die Vorkriegs- und Kriegsjahre zurück.

20 Zum Beispiel bei Dehio I [1919: V]: „Das Buch wendet sich nicht an den Fachgelehrten, es sucht seine Leser in dem weiteren Kreise, den man den der Gebildeten zu nennen pflegt."

21 Lacan (1986: 21) spricht vom „Diskurs des Herren", von Sturm als „Diskurs des Meisters" wiederaufgenommen und diskutiert (1996: 169 f.).

derer durch den Autor sind. Das heißt, dass der kommunikative Selbstentwurf des Autors den kommunikativen Entwurf der Gruppe, in die der Modell-Leser[22] eingeschlossen ist, immer schon mitbedingt. Identitätskonstituierung wird in solchen Meisterdiskursen in der Tendenz zur hegemonialen Bewegung, welche die eigene Identität sprachlich als Gruppenidentität reformuliert. Da ein solcher Beitrag aus medienlogischen Gründen nicht interaktiv prozessiert werden kann, muss möglichen Leserreaktionen und ggf. Einwänden oder Vorbehalten schon im Textverlauf begegnet werden, indem man die Situation des Lesens antizipiert. Textstrukturell schlägt sich das explizit in Argumentationen (Müller 2007a: 265 ff.) und implizit in rhetorischen Persuasionsverfahren nieder. Solche diskursiv sedimentierten Persuasionsverfahren bestehen darin, aus den außerhalb des Kommunikationsbereichs autonomen Wissensbereichen NATION und KUNST ein homogenes Redeuniversum[23] zu ,stricken'. Die folgende Liste ist Müller (2007a: 312) entnommen:

• Kunstwerke werden als Leistungen des deutschen Volkes geschildert; dazu werden Konkreta (Graphiken Dürers) und Abstrakta (,germanischer Formengeist') in der Kunstbeschreibung zusammengebunden.
• Das Deiktikum ,wir' wird extensiv in der Bedeutung ›wir Deutsche‹ verwendet.
• ,Gipfelwerke' der deutschen Kunst werden so beschrieben, dass im Kommunikationsraum von (deutschem) Künstler, (deutschem) Betrachter und (deutschem) Kunsthistoriker Intimität entsteht: Das wird vor allem durch die Kombination von Beschreibungsstrategien erreicht, in denen zum einen die Produktion des Kunstwerks nachvollzogen und zum anderen die Betrachtertätigkeit in die Beschreibung miteinbezogen wird.
• Kunstwerke und Kunststile werden mit Prädikaten aus der Selbstzuschreibungsgeschichte ,der Deutschen' belegt (Kreuzprädikation); dadurch werden kunsthistorische Formbeobachtungen und deutsche Geistesgeschichte zu einem dichten Zuschreibungsgeflecht verwoben; ,deutsch' wird damit letztlich zu einer kunsthistorischen Kategorie.
• Auf der Grundlage von Teil-Ganzes-Relationen wird von ,Deutschland' auf ,deutsche Kunst' und umgekehrt geschlossen.
• Die Kollektivbezeichnungen ,die Deutschen, Deutschland' werden in erzählenden Passagen agentiviert.

---

22 Vgl. zu dem Terminus die trotz strukturalistisch geprägter Metaphorik m.E. erhellende Definition Ecos (1995: 49): „Ein Text ist ein Mechanismus, der seinen Modell-Leser hervorbringen möchte. Der empirische Leser ist ein Leser, der eine Vermutung über den vom Text postulierten Modell-Leser aufstellt. Das heißt, daß der empirische Leser nicht über die Intentionen des empirischen Autors, sondern über die des Modell-Autors Vermutungen anstellt. Der Modell-Autor ist jener Autor, der, als Textstrategie, einen bestimmten Modell-Leser hervorbringen möchte."
23 Zum Ausdruck im Sinne von ›diskursiv geprägtes Bedeutungssystem‹ Coseriu (1975: 284 f.).

- Die deutsche Kunstgeschichte wird als phasenweise verlaufender Prozess der Enthüllung des ‚deutschen Wesens‘ in der Kunst präsentiert, durch die Festlegung der Kategorie ‚deutsch‘ auf bestimmte Stilmerkmale ergeben sich ‚deutschere‘ (Gotik) und ‚undeutschere‘ (Renaissance) Epochen.
- Die internationale Kunstentwicklung wird als Prozess der gegenseitigen Beeinflussung von Völkern in der Kunst geschildert, Leistungen der ‚deutschen Kunst‘ werden vor diesem Hintergrund betont.

All diese Verfahren sind auf der Ebene von Prädikationsgefügen bzw. Textpassagen angesiedelt. Im Textverlauf – und erst recht in der Diskursgeschichte – werden solche propositionalen bzw. flächigen Identifikationsangebote als Interpretamente verfügbar gemacht, so dass ggf. schon mit eingliedrigen Konstruktionen einschlägige Texthandlungen indiziert werden können.

4   Possessivkonstruktionen in der Grammatikschreibung

Das folgende Kapitel diskutiert die grammat(ik)ographischen Voreinstellungen für die nachfolgende Analyse noch ohne Bezug auf das Korpus: Es beginnt mit einer Übersicht über possessive Determinative in den gängigen Grammatiken des Deutschen (4.1), es folgt ein kleines Zwischenresümee (4.2) sowie eine kurze Explikation der Voreinstellungen, die mit der Wahl des konstruktionsgrammatischen Rahmens einhergehen (4.3).

4.1   Possessive Determinative in Grammatiken des Deutschen

Die zur Rede stehende sprachliche Form wird in den gängigen Grammatiken des Deutschen wahlweise als „Possessiv-Artikel" (Eisenberg 2004, Weinrich 2005), „possessives Artikelwort" (Duden), „possessives Determinativ" (Zifonun et al. 1997) oder „als Artikelwort verwendet[es] Personalpronomen" (Helbig/Buscha 2001) angesprochen. Überall wird sie als Determinator einer offenen Substantivklasse beschrieben. Die text- bzw. wissensdeiktische Komponente der possessiven Determinative wird dagegen meist nicht behandelt. Auch auf die Relation zwischen der vom possessiven Determinativ indizierten Person oder Gruppe und deren Operanden (Possessum) wird nicht weiter eingegangen. Ein wenig hilft hier das Duden Universalwörterbuch weiter. Dieses (1999: 3, 4123) verzeichnet unter dem Lemma *unser* u. a. folgenden Eintrag:

> „(Possessivpronomen) [...] bezeichnet die Zugehörigkeit oder Herkunft eines Wesens oder Dinges, einer Handlung oder Eigenschaft zu Personen, von denen in der 1. Person Plural gesprochen wird."

Feinere semantische Differenzierungen werden dann in Belegen vorgeführt, nicht aber benannt. Größere explizite Kategorisierungsanstrengungen bleiben aus.

Unter den Grammatiken bilden Zifonun et al. (1997: 3, 1933) eine Ausnahme: Dort wird sowohl die Deixis bezogen auf das kommunikative Korrelat des possessiven Determinativs wie auch die spezifische Determinationsweise hinsichtlich des Operanden thematisiert: Nachdem zwischen sprecherbezogenen (*mein*), hörerbezogenen (*Dein/Ihr*), jeweils gruppenbezogenen (*unser, euer/Ihr*) und gegenstandsbezogenen (*sein/ihr/sein*) Possessiva unterschieden worden ist, heißt es in Bezug darauf:

> „Diese Differenzierung bildet die Unterscheidung zwischen Sprecher(gruppen)deixis, Hörer(gruppen)deixis und Objektdeixis im Bereich der Proterme ab: ein sprecherbezogenes possessives Determinativ bezeichnet ein „Besitz"- oder allgemeiner Zugehörigkeitsverhältnis zum Sprecher, einen hörerbezogenes zum Hörer, ein gegenstandsbezogenes zu einem im Kontext genannten Gegenstand."

Bezogen auf die Determinationsleistung von Possessiva wird in Zifonun et al. (3, 1959) gesagt, diese griffen

> „aus dem Denotatbereich ihrer Operanden bestimmte Individuen, Substanzkollektionen oder Summen heraus. Wie bestimmte Artikel kennzeichnen sie die Gegenstände als kontextbezogen einzige oder hervorstechendste. Hinzu tritt eine Information über einen oder mehrere Besitzer. ‚Besitz' ist dabei als Zugehörigkeit im weitesten Sinn zu verstehen."

Was hier bei Zifonun et al. angedeutet wird, ist die bidirektionale Indexikalität des possessiven Determinativs. Weinrich (2005: 432) verfolgt diese Fährte etwas entschiedener. Der „Possessiv-Artikel" wird dort eingeführt als „ein spezifischer Artikel, nach dessen Anweisung für ein bestimmtes Nomen eine Determinante im Bereich der Gesprächsrollen zu suchen ist. Man könnte ihn daher ‚Gesprächsrollen-Artikel' nennen." Im Folgenden spricht Weinrich aus textgrammatischer Perspektive dem Possessiv-Artikel eine „doppelseitige Funktion" zu: „er kennzeichnet sein zugehöriges Nomen als determinationsbedürftig [...] und bietet dafür gleichzeitig eine nach der Gesprächsrolle differenzierte Determinante als determinationskräftig [...] an." Hinzu kommt das jeweilige Gesprächsrollen-Merkmal: (SPRECHER), (HÖRER) oder für die Referenzrolle (BEKANNT). Über die letztere wird gesagt, sie werde „erst durch zusätzliche Referenz auf einen oder mehreren Referenten hin spezifiziert. Auf diese beziehen sich dann auch die Possessiv-Artikel."

4.2   Zwischenresümee und erste Schlüsse

Ich möchte im Folgenden die bei Zifonun et al. angedeutete und bei Weinrich benannte doppelte Indexikalität des possessiven Determinativs hier als Zwischenergebnis noch einmal kurz aus meiner Sicht ausführen, und zwar ausschließlich in Bezug auf die erste Person Plural: Possessive Determinative fungieren im Text als Brücken bzw. als bidirektionale Ko- bzw. Kontextindikatoren.[24] Sie indizieren erstens eine Wir-Gruppe, die entweder im Text oder im Diskurs vorerwähnt ist (anaphorisch), im Text noch erwähnt wird (kataphorisch) oder aber präsupponiert wird (exophorisch). Zur Verdeutlichung vorerst drei konstruierte Beispiele:

1. *Emma, Karl und ich gehen in den Zirkus. Unsere Eintrittskarten haben wir schon.*
   Die Wir-Gruppe ist vorerwähnt; es liegt anaphorische Indexikalität vor.

2. *Unsere Eintrittskarten hatten wir reserviert. Deshalb konnten Emma, Karl und ich die Vorstellung besuchen, obwohl sie ausverkauft war.*
   Die Wir-Gruppe ist nacherwähnt; es liegt kataphorische Indexikalität vor.

3. *Unsere Gesellschaft fällt immer mehr auseinander.*
   Die Wir-Gruppe wird präsupponiert; die Präsupposition ‚Wir sind die Gesellschaft' wird hier offensichtlich dadurch ausgelöst, dass der Ausdruck ‚Gesellschaft' eine Großgruppe denotiert, mit der die Wir-Gruppe im verstehenden Nachvollzug identifiziert werden kann. Wenn die Bedeutung des Operanden (hier: *Gesellschaft*) die Identifikations-Präsupposition regelhaft auslöst, können wir die Identifikationsrelation zwischen Wir-Gruppe und denotierter Großgruppe als spezifische Konstruktionsbedeutung identifizieren.

Zweitens indizieren possessive Determinatoren aber auch einen an die Wir-Gruppe angebundenen Sachverhalt, der vom Operanden des Determinators präsentiert wird, sowie die Existenz einer irgendwie gearteten Relation zwischen Wir-Gruppe und Sachverhalt. Unterscheiden lassen

---

24   Ich habe im Rückgriff auf das Konzept der „Kontextualisierung" (Gumperz 1982; Auer 1986; Schmitt 1994 sowie Feilke 1996 und Busse 2007) ein integratives Kontextualisierungsmodell vorgeschlagen, in dem der kommunikationssteuernden Kraft von sprachlicher und parasprachlicher Indexikalität Rechnung getragen wird (dazu Müller i. V.) und in dem ein „innerer Kern" der Kontextualisierung aus der linear-prozessualen Indizierung des Kotextes besteht.

sich die Konstruktionen demnach anhand der Verschiedenheit der Relationen zwischen Wir-Gruppe und angebundenem Sachverhalt. In einem ersten differenzierenden Zugriff frage ich nun danach, ob das Denotat des Kerns der komplexen Konstruktion in das Gesamtdenotat der Fügung eingeschlossen ist oder nicht – anders ausgedrückt lautet das Differenzierungskriterium: Gibt es ein Inklusionsverhältnis zwischen Wir-Gruppe und dem vom Konstruktionskern bezeichneten Sachverhalt? So fällt z. B. die Wir-Gruppe in der Fügung *unsere Fußballmannschaft* unter bestimmten pragmatischen Bedingungen in die Extension des Ausdrucks *Mannschaft*, nämlich etwa dann, wenn der rechte Außenverteidiger spricht. Dagegen ist in der Fügung *unser Enkelkind* der possessiv korrelierte Sachverhalt in jedem Fall außerhalb der Wir-Gruppe angesiedelt.

4.3   UNSER X als Konstruktion

Das Muster UNSER X soll im Kontext der Konstruktionsgrammatik analysiert werden. Das will ich hier kurz begründen: Die Konstruktionsgrammatik eignet sich in besonderem Maße als Beschreibungsparadigma einer Analyse diskursgeprägter Wissenskonstituierung. Die verschiedenen Richtungen der Konstruktionsgrammatik (s. Ziem a) in diesem Band, Deppermann 2006, Jacobs 2008) teilen die hier relevanten Grundannahmen, dass

- Wissen in sozial emergenten grammatischen Mustern (Konstruktionen) gebunden und produktiv ist
- Konstruktionen nicht regelgeleitet aus atomaren Einheiten aufgebaut sind, sondern als Ganzes als Abstraktionen aus konkreten Konstruktionen gelernt werden
- „lexikalische Einheiten nicht isoliert Bedeutung tragen. Eine für die Verständigung hinreichende Bedeutungsfixierung entsteht erst im kollokationalen Kontext von Konstruktionen." Deppermann (2006: 50)
- „Bedeutung" sämtliche Verwendungseigenschaften einer sprachlichen Form, nicht nur konzeptuelle, sondern auch grammatische, pragmatische, textstrategische bzw. interaktiv-diskursfunktionale Eigenschaften umfasst
- die Generalisierung von Konstruktionen als induktiver Prozess der Schematisierung abläuft, wodurch grammatisches Wissen ex post als Abstraktionsleistung des Wissens über konkrete Konstruktionsverbindungen aufgebaut wird
- Konstruktionen verschiedene Schematisierungsgrade aufweisen, von lexikalisch voll spezifizierten Mustern (*auf den Arm nehmen*) über teilspezifizierte Muster (*du blöde(r) x!*) bis hin zu lexikalisch völlig unspezifischen Konstruktionen wie die von Jacobs (2008: 6) angeführte benefaktive Dativ-Konstruktion

$_{VP}X_{NP,dat}\ Y_{NP,akk}\ Z_{V,transitiv}$ (z. B. *der Oma den Koffer tragen, dem Freund das Auto repa-
rieren*)

- Konstruktionen durch ihre Routinisierung in spezifischen diskursiven Kontexten eine Kontextualisierungsfunktion entwickeln, welche als „ein Effekt der
selektiv fixierten syntagmatischen Kombinatorik [beschrieben werden kann],
der allein lexikalisch nicht mit der gleichen Zielsicherheit zu erreichen wäre"
(Deppermann 2006: 56 unter Berufung auf Feilke)
(vgl. zu der Aufzählung Deppermann 2006: 49 ff., Ziem a) in diesem Band)

Bei der folgenden Analyse wird vor allem der Befund wichtig, dass eine
Konstruktion lexikalisch mehr oder weniger spezifiziert sein kann und
sich dementsprechend durch mehr oder weniger feste Verwendungseigenschaften auszeichnet.

Die meisten empirischen Arbeiten auf der Basis der Konstruktionsgrammatik fokussieren mehr oder weniger idiomatisch geprägte Muster,
die mit klassisch kompositionell argumentierenden Beschreibungspara-
digmen nicht oder nicht befriedigend erklärbar sind (Deppermann 2006:
48 ff.) – ein Muster mit dem possessiven Determinativ scheint hier nun
ganz und gar nicht einschlägig zu sein, da possessive Determination in
kompositionell argumentierenden Grammatiken kein Problem darzustellen scheint. Im Folgenden wird aber zu zeigen sein, wie sehr die vom Determinativ aktuell indizierte Possessivrelation von der lexikalischen Klasse
des Possessums, von der indizierten Wir-Gruppe sowie vom aktuellen
Gebrauchskontext bestimmt ist. Hier scheint am ehesten die Konstruktionsgrammatik zu einer systematisch befriedigenden Darstellung zu führen.

5 Korpusanalyse

Ausgehend von dem in Kap. 3.2.2 vorgestellten Korpus führe ich im Folgenden die Gebrauchstypen auf, die sich aus der Analyse der Treffer einer
Suchanfrage für die Wortformen im Flexionsparadigma von *unser* in einem
elektronischen Sekundärkorpus ergeben haben. Dieses besteht im Wesentlichen aus den Einleitungs- und Schlusspassagen der *Geschichten der deutschen Kunst* sowie den Kapiteln über Albrecht Dürer (genauere Informationen dazu in Müller 2007a: 83 ff.). Insgesamt entstand so ein Kleinkorpus
von etwa 187.000 Wortformen.

Die gewählten Etikette der jeweiligen Gebrauchstypen sind als lexikalische Zuspitzungen jeweils in der Konstruktion angelegter Präsuppositionen zu verstehen und wurden ex post vergeben. Konstruktionen, in denen

das possessive Determinativ den Autorenplural indiziert, sind im Korpus erwartungsgemäß belegt, sollen hier aber nicht thematisiert werden.

Mit der Spezifizierung der Relation, welche die UNSER X-Konstruktion funktional auszeichnet, geht eine lexikalische Spezifizierung des Possessums einher, so dass die spezifische Beziehung zwischen Wir-Gruppe und Possessum mit einem niedrigeren Schematisierungsgrad des Possessums korreliert.[25] Die Verwendungstypen sind ihrerseits jeweils unterschiedlich spezifizierbar. Graphisch aufbereitet ergibt sich die Darstellung in Tabelle (1). Die kursiv gesetzten Ausdrücke sind Beispiele für lexikalische Spezifizierungen der jeweiligen Abstraktionsebene.

Das Kriterium der Differenzierung der nachfolgend dargestellten Konstruktionstypen ist – wie bereits gesagt – die jeweilige Spezifizierung der Klasse ,Zugehörigkeit' als stereotyper Bedeutung der Konstruktion UNSER X. Man kann also die Überschriften der folgenden Teilkapitel als lexikalische Füller des folgenden Satzes lesen:

Die Possessivkonstruktion spezifiziert ,Zugehörigkeit' als [...].

5.1   Identifikation

Von *Identifikation* kann man sprechen, wenn in einer UNSER X-Konstruktion das Possessum mit der indizierten Wir-Gruppe konzeptuell in eins gesetzt wird. In halbformalisierter Darstellung ergibt sich die Form

UNSERE [GRUPPE]

Als lexikalische Spezifizierungen der Konstruktion finden sich in der überwiegenden Mehrzahl der Korpusbelege Ausdrücke, mit welchen die nationale Großgruppe, in die sich ein Autor einschließt, präsentiert wird, nämlich *unser Vaterland* (im Sinne von ›Volk‹) Lützow [1891: 240], Dehio I [1919: 115], *unser Volk* z. B. bei Schweitzer [1905: VII], Dehio III [1926: 5], Schreyer [1931: 7], Jantzen [1935: 23], Pinder I [1935: 300], Weigert [1942: 505], (insgesamt 37 Belege) sowie *unsere Nation* Schweitzer [1905: 214]. Daneben können mit dieser Konstruktion auch soziale Gruppen aus

---

25   Die hier grundlegende Vorstellung von in unterschiedlichen lexikalischen Spezifizierungen gespeicherten Konstruktionen ist eine Grundannahme der construction grammar (s. z.B. Langacker 2007); das Konzept seinerseits lässt sich auf die Annahme zurückführen, dass der lexikalische Bereich in Hyperonymiebeziehungen organisiert ist. Diese Annahme ist in Konerding (1993) im Rahmen der frame-Semantik ausgeführt und begründet.

Abstraktivität	Konstruktion				
	unser/e x				
Hoch	unsere [Kunst] *Kunst, Formenwelt…*	unsere [Gruppe] *Bewegung/ Feinde …*	unsere [Person] *'Mann,*Vertreter* (nicht belegt)	unsere [Tätigkeit] *Schaffen, Wirken*	unser [Produkt] *Schöpfung/ en*	unsere [Geschichte] *Geschichte, Schicksal*
	unsere [Gattung] *Malerei, Plastik…*	unsere [Nationalgruppe] *Volk, Nation…/Nachbarn*	unser [Künstler] *(wichtigster/ bedeutendsten) Maler/ Albrecht Dürer …*	unsere [Kunstproduktion] *Kunstschaffen …*		unsere [Kunst-Geschichte] *Kunstgeschichte*
Niedrig	unsere [Untergattung] *Altarmalerei, Sakralarchitektur…*			unsere [Gattungs-produktion] *architektonisches Wirken.*		unsere [Gattungs-Geschichte] *Geschichte der Malerei*

Tab. 1: Lexikalische Füllungen und Schematisierungsgrade der unser x-Konstruktion im nationalen Kunstdiskurs

der Binnenperspektive thematisiert werden, wie bei Wilhelm Pinder, dessen Aussage sich auf die nationalsozialistische Bewegung bezieht:

> Pinder [1940: 80]: „*Für die Reformation hat der Druck von Wort und Bild ein ganz ähnliche Rolle gespielt wie für* →*unsere Bewegung*← *der Rundfunk und der Film.*"

Diese sozialen Kategorisierungen unterhalb der Ebene der Nation spielen im Korpus aber kaum eine Rolle.

Eine Ansicht der Belege zu der in Frage stehenden Konstruktion ergibt zwei etwa gleich große Gruppen: Zum ersten werden die Konstruktionen als Argumente von Verben im Präsens, also ohne markierten Zeitbezug verwendet, z. B.:

> 1. Weigert [1942: 505]: „*Da* →*unser Volk*← *keine ästhetische Erziehung hat wie die Ostasiaten, kann nur der Inhalt, der dem Norden immer das Wichtigste war [...], eine Brücke zwischen der Malerei und einem breiten Publikum schaffen.*"

Zweitens wird die Konstruktion mit Vergangenheitsbezug kontextualisiert, z. B.:

> 2. Pinder III [1940: 5]: *Der Blick auf* →*eine der mächtigsten Zeiten unseres Volkes*← [Reformationszeit] *möge unser so stark wieder erwachtes Geschichtsbewußtsein ein wenig noch klären helfen.*

Im ersten Fall, bei keinem oder präsentischem Zeitbezug, scheint die Annahme unmittelbar plausibel, dass hier Wir-Gruppe (*wir Deutsche*) und Possessum (*Volk*) identifiziert werden, also davon gesprochen werden kann, dass die UNSER X-Konstruktion hier eine identifikatorische Relation konstituiert. Im zweiten Fall wird die Interpretation durch den Vergangenheitsbezug komplizierter. Gemeinsam mit dem äußererdeiktischen Effekt des possessiven Determinativs ergibt sich eine Diachronisierung des Denotats von *Volk* dadurch, dass die zeitliche Extension von ‚Volk' vom Äußerungszeitpunkt in der Schreibergegenwart bis zur im Kotext indizierten Epoche, in welche die Proposition historischen eingelagert ist, (hier: der Reformationszeit) reicht. Die indizierte Wir-Gruppe wird als historischer Komplex modelliert, die sich aus den Zeitgenossen der Äußerergegenwart bis hin zu denen der Reformationszeit zusammensetzt. Auch in diesem Fall wäre die konstituierte Relation zwischen Wir-Gruppe und ‚Volk' eine identifikatorische. Eine alternative Interpretation von Textstellen des Typs (2) wäre, dass darin ‚Volk' als übergeordnete Kategorie konstituiert wird, die einerseits die Wir-Gruppe als Menge aller Deutschen der Gegenwart und anderseits die Menge aller Deutschen der Vergangenheit umfasst. Die erste Deutungsvariante scheint aber plausibler; weil die Ex-

tension von ‚Volk' in vielen Belegen des Typs (1) ohne markierten Vergangenheitsbezug dennoch die Gruppenmitglieder der Vergangenheit
einschließt, dort allerdings die zweite Interpretation (›Volk als übergeordnete Kategorie‹) dadurch blockiert ist, dass die Deutschen der Gegenwart
durch die Präsensform in jedem Fall mitgemeint sind. Gestützt wird die
erste Interpretation des Belegtyps (2) durch vereinzelt belegte Formulierungen wie diese:

> Pinder I [1935: 2]: „*Im 13. Jahrhundert, als* ⁊*wir*⁭ *eine von Italien noch gar nicht geahnte
> Großkunst schufen (gemeinsam mit Nordost-Frankreich, also aus den menschlichen Kräften des
> mittleren karolingischen Raumes), waren wir sowohl zu sehr mit uns selbst beschäftigt.*"

Hier (in einem der nationalistischsten Texte der Serie) wird die Wir-
Gruppe explizit zum Argument einer Proposition mit Vergangenheitsbezug, die Möglichkeit einer derartigen Konzeptualisierung ist im Diskurs
also angelegt.

Zu dieser Expansion der Wir-Gruppe in die Vergangenheit passt der
Befund, dass die UNSERE [NATIONALGRUPPE]-Konstruktion mit Vergan-
genheitsbezug (Typ b) in der überwiegenden Mehrheit der Fälle in komp-
lexeren Genitivkonstruktionen verwendet wird, welche das Konzept
‚Volk' anthropomorphisieren, nämlich *Innenleben/Jugendzeit/Hauptkörper/
Seele unseres Volkes*. In solchen Konstruktionen wird die auf die Realge-
schichte abhebende Zeitreferenz in eine metaphorische Präsentation der
Nationalgeschichte als Entwicklung eines Individuums überführt:

> Dehio III [1926: 171]: „*Prüfen wir das Innenleben unseres Volkes, so ist das Ergebnis: es
> war noch nicht reif für die Freiheit, die ihm die Reformation hatte erringen wollen.*"

Die Textfunktion der UNSERE [NATIONALGRUPPE]-Konstruktion

Zur Diskussion der textbezogenen Funktion der Konstruktion sei eine
Passage aus Georg Dehios Einleitung seiner *Geschichte der deutschen Kunst*
zitiert. Die Konstruktion *unser Volk* wird hier in einer agentivischen Sub-
jektkonstruktion verwendet:

> Dehio I [1919: VI]: „⁊*Unser Volk*⁭ *hat sich seinen Platz auf der Erde und die Stunden
> seiner Geschichte nicht selber zu wählen gehabt. Sein Schicksal war zu allen Zeiten, älteren und
> reiferen Kulturen gegenüberzustehen. Diese ‚aufzunehmen und weiterzubilden', mit so viel Atem
> beladen doch jung zu bleiben, in so viel Bedingtheit doch Freiheit sich zu bewahren, in so viel
> Wandlungen dem Gebote treu zu bleiben ‚werde, der du bist', das war seine Aufgabe.*"

Formulierungsmuster dieses Typs sind vor allem in den ersten beiden
Diskursperioden (ca. 1850-1950) zu finden. Die Konstruktion ist hier
zwar in eine Proposition mit Vergangenheitsbezug integriert, dieser lässt

sich aber nicht realhistorisch spezifizieren; jedenfalls handelt es sich um einen Verwendungstyp wie oben in Beleg (2). Bemerkenswert ist hier nun der Perspektivenwechsel in der Wiederaufnahmestruktur der Passage: In den Possessivkonstruktionen *sein Schicksal* und *seine Aufgabe* wird der wiederaufgenommene Referent des Ausdrucks *Volk* in der Außenperspektive präsentiert. Wenn nun aber andererseits ‚Volk‘ durch die Exposition in der UNSER X-Konstruktion mit der Wir-Gruppe identifiziert wird, ergibt sich eine latente Doppelperspektive auf die Nationalgruppe, nämlich erstens von innen und zweitens von außen, die nun im Text in beide Richtungen aktualisiert werden kann. Damit wird die Möglichkeit für eine Geschichtserzählung in der dritten Person Singular (*der Deutsche*[generisch], *das deutsche Volk*) oder Plural (*die Deutschen*) mit eingestreuten nationalen Kategorisierungen aus der Binnenperspektive (*wir Deutschen*) geschaffen. Besonders bei Dehio wird dieses Verfahren evident, was sich paradigmatisch in beschreibenden Sätzen wie den folgenden zeigt: *Mein wahrer Held ist das deutsche Volk* [Dehio I 1919: VI]. *Wir aber haben es mit dem deutschen Menschen zu tun* [Dehio I 1919: 7].

Integration von prozessualem und deklarativem Wissen

Eine Identifikation zwischen Wir-Gruppe und National-Gruppe durch die Possessivkonstruktion findet sich auch in vielen anderen Texten des frühen und mittleren Diskurses. Wie schon im oben aufgeführten Beleg zu sehen, dient die Konstruktion, wenn sie in einen Kotext mit Vergangenheitsbezug integriert wird, oft dazu, anthropomorphisierende Textfigurationen an die Wir-Gruppe anzubinden, z.B. bei Carl von Lützow:

[Lützow 1891: 240]: „*Bei der Verbindung Deutschlands mit den Niederlanden auf dem Gebiete des Kupferstichs war →unser Vaterland← entschieden der empfangende Teil.*"

Der Beleg macht deutlich, wie sich in der metaphorischen Form die erzählstrategische Integration von deklarativem Wissen („Wissen") und prozessualem Wissen („Erfahrung") vollzieht, welche von Stierle als Grundprinzip der Historiographie überhaupt beschrieben wurde (s. o.). Prozessuales Wissen, genauer: vorreflexives Interaktionswissen, wird hier über die anthropomorphisierende Prädikation *x ist der empfangende Teil* indiziert, die ein Skript ASYMMETRISCHE BEZIEHUNG aufruft. In dieser metaphorisch aufgeladenen synthetischen Form wird komplexes Sachverhaltswissen über Vorkommen, Ausbreitung und Einflüsse innerhalb der Gattung ‚Kupferstich‘ präsentiert. Möglich wird eine solche Formulierung nur dadurch, dass prozessuales Hintergrundwissen („Erfahrung") voraus-

Marcus Müller

gesetzt werden kann, welches an solchen zwischenmenschlichen Beziehungen, die aus einem primär Gebenden und einem primär Nehmenden bestehen, orientiert ist. Die in der Geschichtsschreibung zentrale Aufgabe der Reduktion überkomplexer historischer Prozesse wird hier bewältigt, indem Verbalkonstruktionen, die aus der sprachlichen Reflexivierung vorsprachlich prozessierter Interaktionsmuster des zwischenmenschlichen Nähebereichs gewonnen werden, zur Präsentation von Prozessen im gesellschaftlichen Distanzbereich Verwendung finden. Dass man im Falle des obigen Belegs tatsächlich von einer solchen metaphorischen Abstrahierung von Versprachlichungsformen aus dem menschlichen Nähebereich ausgehen kann, macht der Fortgang des Belegs deutlich:

> [Lützow 1891: 240 – Fortsetzung des Belegs]: *„Im Felde der Radierung liegt die Sache anders. Da hatte das Schicksal ⁊uns⁊ eine Künstlerkraft [Adam Elsheimer] beschert, die als ein ganz echtes Stück malerischer Phantasie gerade nach der eigenartig stärksten Seite der Niederländer hin, auf ⁊das natursinnige, stimmungsvolle Holland⁊, als Bahnbrecher wirken sollte.“*

Hier wird die zuvor sich andeutende Personalisierungsstrategie ausgebaut, indem einerseits im Ausdehnungsbereich der Wir-Gruppe ein empirisches Individuum eingeführt und andererseits *Holland* mit personalisierenden Attributen versehen wird. Damit wird in der Textwelt eine Konstellation geschaffen, die das Künstlerindividuum *Elsheimer* mit dem Kollektivausdruck *Holland* kategorial gleichstellt. Das identifikatorische Potenzial der Konstruktion *unser Vaterland* wird durch die Wiederaufnahme im einfachen Personalpronomen gestützt.

Bei anderen Autoren, insbesondere bei Wilhelm Pinder, wird die identifikatorische Grundbedeutung der Konstruktion UNSERE [NATIONAL-GRUPPE] dagegen im Kotext nicht nur gestützt, sondern auch noch verstärkt:

> Pinder I [1935: 23f.]: *„Deutschland schafft nicht nur nicht die Gotik – es will sie damals nicht, am wenigsten am benachbarten Rheine. Deutschland hat die schulende Kraft der Franzosen immer neidlos anerkannt; aber ohne die Bereitschaft einer immer noch verwandten Anlage hätte sie nicht wirken können – und: ohne die schöpferische Eigenart ⁊unseres Volkes⁊ hätte sie nicht in solchen Maße die Selbständigkeit steigern helfen.“*

Im Beleg wird in einer narrativen Passage dem Referenten von *unser Volk* ein Prädikat, hier: *schöpferische Eigenart*, zugesprochen. Das führt dazu, dass das identifikatorische Potenzial der Konstruktion *unser Volk* zur Basis einer geschichtsmetaphysisch unterfütterten Metaphorik wird, welche die Wir-Gruppe nicht nur mit der National-Gruppe identifiziert, sondern diese Identifikation auch retrospektiv in die Geschichte hineinprojiziert. Mit solchen überhistorischen Zuschreibungen werden also nicht nur Wir-Gruppe und National-Gruppe, sondern auch die verschiedenen historischen Erscheinungsformen der National-Gruppe miteinander identifiziert.

Derselbe Typ findet sich in den Belegen von Fischer (bereits oben zitiert) und Lützow:

Lützow [1891: 60]: [Über Blockbücher:] „*Der tief im Wesen →unseres Volkes← wurzeln-de Drang nach zusammenhängender [...] Darstellung weiter Ideenkreise, der auf jeder Seite der deutschen Kunstgeschichte seine Bestätigung findet, verleiht auch den alten Holzschnittfolgen ihren eigentümlichen Wert.*"

5.2   Besitz

Ein zweiter Typ konstituiert sich aus Possessivkonstruktionen, bei denen zwischen Wir-Gruppe und Possessum ein Besitzverhältnis im weiteren Sinne besteht. Damit ist erst einmal gesagt, dass die Sachverhalte, die mit den Ausdrücken im Kern der Konstruktionen bezeichnet werden, als Phänomene dinglicher Natur ausgewiesen werden. Dadurch entstehen Konstruktionen, in denen das Possessum nicht in die Extension der Wir-Gruppe fällt – man kann hier auch generell von *exkludierenden Possessivkons-truktionen* sprechen. Im zur Rede stehenden Diskurs spielt eine Besitzrela-tion oder Eigentumsrelation im engeren juristischen Sinne keine Rolle. Charakteristisch für diesen Typ ist eine systematische Unschärfe zwischen den Relationen ›bei uns‹ und ›in unserem Besitz‹ als Aussageäquivalent von *unser*, so z. B. in den Konstruktionen *unser Baugut* Dehio I [1919: 89] und *unsere alte Kunst* Pinder I [1935: 9].

Allgemein finden sich hier Konstruktionen verschiedener Abstraktivi-tätsgrade, wobei der Typ *unsere Kunst* mit Totalitäts- bzw. Ganzheitsaus-druck[26] überwiegt:

UNSER [GEGENSTAND(SING)/PLURAL/TOTALITÄT][27]

---

26   Zur Terminologie Hermanns (1999: 356): Als Totalitätsbezeichnung bezeichnet wird dort „jedes Wort [...], das eine Gesamtheit irgendwelcher gleichartiger Entitäten (Elemente) be-nennt, und zwar unabhängig davon, ob diese Gesamtheit vielleicht außerdem – aus zusätz-lichen Gründen – eine ‚Einheit' darstellt, außer sozusagen einer rechnerischen." Totalitäts-wörter drücken also Gesamtheiten perspektiviert auf ihre einzelnen Glieder aus. Wenn die zur Rede stehenden Ausdrücke aber nicht die Gesamtheit als Menge ihrer Einzelteile be-zeichnen, sondern sie – gleichsam von außen – als Individuum konzeptualisieren, wenn al-so „Vielheiten als Einheiten sensu pleno" charakterisiert werden, schlägt Hermanns (1999: 361) vor, diese Ganzheitsbezeichnungen zu nennen. Vgl. dazu Müller (2007a: 76 f.).
27   Eine Konstruktion unser [GegenstandSing], z.B. unser Kölner Dom ist selbstverständlich denkbar, in meinem elektronischen Sekundärkorpus aber nicht belegt.

Beispiele:

1. *unsere Barockkirchen* Pinder I [1935: 34], *unsere nationalen Denkmäler* Dohme [1885: 113], *unsere Gebäude* Weigert [1942: 445]
2. *unser Baugut* Dehio I [1919: 89]
3. *unsere bildende Kunst* Pinder I [1935: 28, 46], *unsere deutsche Kunst* Lübke [1890: VII], Schwander [1936: 6], *unsere heimische Baukunst* Dohme [1885: 113], *unsere Kunst* Luckenbach [1926: 174], Dehio II [⁴1930: 132], Pinder I [1935: 22], Barthel [1949: 7], Pinder IV [1951: 9], *unsere nationale Kunst* Lübke [1890: 79]

Die Dreigliederung der hier aufgeführten verschiedenen Spezifizierungen der Konstruktion richtet sich nach dem grammatisch-semantischen Aussagepotenzial des nominalen Ausdrucks: In (1) sind singulär denotierende Ausdrücke im Plural aufgeführt, in (2) ein Totalitätsausdruck mittlerer Abstraktivität und in (3) der häufigste Typ – *unsere Kunst* als Totalitätsausdruck hoher Abstraktivität, belegt mit diversen attributiven Spezifizierungen. Die grammatisch-semantische Form des nominalen Ausdrucks regelt dabei das mögliche Interpretationsspektrum und damit – indirekt – auch die aktuelle Relation zwischen Wir-Gruppe und nominal präsentiertem Sachverhalt: Die Fügungen in (1) können nur als ›Menge individueller Gegenstände, die sich im Geltungsbereich einer offensichtlich als sozialer Großverband gedachten Wir-Gruppe befinden‹ verstanden werden; in (2) regelt der im Kompositum *Baugut* spezifizierte Kollektiv-Ausdruck *Gut* die Interpretation, die analog zur obigen angegeben werden kann. Die unter (3) angeführte Fügung *unsere Kunst* ist unter diesem Aspekt die interessanteste, da das semasiologische Feld der Totalitätsbezeichnung *Kunst* so komplex ist, dass die Interpretationsrestriktionen der entsprechenden Possessivkonstruktion nur minimal sind. Anders ausgedrückt: Die Fügung *unsere Kunst* kann in den vielfältigsten Gebrauchszusammenhängen verwendet werden, so dass sich Kotextindizierung, aktuelle Bedeutungsmodellierung und Binnenrelation der Konstruktion zu ambivalenten Interpretamenten fügen. Von dieser diskursiv ausgeprägten Offenheit der Konstruktion und der damit verbundenen Ambivalenz der Gebrauchsbedeutung wird immer wieder textstrategisch Gebrauch gemacht.

Der Beleg aus der *Geschichte der deutschen Kunst* von Heinrich Lübke bietet ein gutes Beispiel für die kotextgestützte aktuelle gegenseitige Spezifizierung von Wir-Gruppe und Possessum:

Lübke [1890: 79]: „*Das 11. Jahrhundert ist für →unsere nationale Kunst← die Zeit eines kühnen Aufschwunges. Der germanische Geist war hinlänglich erstarkt, um sich gegenüber der antiken Tradition selbstständig zu erweisen und aus den alten Formen ein neues Lebensgesetz zu entwickeln.*"

Die präsupponierte Spezifizierung der Wir-Gruppe im Sinne von ›wir Deutschen‹ wird hier getragen von dem Adjektivattribut *national* – erst dadurch, dass die Extension von *Kunst* hier durch das relationale Adjektiv[28] auf den Geltungsraum der Nation eingeschränkt wird, wird das nationale ‚Wir‘ (vgl. Müller 2007a: 140 f.) als Korrelat des possessiven Determinativs indiziert. Besonders interessant ist hier, wie die Wir-Gruppe, die als nationale Gruppe identifiziert wurde, eine zeitliche Auffächerung erfährt und welche Funktion die Konstruktion *unsere nationale Kunst* dabei spielt: Durch die Zeitbestimmung im Subjekt des Eingangssatzes wird der Handlungsraum des geschilderten abstrakten Ereignisses in die Vergangenheit verlegt – erst durch diese kotextuelle Einbettung der Possessivkonstruktion wird also lokal die Wir-Gruppe nach hinten in die Vergangenheit erweitert.

Ebenfalls nicht ganz klar ist die Bedeutung des Ausdrucks *Kunst*[29] – dieser ruft erstens zeitliche (a) und zweitens begriffliche (b) Ambivalenzen hervor:

a) Der zeitliche Aspekt

Der *Kunst* wird für das *11. Jahrhundert* ein *kühner Aufschwung* zugeschrieben, andererseits hat *Kunst* – wieder durch die Einbindung in die Possessivrelation – eine präsentische Bedeutungskomponente, und zwar deshalb, weil die possessiv angebundene Wir-Gruppe als Standardwert immer einen außererdeiktischen Aspekt einbringt: ‚Ich‘ als Teil der Wir-Gruppe indiziert immer auch die Gegenwart des Schreibenden. Außerdem gibt es starke Anhaltspunke dafür, dass der Standardwert der Wir-Gruppe in den Korpustexten ebenfalls eine Rezipientendeixis enthält, dass also der Leser der deutschen Kunstgeschichten prototypisch als deutscher Leser modelliert ist – und daher mit der Wir-Gruppe auch der Rezeptionszeitpunkt aufgerufen wird. Der *Kunst* muss daher – ebenso wie der Wir-Gruppe (also ‚uns Deutschen‘!) – „diachrone Identität" (Henrich 1979: 140) zukommen, sie muss bestimmte Aspekte einer Kontinuität begründenden „Selbigkeit" (ebd.) der Zuschreibungen aufweisen. Hier ist also gut zu sehen, wie sich durch die Possessivrelation aneinander gebundene Diskursfiguren gegenseitig determinieren, indem Zuschreibungen an die eine automatisch an die andere vererbt werden.

---

28 Zum Terminus siehe Duden-Grammatik (2005: 347). Zur dessen diskurslinguistischer Adaption Müller (2007a: 148 f.).

29 Zum Bedeutungsraster von *Kunst* im Korpus Müller (2007a: 96 f.).

b) Der begriffliche Aspekt

Wenn die kontrollierte Verwendung des Ausdrucks *Kunst* einen Begriff von ‚Kunst' impliziert, welcher als Antwort auf die Frage WAS IST KUNST? verbalisiert werden kann (zu einem methodisch kontrollierten dbgl. Vorgehen vgl. Müller 2007a: 60 f.), müssen sich in allen Kotexten hinreichende Indizien für den entsprechenden Begriff finden lassen. Hier wird (unter Absehung einer Diskussion der jeweiligen textgrammatischen Realisierung und des jeweiligen Implizitheitsmodus) über Kunst gesagt,

- sie erstrecke sich über einen nationalen Geltungsraum
- sie existiere mindestens seit dem 11. Jh. bis heute (s. unter (a))
- sie habe sich zu etw. aufgeschwungen, sei also zu einem Aufschwung begabt und in diesem Sinne ein Agens
- sie beruhe auf antiken Traditionen und alten Formen
- sie bestehe demnach aus Formen
- ihr lägen Lebensgesetze zu Grunde
- diese würden aber von außen, von einem germanischen Geist, entwickelt

Der *germanische Geist* wiederum rückt schon in dieser Mikropassage durch die Informationsmodellierung in Artikelwahl, Satzstellung und Wiederaufnahmestruktur in die Nähe eines Identitätsverhältnisses zur präsupponierten nationalen Wir-Gruppe. Damit ergibt sich in der Gesamtschau das Bild von ‚Kunst' als einer von nationalen Prinzipien bestimmten, in der Zeit sich entwickelnden, gleichsam organischen Gestalt, welche einerseits Handlungspotenzial besitzt und andererseits von der Wir-Gruppe wesenhaft beeinflusst wird. In einer metaphorischen Zuspitzung könnte man sagen, ‚Kunst' wird hier als geschichtsmetaphysisch aufgeblasene Marionette präsentiert, die sich im Besitz und unter der Kontrolle von ‚uns Deutschen' befindet.

Beide Aspekte der aktuellen Konzeptualisierung von ‚Kunst' entfalten sich so in unmittelbarer Abhängigkeit von der Possessivrelation. Dieser Typ der Präsentation von ‚Kunst' ist im Diskurs bis in die 1950er Jahre durchaus einschlägig. Weniger subtil als Lübke geht mit demselben Konstruktionstyp Pinder um:

Pinder I [1935: 22]: „*Nach Westen griff ⁊unsere Kunst⁼ vereinzelt bis tief in die iberische Halbinsel.*"

Hier wird das Agentivierungspotenzial der historisch aufgefächerten Diskursfiguration ‚Kunst' voll ausgeschöpft, die Besitzrelation wandelt sich in eine zwischen Kontrollgruppe und agierendem Wesen. Auch hier zeigt sich, wie mittels einer auf prozessualem Wissen operierenden Verbalkon-

struktion ein überkomplexer Sachverhaltsbereich erzählstrategisch simpli-
fiziert und damit für die asymmetrische Kommunikationssituation verfügbar gemacht werden kann.

In Possessivrelationen des Typs (a), die als prototypische Besitzver-
hältnisse [INDIVIDUUM/GRUPPE – GEGENSTAND/GEGENSTÄNDE]
erscheinen, wird Kunst als ›in einer bestimmten Art und Weise bearbeite-
tes Gegenstandsrepertoire‹ konzeptualisiert. Wenn nun die UNSER [GE-
GENSTAND$_{SING./PL.}$]-Konstruktion in Kotexten verortet wird, die Vergangenheitsbezug indizieren, betrifft die Diachronisierung nicht automatisch
die ‚Kunst‘, wohl aber die Wir-Gruppe:

> Dohme [1885: 113]: „*Wieder waren es die Zerstörer so vieler* →*unserer nationalen Denkmä-*
> *ler*←*, die Franzosen, welche im Jahre 1678 unter Marschall Crequi Feuer auch an dieses Mo-*
> *nument unserer heimischen Baukunst [Kaiserpfalz zu Hagenau] legten.*“

Der nationalen Wir-Gruppe kann also auch in einer weniger metaphysisch
aufgeladenen Umgebung diachrone Identität zugesprochen werden.

Ein Sonderfall der Besitzrelation ergibt sich, wenn die Beziehung zwischen Wir-Gruppe und Possessum als Beziehung zwischen Produzent und
Produkt präsentiert wird, wenn also das Possessum als effiziertes Objekt
einer Handlung der Wir-Gruppe ausgewiesen wird. Dieser kann nur einmal belegt werden, ist systematisch und funktional aber durchaus einschlägig:

UNSER [PRODUKT]

Belegt ist der Typ in der Fügung *unsere Schöpfungen*. Da das ‚Produkt‘ die
‚Produktion‘ impliziert, lassen sich hier textstrategisch ganz ähnliche Effekte erzielen:

> Lübke [1890: 2]: „*Die originellsten* →*unserer Schöpfungen*← *hat zu allen Zeiten der Holzbau*
> *hervorgebracht. In ihm haben* →*die einzelnen Stämme*← *sich in großer Selbstständigkeit ausge-*
> *sprochen, [...].*“

Im Beleg lässt sich der oben beschriebene Effekt der sprachlichen Zuschreibung diachroner Identität der Wir-Gruppe wiederum beobachten,
und zwar noch deutlicher als vorher: Einerseits wird hier der Bogen der
kunsthistorischen Erzählung durch die Wir-Gruppen-Deixis und die zeitliche Situierung im Kotext (Germanenzeit!) ganz aufgespannt, andererseits
wird durch die Besetzung des Possessumstelle mit dem effizierten Objekt
und die damit erreichte textstrategische Identifikation zwischen Wir-
Gruppe und Kunstproduzent der Passage die gesamte Geschichtlichkeit
wieder entzogen. Im Textverlauf wird der Effekt zugespitzt, indem die
Wir-Gruppe (Präsupposition: ‚wir schufen etwas im Holzbau‘) mit den

‚einzelnen Stämmen' [*der Germanen*] (Präsupposition: ‚die Stämme schufen etw./dasselbe im Holzbau') identifiziert.[30] Diese selbst für den Diskurs kühne Konstruktion wird durch die Präsentation in einer syntaktisch verrätselten Wiederaufnahmestruktur textstrategisch abgetönt. Damit stellt der hier besprochene Typ eine Variante der Konstruktion UNSER [GEGENSTAND] dar, welche das nationalpädagogische Potenzial der UNSER X-Konstruktion in Richtung einer Identifizierung von nationalem Leser und nationalem Künstler hin ausbaut.

5.3 Inklusion

5.3.1 Inklusion I: Gruppenzugehörigkeit

Ein weiterer Typ der UNSER X-Konstruktion konstituiert sich dadurch, dass als lexikalische Füller in der Position des Possessums Bezeichnungen für Personen oder Personengruppen verwendet werden; in der halbformalisierten Darstellung:

UNSERE [PERSON$_{SING./PL.}$]

Hier wird eine Possessivkonstruktion geformt, in der das Possessum in die Extension der Wir-Gruppe fällt – weswegen sie sich entsprechend als *inkludierende Possessivkonstruktion* bezeichnen lässt. Es wird eine Gruppe präsentiert, deren Mitglieder sowohl die vom possessiven Determinativ indizierte als auch die das Possessum spezifizierende Gruppe umfasst. Der wichtigste Spezifikatorentyp formiert sich dabei aus Bezeichnungen für Agenten künstlerischer Tätigkeit, also Künstlern aller Art:

Unsere alten Meister Pinder III [1940: 114], *unsere Baumeister* Pauli [Dehio IV/1934: 69], *unsere Bildner* Pinder III [1940: 250], *unsere Künstler* Lübke [1890: 942].

In Bezug auf die zeitliche Auffächerung der Redegegenstände ergibt sich hier ein ähnliches Bild wie beim zuvor besprochenen Typ: Die Künstlerpersonen werden historisch kontextualisiert, wonach sich dann die aktuelle Diachronisierung der indizierten Wir-Gruppe richtet: Ist also von *unseren alten Meistern* in Bezug auf das 16. Jahrhundert die Rede, dann wird die Wir-Gruppe durch die Anbindung in der Possessivkonstruktion auf das 16. Jahrhundert hin ausgedehnt.

---

30 Zur sprachlichen Konstituierung einer Kontinuität von Germanen und Deutschen s. Gardt (2004); Ehringhaus (1996); von See (1994); Müller (2007a: 134 f.).

Grenzfälle zwischen den Typen mit sachlichem und personalem Possessum entstehen dann, wenn ein Totalitätsausdruck mit sachlicher Bedeutungsdomäne wie *Kunst* in agentivierenden Konstruktionen verwendet wird. Im Einzelfall ergeben sich so ambivalente oder mindestens vage Lesarten wie die zwischen ‚Personengruppe' (hier ›Menge aller Künstler‹), ‚Sachgruppe' (hier ›Menge aller Kunstwerke‹) und ‚Ganzheit' (hier: ›die Kunst als Prinzip, Wesen, Kraft‹ etc.). Man vergleiche z. B. die Konstruktion *Werk unserer Kunst* Pinder I [1935: 37] mit der Parallelkonstruktion *Schaffen unserer Künstler* Schweitzer [1905: 706].

5.3.2   Inklusion II: Meronymie

Ein zweiter Typ der Inklusionsrelation ergibt sich in Konstruktionen, in denen das Possessum mit Ausdrücken gefüllt ist, welche Körperteile oder Organe des menschlichen Körpers bezeichnen. Es handelt sich einerseits um Bezeichnungen, die im sich zuspitzenden Nationalismusdiskurs der ersten Hälfte des 20. Jhs. einschlägig sind wie *Blut* oder *Fleisch*:

> Dehio I [1919: 64]: „*In ihr* [der romanischen Baukunst] *erkennen wir Fleisch von* ⁊*unserem Fleisch*⁔ *und* ⁊*Blut von unserem Blut*⁔.*"*

Das hier belegte Vokabular ist in den Korpustexten bis zu den 1950er Jahren – vor allem aber bei Dehio – durchaus einschlägig, eingebunden in die UNSER X-Konstruktion ist es allerdings nur einmal belegt, hier in dem Phrasem biblischen Ursprungs, das in der Sprache des Nationalsozialismus eine radikale Rekontextualisierung erfährt.[31]

Andererseits lässt sich hierher die Fügung *unsere Sprache* einordnen, mindestens dann, wenn man ‚Sprache' als ein der menschlichen Leiblichkeit zugehöriges Phänomen begreift. Auch diese Konstruktion ist allerdings nur zweimal belegt:

> Lübke [1890: III]. „*Von Haus aus war der Deutsche ein Zimmermann, und bis auf den heutigen Tag sind* ⁊*in unserer Sprache*⁔ *die Ausdrücke für das Zimmern und was damit zusammenhängt echt deutsch.*"

---

31 Vgl. die Rede Hitlers auf dem Reichsparteitag 1933: „Denn ihr, meine Jungen, […], seid Blut von unserem Blut und Fleisch von unserem Fleisch, Geist von unserem Geist, ihr seid unseres Volkes Weiterleben." (Zitiert aus: Schmitz-Berning 2000: 248)

5.4   Kontiguität

In einigen UNSER X-Konstruktionen wird ein Nachbarschafts- oder Nach-
folgeverhältnis zwischen Wir-Gruppe und Possessum konstituiert, wobei
die konkrete Beziehung ganz unterschiedlich sein kann. In allen Fällen
wird mit der Konstruktion eine Abgrenzung zwischen der Wir-Gruppe
und der im Possessum genannten Gruppe vorgenommen. Diese kann
aber mehr oder weniger scharf sein. Die hier am häufigsten belegte Konstruktion (neun Belege) konstituiert eine diachron gedachte Kontiguitäts-
relation: Es ist die Fügung *unsere (germanischen) Vorfahren*. In ihnen wird die
oben, im letzten unter 6.2. aufgeführten Beleg verdeutlichte textstrategische Identifizierung zwischen ‚Germanen‘ und ‚Deutschen‘ in das Konzept ‚Erbfolgeverhältnis‘ überführt:

> Schwander [1936: 6]: „*Die Schmuck- und Gebrauchsgegenstände, die Waffen, die vor nahezu
> zweitausend Jahren in die Gräber →unserer germanischen Vorfahren← versenkt wurden, weisen
> Verzierungen von besonderer Eigenart auf.*"

Solchen Formulierungen präsentieren eine zentrale Denkfigur des Diskurses. Das Volk, oft wie gesehen mit der Wir-Gruppe identifiziert, wird so
weit wie möglich in die Geschichte hinein ausgedehnt; dazu dient ein ge-
nealogisches Modell der Erbfolge, das u. a. prägnant mit der UNSER X-
Konstruktion ausgedrückt werden kann.

Als synchron angesetzte Kontiguitätsrelationen sind die Fügungen *unsere Nachbarn* (drei Belege in Klotz [1998], ein Beleg in Pinder III [1940])
sowie *unsere Feinde* (zwei Belege in Pinder III [1940] und Dehio I [1919])
zu deuten.

5.5   Agens-Aktions-Relation

Ein – in meinem elektronischen Sekundärkorpus allerdings nur einmal zu
findender – Typ spezifiziert das Possessum als Tätigkeit der Ausgangs-
gruppe, belegt in der Fügung *unser Kunstschaffen*:

UNSERE [TÄTIGKEIT]

Im Beleg wird deutlich, dass es sich hierbei funktional um eine Variante
der Konstruktion *unsere Kunst* handelt – die Konstruktion wird ganz ähnlich kotextualisiert wie in dem ausführlich besprochenen Lübke-Beleg
(s. 5.2):

Schwander [1936: 10]: *„Der Weihnachtstag des Jahres 800, der Tag der Kaiserkrönung Karls des Großen, wurde richtungsgebend für die deutsche Kunst. Nie wieder hat ein Einzelner gleich großen Einfluß auf →unser Kunstschaffen← ausgeübt wie Karl."*

Auch hier wird über die zeitliche Situierung einerseits und den impliziten Gegenwartsbezug in der Wir-Gruppen-Deixis andererseits diachrone Identität der Situationsteilnehmer ‚Kunst' und Wir-Gruppe inszeniert und wieder läuft die Verbindung beider Elemente über die Possessivkonstruktion. Die Spezifizierung der Wir-Gruppe als nationales Kollektiv wird hier durch die Parallelisierung der Konstruktionen *deutsche Kunst* und *unser Kunstschaffen* indiziert. Die Wiederaufnahme bewirkt aber nicht nur eine gegenseitige Spezifizierung von relationalem Adjektiv (*deutsch*) und possessivem Determinativ (*unser*), sondern auch einen Perspektivenwechsel auf den Redegegenstand ‚Kunst': Dieser wird zuerst als ein Beschreibungsgegenstand in der Außenperspektive und dann als eine Tätigkeit in der Binnenperspektive dargestellt.

Auch wenn die Konstruktion hier nur einmal belegt werden kann, trifft sie doch im Diskurs auf ein ausgebautes paradigmatisches Umfeld, welches sich durch Ausdrücke wie z. B. *Produktion, Schaffen, Tätigkeit, Unternehmung, Leistung* konstituiert, mit denen ‚Kunst' als Tätigkeit perspektiviert wird (s. Müller 2007: 122 f.).

5.6 Diachronisierung

Die zeitliche Auffächerung der einzelnen Rollen der Possessivrelation wurde schon mehrfach thematisiert. Hier gilt es schließlich, einen Typus zu besprechen, bei dem die Diachronisierung durch lexikalische Füller vorgenommen wird. Dabei sind vor allem der Ausdruck *Geschichte* und das Kompositum *Kunstgeschichte* relevant. In diesem Zusammenhang sind zwei Typen zu unterscheiden: Erstens kann ein Geschichtswort als lexikalischer Füller in die Possessum-Position treten (5.6.1), und zweitens kann die UNSERE X-Konstruktion ihrerseits in die komplexere Genitivkonstruktion GESCHICHTE UNSERES X eingehen (5.6.2).

5.6.1 Geschichte als Possessum

Im ersten, einfacheren Fall hat das Possessum die Funktion, die im Kotext oder als Präsupposition präsente Wir-Gruppe zeitlich aufzufächern:

UNSERE [GESCHICHTE]

In den Belegen finden sich folgende lexikalischen Füller der Kategorie:

> *Unsere Gesamtgeschichte* Pinder II [1940: 9], *unsere Geschichte* Dehio I [1919: 12, 205], Dehio II [⁴1930: 132], Dehio III [1926: 2, 275], Pinder I [1935: 39], Suckale [1998: 9], Warnke [1999: 8], *unsere Kunstgeschichte* Lübke [1890: 1], Dehio II [⁴1930: 79].

Daneben gehören hierher die partiellen Diachronisierungen *unsere Zukunft* und *unsere Herkunft,* beide in Pinder I [1935: 9].

Die Konstruktion wird bevorzugt in solchen Textpassagen verwendet, in welchen der Handlungs- und Deutungsrahmen für das präsentierte Geschehen implementiert wird, also in Einleitungspassagen und Vorwörtern. Auch der nachfolgende Beleg entstammt dem Einführungsteil eines Unterkapitels:

> Dehio II [⁴1930: 79]: „*Die Kunst des 14. Jahrhunderts besaß etwas, das sie vor allen Epochen →unserer Kunstgeschichte← auszeichnet: absolute Einheit der Gesamterscheinung.*"

Die Possessivkonstruktion geht hier in eine spezifizierende Genitivkonstruktion ein, mit ihr kann prägnant der Leserbezug, der zeitliche Horizont und der thematische Rahmen sprachlich aufgerufen und reaktualisiert werden.

Da die lexikalische Etikettierung der zeitlichen Dimension eine Tendenz zur Verdinglichung bedingt, finden sich in einigen Belegen metaphorisierende Verwendungen der Konstruktion:

> Pinder II [1940: 9]: „*Die Geschichte des Backsteinbaus im Nordosten ist eines der stolzesten Kapitel, auf die →unsere Gesamtgeschichte← blicken darf.*"

Bei Warnke findet sich die Konstruktion *unsere Geschichte* in einer sowohl grammatisch-semantisch als auch argumentationslogisch besonders schillernden Figur:

> Warnke [1999: 8]: „*Eine „deutsche Kunstgeschichte" wäre nicht zu schreiben, wenn nicht Österreich, die Schweiz, Polen oder Tschechien wichtige Teile ihres Kunstbesitzes →unserer Geschichte← sozusagen leihweise zur Verfügung stellten.*"

Im Beleg wird die Possessivkonstruktion dazu genutzt, sich einerseits gegen den älteren Diskurs zu stellen und andererseits die Diskurstradition zu bedienen, indem Kunstwerke aus den Nachbarländern, die traditionell mit einem mehr oder weniger offenen nationalistisch-ausgreifenden Gestus der deutschen Kunst zugerechnet werden, hier einerseits aus dem Geltungsbereich von ‚deutsch' herausdefiniert werden und anderseits ihre textperformative Wiedereingemeindung in derselben Wendung mit vorbereitet wird. Dieser Kniff wird über die sprachliche Inszenierung einer doppelten Possessivrelation erreicht: Einmal wird *Geschichte* als Possessum implementiert, zum Anderen wird über die lexikalisch halbspezifizierte ditransitive Konstruktion

$X_{\text{Nom}/\text{Agens}}$ $Y_{\text{Dat.}/\text{Benefaktiv}}$ $Z_{\text{Akk.}/\text{Patiens}}$ *leihweise zur Verfügung stellen*

die Possessivrelation

$X_{\text{unsere Geschichte}}$ =POSS $Y_{\text{wichtige Teile des Kunstbesitzes Österreichs, der Schweiz ...}}$[32]

impliziert. Die Wir-Gruppe wird hier extrinsisch unter ihrem geopolitischen Aspekt als *nationale* Wir-Gruppe spezifiziert und bildet den Ausgangspunkt der doppelten Possessivrelation. *Geschichte* wird durch die Integration in die doppelte Possessivrelation lexikalisch bifunktional und damit auch ambivalent: Einerseits bewirkt der Ausdruck eine indefinite Diachronisierung der Wir-Gruppe, andererseits wird *Geschichte* durch die metaphorische Verwendung in der ditransitiven Benefaktiv-Konstruktion in der Tendenz verdinglicht. Warnke schafft es hier also mit Hilfe der *unsere Geschichte*-Konstruktion einen Ausweis europäistisch-ziviler Gesinnung vorzulegen und gleichzeitig die Auswahl der klassischen Gegenstände der Diskurstradition, deren Ursprung eher in vaterländisch-patriotischen Motiven zu sehen ist, zu rechtfertigen.

Auch die Etikette kunsthistorischer Epochen können als metonymische Realisierung der Diachronisierungsrelation in die Konstruktion integriert werden.

Lübke [1890: 4 f.]: „*Dieser Hang zu geometrischen Linienspielen muß tief in der germanischen Natur begründet sein, denn wir finden ihn später beim gothischen Styl in dem reichen Spiel mit Maaßwerken, welche oft ganze Flächen bedecken, sowie bei* ⁾*unsrer Renaissance*⁽ *in dem Vorwalten der aus Bandwerk und Elementen der Metallarbeit geschöpften Muster.*"

In den so entstehenden Konstruktionen löst das possessive Determinativ eine Uminterpretation des Epochenetiketts aus. Das ist bei Lübke gut zu sehen: Die Epochenbezeichnung *Renaissance* bezeichnet in ihrer Standardinterpretation als Ganzheitsbezeichnung eine zeitlich, stilistisch und weltanschaulich definierte Kunstepoche, die sich in verschiedenen Kunstregionen diagnostizieren und beschreiben lässt; durch Integration in die Konstruktion *unsere Renaissance* wird schon konstruktionsintern die Interpretation von *Renaissance* im Sinne von ›ein nationaler Kunststil neben anderen‹, also die Vorannahme, es gebe mehrere Renaissancen, ermöglicht. Durch die Kontextualisierung der Konstruktion mit dem Germanendiskurs (Ehringhaus 1996; von See 1994) wird diese Interpretation gefestigt.

---

32 Darstellungskonvention nach Strunk (2004: 26).

5.6.2   Im Bezugswort einer genitivischen Possessivkonstruktionen

Im Grundsatz komplexer sind die Verhältnisse in der Konstruktion

GESCHICHTE UNSERER X

Hier ist nicht mehr der Ausdruck *Geschichte* unmittelbar an die Wir-Gruppe gebunden, sondern die Possessivkonstruktion dient zu dessen attributiver Spezifizierung. Lexikalische Füller des Possessums sind:

> *Geschichte unserer bildenden Kunst* Schwander [1936: 95], *Geschichte₍ unserer (Gattung)* Fischer [1951: 259], *Geschichte unserer nationalen Kunst* Förster I [1851: V], *Geschichte unserer Kunst* Pinder II [1937: 231].

Durch die Einlagerung der Possessivkonstruktion in das genitivische Attributionsgefüge ist die ‚Geschichte' nicht mehr als diachrone Auffächerung der Wir-Gruppe, sondern als Diachronisierung des Possessums, z. B. ‚Kunst', zu lesen. Dadurch wird ein Exklusionsverhältnis zwischen der Wir-Gruppe und der ‚Geschichte' konstituiert – ‚Geschichte' kommt ‚uns' nur mittelbar zu, nämlich über die Historizität des Sachverhaltes, mit dem ‚wir' possessiv verbunden sind. Dieser, z. B. ‚Kunst', kann je nach Kontextualisierung als ‚Besitz' oder ‚Gruppenzugehöriges' präsentiert werden (s. o.). In den Kotexten zeichnen sich zwei Verwendungstypen der Konstruktion ab, eine etikettierende und eine metaphorische. Primäre Einsatzgebiete sind auch hier die synthetischen Passagen in Ein- und Überleitungen sowie Schlusskapiteln.

Der erste Beleg ist dem Vorwort der ersten *Geschichte der deutschen Kunst*, dem Fünfbänder Ernst Försters, entnommen. Er bietet ein prägnantes Beispiel für die etikettierende Verwendungsweise:

> Förster I [1851: V]: „[...], *obwohl es* [dieses Buch] *meines Wissens das erste ist, das die* →*Geschichte unserer nationalen Kunst*← *zum ausschließlichen Gegenstand hat, und die Versuchung sehr nahe lag, [...] ein weiteres, hohes Gebäude aufzuführen und auszufüllen.*"

Hier wird die Konstruktion in einer typischen Geste dazu verwendet, einerseits das Textthema synthetisch zu implementieren – andererseits wird die soziale Funktion der Geschichtserzählung, die Prägung von Gruppenidentität gleich zu Beginn in der possessiven Einbindung der Wir-Gruppe indiziert. Indem die Kunst gleichzeitig als national und „uns" zugehörig ausgewiesen wird, wird über einem prädikativen Umweg die Wir-Gruppe als National-Gruppe präsentiert. Damit ist die Stoßrichtung für die Lektüre der nachfolgenden Geschichtserzählung schon vorgegeben.

Die metaphorische Verwendungsweise findet sich z. B. in der
Schlussphase eines Kapitels des von Wilhelm Pinder verfassten nationalen
Großtextes *Vom Wesen und Werden deutscher Formen*:

> Pinder II [1937: 231]: „*Es ist in Deutschland nicht leicht möglich, eine logische Entwicklung
> in dem Sinne Frankreichs oder Italiens zu finden. Dennoch ist eine höhere Logik unverkennbar;
> nur entsteht sie nicht durch folgerichtiges Weiterreichen von Meister zu Meister, von Werke zu
> Werke. Die ⁷Geschichte unserer Kunst⁶ hat weniger von Schulen zu erzählen. […] Nicht eine
> Schulleistung rollt sich ab, sondern ein Wesen entfaltet sich. Nicht einmal Entwicklung finden
> wir so sehr als Wachstum und Entfaltung.*"

In der v. a. für Pinder typischen Kontextualisierung werden zwei Lesarten
des Ausdrucks *Geschichte* überblendet: Die Argument-Prädikatstruktur
scheint hier die Lesart ›Gruppe der Historiographen der deutschen Kunst‹
nahe zu legen. Verfolgt man andererseits den linearen Sinnkonstitutions-
prozess in der Passage, dann wird durch die Ausdrücke im Vorfeld *logische
Entwicklung, höhere Logik, folgerichtiges Weiterreichen* kataphorisch eher *Geschichte* im Sinne von ›in der Zeit ablaufender objektiver Prozess‹ indiziert.
Diese zweite Lesart wird auch durch die im Diskurs latente und bei Pinder
immer wieder offen gelegte Geschichtsmetaphysik gestützt. In dieser
zweiten Variante ergäbe sich also eine metaphorische Figur, in der die
Geschichte, in die ‚wir' mittelbar involviert sind, die in ihr sich vollziehen-
den Ereignisse gleichsam von selbst preisgibt. Flankiert werden solche
Redefiguren durch Formulierungen wie *die Geschichte offenbart sich uns in
(Kunstwerk)* u. ä. Das hier grundlegende Bild von der ‚Kunst' als einem sich
in der Zeit entfaltenden Organismus wird durch die Possessivkonstruktion
an die Wir-Gruppe gebunden, so dass im weiteren Verlauf Eigenschaften
der *deutschen Kunst* auf Eigenschaften des deutschen Wesens übertragen
werden können (s. dazu Müller 2007: 120, 169 ff.).

Ähnliche Effekte lassen sich mit der bedeutungsähnlichen Konstruktion *Schicksal unserer Kunst* Lützow [1891: 198], Pinder IV [1951: 9] erzielen.

6 Resümee

6.1 Ergebnisse

Die UNSER X-Konstruktion wurde hier als Medium zur distanzsprachlichen Präsentation von Gruppenzugehörigkeit im Meisterdiskurs ‚nationale
Kunsthistoriographie' beschrieben. In exemplarischen Analysen wurde
versucht aufzuzeigen, wie Zugehörigkeit als soziale Figur grammatisch
inszeniert werden kann. ‚Zugehörigkeit' als kategoriales Korrelat der
UNSER X-Konstruktion erlebt dabei eine fließende Konkretisierung von

der grammatisch-abstrakten Kategorie POSSESSION hin zu einem sozial erlebbaren Aspekt der Selbstzuschreibung des Individuums. Diese Zuspitzung im Sinne einer Alltagstheorie des Einzelnen in der Gesellschaft wird einerseits durch die Eigenschaften der Konstruktion und andererseits durch deren textstrategische Kontextualisierung ermöglicht. Die Brücke von der Grammatik zum vorbewussten sozialen Erleben wird durch die Inszenierung sozial geprägter Interaktionsmuster in metaphorischen Sätzen wie *unsere Kunst greift nach Westen aus* gebaut.

Hier zeigt sich exemplarisch, wie prozessuales und deklaratives Wissen in der Textwelt ineinandergreifen und für die Interpretation relevant werden. Auf diese Weise können überkomplexe historische Prozesse im Erfahrungsmuster alltäglicher Interaktion präsentiert werden. Die Übertragung von Erfahrungsmustern aus dem sozialen Naheraum des Individuums ist auch das beherrschende Wirkprinzip der Possessivkonstruktion.

Ausgehend von der Belegstellenanalyse wurden aufsteigend sechs Typen von Zugehörigkeit und dementsprechend sechs Konstruktionstypen unterschieden:

• Identifikation (mit und ohne historische Extension)
• Besitz
• Inklusion (I: Gruppenzugehörigkeit, II: Meronymie)
• Kontiguität (diachron und synchron)
• Agens-Aktions-Relation
• Diachronisierung

6.2   Leistung des possessiven Determinativs

Die geschilderten Ansätze der Standardgrammatiken des Deutschen fokussieren das possessive Determinativ unter Form- und Inhaltsaspekten, der zugehörige Operand kommt lediglich aus der Perspektive der Determinationsleistung desselben in den Blick. Das vorerwähnte oder vorausgesetzte Korrelat (*ich, du, wir, der Bäcker von nebenan* etc.) wird in den Grammatiken mehr oder weniger kursorisch behandelt. Für die UNSER X-Konstruktion in der untersuchten Textserie hat sich gezeigt, wie vielfältig funktionalisierbar die entsprechenden Fügungen sind und wie mittels der diskursgeschichtlich verfestigten Indexikalität einzelner spezifizierter Konstruktionen auch die Wir-Gruppe als Korrelat der Konstruktion modelliert werden kann, und zwar in Abhängigkeit vom kommunikativen Umfeld und eingebettet in diskursiv sedimentierte Texthandlungen. Der Gebrauch der UNSER X-Konstruktion basiert auf der textstrategischen

Ausnutzung von Prototypeneffekten, wie sie auch in der Konstruktions-grammatik beschrieben wurden.[33]

Ein Indiz dafür, dass es sich bei den Eigenschaften der UNSER X-Konstruktion im Kommunikationsbereich NATIONALE KUNSTGE-SCHICHTE bis zu einem gewissen Grad durchaus um Eigenschaften von halbspezifizierten Konstruktionen im Allgemeinen handeln könnte, gibt ein Vergleich mit den Ergebnissen Deppermanns (2008), der die Kon-struktionen *verstehst du* und [NP *nicht verstehen (können)* (NS)] im mündlichen Interaktionen untersucht. Deppermann kommt zu dem Resultat, dass

- „die unterschiedlichen Lesarten [der verstehen-Konstruktionen] oft im Einzel-fall schwer abzugrenzen" sind,
- „diese Ambiguität von den InteraktionsteilnehmerInnen [...] systematisch rhetorisch eingesetzt" wird,
- „Spezifikationen der Lesart [...] im Interaktionskontext [geschehen]. Die Spe-zifikation wird nicht durch die Konstruktion selbst geleistet."
- die inner- und interkonstruktionellen Bedeutungsähnlichkeiten „auf einem le-xikosemantischen Bedeutungspotenzial von ‚verstehen' beruhen."

Alle gemachten Aussagen sind auf die hier vorliegenden Analyseergebnis-se übertragbar. Resümierend benennt Deppermann vier „systematische Quellen der Interpretation" von Konstruktionen mit *verstehen*:

- Lexikalische Basisbedeutung
- Grammatische Konstruktionsbedeutung
- Interaktive Bedeutungskonstitution
- Hintergrundwissen

Ersetzt man nun den Begriff der ‚Interaktion' durch denjenigen der ‚dis-kursbezogenen Textstrategie' und berücksichtigt man, dass der spezifische Anteil der Konstruktion in einem Fall (*verstehen*) ein primär symbolisch-konzeptuell[34] und im zweiten Fall (*unser*) ein primär indexikalisch-kotextfunktional geprägter Ausdruck ist, dann lässt sich die Liste auch auf die Ergebnisse der vorliegenden Analyse übertragen. Sie muss dann leicht reformuliert und um den Anteil der unspezifizierten Possessum-Stelle sowie der indizierten Wir-Gruppe ergänzt werden. Die Interpretation von aktuellen Instantiierungen der UNSER X-Konstruktion im Kommunikati-

---

33 Vgl. zur prototypischen Organisation von Konstruktionen die Hinweise von Ziem in diesem Band.

34 „Symbolisch" hier im Sinne der Peirce'schen Zeichentrichotomie nach Objektbezug (CP 4: 447) und nicht in dem Langackers (1999).

onsbereich NATIONALE KUNSTHISTORIOGRAPHIE beruht demnach auf folgenden Parametern:

- systematisch-paradigmatisches Kotextualisierungspotenzial („grammatische Bedeutung") des possessiven Determinativs
- kategoriale Beschaffenheit des lexikalischen Füllers der Possessumstelle
- daraus resultierend: Symbolisierungs- und Kontextualisierungspotenzial des aktuellen lexikalischen Füllers der Possessumstelle
- konzeptuelle Modellierung der indizierten Wir-Gruppe
- aktuelle textstrategisch modellierte Zeichenumgebung
- durch die vorgelagerte Zeichenumgebung perspektiviertes „Hintergrundwissen" über Diskurs, indizierte Wissensbereiche (deklarativ) und Interaktionsmuster(prozessual)

Für die Interpretation der UNSER X-Konstruktion im untersuchten Diskurs scheint die Annahme eines Präferenz-Modells (Feilke 1996) am plausibelsten: *Tokens* werden im Rekurs auf stereotype Verwendungsmuster interpretiert, wobei durch Abweichungen Aussageeffekte erzielt werden können. *Unser* indiziert prototypisch eine Besitzrelation. Jeder mit *unser* korrelierte Ausdruck wird als ›Besitz der Wir-Gruppe‹ interpretiert, solange die Interpretation durch kontrafaktische Indizien nicht ausgesetzt wird. Ein solches Indiz ist z. B. ein Ausdruck, der Personen bzw. Personengruppen denotiert. In diesem Fall wird die Besitz-Interpretation ausgesetzt und auf die Zugehörigkeitsinterpretation zurückgegriffen.

6.3   Evaluation des Beschreibungsparadigmas ‚Konstruktionsgrammatik'

Ein für diskursanalytische Zwecke tauglicher linguistischer Beschreibungsrahmen muss vor allem mit einem Phänomen umzugehen in der Lage sein, das im vorliegenden Korpus bei genauem Belegstudium auch schon vortheoretisch ins Auge sticht: Die Bedeutung der Ausdrücke, die in possessive Konstellationen involviert sind (z. B. *wir, unser* und *Volk*), lässt sich jeweils nur dann als instantiierte (lexikalische oder grammatische) Systembedeutung beschreiben, wenn man nicht so genau hinschaut. Je intensiver die Ausdrucksinterpretation sich auf den Kotext einlässt, desto deutlicher profiliert sich die je individuelle Aussagequalität der einzelnen aktuellen Spezifizierungen der Konstruktion, die kategorial in prototypisch organisierten und diskursgebundenen Interpretationsschemata und relational in Ähnlichkeitsbeziehungen organisiert sind. Damit ergibt sich das Bild einer plurizentrischen Prototypikalität der UNSER X-Konstruktion, bei der die jeweils aktuelle Konstruktionsbedeutung in impliziter Bezugnahme auf das von der nächsthöheren Schematisierungsstufe indizierten Standardinterpretament erschlossen wird.[35] Als grammatiktheoretische Vorannahmen scheinen daher diejenigen am plausibelsten, mit denen sich grammatische Kategorien als kommunikativ emergente und prototypisch organisierte Interpretationsschemata für komplexe Ausdrücke beschreiben lassen. Diese scheinen von der Konstruktionsgrammatik in ihrer von der empirischen Linguistik (und hier insbesondere der Gesprächsforschung) adaptierten Fassung gedeckt zu sein.[36] Bei allen Problemen und Grenzen der konstruktionsgrammatischen Sicht auf Sprache (vgl. Jacobs 2008, Deppermann 2008) scheint womöglich ein Rahmen gefunden, in dem die Feilkesche Perspektive von *Sprache als sozialer Gestalt* über die Analyse von Idiomatismen im engen Sinne hinaus stark gemacht werden kann.

Voraussetzung dafür ist allerdings, dass die kognitivistische Perspektive auf Sprache, die v. a. in der Tradition Langackers radikalisiert und absolut gesetzt ist, in der theoretischen Modellierung von Sprache eine plausibel ausgearbeitete sozial-, diskurs- und mediengeschichtliche Fundierung erfährt. Als Analyseinstrument ist in diesem Sinne ein Zeichenbegriff erforderlich, der zwischen indexikalisch-kontextualisierenden und symbolisch-denotativen Aspekten von Zeichen im Vollzug unterscheidet. Auch scheinen in den gängigen – einzelsprachbezogenen oder sprachtypologischen – Fassungen der Konstruktionsgrammatik die vielfältigen Erkenntnisse nicht oder nicht ausreichend berücksichtigt, welche die Forschung in Bereichen wie der Soziolinguistik, der Gesprächslinguistik, der Sprachgeschichte und der Text- und Diskurslinguistik im Hinblick auf den hochgradig konstruktiven Charakter des Untersuchungsgegenstandes ‚Einzelsprache' gewonnen haben: Will man Konstruktionen angemessen erfassen, dann müssen sie aufsteigend und bezogen auf Kommunikationsbereiche, Diskurse, Medium, Situationstypen beschrieben werden.

---

35 Langacker (2007: 433) bietet zur Beschreibung dieser Verhältnisse im semasiologischen Feld das schöne Bild einer Gebirgskette an, in der einige (Bedeutungs-)gipfel höher herausragen und sich daher im lexikographischen Sinne als ‚Bedeutung' profilieren, während andere Gipfel kleiner sind und daher nicht als systematisch relevante Bedeutungen wahrgenommen werden: „Counting the senses of a lexical item is analogous to counting the peaks in an mountain range: how many there are depends on how salient they have to be before we count them."

36 Vgl. Deppermann (2006); Imo (2007); Fischer/Stefanowitsch (2006).

Literatur

Quellen (chronologisch geordnet)

FÖRSTER, ERNST (1851–1960): Geschichte der deutschen Kunst. Leipzig [5 Bände].

GESCHICHTE DER DEUTSCHEN KUNST. Berlin. 5 Bände:

VON BODE, WILHELM (1885): Geschichte der deutschen Plastik.

DOHME, ROBERT (1885): Geschichte der deutschen Baukunst.

VON FALKE, JAKOB (1888): Geschichte des deutschen Kunstgewerbes.

JANITSCHEK, HUBERT (1890): Geschichte der deutschen Malerei.

VON LÜTZOW, CARL (1891): Geschichte des deutschen Kupferstiches und Holzschnittes.

KNACKFUß, HERMANN (1888): Deutsche Kunstgeschichte. Bielefeld und Leipzig. [2 Bände].

LÜBKE, WILHELM (1890): Geschichte der deutschen Kunst von den frühesten Zeiten bis zur Gegenwart. Stuttgart.

SCHWEITZER, HERMANN (1905): Geschichte der deutschen Kunst von den ersten historischen Zeiten bis zur Gegenwart. Ravensburg.

DEHIO, GEORG (1919, ⁴1930, 1926): Geschichte der deutschen Kunst. Berlin und Leipzig. [3 Text- und 3 Abbildungsbände, 1154 Seiten (Textbände)].

PAULI, GUSTAV [4. Band des Dehio-Werks] (1934).

LUCKENBACH, HERMANN UND ORTWIN (1926): Geschichte der deutschen Kunst. München/Berlin.

SCHREYER, LOTHAR (1931). Die bildende Kunst der Deutschen. Geschichte und Betrachtung. Hamburg, Berlin, Leipzig. [406 Seiten]

MÜSELER, WILHELM (²1934): Deutsche Kunst im Wandel der Zeiten. Berlin.

JANTZEN, HANS (1935): Geist und Schicksal der deutschen Kunst. Köln.

PINDER, WILHELM (1935, 1937, 1940, 1951): Vom Wesen und Werden deutscher Formen. Leipzig. [4 Bände].

SCHWANDER, EMIL (1936): Die deutsche Kunstfibel. Ein Führer durch die Geschichte der deutschen Kunst. München.

WEIGERT, HANS (1942): Geschichte der deutschen Kunst. Von der Vorzeit bis zur Gegenwart. Berlin.

DEUTSCHE KUNSTGESCHICHTE. München. 5 Bände:

FISCHER, OTTO (1942): Geschichte der deutschen Malerei.

HEMPEL, EBERHARD (1949): Geschichte der deutschen Baukunst.

FISCHER, OTTO (1951): Geschichte der deutschen Zeichnung und Graphik.

FEULNER, ADOLF/MÜLLER, THEODOR (1953): Geschichte der deutschen Plastik.

KOHLHAUSSEN, HEINRICH (1955): Geschichte des deutschen Kunsthandwerks.

BARTHEL, GUSTAV (1949): Geschichte der deutschen Kunst. Stuttgart.

LINDEMANN, GUSTAV (1974): Geschichte der deutschen Kunst. Stuttgart, Hamburg.

GESCHICHTE DER DEUTSCHEN KUNST. Leipzig. 7 Bände:

MÖBIUS, FRIEDRICH/SCIURIE, HELGA (1989): 1200–1350.

ULLMANN, ERNST (1981): 1350–1470.

ULMANN, ERNST (1985): 1470–1550.

FEIST, PETER H. (1986): 1760–1848.

FEIST, PETER H. (1987): 1848–1890. [In Zusammenarbeit mit Dieter Dolgner, Ulrike Krenzlin und Gisold Lammel].

OLBRICH, HARALD (Hg.) (1988): 1890–1918.

OLBRICH, HARALD (Hg.) (1990): 1918–1945.

GESCHICHTE DER DEUTSCHEN KUNST. München. 3 Bände:

KLOTZ, HEINRICH (1998): Mittelalter. 600–1400.

WARNKE, MARTIN (1999): Spätmittelalter und Frühe Neuzeit. 1400–1750.

KLOTZ, HEINRICH (2000): Neuzeit und Moderne. 1750–2000.

SUCKALE, ROBERT (1998): Kunst in Deutschland. Von Karl dem Großen bis Heute. Köln.

GEBHARDT, VOLKER (2002): Kunstgeschichte. Deutsche Kunst [DuMont Schnellkurs]. Köln.

Forschungsliteratur

ANTAKI, CHARLES/WIDDICOMBE, SUE (Hgg.)(1998): Identities in Talk. London.

AUER, PETER (1986): Kontextualisierung. In: Studium Linguistik 19, 22–47.

AUER, PETER (2005): A postscript: Code-switching and social identity. In: Journal of Pragmatics 37, 3, 403–410.

AUER, PETER (2007): Introduction. In: AUER, PETER (Hg.): Style and Social identities. Alternative approaches to linguistic Heterogeneity. Berlin/New York.

BÄR, JOCHEN A. (i. V.): Relationale Semantik [Zugleich Habilitationsschrift, Neuphilologische Fakultät der Universität Heidelberg.].

BOEHM, GOTTFRIED/HELMUT PFOTENHAUER (Hgg.) (1995): Beschreibungskunst – Kunstbeschreibung: Ekphrasis von der Antike bis zur Gegenwart. München.

BUSSE, DIETRICH (2007): Diskurslinguistik als Kontextualisierung – Sprachwissenschaftliche Überlegungen zur Analyse gesellschaftlichen Wissens. In: I. H. WARNKE (Hg.): Diskurslinguistik nach Foucault. Theorien und Gegenstände. Berlin/New York, 81–105.

COSERIU, EUGENIO (1975): Determinierung und Umfeld. In: DERS.: Sprachtheorie und allgemeine Sprachwissenschaft. München, 253–290.

DEPPERMANN, ARNULF (2006): Construction Grammar – Eine Grammatik für die Interaktion? In: DEPPERMANN, ARNULF/FIEHLER, REINHARD/SPRANZ-FOGASY, THOMAS (Hgg.): Grammatik und Interaktion. Radolfzell, 43–65.

DEPPERMANN, ARNULF (2008): Lexikalische Bedeutung oder Konstruktionsbedeutungen? Eine Untersuchung am Beispiel von Konstruktionen mit *verstehen* [unter Mitarbeit von Mechthild Elstermann]. In: STEFANOWITSCH, ANATOL/FISCHER, KERSTIN (Hgg.): Konstruktionsgrammatik II. Von der Konstruktion zur Grammatik. Tübingen, 103–133.

DUDEN (1999): Das große Wörterbuch der deutschen Sprache in 10 Bänden. Mannheim.

DUDEN BAND 4: Grammatik der deutschen Gegenwartssprache (2005). Mannheim u.a.

ECO, UMBERTO (1995): Die Grenzen der Interpretation. München.

EHRINGHAUS, SIBYLLE (1996): Germanenmythos und deutsche Identität. Die Frühmittelalter-Rezeption in Deutschland 1842-1933. Weimar.

EISENBERG, PETER (2004): Grundriss der deutschen Grammatik. Unveränd. Neuaufl. Stuttgart/Weimar.

FEILKE, HELMUTH (1994): Common sense-Kompetenz. Überlegungen zu einer Theorie „sympathischen" und „natürlichen" Meinens und Verstehens. Frankfurt/M.

FEILKE, HELMUTH (1996): Sprache als soziale Gestalt. Ausdruck, Prägung und die Ordnung der sprachlichen Typik. Frankfurt/M.

FISCHER, KERSTIN/STEFANOWITSCH, ANATOL (Hgg.) (2006): Konstruktionsgrammatik. Von der Anwendung zur Theorie. Tübingen.

GARDT, ANDREAS (2004): Die deutsche Sprache als Medium kultureller Identitätskonstruktion. In: HEUDECKER, SYLVIA/NIEFANGER, DIRK/WESCHE, JÖRG (Hgg.): Kulturelle Orientierung um 1700. Traditionen, Programme, konzeptionelle Vielfalt, 31–46.

GARDT, ANDREAS/WARNKE, INGO H. (2007): Kommunikationsraum *documenta XII*. Dokumentation auf http://www.spracheundkunst.de [zuletzt am 26.04.2008].

GROSS, SABINE (2000): Bild – Text – Zeit: Ekphrasis in Gert Hoffmanns „Der Blindensturz". In: FIX, ULLA/WELLMANN, HANS (Hgg.): Bild im Text – Text und Bild. Heidelberg, 105–128.

GUMPERZ, JOHN J. (1982): Discourse strategies. Cambridge u.a.

HAUSENDORF, HEIKO (2000): Zugehörigkeit durch Sprache. Eine linguistische Studie am Beispiel der Wiedervereinigung. Tübingen.

HAUSENDORF, HEIKO (2005): Die Kunst des Sprechens über Kunst. Zur Linguistik einer riskanten Kommunikationspraxis. In: KLOTZ/LUBKOLL (Hgg.): Beschreibend wahrnehmen – wahrnehmend beschreiben, 99–134.

HAUSENDORF, HEIKO (Hg.) (2007): Vor dem Kunstwerk. Interdisziplinäre Aspekte des Sprechens und Schreibens über Kunst. München.

HELBIG, GERHARD/BUSCHA, JOACHIM (2001): *Deutsche Grammatik*. Berlin/München.

HENRICH, DIETER (1979): ‚Identität' – Begriffe, Probleme, Grenzen. In: MAR-QUARD/STIERLE (Hgg): Identität, 133–186.

HERMANNS, FRITZ (1995): Deutsch und Deutschland. Zur Semantik deutscher natio-naler Selbstbezeichnungswörter heute. In: JÄGER, LUDWIG (Hg.): Germanistik: Disziplinäre Identität und kulturelle Leistung. Vorträge des deutschen Germanis-tentages 1994. Weinheim, 374–389.

HERMANNS, FRITZ (1999): Sprache, Kultur und Identität. Reflexionen über drei Tota-litätsbegriffe. In: GARDT, ANDREAS u. a. (Hgg.): Sprachgeschichte als Kulturge-schichte, 351–391.

IMO, WOLFGANG (2007): Konstruktionsgrammatik und Gesprochene-Sprache-Forschung. Tübingen.

JACOBS, JOACHIM (2008): Wozu Konstruktionen? In: Linguistische Berichte 213, 3–45.

JANICH, NINA/THIM-MABREY, CHRISTIANE (Hg.) (2003): Sprachidentität – Identität durch Sprache. Tübingen.

LÜTTENBERG, DINA (2006): Kunst, Diskurs und Nationalsozialismus. Semantische und pragmatische Studien. Tübingen.

KINDT, WALTHER (2007): Probleme in der Kommunikation über Kunst. Ergebnisse linguistischer Analysen und ihre Illustration. In: HAUSENDORF (Hg.): Vor dem Kunstwerk, 55–76.

KLOTZ, PETER/LUBKOLL, CHRISTINE (2005): Beschreibend wahrnehmen – wahr-nehmend beschreiben. Sprachliche und ästhetische Aspekte kognitiver Prozesse. Freiburg i. Br., Berlin.

KLOTZ, PETER (2005): Die Wahrnehmung, die Sinne und das Beschreiben. In: KLOTZ/LUBKOLL (Hgg.): Beschreibend wahrnehmen – wahrnehmend beschrei-ben, 79–98.

KÖLLER, WILHELM (2005): Perspektivität und Beschreibung. In: KLOTZ/LUBKOLL (Hgg.): Beschreibend wahrnehmen – wahrnehmend beschreiben, 25–44.

KONERDING, KLAUS-PETER (1993): Frames und lexikalisches Bedeutungswissen. Untersuchungen zur linguistischen Grundlegung einer Frametheorie und zu ihrer Anwendung in der Lexikographie. Tübingen.

LACAN, JACQUES (1986): Fadenringe: 1973a: In: DERS.: Das Seminar Buch XX. En-core. Weinheim/Berlin, 127 ff.

LANGACKER, R. W. (1991). Foundations of Cognitive Grammar. Vol. 2. Descriptive Application. Stanford.

LANGACKER, R. W. (1999). Grammar and conceptualization. Cognitive linguistics research 14. Berlin/New York.

LANGACKER, R. W. (2007): Cognitive Grammar. In: GEERAERTS, DIRK/HUBERT CUYKENS (Hgg.): The Oxford Handbook of Cognitive Linguistics. Oxford, 421–462.

LINK, JÜRGEN/WÜLFING, WULF (Hg.) (1991): Nationale Mythen und Symbole in der zweiten Hälfte des 19. Jahrhunderts. Strukturen und Funktionen von Konzepten nationaler Identität. Stuttgart.

LINKE, ANGELIKA/NUSSBAUMER, MARKUS (2000): Konzepte des Impliziten: Präsuppositionen und Implikaturen. – In: BRINKER, KLAUS u.a. (Hgg.): Handbuch Text- und Gesprächslinguistik. Bd. 1, 436–449.

LOCHER, HUBERT (2001): Kunstgeschichte als historische Theorie der Kunst 1750–1950. München.

MARQUARD, ODO/STIERLE, KARLHEINZ (Hgg.) (1979): Identität. München.

MÜLLER, MARCUS (2007a): Geschichte, Kunst, Nation. Die sprachliche Konstituierung einer ‚deutschen Kunstgeschichte‘ aus diskursanalytischer Sicht. Berlin/New York.

MÜLLER, MARCUS (2007b): ‚Deutsch‘ als kunsthistorische Kategorie. Zur sprachlichen Prägung nationaler Identität in deutschen Kunstgeschichten. In: SPRACHREPORT 4/2007.

MÜLLER, MARCUS (2009) [i.Dr.]: La descrizione e il significato dell'immagine. In: BAGETTO, LUCA/SALIZZONI, ROBERTO (Ed.): Immagine e scrittura. Roma.

MÜLLER, MARCUS (i. V.): Missverstehen als Indizierung hybrider Kontexte. [Zugleich vorgetragen auf dem Arbeitstreffen Linguistische Pragmatik 2008 in Bamberg].

MUTHESIUS, STEFAN (2004): Lokal, universal – europäisch, national: Fragestellungen der frühen Kunsthistoriographie im späten 19. und frühen 20. Jahrhundert. In: BORN, ROBERT u. a. (Hgg.): Die Kunsthistoriographien in Ostmitteleuropa und der nationale Diskurs, 67–78.

PEIRCE, CHARLES S. (1960): Collected Papers. vol. IV. Cambridge, Mass.

SCHMITT, REINHOLD (1994): Kontextualisierung und Konversationsanalyse. In: Deutsche Sprache 21, 4, 326–354.

SCHMITZ-BERNING, CORNELIA (2000): Vokabular des Nationalsozialismus. Berlin/New York.

SEE, KLAUS VON (1994): Barbar, Germane, Arier. Die Suche nach der Identität der Deutschen. Heidelberg.

STIERLE, KARLHEINZ (1979): Erfahrung und narrative Form. Bemerkungen zu ihrem Zusammenhang in Fiktion und Historiographie. In: KOCKA, JÜRGEN/ NIPPERDEY, THOMAS (Hgg.): Theorie und Erzählung in der Geschichte, 85–118.

STRAUß, GERHARD/ZIFONUN, GISELA (2002): Auf der Suche nach Identität. In: HAß-ZUMKEHR, ULRIKE/KALLMEYER, WERNER/ZIFONUN, GISELA (Hgg.): Ansichten der deutschen Sprache. Festschrift für Gerhard Stickel zum 65. Geburtstag. Tübingen, 165–213.

STROHNER, HANS (2000): Kognitive Voraussetzungen: Wissenssysteme – Wissensstrukturen – Gedächtnis. In: BRINKER, KLAUS/ANTOS, GERD/HEINEMANN, WOLFGANG/SAGER, SVEN F. (Hgg.) (2000 f.): Text- und Gesprächslinguistik. Berlin/New York. [Handbücher zur Sprach- und Kommunikationswissenschaft 16]. Bd. 1, 261–274.

STRUNK, JAN (2004): Possessive Constructions in modern Low Saxon. Magisterarbeit, Stanford University. http://www.linguistics.ruhr-uni-bochum.de/~strunk/mathesis.pdf (zuletzt am 26.04.2008).

STURM, EVA (1996): Im Engpass der Worte: Sprechen über moderne und zeitgenössische Kunst. Berlin.

WEINRICH, HARALD (³2005): Textgrammatik der deutschen Sprache. Mannheim.

ZIFONUN, GISELA/HOFFMANN, LUDGER/STRECKER, BRUNO (1997): Grammatik der deutschen Sprache. 3 Bände. Berlin/New York.

Teil III:

Vorstellung neuer Forschungsfelder

Deconstructing Greenspeak

Für eine kritische Diskursanalyse als Beitrag der Sprach- und Literaturwissenschaft zum Verständnis des Umweltproblems

Axel Goodbody

1 Einleitung

Zu den größten Herausforderungen unserer Zeit zählen die Konsequenzen der Erwärmung der Erde und die Notwendigkeit, unseren Umgang mit der natürlichen Umwelt so einzurichten, dass die anthropogenen Ursachen des Klimawandels auf ein Minimum reduziert werden. Die folgenden Ausführungen sind ein Plädoyer für einen integrierten Ansatz, der Elemente der Kritischen Diskursanalyse, der Ökolinguistik und der ökologisch orientierten Literaturwissenschaft in sich aufnimmt als Beitrag der Sprach- und Literaturwissenschaft zur Bewältigung des Umweltproblems. Nach einer knappen Erörterung des sozialen Konstruktivismus und der epistemologischen Wende in den Geistes- und Sozialwissenschaften, die die Rolle der Sprache und des Diskurses bei der Konstitution unserer Beziehung zur Wirklichkeit in den Mittelpunkt rückte, werden relevante Entwicklungen der letzten fünfzehn Jahre in der Kritischen Diskursanalyse, der Ökolinguistik, der ökologisch orientierten Literaturwissenschaft und der Kulturökologie umrissen. Am Schluss wird gefragt, inwieweit diese Ansätze gemeinsam zur Dekonstruktion der leitenden Diskurse über Natur und Umwelt und zu einem besseren Verständnis heutiger Umweltprobleme beitragen können.

Der neuerliche Konsens über den wissenschaftlichen Nachweis des Klimawandels, über die daraus entstehenden Gefahren für die Weltwirtschaft, und über die längerfristige Bedrohung durch Wasserknappheit, extreme Wetterverhältnisse und Massenmigration erweckt den Anschein eines Durchbruchs im öffentlichen Umweltbewusstsein. Nach Jahrzehnten relativer Marginalisierung von Umweltbelangen deuten die Berichte des IPCC und die positive internationale Rezeption von Al Gores Film *An Inconvenient Truth* eine symbolische Wende an. Seit 2006 ist der Klimawandel zu einem Umweltthema geworden, dessen Konsequenzen für die Bewertung gegenwärtiger Lebens-, Konsum- und Produktionsweisen mit der Symbolwirkung der Ölkrise 1973 und des Tschernobyl-Unfalls 1986 vergleichbar sind.[1] Aber die gegenwärtige scheinbare Bereitschaft, dem Prinzip der Nachhaltigkeit höchste politische Priorität einzuräumen, verschleiert die Tatsache, dass es sich dabei um etwas ganz anderes handelt, als die in den *Grenzen des Wachstums* zum ersten Mal der Weltöffentlichkeit mit den Mitteln der Wissenschaft unterbreitete Idee einer radikalen Umgestaltung der Gesellschaft nach ökologischen Prinzipien. Unter ,sustainable development', jenem seit seiner wohl ersten Verwendung 1972 in *A Blueprint for Survival* vieldeutigen und nach seiner Popularisierung durch den Brundtland-Bericht (1987) offen umkämpften Begriff, wird heute weniger ein integrierter, holistischer Ansatz verstanden, um die ökologischen, sozialen, wirtschaftlichen, politischen und kulturellen Probleme der Gegenwart anzugehen, als so etwas wie ,wirtschaftliche Entwicklung, die auf akzeptable Mengen von globalem Rohstoffverbrauch und Umweltverschmutzung eingeschränkt wird'. In den Kreisen der wirtschaftlichen und politischen Elite bedeutet ,nachhaltige Entwicklung' sogar nachhaltiges *Wirtschaftswachstum* und nachhaltige *globale Wettbewerbsfähigkeit* – Strategien, die die Weiterführung etablierter sozio-ökonomischer Strukturen und Praktiken garantieren sollen. Einerseits besteh heute mehr denn je ein klareres Bewusstsein der dringenden Notwendigkeit einer grundlegenden Umstellung der Wirtschaft und unseres Konsumverhaltens. Andererseits prallt dieses Bewusstsein auf eine unerschütterliche Entschlossenheit, die

---

1   Hier und im Folgenden stütze ich mich weitgehend auf die Diagnose der Lage in einem noch unveröffentlichten Aufsatz von Ingolfur Blühdorn (Blühdorn 2008). Ingolfur Blühdorn und Berbeli Wanning schulde ich außerdem Dank für ihre hilfreichen Kommentare einer früheren Version dieses Aufsatzes.

Prinzipien der spätmodernen liberalen Konsumgesellschaft zu verteidigen (s. hierzu Blühdorn 2007). In der gegenwärtigen Phase des Skeptizismus und der Ermüdung scheinen kleine Besserungen im CO_2-Ausstoß, die in Europa mühsam durchgesetzt werden, bedeutungslos gegenüber dem wirtschaftlichen Aufschwung in China und Indien. Und im Zeitalter der billigen Konsumgüter und des gesteigerten Energieverbrauchs, der Billigflüge und der allgemeinen Mobilität fehlt uns der Glaube an die Zugkraft einer Moral des Verzichts des Einzelnen zugunsten der Gesamtheit bzw. künftiger Generationen. Was wir erleben, ist vielmehr laut neueren Untersuchungen als *Normalisierung* der Umweltkrise zu bezeichnen. Trotz der Wirbelstürme und Überschwemmungen, der Waldbrände und Dürren, der immer rasanteren Abholzung des Regenwalds und des Verlusts der Artenvielfalt in den letzten Jahren haben wir uns „mit der Apokalypse abgefunden", wie es Frederick Buell in seinem Buch *From Apocalypse to Way of Life* ausdrückt (Buell 2004: xviii). Die Bemühungen unserer Politiker und Wissenschaftler zielen im wesentlichen darauf, den Schaden möglichst zu begrenzen, wenigstens für uns selbst, und die Auswirkungen des Klimawandels durch technische Neuerungen und Marktmechanismen zu minimieren.

Hinter diesem Abfinden steckt eine bisher unbeachtete Verschiebung unserer Auffassungen ökologisch vertretbaren Verhaltens in Richtung Akzeptanz des Artenschwunds und der räumlichen Verdrängung von Umweltbelastungen auf andere soziale Schichten und ferne Völker. Dabei fallen Prinzipien, die Teil der Weltsicht der neuen Politik in den siebziger und achtziger Jahren waren, unter den Tisch. Andere werden neu definiert. Wenn wir unsere ökologischen Probleme bewältigen wollen, dürfen wir solche Entwicklungen nicht verkennen, sondern wir brauchen vielmehr möglichst große Klarheit über das spannungsgeladene Verhältnis zwischen ökologischen Prioritäten, den materiellen Selbstverwirklichungswünschen der Mehrheit und anderen sozialen Werten wie Gleichheit und Gerechtigkeit. Die große Herausforderung an die politische Soziologie sind laut Blühdorn die Fragen, warum frühere Phasen ökologischer Mobilisierung es nicht geschafft haben, nicht nachhaltige Handlungsmuster zu durchbrechen, und welche Bedingungen notwendig wären, um eine solche Wende heute herbeizuführen (Blühdorn 2008). Hier kann Wissen über die unterschiedlichen Diskurse über Natur und Umwelt, die sich verschiebenden Beziehungen zwischen ihnen und die Bedeutungsänderung von einzelnen Begriffen innerhalb der einzelnen Diskurse sehr hilfreich sein. Gemeinsame Grundlage der an ihrer Untersuchung beteiligten wissenschaftlichen Disziplinen (Soziologie, Sprach-, Kultur- und Literaturwissenschaft) wäre ein Ansatz des sozialen Konstruktionismus oder

Konstruktivismus. Die Diskurstheorie hat an der epistemologischen bzw. linguistischen Wende teilgenommen, indem sie das Interesse weg von der Suche nach der Wahrheit schlechthin zu den Mechanismen verlagerte, durch die Faktizität erzeugt und aufrechterhalten wird.[2] Ihr geht es um ein Verständnis der Konstruktion von Wissen in historischen Kontexten durch Sprache, Texte, Praktiken und politische Leitsätze.[3] Herauszufinden, ob Umweltveränderungen stattfinden oder nicht, ist nämlich Sache der Naturwissenschaften. Aber inwieweit diese Änderungen als Umwelt-*problem* oder Umwelt*krise* empfunden und behandelt werden, hängt von der Weltsicht des Beobachters ab. Und diese Weltsichten werden in den beteiligten Diskursen gebildet.

Vereinfacht ausgedrückt steht dem im Alltag dominanten Verständnis von Natur als Umwelt, d. i. als rationell zu erwirtschaftendem Objekt der instrumentellen Vernunft, ein kompensierendes Verständnis ihrer Integrität und Heiligkeit gegenüber. Ein drittes von Natur als Mitwelt, in der wir unter anderen Geschöpfen mit Eigenwert leben, kollidiert noch mit dem wohl ältesten Naturbegriff, der Auffassung von Natur als rätselhaftem und gefährlichem Feind der Menschen. Seit der Ausdifferenzierung gesellschaftlicher Sphären im achtzehnten Jahrhundert geht es in Naturwissenschaft und Technik um Wissen und Manipulieren der Natur und in Wirtschaft, Politik und Recht um deren Verarbeitung und Verwaltung bzw. um die Verfügung über sie. In Philosophie und Literaturwissenschaft, Ästhetik und Ethik stehen dagegen das Verständnis unserer Stellung als Wesen, die als Leib zwar Teil der Natur sind, ihr macht des Geistes jedoch gleichzeitig gegenüber stehen, unsere leibliche Wahrnehmung der Natur, unsere Identifikationen mit ihr, und unsere Verantwortung für sie jeweils im Mittelpunkt.

Naturbegriffe sind, wie es scheint, mit Zwecken verbunden, und jeweils Teil eines entsprechenden sprachlichen Subsystems oder Diskurses. Der Begriff ‚Diskurs‘ ist ein vieldeutiger: im allgemeinen Sinne bedeutet er ‚Sprache als soziale Praxis‘ – visuelle semiotische Systeme wie Kunst, Photographie und Film werden freilich auch gelegentlich als Diskurse betrach-

---

2   Wegen der Ausrichtung des Blicks auf sprachliche Formulierungen wird der Begriff ‚linguistische Wende‘ für dieses Phänomen auch häufig gebraucht. Auf die Bedeutungsunterschiede von den gelegentlich synonym verwendeten Begriffen des postmodernen Denkens und des Poststrukturalismus kann hier nicht weiter eingegangen werden.

3   Auf die Relevanz der Systemtheorie (und besonders Niklas Luhmanns systemtheoretischer Erkundung der Bedingungen der öffentlichen Kommunikation über die Umwelt) sowie auf den möglichen Beitrag von Reinhart Kosellecks Begriffsgeschichte zur Erhellung der Geschichte und der gegenwärtigen Entwicklungen ökologisch relevanter Begriffe wäre an anderer Stelle einzugehen. Einen Einstieg bieten die entsprechenden Kapitel in Andersen (2003).

tet. Über die Aufteilung der einzelnen Diskurse innerhalb der Sprache herrscht keine Einigkeit: Mal ist zwischen Diskursen als Registern bzw. Arten von Sprache unterschieden worden, die in einem bestimmten thematischen Kontext gebraucht werden (z.B. politischer oder wissenschaftlicher Diskurs), mal zwischen sprachlichen Gebilden, die aus einer besonderen Perspektive Erfahrungen mit Sinn füllen (z.B. feministische und neoliberale Diskurse, Diskurse von Konsumenten und Umweltschützern). Diese letzte Bedeutung des Begriffs ist für die kritische Diskursanalyse am wichtigsten. Für jegliche Analyse der Diskurse in gesellschaftlichen Bereichen, wo Kommunikation über die Umwelt eine wesentliche Rolle spielt (u.a. im Wissenschaftlich-Technischen, Politischen, Wirtschaftlichen, Umweltschützerischen), wären zwei allgemeine Entwicklungen der spätmodernen Gesellschaft zu beachten: einerseits die zunehmende Differenzierung der Diskurse, andererseits das stetige Vordringen der Prinzipien des Marktsystems in andere Diskurse.[4] Dadurch hat sich ein unübersichtliches Nebeneinander von überwiegend anthropozentrischen und biozentrischen Weltbildern begrifflich und institutionell herausgebildet. Dies entspricht einer Lage, in der einst kategorische ökologische Imperative durch die zunehmende Komplexität ökopolitischer Entscheidungen für Regierungen und Individuen ausgehöhlt werden – alte Bedenken gegenüber der Kernkraft müssen anscheinend aufgegeben werden, um den CO_2-Ausstoß herabzusetzen, Betreiber von Windkraftanlagen müssen mit heftigem Widerstand gegen die Verschandelung der Landschaft rechnen, und Befürworter des biodynamischen Anbaus, dessen Vorteile manchmal gegen den Nachteil längerer Transportwege für Lebensmittel aufwiegen. Neben der Kenntnis dieser Entwicklungen, die wir nötig haben, um die ökologischen Herausforderungen der Zeit anzunehmen, brauchen wir Einsicht in die Konstruktion von Wertkonstellationen, Subjektpositionen und Begriffen wie ‚Natur‘ und ‚Natürlichkeit‘, ‚Umwelt‘ und ‚Nachhaltigkeit‘ in den Diskursen der Politik, der Wirtschaft und der Medien – und auch, wie noch zu zeigen wäre, der Kultur und Literatur.

---

4   Das widersprüchliche Verhältnis zwischen diesen beiden Tendenzen entspricht der gleichzeitigen Entwicklung der homogenisierenden Kräfte der Globalisierung und der mit dem Wiedererstarken des Lokalen verbundenen Diversität.

2 Der konstruktivistische Ansatz in Kulturwissenschaft und Soziologie

Seit den siebziger Jahren des letzten Jahrhunderts hat sich der konstruktivistische Ansatz in der Kulturwissenschaft so gründlich durchgesetzt, dass er gelegentlich als *die* Methodik dieser Disziplin schlechthin betrachtet wird. Die Frage, wie die Beziehung der Menschen zur natürlichen Umwelt in bestimmten Zeiten und Kulturen verstanden wurde oder wird, ist weit seltener erörtert worden als die der Beziehungen zwischen den Völkern, sozialen Schichten und Geschlechtern. Dennoch gehört auch sie zu den zentralen Aufgaben der heutigen Kulturwissenschaft (s. den Abschnitt ‚Kulturgeschichte der Natur' in Böhme/Matussek/Müller 2000: 118–31). Das, was wir von der Natur wissen, ist, wie Hartmut Böhme vermerkt, niemals deckungsgleich mit der Natur selbst. Wenn Naturwissenschaftler und Techniker ‚Natur' als ‚Materie' oder ‚Bestand' verstehen, ist sie für den Kulturwissenschaftler in erster Linie „die Geschichte dessen, was die Menschen aufgrund kognitiver, technischer, ästhetischer, religiöser u.a. Modelle eben *als* Natur entworfen haben" (Böhme/Matussek/Müller 2000: 119). Allen Richtungen der gegenwärtigen Kulturwissenschaft gemeinsam ist der Verlust des Glaubens an essentialistische Konzepte: „Man […] vollzieht die Wendung nach, die Ernst Cassirer (1910), Kant folgend, den Übergang von der ‚Substanz' zur ‚Funktion' nannte". Natur ist „immer eine Funktion menschlicher Praxis und Kultur" (Böhme/Matussek/Müller 2000: 121). Aufgabe der relativ neuen Disziplin der Kulturökologie ist es, die kulturellen Signaturen verschiedener Epochen und Gesellschaften aus ihrem Stoffwechsel mit der Natur, ihrem Naturverbrauch und ihrem Umgang mit Stoffen zu entziffern. Hierzu können auch Kunst- und Literaturwissenschaft beitragen, indem sie die kulturellen Leitbilder erforschen, in denen die Wahrnehmungs- und Deutungsperspektiven von Natur epochentypisch geprägt wurden.[5]

In die Umweltsoziologie hat der konstruktivistische Ansatz in Form verschiedener Varianten der Diskurstheorie Eingang gefunden. Die Frage, inwiefern soziale Diskurse die Weltsicht bedingen, indem sie regeln, was gesagt werden kann und wie, ist ein Hauptanliegen der verschiedenen Spielarten der kritischen Diskursanalyse, die seit den achtziger Jahren entwickelt wurden. Alle Diskurstheoretiker gehen mehr oder weniger explizit von den grundlegenden Arbeiten Foucaults aus. Die meisten distanzieren sich aber mittlerweile von dessen – von seinem Lehrer Louis

5   Siehe etwa Harrison (1992); Schama (1996); Gernot und Hartmut Böhme (1996).

Althusser beeinflussten – Auffassung eines gesellschaftlichen Determinismus. Unter den Ansätzen, die in neueren Überblickswerken (Andersen 2003; Jørgensen/Phillips 2002; Barker/Galasiński 2001; Warnke 2007) erörtert worden sind, sollen hier zwei herausgegriffen werden, die die theoretische Fundierung mit einer praktisch-methodischen Anwendung in Einzelstudien verbinden: die soziologische Diskurstheorie des in England tätigen Argentiniers Ernesto Laclau und die kritische Diskursanalyse des Sprachwissenschaftlers Norman Fairclough.[6]

In *Archäologie des Wissens* (1970) definierte Foucault ‚Diskurs‘ als eine in sozialen Strukturen verankerte, institutionalisierte Denkart, die das Sagbare über einen Gegenstand festlegt, und die entsprechenden Vokabeln und Bilder liefert. Als in der Sprache aufscheinende Verständnismöglichkeiten von Wirklichkeit, die eine bestimmte Epoche charakterisieren und deren Regeln bestimmen, *von wem was in welcher Form* ausgesagt werden kann (beispielsweise ob einzig wissenschaftliche Aussagen über die Umwelt zulässig sind), spielen Diskurse eine Schlüsselrolle bei der Legitimation von Machtstrukturen. Diskurs ist sprachlich produzierter Sinnzusammenhang, der bestimmte Vorstellungen forciert, die bestimmte Machtstrukturen und Interessen gleichzeitig zur Grundlage haben und erzeugen. Im Diskurs wird die Außenwelt durch Festlegung der Wahrnehmungskategorien der Teilnehmer konstituiert, und es werden Subjektpositionen vorgeschrieben, unter denen der Einzelne gezwungen wird auszuwählen. In seinen späteren Schriften entwickelt Foucault eine Theorie von ‚Macht/Wissen‘ als einer produktiven, d.h. nicht mehr ausschließlich repressiven Kraft, die jedoch durch eine Praxis der ‚Gouvernementalität‘ Macht sichert. (In der Wortverschmelzung von Regierung [*gouvernement*] und Denkweise [*mentalité*] ist seine Arbeitshypothese einer wechselseitigen Konstitution von Machttechniken und Wissensformen angedeutet.) Er benutzt den Begriff ‚Episteme‘ für Gedankensysteme, die aus Ideen, Haltungen, Verhaltensweisen, Glauben und Praktiken bestehen. Hier kommt der Doppelaspekt des Diskurses stärker zum Vorschein, wonach das Subjekt zwar durch den Diskurs konstituiert wird, dennoch als handelndes Subjekt auftreten kann. Dadurch wird gesellschaftlicher Wandel ermöglicht: Diskurs wird zu einem Ort der Kontestierung verschiedener Werte und Weltbilder.

In der weiteren Ausdifferenzierung dieses Ansatzes, seiner Angleichung an das Hegemonieverständnis Antonio Gramscis und seiner Anreicherung durch psychoanalytische Mechanismen liegt die Hauptleistung der Neubestimmung des Diskursbegriffs durch Ernesto Laclau und Chan-

---

6   Der Diskursbegriff von Jürgen Habermas hat sich in dieser Hinsicht als weniger ergiebig erwiesen (s. Andersen 2003: xviii).

tal Mouffe. In *Hegemony and Socialist Strategy* (1985) verstehen Laclau und Mouffe Diskurs nicht mehr als einheitliches Wissensregime eines bestimmten Zeitalters. Ihnen zufolge gibt es immer eine Mehrzahl von Diskursen, die mehr oder weniger ausdrücklich im Widerstreit miteinander stehen. Diskurs wird auch nicht mehr als ideologische Entstellung der ,wahren' sozialen Beziehungen verstanden. Sprachbenutzer werden zwar, wie bei Althusser und Foucault, vom jeweiligen Diskurs angerufen (interpelliert), indem ihnen bestimmte Subjektpositionen angeboten bzw. aufgedrängt werden. Das Subjekt ist aber ein fragmentiertes infolge der Vielzahl der verschiedenen Positionen, die ihm innerhalb der Diskurse angeboten werden. Mal ist eine Frau beispielsweise Mutter, Tocher und Partnerin, mal zu Gast, mal Wählerin und mal Vorgesetzte oder Untergeordnete bei der Arbeit. Meist werden die vielen Übergänge zwischen solchen Subjektpositionen im Laufe des Alltags unbewusst vollzogen. In Situationen, wo der Einzelne von verschiedenen Subjektpositionen gleichzeitig interpelliert wird, gilt das Subjekt als überdeterminiert. In der Theorie von Laclau und Mouffe ist das Subjekt grundsätzlich überdeterminiert: Dort, wo es scheinbar keinen Konflikt mit anderen Subjektpositionen gibt, sind die alternativen Möglichkeiten in Wirklichkeit bereits durch hegemoniale Prozesse ausgeschaltet worden. Der betreffende Diskurs ist naturalisiert worden.

Laclau und Mouffe erklären die Konstitution des Subjekts im Diskurs in Anlehnung an die Psychoanalyse Lacans. Bei Lacan ist das Subjekt stets unvollkommen, unabgeschlossen: der Einzelne versucht, seinen Mangel durch Identifikation mit Bildern und Vorbildern auszugleichen. Dies ist die treibende Kraft, die das Subjekt dazu bringt, immer wieder in Diskurse zu investieren, in einem ständigen Prozess der Selbstsuche. Jeder Diskurs bietet bestimmte Signifikanten als Knotenpunkte für die Identitätsbildung an. Diese Knotenpunkte beziehen ihre Bedeutung aus Äquivalenzketten, die die besagte Identität durch Gleichsetzung mit bzw. Unterscheidung von weiteren Elementen bestimmen. Auf das Umweltproblem angewandt, bedeutet dies, dass ein verbreiteter Diskurs ,Mensch' bzw. ,Kultur' mit Aktivität, Macht, Vernunft, Ordnung usw. gleichsetzt, während ,Natur' mit Passivität, Machtlosigkeit, blindem Trieb, Chaos usw. assoziiert wird. Damit liefert der Diskurs Handlungsanleitungen an das Subjekt, das seine Identität dadurch gewinnt, dass es durch eine Häufung von Signifikanten um einen Knotenpunkt repräsentiert wird. Die angebotenen Identitäten müssen nicht einfach angenommen werden, sie können auch abgewiesen oder ausgehandelt werden durch Beteiligung an Diskursen. Im Prinzip ist das Subjekt, weil überdeterminiert, immer in der Lage, sich mit anderen Subjektpositionen zu identifizieren: Identität ist immer kontingent, d.h.

möglich aber nicht zwingend. Ähnliche Mechanismen sind bei der Bildung von Gruppenidentitäten zu beobachten. Ausgangspunkt jeder Untersuchung der Identitätsbildung bzw. der Wertkonstellationen ist daher die Feststellung der im jeweiligen Diskurs in den Vordergrund gerückten individuellen und kollektiven Subjektpositionen, konkret: der Knotenpunkte, um die Identitäten und Verhaltensweisen strukturiert werden. Verschiedene Diskurse konkurrieren miteinander, indem sie unterschiedliche Kategorien für das Soziale durchzusetzen und die Knotenpunkte mit ihren Bedeutungen zu besetzen suchen.

Ein kohärentes Verständnis der Natur und unserer Beziehung zu ihr ist ohne sprachliche Formulierung schwer vorstellbar. Schriftliche Texte sind zwar nicht das einzige, wohl aber das wichtigste Medium, in dem Wissen über Natur konstituiert, ausgehandelt und vermittelt wird. Im Folgenden soll daher der Schwerpunkt beim Potenzial der Verfahren, Begriffe und Techniken der Sprach- und Literaturwissenschaft für eine kritische Diskursanalyse liegen. Die Vertreter beider Disziplinen haben viele Berührungspunkte in ihrer Herausarbeitung der Bedeutungskonstitution in Texten, etwa bei ihrer Analyse von Metaphern, sprachlichen Bildern und intertextuellen Bezügen. Die speziellen Erkenntnisse der Sprachwissenschaft über die semantischen, syntaktischen und sprachpragmatischen Mechanismen, anhand derer mündliche und schriftliche Texte Aussagen über Natur und Umwelt konstruieren, werden durch besondere Einsichten der Literaturwissenschaft in die Wirkungsweisen imaginativer Texte ergänzt. Zu den Ansätzen von Fairclough und den Ökolinguisten, die in den folgenden Abschnitten knapp dargestellt werden sollen, kommen daher Begriffe und Theorien von Literaturwissenschaftlern hinzu, die über eine Beschäftigung mit der besonderen Leistung fiktionaler Texte als Archiv vergessener und unterdrückter Naturkonzeptionen hinaus eine besondere Sensibilität für die Bedeutung literarischer Formen, für Ambiguitäten, Ironie und die Rolle sprachlicher Kreativität beim Aufbrechen von konventionellen Wahrnehmungsweisen mit ins Spiel bringen.

3 Faircloughs kritische Diskursanalyse

Ein wesentlicher Teil der sozialen und kulturellen Reproduktion und Transformation findet in der Produktion und dem Konsum von Texten statt. Faircloughs kritische Diskursanalyse gibt Einsicht in die diskursive Konstruktion von Repräsentationen der Wirklichkeit, die Subjekte, soziale Relationen und Machtverhältnisse enthalten oder implizieren. Zur sprachlichen Analyse der Texte kommt als zweiter Schritt eine Untersuchung der Textproduktion und -konsumption hinzu sowie der Frage, wie diese Praktiken die Interessen bestimmter sozialer Gruppen fördern.[7] Auf diese Weise verbindet Fairclough eine Vokabular, Morphologie, Syntax und Textkohärenz untersuchende, mit Elementen der Funktionsgrammatik Hallidays arbeitende linguistische Textanalyse mit makro- und mikrosoziologischer Analyse (wenigstens im Prinzip: Der zweite Aspekt ist bei Fairclough weniger stark entwickelt). Da Diskurse für ihn an der Konstruktion von sozialen Identitäten, gesellschaftlichen Beziehungen und Wissenssystemen teilnehmen, besitzen sie drei Dimensionen: eine Identifikationsfunktion, eine relationale und eine ,ideationale'. Gegenstand der Analyse ist sowohl die kommunikative Einzelhandlung (etwa ein Zeitungsartikel oder eine politische Rede) als auch die Diskursordnung, d.i. die Palette von Diskurstypen und -gattungen innerhalb einer Institution oder eines sozialen Feldes. Er fragt, wer den Gesprächsgegenstand bestimmt, wie Identitäten konstruiert werden und welche Metaphern, Vokabeln und Grammatik verwendet werden. Wichtig sind Transitivität und Modalität: welche Beziehungen zwischen Ereignissen und Subjekten hergestellt werden, und wie Sprecher zu dem Inhalt ihrer Äußerungen stehen (etwa: ob sie meinen, eine Wahrheit mitzuteilen sowie der Grad ihrer Sicherheit). Ebenfalls untersucht werden Formen der Ansprache und der Gebrauch von Nominalisierung und des Passivs. Schließlich untersucht Fairclough, wie sich Autoren von Texten auf vorhandene Diskurse und Gattungen beziehen, und wie Leser/Hörer ihrerseits bei der Deutung von Texten auf vorhandene Diskurse und Gattungen zurückgreifen.

In der Regel werden die Textsorten und Gattungen, die in der konkreten Situation zur Verfügung stehen und was gesagt werden kann von der jeweiligen Diskursordnung bestimmt. Allerdings können diese stets durch Einführung von neuen Gattungen und Diskursen aus anderen Diskursordnungen modifiziert werden. Unter Diskursordnungen sind gemäß Chouliaraki/Fairclough (1999) weniger Institutionen wie Universitäten, Medien usw. zu verstehen als soziale Felder im Sinne von Pierre Bourdieu, d.h. vergleichsweise autonome soziale Bereiche, die eine bestimmte soziale Logik besitzen. Diskursordnungen sind also Konfigurationen von Diskursen in einem bestimmten sozialen Feld, die latente Widersprüche einschließen. Innovationen finden vor allem durch neue Kombinationen von Diskursen innerhalb einer gegebenen Diskursordnung und durch neue

---

7   Im Folgenden stütze ich mich besonders auf die Darstellung bei Jørgensen/Phillips (2002: 64–95), die Hauptargumente von Faircloughs Discourse and Social Change (1992), Critical Discourse Analysis (1995) und den mit Lilie Chouliaraki verfassten Band Discourse in Late Modernity (1999).

Kombinationen von Elementen verschiedener Diskursordnungen statt. Innovative diskursive Praktiken sind ein Hauptmedium der gesellschaftlichen Transformation. Im Gegensatz zu Althusser stellt sich Fair-clough Subjekte vor, die zwischen Ideologien und Wissenssystemen positioniert sind, was zu Unsicherheiten führt, aus denen eine kritische Distanz zur Ideologie entstehen kann. Für Fairclough ist das Vorhandensein eines größeren Ausmaßes von Interdiskursivität in einem Text ein Zeichen der Intention, die sozialen Strukturen zu ändern, während wenig Interdiskursivität Beibehaltung der sozialen Ordnung signalisiert.

Norman Fairclough hat mit seiner textwissenschaftlich ausgerichteten Critical Discourse Analysis die in der angelsächsischen Welt am weitesten entwickelte Theorie und Methodik für die Erforschung von Kommunikation, Kultur und Gesellschaft geliefert.[8] Problematische Aspekte seiner Theorie sind jedoch das Fehlen einer klaren Bestimmung des Verhältnisses zwischen diskursiven und nicht-diskursiven sozialen Praktiken (dem sozialen Hintergrund des Textes) sowie sein schwach ausgearbeitetes Verständnis der Prozesse der Identitätskonstitution und des Grades der Fähigkeit des Subjekts, zwischen verschiedenen sprachlichen Möglichkeiten frei zu wählen. Hier können Elemente der Theorie von Laclau und Mouffe zwecks einer Dekonstruktion der sprachlichen Konstitution des Naturverständnisses und der Implikationen verschiedener Diskurse über Natur zu Rate gezogen werden. Letzter Zweck der kritischen Diskursanalyse Faircloughs ist ‚critical language awareness‘, d.h. die Förderung eines wachen Bewusstseins unter Sprachbenutzern, dass Diskurs eine soziale Praxis darstellt, die ungleiche Machtverhältnisse widerspiegelt und untermauert (s. Jørgensen/Phillips 2002: 88). Dies kann ohne Weiteres auf Erkenntnis der diskursiven Untermauerung von problematischen Haltungen gegenüber der Umwelt (Eroberungsmentalität, instrumentale Vernunft) ausgedehnt werden. In einer Studie des Umweltverhaltens in Dänemark hat Louise Phillips 33 Interviews mit Einzelpersonen, Paaren und Gruppen geführt (s. Jørgensen/Phillips 2002: 157–71). Sie wollte herausfinden, wie umweltbezogenes Konsumverhalten im Diskurs repräsentiert wurde – wie die Sprecher mit Unsicherheiten und Risiken umgingen und moralische Verantwortung für Umweltprobleme sprachlich aushandelten. Phillips stellte fest, dass es möglich war, verschiedene Diskurse anhand der Bedeutung, die sie dem persönlichen Konsumverhalten beimaßen, zu unterscheiden. Diese Diskurse schrieben den Beteiligten unterschiedliche

---

8   S. Jørgensen/Phillips (2002: 60, 89). Es sei an dieser Stelle auf die parallel verlaufenden Bemühungen von Jürgen Link und Siegfried Jäger hingewiesen, eine Theorie und Methodik der kritischen Diskursanalyse aus den Gedanken Foucaults zu entwickeln (s. Jäger 2004). Es war mir nicht möglich im Rahmen dieser Arbeit auf sie einzugehen.

Identitäten zu, auf einer Skala vom moralisch Verantwortlichen bis zum politisch völlig Uninteressierten. Neben dem ökologischen Diskurs gab es einen Konsumentendiskurs, einen zynisch-skeptischen, der Autoritäten und wissenschaftliche Aussagen gern infrage stellte, und einen Diskurs der alltäglichen Sachzwänge. Ihr Befund: Die Gesprächsteilnehmer konstruierten eine Selbstidentität aus Fragmenten disparater Diskurse, die in einer gemeinsam erarbeiteten Narrative zusammengefügt wurden und einen interdiskursiven Hybriddiskurs erzeugten (Jørgensen/Phillips 2002: 167).

4 Ökolinguistik

Manches, was in den letzten zwanzig Jahren unter der Rubrik ‚Ökolinguistik' veröffentlicht wurde, kann als eine auf schriftliche Texte und Korpora statt auf mündlichen Diskurs sich beziehende Ergänzung und Systematisierung der Befunde der kritischen Diskursanalyse aufgefasst werden. Einiges fällt durch vordergründigen Eifer hinter das von Laclau und Fairclough erreichte theoretische Niveau zurück. In der Ökolinguistik beobachtet man allerdings wie in der Diskurstheorie eine Ablösung von einer ursprünglichen Vorstellung der ‚ideologischen' Manipulation von Meinungen, der das Subjekt machtlos ausgesetzt sei und die es durch einen neutraleren konstruktivistischen Ansatz zu entlarven gelte. Während sich die kritische Diskursanalyse mit Diskurs, d.h. mit *parole* beschäftigt und die Lexik, Syntax und Pragmatik geschriebener und gesprochener Texte einer kritischen Analyse unterzieht, erkunden Ökolinguisten außerdem Sprache als System oder *langue*, die in bestimmten Hinsichten eine ökologischen Belangen abträgliche Fragmentierung und eine Trennung der Menschen von anderen Lebewesen und dem Bereich des Nicht-Menschlichen begünstigt.

Einar Haugens Aufsatz *The Ecology of Language* (1972 – wieder abgedruckt in Fill/Mühlhäusler 2001: 57–66) gilt als Gründungswerk der Ökolinguistik. Die Analyse des ‚Greenspeak', sowohl im engeren Sinne als bewusst eingesetzter Sprache, um Gegenstände und Praktiken (etwa in der Werbung und politischen Reden) natürlich bzw. umweltfreundlich aussehen zu lassen, als auch im weiteren Sinne der gesamten Kommunikation über ökologische Belange ist nur eins von ihren Hauptanliegen. Das zweite, das Studium der Ökologie der Sprachen, d.h. der Vielfalt und der Wechselwirkungen zwischen ihnen, und zwischen Sprache und Umwelt, kann an dieser Stelle ausgeklammert bleiben. Bedeutung erlangte die Ökolinguistik erst in den neunziger Jahren nach einem einflussreichen Vortrag von Michael Halliday bei der Tagung der Association Internationale de Linguistique Appliquée (AILA) in Thessaloniki im Jahr 1990. In *New Ways of Meaning: The Challenge to Applied Linguistics* (wieder abgedruckt in Fill/Mühlhäusler 2001: 175–202) richtete Halliday den Blick auf die Widerspiegelung von ‚growthism', ‚sexism', ‚classism' und ‚speciesism' nicht nur in den lexikalischen, sonden auch in den syntaktischen Strukturen von Sprachen. Die Ideen Hallidays wurden in AILA-Workshops zur Ökolinguistik 1993 und 1996 weiterverfolgt. Zu den relevanten Veröffentlichungen der nächsten Jahre gehören Alwin Fills noch bescheidene Einführung in der Reihe *Narr Studienbücher* (1993), Sammelbände von Tagungsbeiträgen (Fill 1996; Fill/Penz/Trampe 2002), die von Harré, Brockmeier und Mühlhäusler verfasste Monographie *Greenspeak* (1999), und der von Fill und Mühlhäusler herausgegebene *Ecolinguistics Reader* (2001). „Durch Sprache wird die Welt verfügbar gemacht", schrieb Fill 1993. „Aber in der Alltagssprache werden anthropozentrische, ethnozentrische und androzentrische Werturteile konkretisiert, die dann als Versatzstücke unsere Wahrnehmung der Natur blockieren können, wenn wir uns ihrer nicht kritisch bewusst sind." (Fill 1993: 103) Fill wies u.a. auf *Distanzierungsstrategien* hin, die den Menschen von der übrigen Natur absetzen und (etwa in der Fachsprache der Jäger) Tötungshemmungen gegenüber Tieren abbauen. Er machte auch auf die Wirkung des Gebrauchs von asymmetrischen Gegensatzpaaren wie ‚auf/ab', ‚reich/arm', ‚schnell/langsam' aufmerksam, und plädierte für die Versprachlichung eines ganzheitlichen Denkens, um eine Alternative zur gegenwärtigen dualistischen Weltsicht zu bieten. Auf unsicherem Boden befand er sich jedoch, als er von der Pathologie zur Therapie überging, und der ökologischen Umbenennung eine Schlüsselrolle für die gesellschaftliche Transformation zuschrieb.

Der Aufsatzband *Sprachökologie und Ökolinguistik* (Fill 1996) enthält neben neuen Denkanstößen zum Komplex ‚Ökologie und Sprache' differenzierter vorgehende Beiträge zur ökologischen Sprachkritik und zur Textanalyse u.a. von Peter Mühlhäusler (über die Rolle von Sprache in der menschlichen Wahrnehmung der Umwelt und das Sprechen über Natur in sogenannten „indigenen" Sprachen), Richard Alexander (eine Dekonstruktion der ‚Grünwäsche' in Werbetexten und Zeitungsartikeln) und Matthias Jung (eine Extrapolation der Befunde seines Buchs über öffentlichen Sprachgebrauch und linguistische Sprachkritik in der Umweltbewegung am Beispiel der Atomenergiedebatte). Jung, der nachgewiesen hat, dass neue Vokabeln (etwa ‚Kernkraft' für ‚Atomkraft') nicht etwa als Verschleierungemechanismus eingeführt wurden, und unsere Weltsicht keineswegs determinieren, warnt vor in zivilisationskritischem Unbehagen

verwurzelten, moralisierenden Vereinfachungen. Andere Beiträge in den
deutsch- und englischsprachigen Sammelbänden haben versucht, systematische Wortschatzlücken im Sprachsystem aufzudecken, die der Evolution
eines ökologischen Bewusstseins hinderlich sein könnten, und den komplexen Zusammenhang zwischen Sprachsystem und Sprachbenutzung
durch den Einzelnen im Kontext zu beleuchten. Der zweite Tagungsband
(Fill/Penz/Trampe 2002) enthält mehrere relevante Beiträge im 3. Abschnitt, *Eco-Critical Discourse Analysis* (239–412), und der *Ecolinguistics Reader*
(Fill/Mühlhäusler 2001) bietet Wiederabdrucke und Übersetzungen einer
Reihe von substantiellen Artikeln (neben Hallidays *New Ways of Meaning*
vor allem Mühlhäuslers Aufsatz *Talking about „Environmental Issues"* (31–42)
und Andrew Goatlys *Green Grammar and Grammatical Metaphor* (203–25).

Auch Harré, Brockmeier und Mühlhäusler stehen in *Greenspeak. A
Study of Environmental Discourse* (1999) – einem Band, der aus einem Projekt
am Linacre College, Oxford 1992-1994 hervorging – der ökologischen
Umbenennungs-Hypothese skeptisch gegenüber. Sie halten eine kritische
linguistische Analyse der sprachlichen Überredungsmittel und Techniken
der Umweltschützer und der Industrie für gleichermaßen sinnvoll. Bei
ihrer Analyse eines Korpus aus politischen Manifesten, Essays und wissenschaftlichen Aufsätzen, der erzählende Texte, Konversationen, Interviews, Talk Shows, usw. neben schriftlich argumentierenden Texten einschließt, stellt sich die zentrale Bedeutung der Metapher heraus. (Sie beziehen sich u.a. auf Lakoff und Johnson, *Metaphors We Live By* 1979). Neue
Metaphern und Analogien bringen bisher übersehene Aspekte der Wirklichkeit zum Vorschein, lassen jedoch gleichzeitig die Möglichkeit verschiedener Deutungen offen. Daher tauchen Metaphern in der Naturwissenschaft dort gehäuft auf, wo neue Theorien eingeführt werden. Ihre
Leistung liegt darin, die Grenzen eines Phänomens suggestiv zu umreißen,
ohne es präzise erfassen zu müssen. Daneben zeigen Harré u. a., wie Metaphern auf besondere Weise im Diskurs der Naturschützer eingesetzt
werden, um den Alltagsdiskurs über Natur mit ethischen und ästhetischen
Diskursen kurzzuschließen. ‚Waldsterben' und ‚Ozonloch' stellen die wissenschaftlichen Fakten auf eine Weise dar, die Hörer und Leser zu bestimmten Handlungen motivieren sollen. Zur synchronen Sprachanalyse
kommen Elemente einer diachronen hinzu: Die Autoren identifizieren
historisch dominante Naturbilder (Natur als Buch, als Mensch, als Ma-
schine), die einen bestimmten Zugang zur Natur in der jeweiligen Epoche
gefördert haben. Nach allmählich immer öfter zutagetretenden Widersprüchen sei es jeweils beim Epochenwechsel zur Entstehung einer neuen

Leitmetapher gekommen.[9] Harré u. a. plädieren für die Aufstellung eines Inventars der Naturmetaphern und ihrer Eigenschaften, damit in Zukunft eine Mehrzahl von konkurrierenden Metaphern im Umlauf gehalten wird, und der potenzielle Schaden durch die Dominanz einer einzigen Metapher begrenzt bleibt. Dies ist mit Vorstellungen der besonderen Rolle von Kunst und Literatur in der ökologisch orientierten Literaturkritik als Archiv alternativer Naturbegriffe und mit den Leitgedanken der kulturellen Ökologie kompatibel, auf die ich im Folgenden etwas ausführlicher eingehe.

5 Ökologisch orientierte Literaturkritik

Ebenso wie es Überschneidungen zwischen der kritischen Diskursanalyse und der Ökolinguistik gegeben hat, bestehen Berührungspunkte zwischen Ökolinguisten, ökologisch orientierten Literaturwissenschaftlern und den Vertretern der Kulturökologie.[10] Ansätze zu einer ökologisch orientierten Literaturwissenschaft sind in amerikanischen Aufsätzen und Studien der siebziger Jahre zu finden (Rueckert, Meeker, Kolodny), aber als erkennbare Bewegung entstand auch sie erst Anfang der Neunziger, als Cheryll Glotfelty ein Netzwerk von Forschern aufbaute und den ersten *Ecocriticism Reader* (1996) vorbereitete.[11] Auf die Gründung eines einschlägigen Vereins im Jahr 1992, der *Association for the Study of Literature and Environment*, folgte bald die Zeitschrift *Interdisciplinary Studies on Literature and Environment*.[12] Unter den zahlreichen ökokritischen Veröffentlichungen der letzten fünfzehn Jahre in den Vereinigten Staaten kann zwischen denen unterschieden werden, die traditionelle literaturwissenschaftliche Fragestel-

---

9   Diese Vorstellung von sich in historischer Folge ablösenden Naturbildern ist von Hartmut Böhme in den Literatur- und Kulturwissenschaften weiterentwickelt worden. Ihre Grenzen liegen in der Annahme einer einzigen dominanten Leitmetapher in jedem Zeitalter, was für die Gegenwart weniger plausibel scheint als die oben dargestellte Theorie von sich parallel abspielenden Diskursen und auszuhandelnden Naturbegriffen.

10 Fill (1996) enthält einen Beitrag über Gedichttexte als möglichen Beitrag zur Lösung der ökologischen Krise, und einen Aufsatz von Peter Finke, einem der profiliertesten Vertreter der Kulturökologie. Eine Sondernummer von Anglia, die Hubert Zapf unter dem Titel Literature and Ecology (2006) herausgab, enthält ebenfalls Beiträge von Fill und Finke.

11 In der folgenden Darstellung der ökologisch orientierten Literaturkritik fasse ich die Hauptargumente des ersten Kapitels von Goodbody (2007) zusammen.

12 Der inzwischen über tausend Mitglieder zählende Verein unterhält eine weitläufige Website mit Einführungen, Bibliographien, Hinweisen auf Tagungen und Tips für Lehrveranstaltungen und Forschungsprojekte: http://www.asle.umn.edu/index.html. Mittlerweile sind Zweige von ASLE in Japan, Großbritannien, Deutschland, Australien, Indien und Kanada gegründet worden.

lungen und Methoden einsetzen, um die ‚neue' Gattung des nichtfiktiona-
len Nature Writing und führende Vertreter wie Henry David Thoreau in
den Vordergrund zu rücken, etwa indem sie auf intertextuelle Phänomene
eingehen (Anspielungen, direkte Übernahme oder Aneignung von Gattungen wie die Pastorale und von rhetorischen Strukturen wie der Apokalypse sowie von Topoi wie Arkadien, dem Garten Eden und Atlantis,
durch deren Handhabung unzählige Schriftsteller die eigene Position definiert haben), und anderen, die neuere Theorien und Praktiken, etwa des
Feminismus und des Postkolonialismus, für eine Betrachtung von literarischen Naturdarstellungen fruchtbar machten. *Ecocriticism* besitzt keine
einheitliche Theorie. Die ganze Reichweite vom herkömmlichen Verständnis von Literatur als Mimesis zu einer vom Poststrukturalismus beeinflussten Sichtweise der Konstruktion von Natur im Text ist vertreten.
(Buell 2005 bietet einen guten Überblick: Als Vertreter der poststruktura-
listischen Richtung führt er Cronon 1995; Conley 1997 und Phillips 2003
an.)
    Spuren der ökologischen Wende sind auch in der britischen Litera-
turwissenschaft zu finden, obwohl sie hier nicht dieselbe Resonanz besitzt
wie in den Vereinigten Staaten. Jonathan Bate stellte die Romantiker als
Autoren dar, die den verlorenen Naturbezug ihrer Zeitgenossen imagina-
tiv wiederherzustellen suchten, und untersuchte den Einfluss von Word-
sworths Vision einer ländlichen Bevölkerung, die in Harmonie mit ihrer
natürlichen Umwelt lebte auf viktorianische Kulturkritiker wie Ruskin und
William Morris (Bate 1991). In einer zweiten, theoretisch stärker unter-
mauerten ökokritischen Studie, *The Song of the Earth* (2000), arbeitet Bate
mit den Begriffen und Argumenten von Heidegger und Adorno, Bachelard, Lefebvre und Ricœur. Vor allem jedoch entwickelt er einen phäno-
menologischen Ansatz. Auf Heideggers Essays zur Lyrik und zur Tech-
nikkritik aufbauend, entwirft er eine Theorie der ‚Ökopoiesis' als einer
alternativen Art von *téchne*, die die Selbstentfaltung der Wesen in der Sprache ermöglicht. Dichterisches Schaffen wird zum Vorbild für jegliche
Praxis des Bewohnens der Erde. Greg Garrards Einführungsband *Ecocriticism* (2004) verfolgt dagegen einen Ansatz, der dem hier anvisierten Projekt einer kritischen Analyse von Texten näherkommt. Bei Garrard ist
ökologisch orientierte Literatur- und Kulturkritik v.a. die Untersuchung
von Tropen, d.h. von rhetorischen und narrativen Strategien, die existierende Gattungen, Erzählmuster, Metaphern und Bilder adaptieren. (‚Ver-
schmutzung', ‚Pastorale', ‚Wildnis', ‚Apokalypse', ‚Wohnen', ‚Tiere' und
‚die Erde' stellen thematische Schwerpunkte, Metaphernfelder und rhetorische bzw. erzählende Strategien dar, die die Stellung des Menschen in
der Natur imaginieren. Sie besitzen in der Kultur einen festen Platz, und

die Konventionen, die sich um sie kristallisiert haben beeinflussen den öffentlichen Umweltdiskurs.) Garrard breitet eine Forschungsperspektive aus, die fragt, wie Künstler und Schriftsteller durch kreative Aneignung dieser Tropen zwischen Natur und Kultur bzw. zwischen wirklicher und imaginierter Natur vermitteln und Transformationen der Gesellschaft einleiten können (Garrard 2004: 2–14). In unserem Zeitalter der Enteignung der Sinne, argumentiert er in Anlehnung an Ulrich Beck, leiden wir an einer Entfremdung, die der Diskrepanz zwischen wissenschaftlichen Kalkulationen von Risiko und den aus eigener Erfahrung stammenden Einschätzungen entspringt. *Ecocriticism* erfülle eine wichtige Aufgabe, indem sie die kulturellen Gründe auslote, warum wir Umweltrisiken und technologische Risiken so und nicht anders auffassen, und überführe ängstliche Unwissenheit in aufgeklärte Kritik (Garrard 2004: 11 f.).

Für die zögerliche Aufnahme der ökologisch orientierten Literaturkritik in Deutschland gibt es mehr als einen Grund. Am wichtigsten ist aber wohl das durch historische Ereignisse gebrochene kulturelle Verhältnis zur Natur und zur Landschaft. Während ,Wilderness‘, ,Pastoral‘ und ,Frontier‘ in den Vereinigten Staaten als Stichworte für unterschiedliche Naturkonzeptionen stehen, die eine zentrale Rolle bei der Formulierung des nationalen Selbstverständnisses gespielt haben, und weiterhin spielen, hat die nationalsozialistische „Ideologisierung des ästhetischen Naturverhältnisses" (Zimmermann 1982) einen langen Schatten in Deutschland geworfen, und eine noch heute zu spürende Distanz zum Thema Natur in der Literaturwissenschaft hinterlassen. Solange umweltkritische Argumente mit dem Verdacht der Zivilisationskritik und des Irrationalismus behaftet blieben, war die Entstehung einer kritischen ökologisch ausgerichteten Literaturwissenschaft blockiert. Während die ideologische Befrachtung des Nexus von Natur und nationaler Identität (etwa in der Heimatliteratur und -kunst) gründlich aufgearbeitet worden ist (siehe etwa Mecklenburg 1987), bleiben kritische Studien zur Naturdarstellung und -konstruktion aus ökologischer Perspektive eine Seltenheit, trotz der Bedeutung des Themas der menschlichen Interaktion mit der Natur etwa für die Goethe- und Romantikforschung und die Beschäftigung mit Lyrik oder literarischen Technikdarstellungen. Dabei wäre einiges zu erwarten von einer deutschen Literaturwissenschaft, die ihre spezifischen Sensibilitäten in der neueren Umweltbewegung herausgebildet und ihr besonderes Begriffsinventar von der Kritischen Theorie der Moderne gewonnen hat. In der Kombination eines besonderen inhaltlichen Fokus auf umweltpolitische Themen mit einem von der kritischen Gesellschaftstheorie maßgeblich inspirierten methodischen Ansatz, und in der Vereinigung von Umweltengagement mit distanziert-nüchterner Analyse der expliziten und impliziten

Annahmen über einen angemessenen Umgang mit der natürlichen Umwelt in den tonangebenden gesellschaftlichen Diskursen liegt ein bisher nicht ausgeschöpftes Potenzial der ökologisch orientierten Literaturwissenschaft.

Zu den wichtigsten Ausnahmen gehören die Arbeiten Jost Hermands, Gerhard Kaisers, Hartmut Böhmes, Peter Matusseks und Berbeli Wannings. Bei Hermand, dem wohl bekanntesten Vertreter einer engagierten umweltkritischen Literaturwissenschaft in Deutschland, steht die ideologische Funktion von Literatur und Kultur im Mittelpunkt. In *Grüne Utopien in Deutschland* (1991) vertritt er einen Ansatz, der als sozialistische Ökologie bezeichnet werden kann und wenig mit dem Konstruktivismus zu tun hat. Hermands verdienstvolle Darstellung der Traditionen einer satirischen grünen Zeitkritik und eines utopisch-dystopischen Gegendiskurses zur herrschenden Wachstumsideologie greift zu kurz, insofern sie die besonderen Eigenschaften literarischer Texte (u.a. formale Komplexität und polyseme Bildlichkeit) vernachlässigt. Zu den anregendsten Studien der Naturdarstellung in Werken des literarischen Kanons, die zwar aus einer ökologischen Perspektive nach ihrer gesellschaftlichen Funktion fragen, aber in der Interpretation der Texte differenzierter vorgehen, gehört Gerhard Kaisers *Mutter Natur und die Dampfmaschine* (1991). Kaiser deutet die literarische Konstruktion von ‚Mutter Natur' im ausgehenden achtzehnten Jahrhundert als Kompensationsmechanismus für die einsetzende Industrialisierung. In *Ist der Mensch zu retten? Vision und Kritik der Moderne in Goethes ,Faust'* (1994) fasst er den Befund seines früheren Buchs zusammen:

> „Während der Mensch sich so zur wissenschaftlichen Objektivierung und technischen Beherrschung der natürlichen Welt und zur Vernutzung der Natur als Rohstoff aufschwang, entwarf er komplementär ein neuartiges sentimentales Lebensideal. Der erfolgreiche Planer und Umwelt-Manipulator verfiel der Sehnsucht nach dem Unbeherrschten, Spontanen und erfuhr es in der Natur: Natur im Menschen als Kraft, Herz, Gefühl, Phantasie; außermenschliche Natur als Sphäre in sich spielender Wachstumsenergien, als mütterlicher Liebesgrund allen Lebens: ‚Wie ist Natur so hold und gut, die mich am Busen hält', singt das lyrisch gestimmte Ich in Goethes Gedicht ,Auf dem See', das auf der Schweizerreise des Jahres 1775, etwa gleichzeitig mit der Dampfmaschine, entstanden ist." (20)

Nun bezog sich Goethe im Gedicht natürlich nicht direkt auf die Erfindung der Dampfmaschine, und die ‚moderne' sentimentalische Beziehung zur Natur ist schon vor der industriellen Revolution zu finden. Dennoch gewinnt sie in der Epoche außerordentlich an Bedeutung. Bilder eines vermeintlichen Paradieses sind in Wirklichkeit Projektionen eines utopischen Sehnens nach einer mythischen Vergangenheit, die kollektiven psychischen Bedürfnissen entgegenkamen in einer Zeit des Vordringens des kalten Rationalismus in alle Lebensbereiche. Die Literatur liefert allerdings nicht nur die Bilder für eine solche Sehnsucht nach Umarmung durch Mutter Natur, sie dient vielmehr gleichzeitig als Medium der kritischen Reflexion über sie. Ihre eigentliche Leistung ist es gewesen, behauptet Kaiser, den Zeitgenossen zu ermöglichen, sich mit ihrer Verlusterfahrung abzufinden.

Auch Gernot und Hartmut Böhme sind der Meinung, dass literarische Naturbilder eine wichtigere Rolle zu spielen haben als nur (trügerische) Kompensation für Leiden an den Folgen der Modernität zu bieten. Literatur und Kunst stellen für sie ein Reservoir alternativer Formen des Umgangs mit der Natur dar, die, obwohl sie aus historischer Sicht von der modernen Naturwissenschaft überholt und widerlegt erscheint, neuen Wert gewinnen können in dem Maße, wie sich die Vorherrschaft des wissenschaftlich-technischen Paradigmas als problematisch erweist (s. Hartmut Böhme 1988: 30 f., 147). Dies gilt besonders für die Naturästhetik des achtzehnten Jahrhunderts, bei der Nutzung mit ästhetischer Gestaltung einherging, und für die von der Aufklärung verdrängte aristotelische Vorstellung der Natur als handelndes Subjekt bzw. als den Menschen verwandter Organismus, die in Literatur und Kunst der Goethezeit wieder aktualisiert und ästhetisch umgedeutet wurde. Solche Vorstellungen seien heute wieder gefragt, etwa zur Überwindung der Entfremdung von der Natur, die der heutigen Umweltkrise zugrunde liege, und könnten Ansätze bieten zur Herausbildung der heute angebrachten Auffassung von Natur als ‚kulturelles Projekt‘. Literatur könne außerdem zur Wiederherstellung einer Kompetenz beitragen, welche die industrialisierte Menschheit dringend benötige, nämlich die eines ästhetisch-sinnlichen Verhältnisses zur Natur. Indem Schriftsteller uns die Schönheit und die Würde der Natur aufschließen, lassen sie uns den Schaden wahrnehmen, den wir ihr antun. In *Für eine ökologische Ästhetik* (1989: 19–37) schreibt Gernot Böhme von der Aufgabe der Gegenwartsliteratur (in Anlehnung an Schiller) als einer neuen ästhetischen Erziehung der Menschheit. Erst durch Wiederherstellung unserer sinnlich-leiblichen Kapazitäten, die durch die Moderne immer mehr abgenommen haben, können wir hoffen, die heutigen Umweltprobleme zu lösen:

> „Wollte Schiller seinerzeit im realitätsenthobenen Spiel quasi das Reich der Freiheit simulieren, so geht es heute darum, die leiblich-sinnlichen Erfahrungsmöglichkeiten des Menschen wieder zu entwickeln und ihm als Weisen seiner Kreatürlichkeit zum Bewusstsein zu bringen. Die Entfaltung des Sinnenbewusstseins des Menschen, zu dem die Kunst beitragen kann, ist zugleich die notwendige Wiedereingliederung seiner Natürlichkeit in sein Selbstverständnis, wie sie das Umweltproblem dem Menschen heute abverlangt.“ (Gernot Böhme 1989: 14 f.)

Größere Distanz zu den Belangen der Umweltbewegung bewahrt Peter
Matussek in seinem Buch zu Goethes Naturverständnis (Matussek 1992).
Faust dient ihm zum Paradigma des Beitrags der imaginativen Literatur
zum Umweltdiskurs. Im Anschluss an Adorno behauptet Matussek, dass
umweltengagierte Schriftsteller schlecht beraten sind, eine direkte Repräsentation unserer ethischen Verantwortung gegenüber der Natur zu versuchen. Sich von Jörg Zimmermann und Gernot und Hartmut Böhme
distanzierend, meint er, dass es vielmehr die Aufgabe des Schriftstellers
sei, sich gegen jegliche Inanspruchnahme der Kunst zu verwahren:

> „Anstatt, wie es auch Zimmermann fordert, ‚die Aufgabe des Künstlers in einer
> Weise neu zu definieren, die seine Verantwortung gegenüber der Natur als ‚Zweck
> in sich selbst‘ deutlich macht‘, sollte es der Kunst überlassen bleiben, auf ihre
> Weise zu artikulieren, was aus dem Naturschönen in der Welt der Zwecke gewor-
> den ist. Nur die Freiheit von derlei Rücksichten prädestiniert das künstlerische
> Naturbild zum ‚geheimen Flaggensignal‘. Was es über die Diskursgeschichte mit-
> zuteilen hat, artikuliert es durch eine Physiognomie, die in ihrer Eigenart nur da-
> durch zu Bewusstsein kommt, dass sie als das Negative kommunikativer Mittei-
> lung bestimmt wird." (Matussek 1992: 16)

Unter den Ausdrucksmitteln der Literatur seien formale Struktur und
Bildlichkeit wichtiger als inhaltliche Aussagen. In einem Zeitalter, in dem
wir misstrauisch geworden seien gegenüber der Hoffnung, durch künstlerische Darstellung Natur affirmativ zu restituieren, leuchte es ohnehin ein,
dass Kunst nur ‚negative Utopien‘ bieten könne. Matussek untersucht vier
Monologe in Goethes *Faust* als Schlüsselstellen, an denen verschiedene im
Werk vertretene Naturbegriffe Ausdruck finden. In Fausts letztem Mono-
log ist beispielsweise offensichtlich, dass der blinde Held trotz seiner großen Vision des freien Volks auf freiem Grund kein ungetrübtes Vorbild
bietet, sondern: „Faust führt vor, wie man es nicht machen soll." (Matussek 1992: 334) Seine Blindheit ist:

> „die Blindheit eines Technokraten, der humanistische Ziele verkündet, in Wirk-
> lichkeit aber nur rücksichtslos seine Projekte verfolgt. Die Vision von freiem Volk
> auf freiem Grund ist eine ‚Herrschervision‘, wie Trunz richtig sagt. Ihr Freiheits-
> begriff hat nichts mit Toleranz gegenüber dem Anderen, Mensch oder Natur, zu
> tun, sondern beruht auf der Idee der Souveränität des konstruierenden Subjekts."
> (Matussek 1992: 337)

Nicht nur hier, sondern in jedem der großen Monologe probiere der
Dichter eine bestimmte Naturauffassung aus, befindet er. Durch die Figur
von Faust drücke Goethe die ganze Palette von Haltungen gegenüber der
Natur seiner Zeit mit großer Präzision und Sprachgewandtheit aus, um sie
gleichzeitig durch Ironie in der Erzählperspektive und (forcierte) Bildlichkeit zu untergraben:

„Wie ein literarisches Experiment […] durchläuft das Naturbild des Dramas einen Bogen von der emphatischen Naturalisierung der Geschichte in der Erdgeistbeschwörung bis zur positivistischen Historisierung der Natur in der Herrschervision des Schlussmonologs. Goethes *Faust* präsentiert sich somit als *das* Drama des Endes der Naturgeschichte. Aber es ist ein Drama, keine Dokumentation. Das heißt, in der ästhetischen Subversion der diskursiven Horizonte jenes wissenschaftsgeschichtlichen Prozesses liegt sein Gehalt." (Matussek 1992: 24)

Was aus Goethes Naturdarstellungen heute zu lernen sei, habe weniger mit dem begrifflichen Inhalt zu tun als mit der Spannung zwischen diesen Inhalten und ihren ästhetischen Konfigurationen, wiederholt Matussek in dem späteren Aufsatz *Formen der Verzeitlichung*: „Es verhält sich ja nicht nur so, dass Fausts Monologe ein bestimmtes Gedankengut verkörpern. Vielmehr läßt sich an ihnen zeigen, dass Goethes Entwicklung als Naturforscher aus dem ‚Umweg' über die poetische Gestaltung wichtige Erfahrungen zog, die zur Korrektur und Neubestimmung seiner theoretischen Positionen beigetragen haben." (1998: 203) *Faust* exemplifiziert die Fähigkeit der Kunst, die Versöhnung der Menschheit mit der Natur durch ‚negative Utopien' darzustellen: „Es ist evident, dass in der diskursiven Sprache manches ungesagt bleiben muss, was in der Formensprache der Kunst dennoch seinen physiognomischen Ausdruck finden kann. Probleme und Paradoxien, die das Denken der Zeit mit seinen begrifflichen Konstrukten verdeckte, werden in solchen Physiognomien sichtbar." (Matussek 1998: 203)

Hier sieht man, dass die Beschäftigung mit literarischen Naturdarstellungen und -konstruktionen entgegen einer verbreiteten Annahme keine reine Motivforschung ist. Natur ist nämlich, wie Berbeli Wanning zusammengefasst hat, „in besonderem Maße als ein relationaler Begriff zu verstehen, weil sich das Verhältnis des Menschen zur Natur nie als eine fixe Größe präsentiert, sondern stets mit dem entsprechenden Selbstverständnis verbunden ist, das der Mensch von sich konzipiert hat". Und an der Subjektkonstitution sei eben Literatur (neben der Philosophie) maßgeblich beteiligt (Wanning 2006: 228). Der Mensch setze sich nicht nur erkennend (wissenschaftlich-theoretisch) und handelnd (technisch-praktisch) mit der Natur auseinander, sondern auch ästhetisch und moralisch (urteilend und emotional). Diese letzte Dimension der Naturbeziehung wird auch vor allem in der Literatur zum Gegenstand der Darstellung und der Reflexion. Wanning schreibt:

„Diese ästhetische Unterscheidung, aus streng naturwissenschatlicher Sicht irrelevant, ist für die Naturwahrnehmung und das Naturbewusstsein des Menschen prägend, für seinen handelnden Umgang mit Natur leitend und für seine persönlichen ästhetischen Bedürfnisse entscheidend. Welche Bewertungen der Mensch jedoch jeweils vornimmt, ist weder rein individuell noch unveränderlich, sondern

Bestandteil eines kulturhistorischen Prozesses, der zwar nicht ausschließlich, aber doch maßgeblich vom Wandel des Naturbegriffs in der Literatur bestimmt ist." (Wanning 2006: 230)

Historisch gesehen hat Literatur stil- und begriffsbildend Einfluss auf die alltagssprachliche Auseinandersetzung mit der Natur ausgeübt und sprachliche Präformationen für Naturerfahrungen geliefert.

Diese unterschiedlichen Einsichten in die Bedeutung der literarischen Konstruktion von Natur und Umwelt dürften relevant sein für die Suche nach einem heute geeigneten Naturbegriff. Der Debatte über die Fähigkeit von Literatur und Kunst im Allgemeinen, zu einer ökologisch orientierten Erneuerung der Gesellschaft beizutragen, hat vor allem die Kulturökologie neue Impulse geliefert, die jetzt abschließend referiert werden sollen.

6   Kulturökologie

Das von Anfang an innerhalb der ökologisch orientierten Literaturwissenschaft zu beobachtende Interesse an der gesellschaftlichen Funktion der Literatur ist durch zwei Amerikaner bezeugt: Joseph Meeker, mit seiner Monographie *The Comedy of Survival* (1972), die als der erste methodische Versuch gilt, eine Brücke zwischen Ökologie und Literaturwissenschaft zu schlagen, und William Rueckert, der 1978 als erster den Begriff ‚Ecocriticism' ins Gespräch brachte, und ihn als „the application of ecology and ecological concepts to the study of literature" definierte. Ihrem Ansatz entspricht in etwa der von Peter Finke, Leiter einer Forschergruppe in Bielefeld, die seit den neunziger Jahren eine Evolutionäre Kulturökologie vertritt. (Einen guten Überblick des Zusammenhangs von ökologisch orientierter Literaturwissenschaft und Kulturökologie bieten Gersdorf und Mayer in der Einleitung von Gersdorf/Mayer 2005). Auf Überlegungen von Jakob von Uexküll und Gregory Bateson aufbauend, beschreibt Finke menschliche Kulturen, die er als Welten des Wahrnehmens und der Erfahrung, der Emotion und der Rationalität, des Glaubens und des Wissens versteht, als nicht-materielle Ökosysteme, die im Biologischen gründen und auf es zurückwirken. Eine Organisationsform aus produktiven, konsumptiven und reduktiven Prozessen durchziehe sowohl das physische Leben wie das geistige wie ein dynamisches Netzwerk und erneuere sie beständig. Der Hauptunterschied liege darin, dass biologische Ökosysteme physische Energie in Biomasse umsetzen, während kulturelle Ökosysteme psychische Energie in symbolisch kodierte Information verwandelten. Außerdem sind Kulturen nicht strikten Naturgesetzen unterworfen, sondern „wesentlich lockerer determiniert: In ihnen gelten Konventionen oder Regeln und damit Organisationsprinzipien eines erheblich schwächeren Verbindlichkeitsgrades als es Naturgesetze sind" (Finke 2003: 260). Im Alltag nehmen wir an einer Vielzahl sich überlappender kultureller Ökosysteme teil, die, obwohl durch Konventionen und Bürokratien geregelt, in ständiger Entwicklung begriffen sind. Bewertungsgrößen für kulturelles Handeln seien kreatives Potenzial, ein offenes Grenzregime (i.e. Offenheit für neue Impulse von außen) und Fehlerfreundlichkeit: kurz, Nachhaltigkeit und Vielfalt (Finke 2003: 267). Als „flexible Kodierungsmöglichkeit in Form von situationsunabhängig frei kombinierbaren Symbolen" (Finke 2003: 263) nimmt Sprache einen besonderen Platz in der Kultur ein: „Sprachen sind die wichtigsten aller kulturformenden und -differenzierenden energetischen Kräfte" und „wesentliche Konstituenten der kulturellen Innenwelten, die den Mitgliedern der Kultur eine kulturspezifische Kognition ermöglichen" (Finke 2003: 271). Diversität und linguistische Innovation seien für die Nachhaltigkeit eines kulturellen Ökosystems ausschlaggebend. Literatur bilde eine besonders wichtige Sphäre, denn „kulturelle Ökosysteme aller Ebenen werden kaum anderswo in ihrer Besonderheit und Vielfalt so greifbar wie in der Literatur". Fiktionale Literatur biete „ein Experimentierfeld möglicher Kulturentwürfe". Zudem besitze Literatur den Vorteil, „die kreativen Potenziale der Sprache(n) als wesentlicher Energieträger der kulturellen Ökosysteme zu trainieren" (Finke 2003: 272). Der Interpretation literarischer Texte, die Kultursysteme durchsichtig machen und auf ein angemessenes allgemeines Diskussionsniveau heben können, komme eine wichtige bewußtseinsschaffende Rolle zu.

Der Augsburger Amerikanist Hubert Zapf hat eine Studie vorgelegt, die die Bedeutung dieses kultur-anthropologischen Ansatzes für die Literaturwissenschaft unter Aufnahme weiterer Ideen von Wolfgang Iser und Hartmut Böhme weiter präzisiert (Zapf 2002: 3–68). Nach Zapf liegt der besondere Beitrag der Literatur zum öffentlichen Diskurs über Natur vor allem darin, den Lesern zu helfen, das, was sie theoretisch schon wissen, zu imaginieren. Wie Gernot und Hartmut Böhme meint Zapf, die Beziehung zwischen Kultur und Natur werde durch die Literatur auf zweierlei Weise neu bestimmt: indem diese eine kritische Bestandsaufnahme der negativen Auswirkungen der Modernisierung bietet (Industrialisierung, Verstädterung, technologische Entwicklung, Kommerzialisierung, Beschleunigung und Mediatisierung), und indem sie einen Reservoir imaginierter Alternativen bereithält, die historisch Marginalisiertes artikulieren. Literatur spiele eine Schlüsselrolle, indem sie die Kultur durch ihre Diversität und Komplexität revitalisiere. Das literarische Schreiben ist laut Zapf vor allem durch Komplexität, Ambiguität und Ironie charakterisiert. Lite-

ratur erfülle eine dritte, explizit ‚ökologische' Funktion im Kultursystem,
indem sie die sonst überall in unseren abstrakten politischen, wirtschaftlichen, wissenschaftlichen, rechtlichen und moralisch-religiösen Systemen
praktizierte Reduktion von komplexen Sachverhalten und Beschränkung
auf eindimensionale Identitäten bloßstelle und ihr durch *inter*diskursive
Verknüpfung entgegenwirke. Sie stelle insofern einen subversiven *Gegen-*
diskurs zum dominanten dar. Literarische Texte bieten nicht so sehr ein
Korrektiv zum hegemonialen Verständnis unserer Beziehung zur Natur
als einen „reintegrativen Interdiskurs", der mittels seines spezifischen
Symbolsystems kulturell Getrenntes imaginierend wieder zusammenführt
(Zapf 2002: 63 ff.). Schwerpunkt einer sich auf diese Funktion der Literatur beziehenden Wissenschaft wäre die Analyse von Schreibstrategien und
ihren Funktionen (z.B. Bloßstellung blinder Flecke, Motivierung, Sensibili-
sierung für die Natur, Ermächtigung durch subversive Kreativität).

7   Forschungsperspektive

Diese vorläufige Sondierung der Grundsätze und Leistungen einiger der
wichtigsten mit Diskurs, Sprache und Text beschäftigten Disziplinen muss
ausreichen, um anzudeuten, wie sie einander beim Projekt einer Dekonstruktion der leitenden Diskurse über Natur und Umwelt ergänzen und
zur intellektuellen Abarbeitung, vielleicht sogar zur politisch-praktischen
Bewältigung des Umweltproblems beitragen können. Gemeinsam ist ihnen ein konstruktivistischer Ansatz, der auf Erkenntnis der Bildung von
Weltsichten und der Konstitution von Sinn in Sprachen und Diskursen
abzielt, welcher der zentralen Stellung der Sprache in der Regulierung von
sozialer Wirklichkeit gerecht wird. In vielem sind sie vereinbar mit Wittgensteins Begriff der Sprache als Werkzeug und seiner Auffassung einer
immer nur vorübergehenden Stabilisierung von Sinn in Äußerungen und
Diskursen, sowie mit der Weiterführung von Wittgensteins Ideen in der
pragmatischen Philosophie Richard Rortys. Rorty zufolge stellen Sprache
und Geist keinen Spiegel einer unabhängig existierenden Objektwelt dar,
sondern Gebilde, die eher ‚schaffen' als ‚finden' (Rorty 1979). Die Pragmatik Rortys verbindet das anti-essentialistische, anti-realistische Element
des Poststrukturalismus mit einem praktischen Engagement für soziale
Reform. Wissen ist ihm keine Suche nach einem treuen Bild der Wirklichkeit, sondern nach einer Möglichkeit, die Welt zu unseren Zwecken zu
handhaben. Natur wäre demzufolge ein diskursives Konstrukt, bei dem es
weniger darum geht, ein ‚richtiges' Verständnis von ihr zu gewinnen als

eines, das unseren Zwecken gemäß ist. Nach Rorty besitzen wir eine Vielheit von Sprachen, weil wir mehrfache Zwecke haben. Es obliegt uns, diejenigen weiterzuentwickeln, die unseren langfristigen Bedürfnissen am ehesten entgegenkommen, und zu trachten, andere zu delegitimieren, indem wir die Kontingenz des natürlich Erscheinenden entlarven (Rorty 1989). Der Kampf um eine bessere Welt ist folglich ein Kampf um Sprache und diskursive Praxis.

Das skizzierte Projekt entspricht den Zielen der Wissensdomäne ‚Natur – Literatur – Kultur' im Forschungsnetzwerk *Sprache und Wissen*, nämlich:

- dem Verständnis der sozialen Konstruktion von Wissen über Natur und Umwelt in kulturellen Praktiken und sprachlichen Handlungen im allgemeinen, und insbesondere in literarischen Texten beizutragen,
- durch Analyse der sprachlichen und rhetorisch-formalen Strukturen von Texten, in denen unsere Beziehung zur Umwelt ausgehandelt wird, Einsicht zu gewinnen in die konkurrierenden menschlichen Interessen und Ziele in historischen Kontexten,
- nachhaltige Denk- und Verhaltensmuster zu fördern durch Verbreitung eines kritischen Sprachbewußtseins, das Erkenntnis der sprachlichen Konstruktion von Wertkonstellationen und der diskursiven Untermauerung von problematischen Haltungen gegenüber der Umwelt einschließt.

Es ergänzt und vertieft laufende Projekte wie die Herausgabe des Bandes *Wasser – Kultur – Ökologie* (2008),[13] der soziologische, historische und literaturwissenschaftliche Aufsätze sammelt, die Aspekte der notwendigen Hinwendung zu einer ökologisch orientierten Kultur des Wassers thematisieren. Freilich bliebe viel zu tun, um aus einer solchen Perspektive ein theoretisch konsequent fundiertes und methodologisch strukturiertes Forschungsprogramm zu entwickeln. Es müsste ein Begriff von ‚Diskurs' als sprachliches Gebilde erarbeitet werden, das (wie oben angedeutet) Erfahrungen aus einer bestimmten Perspektive mit Sinn füllt und ein Wissenssystem konstruiert, indem seine internen Regeln bestimmen, von wem was in welcher Form ausgesagt werden kann. Anhand eines solchen Diskursbegriffs müssten die leitenden Diskurse identifiziert werden, in denen Kommunikation über Natur und Umwelt in der heutigen Gesellschaft stattfindet. Hierbei müsste entschieden werden, ob mit einer Aufteilung in wissenschaftlich-technische, politische, wirtschaftliche, juristische, journalistische und literarische Diskurse gearbeitet werden kann oder eine ande-

---

13 In Zusammenarbeit mit der Europäischen Gesellschaft für das Studium von Literatur, Kultur und Umwelt und der Hans-Sauer-Stiftung.

re, intentionsbezogene Unterscheidung, beispielsweise zwischen konsumbezogenen, umweltschüzterischen, neoliberalistischen, dirigistischen, zynisch-skeptischen und genderbezogenen Diskursen vorzuziehen wäre. Die Hauptmerkmale der gewählten Diskurse wären anhand der Festlegung der Wahrnehmungskategorien der Teilnehmer und des Vorschreibens von Subjektpositionen auszuarbeiten, sowohl auf der Ebene des Sprachsystems als auch auf der des einzelnen Texts, und zwar anhand von Vokabeln, Metaphern, syntaktischen Strukturen und rhetorischen Tropen. Hierbei wäre einerseits auf die Neubildung und Bedeutungsänderung von Begriffen zu achten, auf die Kontestierung verschiedener Werte und Weltbilder innerhalb einer gegebenen Diskursordnung sowie auf die Ausdifferenzierung einzelner Diskurse und die sich verschiebenden Beziehungen zwischen ihnen. Andererseits verdienten es auch Prozesse der Identitätsbildung bei Individuen und Gruppen durch Beteiligung an diesen Diskursen betrachtet zu werden.

Der Analyse von innovativen Praktiken käme besondere Bedeutung zu als Mittel der gesellschaftlichen Transformation, und die besondere Rolle von literarischen Werken bei der Prägung von Wahrnehmungs- und Deutungsperspektiven von Natur und der Erstellung kultureller Leitbilder müsste näher untersucht werden. Zu analysieren wären der Gewinn durch Intertextualität und kreative Umgestaltung bestehender Denkmuster, die Leistung komplexer symbolischer Darstellungsformen bei der Artikulation von ungelösten gesellschaftlichen Widersprüchen und die Fähigkeit, der Enteignung der Sinne in einer zunehmend abstrakten, globalisierten Welt durch Anreicherung des Visuellen durch Gehörtes, Gerochenes, Geschmecktes und Gefühltes entgegenzuarbeiten, sowie den Alltagsdiskurs über Natur durch den Gebrauch von Metaphern mit ethischen und ästhetischen Interessen kurz zu schließen. Anhand eines solchen Projekts könnte die These überprüft werden, dass Literatur eine ökologische Funktion innerhalb der Kultur einer Gesellschaft spielt, indem sie für Überlebenskraft sorgt durch Vielfalt, Offenheit für Impulse von Außen und Reintegration von gesellschaftlich Getrenntem durch interdiskursive Verknüpfung.

Insgesamt suchte eine solche kritische Analyse entmythologisierend zu wirken, indem sie die Ambivalenzen und Paradoxien der verschiedenen Umweltdiskurse im post-ökologischen Zeitalter durch Aufarbeitung der internen Brüche und Widersprüche in Texten und Praktiken aufzeigt, und unbewußte Beteiligung an sprachlichen Gestaltungen bloßlegt, die unerwünschte Konsequenzen haben. Durch Bewusstmachung der normativen Rahmen, innerhalb deren ökologische Probleme in diversen sozialen Diskursen wahrgenommen und definiert und entsprechende Gegenmaßnahmen konzipiert werden, sowie durch Ausbildung einer *critical language awareness*, die nicht zuletzt in der Umweltbildung anzuwenden wäre,[14] könnte sie einen bescheidenen, aber dennoch wichtigen Beitrag zur Herbeiführung einer wahrhaft nachhaltigen Lebensweise leisten.

Literatur

ANDERSEN, NIELS ÅKERSTRØM (2003): Discursive Analytical Strategies. Understanding Foucault, Koselleck, Laclau, Luhmann. Bristol.

BARKER, CHRIS/GALASIŃSKI, DARIUSZ (2001): Cultural Studies and Discourse Analysis. A Dialogue on Language and Identity. London, Thousand Oaks, New Delhi.

BATE, JONATHAN (1991): Romantic Ecology. Wordsworth and the Environmental Tradition. London.

BATE, JONATHAN (2000): The Song of the Earth. London.

BATESON, GREGORY (1972): Steps to an Ecology of Mind. Collected Essays in Anthropology, Psychiatry, Evolution, and Epistemology. San Francisco.

BATESON, GREGORY (1979): Mind and Nature. A Necessary Unity. London.

BLÜHDORN, INGOLFUR (2000): Post-Ecologist Politics. Social Theory and the Abdication of the Ecologist Paradigm. London, New York.

BLÜHDORN, INGOLFUR (2007): Sustaining the Unsustainable: Symbolic Politics and the Politics of Simulation. In: Environmental Politics 16, 2, 251–75.

BLÜHDORN, INGOLFUR (2008): Hyper-Environmentalism and Post-Ecologism: Eco-Politics after the Consensus on Climate Change. Unveröffentlichtes Arbeitspapier.

BÖHME, GERNOT (1989): Für eine ökologische Ästhetik. Frankfurt/M.

BÖHME, GERNOT/BÖHME, HARTMUT (1996): Feuer, Wasser, Erde, Luft. Eine Kulturgeschichte der Elemente. München.

BÖHME, HARTMUT (1988): Natur und Subjekt. Frankfurt/M.

BÖHME, HARTMUT (1994): Literaturwissenschaft in der Herausforderung der technischen und ökologischen Welt. In: JÄGER, LUDWIG/SWITALLA, BERND (Hgg.): Germanistik in der Mediengesellschaft. München, 63–79.

BÖHME, HARTMUT/MATUSSEK, PETER/MÜLLER, LOTHAR (2000): Orientierung Kulturwissenschaft. Was sie kann, was sie will. (Rowohlts Enzyklopädie) Reinbek.

BUELL, FREDERICK (2004): From Apocalypse to Way of Life. Environmental Crisis in the American Century. New York, London.

BUELL, LAWRENCE (1995): The Environmental Imagination. Thoreau, Nature Writing and the Formation of American Culture. Cambridge, MA.

---

14 Siehe in diesem Zusammenhang Lindenpütz (1999) und Mayer und Wilson (2006).

BUELL, LAWRENCE (2005): The Future of Environmental Criticism. Environmental Crisis and Literary Imagination. Malden, MA; Carlton, VIC.

CHOULIARAKI, LILIE/FAIRCLOUGH, NORMAN (1999): Discourse in Late Modernity. Rethinking Critical Discourse Analysis. Edinburgh.

CONLEY, VERENA (1997): Ecopolitics. The Environment in Poststructuralist Thought. London.

CRONON, WILLIAM (1995): Uncommon Ground. Toward Reinventing Nature. New York.

THE EDITORS OF THE ECOLOGIST (1972): A Blueprint for Survival. Harmondsworth.

FAIRCLOUGH, NORMAN (1992): Discourse and Social Change. Cambridge.

FAIRCLOUGH, NORMAN (1995): Critical Discourse Analysis. The Critical Study of Language. London.

FILL, ALWIN (1993): Ökolinguistik. Eine Einführung. Tübingen.

FILL, ALWIN (Hg.) (1996): Sprachökologie und Ökolinguistik. Referate des Symposions 'Sprachökologie und Ökolinguistik' an der Universität Klagenfurt, 27.-28. Oktober 1995. Tübingen.

FILL, ALWIN/MÜHLHÄUSLER, PETER (Hg.) (2001): The Ecolinguistics Reader. Language, Ecology and Environment. London, New York.

FILL, ALWIN/PENZ, HERMINE/TRAMPE, WILHELM (Hgg.) (2002): Colourful Green Ideas. Papers From the Conference '30 Years of Language and Ecology' (Graz 2000) and the Symposium 'Sprache und Ökologie' (Passau, 2001). Bern u.a.

FINKE, PETER (2003): Kulturökologie. In: NÜNNING, ANSGAR/NÜNNING, VERA (Hgg.): Konzepte der Kulturwissenschaften. Theoretische Grundlagen – Ansätze – Perspektiven. Stuttgart, 248–79.

FOUCAULT, MICHEL (1973): Archäologie des Wissens. Frankfurt/M.

GARRARD, GREG (2004): Ecocriticism (New Critical Idiom Series). London, New York.

GERSDORF, CATRIN/MAYER, SYLVIA (Hgg.) (2005): Natur – Kultur – Text. Beiträge zu Ökologie und Literaturwissenschaft. Heidelberg.

GLOTFELTY, CHERYLL/FROMM, HAROLD (Hgg.) (1996): The Ecocriticism Reader. Landmarks of Literary Ecology. Athens, GA.

GOODBODY, AXEL (2007): Nature, Technology and Cultural Change in 20th-Century German Literature. The Challenge of Ecocriticism. Basingstoke.

GREWE-VOLPP, CHRISTA (2004): 'Natural Spaces Mapped by Human Minds'. Ökokritische und ökofeministische Analysen zeitgenössischer amerikanischer Romane. Tübingen.

HARRÉ, ROM/BROCKMEIER, JENS/MÜHLHÄUSLER, PETER (1999): Greenspeak. A Study of Environmental Discourse. Thousand Oaks, CA.

HARRISON, ROBERT POGUE (1992): Wälder. Ursprung und Spiegel der Kultur. München, Wien.

HEILAND, STEFAN (1992), Naturverständnis. Dimensionen des menschlichen Naturbezugs. Darmstadt.

HERMAND, JOST (1991): Grüne Utopien in Deutschland. Zur Geschichte des ökologischen Bewusstseins. Frankfurt/M.

HERMAND, JOST (1997): Literaturwissenschaft und ökologisches Bewusstsein. Eine mühsame Verflechtung. In: BENTFELD, ANNE/DELABAR, WALTER (Hgg.): Perspektiven der Germanistik. Neueste Ansichten zu einem alten Problem. Opladen, 106–25.

HOFER, STEFAN (2007): Die Ökologie der Literatur. Eine systemtheoretische Annäherung. Mit einer Studie zu Werken Peter Handkes. Bielefeld.

JÄGER, SIEGFRIED (2004): Kritische Diskursanalyse. Eine Einführung. 4. Aufl. Münster.

JØRGENSEN, MARIANNE/PHILLIPS, LOUISE (2002): Discourse Analysis as Theory and Method. London, Thousand Oaks, New Delhi.

JUNG, MATTHIAS (1994): Öffentlichkeit und Sprachwandel. Zur Geschichte des Diskurses über die Atomenergie. Opladen.

KAISER, GERHARD (1991): Mutter Natur und die Dampfmaschine. Ein literarischer Mythos im Rückbezug auf Antike und Christentum. Freiburg i. Br.

KAISER, GERHARD (1994): Ist der Mensch zu retten? Vision und Kritik der Moderne in Goethes ,Faust'. Freiburg i. Br.

KOLODNY, ANNETTE (1975): The Lay of the Land. Metaphor as Experience and History in American Life and Letters. Chapel Hill, NC.

LACLAU, ERNESTO/MOUFFE, CHANTAL (1985): Hegemony and Socialist Strategy. Towards a Radical Democratic Politics. London.

LINDENPÜTZ, DAGMAR (1999): Das Kinderbuch als Medium ökologischer Bildung. Untersuchungen zur Konzeption von Natur und Umwelt in der erzählenden Kinderliteratur seit 1970. Essen.

LUHMANN, NIKLAS (2004): Ökologische Kommunikation. Kann die moderne Gesellschaft sich auf ökologische Gefährdungen einstellen? 4. Aufl. Wiesbaden. [1986]

MATUSSEK, PETER (1992): Naturbild und Diskursgeschichte. ,Faust'-Studie zur Rekonstruktion ästhetischer Theorie. Stuttgart, Weimar.

MATUSSEK, PETER (1998): Formen der Verzeitlichung. Der Wandel des Faustschen Naturbildes und seine historischen Hintergründe. In: MATUSSEK, PETER (Hg.): Goethe und die Verzeitlichung der Natur. München, 202–32.

MAYER, SYLVIA/WILSON, GRAHAM (Hgg.) (2006): Ecodidactic Perspectives on English Language, Literatures and Cultures. Trier.

MECKLENBURG, NORBERT (1987): Die grünen Inseln. Zur Kritik des literarischen Heimatkomplexes. München.

MEEKER, JOSEPH (1974): The Comedy of Survival. Studies in Literary Ecology. New York.

PHILLIPS, DANA (2003): The Truth of Ecology. Nature, Culture and Literature in America. Oxford and New York.

RORTY, RICHARD (1979): Philosophy and the Mirror of Nature. Princeton.

RORTY, RICHARD (1989): Contingency, Irony, and Solidarity. Cambridge.

RUECKERT, WILLIAM (1978): Literature and Ecology. An Experiment in Ecocriticism. In: The Iowa Review 9, 1, 71–86.

SCHAMA, SIMON (1996): Der Traum von der Wildnis. Natur als Imagination. München.

SEGEBERG, HARRO (1987): Literarische Technik-Bilder. Studien zum Verhältnis von Technik- und Literaturgeschichte im 19. und frühen 20. Jahrhundert. Tübingen.

WANNING, BERBELI (2006): Der Naturbegriff in Literatur und Literaturwissenschaft. In: FELDER, EKKEHARD (Hg.): Semantische Kämpfe. Macht und Sprache in den Wissenschaften (Linguistik – Impulse und Tendenzen 19). Berlin/New York, 223–49.

WARNKE, INGO (Hg.): Diskurslinguistik. Methoden – Gegenstände – Grenzen. Berlin/New York.

ZAPF, HUBERT (2002): Literatur als kulturelle Ökologie. Zur kulturellen Funktion imaginativer texte an Beispielen des amerikanischen Romans. Tübingen.

ZAPF, HUBERT (Hg.) (2006): Literature and Ecology (Anglia 124,(2006/1).

ZIMMERMANN, JÖRG (1982): Zur Geschichte des ästhetischen Naturbegriffs. In: ZIMMERMAN, JÖRG (Hg.): Das Naturbild des Menschen. München, 118–54.

Vernunft und Nützlichkeit der Mathematik

Wissenskonstitution in der Industriemathematik als Gegenstand der angewandten Linguistik

Vasco Alexander Schmidt

1 Einleitung

In jeder Wissenschaft stehen Theorie und Anwendung in einem besonderen Spannungsfeld, dennoch muss hier die Mathematik als singuläre Erscheinung gelten. Viele Theorien der reinen Mathematik, die als *l'Art pour l'Art* entworfen wurden, erweisen sich erst Jahrzehnte oder auch Jahrhunderte später als nützlich – und dies meist ganz unerwartet. Mathematische Strukturen sind offenbar nicht nur anwendbar, wenn sie zu diesem Zweck entwickelt wurden, sondern auch dann, wenn ihre Anwendung zunächst gar keine Rolle spielte. Das Buch der Natur ist in der mathematischen Sprache geschrieben, soll Galileo Galilei gesagt haben. Die Mathematik scheint nicht nur *eine*, sondern *die einzige* geeignete Sprache zur Beschreibung der Natur zu sein. Der Mathematiker und Physiker Eugene Wigner hat diese überraschende Anwendbarkeit einmal als *unvernünftige Nützlichkeit* der Mathematik bezeichnet (Wigner 1960), was zu einem geflügelten Wort in der Mathematik geworden ist.

Doch es gibt noch viel mehr Bücher, die in mathematischer Sprache geschrieben sind – nämlich überall dort, wo gerechnet und organisiert wird – bis hin zu den Büchern der Buchhalter und Buchmacher. Zunächst

ist es wenig verwunderlich, dass sich die Mathematik für solche praktischen Tätigkeiten als nützlich erweist, da es sich doch meist um einfache
mathematische Verfahren, nicht um komplexe Theorien wie in den Naturwissenschaften handelt. Zwischen der Verwendung einfachster Mathematik und der Anwendung komplexer Mathematik in den Naturwissenschaften liegt allerdings ein großer und interessanter Zwischenbereich,
in dem auch anspruchsvolle Mathematik zum Einsatz kommt: die Industriemathematik. Heute gibt es kaum ein industrielles Produkt, das keine
mathematischen Anteile hat; Kreditkarten, CD-Player und auch Autos
funktionieren nur dank Mathematik (vgl. Bourguignon 2000: 180 f.). Viele
Mathematiker sehen auch hier eine unvernünftige Nützlichkeit am Werk,
da viele Theorien entwickelt wurden, lange bevor sie in die Entwicklung
industrieller Produkte eingingen.

Im Folgenden soll gezeigt werden, dass die These der unvernünftigen
Nützlichkeit die Wirklichkeit der Industriemathematik dennoch nur unzureichend beschreibt. Mathematiker müssen in der Industrie nämlich nicht
nur die Mathematik als solche zur Anwendung bringen, sondern die Anwendung ihrer Theorien in Konkurrenz mit Ingenieuren und anderen
Beteiligten durchsetzen. Dabei müssen die Mathematiker zwei Dinge beweisen: dass die Mathematik nützlich ist und dass der Einsatz der Mathematik vernünftig ist. Die unvernünftige Nützlichkeit im Sinne Wigners gilt
hier nicht mehr. In der Industriemathematik geht es um Vernunft *und*
Nützlichkeit.

Diese Beobachtung, die in der philosophischen und soziologischen
Reflexion über Mathematik bislang nicht behandelt wird, führt auf Fragen,
die die Industriemathematik zu einem interessanten Gegenstandsbereich
für die Untersuchung von Wissenskonstitution und Kommunikation
macht: Wie gelangt die Mathematik in industriellen Projekten zur Anwendung? Wie wird die Anwendung verhandelt? Wie entsteht in der Industrie
neue Mathematik? Wie prägt der mathematische Blick die Welt der Wissenschaft, Technik und unseren Alltag? Wie mischt sich die Mathematik in
andere Domänen ein und verschafft sich dort immer neue Geltung? Welche Rolle nimmt die Sprache bei dieser Spielform der Wissenskonstitution
ein? Wie gelingt es den Industriemathematikern, die Gegenstände ihrer
Anwendungsdomäne mathematisch zu rekonstruieren und vor welchen
kommunikativen Herausforderungen stehen sie dabei?

Um einen theoretischen Rahmen für diese Fragen zu entwerfen, sollen
zunächst bisherige philosophische und soziologische Reflexionen über
Mathematik vorgestellt werden, um anschließend die Besonderheiten der
Industriemathematik herauszuarbeiten. Abschließend wird eine Methode
vorgeschlagen, die helfen könnte, die Innenwelt der Industriemathematik

besser kennen zu lernen. Die Methode macht die Wissenskonstitution in der Industriemathematik explizit zu einem Gegenstand der angewandten Linguistik, da sie als ethnographische Methode entworfen wird, die den teilnehmenden Beobachter zu einem *mitarbeitenden* Beobachter macht. Sie wird daher *Methode des nützlichen Linguisten* genannt. Sie stellt die Arbeit an jenen Texten in den Mittelpunkt, die in der Industriemathematik unter anderem bei der Softwareentwicklung erstellt werden, und nutzt die Arbeit an den Texten als Instrument dazu, um die Rolle der Sprache bei der Wissenskonstitution und Kommunikation in der Wissensdomäne Mathematik zu beschreiben sowie zu untersuchen, wie es Mathematikern immer wieder gelingt, die Gegenstände oder Sachverhalte anderer Domänen zu strukturieren und als mathematische Objekte neu zu konstituieren. Im Zentrum des Erkenntnisinteresses steht daher nicht die sprachliche Neukonstitution fachlicher Gegenstände im öffentlichen Diskurs, worauf viele sprachwissenschaftliche Untersuchungen, beispielsweise zu den Wissensdomänen Recht, Religion oder Naturwissenschaft und Technik, ihren Schwerpunkt legen. Es geht vielmehr um Herausforderungen der professionellen Kommunikation in zunächst nur einer gesellschaftlichen Domäne, nämlich der Forschungs- und Entwicklungsabteilungen in Industrieunternehmen, und dies am Beispiel der Wissensdomäne Mathematik in Abgrenzung zu ihren Anwendungsdomänen. Die Untersuchungsmethode des nützlichen Linguisten kann aber dazu beitragen, ausgehend von der Untersuchung der Industriemathematik in einem nächsten Schritt die oft wahrgenommene Mathematisierung der Welt empirisch fassbar zu machen und damit an Untersuchungen zum öffentlichen Diskurs über fachliche Sachverhalte anzuknüpfen.

2 Reflexionen über Mathematik

Die Frage, was Mathematik genau ist, lässt sich – wie bei jeder Wissenschaft – nicht einfach beantworten. Je nach Perspektive sind verschiedene Definitionen und Beschreibungen möglich. Philip Davis und Reuben Hersch wählen in Ihrem Buch „Erfahrung Mathematik", das das Bild der Mathematik unter Mathematikern mitgeprägt hat, eine recht einfache Definition als Ausgangspunkt, um anschließend die Definition immer weiter aufzufächern. Zunächst stellen sie die Mathematik als „die Wissenschaft von Quantität und Raum" (Davis/Hersh 1994: 2) vor, doch nach und nach entsteht das Bild einer bunten und vielfältigen Wissenschaft, die sich sowohl als Wissenschaft der Probleme, Theoreme und Beweise als auch als Modellierungs- und Formalisierungswissenschaft verstehen lässt und die genauso theoretische wie anwendungsbezogene Teildisziplinen umfasst. Da Davis und Hersh nicht nur diese Vielfalt beschreiben, sondern den Blick auch zum ersten Mal auf den Alltag der Mathematiker, also auf die tatsächliche Praxis der Mathematik, lenken, gilt ihr Buch als ein Meilenstein in der Reflexion über Mathematik.

Das markanteste Merkmal der Mathematik ist und bleibt aber ihre Formelsprache. Sie steht im Zentrum des Studiums der Mathematik und den Veröffentlichungen der mathematischen Forschung. Aus der Perspektive dieser Formelsprache lässt sich die Mathematik als Wissenschaft bezeichnen, die sich mit rein abstrakten Gegenständen beschäftigt und dazu eine von der natürlichen Sprache weitgehend abgesonderte Formelsprache verwendet. Sie nutzt diese Kalkülsprache, um ihre Behauptungen zu formulieren und zu beweisen. Die Beweise gleichen dabei – stark vereinfacht – mechanischen, formalen Ketten, die bei Axiomen beginnen und in kleinen Schritten, die stets logisch zwingend aufeinander folgen, bei den Behauptungen enden.

2.1   Mathematik und Alltag

Auch wenn es die abstrakte Formelsprache dergleichen nahelegt, entsteht die Mathematik nicht vollkommen losgelöst von der Welt. Viele mathematische Theorien haben ihren Ausgangspunkt in Fragen, die sich aus dem Beobachten der Natur ergeben, oder knüpfen an elementaren Erfahrungen der Menschen wie das Zählen an (Lakoff/Núñez 2000: 15 ff.). Sobald aber ein mathematisches Modell für diese Erfahrungen und Beobachtungen gefunden ist, werden diese zu abstrakten Gegenständen, die sich mit der Formelsprache beschreiben und in mathematische Theorien integrieren lassen. So führt das Zählen zur Zahlentheorie, das Zeichnen von Figuren und Formen zur Geometrie, das Raumempfinden zur Topologie; andere Wege führen zur Analysis, Algebra, Numerik, Kombinatorik oder zu einem weiteren der über 60 Hauptarbeitsgebiete oder 4000 Spezialgebiete der Mathematik.[1]

Gerade wegen ihrer formalen Natur ist die Formelsprache ein mächtiges Werkzeug, das weit über die Disziplinen der Mathematik hinaus Wirkung zeigt. So befördert die mit der Formalisierung verbundene Abstraktheit die Anwendung der Mathematik in anderen Domänen, von den Naturwissenschaften bis zur Betriebswirtschaftslehre und Technik. Hinzu

---

1   1991 Mathematical Subject Classification.

kommt, dass jede formale Sprache eine eigenständige Welt von Ausdrücken schafft, die sich interpretationsfrei manipulieren und mit deren Hilfe sich Vorgänge beliebig schematisieren lassen. Diese von der Mathematik hervorgebrachte Formalisierung ist Voraussetzung für *symbolische Maschinen*, also abstrakte Rechenanweisungen, die sowohl neue Ergebnisse als auch neue Erkenntnisse hervorbringen können. Die Formalisierung lässt sich, worauf noch einzugehen ist, auch als Vorgeschichte der Computerisierung und als Geschichte der Softwaretechnik auffassen (vgl. Krämer 1988: 2 f.).

2.2   Mathematik als harte Wissenschaft

Obwohl sie sowohl mit elementaren menschlichen Erfahrungen als auch mit technischen Anwendungen, die unsere Alltagswelt prägen, eng zusammenhängt, ist die Mathematik eine Wissenschaft für Eingeweihte. Zwar wird versucht, die Mathematik zu popularisieren – zum Beispiel in Zeitungen, Radio und Fernsehen –, dies gelingt aber nur zum Teil. Die Themen und Inhalte verengen sich (vgl. Schmidt 2003) und die Zahl der Leser wird als gering eingeschätzt.[2] Die Formelsprache wird in der Regel als größte Hürde beim Erlernen von Mathematik gesehen.

Die Mathematiker selbst scheinen ihre Wissenschaft zum Teil selbst als *verschlossene* Wissenschaft zu kultivieren. So lehnen viele Mathematiker ein Sprechen und Schreiben über Mathematik aus der Außenperspektive ab. Diese Geisteshaltung zeigt sich zum Beispiel in dem 1948 erstmals erschienenen Klassiker „Was ist Mathematik?" von Richard Courant und Herbert Robbins: Obwohl es der Titel nahelegt, ist das Buch nicht etwa ein Essay über die Mathematik, sondern ein Lehrbuch, das die Leser dazu einladen möchte, selbst Mathematik zu machen. Wer die Welt der Mathematik kennen lernen möchte, muss ihre Sprache lernen.

Die philosophische Literatur über die Mathematik war entsprechend lange von Mathematikern geprägt, die aus der Innenwelt der Mathematik heraus ihr Idealbild der Mathematik zu beschreiben versuchten. So wurde unter anderem über den philosophischen Status mathematischer Objekte diskutiert, beispielsweise ob mathematische Strukturen entdeckt oder erfunden werden, also ob es der Platonismus oder der Konstruktivismus ist, der das Wesen der Mathematik beschreibt. Die mathematische Praxis blieb bis in das 20. Jahrhundert in der Mathematikphilosophie weitgehend

---

2   Unter Mathematikern kursiert die Weisheit, dass jede Formel in einem Text die Anzahl der Leser halbiert.

unberücksichtigt. Wegen ihrer Formelsprache und Beweise galt die Mathematik als harte Wissenschaft, die Wissen erzeugt, das kumulativ und konsensual sowie historisch invariant ist, also seine Gültigkeit über die Zeit nicht verliert. Ähnlich verlief die soziologische Aufarbeitung der Mathematik. So bezeichnete Karl Mannheim 1931 in seiner Wissenssoziologie die Mathematik zusammen mit den Naturwissenschaften als eine Wahrheit-in-sich-Sphäre (Mannheim 1969: 251), wodurch die Mathematik lange als uninteressant für soziologische Untersuchungen galt.

Die konstruktivistische Wissenschaftstheorie hat die Auffassung einer harten Mathematik schließlich problematisiert. Zwar konnten ihre Vertreter die Mathematik nicht zu einer *weichen* Wissenschaft machen, dennoch haben sie einige Grundannahmen über die Mathematik zum Wanken gebracht, darunter die Unfehlbarkeitshypothese und den Platonismus. Mathematisches Wissen ist aus ihrer Perspektive ein sozial konstruiertes Wissen. Eine solche Rekonstruktion der Mathematik lässt sich in der Wissenschaftsphilosophie (z. B. Lakatos 1979), Wissenschaftsgeschichte (Mehrtens 1990), der Didaktik der Mathematik (z. B. Ernest 1998), aber auch in der Soziologie finden (Heintz 2000). In Abgrenzung von Courants und Robbins Werk „Was ist Mathematik?" und anknüpfend an das Buch „Erfahrung Mathematik" hat Hersh diese sozialkonstruktivistische Perspektive auf Mathematik mit seinem Buch „What ist Mathematics, really" in die mathematische Gemeinschaft hineingetragen (Hersh 1997) und Vertreter und Vorläufer des sozialkonstruktivistischen Ansatzes einer breiteren (mathematischen) Öffentlichkeit bekannt gemacht.

Interessant ist nun, dass die neueren Untersuchungen zur Mathematik fast ausnahmslos den Sprachgebrauch der Mathematiker in den Blick nehmen, wobei nicht nur die schriftlich fixierte Mathematik und die Formelsprache, sondern auch das informelle Sprechen und Schreiben der Mathematiker analysiert wird. Indem in dieser Weise die Sprache in das Zentrum der Untersuchungen rückt, ergeben sich viele Anknüpfungspunkte für die Linguistik. Insbesondere stellt sich die Frage, welchen Anteil die Sprache an der Wissenskonstitution und Kommunikation in der Mathematik hat. Dies soll an zwei Beispielen, den Arbeiten von Lakatos und Heintz, illustriert werden.

2.3 Beweise und Widerlegungen

Die 1963 veröffentlichte Dissertation von Imre Lakatos – einem Schüler Karl Poppers – stellt die Unfehlbarkeitshypothese der Mathematik in ganz eigener Weise in Frage. Lakatos' Untersuchung, die unter den Titel „Beweise und Widerlegungen" steht, gibt ein fiktives Gespräch zwischen Schülern und einem Lehrer wieder, das den Beweis der sogenannten Eulerschen Polyederformel zum Inhalt hat. Diese Formel wurde 1813 von Augustin L. Cauchy gefunden und beschreibt in einer sehr einfachen Vorschrift, wie sich bei so genannten Polyedern – zum Beispiel dem Würfel – die Anzahl der Ecken (E), Kanten (K) und Flächen (F) zueinander verhalten: E-K+F=2.

Das Gespräch hat Lakatos so konstruiert, dass es die historische Entwicklung der berühmten Formel nachzeichnet. Erst mehrere Jahrzehnte nach ihrer Entdeckung wurde eine allgemeingültige Formulierung gefunden. In Lakatos' Dialog wird sichtbar, dass der Weg zum Beweis dieser Formel voller Umwege, Fehler und Irritationen war. Nur mühsam konnten die Mathematiker zur heute gültigen Formulierung und Begründung der Polyederformel gelangen. Der Erkenntnisweg brachte Beispiele und Gegenbeispiele hervor, Argumentationen unterschiedlicher Komplexität und Reife sowie zahlreiche Neudefinitionen und Kontextverschiebungen. All dies führt Lakatos zu der Behauptung, dass auch die Mathematik im Grunde wie eine empirische Wissenschaft arbeitet. Sie ist für ihn eine quasi-empirische Wissenschaft. Insbesondere ist die Mathematik nicht so inhaltsleer, wie die mathematischen Kalküle nahelegen; sie knüpft an persönliche Erfahrungen und Vorstellungen an und ermöglicht, durch Experimente Behauptungen zu falsifizieren.

Dies soll an einem Ausschnitt des Dialogs von Lakatos verdeutlicht werden, der aus einem frühen Kapitel mit dem Titel „Kritik der Vermutung durch globale Gegenbeispiele" stammt. Nachdem die Eulersche Polyederformel vorgestellt wurde, versuchen die Schüler den Begriff des Polyeders mathematisch zu fassen. Der Lehrer moderiert das Gespräch. Zu Beginn scheinen die Protagonisten noch ein gemeinsames Verständnis davon zu haben, was ein Polyeder ist, doch im Verlauf des Dialogs erzwingen die Schüler immer wieder Revisionen der ursprünglichen Definition, indem sie immer neue Beispiele für Polyeder erfinden, für die die Eulerformel nicht gilt. Neben so genannten lokalen Gegenbeispielen, die nur Teilaspekte von Beweisen der Polyederformel in Frage stellen, versuchen die Schüler mit so genannten globalen Gegenbeispielen die gesamte Behauptung als falsch zu entlarven. Der folgende Textausschnitt beginnt, nachdem der Schüler ALPHA mit dem Hohlwürfel ein solches globales Gegenbeispiel in die Diskussion eingebracht hat (Lakatos 1979: 8):

„DELTA: Aber warum das Gegenbeispiel anerkennen? [...] Das ist ein *Monster*, ein krankhafter Fall, aber kein Gegenbeispiel.

GAMMA: Warum nicht? *Ein Polyeder ist ein fester Körper, dessen Oberfläche aus polygonalen Flächen besteht.* Und mein Gegenbeispiel ist ein fester Körper, der durch polygonale Flächen begrenzt ist.

LEHRER: Nennen wir diese Definition die *Def. 1.*

DELTA: Deine Definition ist unzutreffend. Ein Polyeder muß eine *Oberfläche* sein: es hat Flächen, Kanten, Ecken, es kann verformt werden, auf der Tafel ausgebreitet werden und hat nichts mit dem Begriff des ‚festen Körpers' gemein. *Ein Polyeder ist eine Oberfläche, die aus einem System von Polygonen besteht.*

LEHRER: Das nennen wir die *Def. 2.*

DELTA: Du hast in Wirklichkeit *zwei* Polyeder gezeigt – *zwei* Oberflächen, die eine vollständig im Innern der anderen. Eine Frau mit einem Kind in ihrem Schoß ist kein Gegenbeispiel gegen den Lehrsatz, daß die Menschen nur einen Kopf haben.

ALPHA: So! Mein Gegenbeispiel hat also einen neuen Begriff des Polyeders erzeugt. Oder würdest Du es wagen zu behaupten, daß Du mit Polyeder *schon immer* eine Oberfläche gemeint hast?

LEHRER: Laßt uns für einen Moment Deltas *Def. 2* anerkennen. Kannst Du dann unsere Vermutung widerlegen, wenn wir mit Polyeder eine Oberfläche meinen?

ALPHA: Gewiß. Nimm zwei Tetraeder, die eine Kante gemeinsam haben [...]. Oder nimm zwei Tetraeder, die eine Ecke gemeinsam haben [...]. Diese Zwillinge sind alle beide zusammenhängend, bilden beide je eine einzige Oberfläche. Und Du kannst für beide E-K+F=3 nachprüfen.

LEHRER: *Gegenbeispiele 2a und 2b.*

DELTA: Ich bewundere Deine verworrene Vorstellungskraft, aber natürlich habe ich mit Polyeder nicht *jedes* System von Polygonen gemeint. Mit Polyeder meinte ich ein *System von Polygonen, die in einer Weise angeordnet sind, daß (1) sich an jeder Kante genau zwei Polygone treffen und (2) es möglich ist, vom Innern eines jeden Polygons über einen Weg ins Innere eines jeden anderen Polygons zu gelangen, der nirgends eine Kante in einer Ecke berührt.* Deine ersten Zwillinge werden durch das erste Kriterium meiner Definition ausgeschlossen, Deine zweiten Zwillinge durch das zweite Kriterium.

LEHRER: Die *Def. 3!*

ALPHA: Ich bewundere den verdrehten Scharfsinn, mit dem Du eine Definition nach der anderen als Barrikaden gegen die Widerlegung Deiner Lieblingsideen ersinnst. Warum definierst Du nicht einfach ein Polyeder als ein System von Polygonen, für das die Gleichung E-K+F=2 gilt, und diese Vollendete Definition...

LEHRER: *Def. V.*

ALPHA: ...würde den Streit endgültig beenden? Dann würde keinerlei Bedürfnis bestehen, das Thema noch weiter zu erforschen." (Lakatos 1979: 9 f.) [3]

Jede der Definitionen, die in Lakatos' Dialog auftauchen, hat eine Entsprechung in der mathematischen Literatur. So stammt die Definition 1 beispielsweise von Legendre, der sie 1809 veröffentlichte. Jonquièrs schlug wenig später die zweite Definition vor, die den Begriff des Polyeders auf Oberflächen zu beschränken versucht. Die Gegenbeispiele 2a und 2b, die diese Idee wieder in Frage stellen, wurden 1832 von Hessel gefunden. Definition 3 wiederum stammt von Möbius und wurde 1865 veröffentlicht. Sie findet sich noch heute in mathematischen Lehrbüchern, obwohl sie wie in Lakatos' Dialog auch in der mathematischen Welt zunächst nur für die Abwehr der Gegenbeispiele 2a und 2b erfunden wurde. Auch Definition 5, die ungewöhnlich wirkt, da sie die Eulersche Polyederformel zu einer definierenden Eigenschaft von Polyedern macht, ist nicht etwa ein spitzfindiger Kommentar zum Streit um die richtige Polyederdefinitionen, sondern ein ernsthafter mathematischer Beitrag, den Baltzer 1862 eingebracht hat (vgl. Lakatos 1979: 9 ff.).

Aus linguistischer Sicht lassen sich in Lakatos' Dialog sehr wohl semantische Kämpfe erkennen, die mit bewussten Benennungs-, Bedeutungs- und Sachverhaltsfixierungen einhergehen (vgl. Felder 2006). Diese semantischen Kämpfe erfolgen hier aber nicht, um Macht und Einfluss geltend zu machen, sondern um einen Begriff für mathematische Strukturen zu finden, der intersubjektiv nachvollziehbar ist und zu wahren Behauptungen und gültigen Beweisen führt. Bei den Definitionsversuchen im Textausschnitt oben handelt es sich vorrangig um Vorstellungsfixierungen, da die Bezeichnung *Polyeder* nicht in Frage gestellt wird. Die Vorstellungen, die die einzelnen Protagonisten mit einem Polyeder verbinden, sind aber sehr verschieden und jeweils Anlass für weitere Diskussionsbeiträge. Da es sich bei mathematischen Objekten wie diesen um rein abstrakte Sachverhalte handelt, ist mit jeder Neudefinition des Polyeders allerdings auch eine Sachverhaltsfixierung, wenn nicht sogar die Konstruktion eines neuen mathematischen Objekts verbunden. Dies wird auch durch die Bezeichnung *Monster* deutlich, die Lakatos für Gegenbeispiele verwendet sowie die Bezeichnungen *Barrikade* und *Monstersperre* für mathematische Definitionen, die Gegenbeispiele vom Begriff des Polyeders ausschließen sollen. Neben diesen Belegen sind im Verlauf des Dialogs auch andere Formen der Vorstellungs- und Sachverhaltsfixierung zu finden.

---

3   Hervorhebungen von Lakatos.

Aus dem Miteinander von Beweisen und Widerlegungen sowie den Versuchen, mit neuen Definitionen die ursprüngliche Behauptung trotz Gegenbeispielen immer wieder gültig zu machen, zieht Lakatos seine zentrale Schlussfolgerung, dass Mathematiker quasi empirisch arbeiten. Aus linguistischer Sicht lässt sich feststellen, dass die mathematische Formelsprache und auch die nicht-formale Sprache der Mathematiker offenbar semantische Spuren enthält, die zu verschiedenen Interpretationen, Verallgemeinerungen bis zur Entdeckung und Fixierung neuer mathematischer Objekte einladen. Wie die Rekonstruktion historischer Quellen durch Lakatos zeigt, müssen solche semantischen Kämpfe als eine zentrale Eigenschaft der Mathematik gelten.

2.4   Die Innenwelt der Mathematik

Anknüpfend an Laborstudien von Karin Knorr Cetina hat Bettina Heintz (2000) eine Monographie vorgelegt, die sich der Mathematik in einer ethnographischen Feldstudie *von innen* nähert, um so das Wesen der Mathematik zu beschreiben. Heintz verbrachte mehrere Wochen am Max-Planck-Institut für Mathematik in Bonn, beobachtete die Mathematiker, besuchte Vorträge, führte Interviews, wertete Notizzettel und andere Texte aus und spürte so erstmals als Soziologin – und Laie – der Praxis der Mathematiker nach. Mit ihrer zentralen Frage knüpft sie direkt an die Behauptung Karl Mannheims an, dass Mathematik zu einer Wahrheit-an-sich-Sphäre gehört: Ist eine Soziologie der Mathematik möglich?

Heintz arbeitet heraus, dass mathematisches Wissen als universell und kumulativ anerkannt werden muss. Trotz hunderter Spezialgebiete verstünden Mathematiker ihre Wissenschaft immer noch als Einheit, lösten Meinungsverschiedenheiten rational und entwickelten das mathematische Wissen kohärent weiter; darin unterscheide sich die Mathematik von empirischen Wissenschaften und den Sozialwissenschaften, die Kontroversen nicht diskursiv beilegen, sondern lediglich schließen würden (Heintz 2000: 272). Obwohl diese Eigenschaften der Mathematik zunächst wenig Raum für soziologische Erklärungen zu bieten scheinen, findet Heintz dennoch einen soziologischen Anknüpfungspunkt.

Hierzu stellt sie den Beweis, den sie als Kern mathematischen Arbeitens erkennt, ins Zentrum ihrer Argumentation und formuliert ihre Ausgangsfrage um: Nicht die Klärung epistemischer Praktiken bildet den Abschluss ihrer Untersuchung, sondern die Beschreibung der „Integrationsmechanismen, die in der Mathematik für den sozialen (Konsens) und kognitiven Zusammenhalt (Kohärenz) sorgen." (Heintz 2000: 273) Es geht also um eine Erklärung jener Aspekte, die die Mathematik zu einer Einheit machen, obwohl sie wie alle Wissenschaften expandiert, globalisiert und diversifiziert ist.

Auffällig ist, dass Heintz – wie Lakatos – die mathematische Sprache in den Blick nimmt und eine historische Entwicklung nachzeichnet, um die Besonderheit der Mathematik zu erklären. Der Schlüssel für diese ungewöhnliche Integration mathematischer Sichtweisen und Arbeitsweisen liegt für Heintz nämlich im schriftlich fixierten mathematischen Beweis, der sich im 20. Jahrhundert für die mathematische Fachkommunikation als dominant herausgebildet hat. Der Beweis sei im Luhmannschen Sinne ein symbolisch generalisierendes Kommunikationsmedium, also ein Mechanismus, der den Zusammenhalt einer expandierenden Mathematik ermöglicht, in der ein informeller Austausch mathematischen Wissen nicht mehr dominiert und direkte Kommunikation sowie gemeinsame Normen nicht uneingeschränkt möglich sind. Als ein solches Kommunikationsmedium garantiert der Beweis innerhalb der mathematischen Gemeinschaft Konsens und Kohärenz sowie „Vertrauen und Anschlussfähigkeit der wissenschaftlichen Kommunikation" (Heintz 2000: 273 ff.). Die Mathematik ist eine beweisende Disziplin. Der Beweis ist daher die Basis ihrer epistemischen Besonderheiten.

3 Industriemathematik

Ein kurzer Blick auf die Industriemathematik zeigt bereits, dass die mathematische Praxis im industriellen Umfeld sehr verschieden von der mathematischen Praxis ist, die in der philosophischen und soziologischen Literatur beschrieben wird: In der Industriemathematik sind die Arbeitsgruppen größer und heterogener, es stehen Probleme aus der industriellen Praxis im Vordergrund, und die Mathematiker müssen sich als nützlich erweisen, indem sie ihr mathematisches Handwerk für die Lösung konkreter Probleme einsetzen und beispielsweise Softwarelösungen entwickeln.

Zunächst sollte aber spezifiziert werden, was genau unter Industriemathematik zu verstehen ist. Dies ist wichtig, da von einer allgemeinen, nicht-mathematischen Perspektive aus gesehen, die Mathematik fast überall in Wirtschaft und Industrie vorkommt: Überall wird programmiert und gerechnet, formalisiert und operationalisiert – alles dies ist in einem allgemeinen Sinne mathematische Tätigkeit. Doch auch wenn man nur die Mathematik betrachtet, die an die mathematische Community angebunden ist, also an den Universitäten gelehrt und an den mathematischen Instituten erforscht wird, finden sich viele Anwendungsbeispiele: Die Mathematik sorgt auf den Finanzmärkten für den Nachschub an neuen, maßgeschneiderten Finanzprodukten, sie optimiert die Logistik, verschlankt Produktionsprozesse und automatisiert die Qualitätssicherung. Mathematik befindet sich – auch wenn von außen meist unsichtbar – in vielen industriellen Produkten wie Kreditkarten, CD-Player und Autos, die nur dank einer ausgeklügelten Zahlentheorie, Kodierungstheorie und Kontrolltheorie funktionieren; auch Dienstleistungen wie die Optimierung des öffentlichen Nahverkehrs basieren auf modernen Optimierungsalgorithmen, beispielsweise auf der linearen Optimierung, genauso wie der Aufbau und Betrieb von Mobilfunknetzen.

Um den Stellenwert der Mathematik zu unterstreichen, zitieren Mathematiker oft den so genannten David-Report, der 1981 von der Amerikanischen Akademie der Wissenschaften in Auftrag gegeben wurde und zu dem Ergebnis kam, dass Hochtechnologie im wesentlichen mathematische Technologie ist (vgl. David 1984). Diese Bedeutung spiegelt sich auch darin wider, dass viele Unternehmen Mathematiker in Ihren Forschung- und Entwicklungsabteilungen beschäftigen und einige große Unternehmen wie die Deutsche Bank eigene mathematische Abteilungen unterhalten. An einigen Universitäten finden sich Institute für Industriemathematik; zudem gibt es in Deutschland ein eigenes Fraunhofer-Institut mit diesem Schwerpunkt, das Institut für Techno- und Wirtschaftsmathematik (ITWM) in Kaiserslautern. Unter Industriemathematik soll hier die in diesen Abteilungen und Instituten erforschte und verwendete Mathematik verstanden werden.

3.1   Vernunft und Nützlichkeit

Wie bei der Anwendung der Mathematik in den Naturwissenschaften sehen Mathematiker auch bei industriellen Anwendungen eine unvernünftige Nützlichkeit am Werk. Begründet wird dies mit der Tatsache, dass oft auch mathematische Theorien in der Industrie zur Anwendung kommen, deren Entwicklung bereits Jahrzehnte oder Jahrhunderte zurückliegt. Dies gilt zum Beispiel für die Zahlentheorie, die in Verschlüsselungsalgorithmen zum Einsatz kommt.

Die Vorstellung einer unvernünftigen Nützlichkeit ist für die Industriemathematik jedoch vermutlich falsch. So können Ingenieure technische Produkte stets auch mit anderen Mitteln entwickeln, wenn die Mathematik nicht zur Verfügung steht. Auf diesen Sachverhalt hat unter anderem Günter Dueck hingewiesen, der früher als Mathematikprofessor gearbeitet hat und heute bei IBM als Chief Technologist tätig ist. Die Behauptung vieler Mathematiker, dass die mathematische Grundlagenforschung für Innovationen in der Hochtechnologie unabdingbar sei, ist seiner Meinung nach nicht ganz richtig:

> „Die Mathematiker unterschätzen die Praktiker oder Ingenieure, die einfach andere Apparate bauen, wenn es so wie jetzt nicht geht. Ich habe selbst zehn Jahre in der Informationstheorie geforscht, als Mathematiker unter Ingenieuren. ‚Unsere‘ Ergebnisse waren anerkannt ‚besser‘, aber die ‚anderen‘ waren uns irgendwie eher immer einige Jahre mit ihren 97%-Lösungen voraus. Glauben Sie mir, Ingenieure würden auch Kryptographie-Systeme ohne alte Zahlentheorie bauen, wenn es sie nicht verbrauchsfertig gegeben hätte." (Dueck in Aigner/Schmidt 2002: 13 f.).

Glaubt man Vertretern der Industriemathematik wie Dueck, ist die Anwendung der Mathematik in diesem Bereich alles andere als unvernünftig, sondern stets eine bewusste Entscheidung. Auf bestimmte Probleme mögen bereits vorliegende Theorien der reinen Mathematik passen, diese sind aber nicht zwangsläufig die einzig richtige Wahl. Man kann die Mathematik in der Produktentwicklung einsetzen, muss es aber nicht. Die Mathematiker müssen die Nützlichkeit ihrer Wissenschaft beweisen und zeigen, dass ihr Einsatz vernünftig ist.

3.2   Arbeitsweisen

Dass der Einsatz von Mathematik vernünftig ist, zeigen bereits die finanziellen Eckdaten des Instituts für Techno- und Wirtschaftsmathematik (ITWM) in Kaiserslautern. Seit seiner Gründung 1995 und seiner Aufnahme in die Fraunhofer-Gemeinschaft 2001 ist der Umsatz des ITWM stets zweistellig gewachsen. Heute liegt sein Budget bei 12 Millionen Euro im Jahr; mehr als zwei Drittel davon kommen aus der Industrie. Zu den Themen, die die Mathematiker des ITWM bearbeiten, gehören Finanzmathematik, Logistik, Bildverarbeitung und Materialdesign mit einem Schwerpunkt auf der Modellierung von Strömungen, beispielsweise in Flüssigkeiten und Gasen. Das ITWM führt seine Beratungs- und Entwicklungsprojekte vorrangig mit mittelständischen Firmen durch. Ergebnisse der Projekte sind meist Softwarelösungen, die eigenständig oder aufbauend auf kommerziellen Softwarepaketen zum Einsatz kommen.

Der Erfolg des ITWM begründet der Gründungsdirektor Helmut Neunzert damit, dass Mathematiker „vieles effizienter machen als andere" (Neunzert in Schmidt/Schulze-Pillot 2007: 263). Die Ergebnisse seien genauer und die Rechenzeiten kürzer. Als Beispiel führt Neunzert eine Gießerei an, die herkömmliche Software für die Simulation von Güssen verwendete und dafür pro Simulation vier Wochen benötigte. Die Mathematiker des ITWM konnten durch die Anwendung moderner Numerik die Rechenzeit auf 24 Stunden reduzieren, was der Gießerei einen enormen Vorteil gegenüber der Konkurrenz brachte. Neben einer solchen Effizienzsteigerung sei es aber ebenso möglich, auch ungelöste Probleme mit Hilfe der Mathematik zu lösen. So konnte das ITWM einer Druckerei helfen, die Probleme mit Recycling-Papier hatte. Das Papier begann zwischen den Druckrollen zu flattern, wodurch es permanent zu einer Faltenbildung kam. Dem ITWM gelang es, die Faltenbildung durch mathematische Modellierung und modernere Steuerung der Druckmaschinen aufzuheben.

Die Arbeit der Industriemathematiker besteht für Neunzert vor allem darin, zunächst das Problem des Kunden zu verstehen, um daraufhin ein mathematisches Modell zu finden, das zur Lösung des Problems beitragen kann. In einem solchen Findungsprozess der Industriemathematik entstehen neue, zuvor noch nicht bekannte mathematische Modelle:

> „Wir gehen in eine Firma und fragen nach Problemen, die nicht in deren Schubladen passen. In diesen Schubladen sind zum Beispiel Werkstoffprobleme und deren Lösungen, und es gibt viele andere Schubladen. Wir suchen nach Problemen, die dort nicht hineinpassen. Nach einer Weile beginnen die Leute uns ihre Probleme zu schildern. Dann versuchen wir die Probleme zu strukturieren. Dazu müssen wir so lange fragen, bis wir und sie das Problem richtig verstehen. Das braucht im schlimmsten Fall Stunden. Und dann ist es auf einmal Mathematik. [...] Die Probleme sind da, aber nicht die Struktur zu ihrer Lösung. An die hat vorher noch niemand gedacht." (Neunzert in Schmidt/Schulze-Pillot 2007: 264)

Während die reine Mathematik meist innerhalb der Fachgrenze der Mathematik bleibt, ist die angewandte Mathematik an sich bereits interdisziplinär, da sie die Anwendung von Mathematik „außerhalb ihrer selbst" (Davis/Hersh 1994: 82) zum Inhalt hat. Semantische Kämpfe, wie sie bei Lakatos anhand einer historischen Entwicklung nachgezeichnet sind, können daher nicht mehr nur innerhalb der Grenzen der eigenen Disziplin ausgetragen und im Konsens geklärt werden. Wenn sich Mathematiker im industriellen Umfeld nützlich machen möchten, müssen Sie ihre Sicht der Dinge einbringen und gegen Physiker, Ingenieure und Manager, die jeweils andere Vorstellungen und Interessen haben, durchsetzen.

Dass die Modellierung der Probleme im Zusammenspiel mit der jeweiligen Anwendungsdomäne erfolgt, ist nicht der einzige Unterschied von Industriemathematik und reiner Mathematik. So müssten Arbeitsgruppen der Industriemathematik über Kompetenzen in mehreren mathematischen Bereichen verfügen, da nicht immer vorhersehbar ist, welche Theorien sich auf spezifische Probleme anwenden lassen:

„Eigentlich ist überhaupt nicht klar, welche Theorie nun wirklich auf ein Problem passt. Es gibt keine Theorie der Industriemathematik als solche, wir müssen für jedes Problem neue Ansätze finden. In der Bildverarbeitung zum Beispiel fragen wir: Soll ich bei einem Problem Differenzialgleichungsmethoden, statistische Methoden oder morphologische Methoden anwenden?" (Neunzert in Schmidt/ Schulze-Pillot 2007: 265)

Die eigentliche Arbeit an den mathematischen Modellen unterscheidet sich in der reinen und der Industriemathematik im Kern nicht, auch wenn die Ergebnisse der Industriemathematik in anderer Weise zugänglich gemacht werden als in der reinen Mathematik:

„Im Grunde ist es wie in der reinen Mathematik: Es gibt stets ein Urproblem. In der reinen Mathematik hat man eine Idee zur Lösung dieses Urproblems. Man überlegt sich dann: Wo kann ich diese Idee noch verwenden? Sie verallgemeinern, machen eine Theorie daraus und am Ende steht ein Buch, und wir Industriemathematiker haben auch eine Lösung für ein Praxisurproblem, und man sucht nach anderen Praxisproblemen, die sich mit ähnlichen Lösungsideen lösen lassen. Statt eines Buches steht am Ende ein Software-Paket." (Neunzert in Schmidt/Schulze-Pillot 2007: 264)

Dass in der Industriemathematik Softwarelösungen entwickelt werden, unterstreicht die Behauptung, dass sich die Mathematik im industriellen Umfeld nützlich machen muss, wenn sie eingesetzt werden möchte. Mit dem Gebot der Nützlichkeit ist in der Industriemathematik auch ein anderes Erkenntnisinteresse verbunden, dass weniger der Kohärenz des mathematischen Wissens, seiner Wahrheit oder historischen Invarianz gilt, sondern den praktischen Nutzen hervorhebt:

„In der Industrie kommt es seltener darauf an die Welt zu verstehen. Zum Beispiel bei der Herstellung von Fensterglas, da werden Glasplatten im Pilkington-Verfahren gemacht, indem man Glas über flüssiges Zinn laufen lässt. Das war wunderbar, so lange die Glasplatten dick waren. Heute macht man aber Glasplatten für Fernsehscheiben, die nur wenige Millimeter dick sind, und auf einmal entdecken sie regelmäßige Störungen im Glas. Sie können das modellieren und asymptotisch betrachten und sagen: Das ist eine typische Instabilität. Aber 90 Prozent der Kunden möchten eine zahlenmäßige Vorhersage: Was passiert, wenn ich die Parameter ändere? Um Vorhersagen zu machen, nützt Ihnen das Verständnis allein nichts." (Neunzert in Schmidt/Schulze-Pillot 2007: 265)

Indem die Nützlichkeit, nicht aber die Wahrheit oder Korrektheit ihrer Theorien betont wird, verliert auch der Beweis seine Bedeutung. So steht er in der Industriemathematik nicht mehr im Zentrum der mathematischen Arbeit. Zum Teil kommt die Industriemathematik ganz ohne Beweise aus oder sie gelten als lästig; manchmal reicht auch die Zeit nicht, um mathematische Beweise anzufertigen.[4]

---

4   Persönliche Mitteilung von Stanley Osher bei der Recherche zu einem Zeitungsartikel zur Mathematik in der Hollywood-Industrie, Los Angeles 1999.

Das veränderte Erkenntnisinteresse, die Orientierung an Problemen aus der industriellen Praxis, die Modellierung mit Blick auf eine nützliche Lösung und die Entwicklung von einsatzfähigen Softwarelösungen hat auch Einfluss auf das Selbstverständnis der Industriemathematiker. Neunzert vergleicht sie mit Querdenkern und Wanderburschen und setzt sie damit implizit von Vertretern der reinen Mathematik ab, die sich zum Teil über Jahre oder Jahrzehnte ausschließlich mit Problemen innerhalb einer einzigen Teildisziplin der Mathematik beschäftigen:

> „Sie sind Wanderburschen, die gern von Herausforderung zu Herausforderung gehen, nicht so sehr an der Scholle hängen. Mathematik ist etwas für neugierige Geister. Wenn sie in eine Firma gehen, wo die Mathematik ganz eng eingesetzt wird, haben sie natürlich nicht so viele Möglichkeiten. Aber bei Bosch ist es z.B. wirklich so: Da kommen tausende Probleme an sie heran. Dauernd oszilliert was, dauernd geht etwas verloren. Sie können von Problem zu Problem springen." (Neunzert in Schmidt/Schulze-Pillot 2007: 266)

3.3 Thesen und Fragen

Da philosophische und soziologische Reflexionen über Mathematik bislang nur einen schmalen Ausschnitt der Mathematik, nämlich vorrangig die reine Mathematik untersucht haben, führt bereits ein kurzer Blick auf die Industriemathematik auf neue Aspekte, die eine genauere Analyse lohnenswert erscheinen lassen. So kommt Bettina Heintz in ihrer Untersuchung zu dem Schluss, dass die heutige (reine) Mathematik einer soziologischen Analyse kaum mehr Raum lässt. Betrachtet man die Industriemathematik, so zeigen sich aber Eigenschaften, die eine soziologische Betrachtung geradezu herausfordern:

- In der Industriemathematik geht es nicht um Erkenntnis, Wahrheit oder Schönheit, sondern um die Nützlichkeit der Mathematik.
- Die Mathematik geht stets in ein Produkt, meist in eine Softwarelösung, ein.
- Die Industriemathematik lässt sich nicht uneingeschränkt als beweisende Disziplin beschreiben, da der Beweis eine geringere Rolle als in der reinen Mathematik spielt.
- Das Wissen entsteht immer in Berührung mit einer anderen Disziplin, also immer auch im Spannungsfeld der eigenen Perspektive und der Anwendungsdomäne.
- Das Wissen ist nicht konsensual und kumulativ. Zu vielen Problemen gibt es konkurrierende Lösungen, und eine mathematische Lösung muss sich gegen andere Lösungen – seien sie mathematisch oder nichtmathematisch – durchsetzen.

- Die These der unvernünftigen Nützlichkeit gilt für die Industriemathematik nicht. Die Mathematik wird vielmehr bewusst eingesetzt und muss beweisen, dass sie nützlich und ihr Einsatz vernünftig ist.

Diese Unterschiede zwischen Industriemathematik und reiner Mathematik manifestieren sich auch im Sprachgebrauch, der, wie bereits anhand von Lakatos und Heintz dargestellt, ein zentraler Faktor für die Wissenskonstitution und den Wissenstransfer in der Mathematik ist. Festmachen lässt sich dies bereits an Aspekten, die Lakatos und Heintz ins Zentrum ihrer Untersuchungen gestellt haben:

- Semantische Kämpfe sind in der Industriemathematik sichtbarer und finden hier und heute statt.
- Der Stellenwert von Beweisen ist geringer als in der reinen Mathematik; er kann daher nicht uneingeschränkt als kohärenzstiftendes Kommunikationsmittel gelten.

Das Aushandeln von Vorstellungen, Sachverhalten und Bezeichnungen, das sich innerhalb der Mathematik meist erst in der historischen Entwicklung sichtbar machen lässt, findet in der Mathematik in der Gegenwart statt und hinterlässt, da verschiedene Disziplinen beteiligt sind, deutliche Spuren. Die Spuren sind auch deshalb sichtbar und analysierbar, weil die semantischen Kämpfe oft bereits vor oder bei der eigentlichen mathematischen Modellierung stattfinden, sich also noch in der natürlichen Sprache zeigen und nicht – oder nur zum Teil – in der Formelsprache. Sie sind dadurch einer sprachwissenschaftlichen Untersuchung grundsätzlich zugänglich. Die Beweise dagegen verweisen in der Industriemathematik auf einen neuen, noch nicht erschlossenen Untersuchungsbereich: Da die Kohärenz und Konsistenz der Disziplin nicht mehr mit Hilfe der Beweise erreicht werden kann, müssen sie auf anderen Wegen kommunikativ hergestellt werden; diese Wege müssen erst noch erkannt und beschrieben werden.

Die beiden Thesen, die hier in Kontrast zu Lakatos und Heintz entwickelt wurden, bieten bereits Anknüpfungspunkte für eine Untersuchung der Industriemathematik mit Hilfe linguistischer Methoden. Zentrale Fragen einer solchen Untersuchung müssen allerdings nicht ausschließlich auf Sprache bezogen sein, sondern können die Wissenskonstitution in der Industriemathematik auch von einem allgemeineren Standpunkt aus ins Zentrum stellen – nämlich im Vergleich zur reinen Mathematik und in ihrer Einbettung in die Mathematik und Gesellschaft im weiteren Sinne:

- Wie entsteht Wissen in der Industriemathematik? Geschieht dies wie in der reinen Mathematik oder in einer eigenen, davon verschiedenen Wissenskultur? Worin liegen die Unterschiede? Wo liegen die Grenzen zwischen reiner, angewandter und Industriemathematik? Welches Erkenntnisinteresse haben die Akteure? Welches Selbstverständnis haben sie?
- Wie wird das mathematische Wissen in der Anwendungsdomäne nutzbar gemacht? Wie werden Theorien, Begriffe, Objekte der Anwendungsdomäne zugeschnitten und umgedeutet, ersetzt oder umdefiniert, um die Mathematik einsetzen zu können? Welche Widerstände spüren beide Seiten dabei? Wie entstehen in der Industriemathematik mathematische Modelle im Gespräch der Mathematiker mit den Kunden? Wieviel Mathematik bleibt bei der Anwendung erhalten? Wieviel ist in Form von Produkten, Software und Texten sichtbar, wieviel unsichtbar?
- Wie wird das Wissen verkauft? Wie wird versucht, Kunden von der Nützlichkeit der Mathematik zu überzeugen? Welche Argumente machen den Einsatz von Mathematik aus Kunden- und Anwendersicht vernünftig?
- Lässt sich ein *mathematical way of thinking* ermitteln, eine Art Mathematisierung der Anwendungsdomäne? Lässt sich eine wirklichkeitskonstituierende Kraft der Mathematik nachweisen?

4   Die Methode des nützlichen Linguisten

In ihren Laborstudien hat Karin Knorr Cetina vorgeführt, wie fruchtbar eine ethnographische Untersuchung naturwissenschaftlicher Disziplinen sein kann, gerade auch wenn epistemische Praxen verschiedener Disziplinen verglichen werden (vgl. Knorr Cetina 1984 und 2002). Daran anknüpfend wurde die ethnographische Methode durch Heintz bereits auch auf die Mathematik angewandt. Dies hat gezeigt, dass konstruktivistische Theorien die epistemischen Besonderheiten des Fachs sehr wohl berücksichtigen können und nicht zu einer vorschnellen Relativierung der *harten* Eigenschaften der Mathematik führen müssen; so stellen sie die Kohärenz, Kumulativität und Invarianz des mathematischen Wissensbestands nicht in Frage.

Auch für die Industriemathematik erscheint die ethnographische Methode daher vielversprechend. Dies gilt umso mehr, weil bereits Ergebnisse für die reine Mathematik und die Naturwissenschaften vorliegen und gerade im Kontrast zu diesen Ergebnissen neue Erkenntnisse über die Industriemathematik zu erwarten sind. Besonderen Reiz erhält die ethnographische Methode aus linguistischer Sicht zudem durch die Bedeutung, die Texten im wissenschaftlichen und auch im industriellen Umfeld zukommt. In ihrer Laborstudie zur Mikrobiologie konnte Knorr Cetina ihre Ergebnisse, die sie zunächst als teilnehmende Beobachterin gewonnen hatte, durch die Analyse der Textrevisionen eines wissenschaftlichen Aufsatzes bestätigen; in den verschiedenen Fassungen des Aufsatzes und den Bemerkungen zu den Textrevisionen manifestieren sich unter anderem Strategien der Einflussnahme, des Verschweigens oder Herauskehrens von Informationen sowie die bewusste Konstruktion einer kohärenten Forschungsgeschichte (vgl. Knorr Cetina 1984: 210 ff.).

4.1   Mitarbeitende Beobachter

In Forschungs- und Entwicklungsabteilungen erhält die Arbeit am Text eine ähnliche Bedeutung wie in den Naturwissenschaften, wenn nicht eine noch größere. In der Softwareentwicklung gibt es zahlreiche entwicklungs- und produktbegleitende Texte, darunter Spezifikationen, Design-Dokumente sowie Softwaredokumentationen und Marketingunterlagen; diese Dokumente sollen einerseits den Verlauf der Entwicklungsprojekte dokumentieren und zum anderen ein kohärentes Bild des dabei entstandenen technischen Produkts ermöglichen (vgl. Schmidt 2005). Wie bei wissenschaftlichen Veröffentlichungen ist es auch im industriellen Umfeld üblich, verschiedene Fassungen dieser Dokumente durch Projektverantwortliche und Experten gegenlesen zu lassen. Dies führt in der Regel zu zahlreichen Revisionen an den Texten. Die Revisionen spiegeln dabei alle Probleme und Dispute fachlicher Art sowie deren Lösung wider; sie machen jeden Kampf um die beste Benennung und um die geeignetste Definition neuer Begriffe sichtbar. Die Arbeit am Text erweist sich dadurch als eine Art Mikroskop der Prozesse, Verhandlungen und Aushandlungen, die mit dem Ziel eines konsistenten und überzeugenden Produkts angestrengt werden.

Der nützliche Linguist geht nun in Entwicklungsprojekte, um in der Rolle eines technischer Redakteurs und PR-Journalisten sich an einer neuralgischen Stelle des Projekts nützlich zu machen. Er schreibt selbst Dokumentationen und andere Texte bzw. koordiniert und moderiert deren Entstehung. Dadurch lernt er als Projektmitglied die Innenwelt der Projekte kennen. Durch seine sprachliche Perspektive bleibt der nützliche Linguist aber stets auf Distanz zu den Teamkollegen. Er ist ein mitarbeitender Beobachter.

Im Bereich des technischen Schreibens, wozu die Softwaredokumentation gezählt wird, ist die Rolle eines mitarbeitenden Beobachters eine übliche Erscheinung, weil sich die Autoren in diesem Kommunikationsbereich beim Schreiben nicht immer auf Gebrauchsnormen stützen können. Die anzufertigenden Texte müssen in ihrer sprachlichen Form und Detaillierungstiefe bewusst konzipiert werden, was durch explizite Normen geschieht. Diese Regeln prägen das Schreiben auf allen sprachlichen Ebenen eines Textes – von der Makrostruktur bis zur Formulierungsebene. Durch eine solche kontrollierte Sprache ist das technische Schreiben stets mit bewussten Entscheidungen verbunden. Textmuster müssen beispielsweise so festgelegt werden, dass sie die zu beschreibenden technischen Inhalte adäquat erfassen und für die jeweilige Zielgruppe lesbar, verständlich und nützlich sind.

Eine solche Standardisierung durch explizite Normen ist Ausdruck einer prospektiven Linguistik, wie Sie Susanne Göpferich für die angewandte Fachtextlinguistik als notwendig ansieht und als Ausdruck einer Ökonomisierung fachsprachlicher Kommunikation versteht (vgl. Göpferich 2000). In der Industrie können produktbegleitende Texte daher als ein eigenständiger Faktor in der Projektarbeit gelten, der den nützlichen Linguisten auf Distanz zu seinen Kollegen im Entwicklungsteam hält. Das Risiko eines *going native* ist gering.

4.2   Anwendung auf die Industriemathematik

Für den Bereich der Industriemathematik lässt sich die Methode des nützlichen Linguisten noch konkreter fassen. Dies soll anhand des Begriffspaars Vernunft und Nützlichkeit geschehen, das weiter oben eingeführt wurde. Es hebt zwei Aspekte der Industriemathematik hervor, in denen sie sich von der reinen Mathematik unterscheidet:

- Die eigentliche Anwendung der Mathematik in einem Produkt wie einer Softwarelösung. Hier macht die Mathematik sich nützlich.
- Die Vermarktung einer Softwarelösung, in der Mathematik steckt. Hier muss die Mathematik beweisen, dass ihr Einsatz vernünftig ist.

Beide Aspekte zeigen sich in jeweils eigenen Textklassen, die in Entwicklungsprojekten meist unabhängig voneinander erstellt werden: Für den Aspekt der Nützlichkeit sind dies Texte der Softwaredokumentation, beispielsweise Bedienungsanleitungen; für den Aspekt der Vernunft ist dies Marketingmaterial wie Success Stories, Solution Briefs, Fact Sheets oder Statements of Direction.

Softwaredokumentation hat zunächst die Aufgabe, den Funktionsumfang des technischen Produkts zu beschreiben sowie Informationen zum Einsatz, zur Bedienung und Wartung zu geben. Die Produktdokumentation entsteht meist während der Entwicklungsphase des Produkts, wodurch bei deren Erstellung noch nicht alle Funktionen des Produkts getestet werden können und viele offene Fragen noch geklärt werden müssen. Zu den Herausforderungen des technischen Schreibens gehört es, in einem solchen Umfeld dennoch rechtzeitig eine Dokumentation anzufertigen, die vollständig und korrekt ist. Zudem muss das Produkt möglichst konsistent und einheitlich beschrieben werden, vor allem in Hinblick auf den Detaillierungsgrad und die Zielgruppe sowie die Verwendungssituation der Dokumentation.

Produktdokumentationen vermitteln daher zwischen der Systemdomäne, also den technischen Eigenschaften des Produkts und der Anwendungsdomäne, in der das Produkt später eingesetzt wird. So kann es vorkommen, dass eine Softwarelösung modernste, forschungsnahe Mathematik enthält, dies aber für die späteren Anwender der Software nur wenig relevant ist. Bei einer Optimierungssoftware für Krankentransporte müssen die Disponenten, die am Bildschirm die Transporte planen, nicht die mathematischen Optimierungsalgorithmen verstehen, die im Hintergrund laufen. Sie möchten in der Dokumentation die Bedienung der Software erklärt haben. Auf die Beschreibung der mathematischen Zusammenhänge muss meist auch deshalb verzichtet werden, weil die meisten Anwender die entsprechenden mathematischen Erklärungen gar nicht verstehen würden. Zumindest möchten die späteren Benutzer – zum Beispiel die Sachbearbeiter in Banken, im Krankenhaus oder Speditionen – mit Mathematik nicht konfrontiert werden.

Die Mathematik muss in der Softwaredokumentation daher in der Regel versteckt werden. Dies ist meist mit semantischen Kämpfen verbunden, da es für das Verstecken mathematischer Inhalte nötig ist, dass fachliche Benennungen und Vorstellungen, die während der Produktentwicklung im Zentrum der Diskussionen standen, beim Schreiben einer Revision unterzogen werden. Diese Kämpfe werden bei der Erstellung der Produktdokumentation besonders sichtbar.

Im Gegensatz dazu nimmt das Marketingmaterial den Verkauf der Lösungen in den Blick und muss der Mathematik einen viel höheren Stellenwert einräumen. Bei diesen Texten stehen nicht mehr die technische Realisierung und der Funktionsumfang des Produkts im Vordergrund, wie dies bei den Texten der Softwaredokumentation der Fall ist, sondern die Gründe, die für den Einsatz des Produkts sprechen. Anders als bei Produktdokumentationen darf die Mathematik hier nicht versteckt werden, da die Mathematiker gerade durch ihre Kernkompetenzen einen entscheidenden Anteil an der Entwicklung des Produkts hatten. In den Marketing-Materialien muss und wird auch die Leistung der Mathematik sichtbar gemacht. Dies wird auch an den Marketingtexten des ITWM deutlich, die verdeutlichen möchten, dass die am Institut entwickelten Softwarelösungen – deren Dokumentation vermutlich wenig Hinweise auf mathematische Sachverhalte enthält – im Kern ein mathematisches Produkt sind.

Aus Perspektive der Textproduktion muss die Mathematik zum einen versteckt werden, um wirklich nützlich zu sein, zum anderen aber herausgekehrt werden, um Kunden von der Vernünftigkeit ihres Einsatzes zu überzeugen. Der nützliche Linguist erhält bei einer solchen Arbeit am Text die Chance, nicht nur die Wissenskonstitution in dem Bereich der Industriemathematik nachzuspüren, sondern auch das Sichtbar- und Unsichtbarmachen von komplexen Sachverhalten, also die strategische Seite der Erstellung von Dokumenten innerhalb von Entwicklungsabteilungen, zu untersuchen.

5 Ausblick

Ausgehend von bisherigen Reflexionen über Mathematik wurde herausgearbeitet, dass die Industriemathematik ein interessanter Gegenstandsbereich für die Untersuchung von Wissenskonstitution und Kommunikation ist. Die Wissensdomäne Mathematik erweist sich für die Linguistik als fruchtbar, weil sich in ihr die semantischen Kämpfe zur sprachlichen Konstitution fachlicher Gegenstände im Kontrast zu anderen fachlichen Wissensdomänen exemplarisch sichtbar machen lassen. Die semantischen Kämpfe erweisen sich dabei nicht ausschließlich als Probleme einer öffentlichen oder professionellen Kommunikation, sondern vielmehr als notwendiger Teil eines Forschungs- und Entwicklungsprozesses, der neue technische Produkte und mathematische Erkenntnisse zum Ziel hat.

Die Untersuchung der sprachlichen Wissenskonstitution in der Industriemathematik hat aber auch aus theoretischen und methodischen Gründen einen besonderen Reiz. Zunächst könnte eine Untersuchung der Industriemathematik die angewandte Mathematik stärker in das Zentrum der Reflexion über Mathematik rücken und dadurch eine auffällige Lücke in der philosophischen und soziologischen Literatur schließen helfen. Da gerade die Erzeugung und Nutzbarmachung von Wissen in der Industriemathematik völlig anders als in der reinen Mathematik abläuft, ließen sich durch eine solche Untersuchung die Mathematik als ganzes differenzierter beschreiben und tradierte Meinungen revidieren. Auch ließen sich wesentliche Aspekte der Mathematik, zum Beispiel deren semantischen Kämpfe, aus der historisierenden Perspektive befreien und in der Gegenwart untersuchen.

Zudem kann eine Untersuchung der Industriemathematik ein erster Schritt bilden zur Untersuchung ganz allgemeiner mathematischer Aktivitäten wie des Rechnens und Operationalisierens. Dies könnte dazu dienen, mit einer bislang nur eingeforderten, aber nicht eingelösten Soziologie des Rechnens zu beginnen, die unter anderem die Wirklichkeitskonstruktion durch Buchhaltung und Bilanzierung beschreiben würde (vgl. Vollmer 2003). Auch ließen sich Denk- und Handlungsweisen, die Spitzenmanagern mit mathematischem Hintergrund zugeschrieben werden (vgl. Dueck/Hirsch 2003), einer wissenschaftlichen Betrachtung zuführen. Die empirische Untersuchung der Industriemathematik kann dadurch auch eine solide Basis für Reflexionen über die allgemeine Mathematisierung der Welt sein.

Für die Linguistik liegt der Reiz solcher Untersuchungen in der Methode des nützlichen Linguisten. Sie könnte helfen, so verschlossene Bereiche wie Entwicklungsabteilungen von privatwirtschaftlichen Unternehmen für linguistische Analysen zu erschließen. Auch kann sie als bewusst ethnographische Methode dazu beitragen, die Forschung zum Schreiben am Arbeitsplatz, der Fachkommunikation und der Wissenskonstitution weiter auszubauen sowie bisherige Erkenntnisse empirisch abzusichern und zu erweitern. Auch wenn solche Untersuchungen zunächst theoriegeleitet sind, besteht der Wunsch und die Überzeugung, dass sie Ergebnisse liefern können, die uns im wörtlichen Sinne zu nützlichen Linguisten machen.

Literatur

AIGNER, MARTIN/SCHMIDT, VASCO ALEXANDER (2002): „Es gibt so irre viel zu erkennen". Interview mit Gunter Dueck. In: Mitteilungen der Deutschen Mathematiker-Vereinigung 10/1 (2002), 12–16.

BOURGUIGNON, JEAN-PIERRE (2000): A Basis for a New Relationship Between Mathematics and Society. In: ENGQUIST, BJÖRN/SCHMID, WILFRIED (Hgg.): Mathematics unlimited – 2001 and beyond. Part 1. Berlin, Heidelberg, 171–188.

COURANT, RICHARD/ROBBINS, HERBERT (1972): Was ist Mathematik? 3. Auflage. Berlin.

DAVID, EDWARD E. (1984): Renewing U. S. Mathematics: Critical Resources for the Future, Washington.

DAVIS, PHILIP J./HERSH, REUBEN (1994): Erfahrung Mathematik. Basel, Boston, Stuttgart.

DUECK, GUNTER/HIRSCH, ULRICH (2003): Management by Mathematics. Erfahrungen und Erfolge von Executives und Politikern. Wiesbaden.

ERNEST, PAUL (1998): Social Constructivism as a Philosophy of Mathematics. New York.

FELDER, EKKEHARD (2006): Semantische Kämpfe in Wissensdomänen. Eine Einführung in Benennungs-, Bedeutungs- und Sachverhaltsfixierungs-Konkurrenzen. In: DERS. (Hg.): Semantische Kämpfe. Macht und Sprache in den Wissenschaften. Berlin/New York, 13–46.

GÖPFERICH, SUSANNE (2000): Von der deskriptiven zur präskriptiven (prospektiven) Fachtextsortenlinguistik. In: BAUMANN, KLAUS-DIETER/KALVERKÄMPER, HARTWIG (Hgg.): Sprachen im Beruf. Stand – Probleme – Perspektiven. Tübingen, 83–99.

HEINTZ, BETTINA (2000): Die Innenwelt der Mathematik. Zur Kultur und Praxis einer beweisenden Disziplin. Wien/New York.

HERSH, REUBEN (1997): What is Mathematics, really? New York/Oxford.

HILBERT, DAVID (1935): Naturerkennen und Logik. In: DERS.: Gesammelte Abhandlungen, Bd. 3. Berlin, 378–387.

KNORR CETINA, KARIN (1984): Die Fabrikation von Erkenntnis. Zur Anthropologie der Naturwissenschaft. Frankfurt/M.

KNORR CETINA, KARIN (2002): Wissenskulturen. Ein Vergleich naturwissenschaftlicher Wissensformen. Frankfurt/M.

KRÄMER, SYBILLE (1988): Symbolische Maschinen. Die Idee der Formalisierung in geschichtlichem Abriß. Darmstadt.

LAKATOS, IMRE (1979): Beweise und Widerlegungen. Die Logik mathematischer Entdeckungen. Braunschweig, Wiesbaden.

LAKOFF, GEORGE/NÚÑEZ, RAFAEL E. (2000): Where Mathematics Comes From. How the Embodied Mind Brings Mathematics into Being. New York.

MANNHEIM, KARL (1969): Wissenssoziologie. In: DERS.: Ideologie und Utopie, Frankfurt/M., 227–267.

MEHRTENS, HERBERT (1990): Moderne Sprache Mathematik. Eine Geschichte des Streits um die Grundlagen der Disziplin und des Subjekts formaler Systeme. Frankfurt/M.

SCHMIDT, VASCO ALEXANDER (2003): Grade der Fachlichkeit in Textsorten zum Themenbereich Mathematik. Berlin (Berliner Sprachwissenschaftliche Studien 3).

SCHMIDT, VASCO ALEXANDER (2005): Technisches Schreiben bei SAP. Dokumentation betriebswirtschaftlicher Standardsoftware. In: JACOBS, EVA-MARIA/LEHNEN, KATRIN/SCHINDLER, KIRSTEN (Hgg.): Schreiben im Beruf. Frankfurt/M., 73–92.

SCHMIDT, VASCO ALEXANDER/SCHULZE-PILLOT, RAINER (2007): Zwölf Jahre ITWM. Ein Gespräch mit Prof. Dr. Helmut Neunzert und Prof. Dr. Dieter Prätzel-Wolters. In: Mitteilungen der Deutschen Mathematiker-Vereinigung 15/4 (2007), 262–268.

VOLLMER, THOMAS (2003): Grundthesen und Forschungsperspektiven einer Soziologie des Rechnens. Sociologia Internationalis 41 (2003), 1–23.

WIGNER, EUGENE P. (1960): The Unreasonable Effectiveness of Mathematics in the Natural Sciences. In: Communications on Pure and Applied Mathematics 13 (1960), 1–14.

Teil IV:

Anwendungen in
der Praxis

Verhaltensregulierung und Identitätsstiftung durch Unternehmensverfassungen

Corporate Governance unter sprachlichen Aspekten

Markus Hundt

1   Einleitung

In den börsennotierten deutschen Unternehmen geht derzeit ein furchteinflößendes Gespenst um. Es hat den Namen *Unternehmensverfassung* oder modischer ausgedrückt: *Corporate Governance* und versetzt die Vorstände der Unternehmen in gehörigen Schrecken. Was verbirgt sich hinter diesem Gespenst?

CORPORATE GOVERNANCE ist ein Konzept, das in den internationalen Kapitalmärkten mittlerweile etabliert ist und das dazu dient, die Transparenz der unternehmerischen Entscheidungen zu erhöhen. Ziel der *good corporate governance* ist es letztlich immer, die sog. *stake holder* (also alle an Unternehmenszielen Beteiligte, von den Aktionären über die Mitarbeiter bis zu den Managern und Vorständen) durch optimale Informationen zum

Unternehmen bei Laune zu halten und so letztlich die Kapitalflüsse in das
Unternehmen und den Börsenwert des Unternehmens zu erhalten und zu
steigern.

Während CORPORATE GOVERNANCE in den USA schon eine längst
geübte und von den Kapitalgebern und Analysten penibel eingeforderte
Praxis ist, werden in Deutschland die Unternehmen erst allmählich in
dieser Richtung tätig. Zwar gibt es schon eine Reihe von Richtlinien – wie
den Deutschen Corporate Governance Kodex – aber: unternehmensspe-
zifische Ausformungen der Unternehmensverfassung sind noch nicht für
alle börsennotierten Unternehmen erstellt worden. Daher ist dies auch ein
Bereich, in dem Sprachwissenschaftler als Berater hinzugezogen werden
können.

Nachfolgend werden exemplarisch Fragen behandelt, die ein Unternehmen bei der Formulierung einer Unternehmensverfassung häufig berücksichtigt:

- Die aktuelle Verwendung des Ausdrucks Verfassung im Deutschen
- Die Geschichte des Begriffs VERFASSUNG
- Der mediale Status von Verfassungen und die sich daraus evtl. für Unterneh-
  mensverfassungen ergebenden Konsequenzen
- Die Textstruktur von Verfassungen
- Die Semantik des Begriffs UNTERNEHMENSVERFASSUNG
- Das Konnotationspotenzial des Ausdrucks Unternehmensverfassung (allg.),
  also diejenigen assoziierten Teilbedeutungen, die man nicht als Teile des De-
  notats und damit als unumstrittene Elemente des Begriffs betrachten kann

2 Sachverhaltskonstitution – Verhaltensregulierung – Identitätstiftung

Die Begriffswelt der Wirtschaftspraxis und der Wirtschaftswissenschaften
ist dadurch geprägt, dass sich sehr häufig die Sachverhalte, die die Begriffe
ja eigentlich nur in Sprache fassen sollen, erst durch die sprachlich konstituierten Konzeptualisierungen Realität gewinnen. Nicht die wirtschaftlichen Sachverhalte existieren außerhalb der Konzeptualisierung, sondern in
vielen Fällen ist es gerade umgekehrt, dass die wirtschaftlichen Sachverhalte erst erschaffen werden durch die Konzepte, die dann auch versprach-
licht werden müssen. Schlagende Beispiele hierfür lassen sich im Bereich
der Finanzprodukte anführen. Hedge-Fonds, Derivate (Futures, Optio-
nen, Forwards, Swaps etc.) sind alles Abstraktionen konkreter Produkte.
Der Sachverhalt existiert zunächst nur im Kopf der Produkterfinder. Der

Sachverhalt erhält seine Realität schließlich nur über die Begriffskonstitution in der Wirtschaftsfachsprache, die ihn dann als handelbares Produkt verfügbar und einsetzbar macht. Die Versprachlichung wirtschaftlicher Sachverhalte, die Kommunikation wird so zum zentralen Mittel der Konstitution des Bereichs Wirtschaft. Diese allgemeine Feststellung im Kontext der Wissensdomäne Wirtschaft im Forschungsnetzwerk „Sprache und Wissen" sei im Folgenden an einer relativ jungen Entwicklung in deutschen Unternehmen illustriert – nämlich der Formulierung und Verabschiedung von Unternehmensverfassungen.[1]

Bei einer sich ständig und – so hat es den Anschein – auch immer schneller verändernden Arbeitswelt kommt der Durchschaubarkeit wirtschaftlicher Prozesse eine immer größere Bedeutung zu. Diese Durchschau- und Nachvollziehbarkeit kann aber nur über eine entsprechende sprachliche Durchschaubarkeit (Transparenz) sichergestellt werden. Insofern kommt der Begriffsanalyse und der Analyse kommunikativer Prozesse eine immer größere Bedeutung zu. Die interne und externe Unternehmenskommunikation oder die aktuelle Diskussion, um die von den börsennotierten Unternehmen anzustrebende und zu vermittelnde gute corporate governance sind dafür nur zwei Beispiele. Längst ist auch in den Unternehmen die Erkenntnis angelangt, dass sich wirtschaftliche Prozesse nicht allein auf Güter, Absatz-, Beschaffungs- und Arbeitsmärkte reduzieren lassen, sondern dass die sprachliche Konstitution und Vermittlung des Gegenstandsbereichs eine der Wirtschaft immanente und unhintergehbare Bedingung ist, ohne die wirtschaftliche Phänomene nicht erfasst werden können. In der Wissensdomäne Wirtschaft im Forschungsnetzwerk „Sprache und Wissen" im Allgemeinen und in den folgenden Ausführungen im Besonderen wird es daher darum gehen, zentrale Kommunikationsroutinen des Feldes »Wirtschaft« in seiner aktuellen Ausprägung und in seiner historischen Gewordenheit zu untersuchen, seine Vernetzung, seine weltkonstituierende Funktion und seine Abhängigkeit von den jeweiligen systembezogenen Deutungsmustern (Wirtschaftssysteme, Wirtschaftspolitik) zu erhellen.

Eng verbunden mit der Sachverhaltskonstitution durch Sprache ist die sich daran anschließende Verhaltensregulierung durch Sprache und – wo dies möglich ist – die identitätsstiftende Funktion, die bestimmte Begriffssysteme mit sich bringen können.

---

1   Der Autor ist zugleich wissenschaftlicher Berater der Kommunikationsberatung Schelenz GmbH, Agentur für Personal- und Unternehmenskommunikation (Mainz). In diesem Kontext sind auch die nachfolgenden Ausführungen zum Begriff UNTERNEHMENSVERFASSUNG zu sehen.

Der Aspekt der Verhaltensregulierung wird wohl in nur wenigen anderen Textsorten so deutlich wie in Verfassungstexten. Daher kann am Beispiel der zurzeit in vielen Unternehmen diskutierten Unternehmensverfassungen gezeigt werden, inwiefern hier nicht nur Sachverhaltskonstitution und Sprachregelungen betrieben wird, sondern wie hier auch versucht werden kann, das Verhalten der am Unternehmen aktiv Beteiligten zu regulieren. Zudem wohnt Verfassungen, als regulierenden Texten, immer auch die Tendenz inne, dass sie von denjenigen, die ihnen unterworfen sind, als Projektionsflächen wahrgenommen werden, die eine positive Deutung des eigenen Unternehmens und der eigenen Rolle in ihm ermöglichen. Dies kann man als identitätsstiftende Funktion solcher regulierender Texte auffassen. In diesem Beitrag können selbstverständlich nicht alle Facetten dieses Dreischrittes „Sachverhaltskonstitution – Regulierung – Identitätsstiftung" erschöpfend behandelt werden. Am Beispiel des Begriffs UNTERNEHMENSVERFASSUNG soll gezeigt werden, wie diese drei Schritte ineinandergreifen.

Diese Textsorte wird von Unternehmen mit dem Ziel verabschiedet, das Verhalten von Wirtschaftssubjekten in betrieblichen Kontexten zu beeinflussen. Solche, auf Grund ihres Status herausragende Texte wie Unernehmensverfassungen sollen dann neben ihrer regulierenden Funktion (Verhaltenslenkungsversuche) auch identitätsstiftende Aufgaben übernehmen. In Analogie zu Staatsverfassungen versuchen Unternehmensverfassungen mit sprachlichen Mitteln einen die Einzelinteressen übergreifenden Konsens aller Beteiligten zu postulieren. Ob dieser Konsens in der Praxis wirklich durchgängig vorhanden ist, darf bezweifelt werden. Relevant ist jedoch, dass die Geltung der Unternehmensverfassung nicht in Frage gestellt wird und so z.B. für Anleger eine verlässliche Größe darstellt.

Damit sind Verfassungstexte hier als Textsorten relevant, die sozial und betriebswirtschaftlich gewünschte Wirklichkeiten entstehen lassen, indem durch repräsentative/assertive bis hin zu deklarativen Sprechhandlungen Unternehmensrealitäten erst geschaffen werden. Dies geschieht mit dem Ziel, dass sich die Mitarbeiter an dem Verfassungsideal orientieren. So sollen dann die durch Verfassungstexte entworfenen Konzepte Wirklichkeit werden, also als handlungsleitend akzeptiert werden (Loyalität gegenüber normativen Texten)[2].

---

2   Zum Terminus „handlungsleitende Konzepte" Felder (2006) in dem ersten Sammelband des Forschungsnetzwerks „Sprache und Wissen" mit dem Titel „Semantische Kämpfe."

3   Der Verfassungs-Begriff in der Gegenwart

Wenn wir von *Verfassung* sprechen, können wir damit vieles meinen. *Verfassung* kommt mindestens in drei verschiedenen Bedeutungen in der deutschen Sprache der Gegenwart vor.

Zwei Bedeutungen stammen aus dem Bereich der Institutionen, einmal – im engeren Sinne – aus dem Sektor der Politik- und Rechtsinstitutionen und zum anderen – im weiteren Sinne – aus anderen Institutionen (Wirtschaft, Ideologien etc.).

1.) VERFASSUNG im Bereich der Institutionen im engeren Sinne: VERFASSUNG ist hier zu verstehen als ‚Ordnung des staatlichen und gesellschaftlichen Gemeinwesens' (*Staatsverfassung*) mit den Teilbedeutungen ‚rechtlich bindendes Normengefüge', ‚dem einfachen Recht über- und vorgeordnet', ‚der Souverän ist an dieses Fundamentalrecht gebunden/es besteht kein aufhebbares Vertragsverhältnis (wie etwa bei einfachem Recht)', ‚auf unbestreitbare Prinzipien gegründet', ‚schriftlich festgelegt/kodifiziert' (das Verfasste), ‚Rechtssicherheit gewährleistend', ‚regelt das Grundverhältnis zwischen Staat und Bürgern', ‚auf eine demokratische Nation als Verfassungsgeber bezogen', ‚auf Dauer angelegt', ‚stabil/nur schwer veränderbar', ‚partikulären Interessen entzogen/dem Ganzen des Staates/der Gesellschaft verpflichtet', ‚einzige Quelle legitimer Hoheitsgewalt'.

Diese Teilbedeutungen kehren wieder in den Verfassungsfunktionen: Diese sind die ‚Ordnungsfunktion', die ‚Machtbegrenzungsfunktion' (in Bezug auf die staatlichen Organe), die ‚Schutzfunktion' (in Bezug auf die Rechte des Einzelnen und in Bezug auf das nachgeordnete Rechtssystem), die ‚Legitimationsfunktion' (in Bezug auf die Ausübung staatlicher Gewalten), die ‚Integrationsfunktion' (Integration der Bürger in den Staat durch ein Bewusstsein der gesicherten Rechtsstellung und der damit einhergehenden Identifikation der Bürger mit dem Gemeinwesen, Orientierung stiftend bei der politischen Willensbildung).

VERFASSUNG in diesem engeren institutionellen Sinn wird im neueren Konstitutionalismus so zur ‚institutionellen Ausprägung einer rechtmäßigen guten Ordnung'. VERFASSUNG als die gute politische Ordnung steht im Gegensatz zu Begriffen wie TYRANNIS, DIKTATUR, DESPOTIE, CHAOS oder ANARCHIE.[3]

2.) VERFASSUNG im Bereich der Institutionen im weiteren Sinne meint ebenfalls ein Normengefüge, allerdings nicht mehr auf den Staat als eine spezielle Institution ausgerichtet, sondern auf andere Institutionen

---

3   Vgl. Preuss (2001: Sp. 637).

wie z. B. Kirchen oder einzelne Unternehmen. Im Grundsatz gelten hier dieselben Teilbedeutungen wie beim staatsorientierten Verfassungsbegriff. Lediglich der Bezugsrahmen ist ein anderer. An die Stelle des Staates als eine eigene zu ordnende, zu regierende und zu verwaltende Welt treten hier Institutionen wie Kirchen (Kirchenverfassungen) oder Unternehmen (Unternehmensverfassungen). Der engere (1.) und der weitere (2.) institutionenbezogene Verfassungsbegriff haben somit viele Gemeinsamkeiten. Allerdings kann man vereinfachend sagen, dass bei dem weiter gefassten Verfassungsbegriff die Teilbedeutungen ‚Steuerung (Führung und Leitung) der jeweiligen Institution‘ und ‚Kontrolle‘ der jeweiligen Institution grundlegend sind und damit den Kern des Begriffes ausmachen.

Für beide institutionenbezogenen Verfassungsbegriffe gilt, dass sie sowohl auf einen Ist-Zustand als auch auf einen Soll-Zustand bezogen werden können. Der Aspekt des Normengefüges (ob bei Staat, Wirtschaftsverfassung oder Kirchenverfassung) zielt auf den Soll-Zustand. Die tatsächliche Ausprägung der jeweiligen Ordnungen (Praxis) zielt auf den Ist-Zustand. Der Begriff VERFASSUNG schließt in den tatsächlichen Verwendungen beide Aspekte mit ein.

3.) VERFASSUNG im Bereich der Alltagssprache. Hier zielt Verfassung auf den medizinischen Zustand des Menschen in körperlicher, geistiger und seelischer Hinsicht. Auch diese Bedeutung geht bis auf die Antike zurück, wo mit ‚constitutio‘ neben den ordnungspolitischen auch die körperbezogenen Bedeutungen gemeint sein konnten. Diese Bedeutung liegt vor, wenn wir von einer *guten oder schlechten Verfassung* sprechen, in der wir uns befinden oder davon, dass jemand gerade *in hervorragender Verfassung* ist oder eben *nicht in der Verfassung* ist, etwas zu tun.

4   Woher stammt der Begriff VERFASSUNG?

Der ursprüngliche Begriff VERFASSUNG ist eine Übersetzung aus dem Lateinischen *constitutio* und ist im Deutschen erstmals im 14. Jahrhundert belegt als *virfazsunge* in der Bedeutung von ‚Vereinbarung‘ (vgl. Mohnhaupt 1990: 839).

VERFASSUNG blickt als Begriff auf eine sehr lange Geschichte zurück. Wie viele andere historische Leitbegriffe ist auch der Verfassungsbegriff schillernd. Der Mangel eines allgemein akzeptierten wissenschaftlichen Verfassungsbegriffs wird beklagt (Mohnhaupt 1990: 832). Die Diskussion reicht bis in die Antike zurück zur griechischen *politeia* als der politischen Ordnung einzelner Stadtstaaten.

In der römischen Staatsphilosophie wird diese Diskussion weitergeführt (tradierte Regeln der Staatsordnung im Sinne des ‚mos maiorum‘, ‚constitutiones‘ als altbewährte Gesetze und ‚status rei publicae‘ als Verfassung im Sinne einer Zustandsbeschreibung).

Die Rezeption des römischen Rechts im Mittelalter führte dazu, dass der Verfassungsbegriff in dieser Zeit vornehmlich auf den tradierten Bedeutungsanteilen basierte. VERFASSUNG meinte auch hier ‚die Ordnung des gesellschaftlichen und staatlichen Gemeinwesens‘ (‚status‘ und ‚constitutio‘), die konkrete Herrschaftsausübung (‚constitutio‘ und ‚institutio‘) und daneben auch die allgemeinere Bedeutung der ‚Vereinbarung‘, also der auf gegenseitigem Einvernehmen beruhenden Ordnung.

In der Frühen Neuzeit trat dann die Bedeutungskomponente der VERFASSUNG als ‚Fundamentalgesetz‘ (‚lex fundamentalis‘) in den Vordergrund. Nach wie vor blieb der Begriff allerdings schillernd. Diese Diskussion wurde seit den frühen konstitutionalistischen Konzeptionen über mehrere Jahrhunderte intensiv geführt – z. B. in Frankreich Bodin (1592), Montesquieu „Esprit des lois“ (1748), in England Whitelocke (1610), Cromwell (1653) Locke (1669), in Nordamerika Payne „The Rights of Man“ (1791), in Deutschland von Roth (1788), Humboldt (1792), Fichte (1793), Kant (1797), P. J. Anselm Feuerbach (1798), Schelling (1800), Rotteck (1830), Aretin (1818), Behr (1818), Hegel (1821), Welcker (1847), Lorenz vom Stein (1852, 1887), Max Weber (1911), Carl Schmitt (1928), um nur einige zu nennen (Grimm 1990).

Erste Verfassungen wurden in Nordamerika in Kraft gesetzt (Grimm 1990: 867), was die Verfassungsdiskussion in Europa stark beeinflusste. Die erste moderne Verfassung in Europa war die Polens vom 3.5.1791. In den deutschsprachigen Territorien (Österreich, Preußen, Bayern, Württemberg, Baden etc.) war der Weg des Konstitionalismus im 19. Jahrhundert gebremst (Restauration). Hier kam es erst spät zu Verfassungen.

5   Zum medialen Status von Verfassungen

Der mediale Status von Verfassungen ist bisher in der begriffshistorischen Forschung nur am Rande berücksichtigt worden. Allerdings zeigen sich – gerade in der Abgrenzung von benachbarten Textsorten – einige Besonderheiten von Verfassungen als Textsorten, die sich eindeutig auf ihre mediale Repräsentation zurückführen lassen. Dies lässt sich dann auch auf Unternehmensverfassungen übertragen. Wie wichtig die Frage ist, in welcher medialen Form Verfassungen vorliegen und den Betroffenen zur Verfügung stehen, sollen die nachfolgenden fünf Abschnitte zeigen.

Schriftlichkeit als Bestimmungsmerkmal moderner Verfassungen

In der historischen Diskussion um den Verfassungsbegriff spielt spätestens seit den intensiven Überlegungen zur Ausformulierung einzelner Verfassungen im 19. Jahrhundert die Frage nach der Schriftlichkeit von Verfassungen eine zentrale Rolle. So wird ,Schriftlichkeit' zu einem wesentlichen, zu einem definitorischen Merkmal von Verfassungen überhaupt. Zwar wird die Möglichkeit ungeschriebener Verfassungen (tradierte Rechtsnormen etc.) konzediert, allerdings wird auch festgestellt, dass die schriftliche Form einer Verfassung einen fortgeschritteneren Entwicklungsstand in der Verfassungsdiskussion darstellt.

> Für Schmitthenner „drückt sich [...] in der Beurkundung eine höhere Entwicklungsstufe der Verfassung aus. Ursprünglich nur ein System von Observanzen, in welchem die Staatsanschauung des Volkes zu festen äußern Rechtsnormen angeschlossen ist, tritt die Verfassung ... allmählich aus der Form der Rechtssitten in diejenige des förmlichen Vertrags und des geschriebenen Gesetzes über." (Schmitthenner 1985 zitiert nach Brunner et al. 1990: 880)

Die Verbindlichkeit und die Gültigkeit von Verfassungen und damit natürlich auch mutatis mutandis von Unternehmensverfassungen sind somit an ihre schriftliche Kodifikation gebunden. Der Bezug auf mündlich tradierte oder auch auf in unterschiedlichen schriftlichen Versionen (eben nicht eindeutig fixiert und kodifiziert) vorliegende Rechts- und Verfahrensnormen reicht für eine Verfassung im heutigen Sinn nicht mehr aus. Die Verfassungsinhalte gewinnen somit durch die Urkundenform an Verbindlichkeit und Gültigkeit.

Die Verfassungsurkunde

Moderne Verfassungstexte entstehen in mehreren Schritten. Nach verschiedenen Beratungs- und Veränderungsgängen, bei denen jeweils unterschiedliche Textentwürfe immer wieder zur Disposition stehen, wird am Ende dieser Beratungen eine konsensuell gefundene Textform verabschiedet und schließlich von einem verfassunggebenden Gremium ratifiziert/in Kraft gesetzt. Bei der Inkraftsetzung von Verfassungen ist immer die Verfassungsurkunde zentraler Bestandteil des Verfahrens. Hier hat die Verfassungsurkunde symbolischen Wert. Zwar ist der Verfassungsinhalt auch unabhängig von der urkundlichen Form zu sehen (man kann sich auf Verfassungsparagraphen beziehen, ohne jeweils die Originalurkunde vor Augen zu haben), aber: Die Urkunde gibt das Original vor, aus dem sich alle anderen Verfassungstextkopien ableiten lassen. Die Urkunde entzieht die Verfassungsinhalte der weiteren diskursiven Disposition (natürlich nicht jedoch der kommentierenden Auslegung). Der Verfassungstext gewinnt bereits durch die Verfassungsurkunde eine gewisse Unantastbarkeit.

Parallelen und Unterschiede zu anderen Textsorten

Verfassungen als Textsorten haben viele Gemeinsamkeiten mit Gesetzestexten, stellen sie doch das oberste Gesetz dar. Blickt man auf die Geschichte von Verfassungen und Gesetzestexten zurück, so fällt auf, dass wichtige Gesetzestexte ihre Verbindlichkeit, Gültigkeit und Dauerhaftigkeit jeweils durch beeindruckende Formen der Verschriftlichung (Urkunden) unterstreichen. Prominentestes Beispiel dürften wohl die zehn Gebote sein, die Gott Moses am Berg Sinai nicht nur mitgeteilt, sondern eben in Form von zwei Tafeln überreicht hat (Deuteronomium 5, 6–22):

> „Diese Worte sagte der Herr auf dem Berg zu eurer vollzähligen Versammlung, mitten aus dem Feuer, aus Wolken und Dunkel, unter lautem Donner, diese Worte und sonst nichts. Er schrieb sie auf zwei Steintafeln und übergab sie mir [Moses]."

Die verbindliche Schriftlichkeit gilt aber auch bereits für die erste überlieferte umfangreiche Rechtskodifikation, den um 1750 v. Chr. entstandenen Codex Hammurapi. Er wurde auf einer 2,25m hohen Dioritstele eingraviert (oben reliefartig König Hammurapi). Siehe die Abbildung 1 mit der Gesamtdarstellung und den Beispieltext.

Markus Hundt

Abb. 1: Dioritstele mit dem Codex Hammurapi (Louvre, Paris)

Textauszug hier: Haftpflicht beim Hausbau:

„Wenn ein Baumeister ein Haus baut für einen Mann und es für ihn vollendet, so soll dieser ihm als Lohn zwei Shekel Silber geben für je einen Sar (1 Shekel = 9,1 g, 1 Sar = 14,88m²).Wenn ein Baumeister ein Haus baut für einen Mann und macht seine Konstruktion nicht stark, so dass es einstürzt und verursacht den Tod des Bauherrn, dieser Baumeister soll getötet werden. Wenn der Einsturz den Tod eines Sohnes des Bauherrn verursacht, so sollen sie einen Sohn des Baumeisters töten. Wird beim Einsturz Eigentum zerstört, so stelle der Baumeister wieder her, was immer zerstört wurde; weil er das Haus nicht fest genug baute, baue er es auf eigene Kosten wieder auf. Wenn ein Baumeister ein Haus baut und macht die Konstruktion nicht stark genug, so dass eine Wand einstürzt, dann soll er sie auf eigene Kosten verstärkt wieder aufbauen." (Quelle: http://www. anhuth.com/ Seiten/Private/Haftpflicht/Codex.htm; 2.1.06, 10:23 Uhr)

Ein weiteres Beispiel ist die bekannte Magna Charta Libertatum vom 15.06.1215, mit der König Johann I auf Druck von Adel und Geistlichkeit in 63 Artikeln die Lehnsrechte neu vertraglich regeln musste.

Die Erweiterungen der Magna Charta von 1215, die Habeas-Corpus-Akte von 1679 und die Bill of Rights (26.10.1689), legten für England die grundlegenden Bürgerrechte unter Einschränkung der Herrschermacht neu fest. Es handelte sich hier um die Rechtskodifikationen, deren urkundliche Fassung durchaus relevant war. Wenn man sich auf diese Gesetze berief, berief man sich immer zugleich auch auf ihre dokumentierten, in Urkundenform einmalig vorliegenden Manifestationen.

Das Muster für viele nachfolgende Verfassungen war die am 14.03.1789 in Kraft getretene Verfassung der Vereinigten Staaten von Amerika (s. Abb. 2). Genauso wie in allen späteren Verfassungen oder auch Verfassungszusätzen (vgl. die Bill of Rights für die Vereinigten Staaten aus dem Jahr 1789, die 1791 in Kraft getreten ist) sind die Urkunden, die Textoriginale, wesentliche Garanten für die Gültigkeit der Verfassungen. Durch die Ratifikation der Verfassungen erhalten sie als Urkunde ihre Textgeltung und ihren Symbolwert. Die Ratifikation verändert den Textstatus grundlegend. Die Ratifikation erhebt die Verfassungstexte zur Norm, zu maßgeblichen Instrumenten, mit denen soziale Wirklichkeiten generiert und gesteuert werden kann. Gleiches gilt auch für Unternehmensverfassungen, d. h., dass auch hier die Verfassungsberatungen und vor allem dann die Verfassungsverabschiedung und -ratifikation für die verschiedenen Funktionen und Wirkungen, die die Unternehmensverfassung dann in Zukunft haben soll, wichtig sind.

Abb. 2: Auszug aus der Verfassung der Vereinigten Staaten von Amerika
(14.03.1789)

Um diesen historischen Exkurs zu beenden, sei kurz auf die Verbin-
dungsmerkmale zwischen Verfassungen und benachbarten Textsorten
verwiesen. Verfassungen stellen von der Sache her wie Verträge verbindliche Regelungen dar, ohne jedoch in gleicher Weise wie Verträge die Vertragspartner im Text selbst hervorzuheben. Wie bei Gesetzen schaffen
Verfassungen neue soziale Wirklichkeiten und regeln diese zugleich. Im
Unterschied etwa zu Hausordnungen, die ja ebenfalls regelnde Funktion
haben, sind Verfassungen von größerer Reichweite, was den zu regelnden

Weltausschnitt betrifft (s. die Durchsetzbarkeit von Sanktionen bei Verstößen). Sie haben damit ein besonderes Gewicht, was ihren Status betriff. Verfassungen sind nicht in gleicher Weise anfecht- und hinterfragbar, außer Kraft zu setzen wie etwa Hausordnungen oder auch wie das einfache Recht. Demgegenüber können das einfache Recht, Hausordnungen, Miet- und Kaufverträge für den Alltag der Rechtssubjekte von größerer aktueller Bedeutung sein, weil sie die Folgen der hier festgeschriebenen Regeln täglich spüren. Die Geltung und die Präsenz von Verfassungen sind dagegen im Alltag wohl eher selten direkt, unmittelbar erlebbar.

Diesen herausgehobenen Status einer normsetzenden, regelnden und (im Normalfall) nicht mehr hinterfragten Textsorte (Verfassung vs. Hausordnung) kommt auch dadurch zum Ausdruck, dass Verfassungen in der Regel eben nicht omnipräsent und überall verfügbar sind, sondern in einer ihr angemessenen Form als Text repräsentiert werden. Dies gilt natürlich bereits für das Original, aber auch für Kopien. Dem hohen Symbolwert von Verfassungen wird so auch in der medialen Umsetzung der Verfassungstexte Rechnung getragen. Es trifft zwar zu, dass auch Verfassungen heute im Internet problemlos greifbar sind (vgl. www.verfassungen.de), aber ihren Symbolwert und ihre Legitimität erhalten diese Texte jeweils von den Originalurkunden. Im Unterschied zu Verträgen (z. B. Mietvertrag) ist es bei Verfassungen (und anderen Gesetzestexten) durchaus möglich, sich auf sie zu berufen, ohne die Originalurkunde greifbar zu haben. Dies gilt bei einfachen Verträgen nicht. Hier sind jeweils die Vertragsurkunden die Referenzobjekte.

Die Werthaftigkeit von Aktien (nicht ihr konkreter Wert, der sich aus den Börsenkursen ergibt) ist an das einzelne Dokument gebunden, jede Aktie stellt einen Anteil am Unternehmen dar. Funktion, Wert, Gültigkeit etc. ergeben sich bei der Aktie aus dem konkreten einzelnen Textexemplar, eine Aktienkopie ist wertlos. Dies gilt für Verfassungen nicht in gleicher Weise. Für das Sich-auf-die-Verfassung-berufen genügt in einem ersten Schritt durchaus der Rückgriff auf die Kopie. Diese allerdings gewinnt ihre Verlässlichkeit nur durch die Geltung der Originalurkunde.

Mit Blick auf die Textsorten Vertrag, Gesetz, Hausordnung und Aktie zeigt sich, dass Verfassungen bereits stärker vom konkreten Urkundenoriginal gelöst sind. Allerdings können alle Nachfolgetexte (Kopien, Buchform, Internet etc.) ihre Berechtigung nur mit Bezug auf das Original erhalten. Verfassungen nehmen so eine Zwischenstellung ein. Wenn man von *der Verfassung* spricht, meint man i. d. R. die jeweiligen Verfassungsinhalte oder auch alle Verfassungsinhalte insgesamt. Wohl nur sehr selten wird die Urkunde der Verfassung, der materielle Urtext selbst gemeint. Die Gültigkeit, Relevanz und Dauerhaftigkeit von Verfassungen ist aber

dennoch nur über den verfassunggebenden Akt und die damit verbundene
Herstellung eines spezifischen Textexemplars (Verfassungsurkunde) zu
erklären.

Statusunterschiede

Der Abgrenzungsversuch zu Nachbartextsorten macht auch das hohe
konnotative Potenzial von Verfassungen deutlich. Als über allen anderen
Gesetzen und Verträgen stehende Texte genießen Verfassungen immer
ein ganz besonderes Prestige. Verfassungen sind keine mit dem Alltag
assoziierten Texte. Zwar ist in der Gegenwart der Rückbezug auf die Verfassungsurkunde nicht mehr in jedem Fall notwendig, ein vermittelter
Bezug genügt: Man beruft sich auf die Verfassung, meint damit den verab-
schiedeten und ratifizierten Verfassungsinhalt, der wiederum seine doku-
mentierte und gültige Form in einer Verfassungsurkunde hat. Aber: Zu
den Alltags- und Gebrauchstextsorten gehören Verfassungen mit Sicherheit nicht. Dies widerspricht zwar einerseits dem demokratischen Impetus
z. B. des bundesrepublikanischen Grundgesetzes, der ja von einer möglichst großen Bekanntheit und Verbreitung des Verfassungstextes (ideali-
ter) ausgehen muss. Andererseits wird die Nichtalltäglichkeit der Textsorte
dem textsortenspezifischen Sonderstatus von Verfassungen gerecht. Sie
sind als letztgültige Normen dem alltäglichen Ge- und Verbrauch entho-
ben.

Bei Unternehmensverfassungen dürften sich diese beiden Aspekte
von Verfassungen ebenfalls wiederfinden. Unternehmensverfassungen
sind einerseits die Grundlage für das unternehmerische Handeln, Orientierungsgröße für Mitarbeiter, Anleger etc. Andererseits sind sie jedoch im
Alltagsgeschäft wohl nicht immer und ständig präsent. Als Textsorte sind
sie nicht gleichzustellen mit anderen unternehmensinternen Textsorten.
Der Sonderstatus von Unternehmensverfassungen, ihr hoher Symbolwert,
sollte sich somit auch im Umgang mit dem Text selbst zeigen. Unternehmensverfassungen rücken hier stärker in die Nähe etwa von Geschäftsberichten, deren konnotative Funktion und deren Symbolwert oft mindestens ebenso wichtig sind wie die in ihnen versammelten Fakten. Im Unterschied aber zu Geschäftsberichten geht es bei der Unternehmensverfassung nicht nur und im Idealfall nicht einmal vorrangig darum, neue Anleger zu gewinnen. Vielmehr sollen die Werte, Ziele und Leitlinien des Unternehmens vermittelt werden. Diese Vermittlung zielt eben auch auf die
Mitarbeiter des Unternehmens. Die mediale Form der Unternehmensverfassung ist dabei sehr wichtig.

Die Wertschätzung und den Stellenwert, den man dem Inhalt des Textes beimisst, spiegelt sich unmittelbar im Medium der Darstellung wider. Gerade wenn man unternehmensinterne Vermittlungsarbeit (Verfassungsinhalte) leisten möchte, ist es unumgänglich, neben einem Verfassungsoriginal auch für die Mitarbeiter angemessene Repräsentationsformen der Verfassung zur Verfügung zu stellen. Hier verbietet sich m. E. die beiläufige hausinterne Mitteilung, die E-Mail, der Hinweis auf eine Internetseite o. Ä., da diese medialen Formen dem Sonderstatus der Unternehmensverfassung nicht gerecht werden können.

Kommunikative Vorteile der gedruckten Unternehmensverfassung

Wie sich in den vorangegangenen Abschnitten gezeigt hat, müssen für Verfassungen als Textexemplare einer spezifischen institutionensprachlichen Textsorte besondere mediale Bedingungen angenommen werden. Für die Frage, wie eine mögliche Unternehmensverfassung medial aufbereitet werden soll, ergeben sich damit aus meiner Sicht folgende Argumente.

• Da ein ganz wesentlicher Faktor aller Verfassungen und damit auch der Unternehmensverfassungen ihr Symbolwert ist, muss auf die mediale Aufbereitung und Präsentation des Einzeltextes der jeweiligen Verfassung besonderes Gewicht gelegt werden. Mit Symbolwert ist hier gemeint, dass Unternehmensverfassungen sowohl durch ihren Inhalt als auch durch ihre mediale Umsetzung (Urkunde, Inszenierungen von Verfassungsabschriften in Ausstellungen o. Ä.) für das jeweilige Unternehmen insgesamt stehen können, d. h. genauer für ihre wirtschaftlichen und ethischen Grundsätze, Werte und Ziele. Unternehmensverfassungen symbolisieren somit das Unternehmen, sie stehen für das Unternehmen als Ganzes. Für Unternehmensverfassungen gilt, dass die ihnen zukommende Symbolfunktion erst noch geschaffen werden muss bzw. dass sich diese erst in der Unternehmenspraxis und im Geschäftsalltag etablieren muss. Das bedeutet, dass m. E. drei Punkte sichergestellt werden müssen:

    a) Der Text der Unternehmensverfassung muss allen Beteiligten immer zugänglich sein (als Handlungs-, Entscheidungs- und Orientierungshilfe).
    b) Wenn man die Symbolfunktion der Unternehmensverfassung ernst nimmt und die Legitimität der Verfassung allen Beteiligten ad oculos demonstrieren möchte, empfiehlt es sich, die Verfassungsurkunde in ähnlicher Weise zu inszenieren, wie dies bei Staatsverfassungen geschieht. Es kann dann eine Unternehmensverfassungsurkunde, gewissermaßen ein Original erstellt und medial inszeniert werden.

c) Daraus folgt dann auch, dass „Profanierungen" der Unternehmensverfassungen dem Aufbau der Symbolfunktion entgegenstehen (z. B. Publikation in jeder Werbebroschüre, als Flyer etc.). Demgegenüber sollten der Textsorte angemessene Publikationsformen gewählt werden (z. B. Buchform, hochwertiger Druck, Papier, Bindung etc.). Zwar ist es selbstverständlich, dass wichtige unternehmensrelevante Texte auch im Internet zugänglich sein müssen, aber: Als ausschließliches Darstellungsmedium ist das Internet für einen so zentralen Text wie eine Unternehmensverfassung m. E. nicht ausreichend. Hier muss berücksichtigt werden, dass das Internet nach wie vor mit der Aura der Flüchtigkeit und der stetigen Veränderbarkeit behaftet ist. Angemessen gedruckte Versionen einer Unternehmensverfassung nutzen die Macht des gedruckten Wortes („was man schwarz auf weiß hat, hat auch Gültigkeit', s. Verträge).

- Unternehmensverfassungen sollen – ähnlich wie das Grundgesetz oder andere Verfassungstexte – nicht nur normative und regelnde, sondern auch identitätsstiftende Funktion für die Betroffenen haben. Diese Funktion kann durch beliebig abrufbare Internetversionen m. E. nicht in gleicher Weise gewährleistet werden wie durch (ergänzende) hochwertige gedruckte Fassungen. Ähnlich wie das Grundgesetz für jeden Bundesbürger kostenlos (auf Bestellung) erhältlich ist, wäre es denkbar, die Unternehmensverfassung jedem Mitarbeiter oder wichtigen Kunden in angemessener, be-greifbarer Form zur Verfügung zu stellen. Neben inhaltlichen Aspekten (die durch die Internetpräsenz ebenfalls gesichert werden können), wäre dadurch eine weitere Identifikations- und Bindungsmöglichkeit für Mitarbeiter und Kunden gegeben.
- Verfassungen weisen Textsortenbezüge zu Verträgen auf. Ein Vertrag ist i. d. R. an den einzelnen Text gebunden. Die Vertragspartner berufen sich auf diese einzelnen Textexemplare. Ebenso können sich Mitarbeiter mit Rückgriff auf die Unternehmensverfassungen in gedruckter Form wenigstens ansatzweise auf den Vertragscharakter der Unternehmensverfassung berufen. Hier wird durch die mediale Präsenz der Verfassung in gedruckter Form die Verbindlichkeit (wie bei Verträgen) stärker hervorgehoben im Unterschied etwa zu Hausordnungen, die allenthalben aushängen, die man als Zugaben zu den Mietunterlagen etc. zugestellt bekommt (s. o.). Die gedruckt vorliegende Unternehmensverfassung würde so zum materiellen Beweis der Selbstverpflichtung des Unternehmens auf die eigenen Werte und Ziele (Transparenz und Einforderbarkeit). In einer vereinfachenden und etwas plakativen Ausdrucksweise könnte man sagen, dass die Unternehmensverfassung so zur „Bibel" oder zum „Brevier" wird, das der Gläubige ja auch nicht nur auf dem Palm oder Handheld geladen hat, sondern lieber in realer, materialisierter Form bei sich trägt.

6   Textstrukturmuster der Textsorten „Verfassung" und „Unternehmensverfassung"

Inhaltlich ist die Frage, was in Verfassungen steht, vergleichsweise einfach zu beantworten. Schwieriger wird es schon, wenn es darum geht, übergreifende, wiederkehrende Strukturen, Textmuster und Routinen auszumachen, die für Verfassungen als Textsorten bestimmend sein könnten.

Verfassungen beschreiben von ihrem Inhalt her die Grundrechte der Staatsbürger, die generellen staatlichen Ziele (Leitlinien, Grundsätze), die Bildung und die Befugnisse der staatlichen Organe, die Verteilung der staatlichen Gewalten (Exekutive, Legislative, Jurisdiktion), die Staatsstrukturen, die Ordnungsvorgaben für Wirtschaft, Kultur und Sozialleben o. Ä. Allerdings muss dabei auch gesehen werden, dass nicht alle Staaten über eine kodifizierte Verfassung verfügen. So greift etwa Großbritannien auf einzelne herausgehobene Rechtsakte und anerkannte Rechtsgrundsätze in diesem Zusammenhang zurück.

Da also bis auf die inhaltlichen Übereinstimmungen nicht von einer stabilen, allseits bekannten Textsorte „Verfassung" ausgegangen werden kann, ist es nicht verwunderlich, dass sich bislang auch keine starre, festgelegte Textsortenstruktur entwickelt hat.

Zur Klärung des Problems Unternehmensverfassung seien daher lediglich zwei Beispiele vorgestellt. Erstens die Textstruktur des Grundgesetzes der Bundesrepublik Deutschland. Das Grundgesetz ist zwar keine Verfassung im eigentlichen Sinn; es hat aber dennoch Verfassungsrang. Zweitens die Textstruktur des Deutschen Corporate Governance Kodex: Dieser kann als Leittext, der für die Strukturierung einzelner Unternehmungsverfassungen Vorbildfunktion hat, gelten.

Das Grundgesetz

Es setzt sich aus insgesamt 16 Textbausteinen zusammen.

1. Geleitworte/Vorworttexte
2. Inhaltsverzeichns
3. Die Präambel (Reflektion von generellen Zielsetzungen und Entstehungsbedingungen des GG)
4. Die Grundrechte
5. Der Bund und die Länder (Zuständigkeiten und Kompetenzen)
6. Der Bundestag (Zustandekommen, Zusammensetzung etc.)

7. Der Bundesrat und der gemeinsame Ausschuss (Zusammensetzung, Kompe-
    tenzen etc.)
8. Der Bundespräsident (Wahl, Ernennung etc.)
9. Die Bundesregierung (Zustandekommen, Kompetenzen etc.)
10. Die Gesetzgebung des Bundes (Gesetzgebungskompetenzen zw. Bund und
    Ländern etc.)
11. Die Ausführung der Bundesgesetze und die Bundesverwaltung (Exekutivbe-
    stimmungen)
12. Die Rechtssprechung (Organisation, Institutionen, Zuständigkeiten etc.)
13. Das Finanzwesen (Organisation, Steuerwesen etc.)
14. Der Verteidigungsfall (Bestimmungen für den Verteidigungsfall)
15. Übergangs- und Schlussbestimmungen (Sammelbecken für Verschiedenes)
16. Register

Wie unschwer zu erkennen ist, sind die Bausteine 1., 2. und 16. obligato-
risch zur Orientierung. Stabil (und auch in anderen Verfassungen so wiederkehrend) sind die Elemente 3. und 4. Die weiteren Ausführungen (zu
den Staatsorganen, zur Gewaltenaufteilung usw.) sind in gewisser Weise
variabel. Deren Inhalte müssen jedoch vorkommen.

Deutscher Corporate Governance Kodex

Er könnte als Orientierungsgröße für die Abfassung unternehmensspezifi-
scher Verfassungen dienen.
Folgende Textbausteine sind vorhanden:

1. Präambel (vergleichbar mit der Präambel des Grundgesetzes aber ausführli-
    cher, hier werden die Leitlinien des Kodex bereits deutlich gemacht)
2. Aktionäre und Hauptversammlung (Kompetenzen)
3. Zusammenwirken von Vorstand und Aufsichtsrat (Leitsätze für deren Zu-
    sammenarbeit)
4. Vorstand
5. Aufsichtsrat
6. Transparenz (deutlich hervorgehobener Textbaustein, der die Wichtigkeit die-
    ses Konzepts markiert)
7. Rechnungslegung und Abschlussprüfung.

Eine Unternehmensverfassung muss sicher diese Textbausteine inhaltlich
aufgreifen, jedoch nicht unbedingt in dieser Abfolge und in dieser Ge-
wichtung. Möglich wäre die metaphorische Verbindung zwischen staatlichen Verfassungen und Unternehmensverfassungen derart, dass in der
Unternehmensverfassung

a) die Grundrechte der mit dem Unternehmen in Verbindung stehenden Personen beschrieben werden (Aktionäre, Vorstand, Aufsichtsrat, Belegschaft, Kunden, Gesellschaft),

b) die generellen Ziele des Unternehmens (Leitlinien, Grundsätze) formuliert werden,

c) die Befugnisse der „staatlichen", d. h hier der Unternehmensorgane beschrieben werden (s. auch die Bausteine oben beim DCGK),

d) die Bildung und Befugnisse der Unternehmensbeteiligten (s. DCGK) und

e) Ausführungen zur Gewaltenteilung (s. DCGK) und

f) die Ordnungsvorgaben für das Agieren des Unternehmens in den jeweiligen Gesellschaften (Einbindung, Verhältnis des Unternehmens zur „umgebenden" Gesellschaft) dargelegt werden.

Als ausbaubare, komplexere Metapher zur Versprachlichung des Konzeptes VERFASSUNG wird die Gebäude-Metaphorik genutzt: *Grundrechte* als Fundament des Gebäudes, einzelne *Textbausteine* als Zimmer oder Stockwerke, die *Leitlinien des Unternehmens* als Dach, die *Außendarstellung des Unternehmens/ der Unternehmensverfassung* als Eingangsbereich etc.

7 In welchem Sinne gebrauchen heute Unternehmen den Begriff UNTERNEHMENSVERFASSUNG?

In einem unspezifischen, weiteren Sinn wird der Ausdruck *Unternehmensverfassung* teilweise für eine zusammenfassende Charakterisierung der grundlegenden Betätigungsfelder, Ziele und handlungsleitenden Normen innerhalb eines Unternehmens verwendet. Diese Verwendungsweise zielt gerade nicht auf das hier gemeinte, spezifischere Konzept der UNTERNEHMENSVERFASSUNG, sondern sie bezieht sich eher auf Konzepte wie UNTERNEHMENSPHILOSOPHIE, UNTERNEHMENSLEITBILD, UNTERNEHMENSKULTUR und CORPORATE IDENTITY.

Wenn im Englischen von *corporate governance* gesprochen wird, ist in der Regel ein spezifischerer Begriff gemeint, der im Deutschen mit dem Wort *Unternehmensverfassung* übersetzt wird. Die oben bereits erwähnte unspezifische Verwendung von *Unternehmensverfassung* wird durch die breite Diskussion der *corporate governance* spätestens seit den 90er Jahren des 20. Jahrhunderts stark zurückgedrängt, sodass der Ausdruck *Unternehmensverfassung* heute i. d. R. für den Begriff UNTERNEHMENSVERFASSUNG im Sinne der *corporate governance* steht.

Wie beim institutionenbezogenen Verfassungsbegriff (s. o.) gilt auch beim Begriff UNTERNEHMENSVERFASSUNG, dass er sich sowohl auf den

Ist-Zustand (Unternehmenspraxis) als auch auf den Soll-Zustand (umzusetzendes Normengefüge) beziehen kann.

Die Unternehmensverfassung enthält als zentrale Teile Regeln für das effektive Führen, Leiten und Kontrollieren des Unternehmens. Hier ist im deutschen Wirtschaftsraum mit seinem dualistischen Prinzip der Gewaltenteilung zwischen Vorstand einerseits und Aufsichtsrat andererseits ein Angleichungsbedarf an das angelsächsisch geprägte, monistische System der *boards* (*board directors*), die Führungs-, Leitungs- und Kontrollfunktionen in einem Gremium vereinen, erkannt worden. Ziel der Unternehmensverfassung ist die nachhaltige Wertsteigerung des Unternehmens mit Blick auf die Stakeholder (alle am Unternehmensgeschehen Beteiligten), also nicht nur mit Blick auf die Shareholder (d. h. nur die Anteilseigner) und den für diese relevanten Aktienkurs. Hier muss die jeweilige Unternehmensverfassung die unterschiedlichen Interessen austarieren (Kapitalmarkt, Absatzmarkt, Arbeitsmarkt, Beschaffungsmarkt[4] sowie das öffentliche Interesse (vgl. Steinmann 1987: 1900). Zentrale Bestandteile der Unternehmensverfassung sind daher auch Regelungen zur Interaktion zwischen Aufsichtsrat und Vorstand, zu deren Aufgaben und Zuständigkeiten, zum Vergütungssystem, zur Rechnungslegung, zur Transparenz in Bezug auf unternehmensrelevante Informationen, zum persönlichen Verhalten von Vorstands- und Aufsichtsratsmitgliedern, zur betrieblichen Mitbestimmung, zum Umgang mit den Aktionären (Hauptversammlung etc.). Wie die Einstufung einzelner Unternehmen anhand von Qualitätsmerkmalen guter *corporate governance* (*scorecards*) aussehen kann, zeigt z. B. die Studie von Union Investment, in der die 30 DAX-Unternehmen[5] analysiert wurden (Stand Juni 2005).

Wie bei politischen Verfassungen können auch bei Unternehmensverfassungen die fünf zentralen Funktionen unterschieden werden (‚Ordnungsfunktion', ‚Machtbegrenzungsfunktion', ‚Schutzfunktion', ‚Legitimationsfunktion', ‚Integrationsfunktion'). Die entsprechenden Bezugsgrößen der politischen Verfassungen sind hier selbstverständlich durch die Bezugsgrößen in der Wirtschaft zu ersetzen (Ordnung des Unternehmens, Machtbegrenzung der Unternehmensspitze, Schutz der Stakeholder, Legitimation unternehmerischer Entscheidungen, Integration der Stakeholder

---

4   Vgl. dazu den German Code of Corporate Governance (GCCG) des Berliner Initiativkreises German Code of Corporate Governance. www.gccg.de.

5   Die Commerzbank AG lag hier im Mittelfeld an 12. Stelle, im arithmetischen Mittel. Vgl. den Bericht im Newsletter von www.union-investment.de. Weitere Studien zur aktuellen Praxis der corporate governance in europäischen Unternehmen – z.B. unter www.barc.de/compliance; www.heidrick.com; www.bccg.tu-berlin.de/main/aktuelles.-htm; www.towersperrin.de.

und Entwicklung einer grenzüberschreitenden Unternehmenskultur und -identität).

Eine ganz wesentliche Funktion – die man sicherlich bei politischen Verfassungen auch ansetzen könnte – ist die Herstellung von Transparenz: Unternehmensverfassungen haben das Ziel, die Unternehmensstruktur, Führungs-, Leitungs- und Kontrollprozesse im Unternehmen für potenzielle Kapitalgeber transparent zu machen. Deshalb wird der Begriff der Unternehmensverfassung vorwiegend bei börsennotierten Aktienunternehmen diskutiert.[6] Wie beim politischen Verfassungsbegriff ist auch bei der Unternehmensverfassung der Aspekt der Funktions- und Gewaltenteilung sehr wichtig. Sowohl im dualistischen, deutschen als auch im monistischen, angelsächsischen System betreffen wesentliche Regelungen der Unternehmensverfassung diesen Punkt (Trennung zwischen Unternehmensleitung und Unternehmensüberwachung/-kontrolle).

Das deutsche Modell für Unternehmensverfassungen wurde von der Regierungskommission Deutscher Corporate Governance Kodex formuliert (www.corporate-governance-code.de).[7]

Wichtige rechtliche Vorbedingungen für den Corporate Governance Kodex in Deutschland sind das Gesetz zur Kontrolle und Transparenz im Unternehmensbereich (KonTraG) vom 1.5.1998, das Kapitalaufnahmeerleichterungsgesetz vom 23.4.1998, das Namensaktiengesetz (NaStraG) vom 1.1.2001, das Transparenz- und Publizitätsgesetz vom 19.7.2002 und das Gesetz zur Unternehmensintegrität und Modernisierung des Anfechtungsrechts (UMAG) vom 16.6.2005, die alle die Unternehmenstransparenz steigerten.

8 Was ist positiv/was negativ am Begriff Unternehmensverfassung?

Der Verfassungsbegriff im Kompositum *Unternehmensverfassung* ist insofern mit positiven Assoziationen verbunden, als er an der positiven Deutung des politisch-rechtlichen Verfassungsbegriffs in Deutschland teilhat, d. h. an Assoziationen wie ,Verlässlichkeit‘, ,Vertrauenswürdigkeit‘, ,Stabilität‘, ,oberste Entscheidungsgrundlage in Streitfällen‘. Verfassung ist hier eine

---

6   Vgl. dazu z. B. den Deutschen Corporate Governance Kodex (in der Fassung vom 2.6.2005) der Regierungskommission Deutscher Corporate Governance Kodex.

7   Vgl. daneben den ausführlicheren German Code of Corporate Governance des Berliner Initiativkreises (www.gccg.de) und den ,Code of best practice‘ der Frankfurter Grundsatzkommission Corporate Governance vom Juli 2000 (www.dai.de).

constitutio in einem engeren, unternehmensbezogenen Sinn – man sehe dabei nur auf den Ausgangsbegriff der GOVERNANCE, der stärker auf ‚Führung' und ‚Leitung' abhebt. Darüber hinaus ist der Begriff der UN-TERNEHMENSVERFASSUNG in mindestens drei Punkten positiv belegt. Erstens wird mit ihm die ‚Steigerung der Anlageattraktivität des Unternehmens im internationalen Markt' verbunden, zweitens die ‚Transparenz der Unternehmensstrukturen', drittens das ‚Erreichen/Aufrechterhalten der Konkurrenzfähigkeit im globalen Wettbewerb durch international vergleichbare Unternehmensstrukturen' (da institutionelle Anleger der corporate governance einen sehr hohen Stellenwert einräumen). Aus deutscher Perspektive ist hier zumindest eine Europäisierung der Unternehmensverfassung erstrebenswert. Pointiert gesagt bedeutet eine gute Unternehmensverfassung eine Steigerung des Aktienkurses, da Transparenz und international vergleichbare Kontrollmechanismen das Vertrauen der Anleger stärken. Dies führt letztlich auch zu einer Senkung der Eigenkapitalkosten (Von Rosen 2001).

Negative Assoziationen beim VERFASSUNGsbegriff sind evtl. Anklänge an eine rechtliche Einschnürung und Bürokratisierung der Unternehmensprozesse. Allerdings wird beim Begriff der UNTERNEHMENSVER-FASSUNG auch immer wieder auf seine deregulierende Zielsetzung hingewiesen. Abgesehen von der relativen Neuheit des Begriffs, die immer mit Verunsicherungen und teilweise Ängsten vor Veränderungen einhergehen (*vis inertiae*), könnten mit dem Begriff auch Assoziationen auftauchen wie ‚zu starke Kontrolle des Vorstandes und der Führungskräfte', ‚zu starke Selbstverpflichtung (Offenlegungspraktiken bei Vergütungen)', ‚zu langwierige, zu starre Entscheidungsprozesse (Stichwort offene Diskussionskultur im Vorstand und Aufsichtsrat)' und ‚mangelnde Wettbewerbsfähigkeit', ‚Konkurrenz- und Globalisierungsdruck'. Letzteres sind Assoziationen, die eventuell schlechte Umsatzergebnisse oder sinkende Marktanteile mit einer überbürokratischen Unternehmensverfassung zu begründen versuchen.

Diese denkbaren negativen Assoziationen zum Begriff UNTER-NEHMENSVERFASSUNG werden m.E. jedoch deutlich von den positiven überlagert. Daher steht zu erwarten, dass sich der Begriff nicht nur wegen seiner denotativen Teilbedeutungen sondern auch wegen seiner positiven Konnotate im Bereich der börsennotierten Unternehmen etablieren und durchsetzen wird.

9 Fazit

Die Überlegungen in diesem Beitrag haben gezeigt, dass die Unternehmensverfassung als Textsorte wesentliche Aspekte des Forschungsnetzwerks „Sprache und Wissen" berührt. Gerade die Frage, wie Sachverhalte durch Sprache erst konstituiert werden, kann am Beispiel dieser neuen Textsorte gut nachvollzogen werden. Darüber hinaus haben sich aber auch zwei weitere Funktionen als wichtig erwiesen, auf die in diesem Beitrag besonderer Wert gelegt wurde: die handlungsregulierende und die identitätsstiftende Funktion der Textsorten Verfassung und im Besonderen der Textsorte Unternehmensverfassung.

Um die Funktion einer Verfassung im eigentlichen Sinne erfüllen zu können, genügt es für Unternehmensverfassungen keineswegs „nur" die beschriebenen Sachverhalte zu konstituieren. Durch die Unternehmensverfassung soll ein spezifisches Wissen und Denken über das Unternehmen konstituiert werden, das für alle Beteiligten handlungsleitend ist und das – etwas pathetisch ausgedrückt – letztlich auch Orientierung und festen Halt in der fließenden sich stets verändernden Wirtschaftswelt geben soll. Die Vermittlung in die Unternehmenspraxis, d. h. dass die Stakeholder diese Verfassung kennen, akzeptieren und umsetzen, ist so gesehen noch wichtiger als die reine Sachverhaltskonstitution. Erst durch diese Verfassungswirkung, durch die handlungsregulierende Kraft der Unternehmensverfassung gewinnt sie Wirklichkeit. Eng verbunden damit – und dies zeigt sich in den Unternehmen in der Tat als relevantes Problem – ist das Assoziationspotenzial von Unternehmensverfassungen und damit die Frage nach der identitätsstiftenden Funktion solcher Texte. Im Idealfall können solche Texte zu Kristallisationspunkten für die Stakeholder werden, nämlich genau dann, wenn nicht nur wesentliche inhaltliche Kriterien erfüllt und in der Praxis sichtbar umgesetzt sind (s. Deutscher Corporate Governance Codex, Transparanz etc.) sondern wenn auch die mediale Präsentation der Verfassung dazu geeignet ist, sie als identitätsstiftend zu akzeptieren. Insofern bietet der Begriff UNTERNEHMENSVERFASSUNG durchaus noch ein reiches und ausbaufähiges Assoziationsspektrum an, das für eine positive Besetzung des Begriffs offen ist.

Literatur

DEUTSCHER CORPORATE GOVERNANCE KODEX - www.corporate-governance-code.de.

DIERSE, U. (2001): Verfassungsformen. In: RITTER, JOACHIM/GRÜNDER, KARL-FRIED/GABRIEL, GOTTFRIED (Hgg.): Historisches Wörterbuch der Philosophie. Darmstadt. Bd. 11. Sp. 643–653.

FELDER, EKKEHARD (2006): Semantische Kämpfe in Wissensdomänen. Eine Einführung in Benennungs-, Bedeutungs- und Sachverhaltsfixierungs-Konkurrenzen. In: FELDER, EKKEHARD (Hg.): Semantische Kämpfe. Macht und Sprache in den Wissenschaften. Berlin/New York, 13–46 (Linguistik – Impulse und Tendenzen Bd. 19).

Forschungen, Tagungen, Diskussionsforen zur *corporate governance* vgl. die Homepage des European Institute of Corporate Governance: www.ecgi.org.

GERMAN CODE OF CORPORATE GOVERNANCE des Berliner Initiativkreises - www.gccg.de

GRIMM, DIETER (1990): Verfassung I. In: BRUNNER, OTTO/CONZE, WERNER/ KOSELLECK, REINHART (Hgg.): Geschichtliche Grundbegriffe. Historisches Lexikon zur politisch-sozialen Sprache in Deutschland. Stuttgart. Bd. 6, 863–899.

GRUNDSATZKOMMISSION CORPORATE GOVERNANCE: Corporate Governance Grundsätze ('Code of best practice') für börsennotierte Gesellschaften (Juli 2000). – www.dai.de

KLUGE, FRIEDRICH (2002): Etymologisches Wörterbuch der deutschen Sprache. 24. Auflage. Berlin/New York.

MOHNHAUPT, HEINZ (1990): Verfassung I. In: BRUNNER, OTTO/CONZE, WER-NER/KOSELLECK, REINHART (Hgg.): Geschichtliche Grundbegriffe. Historisches Lexikon zur politisch-sozialen Sprache in Deutschland. Stuttgart. Bd. 6, 831–862.

PREUSS, U. K. (2001): Verfassung. In: RITTER, JOACHIM/GRÜNDER, KARLFRIED/ GABRIEL, GOTTFRIED (Hgg.): Historisches Wörterbuch der Philosophie. Darmstadt. Bd. 11. Sp. 636–643.

SCHEWE, GERHARD (2005): Unternehmensverfassung. Corporate Governance im Spannungsfeld von Leitung, Kontrolle und Interessenvertretung. Berlin/ Heidelberg.

STEINMANN, HORST (1987): Unternehmensverfassung. In: Vahlens großes Wirtschaftslexikon in vier Bänden. München. Bd. 4., 1900–1901.

VON ROSEN, RÜDIGER (2001): Corporate Governance: Eine Bilanz. In: Die Bank 4/2001.

WILHELM, JENS/DREES, ROLF/WEINGARTNER, ANDREAS (2005): Union Invenstment Studie: Qualitätsmerkmale guter Corporate Governance der DAX-Unternehmen 2005. In: Newsletter der www.union-investment.de.

Über den Nutzen der Spracharbeit im Prozess der Rechtsetzung

Markus Nussbaumer

1 Das „Nolimetangere" an die Adresse der redaktionellen Rechtsetzungsbegleitung
2 Redaktion rührt an den „Inhalt" einer rechtlichen Bestimmung
3 Redaktion ist nötig und dient mehreren Herren
4 Redaktion ist möglich

1 Das „Nolimetangere" an die Adresse der redaktionellen Rechtsetzungsbegleitung

„Ne touchez pas au fond!" – „Tasten Sie auf gar keinen Fall den Inhalt an!" So hallte es uns früher – und hallt es uns gelegentlich noch heute – entgegen, wenn wir uns an die redaktionelle Überarbeitung von Entwürfen von Gesetzen und Verordnungen machen. Wir – das sind die Kolleginnen und Kollegen der *verwaltungsinternen Redaktionskommission*, einer Institution der schweizerischen Bundesverwaltung, der sämtliche Entwürfe von Verfassungsbestimmungen, Gesetzen und Verordnungen (höherer und tieferer Stufe) in einem frühen Stadium ihrer Entstehung und auch später im Verfahren immer wieder zur redaktionellen Prüfung und Verbesserung vorgelegt werden müssen.[1]

„Tasten Sie auf gar keinen Fall den Inhalt an!" Meine französischsprachigen Kolleginnen und Kollegen scheinen immer sehr genau entscheiden zu können, ob etwas eine „question de fond" ist, zu der wir uns in der Redaktionskommission nicht zu äußern haben, oder eine „question de forme", für die wir zuständig sind. Die Unterscheidung von Formellem

---

[1] Genaueres zur Geschichte, Stellung und Arbeitsweise der verwaltungsinternen Redaktionskommission findet sich in Nussbaumer (2007). Vgl. auch Ziffer 4 dieses Beitrags.

und Materiellem, von Form und Inhalt ist uns auch in der deutschen Sprache nicht fremd – und ohnehin ein fester Topos im Rechtsdenken. In der Rechtsetzungslehre unterscheiden meine Kolleginnen und Kollegen „welscher Zunge" zwischen der „légistique matérielle", die sich um Fragen des juristischen Gehalts kümmert (um die „inventio" und vielleicht noch die „dispositio", will man das mit Begriffen der alten Rhetorik ausdrücken) und der „légistique formelle", für die im Deutschen ungefähr der Begriff der „Rechtsetzungstechnik" steht (rhetorisch benannt die „elocutio").

„Tasten Sie auf gar keinen Fall den Inhalt an!" Dieses „Nolimetangere" an die Adresse der redaktionellen Rechtsetzungsbegleitung heißt mit andern Worten: „Für den Inhalt sind wir – die Juristen, die Leute vom Fach – zuständig. Sie von der Redaktionskommission, Sie dürfen sich darum kümmern, dass das einigermaßen schön und elegant daherkommt." Selbst wenn wir dann wieder einmal, wie so oft, heftig in den Entwurfstext eingegriffen und kaum einen Stein auf dem andern gelassen haben, heißt es hinterher nicht selten bloß: „Ich gebe ja zu, jetzt ist der Text viel schöner, Sie haben das viel eleganter formuliert, vorher war es ganz holprig." Dass Redaktion mehr war als Oberflächenkosmetik, wird nicht gerne zugestanden. Damit muss man als Gesetzesredaktor, als Gesetzesredaktorin leben.

Dass Redaktion den Inhalt nicht tangieren darf, ist Common Sense. Wir haben es jedoch tunlichst vermieden, dies in das Reglement unserer verwaltungsinternen Redaktionskommission[2] hineinzuschreiben. Hingegen steht es ausdrücklich so in Artikel 57 Absatz 3 des Parlamentsgesetzes[3], wo die Aufgaben unserer Schwesterkommission, der Redaktionskommision der Bundesversammlung (des Schweizer Parlaments) geregelt werden:

Parlamentsgesetz

Art. 57 Aufgaben und Verfahren

[1] Die Redaktionskommission überprüft den Wortlaut der Erlasse und legt deren endgültige Fassung für die Schlussabstimmung fest.

---

2 Erstmals 1993 erlassen, totalrevidiert und neu erlassen auf den 1. November 2007, nicht amtlich publiziert, zu finden unter www.bk.admin.ch/themen/lang/00935/index.html?lang=de.

3 Parlamentsgesetz vom 13. Dezember 2002. Dieses Gesetz sowie die weiteren in diesem Beitrag genannten Gesetze und Verordnungen sind – sofern es sich um geltendes Recht handelt – zu finden in der Systematischen Sammlung des Schweizer Bundesrechts (SR), online unter: www.admin.ch. Gesetzesentwürfe sind unter derselben Adresse im Bundesblatt zu finden.

[2] Sie sorgt dafür, dass die Texte verständlich und knapp formuliert sind. Sie prüft, ob sie den Willen der Bundesversammlung wiedergeben, und achtet darauf, dass die Fassungen in den drei Amtssprachen übereinstimmen.

[3] Der Redaktionskommission stehen keine materiellen Änderungen zu. Stösst sie auf materielle Lücken, Unklarheiten oder Widersprüche, so benachrichtigt sie die Ratspräsidentinnen oder Ratspräsidenten.

Eine analoge Anweisung hat kürzlich zum Beispiel der Zürcher Verfassungsrat, der für den Kanton Zürich eine neue Kantonsverfassung ausarbeiten sollte, seiner Redaktionskommission ins Stammbuch geschrieben: „Diese Redaktionsarbeit im engeren Sinne beinhaltet keine materielle Änderungen." (Schuhmacher 2007: 87)

„Tasten Sie auf gar keinen Fall den Inhalt an!" Das sagen uns die Juristinnen und Juristen, mit denen wir in der Redaktion zusammenarbeiten. Allerdings nicht alle, insbesondere nicht jene aus der Rechtsetzungsbegleitung des Bundesamtes für Justiz, die mit uns „Sprachlern" von der Bundeskanzlei zusammen die Redaktionskommission bilden. Schon eher jene, die für die Entwürfe verantwortlich zeichnen und – verständlicherweise – um ihre Inhalte bangen. Sie ahnen, dass Redaktion an den Gehalt rührt, und wären deshalb nur zu gerne mit dabei, wenn wir redigieren. Aber das wollen wir – in einer ersten Phase zumindest – nicht, vielmehr wollen wir den Entwurfstext aus sich heraus verstehen und ihn da optimieren, wo uns dies nicht oder nur schwer gelingt. Und dieses Optimieren ist nun einmal ohne Berührung des Gehalts nicht möglich. Das will ich im Folgenden etwas genauer zeigen.

2   Redaktion rührt an den „Inhalt" einer rechtlichen Bestimmung

2.1   Arbeit an der Sprache ist Arbeit am Gedanken

Ich will für die Gesetzesredaktion dem bekannten Diktum „Arbeit an der Sprache ist Arbeit am Gedanken" nachgehen, mit dem die „Neue Zürcher Zeitung" – eine auf die Qualität ihrer Texte besonders bedachte und besonders stolze Zeitung – seit Jahren für sich wirbt und das man Friedrich Dürrenmatt zuschreibt, vielleicht aber auch andern, weil es wohl Gemeingut ist bei allen, die über den Zusammenhang von Sprachgestalt und Sprachgehalt nachdenken.

„Arbeit an der Sprache ist Arbeit am Gedanken." – In der juristischen Methodenlehre, die sich mit der Rechtstext-Rezeption, mit Auslegung und

Anwendung von juristischen Normtexten befasst (seltsamerweise aber nicht mit der Rechtstext-Produktion, der Rechtsetzung), hat in den letzten Jahren eine These stark an Terrain gewonnen, die da sagt: Der Normtext ist nicht die Norm; die Norm muss vielmehr auf der Grundlage von Normtexten, aber auch anderem, für jeden konkreten zu entscheidenden Fall neu erarbeitet werden (vgl. Müller/Christensen/Sokolowski 1997; Müller/Wimmer 2001, Felder 2003: 33 ff. und 122 ff.).

Ich möchte das übertragen auf die Rechtsetzungsseite: Es gibt nicht die feststehende Normierungsabsicht, den feststehenden normativen Gehalt, den es dann mit Mitteln der „Rechtsetzungstechnik" nur noch in die einzig richtige sprachliche Fassung zu gießen gilt. Ich erlebe es vielmehr täglich so, dass auch bei den Autoren der Entwürfe oftmals bloß mehr oder minder gefestigte Normierungsabsichten vorhanden sind, die im Prozess der Textwerdung erst allmählich klarere Konturen bekommen. Indem man den Normsatz formt, formt man den Normgedanken.

Dazu ein altes Beispiel, das sich zur Illustration des Gesagten gut eignet. Vor Jahren flatterte der Redaktionskommission aus dem Umweltamt ein Entwurf einer Ergänzung des Umweltschutzgesetzes auf den Tisch. Der Gesetzgeber sollte der Regierung („Bundesrat" heißt diese in der Schweiz) Kompetenzen einräumen im Zusammenhang mit bestimmten gefährlichen Organismen. So sah der Entwurf aus:

Umweltschutzgesetz

Art. 29c Vorschriften des Bundesrates

Der Bundesrat kann überdies:

   a. Vorschriften wie Anwendungsbeschränkungen oder Verbote über den Umgang mit bestimmten Organismen erlassen, wenn diese den Menschen oder seine natürliche Umwelt gefährden können;

   b. Massnahmen wie Sanierungen gegen bestimmte Organismen vorschreiben, wenn diese den Menschen oder seine natürliche Umwelt gefährden können.

Da fällt dem Gesetzesredaktor zunächst einmal auf:

• die etwas eigenartige Charakterisierung der fraglichen Organismen: *bestimmte Organismen, wenn diese …*
• die Wiederholung dieser Umschreibung in den Buchstaben a und b, was viel Platz einnimmt
• dass der Bundesrat offenbar zweierlei soll tun können, denn der Artikel umfasst zwei Buchstaben a und b
• dass jedoch das, was in den Buchstaben formuliert ist, ausgesprochen vage bleibt und bei näherem Zusehen sprachlich fast in eins fällt: *Vorschriften wie … erlassen und Massnahmen wie … vorschreiben*

- dass dieser normative Gehalt mit den Konstruktionen *Vorschriften wie ... und Massnahmen wie ...* beispielhaft, seltsam illustrierend nur, gefasst wird, sodass diese Kompetenznorm extrem offen und unbestimmt wirkt (was doch politisch ziemlich heikel sein könnte)
- eine Formulierung an der Grenze der sprachlichen Richtigkeit und entsprechend inhaltlich dunkel: *Sanierungen gegen ... Organismen*

Die Redaktionskommission tappte im Nebel herum. Sie merkte an, was ihr sprachlich auffiel, stellte Fragen zum intendierten Sinn. Es brauchte ein klärendes Gespräch mit dem Umweltamt. Dabei kristallisierte sich folgende Bestimmung heraus (dass diese nun Teil eines größeren Artikels ist, zeigt ein Nebenproblem des Entwurfs, der einen Artikel reichlich seltsam mit ... *kann überdies* beginnen ließ):

Art. 29c Vorschriften des Bundesrates

...

³ Der Bundesrat kann den Umgang mit Organismen, die den Menschen oder seine natürliche Umwelt gefährden können, einschränken oder verbieten oder für diesen Umgang Sicherheitsmassnahmen vorschreiben.

Die Bestimmung ist kürzer, prägnanter, die Normierungsabsicht hat sich geklärt: Aus den anfänglich zwei – reichlich nebulösen – Kompetenzen sind nun drei geworden: Einschränkungen, Verbot, Sicherheitsmaßnahmen. Man kann nicht sagen, hier habe die Redaktionskommission den Inhalt der Norm verändert, obgleich sie ihn ganz stark berührt hat: Die Redaktionskommission war Geburtshelferin für eine Norm, die nun hinreichend bestimmt ist, wenngleich noch immer ziemlich offen, aber nicht mehr vage im schlechten Sinn, nicht mehr bloß dunkel andeutend (Nussbaumer 2005). Die Redaktion hat zur Klärung des „Inhalts" entscheidend beigetragen.

2.2   Von der Unhintergehbarkeit der Perspektivierung

„Arbeit an der Sprache ist Arbeit am Gedanken." – Das erleben wir in der Gesetzesredaktion nicht nur dann, wenn wir eine unklare, dunkle Norm zur Klarheit hin umformulieren wollen, sondern ganz allgemein bei jeder Umformulierung. Die Unhintergehbarkeit der Perspektivierung durch Sprache ist ein immerwährendes Erlebnis gerade bei der Arbeit an juristischen Normtexten. Das spüren auch die beteiligten Juristinnen und Juristen sehr stark, und sie geraten dabei in einen Widerspruch: Zum einen betrachten sie den Redaktionsprozess als bloßes Bemühen, einem festge-

fügten Normgehalt eine schöne, gefällige, leicht verständliche Gestalt zu
geben. Und zum andern sind sie überaus ängstlich, weil sie bei diesen
„exercices de style" erfahren, dass ihrem scheinbar so festen Normgehalt
mit jeder sprachlichen Veränderung etwas zustößt. „Heißt es jetzt wirklich
noch das Gleiche?" oder „Jetzt heißt es aber nicht mehr das Gleiche!"
sind ständige Begleitkommentare zu unserem redaktionellen Tun. Und
darum wird aus der Beschwörung: „Aber tasten Sie mir ja nicht den Inhalt
an!" nicht selten ein schlichtes „Lassen Sie die Formulierung, wie sie ist!"
Als wäre damit, dass man die Formulierung stehen lässt, der normative
Gehalt klipp und klar und genau so, wie man ihn haben will, fixiert. Das
ist ein Selbstbetrug. Es ist eben, außer dem berühmten „Wortlaut", gar
nichts fixiert.

Im Entwurf zum Bundesgesetz über das öffentliche Beschaffungswesen, mit dem das Vergaberecht in der Schweiz in gewissem Maße sowohl
für Bund, Kantone wie Gemeinden vereinheitlicht werden soll, fand sich
folgende Bestimmung über eine in diesem Bereich zu schaffende Kommission:

Bundesgesetz über das öffentliche Beschaffungswesen (Entwurf 2007)

Die Kommission hat folgende Aufgaben:

a. Koordination bei der Auslegung beschaffungsrechtlicher Fragen von grundsätzlicher Bedeutung sowie beim Gesetzesvollzug;

b. Ausarbeitung von Positionen und Überwachung von Verpflichtungen der
Schweiz im Hinblick auf …

Die Bestimmung ist sehr nominal formuliert. Das widerspricht gewissen
Stilnormen. Doch das ist nicht das eigentliche Problem. Nominale Strukturen gelten im Vergleich zu verbalen Strukturen als schwerer verständlich, als schwieriger zu verarbeiten. Oft behauptet man das einfach so.
Sobald man nach einer geeigneten verbalen Formulierung sucht, muss
man interpretieren; der nominale Ausdruck erweist sich als komprimiert
und opak. Noch wenig gewonnen ist allerdings, wenn man einfach wie
folgt verbalisiert:

Die Kommission hat folgende Aufgaben:

a. Sie koodiniert die Auslegung beschaffungsrechtlicher Fragen von grundsätzlicher Bedeutung sowie den Gesetzesvollzug;

Was könnte das heißen? Versuchen wir es einmal so – in Varianten:

a. Sie (achtet auf/sorgt für) (eine/die) (gleichmässige/kohärente/über-ein-
stimmende/koordinierte) Auslegung beschaffungsrechtlicher Fragen von
grundsätzlicher Bedeutung *[Was heisst „beschaffungsrechtliche Fragen auslegen"?]*
und für (einen/den) (gleichmässigen/kohärenten/koordinierten) Gesetzesvollzug;

Die Norm steht eben noch nicht fest, vielmehr: Hier wird sie geformt. Solche Übungen in Variationen lösen oft erstaunliche und erhellende inhaltliche Diskussionen und materielle Änderungen aus.

Die Unhintergehbarkeit der Perspektivierung durch Sprache wird natürlich augenfällig dort, wo es um die „richtige" Benennung von Dingen und Sachverhalten, um die lexikalische Formung oder „Zurüstung" von juristischen Tatbeständen geht. In der rechtslinguistischen Literatur hat dieses Thema immer wieder Beachtung gefunden, wenn auch weniger unter der Optik der Rechtsetzung als vielmehr unter der Optik der Rechtsanwendung.[4]

Hier ein paar Müsterchen aus einem unendlichen Fundus an Beispielen lexikalischer Perspektivierung in der Rechtsetzung: Weil sie nicht mehr als zeitgemäß empfunden wurde, hat man vor einigen Jahren im Zivilgesetzbuch die *elterliche Gewalt* durch die *elterliche Sorge* ersetzt. Zurzeit wird das bisherige *Vormundschaftsrecht* durch den *Erwachsenenschutz* ersetzt, im Berufsbildungsbereich haben der *Lehrling* und die *Lehrtochter* der *lernenden Person* Platz gemacht und der *Lehrmeister* dem *Berufsbildner* und der *Berufsbildnerin*. Im Chemikalienrecht stehen heute die *Biozidprodukte* für die älteren *Schädlingsbekämpfungsmittel* und *Pestizide*, und 2003 wurde das *Atomgesetz* von 1959 durch das *Kernenergiegesetz* ersetzt. Viel zu reden gab im Behindertengleichstellungsgesetz die Frage, ob kurz und knapp von *Behinderten* zu reden sei, mit dem Nachteil, dass diese Bezeichnung betroffene Menschen auf ihre Behinderung reduziert, oder vielmehr von *Menschen mit Behinderung*, mit welcher Bezeichnung die Behinderung als etwas Akzessorisches und nicht als Wesensmerkmal dieser Menschen aufgefasst wird. Vor ein paar Jahren gab es einen Versuch, den Begriff der *Invaliden* aus dem schweizerischen Recht zu entfernen (wegen der lateinischen Etymologie des Wortes). Mangels überzeugender Alternative (*dauernd Erwerbsunfähige* zum Beispiel) ist der Versuch aber gescheitert (Nussbaumer 2006).

Neben der lexikalischen Perspektivierung gibt es auch die Perspektivierung durch eine bestimmte Ausrichtung einer Norm. Vor einigen Jahren gab es eine Initiative aus dem Parlament, die im Bundesgesetz über die politischen Rechte eine „Anrufinstanz" schaffen wollte, die bei unfair verlaufenden Abstimmungskämpfen vor Referenden (Volksabstimmungen; in der Schweiz stimmt das Volk viermal jährlich über mehrere Sachvorlagen verbindlich ab) hätte „angerufen" werden und die dann hätte eingreifen sollen. Der Entwurf sah folgendermaßen aus:

---

4 Statt vieler Felder zur Rechtsprechung über die bekannten Fälle von Sitzblockaden in Deutschland, die Art, wie diese Ereignisse juristisch gefasst wurden (insbes. ob als „Nötigung" oder nicht), wie sie außerjuristisch gefasst wurden und wie die Rechtsprechung außerhalb des Rechts, in der Tagespresse wiedergegeben und kommentiert wurde.

Bundesgesetz über die politischen Rechte

Titel 6a: Anrufinstanz für die Lauterkeit der politischen Werbung in Abstimmungskampagnen (neu)

Art. 82a Aufgabe

¹ Die Anrufinstanz für die Lauterkeit der politischen Werbung in Abstimmungskampagnen nimmt Stellung zu Beanstandungen gegenüber Aussagen im Rahmen politischer Werbung im Hinblick auf eidgenössische Abstimmungen. Solche Beanstandungen können von stimmberechtigten Personen eingereicht werden, wenn ihrer Ansicht nach irreführende oder tatsachenwidrige Aussagen im Rahmen politischer Werbung gemacht werden.

Uns schien dieser Normierungsansatz zu „behördenlastig", zu sehr aus der Perspektive dieser zu schaffenden „Anrufinstanz" formuliert. In einem Gesetz über die politischen Rechte – fanden wir – wäre die neue Möglichkeit in erster Linie als politisches Recht, also als Recht oder Anspruch der Stimmberechtigten aufzuziehen. Wir haben deshalb als Anfang der Bestimmungen Folgendes vorgesehen (nebenbei bemerkt hätten wir zusätzlich die etwas religiös klingende *Anrufinstanz* in eine *Ombudsstelle* umbenennen wollen):

Titel 6a: Ombudsstelle zur Beurteilung politischer Werbung in Abstimmungskampagnen (neu)

Art. 82a Grundsatz

Stimmberechtigte, die Aussagen im Rahmen politischer Werbung in Abstimmungskampagnen für irreführend oder tatsachenwidrig halten, können sich an eine Ombudsstelle wenden.

Mit diesem Vorschlag haben wir die Perspektivierung sowohl in der Benennung dieser Instanz wie auch in der ganzen Normkonzeption geändert und damit den „Inhalt" angerührt. Aus der Initiative ist dann aber letztlich nichts geworden.

In einem mehrsprachigen Recht, wie wir es in der Schweiz haben (die deutsche, die französische und die italienische Fassung einer Rechtsvorschrift sind in gleicher Weise rechtsverbindlich), ist die Unhintergehbarkeit der Perspektivierung präsenter, augenfälliger als in einem einsprachigen Recht. Wenn wir Gesetze und Verordnungen parallel auf Deutsch und auf Französisch redigieren, ist uns immer sehr präsent, dass wir uns von zwei Sprachen und mithin von zwei ungleichen Positionen her sprachlich einer imaginären Rechtsnorm, einem „Inhalt", anzunähern versuchen und im besseren Fall einen Punkt im Formulierungsprozess erreichen, wo wir finden, dass wir nun Übereinstimmung haben. Dass diese oft etwas prekär bleibt, mögen die folgenden Beispiele zeigen. Im ersten Beispiel geht es um eine Standardbestimmung, wonach die Regierung beim Erlass ihrer Vorschriften das Recht der Europäischen Union zu berücksichtigen hat; unterschiedliche Formulierungen fassen diese Ausrichtung mehr oder minder eng oder offen:

> Beim Erlass seiner Bestimmungen orientiert sich der Bundesrat an den entsprechenden Bestimmungen im Recht der Europäischen Union. (*Varianten:* Der Bundesrat orientiert sich an/berücksichtigt/trägt ... Rechnung/...)

> Il (le Conseil fédéral) édicte ses dispositions sur le modèle des dispositions correspondantes du droit de l'Union européenne. (*Varianten*: Il édicte ... sur le modèle/prend en compte/s'oriente à ...)

Das zweite Beispiel stammt aus dem Bundespersonalgesetz:

> Die Angestellten der Bundesverwaltung bilden sich ihren Fähigkeiten und den Anforderungen am Arbeitsplatz entsprechend weiter und stellen sich auf Veränderungen ein.

> Les employés suivent un perfectionnement adapté à leurs capacités et aux exigences de l'emploi et s'adaptent aux changements.

Während der deutsche Wortlaut eher ein aktives Sich-Einstellen auf Veränderungen formuliert, ist die Sichtweise der französischen Fassung eher ein passives Sicht-Anpassen.

Handelt es sich bei den ersten beiden Beispielen um Nuancierungen, könnte man beim dritten Beispiel von einer inhaltlichen Differenz zwischen dem deutschen und dem französischen Text sprechen:

> ... dass die Angestellten in der Amtssprache ihrer Wahl arbeiten können

> ... et puissent exercer leur activité dans leur propre langue

Die Bestimmung stammt aus einem Entwurf zum Bundespersonalgesetz. Der deutsche Text nimmt die Perspektive der Sprachmehrheit (Deutsch) ein und räumt eine Wahlfreiheit ein, während der französische Text die Perspektive der Sprachminderheiten (Französisch, Italienisch) einnimmt und diesen das Recht auf ihre (Minderheiten)Sprache gibt. Die Bestimmung steht heute im neuen Sprachengesetz von 2007 (Art. 9 Abs. 1); die Spannung zwischen der deutschen und der französischen Fassung ist verschwunden, die Perspektive der Sprachmehrheit (Wahlfreiheit) hat sich durchgesetzt, denn die Bestimmung lautet wie folgt:

> ... die Angestellten der Bundesverwaltung arbeiten wahlweise in deutscher, französischer oder italienischer Sprache

> ... les employés de l'administration fédérale travaillent, au choix, en allemande, en français ou en italien

2.3   Die Gesetzessprache bildet – sie bildet nicht einfach ab

Die Angst der Juristinnen und Juristen vor unserer Redaktionsarbeit hat
vielleicht auch damit zu tun, dass die Juristen – ich habe es oben gesagt –
sehr wohl ahnen oder wissen, dass die sprachliche Form mehr ist als ein
besser oder schlechter sitzendes Kleid zu einem vorbestehenden normativen Gedanken, dass die Gesetzessprache nicht einfach die Wirklichkeit
abbildet, gewissermaßen etikettiert, sondern rechtliche Tatbestände „zu-
rüstet", konstituiert, bildet. Augenfällig ist das dort, wo in Gesetzen
(Landwirtschaftsgesetzgebung) *rauhfutterverzehrende Grossvieheinheiten* herum-
rennen, wo es in der Wirklichkeit doch nur Rinder, Schafe und Grunz-
ochsen (Yaks) gibt, oder wo in Gesetzen (Chemikaliengesetzgebung) *Biozidprodukte* herumstehen, wofür man außerhalb des Rechts je nach Perspektive *Schädlingsbekämpfungsmittel, Pestizid, Pflanzenschutzmittel* usw. sagt.

Manchmal ist der wirklichkeitskonstituierende Charakter der Rechts-
begriffe im Gesetz dadurch explizit ausgewiesen, dass die Begriffe in sog.
Legaldefinitionen *für die Zwecke dieses Gesetzes* ausdrücklich bestimmt werden. Im neuen Sprachengesetz von 2007 findet sich folgende Bestimmung:

Sprachengesetz

Art. 21 Unterstützung der mehrsprachigen Kantone

[1] Im Rahmen der bewilligten Kredite gewährt der Bund den mehrsprachigen Kan-
tonen Finanzhilfen für die Erfüllung ihrer besonderen Aufgaben.

Mit dieser Bestimmung könnten sich etwa die Kantone Zürich, Basel oder
Genf mit ihren großen Städten und Agglomerationen mit einem hohen
Ausländeranteil angesprochen fühlen; sie sind ohne allen Zweifel
mehrsprachig. Doch weit gefehlt – mehrsprachig sind sie zwar schon, aber
nicht im Sinne des Sprachengesetzes, das nämlich dieser Bestimmung
sofort folgende Definition nachschiebt:

[2] Als mehrsprachig gelten die Kantone Bern, Freiburg, Graubünden und Wallis.

Und damit die nun gesetzlich eingegrenzten mehrsprachigen Kantone
nicht auf die Idee kommen, alles und jedes als *besondere Aufgabe* zu deklarieren, lässt der Gesetzgeber gleich auch noch folgende Bestimmung folgen – er konstituiert den Rechtsbegriff der *besonderen Aufgaben mehrsprachiger
Kantone*:

[3] Als besondere Aufgaben gelten namentlich:

    a. die Schaffung geeigneter Voraussetzungen und Hilfsmittel für die mehrspra-
    chige Arbeit in politischen Behörden, Justiz und Verwaltung;

b. die Förderung der Mehrsprachigkeit der Lernenden und Lehrenden in den Amtssprachen des Kantons auf allen Unterrichtsstufen.

2.4 Die Inhaltskontrolle als explizite Aufgabe der Redaktionskommission

In gewisser Weise hat die Redaktionskommission sogar ausdrücklich den Auftrag, den Inhalt anzurühren. Wir sehen das für die Redaktionskommission des Parlaments im oben zitierten Artikel 57 Absatz 3 des Parlamentsgesetzes, unmittelbar beim Verbot der materiellen Änderungen:

Art. 57 Aufgaben und Verfahren

[3] Der Redaktionskommission stehen keine materiellen Änderungen zu. Stösst sie auf materielle Lücken, Unklarheiten oder Widersprüche, so benachrichtigt sie die Ratspräsidentinnen oder Ratspräsidenten.

In Entwürfen kann es „materielle Lücken, Unklarheiten und Widersprüche" geben. Die Redaktionskommission hat sie aufzudecken. Zu ihrer Beseitigung ist sie nicht befugt. Im Falle der Redaktionskommission des Parlaments, die ganz am Ende des Rechtsetzungsverfahrens zum Zug kommt, muss das Ratspräsidium eingeschaltet werden, das das Problem zusammen mit der zuständigen Sachkommission angeht.

Für die verwaltungsinterne Redaktionskommission ist der Auftrag ausführlicher formuliert (Auszug aus dem Reglement über die verwaltungsinterne Redaktionskommission[5]):

Art. 2 Aufgabe

[1] Die VIRK (= verwaltungsinterne Redaktionskommission) sorgt dafür, dass die rechtsetzenden Erlasse des Bundes für die Bürgerinnen und Bürger verständlich sind. Dabei achtet sie insbesondere:

a. auf logischen, sach- und adressatengerechten Aufbau;

b. auf die Beseitigung von Unklarheiten, Widersprüchen und Lücken im Text;

c. auf einfache und knappe, klare, kohärente und geschlechtergerechte Formulierung;

d. im Falle der Koredaktion (Art. 3 Abs. 1) auf die Übereinstimmung des Textes in der deutschen und der französischen Fassung;

e. auf sprachliche Richtigkeit.

Es dürfte unmittelbar einsichtig sein, dass hier eine tief in die Textstruktur eingreifende Redaktionsarbeit im Blick ist. Das ist nur deshalb möglich,

---

5   Vgl. Fn. 2.

weil die verwaltungsinterne Redaktionskommission in einer frühen Phase der Erarbeitung eines Gesetzes oder einer Verordnung zum Zuge kommt, wenn am Inhalt vieles noch im Fluss ist, und die festgestellten Unklarheiten, Widersprüche, Inkohärenzen und Lücken, wie oben gezeigt, mit dem zuständigen Fachamt zusammen beseitigen kann. Die Redaktionskommission hat die Funktion der ersten Leserin, die von außen an einen Text herantritt, ihn versucht zu verstehen, Fragen stellt, Umformulierungsvorschläge macht, und die damit den Autorinnen und Autoren zeigt, wie ihr Text bei künftigen Adressatinnen und Adressaten ankommen könnte: Was wird wie verstanden? Wo gibt es Missverständnisse? Wo bleibt ein Verständnis aus?

2.5   Gesetzesredaktion zwischen Klärung und Klarstellung der Gedanken

Gesetzesredaktion dient der Klärung der Gedanken auch und gerade bei den Gesetzesautoren – das haben wir oben am Beispiel aus dem Umweltschutzgesetz gesehen. Und das ist keineswegs ein Ausnahmefall. Oftmals fragen wir uns, ob durch unsere redaktionellen Eingriffe und die darauffolgende Auseinandersetzung mit dem Fachamt der normative Gehalt sich allererst klärt oder ob es uns nun „lediglich" gelungen ist, den vorbestehenden klaren Gedanken klarzustellen. Die Frage ist wohl müßig. Wichtig ist, was dabei herauskommt. Nehmen wir noch einmal ein Beispiel, bei dem man darüber spekulieren könnte, ob die Autorinnen und Autoren wirklich so genau wussten, was sie eigentlich regeln wollten:

Nationalbankgesetz

Art. 23 Aktienbuch, Übertragungsbeschränkungen

[1] Die Nationalbank führt ein Aktienbuch, in welches die Aktionäre eingetragen werden. Im Verhältnis zur Nationalbank wird als Aktionär nur anerkannt, wer im Aktienbuch eingetragen wird. Der Bankrat regelt die Genehmigung.

[2] Die Zustimmung wird verweigert:

   a. sofern der Erwerber infolge der Anerkennung als Aktionär direkt oder indirekt mehr als 100 Aktien besitzen würde;

   b. wenn der Erwerber trotz Verlangen der Nationalbank nicht ausdrücklich erklärt, dass er die Aktien im eigenen Namen und auf eigene Rechnung erworben hat und halten wird.

[3] Die Beschränkung gemäss Absatz 2 Buchstabe a gilt nicht für schweizerische Körperschaften und Anstalten des öffentlichen Rechts.

Dieser Entwurf krankt an mehreren Stellen:

- Er ist begrifflich inkohärent: In Absatz 1 ist von einer *Genehmigung* mit unklarem Bezug auf die *Anerkennung* als Aktionär aufgrund einer Eintragung ins Aktienbuch die Rede. In Absatz 2 geht der Text mit *Zustimmung* weiter.
- Ebenfalls begrifflich inkohärent ist, dass Absatz 2 von *Verweigerung* spricht, während sich Absatz 3 auf Absatz 2 zurückbezieht mit dem Ausdruck der *Beschränkung.*
- Von einer *Beschränkung*, genauer – wenn auch reichlich dunkel – von einer *Übertragungsbeschränkung*, ist auch in der Sachüberschrift des Artikels die Rede.
- Dass es diesen internen Rückbezug braucht, lässt ein Problem des Textaufbaus vermuten.
- Artikel 2 Buchstabe a ist ganz dunkel. Ist das die Ausformulierung der rätselhaften *Übertragungsbeschränkung* der Sachüberschrift?

Gleichsam der Lichtschalter im dunklen Artikel ist der Rückbezug aus Absatz 3 über den Begriff der *Beschränkung*. Nach längerem Nachdenken gewinnt die Hypothese an Überzeugungskraft, dass in Absatz 2 Buchstabe a tatsächlich eine Beschränkung und nicht wie in Buchstabe b eine Verweigerung gemeint sein könnte. Diese Hypothese hat die Redaktionskommision zu folgendem Lösungsvorschlag geführt – trennen, was nicht zusammengehört, zusammenführen, was zusammengehört, und einheitlich benennen:

Art. 23 Aktienbuch

[1] Die Nationalbank anerkennt als Aktionärinnen und Aktionäre nur, wer im Aktienbuch eingetragen ist. Der Bankrat regelt die Einzelheiten der Eintragung.

[2] Die Eintragung einer Aktionärin oder eines Aktionärs ist auf höchstens 100 Aktien beschränkt. Diese Beschränkung gilt nicht für schweizerische Körperschaften und Anstalten des öffentlichen Rechts.

[3] Die Eintragung wird verweigert, wenn die Erwerberin oder der Erwerber trotz Verlangen der Nationalbank nicht ausdrücklich erklärt, die Aktien im eigenen Namen und auf eigene Rechnung erworben zu haben und zu halten.

Der Vorschlag der Redaktionskommission wurde vom Fachamt akzeptiert, obwohl man vom neuen Text kaum wird sagen können, er habe die gleiche Bedeutung wie der Ausgangstext. Er hat aber offenbar die Bedeutung, die er auch aus Sicht des Fachamtes haben sollte.

Und jetzt noch ein Beispiel, bei dem man annehmen darf, dass der normative Gehalt in den Köpfen der Autorinnen und Autoren sehr wohl klar war, als sie diesen Monstersatz schrieben:

Schulgesetz Graubünden

Art. 14 Ausschluss

Schülerinnen und Schüler, welche trotz Mahnung und Orientierung der Erziehungsberechtigten den Unterricht oder das Unterrichtsklima dauernd belasten, können durch Schulratsbeschluss aufgrund eines schriftlichen Berichtes des zuständigen Schulinspektorates und des Schulpsychologischen Dienstes und unter Meldung an die Vormundschaftsbehörde vom Unterricht ausgeschlossen werden.

Dieses Beispiel aus dem Schulgesetz des Kantons Graubünden ist nie über unsern Redaktionsschreibtisch gegangen (wir redigieren keine kantonalen Gesetze). Es ist insofern typisch für Gesetzestexte, als viel zu viel in einen Satz hineingestopft wurde, mit dem Resultat, dass man das beim Lesen gar nicht alles auf einmal verarbeiten kann, dass die Übersichtlichkeit fehlt, dass die zentrale Norm in einem Chor von Begleitnormen untergeht – und mit dem Resultat auch, dass es in dem Text zumindest eine mehrdeutige Stelle gibt: *Mahnung und Orientierung der Erziehungsberechtigten* – Wer mahnt wen? Wer orientiert wen worüber? Dürfte ich diesen Text redigieren, ich würde etwa Folgendes daraus machen:

Art. 14 Ausschluss

[1] Schülerinnen und Schüler, welche den Unterricht oder das Unterrichtsklima dauernd belasten, können vom Unterricht ausgeschlossen werden.

[2] Vor dem Ausschluss muss die Schülerin oder der Schüler gemahnt und müssen die Erziehungsberechtigten orientiert worden sein.

[3] Der Ausschluss wird vom Schulrat beschlossen. Dieser stützt sich dabei auf einen schriftlichen Bericht des zuständigen Schulinspektorates und des Schulpsychologischen Dienstes.

[4] Der Ausschluss muss der Vormundschaftsbehörde gemeldet werden.

Abgesehen von der genannten mehrdeutigen Stelle hat hier Redaktion nicht so sehr den Effekt der Klärung, aber sehr wohl denjenigen der Klarstellung: In dem Monstersatz verbergen sich eine zentrale Norm (Abs. 1) und drei Begleitnormen (Abs. 2–4). In dieser Überarbeitung wird die temporale Struktur (Vorzeitigkeit in Abs. 2, Nachzeitigkeit in Abs. 4) und die Aktantenstruktur (Wer macht gegenüber wem was und auf der Grundlage wovon?) deutlicher. Und nebenbei ist auch die Mehrdeutigkeit ausgeräumt: Gemahnt wird die Schülerin oder der Schüler, orientiert werden die Eltern. Dies zumindest vermute ich, aber denkbar wäre auch anderes – womit aus der „bloßen Klarstellung" wieder eine Klärung würde.

2.6 Gezielte inhaltliche Veränderungen – zur Vereinfachung, zur Abstraktion, als Provokation zur Klarstellung

In den angeführten Beispielen sollte sich zeigen: Die Redaktionskommission versucht mit ihrer Umformulierung, das in Sprache zu fassen, was der von den Autorinnen und Autoren intendierte Sinn sein könnte – das ist in aller Regel die Haltung der Redaktionskommission: Wo sie nicht Geburtshelferin der Gedanken ist, da versucht sie sich als Transmissionsriemen. Es gibt aber auch die seltenen Fälle, wo die Redaktionskommission ganz bewusst den Inhalt antastet.

Der Grund hierfür kann sein, dass ihr eine Regelung ganz einfach zu kompliziert erscheint. Der redaktionelle Eingriff ist hier – immer im Dienste der Verständlichkeit – gewissermaßen „überschießend": Statt einer bloßen textuellen Vereinfachung schlagen wir eine Vereinfachung der Regelung selber vor. Dies kommt etwa bei unnötig komplizierten Verfahrensregeln vor.

Besonders wichtig sind solche materiellen Vereinfachungen im Dienste der Verständlichkeit immer dort, wo ein Entwurf viel zu nahe an der vielgestaltigen Wirklichkeit klebt, diese in all ihren feinen Verästelungen einzufangen sucht mit dem Effekt, dass der Leser (und wohl auch der Autor) vor lauter Bäumen den Wald nicht mehr sieht. Dann gilt es, einen entschiedenen Schritt zurückzumachen, Abstand zu gewinnen, das den Einzelfällen Gemeinsame zu sehen, sich auf die „Ratio Legis" zurückzubesinnen und die Bestimmung entsprechend auszugestalten. Neulich hat die Redaktionskommission den Entwurf einer Ergänzung der Bestimmungen bekommen, mit denen den Gefahren, die von Feuerzeugen ausgehen, begegnet werden soll. Aktuell gibt es zu Feuerzeugen zum Beispiel Bestimmungen über die Gase, die verwendet werden dürfen, oder über Kindersicherungen. Neu soll auch Folgendes gelten:

[3] Feuerzeuge dürfen nicht hergestellt, eingeführt oder abgegeben werden:

  a. in Form von Spielzeugen (Modellauto, Märchen- oder Comic-Figuren usw.) oder ähnlichen Produkten mit Unterhaltungseffekten (Blinken oder Abspielen einer oder mehrer Melodien);

  b. als Imitation eines flüssigen oder festen Lebensmittel, in typischer Lebensmittelverpackung (als verkleinerte Getränkedose) oder sonstigen Gegenstandes (z.B. Waffe, Uhr, Telefon, Musikinstrument);

  c. als menschliche Figuren oder Teile davon.

Wir sehen einmal ab von den Grammatikfehlern im Entwurf und konzentrieren uns auf den „normativen Gehalt". Die Bestimmung fällt auf durch extreme Wirklichkeitsnähe (es handelt sich um eine Übernahme

einer Entscheidung der EG-Kommission). Man sieht förmlich den Autor
der Bestimmung, wie er an einem großen Schreibtisch sitzt, vor sich Dut-
zende von mehr oder weniger originellen Feuerzeugen, und nun verzwei-
felt bemüht ist, diese unbändige gestalterische Kreativität in einer juristischen Norm zu bändigen. Das scheint ihm noch halbwegs zu gelingen mit
den drei Buchstaben, doch innerhalb der Buchstaben geht ihm der Text
durch, er gerät ins Aufzählen (Klammerzusätze). Die Übergenauigkeit
wird etwa dort unfreiwillig komisch, wo vom Abspielen *einer oder mehrerer
Melodien*, von *flüssigen oder festen* Lebensmitteln oder von *menschlichen Figuren oder Teilen davon* die Rede ist.

     Einen Schritt zurückmachen, nach der Ratio Legis fragen! Die Be-
stimmung will verhindern, dass Feuerzeuge auf den Markt kommen, die
mit andern Gegenständen des täglichen Gebrauchs verwechselt werden
oder die durch besondere Formung oder besondere Effekte eine zusätzliche Anziehungskraft insbesondere auf Kinder ausüben können. Die Redaktionskommission hat deshalb folgende Bestimmung vorgeschlagen:

> Feuerzeuge mit einem Unterhaltungseffekt dürfen nicht hergestellt, eingeführt
> oder abgegeben werden. Ein Feuerzeug hat insbesondere dann einen Unterhal-
> tungseffekt, wenn es:
> a. nach einem andern Gegenstand (Spielzeug, Lebensmittel, Comicfigur, Körper-
> teil usw.) gestaltet ist; oder
> b. zusätzliche Effekte (Blinken, Töne usw.) produziert.

In dieser Form ist die Bestimmung hinlänglich abstrakt und mit den
Klammerzusätzen doch hinlänglich konkret. Die Bestimmung deckt alles
ab, was mit ihr erfasst werden soll, während der Entwurfstext Gefahr
läuft, von der Wirklichkeit sehr bald überholt zu werden, sodass die Gesetzgebung ihr durch laufende Änderungen hinterherrennen muss. Vom
„Wortlaut" her ist der Vorschlag der Redaktionskommission inhaltlich
nicht mehr identisch mit dem Entwurf; wir denken aber, dass die normative Absicht mit dem neuen „Wortlaut" besser umgesetzt werden kann.
Das Fachamt hat den Vorschlag (mit etwas mehr Beispielen!) angenommen.

     Manchmal – namentlich bei mehrdeutigen Bestimmungen, bei denen
wir den Verdacht haben, sie seinen politischen Zwängen geschuldet –
versuchen wir in der Redaktionskommission auch, mit einer eindeutigen
Formulierung eine Klarstellung zu provozieren. Hierzu ein ganz aktuelles
Beispiel, das insofern krass ist, als es mit erheblichen staatspolitischen
Implikationen behaftet ist. Das Beispiel ist aus dem Bundesgesetz über die
politischen Rechte, das unter anderem die für die direktdemokratische
Schweiz charakteristischen Volksabstimmungen (Referenden) regelt. Eine
ewige Diskussion dabei ist die Rolle der Regierung in Abstimmungskämp-

fen. Dazu muss man wissen, dass der Bundesrat (die Regierung) vor Volksabstimmungen sogenannte Abstimmungserläuterungen in alle Haushalte verschickt. Darin informiert er über die Vorlage, erläutert sie und argumentiert für oder gegen die Vorlage. Am Schluss der Broschüre gibt er jeweils eine Abstimmungsempfehlung ab, in der Regel mit dem Wortlaut „Aus all diesen Gründen empfehlen Bundesrat und Parlament, die Vorlage abzulehnen/anzunehmen".[6] Weiter muss man wissen, dass die Regierung in der Schweiz – anders als in andern Ländern – weniger direkt vom Parlament abhängig ist und dass es vorkommt, dass sie zu Vorlagen, die in die Volksabstimmung kommen, eine etwas andere Haltung hat als die Mehrheit des Parlaments. Es gibt Kreise, die der Regierung vor Volksabstimmungen fast jegliche Äußerung verbieten wollen, und Kreise, die sie im Gegenteil dazu verpflichten wollen, aktiv zu informieren und Stellung zu nehmen zu Volksabstimmungsvorlagen. Eher aus diesem zweiten Kreis stammt die folgende Initiative, die nach Umarbeitung durch die zuständige Fachkommission wie folgt lautete:

BG über die politischen Rechte

Art. 10a Information der Stimmberechtigten (Entwurf der zuständigen Kommission)

Der Bundesrat informiert die Stimmberechtigten über die eidgenössischen Abstimmungsvorlagen. Er vertritt dabei die Haltung der Bundesbehörden.

Die Redaktionskommision befand, dass dieser Wortlaut an einer entscheidenden Stelle unklar bleibt, möglicherweise politisch absichtlich unklar: Welche Haltung hat der Bundesrat zu vertreten? Zunächst ist er ja selber Bundesbehörde, hat aber möglicherweise eine andere Meinung als die Mehrheit des Parlaments, das natürlich auch Bundesbehörde ist, genau so übrigens wie die eidgenössischen Gerichte, die möglicherweise wieder eine andere Meinung haben. Mit andern Worten: Mit dem Begriff „Bundesbehörden" (wohlgemerkt im Plural) sagt der Gesetzgeber gemäß diesem Entwurf gerade nicht, welche Haltung der Bundesrat zu vertreten hat. Der Gesetzgeber eröffnet an einer ganz umstrittenen Stelle eine Leerstelle. Die Aufgabe der Redaktionskommission ist es, auf solche Leerstellen hinzuweisen und ihre Füllung zu provozieren. In erläuternden Texten zu dieser Bestimmung fand die Redaktionskommission die Feststellung, der Bundesrat habe die Beschlüsse des Parlaments (der „Bundesversammlung") zu vollziehen. Das bewog sie zu folgender Provokation:

---

6   Wer sich genauer für diese eigenartige Textsorte der Abstimmungserläuterungen des Bundesrates interessiert, findet in Hauck et al. (2006: 137 ff.) weitere Informationen.

Art. 10a Information der Stimmberechtigten (Vorschlag der Redaktionskommission)

Der Bundesrat informiert die Stimmberechtigten über die eidgenössischen Abstimmungsvorlagen. Er vertritt dabei die Haltung der Bundesversammlung.

Als Provokation wurde dies tatsächlich von gewisser (Regierungs)Seite aufgefasst, zumal die zuständige Kommisson des Parlaments diesen Vorschlag – redaktionell gemeint, aber natürlich von erheblichem materiellem Gehalt – liebend gerne aufgriff und flugs zu dem Ihrigen machte. Der Vorschlag der Redaktionskommission hat die Politik, die drauf und dran war, sich mit dieser Leerformel zu arrangieren, aufgeschreckt. Die Bestimmung ging politisch hin und her, stand wiederholt am Abgrund der vollständigen Streichung, ging aber schließlich in folgender angereicherter Fassung auf (im Oktober 2007 verabschiedet):

Art. 10a Information der Stimmberechtigten

[1] Der Bundesrat informiert die Stimmberechtigten kontinuierlich über die eidgenössischen Abstimmungsvorlagen.

[2] Er beachtet dabei die Grundsätze der Vollständigkeit, der Sachlichkeit, der Transparenz und der Verhältnismässigkeit.

[3] Er legt die wichtigsten im parlamentarischen Entscheidungsprozess vertretenen Positionen dar.

[4] Er vertritt keine von der Haltung der Bundesversammlung abweichende Abstimmungsempfehlung.

Absatz 4 sieht man die politischen Auseinandersetzungen nach wie vor an. Sprachlich ist die Bestimmung nicht lupenrein: Wir haben eine seltsame Verschränkung zweier Konstruktionen vor uns: *vertritt (k)eine Haltung* und *gibt (k)eine Empfehlung ab*. Ist nun – mit Bezug auf die Broschüre, die der Bundesrat in alle Haushalte verschickt – gemeint, dass er im gesamten Text keine von der Haltung des Parlaments abweichende Meinung vertritt, oder dass er lediglich bei der Abstimmungsempfehlung ganz am Ende der Broschüre nicht vom Parlament abweicht? Dieses Beispiel zeigt, dass es leider auch bei viel Bemühungen um Klarheit in der politischen Mühle der Rechtsetzung ab und an zu Formelkompromissen kommt.

Halten wir abschließend fest: Rechtsetzung ist nicht zuletzt ein Textgenerierungsprozess und als solcher ein Prozess der „allmählichen Verfertigung normativer Gedanken", ein Prozess der Verfertigung und Verfestigung normativer Intentionen. Redaktion, die frühzeitig und durchaus im Dienste der Intentionen der Autorinnen und Autoren eingreift und diesen Prozess begleitet, greift notgedrungen diesen werdenden normativen Gehalt an, in unterschiedlicher Weise, aus unterschiedlichen Gründen. Das sollten die Beispiele zeigen. Der Endpunkt dieses Rechtstextgenerierungsprozesses ist der fertige, erlassene, in Kraft gesetzte Normtext. Damit steht der „Wortlaut" still, nicht aber die Norm. Es hebt ein neuer unendlicher Prozess an: der Prozess der Anwendung, der Auslegung, der Konkretisierung der Norm. Gute Rechtsetzung lenkt diesen Prozess der Anwendung in die gewünschten Bahnen; die Auslegungsarbeit kann und will gute Rechtsetzung nicht verhindern.

3 Redaktion ist nötig und dient mehreren Herren

Gesetzestexte haben – als Texte, das heißt als Kommunikationsmittel, die als solche dem Anspruch an Verständlichkeit genügen müssen – einen schlechten Ruf. Im Chorgesang vom unverständlichen Gesetz sind allerdings viele Stimmen auszumachen:

Da gibt es die Zyniker wie Hans Magnus Enzensberger (2004), die behaupten, das mit der Unverständlichkeit der Gesetze müsse so sein, weil nur bei einem unverständlichen Recht die Juristenzunft, die „Profiteure der Intransparenz" (Hauck 2007), in ihrer angestammten Machtfülle fortbestehen können. Da gibt es die besserwisserischen Tadler, die Prediger vom guten Stil, die den Rechtsetzern sprachliche Unfähigkeit vorwerfen (Stilpäpste wie Wolf Schneider etwa). Sie sind nah verwandt den Schwärmern, die an das einfache, klare, allgemeinverständliche Gesetz glauben und nicht müde werden, es politisch einzufordern und linguistisch für möglich zu halten (ohne allerdings in der Regel den Tatbeweis anzutreten). Sie brauchen gerne starke Worte wie diese:

> „Das Recht auf verständliche Gesetze ist ein demokratisches Grundrecht, nicht anders als das Recht auf freie Wahlen, freie Rede oder Gleichberechtigung vor dem Gesetz." (Klein 2004: 201)

> „Aber nichts spricht dagegen, die einschlägigen Paragraphen so umzuformulieren, dass der Durchschnittsmensch sie verstehen kann, vielleicht nicht auf Anhieb, aber doch beim dritten Durchlesen." (Klein 2004: 201)

> „Aber im Recht ist es eben doch etwas anderes [als in andern Fachsprachen; MN]. Denn im Grundgesetz steht, alle Staatsgewalt geht vom Volke aus. Also muss das Volk auch kontrollieren können. Es kann aber nicht kontrollieren, wenn es nicht verstehen kann. Und die Justiz ist eine Staatsgewalt. Das Demokratiegebot bedeutet für das Recht ein Verständlichkeitsgebot. [...] Das Recht muss verständlich sein. Das ist selbstverständlich. Und es ist auch möglich. Kostet nur viel Zeit und Arbeit, also auch viel Geld. Die kompliziertesten juristischen Probleme lassen sich einfach und verständlich beschreiben. Wenn man sie selbst verstanden hat. Selbstverständlich. Man muss sich nur auszudrücken zu verstehen zu können." (Wesel 2004: 456 f.)

Dagegen halten mit Vehemenz die Skeptiker, die „Wissenschaftsgläubigen" (Hauck 2007), die behaupten, dass die Forderung nach einem allgemeinverständlichen Recht einem Grundlagenirrtum entspringt, dass Recht nämlich gar nicht allgemeinverständlich in diesem platten Sinn sein könne, und die daraus kurzerhand den Schluss ziehen, alle Spracharbeit am Gesetzestext sei letztlich „marginal", und sogar noch einen draufsetzen und sie für gefährlich halten, weil sie Verständlichkeit vorgaukle, wo solche gar nicht möglich sei – so Regina Ogorek (2004):

> „Unverständlich sind die Texte in der Regel nicht deshalb, weil sie – wie freilich häufig – sprachliche Formen verletzen, sondern weil sie genau das, was der Laie von ihnen erwartet, nämlich ‚eindeutig' im Sinne einer einzigen Deutungsmöglichkeit zu sein, strukturbedingt nicht sind, oft gar nicht sein wollen, jedenfalls nicht sein können. Rechtstexte sind mitnichten letzte, präzise Antworten oder Weisungen, sondern zeitbezogene Angebote an die Deutungskultur. [...] Rechtsnormen initiieren also einen professionellen, aber nicht nur von der Profession selbst gesteuerten Deutungsprozess. Nicht hingegen enthalten sie definitive Ankündigungen feststehender Rechtsfolgen auf sicher ermittelbare Tatbestände [...]. Was deshalb auf der Sprachebene als verbesserungsbedürftig und verbesserungsfähig entdeckt und bereinigt wird, ist für das Rechtssystem eher marginal, und das Ergebnis des sprachlichen Schliffs kann für die nichtjuristische Umgebung sogar irreführend sein, weil ihr suggeriert wird, dass sie nun zumindest (teil-) versteht. Tatsächlich aber wird nach linguistischer Bearbeitung die rechtliche Botschaft nicht, auch nicht teilweise, besser verstanden, sondern nur flotter gelesen, was etwas ganz anderes ist." (Ogorek 2004: 299 f.)

Meine Position ist hier eine vermittelnde (Nussbaumer 2004). Mit den Skeptikern weise ich das schwärmerische Postulat vom allgemeinverständlichen Gesetz zurück. Dabei reduziere ich allerdings die Rechtsadressaten nicht auf den „Rechtsstab" und die Momente der Gesetzesrezeption nicht auf die spektakulären Fälle von Rechtsstreit, wo Parteien ganze Armeen von Auslegungs- und Normbildungsregeln und von juristischen Argumentationsmustern auffahren, dass man sich manchmal fragt, wo da der Normtext noch bleibt. „Der Wortlaut stört oft nur", soll Regina Ogorek einmal in einer hitzigen Debatte gesagt haben, was Wolfgang Klein (2004: 199) zu Recht empört.

Ich halte fest: Redaktionsarbeit dient der Klärung der Gedanken bei den Gesetzesautoren. Das geht in den Diskussionen gerne vergessen und ist doch absolut wichtig. Wer solche Gärungs- und Klärungsprozesse im Verlauf eines Rechtsetzungsprojektes – angestossen durch Interventionen einer Redaktionsgruppe: durch hartnäckiges Nachfragen, hilfreiches bis provozierendes Umformulieren – einmal erlebt hat, kann an der Notwendigkeit redaktioneller Rechtsetzungsbegleitung schwerlich zweifeln.

Redaktionsarbeit hat sodann die Funktion der Klarstellung. Diese dient unterschiedlichen Normadressaten, die sich mit unterschiedlichen

Normen befassen, unterschiedlich damit umzugehen gelernt haben und Unterschiedliches darin suchen.

Der eine Adressatenkreis ist das politische Entscheidgremium, dem ein Gesetzes- oder Verordnungsentwurf vorgelegt wird (Parlament, Regierung). Ein zweiter Adressatenkreis sind die Fachjuristen in der Verwaltung und in den spezialisierten Anwaltskanzleien. Ein dritter Adressatenkreis sind „Feld-, Wald- und Wiesen-Juristen" (dazu zählen auch oftmals Richterinnen und Richter), die sich in Rechtsgebiete vorwagen, in denen sie nicht absolute Spezialisten sind. Eine vierte Gruppe sind die Vermittlerinnen und Vermittler, juristische oder nichtjuristische Köpfe (Verbandsmitarbeiter, Journalistinnen), die teils einer Fachklientel, teils einem breiteren Publikum den Gehalt neuer rechtlicher Bestimmungen näherbringen müssen.

Und irgendwann kommen auch die vielbeschworenen Laien. „Laien lesen keine Gesetze" – dieser Satz stimmt. Aber die Annahme stimmt nicht, die dahintersteht: dass Nichtjuristen eben einfach Laien sind und Laien bleiben. Gesetze und Verordnungen sollten auch von Nichtjuristen gelesen werden, sie werden es auch, und bei mehr redaktioneller Begleitung von Rechtsetzungsprojekten würden sie noch vermehrt und mit mehr Gewinn von Nichtjuristen gelesen. Sobald ich aber als Nichtjurist mit einem – berechtigten – Informationsbedürfnis an einen juristischen Normtext herantrete, bin ich kein einfacher Laie mehr: Ich habe eine Frage, und ich habe ein Anrecht darauf, dass der Text mir diese Frage beantwortet: „Wofür brauche ich eine Bewilligung?" – „Was muss ich tun, dass ich sie bekomme?" – „Wie lange ist sie gültig?" – „Unter welchen Voraussetzungen kann ich die Gültigkeit verlängern lassen?" – „Welche Folgen habe ich zu gewärtigen, wenn ich ohne Bewilligung handle?" usw. Dass es daneben zahllose Rechtsfragen gibt, die komplex sind und deren Antwort ich nicht einfach in Artikel 37 Absatz 2 Buchstabe b der Verordnung finden kann, wissen auch Laien – oder es kann ihnen zumindest verständlich gemacht werden.

Zum Schluss ein kleines Beispiel, das zeigen soll, wie die Frage, auf welchen Adressaten eine Bestimmung auszurichten ist, die Redaktion einer Bestimmung beeinflussen kann. Im Entwurf zum bereits genannten Bundesgesetz über das öffentliche Beschaffungswesen stand folgende Bestimmung (*Beschaffungsstelle* ist die Stelle der öffentlichen Verwaltung, die sich Güter oder Dienstleistungen beschaffen will, *Anbieterin* das private Unternehmen, das gerne den Zuschlag für die Beschaffung bekommen möchte):

Bundesgesetz über das öffentliche Beschaffungswesen

Art. 38 Zeitpunkt des Vertragsabschlusses

[1] Die Beschaffungsstelle darf den Vertrag mit der berücksichtigten Anbieterin erst abschliessen, wenn der Zuschlag eröffnet wurde und:

a. die Beschwerdefrist unbenützt abgelaufen ist; oder

b. eine allfällige Beschwerde zurückgezogen oder rechtskräftig abgewiesen wurde.

In der Diskussion mit dem Amt warf ein Jurist aus dem Bundesamt für Justiz zu Recht ein, Buchstabe b sei unvollständig: Es fehle die Möglichkeit, dass auf die Beschwerde nicht eingetreten werde. Man müsste also formulieren:

b. eine allfällige Beschwerde zurückgezogen, auf sie nicht eingetreten oder sie rechtskräftig abgewiesen wurde.

Die Redaktion hat also eine materielle Lücke zutage gefördert. Der Jurist schlug aber vor, sie nicht so zu füllen, wie ich es soeben vorgeschlagen habe, sondern maximal verdichtend so:

[1] Die Beschaffungsstelle darf den Vertrag mit der berücksichtigten Anbieterin erst abschliessen, wenn der Zuschlag eröffnet wurde und formell rechtskräftig ist.

Juristisch ist das in Ordnung, „materiell" ist die Bestimmung (*formell rechtskräftig*) nun vollständig und der ausformulierten äquivalent. Prozessrechtlich bewanderte Juristinnen und Juristen sehen hinter dieser maximal verdichteten Bestimmung die Palette der Möglichkeiten. Für die nichtjuristische interessierte Fachperson – und an solche richtet sich dieses Gesetz wohl auch – ist die Bestimmung nun aber hochgradig intransparent, die informative Palette der Möglichkeiten fehlt: (1) niemand reicht Beschwerde ein; (2) jemand reicht Beschwerde ein, zieht diese aber anschließend zurück; (3) jemand reicht Beschwerde ein, auf diese wird nicht eingetreten; (4) jemand reicht Beschwerde ein, diese wird abgewiesen. Aus einem Gesetz, das sich auch an Nichtjuristinnen und -juristen wendet, ist an dieser Stelle ein ausgesprochenes Juristengesetz geworden. Manchmal ist das – mit Blick auf die Adressaten – gerechtfertigt, meistens aber nicht.

4 Redaktion ist möglich

Redaktion ist nicht nur nötig, sie ist auch möglich und sie bringt etwas, wie ich vor dem Hintergrund unserer Schweizer Praxis behaupten darf. Dazu müssen ein paar – auch strukturelle – Voraussetzungen erfüllt sein – ich habe einleitend und über den Text verstreut das eine oder andere schon eingeflochten und möchte dies hier zum Abschluss noch einmal bündeln:

- Die Klarheit und Verständlichkeit von Gesetzestexten braucht eine Anwältin, ein Gremium, das sich eigens für diese Sache einsetzt. Das liegt nicht daran, dass die Autorinnen und Autoren dieser Texte unfähig wären, sondern das hat Gründe in den Produktionsbedingungen dieser Texte.
- Diese Anwältin der Verständlichkeit – verwaltungsinterne Redaktionskommission heißt sie bei uns – muss früh im Verfahren einbezogen werden und ein Rechtsetzungsprojekt bis zum Schluss begleiten.
- Sie hat die Aufgabe, als erste, unvoreingenommene, in die Sache nicht involvierte Leserin an Entwurfstexte heranzugehen, Umformulierungen und Umstellungen vorzuschlagen, Fragen zu stellen, Klärungen zu provozieren.
- Sie muss fest eingebunden sein in das Verfahren. An ihr darf kein Weg vorbeiführen.
- Bei uns hat es sich sehr bewährt, dass diese Redaktionskommission aus Linguisten und Juristen zusammengesetzt ist: Dieser doppelte Blick ist sehr produktiv: Der Linguist provoziert mit seinen Umstellungen und Umformulierungen materielle Fragen und löst Klärungsprozesse aus, die Juristin setzt mit ihren materiellen Fragen und Einwänden oft auch gleich fruchtbare redaktionelle Eingriffe in Gang.
- Die Redaktionskommission wird zu jedem Rechtsetzungsgeschäft ad hoc zusammengestellt und besteht aus zwei bis vier Personen. Sie speist sich aus einem Pool von circa einem Dutzend Linguistinnen und Linguisten und gut ebensovielen Juristinnen und Juristen.
- Die Textherrschaft bleibt selbstverständlich immer beim zuständigen Fachamt. Die Redaktionskommission kann nichts aufzwingen, sie muss argumentieren. Sie kann nicht einfach kritisieren, sie muss vormachen, dass man es besser machen kann. Sie muss den intensiven Dialog mit den Verfasserinnen und Verfassern suchen und mit ihnen zusammen noch bessere Lösungen anstreben. Dabei muss sie behutsam umgehen mit der Tatsache, dass viele Autorinnen und Autoren (wir gehören ja selber auch dazu) sehr an ihren Texten hängen, und sie muss die Ängste der Verfasser davor, dass man ihnen mit der redaktionellen Umarbeitung ihr Gesetz oder ihre Verordnung wegnimmt, sehr ernst nehmen. Es ist immer wieder schön zu erleben, wie ein vollständig umgearbeiteter Text schließlich von den Autoren wieder angenommen wird als der Text, der nun klar und verständlich das sagt, was sie schon immer sagen wollten – angenommen als „ihr" Text. Dass man dabei als redaktioneller Be-

gleiter im Hintergrund bleibt und andere die Lorbeeren für ein gelungenes
Gesetz oder eine gelungen Verordnung bekommen, das gehört zum „Job".

- In der Schweiz spielt der Umstand, dass wir ein dreisprachiges Recht haben
  und die redaktionelle Begleitung oft am deutschen und am französischen Text
  parallel stattfindet, eine nicht zu unterschätzende Rolle: Die Mehrsprachigkeit
  des Rechts ist eine große Chance für die redaktionelle Qualität und die Verständlichkeit des Rechts.

Die verwaltungsinterne Redaktionskommission gibt es in der Schweiz seit
rund dreißig Jahren. Etwas länger schon gibt es zudem eine Redaktionskommission des Parlaments, die allerdings erst ganz am Ende des Recht-
setzungsprozesses zum Zuge kommt und in ihren Eingriffsmöglichkeiten
entsprechend sehr eingeschränkt ist. In Deutschland gibt es etwas Ver-
gleichbares bislang nicht, sieht man einmal ab vom Redaktionsstab, den
die Gesellschaft für deutsche Sprache (GfdS) seit über vierzig Jahren beim
Deutschen Bundestag unterhält, im Umfang einer halben bis einer ganzen
Stelle!

Nun scheint in Deutschland aber einiges in Bewegung zu geraten. Zu
nennen sind zwei Tagungen der GfdS (im November 2006 in Berlin, im
November 2007 in Halle a. S.)[7]. Das Bundesministerium der Justiz (BMJ)
hat 2006 ein Projekt mit einer Art verwaltungsinterner Redaktionskommission auf die Beine gestellt (im Sommer 2006 ging das durch die Presse), 2007 durchgeführt und für 2008 verlängert, und wie man hört, könnte
schon bald ein festes Referat für redaktionelle Qualitätssicherung im BMJ
eingerichtet werden. Schließlich kommt aus der Mitte des Deutschen
Bundestages eine Initiative auf Einrichtung einer gut ausgestatteten Re-
daktionsstelle beim Bundestag (Schröder/Würdemann 2007). Ähnliche
Bestrebungen wären aus der Europäischen Kommission und aus dem
Europäischen Rat zu vermelden. Rechtsetzungsqualität – auch und gerade
in redaktioneller Hinsicht – hat Konjunktur, und endlich nicht mehr nur
in Worten, sondern in Taten. Warum wohl?

---

7   Der Sprachdienst 1 (2007: 1 und 31 ff.), Der Sprachdienst 6 (2007: 238 ff.).

Literatur

ENZENSBERGER, HANS MAGNUS (2004): Von den Vorzügen der Unverständlichkeit. In: LERCH (Hg.), 83–84.

FELDER, EKKEHARD (2003): Juristische Textarbeit im Spiegel der Öffentlichkeit. Berlin/New York (Studia Linguistica Germanica 70).

HAUCK, WERNER (2007): Damit das Volk weiss, wohin Hand und Fuss setzen (Ansprache zum 100-Jahr-Jubiläum des Schweizerischen Zivilgesetzbuchs, Nationalratssaal Bern, 10. Dezember 2007). Erscheint voraussichtlich 2008 in der Zeitschrift „Recht".

HAUCK, WERNER/LOCHER, CLEMENS/NUSSBAUMER, MARKUS/ZANGGER, ALFRED (2006): Kommunikation zwischen dem Staat und den Bürgerinnen und Bürgern – linguistische Beiträge zu ihrer Optimierung. In: CIGADA, SARA/DE PIETRO, JEAN-FRANÇOIS/ELMIGER, DANIEL/NUSSBAUMER, MARKUS (Hgg.): Les enjeux sociaux de la linguistique appliquée. Neuchâtel (Bulletin suisse de linguistique appliquée 83/2), 119–173.

KLEIN, WOLFGANG (2004): Ein Gemeinwesen, in dem das Volk herrscht, darf nicht von Gesetzen beherrscht werden, die das Volk nicht versteht. In: LERCH (Hg.), 197–203.

LERCH, KENT D. (Hg.) (2004): Recht verstehen. Verständlichkeit, Missverständlichkeit und Unverständlichkeit von Recht. Berlin/New York (Die Sprache des Rechts 1).

MÜLLER, FRIEDRICH/CHRISTENSEN, RALPH/SOKOLOWSKI, MICHAEL (Hgg.) (1997): Rechtstext und Textarbeit. Berlin (Schriften zur Rechtstheorie 179).

MÜLLER, FRIEDRICH/WIMMER, RAINER (Hgg.) (2001): Neue Studien zur Rechtslinguistik. Berlin (Schriften zur Rechtstheorie 202).

NUSSBAUMER, MARKUS (2004): Von Schwärmern und Skeptikern und ein Versuch, Realist zu sein. Bilanz und Entwurf des Sprachspiels vom unverständlichen Gesetz. In: LERCH (Hg.), 285–295.

NUSSBAUMER, MARKUS (2005): Zwischen Rechtsgrundsätzen und Formularsammlung. Gesetze brauchen (gute) Vagheit zum Atmen. In: BHATIA, VIJAY K. et al. (Hgg.): Vagueness in Normative Texts. Bern (Linguistic Insights 23), 49–71.

NUSSBAUMER, MARKUS (2006): Sprachkritischer Staat und Sprachkritik am Staat. In: Der Deutschunterricht LVIII/5, 52–63.

NUSSBAUMER, MARKUS (2007): Gesetze verständlicher machen – dass ich nicht lache!. In: LÖTSCHER, ANDREAS/NUSSBAUMER, MARKUS (Hgg.): Denken wie ein Philosoph und schreiben wie ein Bauer. Sprache, mit der ein Staat zu machen ist. Zürich, 43–65.

OGOREK, REGINA (2004): „Ich kenne das Reglement nicht, habe es aber immer befolgt!" Metatheoretische Anmerkungen zur Verständnisdebatte. In: LERCH (Hg.), 297–305.

SCHRÖDER, OLE/WÜRDEMANN, CHRISTIAN (2007): Verständlichere Gesetzessprache – Institutionalisierung der Sprachprüfung im Gesetzgebungsverfahren. In: Zeitschrift für Rechtspolitik 40/7, 231–234.

SCHUHMACHER, CHRISTIAN (2007): Die redaktionelle Arbeit an der neuen Zürcher
    Verfassung. In: LÖTSCHER, ANDREAS/NUSSBAUMER, MARKUS (Hgg.): Denken
    wie ein Philosoph und schreiben wie ein Bauer. Sprache, mit der ein Staat zu ma-
    chen ist. Zürich, 83–98.

WESEL, UWE (2004): Selbstverständlich. In: LERCH (Hg.), 455–457.

Autorinnen und Autoren

EKKEHARD FELDER

Dr. phil., Professor für Germanistische Linguistik an der Universität Heidelberg. Forschungsinteressen: Varietäten- und Soziolinguistik, Fachkommunikation (Recht, Politik, Bio-/Gentechnologie-Debatte), Rhetorische Text- und Diskursanalyse, Grammatik: Form-Funktions-Korrelation. Ausgewählte Veröffentlichungen: *Kognitive Muster der politischen Sprache*. Frankfurt 1995; *Differenzen in der Konzeptualisierung naturwissenschaftlicher Grundlagen bei Befürwortern, Skeptikern und Gegnern der Gen-/Biotechnologie*. In: Satzger, Axel (Hg.): Sprache und Technik. Frankfurt 1999, 35–49; *Juristische Textarbeit im Spiegel der Öffentlichkeit*. Berlin 2003; *Form-Funktions-Analyse von Modalitätsaspekten zur Beschreibung von Geltungsansprüchen in politischen Reden*. In: Maximilian Scherner/Arne Ziegler (Hg.): Angewandte Textlinguistik. Tübingen 2006, 157–178; *Semantische Kämpfe – Macht und Sprache in den Wissenschaften* (Hg.), Berlin 2006; *Text-Bild-Hermeneutik. Die Zeitgebundenheit des Bild-Verstehens am Beispiel der Medienberichterstattung*. In: Hermanns, Fritz/Holly, Werner (Hg.): Linguistische Hermeneutik. Tübingen 2007, 357–385.

AXEL GOODBODY

Dr. phil., Professor of German Studies and European Culture an der University of Bath, Großbritannien. Forschungsinteressen: Moderne deutsche Literatur (bes. Lyrik) und Film, ökologisch orientierte Literaturtheorie und -kritik, Exilforschung. Ausgewählte Veröffentlichungen: *Natursprache: Ein dichtungstheoretisches Konzept der Romantik und seine Wiederaufnahme in der modernen Naturlyrik*. Neumünster 1984; *Literatur und Ökologie*. Amsterdam 1998; *The Culture of German Environmentalism: Anxieties, Visions, Realities*. New York/Oxford 2002; *Veränderte Landschaft: East German Nature Poetry Since Reunification*. In: GFL-Journal 2005, H. 2, 103–125; *Postwar Dystopia and Rural Idyll: Arno Schmidt's early novels in the context of ecocriticism and cultural ecology*. In: Anglia 124 (2006), H. 1, 70–100; *Nature, Technology and Cultural Change in Twentieth-Century German Literature*. Basingstoke 2007; *Wilhelm Lehmanns bukolische Tagebücher: Der Dichter als Nature Writer*. In: Uwe Pörksen (Hg.): Wilhelm Lehmann zwischen Naturwissen und Poesie. Tübingen 2008, 51–67.

MARKUS HUNDT

Dr. phil., Professor für Deutsche Sprachwissenschaft an der Christian-Albrechts-Universität zu Kiel. Forschungsinteressen: Wirtschaftsfachsprachen und ihre historische Entwicklung, interne und externe Unternehmenskommunikation, Variationslinguistik (Prestige und Stigma deutscher Dialekte, Dialektsoziologie), Deutsche Sprachgeschichte der Frühen Neuzeit, Grammatik der deutschen Gegenwartssprache. Ausgewählte Veröffentlichungen: *Modellbildung in der Wirtschaftssprache. Zur Geschichte der Institutionen- und Theoriefachsprachen der Wirtschaft.* Tübingen 1995; *Wirtschaftsbezogene Wortschätze.* In: D. Alan Cruse et al. (Hgg.): Lexikologie. Eine internationales Handbuch zur Natur und Struktur von Wörtern und Wortschätzen. 1. Bd. Berlin/New York 2002, 932–942; *Textsorten des Bereichs Wirtschaft und Handel.* In: Klaus Brinker et al. (Hgg.): Text- und Gesprächslinguistik. Ein internationales Handbuch zeitgenössischer Forschung. 1. Bd. Berlin/New York 2000, 642–658; *Typologien der Wirtschaftssprache: Spekulation oder Notwendigkeit?* In: Fachsprache 20.1998, 98–115; *Neuere institutionelle und wissenschaftliche Wirtschaftsfachsprachen.* In: L. Hoffmann et al. (Hgg.): Fachsprachen. Ein internationales Handbuch zur Fachsprachenforschung und Terminologiewissenschaft. 1. Bd. Berlin/New York 1998, 1296–1304; *Die Fachsprache in der einzelsprachlichen Differenzierung* (mit Andrea Becker). In: L. Hoffmann et al. (Hgg.): Fachsprachen. Ein internationales Handbuch zur Fachsprachenforschung und Terminologiewissenschaft. 1. Bd. Berlin/New York 1998, 118–133.

JÖRG KILIAN

Dr. phil., Professor für Deutsche Philologie/Didaktik der deutschen Sprache an der Christian-Albrechts-Universität zu Kiel. Arbeits- und Forschungsinteressen: Lexikalische Semantik, Semantikerwerb und Begriffsbildung; Lexikographie, Sprachkritik und Sprachnormenforschung; Linguistische Dialogforschung in Wissenschaft und Unterricht Sprache und Sprachgebrauch, Mündlichkeit und Schriftlichkeit in neuen Medien; Sprachgeschichte des Neuhochdeutschen (Linguistik und Didaktik); Sprache in der Politik; Deutsch als Fremdsprache (Grammatikvermittlung, Lehr-Lern-Prozesse unter Einsatz neuer Medien); Sprachtheorie und Wissenschaftsgeschichte. Ausgewählte Publikationen: *Historische Dialogforschung. Eine Einführung.* Tübingen 2005; *Lehrgespräch und Sprachgeschichte. Untersuchungen zur historischen Dialogforschung.* Tübingen 2002; *Sprache und Politik. Deutsch im demokratischen Staat* (Hg.). Mannheim [usw.] 2005; *Pippi Langstrumpf als Negerprinzessin: Tabuwörter, Euphemismen und kritische Semantik im Deutschunterricht.* In: Deutschunterricht 60, 2007, Heft 15–19; *Standardnorm versus „Parlando" in Schüler/innen-Chats. Kontrastiv-kritische Spracharbeit im Bereich mündlich und schriftlich entfalteter Schriftlichkeit.* In: Neuland, Eva (Hg.): Sprachkritik (= Der Deutschunterricht 58, 2006, H. 4), Seelze 2006, 74–83; *Wörter im Zweifel. Ansätze einer linguistisch begründeten kritischen Semantik.* In: Klein, Wolf Peter/Thieroff, Rolf (Hgg.): Sprachwissen im Konflikt. Sprachliche Zweifelsfälle, in: Linguistik online 16, 4/03 (http://www.linguistik-online.de/16_03/kilian.html)

KLAUS-PETER KONERDING

Dr. phil., Professor für Germanistische Linguistik (apl.) an der Universität Heidelberg. Forschungsinteressen: Kognitive Linguistik; inkrementelle Sprachverarbeitung; funktionale Grammatik; Sprache und Wissenkonstitution, Wissensmanagement, Wissensevolution; Organisationskommunikation und Interkulturelle Kommunikation; Text- und Diskursanalyse mit besonderer Berücksichtigung von kollektiver/sozialer Kognition; einschlägige Methodenentwicklung. Ausgewählte Veröffentlichungen: *Frames und lexikalisches Bedeutungswissen.* Tübingen 1993; *Konzept, Bedeutung und sprachliche Handlung.* In: Weigand, Edda/Hundsnurscher, Franz (Hgg.): Lexical Structure and Language Use. Vol. 2. Tübingen 1994, 77–88; *Konsekutivität als grammatisches und diskurspragmatisches Phänomen.* Tübingen 2002; *Probleme mit Topik und Fokus im Deutschen.* In: Deutsche Sprache 3, 2003, 209–237; *Wandel der Organisationskultur durch gesteuerte Kommunikation* (mit H. Ebert). In: Bentele, G./Piwinger, M./Schöneborn, G. (Hgg.): Handbuch Kommunikationsmanagement. Köln 2005; *Themen, Diskurse und soziale Topik.* In: Fraas, C./Klemm, M. (Hgg.): Mediendiskurse. Frankfurt 2005, 9–38; *Schichten, Grenzen, Gradationen. Plädoyer für eine Mehr-Ebenen-Semantik von Nominalen.* In: Proost, K./Winkler, W. (Hgg.): Von Intentionalität zur Bedeutung konventionalisierter Zeichen. Tübingen 2006, 65–102; *Diskurse, Topik Deutungsmuster. Zur Komplementarität, Konvergenz und Explikation sprach-, kultur- und sozialwissenschaftlicher Zugänge zur Diskursanalyse auf der Grundlage kollektiven Wissens.* In: Warnke, I./Spitzmüller, J. (Hgg.): Methoden der Diskurslinguistik. Berlin 2008, 119–153.

ALEXANDER LASCH

Dr. phil., Mitarbeiter am Lehrstuhl für germanistische Sprachwissenschaft an der Christian-Albrechts-Universität zu Kiel. Forschungsinteressen: Diskurssemantik /Diskursspezifische Kommunikation (religiöse und rituell geprägte Diskurse), Textlinguistik, Deutsche Sprachgeschiche (mit den Schwerpunkten 13./14. Jahrhundert sowie 17.-20. Jahrhundert), Grammatik der deutschen Gegenwartssprache (Konstruktionsgrammatik). Ausgewählte Veröffentlichungen: *Lebensbeschreibungen in der Zeit. Zur Kommunikation biographischer Texte in den pietistischen Gemeinschaften der Herrnhuter Brüdergemeine und der Dresdner Diakonissenschwesternschaft im 19. Jahrhundert.* Münster 2005 (= Germanistik 31); *Rezension zu Nicoline Hortzitz, Die Sprache der Judenfeindschaft in der frühen Neuzeit (1450-1700). Untersuchungen zu Wortschatz, Text und Argumentation. (Sprache - Literatur und Geschichte. Studien zur Linguistik/Germanistik 28) Heidelberg 2005.* In: Arbitrium (2006), 338–343; *„Eingreifendes Denken". Rezipientensteuerung aus pragmatischer Perspektive in Hartmanns von Aue ,Erec'.* In: Wenzel, H./Starkey, K. (Hgg.): Imagination und Deixis. Studien zur Wahrnehmung im Mittelalter. Stuttgart 2007, 13–31.

HEIDE LINDTNER

M.A., Studium der Germanistik und Romanistik (Spanisch und Französisch) an den Universitäten Heidelberg und Barcelona. Magisterarbeit zur Rolle ärztlicher Deklarativsatzfragen bei der interaktiven Herstellung und Aushandlung von Verstehen sowie dem Zusammenspiel von sequenzieller und interaktionstypologischer Organisation in Arzt-Patienten-Gesprächen. Ausgewählte Veröffentlichungen: *Bericht über die 13. Arbeitstagung zur Gesprächsforschung ‚Aufgaben – Desiderate – Perspektiven' vom 28. bis 30. März 2007 am Institut für Deutsche Sprache in Mannheim* (zus. m. Dagmar Barth-Weingarten). In: Zeitschrift für Germanistische Linguistik. Hg. v. Ágel, Vilmos/Feilke, Helmuth/Linke, Angelika/Wiegand, Herbert Ernst. Berlin/New York (im Druck).

DINA LÜTTENBERG

Dr. phil., Mitarbeiterin am Institut für Germanistik der Technischen Universität Braunschweig. Forschungsinteressen: lexikalische Semantik, Diskursanalyse, Sprache des Nationalsozialismus, Mehrsprachigkeit, Sprachbiographien, Mehrsprachigkeitsdidaktik. Ausgewählte Veröffentlichungen: *Kunst, Diskurs und Nationalsozialismus. Semantische und pragmatische Studien.* Tübingen 2006; *Sprachverständnis und Sprachideal des Nationalsozialismus.* In: Kilian, Jörg (Hg.): Sprache und Politik. Deutsch im demokratischen Staat. Mannheim (usw.) 2005, 31–43; *Max Nordaus „Entartung". Der vergessene Bestseller aus sprachwissenschaftlicher Sicht.* In: Muttersprache 116/2006, 257–271; *„Alle außer du". Grammatischer Wandel und Reflexion über Sprache.* In: Der Deutschunterricht 4/2006, 86–91; *Victor Klemperer: LTI. Die Sprache des Dritten Reiches.* In: Berghahn, C.-F./Stauf, R. (Hgg.): Bausteine der Moderne. Eine Recherche. Heidelberg 2007, 133–156.

MARCUS MÜLLER

Dr. phil., Akademischer Rat auf Zeit am Lehrstuhl für Germanistische Linguistik mit besonderer Berücksichtigung der Gegenwartssprache an der Universität Heidelberg. Forschungsinteressen: Sprache und Kunst, Text- und Diskurslinguistik, Grammatik in Diskursen, Linguistische Missverstehensforschung, Mediensemiotik. Ausgewählte Veröffentlichungen: *Geschichte - Kunst - Nation. Die sprachliche Konstituierung einer ‚deutschen' Kunstgeschichte aus diskursanalytischer Sicht.* Berlin/New York 2007; *‚Deutsch' als kunsthistorische Kategorie. Zur sprachlichen Prägung nationaler Identität in deutschen Kunstgeschichten.* In: SPRACHREPORT 4/2007. *La descrizione e il significato dell'immagine.* In: Bagetto, Luca/Salizzoni, Roberto (Ed.): Immagine e scrittura. Roma 2009 [i.Dr.].

MARKUS NUSSBAUMER

Dr. phil., Leiter des Deutschen Sprachdienstes in der Schweizerischen Bundeskanzlei und Leiter der verwaltungsinternen Redaktionskommission der schweizerischen Bundesverwaltung. Interessenschwerpunkte: Sprache des Rechts, linguistische Aspekte der Rechtsetzung, Verständlichkeit des Rechts und der Staat-Bürger-Kommunikation, Textlinguistik, Fachkommunikation. Ausgewählte Veröffentlichungen: (zus. m. Angelika Linke und Paul R. Portmann) *Studienbuch Linguistik.* Tübingen 1991; *Was Texte sind und wie sie sein sollen. Ansätze zu einer sprachwissenschaftlichen Begründung eines Kriterienrasters zur Beurteilung von schriftlichen Schülertexten.* Tübingen 1991; *Sprache und Recht* (= Studienbibliographien Sprachwissenschaft 20). Heidelberg 1997; (zus. m. Angelika Linke) *Konzepte des Impliziten. Präsuppositionen und Implikaturen* sowie *Rekurrenz.* Beide in: Text- und Gesprächslinguistik. Ein internationales Handbuch zeitgenössischer Forschung. Hg. v. Brinker, Klaus/Antos, Gerd/Heinemann, Wolfgang/Sager, Sven F.. 1. Halbbd. Berlin/New York 2000; *Von Schwärmern und Skeptikern und ein Versuch, Realist zu sein. Bilanz und Entwurf des Sprachspiels vom unverständlichen Gesetz.* In: Kent D. Lerch (Hg.): Recht verstehen. Verständlichkeit, Missverständlichkeit und Unverständlichkeit von Recht (= Die Sprache des Rechts, Bd. 1). Berlin/New York 2004; *Gesetze verständlicher machen – dass ich nicht lache!* In: Lötscher, Andreas/Nussbaumer, Markus (Hgg.): Denken wie ein Philosoph und schreiben wie ein Bauer. Sprache, mit der ein Staat zu machen ist. Zürich 2007.

VASCO ALEXANDER SCHMIDT

Dr. phil., Dipl.-Math., Technischer Redakteur bei der SAP AG (Walldorf), Wissenschaftsjournalist. Forschungsinteressen: Fachkommunikation und Textproduktion; Mathematik und Sprache. Ausgewählte Veröffentlichungen: *Grade der Fachlichkeit in Textsorten zum Themenbereich Mathematik.* Berlin 2002; *Technisches Schreiben bei SAP. Softwaredokumentation für betriebswirtschaftliche Standardsoftware.* In: Jakobs, Eva-Maria/Lehnen, Katrin/Schindler, Kirsten (Hgg.): Schreiben am Arbeitsplatz. Verlag für Sozialwissenschaften. Wiesbaden 2005, 73–92; *Inneres und äußeres Arbeiten am Text. Das Verhältnis vom Schreiben und Redigieren zum Sprachsystem in den Kommunikationsbereichen Zeitungsjournalismus und Softwaredokumentation.* In: Wich-Reif, Claudia (Hg.): Strukturen und Funktionen in Gegenwart und Geschichte. Festschrift für Franz Simmler zum 65. Geburtstag. Berlin 2007, 629–652.

CONSTANZE SPIEß

Wissenschaftliche Mitarbeiterin im Fachbereich Germanistische Linguistik der Universität Trier. Forschungsinteressen: Diskursanalyse nach Foucault, Textlinguistik, Politolinguistik. Ausgewählte Veröffentlichungen: *Zur sprachlichen Konstruktion von Identität im medialen „Zonenkinder-Diskurs".* In: Roth, Kersten Sven/Wienen, Markus (Hgg.): Diskursmauern. Aktuelle Aspekte der sprachlichen Verhältnisse zwischen Ost- und Westdeutschland, Frankfurt u.a. 2008; *Strategien der Textvernetzung. Isotopien als Konstituenten intertextueller Relationen.* In: Hermann, Karin/Hübenthal, Sandra (Hgg.): Intertextualität. Perspektiven auf ein interdisziplinäres Arbeitsfeld. Aachen 2007, 189–210; *»Solidarität« Zwischen Freiwilligkeit und Institutionalisierung. Eine pragmalinguistische Analyse eines Hochwertwortes in den aktuellen Grundsatzprogrammen von CDU, CSU, SPD, Bündnis 90/Die Grünen, FDP und PDS.* In: Muttersprache, Heft 2/2006, 147–161; *Zwischen Hochwert und Stigma – Zum strategischen Potenzial lexikalischer Mittel im Bioethikdiskurs.* In: Girnth, Heiko/Spieß, Constanze (Hgg.): Strategien politischer Kommunikation. Pragmatische Analysen, Berlin 2006.

THOMAS SPRANZ-FOGASY

Dr. phil., apl. Prof. an der Universität Mannheim und wissenschaftlicher Mitarbeiter der Abteilung „Pragmatik" am Institut für Deutsche Sprache, Mannheim. Forschungsinteressen: Linguistische Gesprächsanalyse als Grundlagen- und Anwendungsforschung in unterschiedlichen Bereichen: Medizinische Kommunikation, Schlichtung, Familiale Konflikte, Umweltpolitische Diskussion, Argumentation, Rhetorik, Interaktive Bedeutungskonstitution, Soziostilistik, Verstehenstheorie. Mitbegründer des Arbeitskreises Angewandte Gesprächsforschung (http://www.linse.uni-essen.de/akag/akag.htm) und Mitorganisator der Arbeitstagung zur Gesprächsforschung (http://www.gespraechsforschung.de /tagung. htm). Ausgewählte Veröffentlichungen: *Interaktionsprofile - Die Herausbildung individueller Handlungstypik in Gesprächen.* Opladen 1997 (Wiederveröff. http:// www.verlag-gespraechsforschung.de/buch.htm); *„be-deuten" - Wie Bedeutung im Gespräch entsteht* (hg. mit A. Deppermann). Tübingen 2002; *Psychosomatische Gesprächsführung in der Frauenheilkunde* (hg. mit M. Neises und S. Ditz). Stuttgart 2005; *Grammatik und Interaktion* (hg. mit A. Deppermann und R. Fiehler); *Gespräche mit Patienten* (mit P. Nowak). In: Klinikarzt 1/2008, 15–19; weitere Publikationen s. http://www/pub/autoren /ids/ spranz.html. Anschrift: Institut für deutsche Sprache, Postfach 10 16 21, 68016 Mannheim (weitere Informationen zur Person unter http://www.ids-mannheim.de/prag/personal/spranz.html)

INGO H. WARNKE

Prof. Dr., Deutsche Philologie – Germanistische Linguistik Georg-August Universität Göttingen. Forschungsschwerpunkte: Text- und Diskurslinguistik, Sprachgeschichte des Deutschen, Funktionale Varietäten, Sprache und Raumkonzeptualisierung. Ausgewählte Publikationen: *Wege zur Kultursprache. Die Polyfunktionalisierung des Deutschen im juridischen Diskurs (1200–1800).* Berlin/New York 1999; *Diskurslinguistik als Kulturwissenschaft.* In: Erhart, Walther (Hg.): Grenzen der Germanistik. Rephilologisierung oder Erweiterung? Stuttgart/Weimar 2004, 308–324; *Universales Konzept und partikulärer Geltungsanspruch. Das sprachliche Prinzip der Zwei-Ebenen-Kommunikation in Menschenrechtsdeklarationen.* In: Klein, W. et al. (Hgg.): Sprache des Rechts. Bd. 3: Recht vermitteln. Berlin/New York 2005, 475–498; *Diskurslinguistik nach Foucault. Theorie und Gegenstände.* Berlin/New York 2007; zus. mit Jürgen Spitzmüller: *Methoden der Diskurslinguistik. Sprachwissenschaftliche Zugänge zur transtextuellen Ebene.* Berlin/New York 2008.

ALEXANDER ZIEM

Dr. phil., Wissenschaftlicher Assistent am Lehrstuhl für Kognitive Linguistik und Spracherwerbsforschung in Basel und Lehrbeauftragter an der Technischen Universität Berlin. Ko-Koordinator des interdisziplinären Netzwerkes „Methoden und Methodologien der Diskursanalyse". Arbeitsschwerpunkte: kognitive und historische Semantik, (multimodale) Metaphernanalysen, Sprachtheorie, Diskurs- und Korpuslinguistik. Ausgewählte Veröffentlichungen: *Frames und sprachliches Wissen. Kognitive Aspekte der semantischen Kompetenz.* Berlin/New York 2008; *Globalisierung: Linguistische Zugänge zu einem gesellschaftlichen Phänomen.* In: Aptum 2/2007,

97–104; *Understanding misunderstanding. Aspects of discontinuity in language processing.* In: Variations 15/2007, 149–162. *Begriffe, Topoi, Wissensrahmen: Perspektiven einer semantischen Analyse gesellschaftlichen Wissens.* In: Wengeler, Martin (Hg.): Sprachgeschichte als Zeitgeschichte. Konzepte, Methoden und Forschungsergebnisse der Düsseldorfer Sprachgeschichtsschreibung für die Zeit nach 1945. Hildesheim/New York 2005, 315–348.

RENÉ ZIMMER

Dr. rer. nat., als Diplom-Soziologe und Diplom-Biologe bislang in der sozialwissenschaftlichen Umwelt-, Innovations- und Risikoforschung tätig; Forschungs- und Arbeitsgebiete: gesellschaftliche Wahrnehmung und Akzeptanz von neuen Technologien, Analyse massenmedialer Diskurse und Durchführung partizipativer Verfahren. Ausgewählte Veröffentlichungen: *Wahrnehmung der Nanotechnologie in der Bevölkerung – Repräsentativerhebung und morphologisch-psychologische Grundlagenstudie. BfR-Wissenschaft 05/2008 Nanotechnologien im öffentlichen Diskurs: Verbraucherkonferenz zur Nanotechnologie.* In: Technikfolgenabschätzung - Theorie und Praxis 3, 2007, 98–101; *Zwischen Heilungsversprechen und Embryonenschutz – Der semantische Kampf um das therapeutische Klonen.* In: Felder, E. (Hg.): Semantische Kämpfe – Macht und Sprache in den Wissenschaften. Berlin/New York 2006.

Sachregister